权威·前沿·原创

皮书系列为
"十二五""十三五"国家重点图书出版规划项目

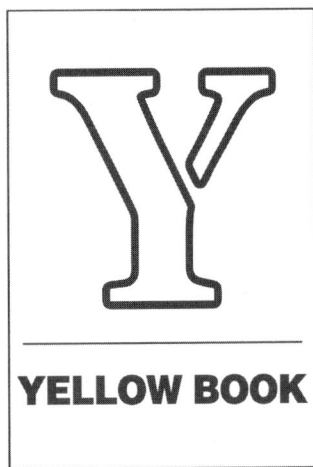

G20国家创新竞争力黄皮书

YELLOW BOOK OF
G20'S NATIONAL INNOVATION COMPETITIVENESS

二十国集团（G20）国家创新竞争力发展报告（2019~2020）

REPORT ON THE GROUP OF TWENTY (G20) NATIONAL
INNOVATION COMPETITIVENESS DEVELOPMENT (2019-2020)

后疫情时代创新合作领域与政策展望

Innovation Cooperation Areas and Policy Prospects in Post–pandemic Era

主　　编／李建平　李闽榕　赵新力
副 主 编／李向军　苏宏文　李建建
执行主编／黄茂兴

社会科学文献出版社
SOCIAL SCIENCES ACADEMIC PRESS (CHINA)

图书在版编目（CIP）数据

二十国集团（G20）国家创新竞争力发展报告. 2019
~2020：后疫情时代创新合作领域与政策展望 / 李建平，
李闽榕，赵新力主编. -- 北京：社会科学文献出版社，
2021.5
（G20国家创新竞争力黄皮书）
ISBN 978 - 7 - 5201 - 1561 - 2

Ⅰ.①二… Ⅱ.①李… ②李… ③赵… Ⅲ.①国家创
新系统 - 研究报告 - 世界 - 2019 - 2020 Ⅳ.①F204

中国版本图书馆 CIP 数据核字（2021）第 067165 号

G20 国家创新竞争力黄皮书
二十国集团（G20）国家创新竞争力发展报告（2019~2020）
——后疫情时代创新合作领域与政策展望

主　　编 / 李建平　李闽榕　赵新力
副 主 编 / 李向军　苏宏文　李建建
执行主编 / 黄茂兴

出 版 人 / 王利民
责任编辑 / 高　媛　周　琼

出　　版 / 社会科学文献出版社 · 政法传媒分社（010）59367156
　　　　　地址：北京市北三环中路甲 29 号院华龙大厦　邮编：100029
　　　　　网址：www.ssap.com.cn
发　　行 / 市场营销中心（010）59367081　59367083
印　　装 / 三河市东方印刷有限公司

规　　格 / 开 本：787mm × 1092mm　1/16
　　　　　印 张：36.5　字 数：604 千字
版　　次 / 2021 年 5 月第 1 版　2021 年 5 月第 1 次印刷
书　　号 / ISBN 978 - 7 - 5201 - 1561 - 2
定　　价 / 238.00 元

本书如有印装质量问题，请与读者服务中心（010 - 59367028）联系

全国经济综合竞争力研究中心 2020 年重点项目研究成果

二十国集团（G20）联合研究中心 2020 年重点项目研究成果

全国中国特色社会主义政治经济学研究中心（福建师范大学）2020 年重点项目研究成果

教育部科技委战略研究基地（福建师范大学世界创新竞争力研究中心）2020 年重点项目研究成果

中智科学技术评价研究中心 2020 年重点项目研究成果

中央组织部首批青年拔尖人才支持计划（组厅字〔2013〕33 号）资助的阶段性研究成果

中央组织部第 2 批"万人计划"哲学社会科学领军人才（组厅字〔2016〕37 号）资助的阶段性研究成果

中宣部 2014 年入选全国文化名家暨"四个一批"人才工程（中宣办发〔2015〕49 号）资助的阶段性研究成果

福建省"双一流"建设学科——福建师范大学理论经济学科 2020 年重大项目研究成果

福建省首批哲学社会科学领军人才、福建省高校领军人才支持计划 2020 年阶段性研究成果

福建省首批重点智库建设试点单位——福建师范大学综合竞争力与国家发展战略研究院 2020 年研究成果

福建省首批高校特色新型智库——福建师范大学综合竞争力与国家发展战略研究院 2020 年研究成果

福建省社会科学研究基地——福建师范大学竞争力研究中心 2020 年资助的研究成果

福建省高校哲学社会科学学科基础理论研究创新团队——福建师范大学竞争力基础理论研究创新团队 2020 年资助的阶段性研究成果

福建师范大学创新团队建设计划（项目编号：IRTW 1202）2020 年资助的阶段性研究成果

二十国集团（G20）国家创新竞争力黄皮书编委会

编委会组成名单

主　　任	韩　俊　隆国强　卢中原　李慎明
副主任	谢寿光　李建平　李闽榕　赵新力　周天勇 李向军
委　　员	李建建　苏宏文　陈建奇　王斯敏　黄茂兴

项目承担单位

福建师范大学、科技部中国科学技术交流中心、中智科学技术评价研究中心、国际欧亚科学院中国科学中心

编著人员名单

主　　编	李建平　李闽榕　赵新力
副主编	李向军　苏宏文　李建建
执行主编	黄茂兴

编写组人员	黄茂兴　李军军　林寿富　叶　琪　王珍珍
	陈洪昭　唐　杰　陈伟雄　黄新焕　郑　蔚
	余官胜　易小丽　张宝英　白　华　周利梅
	郑清英　陈　莹　韩　莹　程俊恒　李成宇
	吴武林　张建威　杨吉超　孙学聪　温园梦
	张　婧　李　屹　肖　蕾

主要编撰者简介

李建平 男，1946 年出生于福建莆田，浙江温州人。教授，博士生导师。中央马克思主义理论研究与建设工程、国家社科基金重大项目首席专家，国家有突出贡献中青年专家，国务院特殊津贴专家，福建省优秀专家，2009 年被评为福建省第二届杰出人民教师。曾任福建师范大学政教系副主任、主任，经济法律学院院长，福建师范大学副校长、校长。现任全国经济综合竞争力研究中心福建师范大学分中心主任、全国中国特色社会主义政治经济学研究中心（福建师范大学）主任、福建师范大学习近平新时代中国特色社会主义思想研究院院长。兼任福建省人民政府经济顾问、中国《资本论》研究会副会长、中国政治经济学研究会副会长、全国马克思主义经济学说史研究会副会长等社会职务。长期从事马克思主义经济思想发展史、《资本论》和社会主义市场经济、经济学方法论、区域经济发展等问题研究，已发表学术论文 100 多篇，出版著作和教材 100 多部（含主编）。科研成果获得教育部第六届、第七届社科优秀成果二等奖 1 项、三等奖 1 项，八次获得福建省哲学社会科学优秀成果一等奖，两次获得二等奖，还获得全国第七届"五个一工程"优秀理论文章奖，其专著《〈资本论〉第一卷辩证法探索》获世界政治经济学学会颁发的第七届"21 世纪世界政治经济学杰出成果奖"。

李闽榕 男，1955 年生，山西安泽人，经济学博士。原福建省新闻出版广电局党组书记、副局长，现为中智科学技术评价研究中心理事长，福建师范大学兼职教授、博士生导师。兼任国家标准化委员会技术委员会委员。主要从事宏观经济学、区域经济竞争力、现代物流等问题研究，已出版著作《中国省域经济综合竞争力研究报告（1998～2004）》等 20 多部（含合著），并在《人民日报》《求是》《管理世界》等国家级报纸杂志上发表学术论文 200 多篇。科研成果曾荣获新疆维吾尔自治区第二届、第三届社会科学优秀成果三等奖，以及福建省科技进步一等奖（排名第三）、福建省第七届至第十届社会科学优秀成果一等奖、福建省第六届社会科学优秀成果二等奖、福建省第七届社会科学优秀成果三等奖等 10 多项省部级奖励（含合作），并有 20 多篇论文和主持完成的研究报告荣获其他省厅级奖励。

赵新力 男，1961 年生，辽宁沈阳人，航空宇航工学博士，系统工程博士后。国家科技部二级专技，国际欧亚科学院院士、中国科学中心原秘书长，哈尔滨工业大学兼职博导。国务院政府特殊津贴获得者。福建省人民政府顾问、国家自贸区（横琴新区）咨询委员会委员、国际智库排名专家。曾任国家专利工作协调小组成员、中国信息协会常务理事、中国科技咨询协会高级顾问、中国地方科技史学会副理事长、欧亚系统科学研究会理事、中国企业投资协会常务理事等。主持完成"863"计划、自然科学基金、社会科学基金、攻关、标准化、电子政务等国家级课题数十项，参加软科学、"973"计划等国家级课题和主持省部级课题数十项，获得省部级奖励多项。在国内外发表论文 200 多篇，出版著作 30 多部。曾在北京航空航天大学、沈阳飞机工业集团、美国洛克希德飞机公司、清华大学、原国家科委基础研究与高技术司、澳门中联办经济部、中国科技信息研究所、国家行政学院、中共中央党校、中国科技交流中心、浦东干部管理学院、中国常驻联合国代表团等学习或工作，曾任中欧先进制造技术领域合作委员会中方主席、科技部海峡两岸科技交流中心副主任、中日技术合作事务中心副主任、中国和欧盟科技合作办公室副主任等。"粤港澳大湾区丝路科技创新研究智库"负责人。

李向军 男，1957 年 8 月生，辽宁大学历史系 77 级本科毕业，1991 年北京师范学院历史系博士研究生毕业，获博士学位。曾在辽宁大学历史系和中国社会科学院经济研究所从事教学与研究工作，任讲师、副研究员。曾任光明日报理论部主任、光明日报智库研究与发布中心主任，高级编辑，北京师范大学、中国政法大学、中南大学特聘教授，中南大学博士生导师，享受国务院政府特殊津贴。研究方向为中国经济史、中国救灾史、中国人口史及中国当代社会问题。主要学术著作有《清代荒政研究》《中国救灾史》等，在《中国社会科学（英文版）》《历史研究》《民族研究》《中国经济史研究》《史学理论研究》《文献》《中国社会科学院研究生院学报》《中国社会经济史研究》《人民日报》《红旗文稿》等报刊发表论文数十篇，担任国家哲学社会科学基金评审委员、中宣部文化名家暨"四个一批"人才综合评议组成员、国家"万人计划"青年拔尖人才评审专家等。

李建建 男，1954年生，福建仙游人。经济学博士。原福建师范大学经济学院院长，教授、博士生导师，享受国务院特殊津贴专家。主要从事经济思想史、城市土地经济问题等方面的研究，先后主持和参加了国家自然科学基金、福建省社科规划基金、福建省发改委、福建省教育厅和国际合作研究课题20余项，已出版专著、合著《中国城市土地市场结构研究》等10多部，主编《〈资本论〉选读课教材》《政治经济学》《发展经济学与中国经济发展策论》等教材，在《经济研究》《当代经济研究》等刊物上发表论文70余篇。曾获福建省高校优秀共产党员、福建省教学名师和学校教学科研先进工作者称号，科研成果荣获国家教委优秀教学成果二等奖（合作）、福建省哲学社会科学优秀成果一等奖（合作）、福建省社会科学优秀成果二等奖、福建省社会科学优秀成果三等奖和福建师范大学优秀教学成果一等奖等多项省部级和厅级奖励。

黄茂兴 男，1976年生，福建莆田人。教授、博士生导师。现为福建师范大学党委宣传部部长、福建师范大学福建自贸区综合研究院院长、全国经济综合竞争力研究中心福建师范大学分中心常务副主任等。主要从事区域经济、技术经济、竞争力问题研究，主持教育部重大招标课题、国家社科基金重点项目等国家、部厅级课题60多项；出版《国家创新竞争力研究》等著作70多部（含合作），在《经济研究》《管理世界》等权威刊物发表论文180多篇，科研成果分别荣获教育部第六届、第七届社科优秀成果二等奖1项、三等奖1项（合作），福建省第七届至第十三届社会科学优秀成果一等奖7项（含合作）、二等奖4项等20多项省部级科研奖励。入选"国家首批'万人计划'青年拔尖人才""国家第2批'万人计划'哲学社会科学领军人才""中宣部全国文化名家暨'四个一批'人才""人社部国家百千万人才工程国家级人选""教育部新世纪优秀人才"等多项人才奖励计划。2015年荣获人社部授予的"国家有突出贡献的中青年专家"和教育部授予的"全国师德标兵"荣誉称号，

2016 年获评为享受国务院特殊津贴专家，并荣获 2014 年团中央授予的第 18 届"中国青年五四奖章"提名奖等多项荣誉称号。所在科研团队于 2014 年被人社部、教育部评为"全国教育系统先进集体"，该科研团队所在的党支部 2018 年被教育部确定为首批全国高校"双带头人"教师党支部书记工作室、全国党建工作样板党支部。2018 年 1 月当选为十三届全国人大代表。2018 年 9 月获聘为最高人民法院特约监督员。2019 年 7 月获聘为福建省监察委员会第一届特约监察员。

摘　要

创新是从根本上打开增长之锁的钥匙。2020 年初以来，突如其来的新冠肺炎疫情仍在全球蔓延，世界各国面临抗击疫情和复苏经济的双重挑战。科技创新是历次重大危机后世界经济走出困境、实现复苏的根本动力，因此，"创新"这把"智能钥匙"，无疑将继续成为撬动世界经济中长期增长的动能和潜力。当前，G20 正努力推动改革创新，挖掘经济增长潜力。毋庸置疑，提升 G20 创新竞争力将成为增强全球竞争力的一把金钥匙。

本书以 G20 作为研究对象，着重探讨了 2017 ~ 2018 年 G20 各成员国国家创新竞争力的发展水平、变化特征、内在动因及战略趋势，力图为推动 G20 各成员国提升国家创新竞争力提供有价值的理论指导和决策参考。全书共分四大部分。第一部分为总报告，旨在从总体上评价分析 2017 ~ 2018 年 G20 国家创新竞争力的发展状况。揭示各国国家创新竞争力的优劣势和变化特征，提出增强国家创新竞争力的基本路径和发展对策，为世界各国加快提升国家创新竞争力提供有价值的参考依据。第二部分为分报告，通过对 2017 ~ 2018 年 G20 中 19 个成员国的创新竞争力进行综合评价和比较分析，揭示不同类型和发展水平的国家创新竞争力的特点及其相对差异性，为各国提升创新竞争力提供实证依据。第三部分为专题报告，根据 2020 年沙特 G20 峰会的三大主题，设置了后疫情时代 G20 合作发展的动态变化与趋势展望、后疫情时代 G20 国际贸易发展趋势与政策展望、后疫情时代 G20 金融科技发展趋势与政策展望、后疫情时代 G20 数字经济发展面临的机遇与挑战、后疫情时代 G20 新型基础设施建设重点与政策展望、后疫情时代 G20 新能源开发合作与政策展望六个专题，为进一步分析 G20 各成员国创新竞争力的发展水平与提升潜力提供有益补充。第四部分为附录，介绍本书所构建的国家创新竞争力指标评价体系，并提供 2017 ~ 2018 年 G20 国家创新竞争力中各级指标的评价分值及排名情况，以备读者查询。

关键词：G20；国家创新竞争力；评价比较

Abstract

Innovation is the key to unlock the economic growth fundamentally. Starting at beginning of 2020, COVID – 19 is still spreading globally. Countries around the world are facing the dual challenges of fighting the pandemic and recovering the economy. Technology innovation is the fundamental driving force for the world economy to get out of its predicament and recover after major crises. Therefore, the "intelligent key" of "innovation" will inevitably continue to be the driving force and potential for the medium and long-term growth of the world economy. At present, G20 countries are working hard to promote innovation reform and taping the potential for economic growth. Undoubtedly, enhancing G20 countries' innovative competitiveness will become a golden key to enhancing global competitiveness.

This book uses G20 countries as the target of study and focuses on the national innovation competitiveness' development level, change characteristics, intrinsic motivation and strategic trend of each country of G20 from 2017 to 2018. We are trying to provide valuable theoretical guidance and decision-making reference for G20 countries to promote national innovation competitiveness. This book consists of four main parts. The first part is the general report to evaluate and analyze the development status of national innovation competitiveness of G20 countries in from 2017 to 2018, revealing the strengths and weakness as well as character of change of each country's innovation competitiveness and providing the basic paths and strategies of enhancing the competitiveness level. It provides valuable references for all countries in the world to speed up national innovation competitiveness. The second part is sub-report, whose purpose is to reveal the characteristics and differences of national innovation competitiveness of countries of different types and development level through the comprehensive evaluation and comparative analysis of national innovation competitiveness of 19 countries in G20 group from 2017 to 2018. It provides empirical evidence for G20 countries to promote innovation competitiveness. The third part is the special report, which is based on the three themes of the 2020 Riyadh Summit. We arrange six special topics on development research on dynamic changes and trend prospect of G20 countries' cooperation in post-pandemic era, international trade development and policy prospect of G20 countries' in post-pandemic era, fintech development and policy prospect of G20 countries' in post-pandemic era, opportunities and challenges for digital economic development of G20 countries in post-pandemic era, new infrastructure priorities and policy prospect of G20 countries' in post-pandemic era, new energy development cooperation and policy prospect of G20 countries' in post-pandemic era. It provides a useful complement for further understanding the level and promotion potential of innovation competitiveness of G20 countries. The fourth part is appendix. It introduces the index system of national innovation competitiveness, and also provides readers with reference of the evaluation scores and rankings of indicators of national innovation competitiveness of G20 countries from 2017 to 2018.

Keywords: G20; National Innovation Competitiveness; Evaluation and Comparison

前　言

创新兴则国家兴，创新强则国家强。在这次抗击新冠肺炎疫情过程中，全球科技工作者在治疗、疫苗研发、防控等多个重要领域开展科研攻关，为统筹推进疫情防控和经济社会发展提供了有力支撑、作出了重大贡献。当今世界正经历百年未有之大变局，世界发展环境发生深刻复杂变化，各国的发展对加快科技创新提出了更为迫切的要求。创新的竞争不再是少数国家参与的活动，而几乎囊括了全世界所有的国家，创新的竞争也不仅仅限于少数行业和部门，而是广泛渗透到多个行业和领域，是一个国家整体参与的活动。创新竞争力已经成为提升国家竞争力的战略支撑。因此，创新已不仅仅只是一种手段和工具，它早已上升为一个国家和地区的核心竞争力。

国家创新竞争力研究就是适应这种形势的发展需求而提出来的。国家创新竞争力反映一个国家在世界范围内对创新资源的吸引力和创新空间的扩张力，以及对周边国家或地区的影响力、辐射力、带动力。它不仅注重一国的显在创新能力，还注重它的潜在创新实力。国家创新竞争力研究与创新问题研究是一脉相承的，创新问题百年来的研究成果为开展国家创新竞争力研究提供了前提和基础。国家创新竞争力研究将创新与竞争力有机结合起来，从经济学、管理学、统计学、社会学等多学科、多维度地对国家创新竞争力进行深入探讨，突出对国家创新能力的深度探索。因此，开展国家创新竞争力研究既是对国家创新能力和竞争力理论的进一步深化与提升，更是适应全球竞争力演变发展趋势的客观需要，具有重要的理论和现实意义。

习近平主席在2020年3月举办的二十国集团领导人应对新冠肺炎特别峰会上的重要讲话中指出，疫情是我们的共同敌人。各国必须携手拉起最严密的联防联控网络。中方已经建立新冠肺炎疫情防控网上知识中心，向所有国家开放。要集各国之力，共同合作加快药物、疫苗、检测等方面科研攻关，力争早日取得惠及全人类的突破性成果。可见，在全球新冠肺炎疫情仍在持续蔓延的背景下,世界各国特别是 G20 各成员携手加强科研攻关,强化科技创新合作,已成为黯淡世界里的一道亮光。

鉴于当前全球科技竞争的新趋势和新要求,由福建师范大学、科技部中国科学技术交流中心、中智科学技术评价研究中心、国际欧亚科学院中国科学中心等单位联合攻关,具体由全国经济综合竞争力研究中心福建师范大学分中心负责《二十国集团(G20)国家创新竞争力发展报告(2019~2020)》黄皮书,这是该课题组推出的第七部最新研究成果。2011 年 12 月,该课题组推出第一部《二十国集团(G20)国家创新竞争力发展报告(2001~2010)》黄皮书,立即引起了各国政府、学术界和新闻界的广泛关注,产生了强烈的社会反响。2012 年该书荣获第三届"中国优秀皮书奖·报告奖"一等奖。2013 年 9 月,第二部《二十国集团(G20)国家创新竞争力发展报告(2011~2013)》黄皮书面世,并在第八次二十国集团领导人峰会召开前夕在北京举行发布会。2014 年 11 月,第三部《二十国集团(G20)国家创新竞争力发展报告(2013~2014)》黄皮书面世,并在第九次二十国集团领导人峰会召开前夕在北京举行发布会。2016 年 8 月,第四部《二十国集团(G20)国家创新竞争力发展报告(2015~2016)》黄皮书面世,并在第十一次二十国集团领导人峰会召开前夕在北京举行发布会,同时还联合科技部中国科学技术交流中心、中共中央党校国际战略研究院等七家单位合作发起成立了"二十国集团(G20)联合研究中心",致力于联合加强推动对 G20 问题的深度研究。2017 年 7 月,第五部《二十国集团(G20)国家创新竞争力发展报告(2016~2017)》黄皮书面世,并在第十二次二十国集团领导人峰会召开前夕在北京举行发布会,得到了海内外的广泛关注和积极认可。2018 年 11 月,第六部《二十国集团(G20)国家创新竞争力发展报告(2017~2018)》黄皮书和第二部《世界创新竞争力发展报告(2011~2017)》黄皮书面世,并在第十三次二十国集团领导人峰会召开前夕在北京举行发布会,产生了积极的社会反响。

最新出版的这部《二十国集团(G20)国家创新竞争力发展报告(2019~2020)》黄皮书是该研究团队推出的第七部"G20 国家创新竞争力黄皮书"。本书选取 G20 国家创新竞争力作为研究内容,以竞争的独特视角诠释国家创新体系建设中所包含的创新基础、创新环境、创新投入、创新产出、创新持续等深刻的内涵,把建设创新型国家从国家战略层面细化至具体评价层面;同时又赋予了国家创新竞争力新理念、新内涵。值得一提的是，这项研究工作始终得到了中国社会科学院社会科学文献出版社等单位的大力支持，特别是国家科技部二级专技、国际欧亚科学院院士、国际欧亚科学院中国科学中心原秘书长赵新力先生给予了鼎力支持与热心指导。

我们紧密跟踪经济学、管理学、统计学等多学科的前沿研究成果，深入分析G20 集团国家创新竞争力的发展水平、变化特征、内在动因及未来趋势，并根据本课题组所构建的 G20 国家创新竞争力指标体系及数学模型，对 2017～2018 年（由于国际科技统计数据的公布一般要滞后两年，所以目前我们所能采集到的最新统计数据是截至 2018 年）G20 集团（本报告选择 G20 集团中的国家作为研究对象，由于欧盟作为一个联合体，因此不纳入评价范围）中的 19 个成员国的创新竞争力进行全面深入、科学的比较分析和评价，深刻揭示不同类型和发展水平的国家创新竞争力的特点及其相对差异性，明确各自内部的竞争优势和薄弱环节，追踪研究 G20 内部各国创新竞争力的演化轨迹和提升路径，为世界各国提升国家创新竞争力提供有价值的理论指导和实践对策。全书分四大部分，基本框架如下。

第一部分：总报告，即 G20 集团国家创新竞争力总体评价与比较分析报告。总报告是对 2017～2018 年 G20 中的 19 个成员国的国家创新竞争力进行评价分析，根据课题组所构建的 1 个一级指标、5 个二级指标、33 个三级指标组成的评价体系，在进行综合分析的基础上，对 G20 中各成员国的国家创新竞争力变化态势进行评价分析，分析各国国家创新竞争力的发展状况以及区域分布情况，明示各国国家创新竞争力的优劣势和相对地位，阐释评价期内国家创新竞争力的变化特征及发展启示，提出增强国家创新竞争力的战略原则、战略取向和战略对策，为 G20 各国加快提升国家创新竞争力提供有价值的决策分析依据。

第二部分：分报告，分国别对国家创新竞争力进行评价分析。对 2017～2018 年 G20 中的 19 个成员国的国家创新竞争力进行全面深入、科学的比较分析和评价（分报告中 G20 各国按照国名英文字母的顺序排序），深刻揭示不同类型和发展水平的各国创新竞争力的特点及其相对差异，明确各自内部的竞争优势和薄弱环节，追踪研究各国创新竞争力的演化轨迹和提升路径。

第三部分：专题报告，选取与科技创新有关的热点问题进行深入分析。本部分根据 2020 年沙特 G20 峰会的三大主题,设置了后疫情时代 G20 合作发展的动态变化与趋势展望、后疫情时代 G20 国际贸易发展趋势与政策展望、后疫情时代 G20 金融科技发展趋势与政策展望、后疫情时代 G20 数字经济发展面临的机遇与挑战、后疫情时代 G20 新型基础设施建设重点与政策展望、后疫情时代 G20 新能源开发合作与政策展望六个领域的热点问题,为进一步了解和提升二十国集团创新竞争力提供有益补充。

第四部分:附录,介绍本书所构建的国家创新竞争力指标评价体系,并列出了 2017~2018 年 G20 国家创新竞争力的 1 个一级指标、5 个二级指标数值和排名情况,为读者进行定量化分析提供参考依据。

本书在借鉴国内外前期研究成果的基础上,综合吸收了多学科的理论知识与分析方法,力图在国家创新竞争力的理论、方法和评价上不断推陈出新。当然,这是一项跨越多个学科的研究课题,受到知识结构、研究能力和占有资料有限等主客观因素的制约,课题组在一些方面的认识和研究仍然不够深入和全面,还有许多需要深入研究的问题未有触及。鉴于此,我们将继续深化研究,不断完善理论体系和分析方法,并对 G20 中各成员国如何提升国家创新竞争力的具体对策作出新的探索与思考。我们愿与关注这些问题的各国政府机构、世界各相关研究领域的科研机构的研究者一道,继续深化对国家创新竞争力的理论和方法的研究,使国家创新竞争力的评价更加科学、更加完善,希冀能对中国及世界各国的科技创新发展提供有价值的决策借鉴。

作 者

2020 年 12 月

目 录

Ⅲ　第三部分　专题报告

Ⅳ 第四部分 附录

皮书数据库阅读**使用指南**

CONTENTS

Part I   General Report

Part II   Sub Reports

Part Ⅲ　Special Reports

Part IV Appendix

第一部分 总报告

Part 1 General Report

Y.1
G20国家创新竞争力总体评价与比较分析

二十国集团（G20）作为发达国家与新兴市场国家进行国际对话与合作的重要平台，发挥着越来越重要的作用。据世界银行统计数据，2019年，G20拥有全球65.6%的人口，国内生产总值约占全球的95.4%，贸易额占全球的89.7%。此外，G20在国际货币基金组织和世界银行所占的股权份额约为65%。可以说，G20在全球经济发展中发挥着举足轻重的作用，而且它在全球科技创新中表现出的竞争力和活力也决定着世界科技创新的未来和方向。此外，随着科技创新作用的日益凸显，国家之间的竞争越来越表现为国家创新竞争力的较量，国家创新竞争力已成为支撑和引领世界经济发展和人类文明进步的主要动力。本部分将着重对2017～2018年G20国家创新竞争力以及创新竞争力中各要素的排名变化进行深入分析，从中找出G20国家创新竞争力的推动点及影响因素。

1 G20国家创新竞争力总体评价

1.1 G20国家创新竞争力评价结果

根据国家创新竞争力指标体系和数学模型，对 2017～2018 年 G20 国家创新竞争力进行评价。① 表 1-1 列出了本评价期内 G20 国家创新竞争力得分、排位及其变化情况，以及下属 5 个二级指标的评价结果。

1.1.1 G20国家创新竞争力综合排名及其变化

图 1-1 直观地展现了 2017～2018 年 G20 国家创新竞争力的得分、排位情况。

2018 年 G20 国家创新竞争力处于第一方阵（1～5 位）的依次为：美国、英国、德国、日本、韩国；排在第二方阵（6～10 位）的依次为：澳大利亚、中国、法国、加拿大、意大利；处于第三方阵（11～15 位）的依次为：俄罗斯、沙特阿拉伯、巴西、土耳其、南非；处于第四方阵（16～19 位）的依次为：墨西哥、印度、阿根廷、印度尼西亚。

2017 年 G20 国家创新竞争力处于第一方阵（1～5 位）的依次为：美国、英国、德国、韩国、日本；排在第二方阵（6～10 位）的依次为：澳大利亚、法国、中国、加拿大、意大利；处于第三方阵（11～15 位）的依次为：俄罗斯、巴西、土耳其、沙特阿拉伯、南非；处于第四方阵（16～19 位）的依次为：墨西哥、印度、阿根廷、印度尼西亚。

2017～2018 年，共有 7 个国家的创新竞争力排位发生变化，其中上升幅度最大的是沙特阿拉伯，上升了 2 位，中国、日本均上升了 1 位；韩国、法国、巴西、土耳其均下降了 1 位。此外，没有国家发生跨方阵变动。

---

① 注：本报告中各级指标得分的计算都精确到小数点后三位或四位数，但本书图表和相关正文中的指标得分只保留到小数点后 1 位数，故部分指标得分加减后可能有正负 0.1 的误差。

表1-1 2017~2018年G20国家创新竞争力评价比较

项目 国家	2018年						2017年						综合变化
	创新竞争力	创新基础竞争力	创新环境竞争力	创新投入竞争力	创新产出竞争力	创新持续竞争力	创新竞争力	创新基础竞争力	创新环境竞争力	创新投入竞争力	创新产出竞争力	创新持续竞争力	
美国	78.5	93.5	59.6	82.8	82.9	73.6	80.0	94.7	63.4	84.0	86.8	71.2	-1.5
	1	1	5	1	1	1	1	1	4	1	1	1	0
英国	51.7	58.0	66.8	36.3	34.3	63.1	49.0	57.2	69.7	32.8	37.5	47.8	2.7
	2	3	1	8	7	2	2	2	1	9	3	7	0
德国	49.4	51.4	55.2	48.4	37.5	54.3	48.4	46.7	58.5	48.8	34.3	53.5	1.0
	3	4	8	3	5	5	3	4	9	3	6	2	0
日本	45.3	36.2	59.0	46.1	42.6	42.8	44.4	35.7	61.3	46.8	37.0	41.1	0.9
	4	9	6	4	3	9	5	8	8	4	4	13	1
韩国	45.3	34.3	59.9	36.5	38.1	57.5	44.8	34.3	64.4	38.9	35.7	50.8	0.4
	5	10	3	7	4	3	4	9	3	7	5	3	-1
澳大利亚	45.2	58.1	60.2	40.1	13.6	53.8	44.4	56.6	62.6	39.0	14.7	48.8	0.8
	6	2	2	5	15	6	6	3	5	6	11	6	0
中国	44.2	42.2	42.0	51.7	49.7	35.4	43.6	31.0	54.8	51.7	40.3	40.3	0.6
	7	6	12	2	2	12	8	10	12	2	2	15	1
法国	43.9	47.0	48.5	38.1	31.5	54.4	43.8	44.2	54.9	41.7	33.7	49.7	0.1
	8	5	10	6	8	4	7	5	11	5	7	5	-1
加拿大	39.3	41.2	56.9	36.3	15.7	46.4	41.0	41.1	62.6	38.1	16.1	47.0	-1.7
	9	7	7	9	14	8	9	6	6	8	10	8	0
意大利	33.1	39.6	49.5	23.1	18.6	34.5	35.4	36.5	62.4	23.4	12.0	42.9	-2.4
	10	8	9	10	10	13	10	7	7	10	14	10	0
俄罗斯	25.6	9.2	59.8	18.6	12.1	28.4	29.4	9.6	65.4	20.2	12.3	39.5	-3.8
	11	14	4	12	16	18	11	16	2	11	13	16	0

续表

国家		2018年 创新竞争力	创新基础竞争力	创新环境竞争力	创新投入竞争力	创新产出竞争力	创新持续竞争力	2017年 创新竞争力	创新基础竞争力	创新环境竞争力	创新投入竞争力	创新产出竞争力	创新持续竞争力	综合变化
沙特阿拉伯	得分	25.2	23.2	41.0	7.5	1.5	52.8	24.4	21.3	50.5	7.2	0.0	42.7	0.9
	排名	12	11	14	16	19	7	14	11	13	16	19	11	2
巴西	得分	23.9	15.3	30.4	16.0	16.1	41.8	27.4	15.9	40.1	15.6	14.7	50.7	-3.5
	排名	13	12	16	14	13	10	12	12	16	14	12	4	-1
土耳其	得分	23.8	8.4	41.2	21.5	17.0	31.0	24.6	10.0	41.4	20.2	5.9	45.5	-0.8
	排名	14	15	13	11	11	15	13	15	15	12	16	9	-1
南非	得分	20.6	5.5	47.6	11.3	6.2	32.6	23.4	4.7	55.6	12.0	4.1	40.6	-2.8
	排名	15	18	11	15	17	14	15	18	10	15	18	14	0
墨西哥	得分	20.6	12.2	32.8	2.5	25.0	30.7	21.8	12.5	42.0	3.1	28.8	22.7	-1.2
	排名	16	13	15	18	9	16	16	13	14	18	8	19	0
印度	得分	19.3	6.6	22.3	16.8	34.4	16.6	20.1	5.8	30.0	17.6	23.6	23.3	-0.7
	排名	17	17	19	13	6	19	17	17	19	13	9	18	0
阿根廷	得分	16.3	7.5	23.1	4.1	3.1	36.7	19.0	10.8	30.3	4.4	7.2	42.4	-2.7
	排名	18	16	18	17	18	11	18	14	18	17	15	12	0
印度尼西亚	得分	14.2	2.7	22.3	0.2	16.6	28.6	13.4	4.1	33.8	0.5	5.1	23.7	0.8
	排名	19	19	18	19	12	17	19	19	17	19	17	17	0
最高分		78.5	93.5	66.8	82.8	82.9	73.6	80.0	94.7	69.7	84.0	86.8	71.2	-1.5
最低分		14.2	2.7	22.3	0.2	1.5	16.6	13.4	4.1	30.0	0.5	0.0	22.7	0.8
平均分		35.0	31.2	46.6	28.3	26.1	42.9	35.7	30.1	52.8	28.7	23.7	43.4	-0.7
标准差		15.8	23.6	13.4	20.4	18.9	14.0	15.2	22.9	12.4	20.6	19.7	11.1	0.6

注：各地区对应的两行数列中，上一行为指标得分，下一行为指标排名。

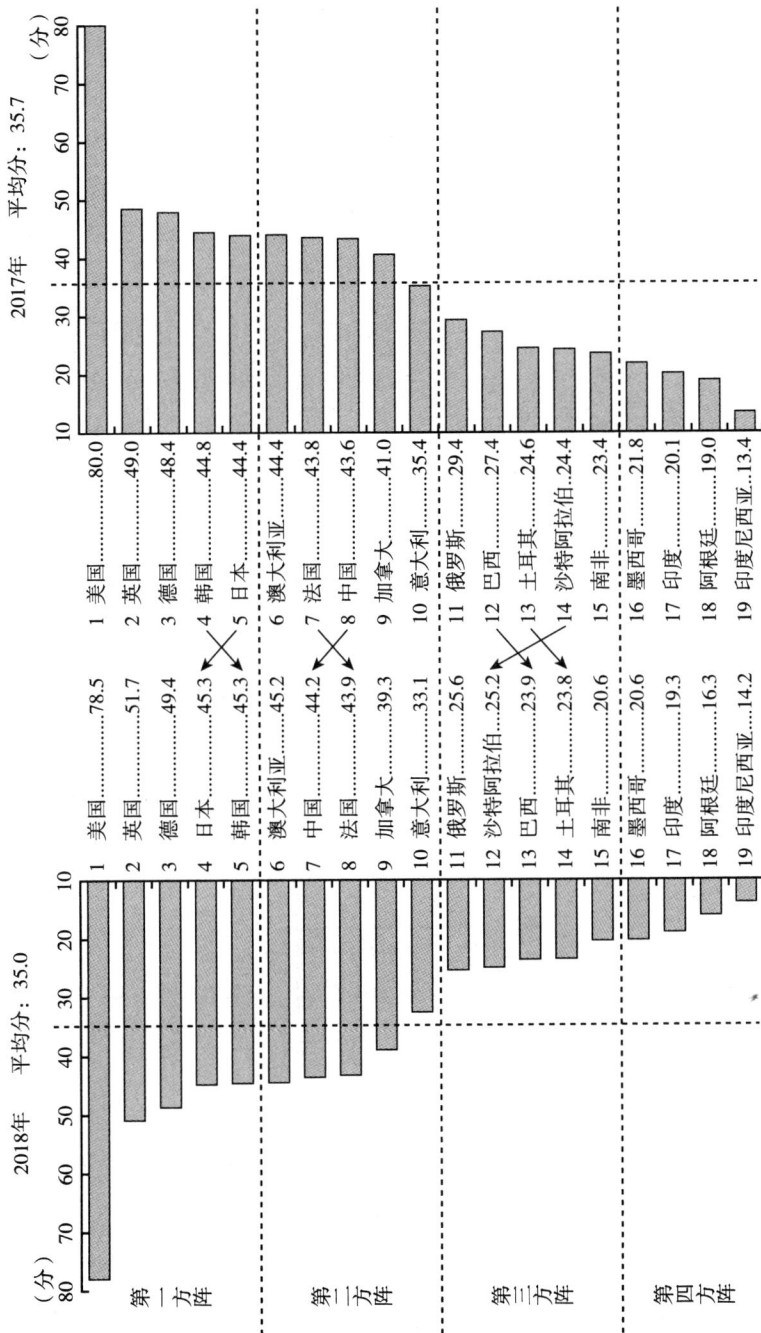

图 1－1　2018 年和 2017 年 G20 国家创新竞争力得分及排位情况

注：左边的柱状图为 2018 年数据，右边的柱状图为 2017 年数据。箭头的方向表示 2017～2018 年的排名变化。下同。

2018年　平均分：35.0

	2018年	
第一方阵	1 美国	78.5
	2 英国	51.7
	3 德国	49.4
	4 日本	45.3
	5 韩国	45.3
第二方阵	6 澳大利亚	45.2
	7 中国	44.2
	8 法国	43.9
	9 加拿大	39.3
	10 意大利	33.1
第三方阵	11 俄罗斯	25.6
	12 沙特阿拉伯	25.2
	13 巴西	23.9
	14 土耳其	23.8
	15 南非	20.6
第四方阵	16 墨西哥	20.6
	17 印度	19.3
	18 阿根廷	16.3
	19 印度尼西亚	14.2

2017年　平均分：35.7

	2017年	
1 美国	80.0
2 英国	49.0
3 德国	48.4
4 韩国	44.8
5 日本	44.4
6 澳大利亚	44.4
7 法国	43.8
8 中国	43.6
9 加拿大	41.0
10 意大利	35.4
11 俄罗斯	29.4
12 巴西	27.4
13 土耳其	24.6
14 沙特阿拉伯	24.4
15 南非	23.4
16 墨西哥	21.8
17 印度	20.1
18 阿根廷	19.0
19 印度尼西亚	13.4

005

1.1.2 G20国家创新竞争力综合得分及其变化

由图1-1可知，G20国家创新竞争力得分呈阶梯状分布，且差异非常大。2018年，只有美国的创新竞争力得分达到70分以上，其余国家均低于60分；其中，有1个国家介于50~60分，有6个国家介于40~50分，2个国家介于30~40分，6个国家介于20~30分，3个国家介于10~20分。

国家创新竞争力较高的国家主要分布在发达国家，9个发达国家全部处于第一方阵和第二方阵，只有排在第7位的中国是发展中国家，这主要是由于发达国家的经济实力雄厚，在创新基础、创新环境、创新投入、创新产出等各方面都有显著优势，因此，这些国家创新能力和竞争力也比较强。国家创新竞争力较低的主要是发展中国家，集中分布在第三和第四方阵，这主要是由于这些国家的经济社会发展水平相对较低，创新投入相对较少，创新环境还不够好，创新效率也比较低，与发达国家存在明显的差距。

G20国家创新竞争力得分的变化情况如表1-2所示。

表1-2 2017~2018年G20国家创新竞争力总体得分变化情况

2018年排名	国　　家	2018年得分	2017年得分	得分变化	得分变化幅度排序
1	美　　国	78.5	80.0	-1.6	13
2	英　　国	51.7	49.0	2.7	1
3	德　　国	49.4	48.4	1.0	2
4	日　　本	45.3	44.4	0.9	3
5	韩　　国	45.3	44.8	0.4	8
6	澳大利亚	45.2	44.4	0.8	6
7	中　　国	44.2	43.6	0.6	7
8	法　　国	43.9	43.8	0.1	9
9	加拿大	39.3	41.0	-1.7	14
10	意大利	33.1	35.4	-2.4	15
11	俄罗斯	25.6	29.4	-3.8	19
12	沙特阿拉伯	25.2	24.4	0.9	4
13	巴　　西	23.9	27.4	-3.5	18
14	土耳其	23.8	24.6	-0.8	11
15	南　　非	20.6	23.4	-2.8	17
16	墨西哥	20.6	21.8	-1.2	12
17	印　　度	19.3	20.1	-0.7	10
18	阿根廷	16.3	19.0	-2.7	16
19	印度尼西亚	14.2	13.4	0.8	5
平均分		35.0	35.7	-0.7	—

由表1-2可知，2017~2018年，共有10个国家的创新竞争力得分下降，9个国家得分上升，最终使得G20国家创新竞争力平均得分略微下降了0.7分。

有5个国家的得分下降明显，降幅均在2分以上；其中俄罗斯的下降幅度最大，达到3.8分。英国的得分上升比较明显，上升了2.7分。

1.1.3　G20国家创新竞争力要素得分及贡献率

表1-1列出了2017~2018年G20国家创新竞争力二级指标的评价结果，展示了国家创新竞争力5个二级指标的得分和排名及其波动情况。

从得分的变化情况来看，2018年，国家创新竞争力的最高得分为78.5分，比2017年下降了1.5分；最低得分为14.2分，比2017年上升了0.8分；平均分为35.0分，比2017年下降了0.7分。这表明G20国家整体的创新竞争力水平略微下降。反映在二级指标上，则是2个二级指标的得分上升，3个二级指标的得分下降，其中，创新环境竞争力的得分下降最快，平均分从2017年的52.8分下降到2018年的46.6分，下降了6.2分；创新投入竞争力和创新持续竞争力的平均分分别下降了0.4分和0.5分。

通过对比2017~2018年G20国家创新竞争力的得分变化情况可以发现，G20国家创新竞争力的整体水平略微下降，这主要是由创新环境竞争力、创新投入竞争力和创新持续竞争力的下降导致的。在今后的创新实践中，G20各国需要重点关注创新环境的改善、创新投入的增加和创新的可持续性，同时也要进一步夯实创新基础，提高创新效率，有效阻止国家创新竞争力的下降。

从得分差异来看，2018年国家创新竞争力得分的标准差为15.8，各国的差异比较大，这一点也可以从图1-1直观地看出。二级指标中，标准差最高的是创新基础竞争力，高达23.6；创新投入竞争力和创新产出竞争力的标准差也比较高，分别为20.4和18.9；创新环境竞争力和创新持续竞争力的标准差相对较低，分别为13.4和14.0。这表明，各国在创新基础竞争力、创新投入竞争力和创新产出竞争力方面的巨大差异是导致整体国家创新竞争力差异的主要因素。因此，国家创新竞争力比较低的国家，尤其需要在创新基础竞争力、创新投入竞争力和创新产出竞争力方面加倍努力，不断缩小与其他国家的差距。

为了更好地分析各二级指标对一级指标创新竞争力的贡献作用，我们将各二级指标的得分与其权重相乘，折算为反映在一级指标上的得分，然后除以一级指标的总得分，则可得到各二级指标的贡献率，这样可以更加直观地看出每个二级指标对一级指标的贡献大小，如图1－2所示。

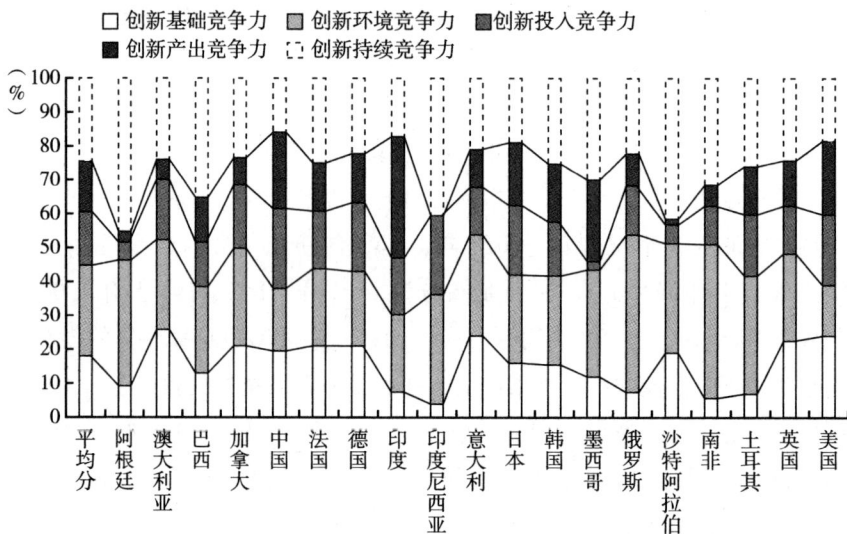

图1－2　2018年G20国家创新竞争力要素贡献率

由图1－2可见，创新环境竞争力对国家创新竞争力的贡献率最高，平均贡献率为26.62%，创新持续竞争力的贡献率其次，为24.50%；创新基础竞争力的贡献率也比较高，为17.80%；创新投入竞争力和创新产出竞争力的贡献率相对较低，分别为16.16%和14.93%。当然，各国二级指标的贡献率略有差别。各国在提升国家创新竞争力的过程中，需要关注对自身国家创新竞争力作出较大贡献的指标，继续加强巩固。同时，对于贡献率暂时比较低的指标也要加以重视，继续加大这方面的努力和工作力度，着力提高其贡献率。

1.2　G20国家创新竞争力评价比较分析

1.2.1　G20国家创新竞争力矩阵分析

表1－3列出了2017～2018年G20中各方阵的国家创新竞争力的平均得分情况。

表1-3 2017~2018年各方阵国家创新竞争力平均得分情况

单位：分

项目	得分平均值	创新竞争力	创新基础竞争力	创新环境竞争力	创新投入竞争力	创新产出竞争力	创新持续竞争力
第一方阵	2018年	54.0	54.7	60.1	50.0	47.1	58.3
	2017年	53.3	53.7	63.5	50.3	46.2	52.9
	得分变化	0.7	1.0	-3.4	-0.3	0.8	5.4
第二方阵	2018年	41.1	45.6	51.4	37.8	25.8	44.9
	2017年	41.6	41.9	59.5	38.8	23.4	45.7
	得分变化	-0.5	3.8	-8.0	-0.9	2.5	-0.9
第三方阵	2018年	23.8	12.3	44.0	15.0	10.6	37.3
	2017年	25.8	12.3	50.6	15.1	7.4	43.8
	得分变化	-2.0	0.0	-6.6	-0.1	3.2	-6.5
第四方阵	2018年	17.6	7.2	27.1	5.9	19.8	28.2
	2017年	18.6	8.3	34.0	6.4	16.2	28.1
	得分变化	-1.0	-1.1	-6.9	-0.5	3.6	0.1

从表1-3可以看出，2018年，第一方阵与第二方阵的平均得分相差较大，两者相差12.9分，得分比差为1.31∶1；第二方阵与第三方阵的平均得分相差更大，两者相差17.3分，得分比差为1.72∶1；第三方阵与第四方阵的平均得分相差相对较小，两者相差6.2分，得分比差为1.35∶1。第一方阵与第四方阵的差距则非常大，得分比差达到3.07∶1。

除了第一方阵外，其他方阵的国家创新竞争力平均得分均下降，其中，第三方阵的平均得分下降幅度最大，达到2.0分，第二方阵和第四方阵分别下降了0.5分和1.0分。

反映在二级指标上，它们的得分差距及变化状况可以从图1-3、图1-4直观地表现出来。

由图1-3、图1-4可知，2018年，第三方阵、第四方阵的创新基础竞争力的得分与第一方阵、第二方阵的得分差距很大，第一方阵和第二方阵则相对比较接近，第三方阵和第四方阵的得分分别为12.3分和7.2分，分别约为第一方阵的22.6%和13.2%；创新投入竞争力的情况也类似，第三方阵和第四方阵的得分分别为15.0分和5.9分，分别约为第一方阵的29.9%和11.8%；各个方阵在创新环境竞争力和创新持续竞争力上的差距不大。

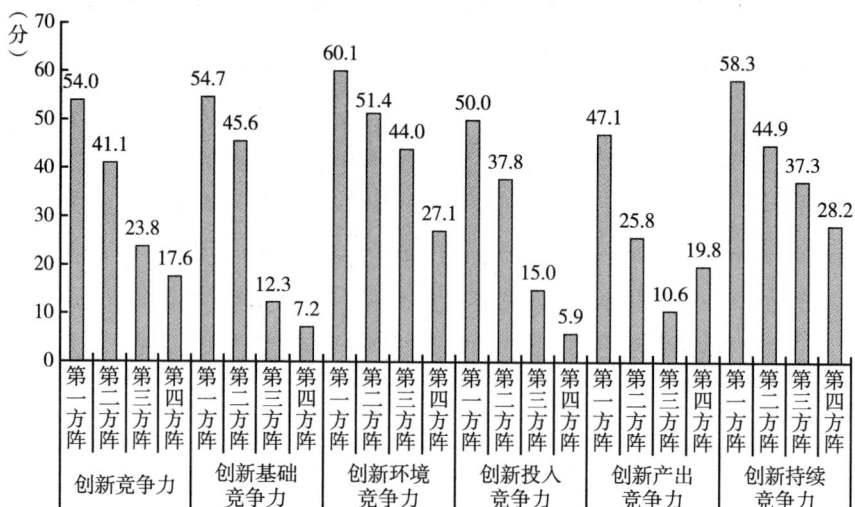

图1-3　2018年国家创新竞争力及其二级指标的方阵得分情况

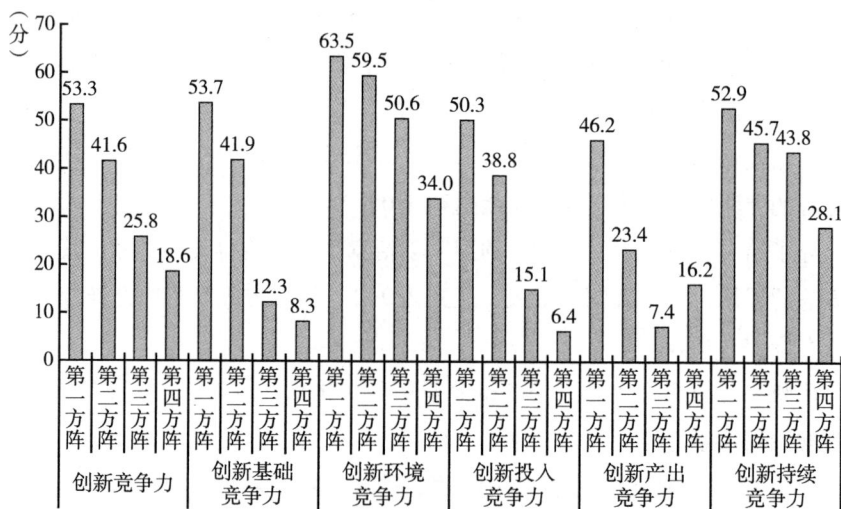

图1-4　2017年国家创新竞争力及其二级指标的方阵得分情况

　　此外，2017~2018年，有些方阵的个别二级指标的得分变化很大，例如第二方阵、第三方阵、第四方阵的创新环境竞争力分别下降了8.0分、6.6分和6.9分；第三方阵的创新持续竞争力下降了6.5分。

2 G20国家创新竞争力区域分析

2.1 G20国家创新竞争力均衡性分析

按照阈值法进行无量纲化处理和加权求和后得到的 G20 各国创新竞争力得分及排位，反映的只是单个国家的创新竞争力状况，要更为准确地反映 G20 国家创新竞争力的实际差异及整体状况，还需要分析国家创新竞争力的得分分布情况，对国家创新竞争力得分的实际差距及其均衡性进行深入研究和分析。图 2－1、图 2－2 分别列出了 2018 年和 2017 年 G20 国家创新竞争力评价分值的分布情况。

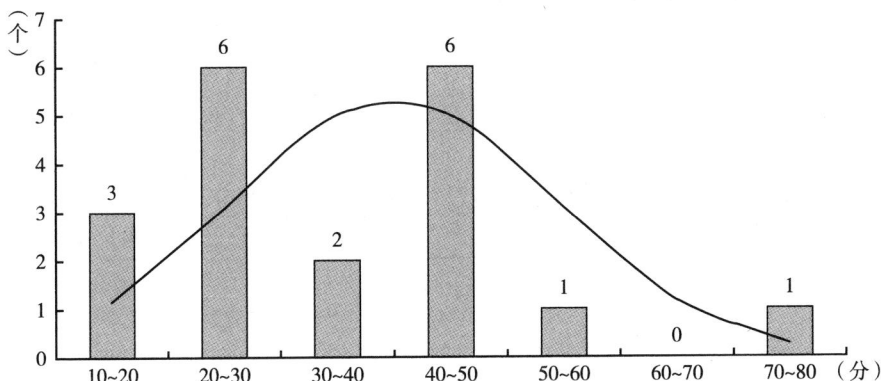

图 2－1 2018 年 G20 国家创新竞争力评价分值分布

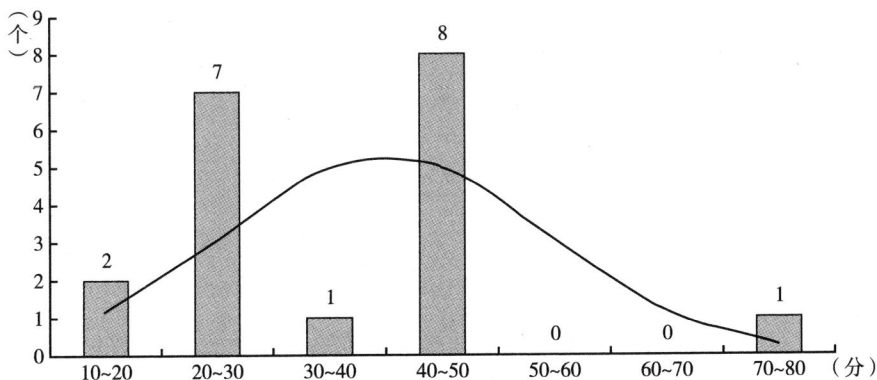

图 2－2 2017 年 G20 国家创新竞争力评价分值分布

从图2-1、图2-2可以看出，2017年和2018年的国家创新竞争力分布情况差异较大。2017年，得分高于50分以上的国家只有1个，多数国家分布在20~30分和40~50分区间。而2018年得分高于50分的国家有2个，大部分国家也是分布在20~30分和40~50分区间。

此外，结合表1-1可以发现，各个得分区间段内的各个国家得分差距比较小，例如2018年，得分在40~50分区间的6个国家的得分非常接近，最高是德国，最低是法国，两者得分相差5.5分。但整体来看，各个国家得分差距非常明显，美国得分最高为78.5分，远远超过其他所有国家，其他国家得分均没有高于55分。得分最低的印度尼西亚只有14.2分，阿根廷也只有16.3分，与美国和其他发达国家得分差距非常大。

2.2 G20国家创新竞争力区域评价分析

表2-1列出了2017~2018年G20国家所在的世界六大洲国家创新竞争力的平均得分及其变化情况。

表2-1 2017~2018年分区域国家创新竞争力平均得分及其变化

单位：分

项目 \ 得分		2018年	2017年	得分变化
北美洲	美国	78.5	80.0	-1.6
	加拿大	39.3	41.0	-1.7
	墨西哥	20.6	21.8	-1.2
	平均分	46.1	47.6	-1.5
南美洲	阿根廷	16.3	19.0	-2.7
	巴西	23.9	27.4	-3.5
	平均分	20.1	23.2	-3.1
欧洲	法国	43.9	43.8	0.1
	德国	49.4	48.4	1.0
	意大利	33.1	35.4	-2.4
	俄罗斯	25.6	29.4	-3.8
	土耳其	23.8	24.6	-0.8
	英国	51.7	49.0	2.7
	平均分	37.9	38.4	-0.5

项目	得分	2018年	2017年	得分变化
亚洲	中国	44.2	43.6	0.6
	印度	19.3	20.1	-0.7
	印度尼西亚	14.2	13.4	0.8
	日本	45.3	44.4	0.9
	韩国	45.3	44.8	0.4
	沙特阿拉伯	25.2	24.4	0.9
	平均分	32.3	31.8	0.5
非洲	南非	20.6	23.4	-2.8
大洋洲	澳大利亚	45.2	44.4	0.8

从得分情况来看，2018年G20国家所在的世界六大洲国家创新竞争力的评价分值为：北美洲46.1分、南美洲20.1分、欧洲37.9分、亚洲32.3分、非洲20.6分、大洋洲45.2分，比差为2.29∶1.0∶1.89∶1.60∶1.03∶2.25，差距明显。2017年的情况也类似。总体来说，2017～2018年，六大洲区域差异比较大。

从分值变化情况来看，2017～2018年，G20国家分布在世界六大洲中，除了亚洲和大洋洲外，其余各大洲的国家创新竞争力平均得分均下降，其中，南美洲的下降幅度最大，达到3.1分；非洲的下降幅度也比较大，下降了2.8分。

2.3　G20国家创新竞争力区域内部评价分析

G20国家涵盖了世界六大洲，各洲之间的国家创新竞争力得分差距比较大，同时在各洲内，各国之间的差距也比较大。为了进一步分析G20国家区域内部各国的创新竞争力差异情况，表2-2、表2-3、表2-4和表2-5分别列出了2017～2018年G20中所属的北美洲、南美洲、欧洲、亚洲的国家创新竞争力排位情况。在这里，我们用各国排位来进行差异分析，主要是考虑到通过排位比较分析，可以清楚地看到各国在各区域内部的位次情况，以及在G20国家中的位次情况，可以从G20和区域内两个维度来分析其差异，这样会更全面、更客观。同时，还可以看出各国所属的方阵以及跨方阵的变化情况。结合表2-1，可以更好地分析各个区域内部的差异情况。

表2-2　G20中所属北美洲国家的创新竞争力排位比较

项目	国家	美国	加拿大	墨西哥
北美洲排位	2018年	1	2	3
	2017年	1	2	3
	排位变化	0	0	0
G20排位	2018年	1	9	16
	2017年	1	9	16
	排位变化	0	0	0

从表2-2可以看出，G20国家中所属北美洲的3个国家，美国、加拿大和墨西哥的排位差距非常大。2017～2018年，美国始终排在第1位，处于第一方阵；而加拿大始终排在第9位，处于第二方阵；墨西哥则一直排在第16位，处于第四方阵。

从国家创新竞争力的得分来看，G20国家中所属北美洲的3个国家内部的差距也非常明显。如表2-1所示，2018年，美国的得分为78.5分，加拿大为39.3分，墨西哥仅为20.6分，比差为3.80∶1.90∶1，差距非常大。

总的来看，北美洲三个国家的创新竞争力排位稳定，平均得分为46.1分，在六大洲中最高，这主要得益于美国的影响，它极大地拉高了北美洲地区的国家创新竞争力整体水平。

从表2-3可以看出，G20国家中所属南美洲的2个国家，阿根廷和巴西分别处于第四方阵和第三方阵。2017～2018年，阿根廷的排位保持不变，而巴西则从第12位下降到第13位。

从国家创新竞争力的得分来看，两国的差距也比较小。如表2-1所示，2018年，巴西的得分为23.9分，阿根廷为16.3分，相差7.6分，比差为1.47∶1。

总的来看，南美洲国家的创新竞争力排位变化很小，平均得分为20.1分，整体创新竞争力处于下游水平，是六大洲中最低的。

表 2 - 3　G20 中所属南美洲国家的创新竞争力排位比较

项　　目	国家	阿根廷	巴西
南美洲排位	2018	2	1
	2017	2	1
	排位变化	0	0
G20 排位	2018	18	13
	2017	18	12
	排位变化	0	-1

从表 2 - 4 可以看出，G20 国家中所属欧洲的 6 个国家之间的排位差距比较大，横跨了 3 个方阵。2018 年，既有处于第一方阵的德国和英国，也有处于第二方阵的法国和意大利，还有处于第三方阵的俄罗斯和土耳其；G20 中排在第 14 位的土耳其与排在第 2 位的英国，相差了 12 位。

各国的排位比较稳定，2017～2018 年，法国和土耳其的排位均下降了 1 位，其余国家保持不变。

从国家创新竞争力的得分来看，欧洲 6 个国家的创新竞争力差距也比较大。如表 2 - 1 所示，2018 年，最高分英国为 51.7 分，最低分土耳其为 23.8 分，前者是后者的 2.17 倍。

总的来看，欧洲国家的创新竞争力排位比较稳定，平均得分为 37.9 分，整体创新竞争力处于上游水平。

表 2 - 4　G20 中所属欧洲地区的国家创新竞争力排位比较

项　　目	国家	法国	德国	意大利	俄罗斯	土耳其	英国
欧洲排位	2018	3	2	4	5	6	1
	2017	3	2	4	5	6	1
	排位变化	0	0	0	0	0	0
G20 排位	2018	8	3	10	11	14	2
	2017	7	3	10	11	13	2
	排位变化	-1	0	0	0	-1	0

从表 2 - 5 可以看出，G20 国家中所属亚洲的 6 个国家之间的排位差距比较大，横跨了 4 个方阵。2018 年，日本、韩国处于第一方阵，中国处于第二

表2-5　G20中所属亚洲国家的创新竞争力排位比较

项　目	国　家	中国	印度	印度尼西亚	日本	韩国	沙特阿拉伯
亚洲排位	2018	3	5	6	1	2	4
	2017	3	5	6	2	1	4
	排位变化	0	0	0	1	-1	0
G20排位	2018	7	17	19	4	5	12
	2017	8	17	19	5	4	14
	排位变化	1	0	0	1	-1	2

方阵，沙特阿拉伯处于第三方阵，印度和印度尼西亚处于第四方阵；G20国家中排在第19位的印度尼西亚与排在第4位的日本相差了15位。

2017~2018年，沙特阿拉伯的排位上升了2位，中国、日本均上升了1位，韩国下降了1位，而印度和印度尼西亚的排位未发生变化。

从国家创新竞争力的得分来看，亚洲6个国家的差距也比较大。如表2-1所示，2018年，最高分日本为45.3分，最低分印度尼西亚为14.2分，前者是后者的3.18倍。

总的来看，亚洲国家的创新竞争力排位变化较小，平均得分为32.3分，整体创新竞争力处于中等水平。

3　G20国家创新竞争力专题分析

3.1　发达国家的创新竞争力评价分析

2017~2018年9个发达国家的创新竞争力排名和得分情况如表3-1所示。

从综合得分及其变化来看，9个发达国家的创新竞争力得分都比较高，2018年平均得分达到47.9分，是新兴市场国家平均得分的2.05倍；各个发达国家的得分均高于30分，美国达到78.5分，远远领先于其他国家；除美国外，各国的创新竞争力得分差异不大，标准差为11.9。有3个国家的得分出现了下降，其中下降幅度最大的是意大利，下降了2.4分，美国和加拿大分别下降了1.6分和1.7分；有6个国家的得分上升，除了英国上升幅度较大外，

表3-1　2017~2018年发达国家创新竞争力评价比较

项目 国家		2018年						2017年						综合变化
		创新竞争力	创新基础竞争力	创新环境竞争力	创新投入竞争力	创新产出竞争力	创新持续竞争力	创新竞争力	创新基础竞争力	创新环境竞争力	创新投入竞争力	创新产出竞争力	创新持续竞争力	
美国	数值	78.5	93.5	59.6	82.8	82.9	73.6	80.0	94.7	63.4	84.0	86.8	71.2	-1.6
	排名	1	1	5	1	1	1	1	1	4	1	1	1	
英国	数值	51.7	58.0	66.8	36.3	34.3	63.1	49.0	57.2	69.7	32.8	37.5	47.8	2.7
	排名	2	3	1	8	7	2	2	2	1	9	3	7	
德国	数值	49.4	51.4	55.2	48.4	37.5	54.3	48.4	46.7	58.5	48.8	34.3	53.5	1.0
	排名	3	4	8	3	5	5	3	4	9	3	6	2	
日本	数值	45.3	36.2	59.0	46.1	42.6	42.8	44.4	35.7	61.3	46.8	37.0	41.1	0.9
	排名	4	9	6	4	3	9	5	8	8	4	4	13	
韩国	数值	45.3	34.3	59.9	36.5	38.1	57.5	44.8	34.3	64.4	38.9	35.7	50.8	0.4
	排名	5	10	3	7	4	3	4	9	3	7	5	3	
澳大利亚	数值	45.2	58.1	60.2	40.1	13.6	53.8	44.4	56.6	62.6	39.0	14.7	48.8	-1
	排名	6	2	2	5	15	6	6	3	5	6	11	6	
法国	数值	43.9	47.0	48.5	38.1	31.5	54.4	43.8	44.2	54.9	41.7	33.7	49.7	0.1
	排名	7	5	10	6	8	4	7	5	11	5	7	5	
加拿大	数值	39.3	41.2	56.9	36.3	15.7	46.4	41.0	41.1	62.6	38.1	16.1	47.0	-1.7
	排名	8	7	7	9	14	8	9	6	6	8	10	8	
意大利	数值	33.1	39.6	49.5	23.1	18.6	34.5	35.4	36.5	62.4	23.4	12.0	42.9	-2.4
	排名	9	8	9	10	10	13	10	7	7	10	14	10	
最高分		78.5	93.5	66.8	82.8	82.9	73.6	80.0	94.7	69.7	84.0	86.8	71.2	-1.6
最低分		33.1	34.3	48.5	23.1	13.6	34.5	35.4	34.3	54.9	23.4	12.0	41.1	-2.4
平均分		47.9	51.0	57.3	43.1	35.0	53.4	47.9	49.7	62.2	43.7	34.2	50.3	0.0
标准差		11.9	17.1	5.3	15.6	19.7	10.7	12.0	17.8	3.8	15.9	21.0	8.2	0.0

其他国家上升幅度较小，最终使得发达国家整体的创新竞争力平均分保持不变。

从综合排位及其变化来看，9个发达国家的创新竞争力排名都很靠前，均处于第一方阵和第二方阵，而且第一方阵都被发达国家所占据，其中美国稳居第1位。各国的排位比较稳定，只有日本、韩国和法国的排位变化了1位，其余6个国家的排位保持不变。

从二级指标得分及其变化来看，发达国家的各个二级指标平均分都比较高，除了创新产出竞争力外，其余4个二级指标的平均分均在40分以上，远高于新兴市场国家。5个二级指标中，创新环境竞争力和创新投入竞争力的平均分分别下降了4.9分和0.7分，而创新基础竞争力、创新产出竞争力和创新持续竞争力的平均分分别提高了1.4分、0.8分和3.1分，最终整体的国家创新竞争力平均分保持不变。2018年，创新基础竞争力和创新产出竞争力的标准差比较大，分别达到17.1、19.7，这说明这两个指标是导致各国创新竞争力差异的主要因素。

从二级指标的排位及其变化来看，各国二级指标的排位均比较靠前，但也有个别国家的个别指标排位比较靠后，例如，2018年澳大利亚和加拿大的创新产出竞争力分别排在第15位和第14位，意大利的创新持续竞争力排在第13位。整体来看，二级指标的排位比较靠前或者比较均衡的国家，它们的综合竞争力排位也比较靠前，例如美国和德国。

总体来说，发达国家的整体创新竞争力水平比较高，排位比较靠前，且比较稳定。

3.2 新兴市场国家的创新竞争力评价分析

2017～2018年10个新兴市场国家的创新竞争力排名和得分情况如表3－2所示。

从综合得分及其变化来看，新兴市场国家的创新竞争力得分相对较低，2018年平均得分仅有23.4分，远低于发达国家，比2017年还下降了1.3分；除中国外，其余国家的得分均低于30分，最低的印度尼西亚只有14.2分；各国的创新竞争力得分差异不大，标准差只有7.8。此外，10个新兴市场国家中，有7个国家的创新竞争力得分出现了下降，下降幅度最大的是俄罗斯，下

表3-2　2017~2018年新兴市场国家创新竞争力评价比较

项目 国家	2018年 创新竞争力	创新基础竞争力	创新环境竞争力	创新投入竞争力	创新产出竞争力	创新持续竞争力	2017年 创新竞争力	创新基础竞争力	创新环境竞争力	创新投入竞争力	创新产出竞争力	创新持续竞争力	综合变化
中国	44.2 (7)	42.2 (6)	42.0 (12)	51.7 (2)	49.7 (2)	35.4 (12)	43.6 (8)	31.0 (10)	54.8 (12)	51.7 (2)	40.3 (2)	40.3 (15)	0.6 (1)
俄罗斯	25.6 (11)	9.2 (14)	59.8 (4)	18.6 (12)	12.1 (16)	28.4 (18)	29.4 (11)	9.6 (16)	65.4 (2)	20.2 (11)	12.3 (13)	39.5 (16)	-3.8 (0)
沙特阿拉伯	25.2 (12)	23.2 (11)	41.0 (14)	7.5 (16)	1.5 (19)	52.8 (7)	24.4 (14)	21.3 (11)	50.5 (13)	7.2 (16)	0.0 (19)	42.7 (11)	0.9 (2)
巴西	23.9 (13)	15.3 (12)	30.4 (16)	16.0 (14)	16.1 (13)	41.8 (10)	27.4 (12)	15.9 (12)	40.1 (16)	15.6 (14)	14.7 (12)	50.7 (4)	-3.5 (-1)
土耳其	23.8 (14)	8.4 (15)	41.2 (13)	21.5 (11)	17.0 (11)	31.0 (15)	24.6 (13)	10.0 (15)	41.4 (15)	20.2 (12)	5.9 (16)	45.5 (9)	-0.8 (-1)
南非	20.6 (15)	5.5 (18)	47.6 (11)	11.3 (15)	6.2 (17)	32.6 (14)	23.4 (15)	4.7 (18)	55.6 (10)	12.0 (15)	4.1 (18)	40.6 (14)	-2.8 (0)
墨西哥	20.6 (16)	12.2 (13)	32.8 (15)	2.5 (18)	25.0 (9)	30.7 (16)	21.8 (16)	12.5 (13)	42.0 (14)	3.1 (18)	28.8 (8)	22.7 (19)	-1.2 (0)
印度	19.3 (17)	6.6 (17)	22.3 (19)	16.8 (13)	34.4 (6)	16.6 (19)	20.1 (17)	5.8 (17)	30.0 (19)	17.6 (13)	23.6 (9)	23.3 (18)	-0.7 (0)
阿根廷	16.3 (18)	7.5 (16)	30.0 (17)	4.1 (17)	3.1 (18)	36.7 (11)	19.0 (18)	10.8 (14)	30.3 (18)	4.4 (17)	7.2 (15)	42.4 (12)	-2.7 (0)
印度尼西亚	14.2 (19)	2.7 (19)	23.1 (18)	0.2 (19)	16.6 (12)	28.6 (17)	13.4 (19)	4.1 (19)	33.8 (17)	0.5 (19)	5.1 (17)	23.7 (17)	0.8 (0)
最高分	44.2	42.2	59.8	51.7	49.7	52.8	43.6	31.0	65.4	51.7	40.3	50.7	0.6
最低分	14.2	2.7	22.3	0.2	1.5	16.6	13.4	4.1	30.0	0.5	0.0	22.7	0.8
平均分	23.4	13.3	37.0	15.0	18.2	33.5	24.7	12.6	44.4	15.2	14.2	37.2	-1.3
标准差	7.8	11.1	11.0	14.0	14.1	9.0	7.6	7.9	11.3	13.9	12.2	9.6	0.2

降了3.8分；巴西的下降幅度也比较大，下降了3.5分。只有中国、沙特阿拉伯、印度尼西亚的得分有略微上升，分别上升了0.6分、0.9分和0.8分。在各种因素的综合作用下，新兴经济体整体的创新竞争力平均得分下降了1.3分。

从综合排位及其变化来看，10个新兴市场国家的创新竞争力排名都比较靠后，只有中国处于第二方阵，其余国家则处于第三方阵或第四方阵。中国是新兴市场国家的佼佼者，2017年和2018年分别排在第8位和第7位，得分也远高于其他国家。各国的排位相对比较稳定，排位变化最大的是沙特阿拉伯，上升了2位，中国、巴西、土耳其的排位变化均为1位，其余6个国家的排位保持不变。

从二级指标得分及其变化来看，新兴市场国家的各个二级指标平均分都比较低，除了创新环境竞争力和创新持续竞争力外，其余3个二级指标的平均分均在30分以下，远低于发达国家。5个二级指标中，创新基础竞争力、创新产出竞争力的平均分分别上升了0.7分和4.0分，创新环境竞争力、创新投入竞争力、创新持续竞争力的平均分分别下降了7.4分、0.2分和3.7分。2018年，创新投入竞争力和创新产出竞争力的标准差比较大，分别达到14.0和14.1，是导致各国创新竞争力差异的主要因素。

从二级指标的排位及其变化来看，各国二级指标的排位均比较靠后，但也有个别国家的个别指标排位比较靠前，例如，2018年中国的创新投入竞争力和创新产出竞争力均排在第2位，俄罗斯的创新环境竞争力排在第4位，印度的创新产出竞争力排在第6位。整体来看，二级指标的排位比较靠前或者比较均衡的国家，它们的综合竞争力排位也比较靠前，例如中国、俄罗斯，而二级指标排位靠后的国家，它们的综合竞争力排位也比较靠后，例如印度尼西亚、阿根廷。

总体来说，新兴市场国家的整体创新竞争力水平比较低，排位比较靠后，变化不大，总体竞争力水平略有下降。

3.3 金砖国家的创新竞争力评价分析

2017～2018年金砖国家创新竞争力的排名和得分情况如表3-3所示。

从综合得分来看，2018年，金砖国家的平均得分为26.7分，比2017年下

表3-3 2017~2018年金砖国家创新竞争力评价比较

项目 国家		2018年						2017年						综合 变化
		创新 竞争力	创新 基础 竞争力	创新 环境 竞争力	创新 投入 竞争力	创新 产出 竞争力	创新 持续 竞争力	创新 竞争力	创新 基础 竞争力	创新 环境 竞争力	创新 投入 竞争力	创新 产出 竞争力	创新 持续 竞争力	
中国		44.2	42.2	42.0	51.7	49.7	35.4	43.6	31.0	54.8	51.7	40.3	40.3	0.6
		7	6	12	2	2	12	8	10	12	2	2	15	1
俄罗斯		25.6	9.2	59.8	18.6	12.1	28.4	29.4	9.6	65.4	20.2	12.3	39.5	-3.8
		11	14	4	12	16	18	11	16	2	11	13	16	0
巴西		23.9	15.3	30.4	16.0	16.1	41.8	27.4	15.9	40.1	15.6	14.7	50.7	-3.5
		13	12	16	14	13	10	12	12	16	14	12	4	-1
南非		20.6	5.5	47.6	11.3	6.2	32.6	23.4	4.7	55.6	12.0	4.1	40.6	-2.8
		15	18	11	15	17	14	15	18	10	15	18	14	0
印度		19.3	6.6	22.3	16.8	34.4	16.6	20.1	5.8	30.0	17.6	23.6	23.3	-0.7
		17	17	19	13	6	19	17	18	19	13	9	18	0
最高分		44.2	42.2	59.8	51.7	49.7	41.8	43.6	31.0	65.4	51.7	40.3	50.7	0.6
最低分		19.3	5.5	22.3	11.3	6.2	16.6	20.1	4.7	30.0	12.0	4.1	23.3	-0.7
平均分		26.7	15.8	40.4	22.9	23.7	31.0	28.8	13.4	49.2	23.4	19.0	38.9	-2.0
标准差		9.0	13.6	13.1	14.6	16.0	8.4	8.1	9.6	12.6	14.4	12.3	8.8	0.9

降了 2.0 分。中国的创新竞争力得分远高于其他国家，是唯一一个得分高于 40 分的国家。金砖国家的得分差异比较大，得分比差为 2.29∶1.33∶1.24∶1.07∶1。俄罗斯、巴西、南非的得分均高于 20 分，而印度的得分低于 20 分。

从综合得分变化来看，只有中国的得分上升，其余 4 个国家得分均下降。其中，俄罗斯和巴西分别下降了 3.8 分和 3.5 分；其次为南非，下降了 2.8 分。金砖国家的创新竞争力整体得分由此下降了 2.0 分。

从综合排名来看，2017~2018 年，中国是唯一一个处于第二方阵的国家，而俄罗斯、巴西和南非处于第三方阵，印度处于第四方阵。

从二级指标得分及其变化来看，金砖国家的创新环境竞争力和创新持续竞争力平均分相对较高，分别达到 40.4 分和 31.0 分，而创新基础竞争力的平均分最低，仅为 15.8 分。5 个二级指标中，创新基础竞争力和创新产出竞争力的得分分别上升了 2.4 分和 4.7 分，创新环境竞争力、创新投入竞争力和创新持续竞争力的得分分别下降了 8.8 分、0.6 分和 7.9 分，最终使得金砖国家的创新竞争力整体得分下降了 2.0 分。

从二级指标的排位及其变化来看，各国二级指标的排位处于中等靠后位置，但也有个别国家的个别指标排位比较靠前，例如 2018 年中国的创新投入竞争力和创新产出竞争力均排在第 2 位。整体来看，二级指标排位靠后的国家，其综合竞争力排位也比较靠后，例如印度。

总体来说，金砖国家的整体创新竞争力处于中等偏下水平，排位比较稳定，总体竞争力水平有所下降，而这主要是由创新环境竞争力和创新持续竞争力的快速下降引起的。

4   G20国家创新基础竞争力综合评价与比较分析

4.1   G20国家创新基础竞争力评价结果

根据国家创新基础竞争力的指标体系和数学模型，对 2017~2018 年 G20 国家创新基础竞争力进行评价，表 4-1 列出了本评价期内 G20 国家创新基础竞争力排位和排位变化情况及其下属 7 个三级指标的评价结果。

表4-1 2017~2018年 G20 国家创新基础竞争力评价比较

项目\国家	2018年								2017年								综合变化
	创新基础竞争力	GDP	人均GDP	财政收入	人均财政收入	外国直接投资净值	受高等教育人员比重	全社会劳动生产率	创新基础竞争力	GDP	人均GDP	财政收入	人均财政收入	外国直接投资净值	受高等教育人员比重	社会劳动生产率	
美国	93.5	100.0	100.0	100.0	54.2	100.0	100.0	100.0	94.7	100.0	100.0	100.0	64.3	100.0	98.3	100.0	-1.2
	1	1	1	1	5	1	1	1	1	1	1	1	5	1	2	1	0
澳大利亚	58.1	5.3	90.8	14.4	100.0	22.8	87.3	86.4	56.6	5.1	89.8	11.8	100.0	13.1	90.9	85.7	1.5
	2	13	2	8	1	6	3	2	3	13	2	9	1	6	3	2	1
英国	58.0	12.3	67.3	35.2	99.9	30.3	95.8	65.5	57.2	12.1	66.2	29.0	94.8	33.9	100.0	64.4	0.8
	3	5	5	3	2	4	2	6	2	5	5	3	2	3	1	6	-1
德国	51.4	17.7	74.8	20.9	48.8	64.4	61.6	71.6	46.7	17.3	73.1	17.5	45.8	33.1	70.1	70.0	4.7
	4	4	3	7	7	3	7	4	4	4	4	7	7	4	7	4	0
法国	47.0	12.0	65.0	32.3	91.6	21.9	33.7	72.5	44.2	11.7	63.5	26.0	84.2	10.2	42.8	71.0	2.8
	5	6	6	4	3	7	8	3	5	7	6	4	3	8	8	3	0
中国	42.2	66.9	13.1	65.2	6.6	90.9	—	10.2	31.0	62.5	11.9	50.1	5.8	46.6	—	9.0	11.2
	6	2	13	2	17	2	8	16	10	2	16	2	16	2	8	16	4
加拿大	41.2	6.7	72.6	8.8	53.5	16.6	63.9	66.3	41.1	6.8	74.5	8.2	51.9	7.8	70.7	67.5	0.2
	7	11	4	12	6	8	6	5	6	10	3	12	6	10	6	5	-1
意大利	39.6	8.5	53.3	23.5	75.7	13.9	—	62.8	36.5	8.4	52.5	20.3	73.0	2.8	—	61.9	3.1
	8	8	8	6	4	10	—	7	7	9	8	6	4	16	—	7	-1
日本	36.2	22.7	60.9	27.9	41.2	8.0	—	56.3	35.7	23.6	62.8	23.9	39.9	4.9	—	59.1	0.5
	9	3	7	5	9	12	—	8	8	3	7	5	9	13	—	8	-1
韩国	34.3	6.7	51.4	11.2	46.1	3.1	75.4	46.5	34.3	6.7	51.1	9.3	41.0	4.7	81.2	46.2	0.0
	10	10	9	10	8	15	4	9	9	11	9	11	8	14	4	9	-1
沙特阿拉伯	23.2	2.1	35.0	0.9	17.3	0.0	64.8	42.5	21.3	1.8	32.5	0.0	4.5	0.0	71.5	39.1	1.9
	11	16	10	18	10	19	5	10	11	17	10	19	17	19	5	10	0

续表

国家	2018年 创新基础竞争力	2018年 GDP	2018年 人均GDP	2018年 财政收入	2018年 人均财政收入	2018年 外国直接投资净值	2018年 受高等教育人员比重	2018年 全社会劳动生产率	2017年 创新基础竞争力	2017年 GDP	2017年 人均GDP	2017年 财政收入	2017年 人均财政收入	2017年 外国直接投资净值	2017年 受高等教育人员比重	2017年 社会劳动生产率	综合变化
巴西	15.3	7.5	11.5	11.2	9.8	29.1	28.0	10.4	15.9	9.0	13.7	11.4	10.6	19.1	34.7	12.6	-0.5
	12	9	16	11	14	5	9	15	12	8	14	10	13	5	9	15	0
墨西哥	12.2	4.2	12.6	5.6	9.7	13.5	25.9	13.6	12.5	4.2	12.6	5.6	9.3	8.9	33.4	13.7	-0.4
	13	14	14	14	15	11	10	14	13	14	15	15	14	9	10	14	0
俄罗斯	9.2	6.4	15.4	7.1	10.1	1.8	—	14.4	9.6	6.4	15.1	6.1	8.5	7.7	—	13.9	-0.4
	14	12	12	13	13	17	—	13	16	12	12	13	15	11	—	13	2
土耳其	8.4	2.0	12.1	4.4	13.5	3.5	—	15.1	10.0	2.6	14.7	5.7	15.6	2.7	—	18.7	-1.6
	15	17	15	15	12	14	—	12	15	16	13	14	10	17	—	12	0
阿根廷	7.5	0.7	15.9	0.0	8.9	3.0	—	16.6	10.8	1.5	21.8	2.1	13.0	2.9	—	23.5	-3.3
	16	18	11	19	16	16	—	11	14	18	11	18	12	15	—	11	-2
印度	6.6	11.6	0.0	13.0	0.0	14.9	—	0.0	5.8	12.0	0.0	12.0	0.0	10.9	—	0.0	0.8
	17	7	19	9	19	9	—	19	17	6	19	8	19	7	—	19	0
南非	5.5	0.0	7.2	2.5	14.2	0.5	0.0	8.8	4.7	0.0	7.2	3.1	13.5	0.2	0.0	8.8	0.9
	18	19	17	17	11	18	17	17	18	19	17	17	11	7	12	17	0
印度尼西亚	2.7	3.3	3.1	2.8	1.6	5.8	0.0	1.9	4.1	3.5	3.2	3.4	1.5	5.4	9.8	2.1	-1.5
	19	15	18	16	18	13	11	18	19	15	18	16	18	12	11	18	0
最高分	93.5	100.0	100.0	100.0	100.0	100.0	100.0	100.0	94.7	100.0	100.0	100.0	100.0	100.0	100.0	100.0	-1.2
最低分	2.7	0.0	0.0	0.0	0.0	0.0	0.0	0.0	4.1	0.0	0.0	0.0	0.0	0.0	0.0	0.0	-1.5
平均分	31.2	15.6	40.1	20.4	37.0	23.4	57.9	40.1	30.1	15.5	40.3	18.2	35.6	16.6	58.6	40.4	1.0
标准差	23.6	24.5	31.5	24.3	33.4	28.8	30.7	31.0	22.9	24.0	31.1	22.6	32.8	23.2	32.3	30.4	0.7

由表 4 - 1 可知，2018 年，创新基础竞争力的最高得分为 93.5 分，比 2017 年下降了 1.2 分；最低得分为 2.7 分，比 2017 年下降了 1.5 分；平均分为 31.2 分，比 2017 年上升了 1.0 分。这表明 G20 国家整体的创新基础竞争力水平有所上升。反映在三级指标上，则是外国直接投资净值的平均得分上升最多，上升了 6.8 分；其次是财政收入上升了 2.2 分，人均财政收入和 GDP 分别上升了 1.3 分和 0.1 分。而人均 GDP、受高等教育人员比重、社会劳动生产率则分别下降了 0.2 分、0.8 分和 0.3 分。由此可见，外国直接投资净值、财政收入和人均财政收入是促使创新基础竞争力上升的主要因素。

G20 国家创新基础竞争力得分呈阶梯状分布，各国差异非常大，标准差达到 23.6。2018 年，只有美国的创新基础竞争力得分达到 93.5 分，其余没有一个国家的得分能超过 60 分。其中，3 个国家介于 50～60 分，3 个国家介于 40～50 分，3 个国家介于 30～40 分，1 个国家介于 20～30 分，2 个国家介于 10～20 分，6 个国家低于 10 分。

创新基础竞争力较高的国家几乎全部是发达国家，在第一和第二方阵中，有 9 个国家是发达国家，只有中国是发展中国家，这说明发达国家雄厚的经济实力为它们打下了坚实的科技创新基础。发展中国家的创新基础竞争力普遍较低，仅有中国一个国家的得分超过 40 分，其余均低于 30 分，总体上它们与发达国家的差距非常大，排第 19 位的印度尼西亚仅有 2.7 分，是排在第 1 位的美国的 2.8%。

4.2 G20国家创新基础竞争力的排位变化分析

如图 4 - 1，2018 年 G20 国家创新基础竞争力处于第一方阵（1～5 位）的依次为：美国、澳大利亚、英国、德国、法国；处于第二方阵（6～10 位）的依次为：中国、加拿大、意大利、日本、韩国；处于第三方阵（11～15 位）的依次为：沙特阿拉伯、巴西、墨西哥、俄罗斯、土耳其；处于第四方阵（16～19 位）的依次为：阿根廷、印度、南非、印度尼西亚。

2017 年 G20 国家创新基础竞争力处于第一方阵（1～5 位）的依次为：美国、英国、澳大利亚、德国、法国；处于第二方阵（6～10 位）的依次为：加拿大、意大利、日本、韩国、中国；处于第三方阵（11～15 位）的依次为：沙

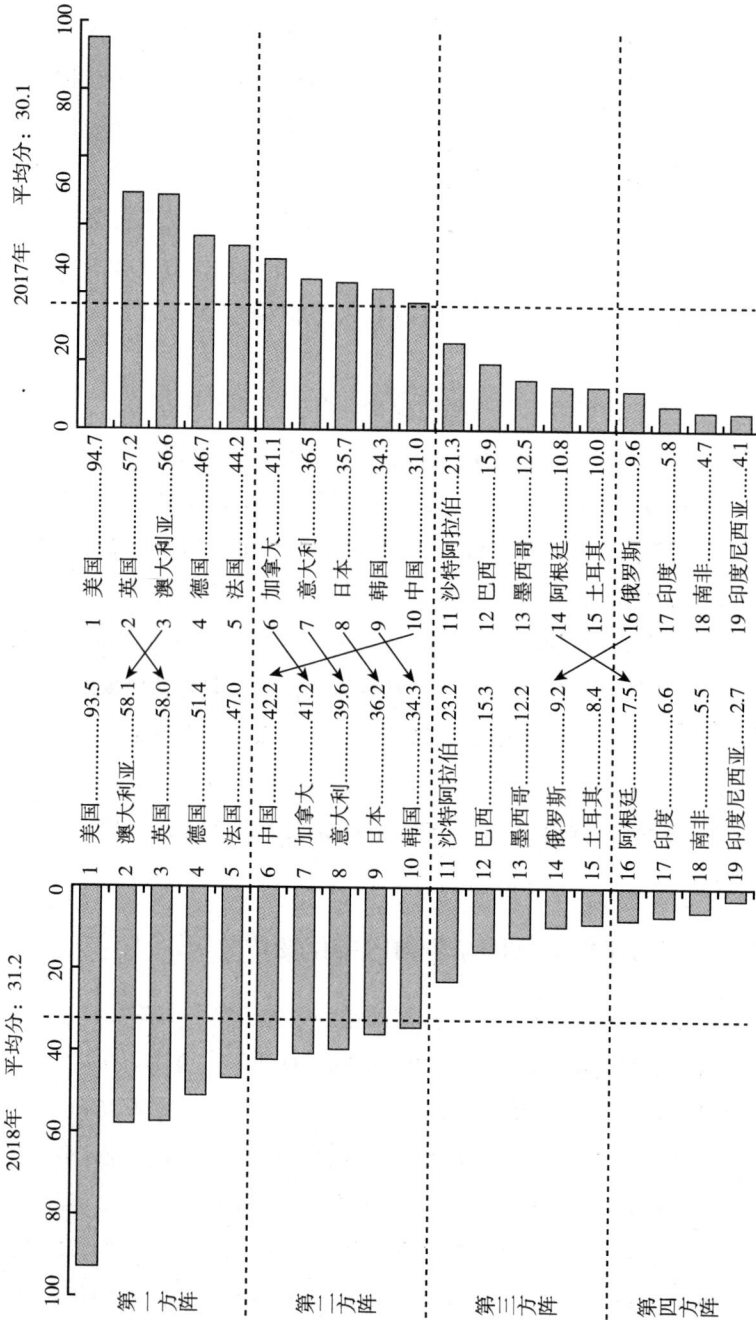

图 4 - 1 2018 年和 2017 年 G20 国家创新基础竞争力得分及排位情况

特阿拉伯、巴西、墨西哥、阿根廷、土耳其；处于第四方阵（16～19位）的依次为：俄罗斯、印度、南非、印度尼西亚。

从图4-1可以看出，2018年与2017年相比，9个国家的排位发生了变化，中国的排位上升非常快，上升了4位，俄罗斯和澳大利亚分别上升了2位和1位，而阿根廷下降了2位，英国、加拿大、意大利、日本和韩国均下降了1位。此外，有2个国家的创新基础竞争力出现了跨方阵变化，俄罗斯由第四方阵上升到第三方阵，阿根廷由第三方阵下降到第四方阵。

作为二级指标的国家创新基础竞争力，它的变化是由三级指标的变化综合作用的结果，表4-1还列出了7个三级指标的变化情况。

从上述创新基础竞争力排位变化的国家来看，它们的排位变化主要是受到外国直接投资净值、受高等教育人员比重排位变化的影响，在G20国家中，它们的排位变化的次数分别为13次和10次；而GDP、人均GDP、财政收入、人均财政收入的排位变化的次数分别为8次、6次、8次和7次。因此，相对来说，外国直接投资净值、受高等教育人员比重对创新基础竞争力排位变化的影响比较大，各国创新基础竞争力的差异主要表现在这些指标上。

5　G20国家创新环境竞争力综合评价与比较分析

5.1　G20国家创新环境竞争力评价结果

根据国家创新环境竞争力的指标体系和数学模型，对2017～2018年G20国家创新环境竞争力进行评价，表5-1列出了本评价期内G20国家创新环境竞争力排位和排位变化情况及其下属6个三级指标的评价结果。

由表5-1可知，2018年，创新环境竞争力的最高得分为66.8分，比2017年降低了3.0分；最低得分为22.3分，比2017年降低了7.6分；平均分为46.6分，比2017年降低了6.2分。这表明G20国家整体的创新环境竞争力水平下降较快。反映在三级指标上，因特网用户比例、每百人手机数、企业平均税负水平的平均分分别上升了3.0分、1.0分和0.2分，而其余3个指标平均分均下降，其中下降幅度最大的是在线公共服务指数，下降了23.0分，其

表 5 - 1　2017～2018 年 G20 国家创新环境竞争力评价比较

项目 国家		2018年							2017年							综合变化
		创新环境竞争力	因特网用户比例	每百人手机数	企业开业程序	企业平均税负水平	在线公共服务指数	ISO9001质量体系认证数	创新环境竞争力	因特网用户比例	每百人手机数	企业开业程序	企业平均税负水平	在线公共服务指数	ISO9001质量体系认证数	
英国	数值	66.8	98.2	43.1	77.8	84.2	87.0	10.3	69.7	99.3	41.3	83.3	83.4	98.3	12.8	-3.0
	位次	1	2	11	4	4	2	5	1	2	11	4	5	2	5	0
澳大利亚	数值	60.2	84.6	36.5	88.9	64.9	83.3	3.2	62.6	86.4	32.5	91.7	64.8	96.7	3.6	-2.4
	位次	2	8	13	2	11	3	9	5	5	12	2	5	5	10	3
韩国	数值	59.9	100.0	58.5	88.9	80.7	100.0	2.1	64.4	100.0	49.0	91.7	80.7	98.3	3.1	-4.5
	位次	3	1	6	2	6	1	11	3	1	8	2	7	3	11	0
俄罗斯	数值	59.8	75.4	96.6	77.8	66.1	42.6	0.5	65.4	69.6	89.4	83.3	64.8	83.3	2.1	-5.6
	位次	4	10	2	4	9	16	17	2	10	2	2	6	8	12	-2
美国	数值	59.6	85.8	57.6	55.6	68.9	83.3	6.3	63.4	87.6	47.0	66.7	68.9	86.7	10.4	-3.8
	位次	5	7	8	8	8	3	7	4	4	9	7	8	9	7	-1
日本	数值	59.0	92.3	74.6	33.3	65.7	70.4	17.8	61.3	83.3	63.0	50.0	64.9	91.7	15.2	-2.3
	位次	6	4	3	12	10	6	3	8	6	6	11	9	6	4	2
加拿大	数值	56.9	91.8	3.6	100.0	94.7	50.0	1.1	62.6	93.5	0.0	100.0	94.2	86.7	1.2	-5.7
	位次	7	5	18	1	2	13	14	6	3	19	1	2	9	17	-1
德国	数值	55.2	89.8	58.1	22.2	63.1	79.6	18.4	58.5	83.0	59.4	41.7	63.2	86.7	17.0	-3.3
	位次	8	6	7	14	12	5	2	9	7	7	13	13	9	3	1
意大利	数值	49.5	64.9	69.2	44.4	58.6	46.3	13.6	62.4	49.0	66.5	58.3	64.2	91.7	44.5	-12.8
	位次	9	11	4	9	14	14	4	7	15	5	8	12	6	2	-2
法国	数值	48.5	77.3	29.3	66.7	50.5	63.0	4.2	54.9	76.8	25.8	75.0	48.1	98.3	8.5	-6.4
	位次	10	9	14	7	16	8	8	11	9	13	6	16	2	8	1
南非	数值	47.6	35.3	100.0	44.4	85.2	20.4	0.1	55.6	38.0	88.2	58.3	85.4	63.3	0.5	-8.1
	位次	11	16	1	9	3	17	18	10	16	3	8	3	16	18	-1

续表

国家\项目	2018年							2017年							
	创新环境竞争力	因特网用户比例	每百人手机数	企业开业程序	企业平均税负水平	在线公共服务指数	ISO9001质量体系认证数	创新环境竞争力	因特网用户比例	每百人手机数	企业开业程序	企业平均税负水平	在线公共服务指数	ISO9001质量体系认证数	综合变化
中国	42.0 / 12	32.2 / 17	39.2 / 12	77.8 / 4	46.5 / 17	70.4 / 6	100.0 / 1	54.8 / 12	35.1 / 17	22.0 / 15	58.3 / 8	43.7 / 18	70.0 / 15	100.0 / 1	-12.8
土耳其	41.2 / 13	59.4 / 13	14.2 / 16	44.4 / 9	72.6 / 7	55.5 / 10	0.7 / 16	41.4 / 15	51.6 / 13	12.3 / 16	33.3 / 14	72.6 / 7	76.7 / 14	1.9 / 13	-0.3
沙特阿拉伯	41.0 / 14	95.6 / 3	48.8 / 9	0.0 / 16	100.0 / 1	1.8 / 18	0.0 / 19	50.5 / 13	79.4 / 8	45.0 / 10	25.0 / 15	100.0 / 1	53.3 / 17	0.0 / 19	-9.4
墨西哥	32.8 / 15	50.9 / 15	11.4 / 17	33.3 / 12	55.7 / 15	44.4 / 15	1.0 / 15	42.0 / 14	50.3 / 14	6.8 / 17	50.0 / 11	58.3 / 14	85.0 / 11	1.5 / 15	-9.2
巴西	30.4 / 16	58.4 / 14	16.3 / 15	0.0 / 16	45.3 / 18	59.3 / 9	2.9 / 10	40.1 / 16	56.0 / 12	24.0 / 14	25.0 / 15	45.3 / 17	85.0 / 11	5.0 / 9	-9.7
阿根廷	30.0 / 17	64.7 / 12	61.9 / 5	0.0 / 16	0.0 / 19	51.9 / 12	1.6 / 12	30.3 / 18	66.9 / 11	69.9 / 4	0.0 / 19	0.0 / 19	43.3 / 18	1.4 / 16	-0.2
印度尼西亚	23.1 / 18	8.9 / 18	44.4 / 10	0.0 / 16	84.1 / 5	0.0 / 19	1.3 / 13	33.8 / 17	0.0 / 19	100.0 / 1	16.7 / 17	84.2 / 4	0.0 / 19	1.9 / 14	-10.7
印度	22.3 / 19	0.0 / 19	0.0 / 19	11.1 / 15	59.7 / 13	53.7 / 11	9.4 / 6	30.0 / 19	3.4 / 18	1.3 / 18	16.7 / 17	55.1 / 15	91.7 / 6	11.5 / 6	-7.6
最高分	66.8	100.0	100.0	100.0	100.0	100.0	100.0	69.7	100.0	100.0	100.0	100.0	100.0	100.0	-3.0
最低分	22.3	0.0	0.0	0.0	0.0	0.0	0.0	30.0	0.0	0.0	0.0	0.0	0.0	0.0	-7.6
平均分	46.6	66.6	45.4	45.6	65.6	55.9	10.3	52.8	63.6	44.4	53.9	65.4	79.0	12.7	-6.2
标准差	13.4	29.0	28.1	33.0	21.6	26.4	21.9	12.4	28.6	29.4	28.4	21.8	24.1	22.9	1.0

次为企业开业程序、ISO9001质量体系认证数,分别下降8.3分和2.5分。由此可见,在线公共服务指数、企业开业程序是促使创新环境竞争力下降的主要因素。

由图5-2可知,G20国家创新环境竞争力得分呈阶梯状分布,各国差异不大,标准差为13.4。2018年,2个国家的得分超过60分,6个国家介于50~60分,6个国家介于40~50分,3个国家介于30~40分,2个国家介于20~30分,没有国家低于20分。

创新环境竞争力较高的国家主要是发达国家,排在前10位的国家中,只有俄罗斯是发展中国家,其他均为发达国家,这说明发达国家具有良好的科技创新环境。发展中国家的创新环境竞争力普遍较低,除了俄罗斯外,其余发展中国家的得分均低于50分,与发达国家的差距比较大,排第19位的印度仅有22.3分,是排在第1位的英国的33.4%。

5.2　G20国家创新环境竞争力排位变化分析

2018年G20国家创新环境竞争力处于第一方阵(1~5位)的依次为:英国、澳大利亚、韩国、俄罗斯、美国;处于第二方阵(6~10位)的依次为:日本、加拿大、德国、意大利、法国;处于第三方阵(11~15位)的依次为:南非、中国、土耳其、沙特阿拉伯、墨西哥;处于第四方阵(16~19位)的依次为:巴西、阿根廷、印度尼西亚、印度。

2017年G20国家创新环境竞争力处于第一方阵(1~5位)的依次为:英国、俄罗斯、韩国、美国、澳大利亚;处于第二方阵(6~10位)的依次为:加拿大、意大利、日本、德国、南非;处于第三方阵(11~15位)的依次为:法国、中国、沙特阿拉伯、墨西哥、土耳其;处于第四方阵(16~19位)的依次为:巴西、印度尼西亚、阿根廷、印度。

从图5-1可以看出,2018年与2017年相比,创新环境竞争力排位变化的有14个国家,其中6个国家的排位上升,上升幅度最大的是澳大利亚,上升了3位,日本和土耳其均上升了2位,德国、法国、阿根廷均上升了1位;排位下降的有8个国家,俄罗斯和意大利均下降了2位,美国、加拿大、南非、沙特阿拉伯、墨西哥、印度尼西亚均下降了1位。此外,有2个国家的创新环境竞争力出现了跨方阵变化,法国由第三方阵上升到第二方阵,南非由第二方

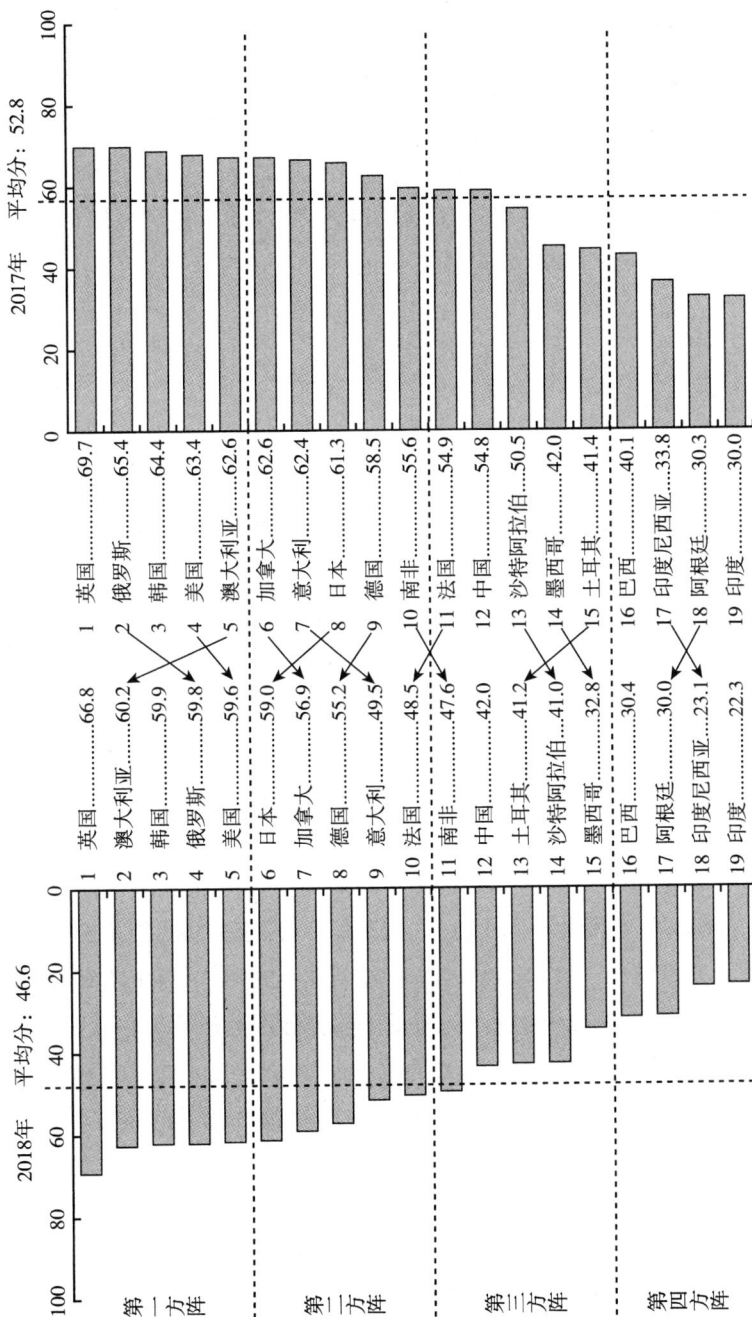

图 5-1　2018 年和 2017 年 G20 国家创新环境竞争力得分及排位情况

阵下降到第三方阵。

作为二级指标的国家创新环境竞争力,它的变化是由三级指标的变化综合作用的结果,表5-1还列出了6个三级指标的变化情况。

从上述创新环境竞争力排位变化的国家来看,它们的排位变化主要是受到在线公共服务指数、每百人手机数、企业开业程序的排位变化的影响,在G20中,它们的排位变化的次数分别为16次、14次和14次;而因特网用户比例、企业平均税负水平、ISO9001质量体系认证数的排位变化的次数别为12次、11次和10次。因此,相对来说,在线公共服务指数、每百人手机数、企业开业程序对创新环境竞争力排位变化的影响比较大,各国创新环境竞争力的差异主要表现在这些指标上。

6 G20国家创新投入竞争力综合评价与比较分析

6.1 G20国家创新投入竞争力评价结果

根据国家创新投入竞争力的指标体系和数学模型,对2017~2018年G20国家创新投入竞争力进行评价,表6-1列出了本评价期内G20国家创新投入竞争力排位和排位变化情况及其下属7个三级指标的评价结果。

由表6-1可知,2018年,创新投入竞争力的最高得分为82.8分,比2017年下降了1.2分;最低得分为0.2分,比2017年下降了0.3分;平均分为28.3分,比2017年降低了0.4分。这表明G20国家整体的创新投入竞争力水平略微下降。反映在三级指标上,R&D经费支出总额、R&D经费支出总额占GDP比重、研究人员占从业人员比重的平均分分别上升了0.1分、0.2分和0.7分,人均R&D经费支出、R&D人员数、企业R&D投入比重的平均分分别下降了0.2分、0.7分和2.4分;风险资本交易占GDP比重的得分保持不变。由此可见,R&D人员数、企业R&D投入比重是促使创新投入竞争力下降的主要因素。

由图6-1可知,G20国家创新投入竞争力得分呈阶梯状分布,各国差异较大,标准差为20.4。2018年,只有美国的创新投入竞争力得分超过80分,

表6-1 2017～2018年 G20 国家创新投入竞争力评价比较

项目 国家	2018年								2017年								综合变化
	创新投入竞争力	R&D经费支出总额	R&D经费支出占GDP比重	人均R&D经费支出	R&D人员	研究人员占从业人员比重	企业研发投入比重	风险资本交易占GDP比重	创新投入竞争力	R&D经费支出总额	R&D经费支出占GDP比重	人均R&D经费支出	R&D人员	研究人员占从业人员比重	企业研发投入比重	风险资本交易占GDP比重	
美国	82.8 / 1	100.0 / 1	84.7 / 4	100.0 / 1	85.4 / 2	100.0 / 1	29.1 / 11	80.0 / 2	84.0 / 1	100.0 / 1	83.9 / 4	100.0 / 1	91.9 / 2	100.0 / 1	32.2 / 12	80.0 / 5	-1.2 / 0
中国	51.7 / 2	51.8 / 2	63.5 / 6	11.8 / 10	100.0 / 1	22.8 / 11	91.8 / 2	20.0 / 5	51.7 / 2	47.9 / 2	62.0 / 6	10.8 / 10	100.0 / 1	21.0 / 11	100.0 / 1	20.0 / 5	0.0 / 0
德国	48.4 / 3	20.6 / 4	93.0 / 3	82.4 / 2	15.3 / 5	70.9 / 4	36.7 / 9	20.0 / 5	48.8 / 3	19.9 / 4	91.1 / 3	79.6 / 2	16.1 / 5	69.5 / 4	45.4 / 7	20.0 / 5	-0.4 / 0
日本	46.1 / 4	27.4 / 3	98.5 / 2	71.4 / 3	19.7 / 3	56.8 / 7	48.7 / 6	0.0 / 8	46.8 / 4	28.2 / 3	96.8 / 2	72.9 / 3	21.2 / 3	57.7 / 6	51.2 / 6	0.0 / 8	-0.8 / 0
澳大利亚	40.1 / 5	4.2 / 10	53.4 / 7	60.0 / 5	5.7 / 12	97.2 / 2	— / —	20.0 / 5	39.0 / 6	4.1 / 11	53.2 / 7	59.8 / 5	5.6 / 12	91.5 / 2	— / —	20.0 / 5	1.1 / 1
法国	38.1 / 6	10.1 / 5	64.0 / 5	51.0 / 6	9.4 / 9	64.7 / 5	27.2 / 13	40.0 / 4	41.7 / 5	10.0 / 5	64.0 / 5	50.4 / 6	10.0 / 8	63.9 / 5	33.4 / 11	60.0 / 3	-3.6 / -1
韩国	36.5 / 6	9.4 / 5	100.0 / 1	61.5 / 4	10.5 / 7	77.7 / 3	87.1 / 1	0.0 / 8	38.9 / 5	9.4 / 5	100.0 / 1	61.8 / 4	10.7 / 7	73.6 / 3	87.1 / 4	0.0 / 8	-2.5 / 0
英国	36.3 / 7	8.1 / 6	48.6 / 8	41.2 / 7	9.8 / 8	59.4 / 6	27.3 / 3	60.0 / 3	32.8 / 7	7.8 / 6	47.5 / 8	40.3 / 4	9.5 / 7	54.2 / 3	29.9 / 4	40.0 / 4	3.6 / 1
加拿大	36.3 / 9	4.2 / 9	43.5 / 9	40.3 / 8	4.3 / 13	48.4 / 9	13.5 / 14	100.0 / 1	38.1 / 8	4.6 / 8	46.6 / 9	44.4 / 7	4.6 / 9	49.2 / 9	17.0 / 13	100.0 / 1	-1.8 / -1
意大利	23.1 / 10	4.6 / 8	38.0 / 10	26.7 / 9	6.2 / 11	51.6 / 8	34.7 / 10	0.0 / 8	23.4 / 10	4.5 / 9	37.1 / 10	26.0 / 9	6.9 / 11	53.1 / 8	36.6 / 10	0.0 / 8	-0.3 / 0
土耳其	21.5 / 11	0.9 / 14	23.8 / 13	4.6 / 14	2.5 / 14	18.6 / 12	100.0 / 1	0.0 / 8	20.2 / 12	0.9 / 14	23.5 / 13	5.5 / 14	2.7 / 14	19.5 / 12	88.9 / 3	0.0 / 8	1.3 / 1

续表

项目\国家	2018年								2017年								综合变化
	创新投入竞争力	R&D经费支出总额	R&D经费支出占GDP比重	人均R&D经费支出	R&D人员	研究人员占从业人员比重	企业研发投入比重	风险资本交易占GDP比重	创新投入竞争力	R&D经费支出总额	R&D经费支出总额占GDP比重	人均R&D经费支出	R&D人员	研究人员占从业人员比重	企业研发投入比重	风险资本交易占GDP比重	
俄罗斯	18.6 / 12	2.4 / 13	24.8 / 12	5.9 / 12	16.5 / 4	43.9 / 10	36.8 / 8	0.0 / 8	20.2 / 11	2.7 / 13	28.2 / 12	6.6 / 13	18.4 / 4	45.2 / 10	40.4 / 9	0.0 / 8	-1.6
印度	16.8 / 13	2.6 / 12	13.7 / 16	0.2 / 18	11.7 / 6	2.6 / 17	86.5 / 4	0.0 / 8	17.6 / 13	2.8 / 12	13.9 / 16	0.2 / 18	12.6 / 6	2.9 / 17	90.5 / 2	0.0 / 8	-0.8
巴西	16.0 / 14	3.7 / 11	33.6 / 11	5.9 / 13	8.4 / 10	15.0 / 13	45.1 / 7	0.0 / 8	15.6 / 14	4.3 / 10	33.3 / 11	6.9 / 12	8.3 / 10	14.1 / 14	42.4 / 8	0.0 / 8	0.3
南非	11.3 / 15	0.1 / 17	19.6 / 14	2.5 / 16	0.0 / 18	6.2 / 15	50.4 / 5	0.0 / 8	12.0 / 15	0.1 / 18	19.3 / 14	2.5 / 16	0.0 / 18	6.6 / 15	55.8 / 5	0.0 / 8	-0.8
沙特阿拉伯	7.5 / 16	0.7 / 15	19.1 / 15	10.2 / 11	— / 18	— / 15	— / 16	0.0 / 8	7.2 / 16	0.6 / 15	18.8 / 15	9.5 / 11	— / 18	— / —	— / —	0.0 / 8	0.3
阿根廷	4.1 / 17	0.1 / 18	10.2 / 17	3.1 / 15	0.8 / 15	14.8 / 14	0.0 / 17	0.0 / 8	4.4 / 17	0.2 / 17	9.9 / 17	4.2 / 15	0.9 / 15	15.5 / 13	0.0 / 17	0.0 / 8	-0.2
墨西哥	2.5 / 18	0.2 / 16	2.8 / 18	1.2 / 17	0.5 / 17	2.7 / 16	9.9 / 15	0.0 / 8	3.1 / 18	0.3 / 16	2.9 / 18	1.3 / 17	0.5 / 16	3.1 / 16	13.5 / 15	0.0 / 8	-0.6
印度尼西亚	0.2 / 19	0.0 / 19	0.0 / 19	0.0 / 19	0.7 / 16	0.0 / 18	0.6 / 16	0.0 / 8	0.5 / 19	0.0 / 19	0.0 / 19	0.0 / 19	0.5 / 17	0.0 / 18	2.7 / 16	0.0 / 8	-0.3
最高分	82.8	100.0	100.0	100.0	100.0	100.0	100.0	100.0	84.0	100.0	100.0	100.0	100.0	100.0	100.0	100.0	-1.2
最低分	0.2	0.0	0.0	0.0	0.0	0.0	0.0	0.0	0.5	0.0	0.0	0.0	0.0	0.0	0.0	0.0	-0.3
平均分	28.3	13.2	43.9	30.5	17.1	41.8	42.7	17.9	28.7	13.1	43.8	30.7	17.8	41.1	45.1	17.9	-0.4
标准差	20.4	23.9	31.5	31.3	27.4	31.8	30.7	29.7	20.6	23.6	31.1	31.1	28.3	30.8	29.9	29.7	-0.2

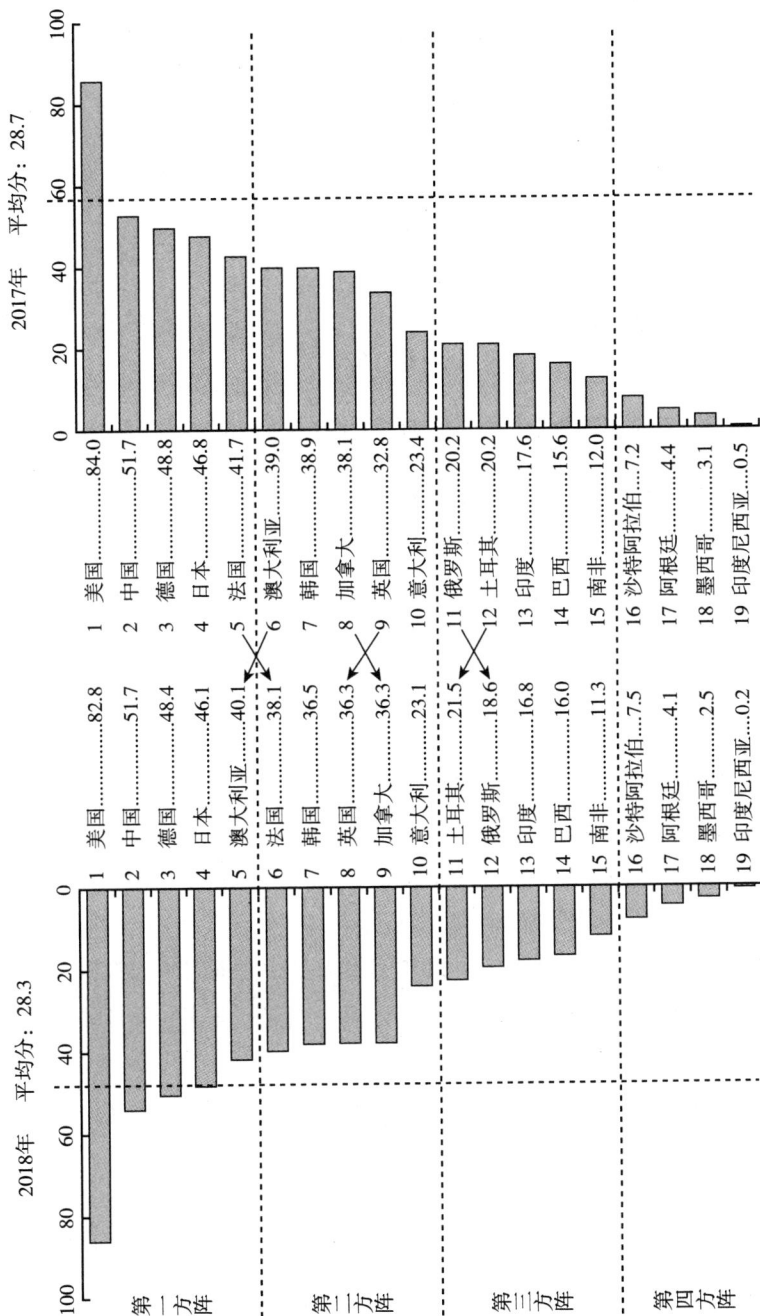

图 6-1 2018 年和 2017 年 G20 国家创新投入竞争力得分及排位情况

	2017年 平均分：28.7		2018年 平均分：28.3
1	美国……84.0	1	美国……82.8
2	中国……51.7	2	中国……51.7
3	德国……48.8	3	德国……48.4
4	日本……46.8	4	日本……46.1
5	法国……41.7	5	澳大利亚……40.1
6	澳大利亚……39.0	6	法国……38.1
7	韩国……38.9	7	韩国……36.5
8	加拿大……38.1	8	英国……36.3
9	英国……32.8	9	加拿大……36.3
10	意大利……23.4	10	意大利……23.1
11	俄罗斯……20.2	11	土耳其……21.5
12	土耳其……20.2	12	俄罗斯……18.6
13	印度……17.6	13	印度……16.8
14	巴西……15.6	14	巴西……16.0
15	南非……12.0	15	南非……11.3
16	沙特阿拉伯……7.2	16	沙特阿拉伯……7.5
17	阿根廷……4.4	17	阿根廷……4.1
18	墨西哥……3.1	18	墨西哥……2.5
19	印度尼西亚……0.5	19	印度尼西亚……0.2

其余国家均低于60分，1个国家介于50～60分之间，3个国家介于40～50分之间，4个国家介于30～40分之间，2个国家介于20～30分之间，4个国家介于10～20分之间，4个国家低于10分。

创新投入竞争力较高的国家主要是发达国家，在第一方阵和第二方阵中，只有中国是发展中国家，其余全部是发达国家，这说明发达国家雄厚的经济基础和经济实力为它们在科技创新投入方面取得优势创造了有利条件。发展中国家的创新投入竞争力普遍较低，与发达国家的差距较大，排在第19位的印度尼西亚仅有0.2分，仅相当于排在第1位的美国的0.2%；得分最高的发展中国家为中国，也只有51.7分，仅是美国的62.4%。

6.2　G20国家创新投入竞争力排位变化分析

2018年G20国家创新投入竞争力处于第一方阵（1～5位）的依次为：美国、中国、德国、日本、澳大利亚；处于第二方阵（6～10位）的依次为：法国、韩国、英国、加拿大、意大利；处于第三方阵（11～15位）的依次为：土耳其、俄罗斯、印度、巴西、南非；处于第四方阵（16～19位）的依次为：沙特阿拉伯、阿根廷、墨西哥、印度尼西亚。

2017年G20国家创新投入竞争力处于第一方阵（1～5位）的依次为：美国、中国、德国、日本、法国；处于第二方阵（6～10位）的依次为：澳大利亚、韩国、加拿大、英国、意大利；处于第三方阵（11～15位）的依次为：俄罗斯、土耳其、印度、巴西、南非；处于第四方阵（16～19位）的依次为：沙特阿拉伯、阿根廷、墨西哥、印度尼西亚。

从图6-1可以看出，2018年与2017年相比，6个国家的创新投入竞争力排位发生变化，排位上升的有3个国家，即澳大利亚、英国、土耳其，均上升了1位；排位下降的有3个国家，即法国、加拿大、俄罗斯，均下降了1位。此外，有2个国家的创新投入竞争力出现了跨方阵变化，澳大利亚由第二方阵上升到第一方阵，法国由第一方阵下降到第二方阵。

作为二级指标的国家创新投入竞争力，它的变化是三级指标的变化综合作用的结果，表6-1还列出了7个三级指标的变化情况。

从上述创新投入竞争力排位变化的国家来看，它们的排位变化主要是受到企业R&D投入比重排位变化的影响，在G20中，它的排位变化次数达到

12 次；而 R&D 经费支出总额与 GDP 比重、人均 R&D 经费支出、R&D 人员、研究人员占从业人员比重、风险资本交易占 GDP 比重的变化次数分别为 6 次、4 次、5 次、5 次和 2 次。因此，相对来说，企业 R&D 投入比重对创新投入竞争力排位变化的影响比较大，各国创新投入竞争力的差异主要表现在这个指标上。

7 G20国家创新产出竞争力综合评价与比较分析

7.1 G20国家创新产出竞争力评价结果

根据国家创新产出竞争力的指标体系和数学模型，对 2017～2018 年 G20 国家创新产出竞争力进行评价，表 7－1 列出了本评价期内 G20 国家创新产出竞争力排位和排位变化情况及其下属 7 个三级指标的评价结果。

由表 7－1 可知，2018 年，创新产出竞争力的最高得分为 82.9 分，比 2017 年下降了 3.8 分；最低得分为 1.5 分，比 2017 年上升了 1.5 分；平均分为 26.1 分，比 2017 年上升了 2.5 分。这表明 G20 整体的创新产出竞争力水平有所上升。反映在三级指标上，除了专利授权数、高技术产品出口额和高技术产品出口比重的平均分分别下降了 0.7 分、1.5 分和 4.9 分外，其余指标的得分均上升。其中，创意产品出口比重的平均分上升最多，上升了 19.2 分；注册商标数、科技论文发表数、专利和许可收入则分别上升了 1.7 分、1.4 分和 0.5 分。由此可见，创意产品出口比重是促使创新产出竞争力上升的主要因素。

由图 7－1 可知，G20 国家创新产出竞争力的得分呈阶梯状分布，各国差异比较大，标准差达到 18.9。2018 年，只有美国的创新产出竞争力得分达到 82.9 分，其余国家均低于 50 分。其中，2 个国家介于 40～50 分，5 个国家介于 30～40 分，1 个国家介于 20～30 分，7 个国家介于 10～20 分，3 个国家低于 10 分。

创新产出竞争力较高的国家主要是发达国家，分布在第一方阵和第二方阵中，只有中国、印度和墨西哥三个国家是发展中国家，其余均为发达国家，这说明发达国家具有比较高的科技创新产出。发展中国家的创新产出竞争力非常

表 7-1 2017~2018 年 G20 国家创新产出竞争力评价比较

项目 \ 国家	2018 年								2017 年								综合变化
	创新产出竞争力	专利授权数	科技论文发表数	专利许可收入	高技术产品出口额	高技术产品出口比重	注册商标数	创意产品出口比重	创新产出竞争力	专利授权数	科技论文发表数	专利许可收入	高技术产品出口额	高技术产品出口比重	注册商标数	创意产品出口比重	
美国	82.9 (1)	92.6 (2)	96.4 (2)	100.0 (1)	67.4 (4)	51.2 (6)	81.4 (3)	91.4 (2)	86.8 (1)	99.6 (2)	91.1 (2)	100.0 (1)	76.8 (4)	59.6 (6)	80.1 (3)	100.0 (1)	-3.8
中国	49.7 (2)	100.0 (1)	100.0 (1)	4.3 (7)	100.0 (1)	86.3 (2)	88.1 (2)	51.4 (10)	40.3 (2)	100.0 (1)	100.0 (1)	3.8 (8)	100.0 (1)	94.9 (2)	80.8 (3)	82.6 (3)	9.4
日本	42.6 (3)	58.5 (3)	21.0 (5)	35.4 (2)	47.8 (6)	46.6 (7)	34.7 (5)	54.3 (9)	37.0 (4)	62.3 (3)	19.9 (5)	33.0 (2)	52.1 (6)	52.9 (7)	34.3 (7)	4.3 (15)	5.6
韩国	38.1 (4)	2.5 (12)	13.4 (9)	6.0 (6)	83.1 (3)	100.0 (1)	31.3 (7)	100.0 (1)	35.7 (5)	2.5 (11)	11.9 (10)	5.8 (6)	81.6 (3)	100.0 (1)	35.0 (6)	13.0 (13)	2.4
德国	37.5 (5)	4.8 (8)	22.3 (4)	28.2 (3)	90.6 (2)	42.4 (9)	14.4 (14)	60.0 (7)	34.3 (6)	4.7 (8)	21.3 (4)	24.6 (3)	95.9 (2)	47.6 (9)	15.4 (13)	30.4 (5)	3.2
印度	34.4 (6)	4.0 (9)	29.6 (3)	0.6 (13)	8.6 (11)	23.5 (13)	100.0 (1)	74.3 (6)	23.6 (9)	3.7 (9)	24.3 (3)	0.5 (12)	7.3 (11)	20.8 (16)	100.0 (1)	8.7 (12)	10.7
英国	34.3 (7)	1.6 (15)	20.7 (6)	20.4 (4)	33.1 (7)	61.7 (4)	22.8 (10)	80.0 (3)	37.5 (3)	1.8 (12)	19.5 (6)	18.1 (4)	36.8 (7)	70.5 (5)	20.5 (10)	95.7 (2)	-3.2
法国	31.5 (8)	3.5 (10)	13.4 (10)	13.1 (5)	50.7 (5)	70.8 (3)	23.0 (9)	45.7 (11)	33.7 (7)	3.6 (10)	13.2 (9)	13.3 (5)	53.5 (5)	79.8 (4)	24.4 (9)	47.8 (4)	-2.2
墨西哥	25.0 (9)	35.7 (4)	1.8 (16)	0.0 (18)	32.2 (8)	57.3 (5)	33.8 (6)	14.3 (14)	28.8 (8)	37.6 (4)	1.6 (15)	0.0 (18)	34.0 (8)	65.7 (3)	36.3 (5)	26.1 (6)	-3.8
意大利	18.6 (10)	1.8 (13)	14.5 (8)	3.8 (9)	13.9 (9)	19.3 (15)	17.1 (13)	60.0 (7)	12.0 (14)	1.4 (15)	13.5 (7)	3.4 (9)	15.7 (9)	22.6 (15)	9.9 (14)	17.4 (8)	6.7
土耳其	17.0 (11)	0.7 (17)	5.8 (14)	0.1 (16)	1.2 (16)	4.8 (18)	26.7 (8)	80.0 (3)	5.9 (16)	0.4 (18)	5.4 (14)	0.1 (16)	1.6 (16)	6.8 (18)	27.0 (8)	0.0 (17)	11.1

续表

项目\国家	创新产出竞争力(2018年)	专利授权数(2018年)	科技论文发表数(2018年)	专利和许可收入(2018年)	高技术产品出口额(2018年)	高技术产品出口比重(2018年)	注册商标数(2018年)	创意产品出口比重(2018年)	创新产出竞争力(2017年)	专利授权数(2017年)	科技论文发表数(2017年)	专利和许可收入(2017年)	高技术产品出口额(2017年)	高技术产品出口比重(2017年)	注册商标数(2017年)	创意产品出口比重(2017年)	综合变化
印度	16.6 / 12	1.8 / 14	4.2 / 15	0.0 / 17	2.6 / 14	20.7 / 14	7.1 / 17	80.0 / 3	5.1 / 17	0.6 / 16	1.3 / 16	0.0 / 17	2.8 / 14	23.5 / 14	7.2 / 16	0.0 / 17	11.6
印度尼西亚	16.1 / 13	2.8 / 11	12.0 / 11	0.6 / 12	4.7 / 12	34.5 / 11	55.4 / 4	2.9 / 18	14.7 / 12	1.5 / 14	10.6 / 12	0.5 / 13	5.1 / 12	39.6 / 11	37.0 / 4	8.7 / 17	5
巴西	15.7 / 14	6.9 / 6	11.9 / 12	4.3 / 8	13.3 / 10	42.4 / 10	17.9 / 11	25.7 / 12	16.1 / 10	7.4 / 6	11.1 / 11	3.9 / 7	13.4 / 10	44.0 / 10	17.2 / 11	26.1 / 6	1.4
加拿大	13.6 / 15	5.0 / 7	10.4 / 13	0.8 / 10	13.3 / 10	45.0 / 8	17.2 / 12	14.3 / 12	14.7 / 11	7.0 / 7	9.6 / 13	0.7 / 10	13.4 / 10	49.3 / 8	17.4 / 8	17.4 / 8	−1
澳大利亚	12.1 / 16	10.6 / 5	16.9 / 7	0.7 / 11	2.2 / 15	29.0 / 12	7.4 / 16	5.7 / 17	12.3 / 13	7.0 / 7	13.4 / 8	0.6 / 11	5.0 / 13	36.1 / 12	15.9 / 12	4.3 / 15	−0.4
俄罗斯	6.2 / 17	1.3 / 16	1.0 / 17	0.1 / 15	4.3 / 13	13.2 / 17	17.9 / 11	20.0 / 13	4.1 / 18	1.6 / 13	0.9 / 17	0.1 / 15	0.9 / 17	14.1 / 17	2.2 / 18	8.7 / 12	−0.1
南非	3.1 / 18	0.3 / 18	0.0 / 19	0.2 / 14	0.8 / 17	13.2 / 16	7.7 / 15	0.0 / 19	7.2 / 15	0.6 / 17	0.0 / 19	0.3 / 14	0.6 / 18	26.8 / 13	9.3 / 15	13.0 / 10	−4.1
阿根廷	1.5 / 19	0.0 / 19	0.5 / 18	—	0.0 / 19	0.0 / 19	0.0 / 19	8.6 / 16	0.0 / 19	0.0 / 19	0.3 / 18	—	0.0 / 19	0.0 / 19	0.0 / 19	0.0 / 17	1.5
沙特阿拉伯																	
最高分	82.9	100.0	100.0	100.0	100.0	100.0	100.0	100.0	86.8	100.0	100.0	100.0	100.0	100.0	100.0	100.0	
最低分	1.5	0.0	0.0	0.0	0.0	0.0	0.0	0.0	0.0	0.0	0.0	0.0	0.0	0.0	0.0	0.0	
平均分	26.1	17.6	20.8	12.1	29.3	40.1	31.1	45.7	23.7	18.3	19.4	11.6	30.8	45.0	29.4	26.5	
标准差	18.9	30.5	27.7	23.7	33.1	26.3	28.5	32.3	19.7	31.8	27.1	23.4	34.3	27.7	27.5	31.1	

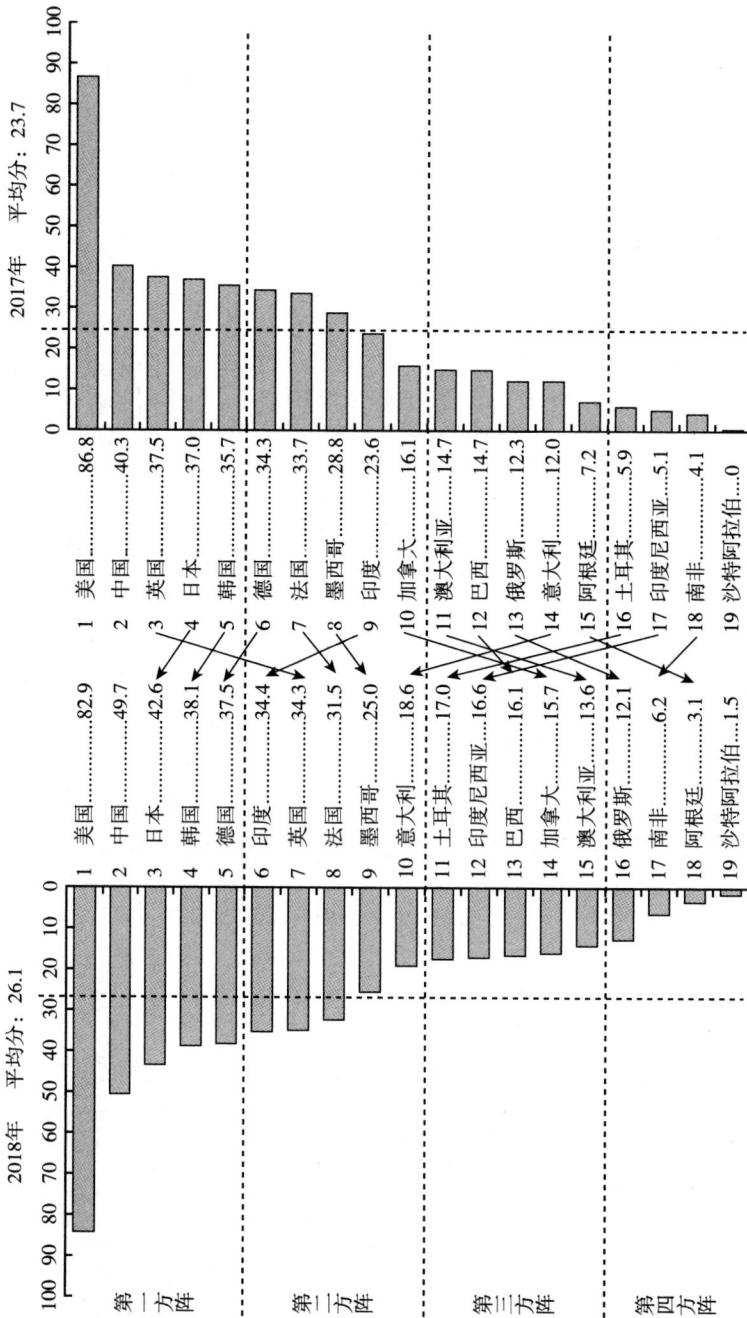

图 7-1 2018 年和 2017 年 G20 国家创新产出竞争力得分及排位情况

低，与发达国家的差距非常大，排第 19 位的沙特阿拉伯仅有 1.5 分，相当于排在第 1 位的美国的 1.8%；得分最高的发展中国家为中国，为 49.7 分，与美国相比也还有比较大的差距。当然，个别发达国家的创新产出竞争力也比较低，如澳大利亚仅为 13.6 分。

7.2 G20国家创新产出竞争力排位变化分析

2018 年 G20 国家创新产出竞争力处于第一方阵（1~5 位）的依次为：美国、中国、日本、韩国、德国；处于第二方阵（6~10 位）的依次为：印度、英国、法国、墨西哥、意大利；处于第三方阵（11~15 位）的依次为：土耳其、印度尼西亚、巴西、加拿大、澳大利亚；处于第四方阵（16~19 位）的依次为：俄罗斯、南非、阿根廷、沙特阿拉伯。

2017 年 G20 国家创新产出竞争力处于第一方阵（1~5 位）的依次为：美国、中国、英国、日本、韩国；处于第二方阵（6~10 位）的依次为：德国、法国、墨西哥、印度、加拿大；处于第三方阵（11~15 位）的依次为：澳大利亚、巴西、俄罗斯、意大利、阿根廷；处于第四方阵（16~19 位）的依次为：土耳其、印度尼西亚、南非、沙特阿拉伯。

从图 7-1 可以看出，2018 年与 2017 年相比，创新产出竞争力排位变化的有 16 个国家，其中 8 个国家的排位上升，土耳其和印度尼西亚的上升幅度最大，均上升了 5 位，意大利和印度分别上升了 4 位和 3 位，日本、韩国、德国、南非均上升了 1 位；有 8 个国家的得分下降，英国、加拿大、澳大利亚的下降幅度最大，均下降了 4 位，俄罗斯和阿根廷均下降了 3 位，法国、墨西哥、巴西均下降了 1 位。此外，有 8 个国家的创新产出竞争力出现了跨方阵变化，德国由第二方阵上升到第一方阵，意大利由第三方阵上升到第二方阵，土耳其、印度尼西亚由第四方阵上升到第三方阵，而英国由第一方阵下降到第二方阵，加拿大由第二方阵下降到第三方阵，俄罗斯和阿根廷由第三方阵下降到第四方阵。

作为二级指标的国家创新产出竞争力，它的变化是三级指标的变化综合作用的结果，表 7-1 还列出了 7 个三级指标的变化情况。

从上述创新产出竞争力排位变化的国家来看，它们的排位变化主要是受到创意产品出口比重、注册商标数的排位变化的影响，在 G20 中，它们的排位变化的次数分别为19次和10次；而专利授权数、科技论文发表数、专利和许可收入、高技术产品出口比重的变化次数分别为8次、8次、5次和2次。因此，相对来说，创意产品出口比重、注册商标数对创新产出竞争力排位变化的影响比较大，各国创新产出竞争力的差异主要表现在这些指标上。

8 G20国家创新持续竞争力综合评价与比较分析

8.1 G20国家创新持续竞争力评价结果

根据国家创新持续竞争力的指标体系和数学模型，对2017～2018年G20国家创新持续竞争力进行评价，表8-1列出了本评价期内G20国家创新持续竞争力排位和排位变化情况及其下属6个三级指标的评价结果。

由表8-1可知，2018年，创新持续竞争力的最高得分为73.6分，比2017年上升了2.3分；最低得分为16.6分，比2017年下降了6.1分；平均分为42.9分，比2017年下降了0.5分。这表明G20国家整体的创新持续竞争力水平略有下降。反映在三级指标上，科技经费增长率、公共教育经费支出总额、高等教育毛入学率的平均得分分别上升了12.0分、0.1分和0.1分，而科技人员增长率、公共教育经费支出占GDP比重的平均得分下降很快，分别下降了12.4分和3.3分，人均公共教育经费支出额的平均得分下降了0.2分。由此可见，科技人员增长率、公共教育经费支出占GDP比重是导致创新持续竞争力下降的主要因素。

由图8-1可知，G20国家创新持续竞争力得分呈阶梯状分布，各国差异不大，标准差为14.0。2018年，美国的创新持续竞争力得分达到73.6分，其余各国均低于70分，其中，1个国家介于60～70分，5个国家介于50～60分，3个国家介于40～50分，6个国家介于30～40分，2个国家介于20～30分，1个国家低于20分。

创新持续竞争力较高的国家主要是发达国家，在第一方阵中全部是发达国家，在第二方阵中也只有沙特阿拉伯和巴西是发展中国家，整体来说发达国家在科技创新的可持续发展方面做得比较好。虽然一些发展中国家的创新持续竞

表8-1 2017~2018年G20国家创新持续竞争力评价比较

项目 国家	2018年							2017年							综合变化
	创新持续竞争力	公共教育经费支出总额	公共教育经费支出占GDP比重	人均公共教育经费支出额	高等教育毛入学率	科技人员增长率	科技经费增长率	创新持续竞争力	公共教育经费支出总额	公共教育经费支出占GDP比重	人均公共教育经费支出额	高等教育毛入学率	科技人员增长率	科技经费增长率	
美国	73.6 / 1	100.0 / 1	57.1 / 11	100.0 / 1	90.1 / 4	19.6 / 9	74.7 / 9	71.2 / 1	100.0 / 1	61.7 / 11	100.0 / 1	92.9 / 2	26.9 / 14	46.0 / 11	2.3 / 0
英国	63.1 / 2	13.8 / 5	83.1 / 4	76.5 / 4	51.5 / 13	71.5 / 2	82.2 / 5	47.8 / 7	13.7 / 5	87.2 / 3	76.2 / 4	51.3 / 13	31.2 / 13	27.0 / 18	15.4 / 5
韩国	57.5 / 3	6.5 / 10	60.2 / 10	52.6 / 8	98.5 / 2	48.3 / 6	91.0 / 3	50.8 / 3	6.4 / 10	64.1 / 10	52.2 / 8	100.0 / 1	55.0 / 6	76.9 / 3	6.7 / 0
法国	54.4 / 4	13.1 / 6	78.5 / 5	72.4 / 6	59.2 / 10	26.0 / 8	77.0 / 8	49.7 / 5	12.8 / 6	80.8 / 4	70.8 / 6	59.9 / 10	34.1 / 10	39.9 / 15	4.6 / 1
德国	54.3 / 5	17.2 / 4	54.7 / 12	74.1 / 5	65.5 / 6	29.7 / 7	84.6 / 4	53.5 / 2	16.8 / 4	59.6 / 12	72.4 / 5	66.6 / 7	48.5 / 7	57.5 / 8	0.8 / -3
澳大利亚	53.8 / 6	5.2 / 12	65.3 / 8	94.7 / 2	65.1 / 7	60.6 / 3	78.9 / 7	48.8 / 6	5.0 / 12	69.0 / 8	93.7 / 2	67.0 / 6	87.0 / 2	53.3 / 9	5.0 / 0
沙特阿拉伯	52.8 / 7	1.8 / 15	63.1 / 9	36.6 / 10	64.8 / 8	—	97.7 / 2	42.7 / 11	1.5 / 16	67.0 / 9	34.1 / 10	63.5 / 8	—	47.5 / 10	10.1 / 4
加拿大	46.4 / 8	6.8 / 9	68.7 / 7	77.2 / 3	63.7 / 9	13.8 / 12	48.6 / 15	47.0 / 8	6.9 / 9	72.0 / 7	79.1 / 3	62.3 / 9	21.6 / 15	40.1 / 14	-0.6 / 0
日本	42.8 / 9	20.4 / 3	40.9 / 13	56.1 / 7	55.9 / 11	17.5 / 11	66.1 / 11	41.1 / 13	21.3 / 3	47.2 / 13	57.8 / 7	57.4 / 11	33.8 / 11	29.3 / 16	1.7 / 4
巴西	41.8 / 10	8.9 / 7	96.0 / 2	14.9 / 12	39.7 / 14	60.6 / 3	30.8 / 17	50.7 / 4	10.7 / 7	96.4 / 2	17.6 / 12	40.4 / 14	67.4 / 5	71.5 / 4	-8.8 / -6
阿根廷	36.7 / 11	0.8 / 18	93.0 / 3	19.9 / 11	92.5 / 3	13.8 / 12	0.0 / 19	42.4 / 12	1.4 / 17	75.2 / 5	24.2 / 11	90.7 / 3	0.5 / 17	62.7 / 6	-5.8 / 1

续表

国家＼项目	创新持续竞争力 (2018年)	公共教育经费支出总额 (2018年)	公共教育经费支出占GDP比重 (2018年)	人均公共教育经费支出额 (2018年)	高等教育毛入学率 (2018年)	科技人员增长率 (2018年)	科技经费增长率 (2018年)	创新持续竞争力 (2017年)	公共教育经费支出总额 (2017年)	公共教育经费支出占GDP比重 (2017年)	人均公共教育经费支出额 (2017年)	高等教育毛入学率 (2017年)	科技人员增长率 (2017年)	科技经费增长率 (2017年)	综合变化
中国	35.4 / 12	56.7 / 2	27.5 / 16	11.3 / 15	36.6 / 15	60.6 / 3	100.0 / 1	40.3 / 15	52.9 / 2	35.2 / 16	10.4 / 16	37.1 / 15	46.4 / 9	60.1 / 7	-4.9 / 3
意大利	34.5 / 13	6.2 / 11	20.0 / 17	43.4 / 9	54.2 / 12	3.7 / 17	79.4 / 6	42.9 / 10	6.2 / 11	28.5 / 17	42.7 / 9	54.7 / 12	82.8 / 3	42.4 / 13	-8.4 / -3
南非	32.6 / 14	0.0 / 19	100.0 / 1	10.1 / 17	0.0 / 19	13.8 / 12	71.7 / 10	40.6 / 14	0.0 / 19	100.0 / 1	10.1 / 17	0.0 / 19	46.7 / 8	86.7 / 2	-8.0 / 0
土耳其	31.0 / 15	1.1 / 17	32.0 / 14	10.8 / 16	100.0 / 1	13.8 / 12	28.1 / 18	45.5 / 9	1.7 / 15	39.3 / 14	13.2 / 15	90.4 / 4	100.0 / 1	28.6 / 17	-14.5 / -6
墨西哥	30.7 / 16	4.3 / 14	70.7 / 6	14.3 / 13	24.4 / 16	13.8 / 12	56.8 / 12	22.7 / 19	4.3 / 14	73.9 / 6	14.3 / 13	24.0 / 16	19.9 / 16	0.0 / 19	8.0 / 3
印度尼西亚	28.6 / 17	1.5 / 16	0.0 / 19	2.0 / 18	19.3 / 17	100.0 / 1	48.8 / 14	23.7 / 17	1.3 / 18	0.0 / 19	1.7 / 18	19.9 / 17	75.0 / 4	44.5 / 12	4.9 / 0
俄罗斯	28.4 / 18	4.9 / 13	29.1 / 15	13.7 / 14	81.5 / 5	0.0 / 18	41.0 / 16	39.5 / 16	4.9 / 13	36.7 / 15	13.5 / 14	81.7 / 5	0.0 / 18	100.0 / 1	-11.1 / -2
印度	16.6 / 19	8.2 / 8	10.5 / 18	0.0 / 19	6.9 / 18	18.5 / 10	55.6 / 13	23.3 / 18	8.5 / 8	20.1 / 18	0.0 / 19	8.1 / 18	32.2 / 12	71.2 / 5	-6.7 / -1
最高分	73.6	100.0	100.0	100.0	100.0	100.0	100.0	71.2	100.0	100.0	100.0	100.0	100.0	100.0	2.3
最低分	16.6	0.0	0.0	0.0	0.0	0.0	0.0	22.7	0.0	0.0	0.0	0.0	0.0	0.0	-6.1
平均分	42.9	14.6	55.3	41.1	56.3	32.5	63.8	43.4	14.5	58.6	41.3	56.2	44.9	51.8	-0.5
标准差	14.0	23.6	28.6	32.4	28.8	26.9	25.5	11.1	23.2	25.9	32.0	28.2	27.7	22.9	2.9

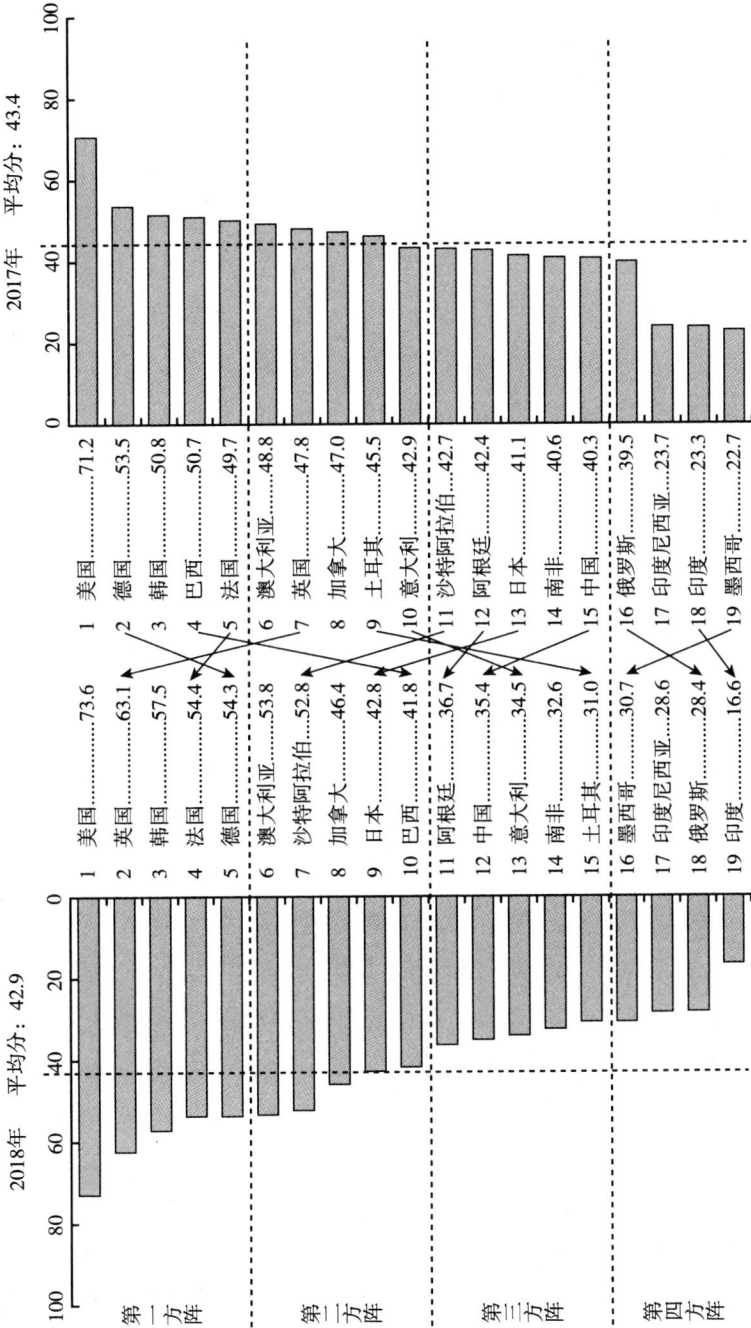

图8-1 2018年和2017年G20国家创新持续竞争力得分及排位情况

2017年　平均分：43.4

1 美国……71.2	
2 德国……53.5	
3 韩国……50.8	
4 巴西……50.7	
5 法国……49.7	
6 澳大利亚……48.8	
7 英国……47.8	
8 加拿大……47.0	
9 土耳其……45.5	
10 意大利……42.9	
11 沙特阿拉伯……42.7	
12 阿根廷……42.4	
13 日本……41.1	
14 南非……40.6	
15 中国……40.3	
16 俄罗斯……39.5	
17 印度尼西亚……23.7	
18 印度……23.3	
19 墨西哥……22.7	

2018年　平均分：42.9

1 美国……73.6	
2 英国……63.1	
3 韩国……57.5	
4 法国……54.4	
5 德国……54.3	
6 澳大利亚……53.8	
7 沙特阿拉伯……52.8	
8 加拿大……46.4	
9 日本……42.8	
10 巴西……41.8	
11 阿根廷……36.7	
12 中国……35.4	
13 意大利……34.5	
14 南非……32.6	
15 土耳其……31.0	
16 墨西哥……30.7	
17 印度尼西亚……28.6	
18 俄罗斯……28.4	
19 印度……16.6	

第一方阵

第二方阵

第三方阵

第四方阵

045

争力比较高，但大部分发展中国家的创新持续竞争力较低。同时，个别发达国家的排位也比较靠后，如意大利排在第13位。

8.2 G20国家创新持续竞争力排位变化分析

2018 年 G20 国家创新持续竞争力处于第一方阵（1～5 位）的依次为：美国、英国、韩国、法国、德国；处于第二方阵（6～10 位）的依次为：澳大利亚、沙特阿拉伯、加拿大、日本、巴西；处于第三方阵（11～15 位）的依次为：阿根廷、中国、意大利、南非、土耳其；处于第四方阵（16～19 位）的依次为：墨西哥、印度尼西亚、俄罗斯、印度。

2017 年 G20 国家创新持续竞争力处于第一方阵（1～5 位）的依次为：美国、德国、韩国、巴西、法国；处于第二方阵（6～10 位）的依次为：澳大利亚、英国、加拿大、土耳其、意大利；处于第三方阵（11～15 位）的依次为：沙特阿拉伯、阿根廷、日本、南非、中国；处于第四方阵（16～19 位）的依次为：俄罗斯、印度尼西亚、印度、墨西哥。

从图 8-1 可以看出，2018 年与 2017 年相比，有 13 个国家的创新持续竞争力排位发生变化，其中，有 7 个国家的创新持续竞争力排位上升，上升幅度最大的是英国，上升了 5 位，其次是沙特阿拉伯和日本均上升了 4 位，中国和墨西哥上升了 3 位，法国和阿根廷均上升了 1 位；排位下降的有 6 个国家，下降幅度最大的是巴西和土耳其，均下降了 6 位，其次是德国和意大利均下降了 3 位，俄罗斯和印度分别下降了 2 位和 1 位。此外，有 6 个国家发生了跨方阵变化，英国由第二方阵上升到第一方阵，沙特阿拉伯、日本由第三方阵上升到第二方阵，而巴西由第一方阵下降到第二方阵，土耳其、意大利由第二方阵下降到第三方阵。

作为二级指标的国家创新持续竞争力，它的变化是三级指标的变化综合作用的结果，表 8-1 还列出了 6 个三级指标的变化情况。

从上述创新持续竞争力排位变化的国家来看，它们的排位变化主要是受到科技经费增长率、科技人员增长率排位变化的影响，在 G20 中，它们的排位变化的次数分别为 18 次和 15 次；公共教育经费支出总额、公共教育经费支出占 GDP 比重、人均公共教育支出额、高等教育毛入学率的次数分别为 4 次、3 次、2 次和 5 次。因此，相对来说，科技经费增长率、科技人员增长率对创新持续竞争力排位变化的影响比较大，各国创新持续竞争力的差异主要表现在这些指标上。

9 G20国家创新竞争力的主要特征与变化趋势

G20 国家创新竞争力评价指标体系包含 1 个一级指标、5 个二级指标、33 个三级指标，涵盖创新基础竞争力、创新环境竞争力、创新投入竞争力、创新产出竞争力和创新持续竞争力等五个方面。指标体系包含的各个方面是相互影响、相互渗透的，形成一个紧密联系的系统，具体很强的内在逻辑性。G20 国家创新竞争力的评价结果综合反映了被评价国家的现实创新力、潜在创新力、创新动力等过去、现在和未来的整体情况，同时，创新竞争力在各个国家和地区又呈现不同特征，共性与个性相互交织。

本报告通过对 2017～2018 年 G20 国家创新竞争力的综合评价，客观、全面地分析 G20 国家创新竞争力的发展水平、存在差距及其变化态势，把握其变动的特征、规律及趋势，并在此基础上进一步探寻国家创新竞争力的路径、方法和对策，进一步夯实各国创新基础，激发创新动力与后劲。

1. 国家创新竞争力是各要素系统作用的结果，综合反映各国创新能力与水平

国家创新竞争力把国家创新的诸多要素进行了系统集成，涵盖了创新基础、创新环境、创新投入、创新产出和创新持续等五个方面的内容，是综合性和系统性的反映。这五个方面的因素以提高劳动生产率、降低资源消耗和生产成本、实现经济社会的可持续发展为目的，通过经济、行政等多种手段，构成了国家创新竞争力不同环节的重要影响因素。可以说，国家创新竞争力代表的就是各国创新的总体实力，这一综合实力可以从国家创新竞争力的评价结果及其排名中看出。

表 9-1 列出了 2017～2018 年 G20 国家创新竞争力的排位及变化情况。由该表可以看出，2017～2018 年，各国的创新竞争力（一级指标）的整体排位比较稳定，各方阵内的国家均没有变化。排位处于第一方阵的 5 个国家中，日本的排名从第 5 位上升到第 4 位，与韩国的排名互换。第二方阵是中国从第 8 位上升到第 7 位，与法国的排位互换。第三方阵中，沙特阿拉伯的排位从第 14 位上升到第 12 位，巴西和土耳其的排位各下降 1 位，分别列第 13 位和第

14 位。第四方阵的国家排位没有变化。国家创新竞争力阵次和排位的稳定性表明各个国家在提升创新竞争力中付出的努力和取得的成效相当。

表 9 – 1　2017～2018 年 G20 国家创新竞争力排位及变化情况

地区	2018 年	2017 年	区段	地区	2018 年	2017 年	区段
美国	1	1	第一方阵	澳大利亚	6	6	第二方阵
英国	2	2		中国	7	8	
德国	3	3		法国	8	7	
日本	4	5		加拿大	9	9	
韩国	5	4		意大利	10	10	
俄罗斯	11	11	第三方阵	墨西哥	16	16	第四方阵
沙特阿拉伯	12	14		印度	17	17	
巴西	13	12		阿根廷	18	18	
土耳其	14	13		印度尼西亚	19	19	
南非	15	15					

评价期内，G20 国家创新竞争力的整体排位变化中，只有沙特阿拉伯的排位上升了 2 位，6 个国家的排位变动了 1 位，12 个国家的排位保持不变。相对于一级指标来说，二级指标的变化幅度相对较大，比如创新持续竞争力排位变化最大的是巴西和土耳其，排位均下降了 6 位；创新产出竞争力中土耳其和印度尼西亚的排位变化最大，上升了 5 位。此外，有多个国家创新竞争力二级指标排位变化超过 3 位。

从二级指标的排位变化来看，土耳其的创新环境竞争力、创新投入竞争力、创新产出竞争力的排位分别上升了 2 位、1 位和 5 位，创新基础竞争力排位不变，但是创新持续竞争力排位下降了 6 位，使得国家创新竞争力总体排位下降了 1 位。这说明，国家创新竞争力是五个二级指标共同作用的结果，一个二级指标的变化反映在一级指标上，可能变化不会太明显，但其综合作用就会相互抵消或相互增强形成合力，特别是突出的优势或短板会起到主导性的作用，土耳其国家创新竞争力排位下降正是被其创新持续竞争力这一突出短板所拖累，因此只有做到各个指标均有良好表现才能支撑整体的竞争优势。同时，这也表明对二级指标和三级指标的分析至关重要，只有加强对二级、三级指标的分析，才能更深入地分析国家创新竞争力的本质特征，发现其变化的真正原因。因此，在创新过程中，各国应该综合考虑国家创新竞争力的各个影响要素，做到各方面统筹协调发展、协调推进，特别要对大起大落的指标重点关注、剖析原因，这样才能确保国家创新竞争力稳中有升。

从前面的分析可以看出，发达国家的整体竞争力水平远高于发展中国家，2018年，前者的国家创新竞争力平均得分是后者的2.05倍。第一方阵的5个国家全部都是发达国家，第二方阵除了位列第7位的中国外，其余4个也全部是发达国家，表明发达国家总体创新实力较强。发展中国家在创新基础、创新环境、创新投入等方面长期以来都大大落后于发达国家，与发达国家相比仍具有较大差距，而且差距还有所扩大，2018年与2017年相比，国家创新竞争力平均分的差距从1.94倍扩大到2.05倍。

综上所述，G20国家创新竞争力的提升是多种创新要素共同作用的结果，是各个国家创新能力和发展潜力的集中体现，也是一个长期稳步进展的过程，即使某些年份因为一些偶然性或特殊因素造成综合排位波动较大，但是并不可持续，随着这些偶然性或特殊因素的消失，国家创新竞争力的变化又会回归正常水平轨道，保持原有的发展态势。竞争是一个催人奋进的过程，也是时刻充满竞争对手威胁的过程，排位靠前的国家要居安思危，深入挖掘竞争基础和开辟新的竞争优势，确保创新领头羊的地位；排位靠后的国家要对比差距，找准发力点，把握机会，不懈努力，将特殊优势转化为竞争优势。

2. G20国家整体创新竞争力水平有所下降，区域表现差异较大

2017～2018年，G20整体的国家创新竞争力水平略微下降，平均得分从35.7下降到35.0分，下降了0.7分。

从国家创新竞争力的二级指标变化情况来看，2017～2018年国家创新竞争力整体得分水平的下降是由于创新环境竞争力、创新投入竞争力、创新持续竞争力3个二级指标的平均分下降导致的。其中，创新环境竞争力平均得分下降了6.2分，创新投入竞争力平均得分下降了0.4分，创新持续竞争力平均得分下降了0.5分。

从G20中各国创新竞争力得分的升降来看，有9个国家的得分上升，10

个国家的得分下降，得分下降的国家数量多于得分上升的国家数量，并且分数下降的幅度大于分数上升的幅度，使得整体的国家创新竞争力得分略微下降。

G20 国家创新竞争力变化的另一个特征是创新竞争力的区域间差异比较大。表 9－2 列出了 G20 所属六大洲的国家创新竞争力的平均得分及处于第一、第二方阵的国家个数及比重。

表 9－2　六大洲国家创新竞争力的平均得分及处于第一、第二方阵的国家个数及比重

地区 \ 指标	平均得分		第一方阵国家个数及比重		第二方阵国家个数及比重	
	2018 年	2017 年	2018 年	2017 年	2018 年	2017 年
北美洲(3 个国家)	46.1	47.6	1(33.3%)	1(33.3%)	1(33.3%)	1(33.3%)
南美洲(2 个国家)	20.1	23.2	0(0.0%)	0(0.0%)	0(0.0%)	0(0.0%)
欧洲(6 个国家)	37.9	38.4	2(40.0%)	2(40.0%)	2(40.0%)	2(40.0%)
亚洲(6 个国家)	32.3	31.8	2(33.3%)	2(33.3%)	1(16.7%)	1(16.7%)
非洲(1 个国家)	20.6	23.4	0(0.0%)	0(0.0%)	0(0.0%)	0(0.0%)
大洋洲(1 个国家)	45.2	44.4	0(0.0%)	0(0.0%)	1(100.0%)	1(100.0%)

注：括号内数值为处于第一方阵或第二方阵的国家数量占各洲国家总数的比重。

从得分来看，在 G20 所属的北美洲、南美洲、欧洲、亚洲、非洲、大洋洲六大区域的国家中，2018 年，北美洲的国家创新竞争力得分最高，而南美洲最低，两者得分相差 26 分，前者是后者的 2.29 倍。与 2017 年的 24.4 分的差距相比，这一差距有所拉大，表明各洲之间的创新竞争力差异仍然比较大，且有增大的趋势。

从处于第一、第二方阵的国家数量来看，2018 年，欧洲和亚洲各有 2 个国家处于第一方阵，北美洲有 1 个国家处于第一方阵，南美洲、非洲和大洋洲均没有国家处于第一方阵；欧洲和亚洲各有 2 个国家处于第二方阵，北美洲和大洋洲各有 1 个国家处于第二方阵，南美洲和非洲则没有国家处于第二方阵。

从占各洲国家总数的比例来看，第一方阵中，欧洲和亚洲的比重最高，均为 40%，北美洲为 20%，其余洲为 0；第二方阵中，欧洲的比重最高，为 40%，北美洲、大洋洲和亚洲均为 20%，南美洲和非洲则为 0。

3. 创新投入竞争力和创新基础竞争力是国家创新竞争力提升的关键要素

表9-3列出了2017年和2018年G20国家创新竞争力得分与5个二级指标竞争力得分的相关系数。

表9-3　创新竞争力得分与各要素相关系数

年份	创新基础竞争力	创新环境竞争力	创新投入竞争力	创新产出竞争力	创新持续竞争力
2017	0.954	0.717	0.957	0.861	0.807
2018	0.964	0.740	0.959	0.800	0.831

从表9-3来看，2018年，与国家创新竞争力得分相关系数最大的二级指标是创新基础竞争力，其相关系数高达0.964；其次为创新投入竞争力，相关系数为0.959，其他3个二级指标的相关系数小于0.9，但也都高于0.7。而2017年则是创新投入竞争力与国家创新竞争力得分相关系数最大，其次是创新基础竞争力，但相关系数值并没有多大变化，都位于0.95～0.97之间，说明创新投入竞争力和创新基础竞争力都是影响国家创新竞争力的关键要素，而且影响程度较大。G20各国要进一步加强创新基础设施建设，加大基础研究力度，加强教育，夯实创新基础，同时也要加大研发经费投入，引进和培养创新人才，提高创新投入的使用效率，切实提高创新基础竞争力和创新投入竞争力。

图9-1和图9-2分别显示了2018年G20国家创新竞争力与创新基础竞争力、创新投入竞争力的得分关系。

可以看出，创新基础竞争力、创新投入竞争力与国家创新竞争力得分均表现出很强的正相关关系，两者得分散点图分布在直线附近。创新基础竞争力、创新投入竞争力得分高的国家，国家创新竞争力的得分也比较高。可以很直观地看出G20国家被分为3类：第一类是美国，创新基础竞争力、创新投入竞争力和国家创新竞争力的得分都非常高，而且远高于其他国家；第二类是澳大利亚、英国、德国、日本、法国等发达国家和中国，它们的创新基础竞争力和创新投入竞争力处于中等水平，远高于其他发展中国家，但是又和美国有较大的差距，它们的国家创新竞争力也处于中等水平；第三类是印度、印度尼西亚、

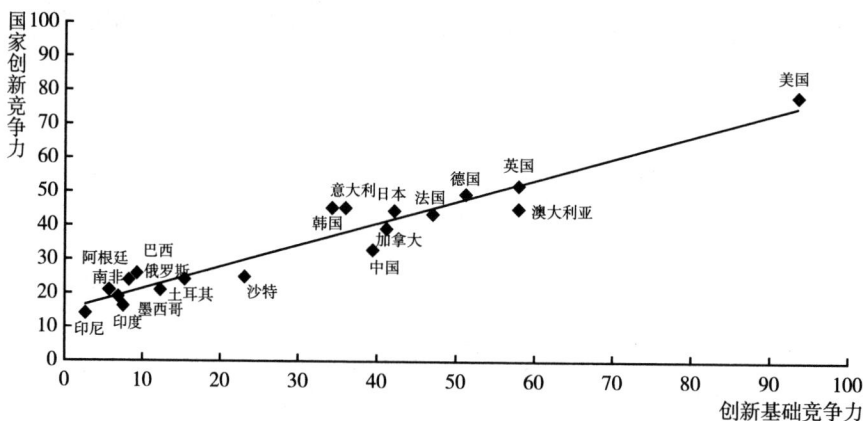

图9-1　2018年创新基础竞争力和国家创新竞争力得分关系

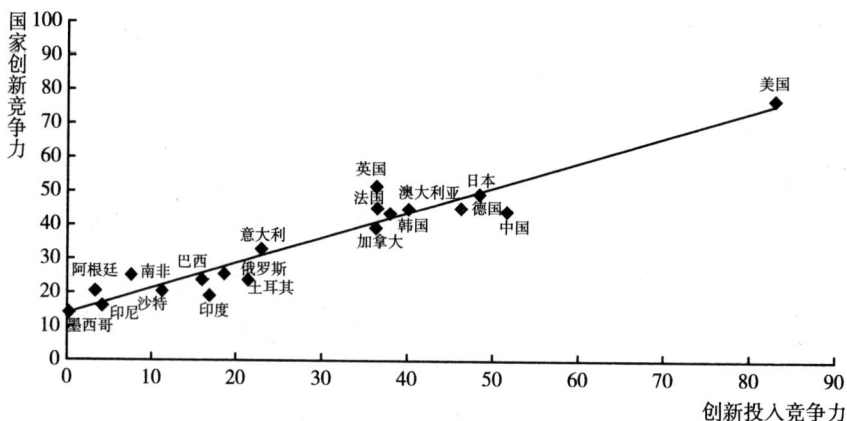

图9-2　2018年创新投入竞争力和国家创新竞争力得分关系

墨西哥等其他发展中国家，它们的创新基础竞争力、创新投入竞争力得分都比较低，国家创新竞争力得分也是居于末位。这充分说明创新基础竞争力、创新投入竞争力是影响国家创新竞争力的关键要素。

4. 国家创新竞争力与各国经济实力和经济发展水平的关系较大

G20各国分处经济发展的不同阶段，经济发展水平差异较大，一般而言，国家创新需要有大量的资金等要素投入，要以强大的经济基础和经济实力为保障，经济发展水平较高的国家，在创新方面的投入多，国家创新竞争力水平较高，国家创新竞争力水平和经济发展水平具有高度一致性。

图 9 - 3 反映了 2018 年 G20 国家创新竞争力与 GDP 的关系，图 9 - 4 反映了 2018 年 G20 国家创新竞争力与人均 GDP 的关系。

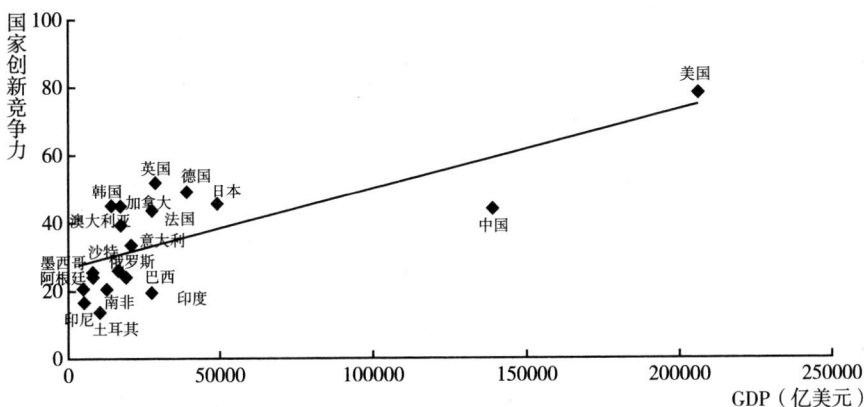

图 9 - 3　2018 年 G20 国家创新竞争力与 GDP 的关系

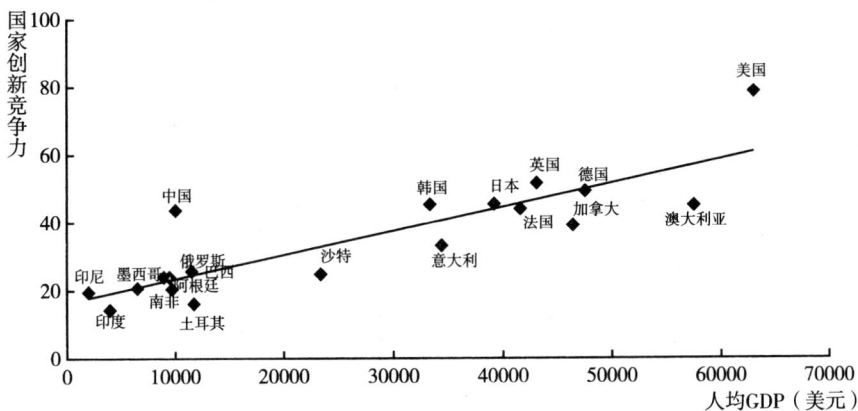

图 9 - 4　2018 年 G20 国家创新竞争力与人均 GDP 的关系

图 9 - 3 说明经济规模（GDP）和国家创新竞争力存在一定的趋势关系，GDP 总量越大的国家，其国家创新竞争力得分越高，强大的经济实力可以为创新提供有力的财力支撑保障。美国的世界上 GDP 总量最大的国家，其国家创新竞争力得分均远远高于其他国家，但这一特征也并不符合所有的国家，如 GDP 总量处于世界第二的中国，其国家创新竞争力低于日本、德国、韩国

等比其 GDP 总量小的国家，GDP 总量的地位与其国家创新竞争力的地位显得不匹配。相反，韩国、加拿大等国家的 GDP 总量相对不高，但它们的国家创新竞争力却位列前位，高于其他很多 GDP 总量比其大的国家，比如巴西和印度。

图 9-4 更进一步地说明了国家创新竞争力和经济发展水平的关系。从该图可知，国家创新竞争力与人均 GDP 存在显著的线性关系，人均 GDP 越高，经济发展水平越高，国家创新竞争力得分也越高。G20 国家在该图的上半段和下半段明显地分为两个群体，一个是位于图上半段的美国、德国、英国等 9 个发达国家，人均 GDP 都超过 3 万美元，国家创新竞争力得分都比较高；另一个是位于图下半段的亚洲、南美洲、非洲等 10 个发展中国家，除沙特外，其余国家人均 GDP 都低于 15000 美元，国家创新竞争力得分普遍比较低。

5. 增加强优势指标的数量，减少劣势指标数量，优化指标结构，有效激发提升国家创新竞争力的内部动力

表 9-4 列出了 2018 年 G20 国家创新竞争力三级指标的优劣度结构，以反映国家创新竞争力指标优劣度结构对国家创新竞争力排位的影响。表 9-5 列出了 2018 年 G20 国家创新竞争力三级指标的排位变化及趋势结构，以反映国家创新竞争力指标排位波动对国家创新竞争力排位的影响。

表 9-4　2018 年 G20 国家创新竞争力三级指标优劣度结构

项目 地区	强势指标 个数及比重	优势指标 个数及比重	中势指标 个数及比重	劣势指标 个数及比重	强势和优势指标 总数及比重	综合 排位	所属 区位
美国	23	8	2	0	31	1	
	69.7%	24.2%	6.1%	0.0%	93.9%		
英国	20	9	4	0	29	2	
	60.6%	27.3%	12.1%	0.0%	87.9%		
德国	18	11	4	0	29	3	第一 方阵
	54.5%	33.3%	12.1%	0.0%	87.9%		
日本	14	12	6	0	26	4	
	43.8%	37.5%	18.8%	0.0%	81.3%		
韩国	13	17	3	0	30	5	
	39.4%	51.5%	9.1%	0.0%	90.9%		

项目 地区	强势指标 个数及比重	优势指标 个数及比重	中势指标 个数及比重	劣势指标 个数及比重	强势和优势指标 总数及比重	综合 排位	所属 区位
澳大利亚	11	12	9	0	23	6	
	34.4%	37.5%	28.1%	0.0%	71.9%		
中国	17	5	5	5	22	7	
	53.1%	15.6%	15.6%	15.6%	68.8%		
法国	11	18	3	1	29	8	第二 方阵
	33.3%	54.5%	9.1%	3.0%	87.9%		
加拿大	7	14	10	2	21	9	
	21.2%	42.4%	30.3%	6.1%	63.6%		
意大利	3	18	9	2	21	10	
	9.4%	56.3%	28.1%	6.3%	65.6%		
俄罗斯	5	6	15	6	11	11	
	15.6%	18.8%	46.9%	18.8%	34.4%		
沙特 阿拉伯	4	8	4	12	12	12	
	14.3%	28.6%	14.3%	42.9%	42.9%		
巴西	4	8	16	5	12	13	第三 方阵
	12.1%	24.2%	48.5%	15.2%	36.4%		
土耳其	3	5	14	10	8	14	
	9.4%	15.6%	43.8%	31.3%	25.0%		
南非	4	3	6	19	7	15	
	12.5%	9.4%	18.8%	59.4%	21.9%		
墨西哥	2	5	17	9	7	16	
	6.1%	15.2%	51.5%	27.3%	21.2%		
印度	3	10	8	11	13	17	第四 方阵
	9.4%	31.3%	25.0%	34.4%	40.6%		
阿根廷	3	1	12	16	4	18	
	9.4%	3.1%	37.5%	50.0%	12.5%		
印度 尼西亚	3	2	9	19	5	19	
	9.1%	6.1%	27.3%	57.6%	15.2%		

注：各地区对应的两行数列中，上一行为各类指标个数，下一行为各类指标个数占总指标数的比重。

表 9 – 5   2018 年 G20 国家创新竞争力三级指标排位变化趋势结构

地区 \ 项目	上升指标个数	保持指标个数	下降指标个数	变化趋势	综合排位	综合排位变化	所属方阵
美国	5	23	5	保持	1	0	第一方阵
	15.2%	69.7%	15.2%				
英国	8	20	5	保持	2	0	
	24.2%	60.6%	15.2%				
德国	8	21	4	保持	3	0	
	24.2%	63.6%	12.1%				
日本	7	22	3	上升	4	1	
	21.9%	68.8%	9.4%				
韩国	7	22	4	下降	5	-1	
	21.2%	66.7%	12.1%				
澳大利亚	5	20	7	保持	6	0	第二方阵
	15.6%	62.5%	21.9%				
中国	9	20	3	上升	7	1	
	28.1%	62.5%	9.4%				
法国	4	20	9	下降	8	-1	
	12.1%	60.6%	27.3%				
加拿大	4	18	11	保持	9	0	
	12.1%	54.5%	33.3%				
意大利	9	17	6	保持	10	0	
	28.1%	53.1%	18.8%				
俄罗斯	6	21	5	保持	11	0	第三方阵
	18.8%	65.6%	15.6%				
沙特阿拉伯	8	18	2	上升	12	2	
	28.6%	64.3%	7.1%				
巴西	7	13	13	下降	13	-1	
	21.2%	39.4%	39.4%				
土耳其	7	16	9	下降	14	-1	
	21.9%	50.0%	28.1%				
南非	3	23	6	保持	15	0	
	9.4%	71.9%	18.8%				

项 目 地 区	上升指标 个数	保持指标 个数	下降指标 个数	变化 趋势	综合 排位	综合排位 变化	所属 方阵
墨西哥	4	19	10	保持	16	0	第四 方阵
	12.1%	57.6%	30.3%				
印度	5	18	9	保持	17	0	
	15.6%	56.3%	28.1%				
阿根廷	5	15	12	保持	18	0	
	15.6%	46.9%	37.5%				
印度尼西亚	9	19	5	保持	19	0	
	27.3%	57.6%	15.2%				

注：各地区对应的两行数列中，上一行为各类指标个数，下一行为各类指标个数占总指标数的比重。

从表9－4可以看出，第一方阵中各国的强势和优势指标所占比重普遍比较高，都达到了80%以上，其中，美国的比重达到了93.9%，韩国的比重达到了90.9%，德国和英国的比重均为87.9%，日本的比重为81.3%，第一方阵的平均比重为88.38%；第二方阵中法国的比重最高，达到87.9%，第二方阵的平均比重为71.56%；第三方阵国家的强势和优势指标所占比重比较低，除了沙特阿拉伯的比重为42.9%，其余四个国家的比重都低于40%，土耳其和南非的比重甚至低至25%和21.9%，平均比重为32.12%；第四方阵国家除印度所占比重为40.6%外，其余三个国家的比重都非常低，墨西哥比重为21.2%，印度尼西亚为15.2%，阿根廷低至12.5%，平均比重仅为22.28%。

强势和优势指标是国家创新竞争力的重要支撑，一般来说，强势和优势指标越多的国家，其国家创新竞争力会较强，比如第一方阵的5个发达国家也是强势指标和优势指标最多的国家。当然，也有一些国家例外，比如法国，它的强势和优势指标所占比重为87.9%，但是其国家创新竞争力仅仅排位第8，主要是因为它相对于第一方阵的国家而言存在劣势指标，拉低了其综合排位。因此，在看到强势和优势指标的支撑与提升的作用外，还要看到劣势指标的拉低。在创新竞争力提升的进程中，要固强扶优、减劣增优，确保强势指标的稳定地位的同时，把更多的优势指标发展成为强势指标，把更多的中势指标发展成为强势指标和优势指标，努力减少劣势指标数量，使指标结构持续改善优化，只有这样，才能形成国家创新竞争力地位稳步提升的重要拉力。

同样，从表9-5可以看出上升指标和下降指标对国家创新竞争力变动的影响，一般来说，上升指标比重大于下降指标比重的国家，其国家创新竞争力将处于上升趋势，反之则处于下降趋势，比如日本、中国、沙特阿拉伯等国家上升指标比重大于下降指标比重，其综合排位处于上升趋势，法国、巴西、土耳其等国家正好相反。当然，也存在特殊情况，比如韩国，它的上升指标所占比重为21.2%，下降指标比重为12.1%，两者相差9.1个百分点，虽然上升指标比重大于下降指标比重，但由于下降幅度大于上升幅度，在综合作用下，它的排位下降了1位。总体来看，国家创新竞争力排位与上升指标和下降指标的比重具有一致性，但还需要进一步深入考虑指标排位上升或下降的幅度。在提升国家创新竞争力的进程中，各国应该努力增加上升指标的个数，减少下降指标的个数，只有这样，才能促进国家创新竞争力整体水平的有效提升。

10　提升G20国家创新竞争力的基本路径与发展对策

10.1　提升G20国家创新竞争力的基本路径

G20涵盖了发达国家和新兴市场经济体，代表性广泛，从成立之初的财长和央行行长会议上升为为了应对国际金融危机的领导人峰会，在二十多年的成长、发展与完善过程中，G20在全球治理中发挥着越来越重要的作用，成为处理全球性事务的重要平台，形成以峰会为引领、以协调人和财金渠道"双轨机制"为支撑、部长级会议和工作组为辅助的G20运行机制，并从危机应对向长效治理机制转变。经过了金融危机后10多年的全球经济复苏，全球化进程又面临着许多新问题，逆全球化和单边主义浪潮兴起破坏了全球化的趋势，贸易保护主义阻碍了全球要素的自由流动，全球气候变化和环境污染形势仍然严峻，各国的宏观经济政策的协调性有待进一步增强，结构性改革任重道远，全球经济发展仍然充满了诸多危机，有显性的，也有隐性的。2020年全球新冠肺炎疫情就是隐性危机的爆发，一方面表明了全球化是一个不可分割的整体，疫情没有国界，任何一个国家和地区都不可能独善其身；另一方面也表明了只有加强全球团结合作，才能战胜疫情，恢复经济发展秩序，稳定经济复苏趋势。面对疫情，发达国家并没有很好地发挥应有的作用，反而相互之间争夺抗疫物资，甚至甩锅中国，试图转移国内抗疫不力引发的矛盾；世界银行、国际货币基金组织、世界贸易组织等国际组织由于长期以来主要注重全球经济事务的协调，在应对全球公共事件方面经验不足。G20作为全球最具有代表性、最具广泛性的组织自然而然应承担起联合全球国家团结抗疫的重任。2020年3月26日，G20积极行动，举行了二十国集团领导人应对新冠肺炎特别峰会，会议强调要发挥G20的协调沟通作用，加强政策协调，构建全球严密的联防联控网络，不仅要防止疫情的进一步扩散，而且要把疫情对全球经济增长的不利影响降到最低水平。创新成为重要手段和必然路径，疫苗的研发和临床使用、特效药的研制、检测效率和精准度的提高，等等，都需要以科技创新为依托，G20也号召广大国家加强这方面的科研攻关，早日取得惠及全人类的成果，因此，提升国家创新竞争力是G20各国共同努力的方向，应遵循以下基本路径。

1. 以协调推进疫情防控和经济复苏增长为目标

新冠肺炎疫情对全球经济增长的负面影响不可避免，在疫情常态化下，2020年全球经济出现负增长，全球经济在复苏增长的道路上充斥着极大的风险和不确定性，是偶然性波动还是长期趋势，这取决于新冠肺炎疫情的防控力度和全球合作的紧密程度。新冠肺炎疫情对全球物流、人流的阻滞对全球供应链和产业链造成了极大冲击，加上一些国家单边主义、孤立主义、保护主义对全球合作的破坏，加剧了全球经济复苏增长的风险。G20应以统筹推进疫情防控和复苏经济增长为目标，协调好两者的关系，从宏观经济政策创新、各国政策协调方式创新、疫情防控手段创新、经济增长模式创新等方面发挥创新在强化国家合作中的重要作用，加强各国互利共赢、共同发展，优化全球产业链布局，确保全球产业链安全，加快贸易投资自由化便利化，减少贸易摩擦，发挥大数据、人工智能、区块链等现代信息技术作用，构建新的贸易模式和商业往来模式，开辟全球经济复苏新的增长点，保障全球经济发展的稳定性和持续性。

2. 以加强创新合作为根本路径

个别国家的单边主义和贸易保护主义行径改变不了经济全球化的趋势，反而会使全球经济在衰退的泥潭中越陷越深。在全球化网络中，各个国家和地区之间已经形成了紧密联系的整体，也形成了合理分工的创新链，任何一个国家和地区都不可能拥有所有领域的前沿技术，也不可能在创新链的所有环节都占据优势，只有加强创新合作、互补提升，才能形成提升创新竞争力的整体合力。新冠肺炎的疫情应对更是凸显了创新合作的重要性，只有加强 G20 国家之间，以及 G20 同国际组织之间在药物、疫苗、检测、中医药等方面的科研合作，聚焦疫情防控科研攻关的重点难点问题，发挥各国在生物医药和公共安全方面的创新基础优势，共享科研数据和信息，才能真正构建起疫情防控的创新体系。同时也可以通过加强全球生物安全、数字治理等方面的创新合作，构建更加平等、有效的公共产品供给体系和公共卫生安全体系，为发展中国家提供必要的援助，确保疫情在这些国家得到有效控制，从而形成更加公平的全球治理体系，也为 G20 国家创新竞争力的提升创建一个健康稳定积极的环境。

3. 以强化政策协调为根本依托

G20 创新竞争力的提升需要各个国家凝聚共识，强化各国政策协调，聚焦关键技术和创新重点环节，合力突破，才能凸显 G20 作为一个国际组织在推动全球创新上的价值，这也是 G20 作为全球治理重要平台的重要任务。然而，正如习近平总书记指出的，当前世界存在着治理赤字、和平赤字、发展赤字、信任赤字，特别是信任赤字的缺口巨大，国家之间缺乏信任和共识，如美国害怕中国高科技发展对其形成威胁而对中国的高科技产业进行打压，美国奉行"美国优先"战略在国际上频频"退群"，逃避大国责任，等等。这不可避免地会对 G20 的治理机制造成裂痕，导致 G20 全球治理的碎片化。当前全球秩序和体系所面临的风险和危机比 2008 年金融危机更加复杂，不同层面、诸多议题相互交织更是加大了 G20 全球治理协调的难度，新冠肺炎疫情的暴发也许只是诸多矛盾中的一个，未来不能排除可能还会出现新的难以预料的危机。G20 各国首先要加强彼此间的信任，凝聚共识，畅通对话，加强政策的协调，以形成创新合作坚不可摧的整体，这样才能为创新竞争力提升提供可靠依托。

4. 以急需解决问题的创新为根本内容

一直以来，创新都是 G20 峰会的议题，但是不同阶段，创新的内容是不同的：从应对金融危机时聚焦于新兴产业技术创新以开辟新的产业部门，试图通过新一轮产业革命引领全球经济走出危机泥潭；到把"创新驱动发展"和"科技的基础性创新"作为驱动全球经济增长的新动能，并把创新作为解决全球气候变化、可持续发展、难民问题、债务危机等一系列难题的不可或缺的手段，引领全球经济企稳复苏；再到充分把握互联网、大数据、人工智能、量子信息、基因技术等新技术蓬勃发展的机遇，为共建创新包容的开放型世界经济注入升级活力；以及当前应对新冠肺炎疫情，提出要深化应对疫情的科技创新合作。正如习近平总书记指出的，在应对人类公共卫生安全挑战中，国际社会最终战胜疫情的根本之道就在于向技术创新要答案、要方法，这也是当前 G20 创新最根本、最紧迫的任务。G20 创新竞争力提升要以当前亟须解决的全球问题为导向，立足于创新需求，才能真正形成有效的创新供给，提高创新实效。

5. 以有效的创新监管为根本保障

创新是有风险的，创新竞争力的提升过程充满风险与机遇。由于创新的不可预测和不确定性，在从研发走向规模化生产和商业化应用的全过程中都会面临失败的风险，创新本身也是一个新事物取代旧事物的过程，所以，创新的过程中要把握好创新的度和边界，避免创新危机。由于 G20 是一个非正式的国际组织，没有常设机构，也没有强有力的执行法律约束，G20 的合作以及对各项协议的遵守完全是基于各国对承诺的遵守，以及相互之间的监督和约束，确保创新在合法可控的范围内开展。要加强 G20 创新的监管，加强知识产权保护，相互尊重创新成果，为 G20 创新合作提供一个有秩序、有规则的空间。当然，只有加强创新监管，才能确保创新合作的协同性，同时在创新过程中更好地遵循创新规律，提高创新效率，形成国家创新竞争力提升的安全支撑。

10.2　提升 G20 国家创新竞争力的对策建议

新冠肺炎疫情无疑让全球面临的"百年未有之大变局"变得更加激烈、汹涌，给全球经济增长带来了沉重的打击。不少学者认为，疫情引发的全球经济衰退是 1929～1933 年大萧条之后最严重的一次，国际货币基金组织和世界银行也不断下调对 2020 年全球经济增长的预期，呼吁加强对不发达国家和贫困地区的救助，防止出现贫困化趋势。疫情也放大了不同制度之间的差异性，加剧了国家之间的利益分歧，推动全球治理体系的变动和调整，全球经济发展面临的环境更加复杂多变。随着全球步入后疫情时代，全球经济的稳定和复苏需要以强有力的载体为支撑，才能避免全球经济的一盘散沙，G20理应承担起相应的责任和义务，不仅担当全球经济治理的重任，在强化全球合作、稳定经济增长等方面发挥重要的平台和载体作用，构建全球经济增长新秩序，而且要发挥G20全球创新的平台作用，激发G20国家创新的动能和潜能，在创新竞争中不断开辟新的经济增长点，形成推动全球经济增长的动力引擎。后疫情时代，提升G20国家创新竞争力主要可以从以下几个方面展开。

1. 加强全球安全领域的技术创新，应对全球风险挑战

当前全球经济发展充满传统风险和非传统风险，对战争、能源等传统风险的防范已经具有一定的经验，但是非传统领域的风险往往具有隐蔽性和难以预测性，一旦释放会对全球经济发展造成沉重的打击，因此，人类要对这些隐蔽的风险进行充分的预估和防范。G20应该加强有关人类安全风险防范的技术创新，形成对可能产生的风险进行预测、分析、预警、防范的技术，加紧构建由全球公共安全预警体系、应急体系、科研体系、战略物资生产体系、物流体系、监测体系等组成的通用的安全体系。加强G20国家之间的创新合作，共同开展对威胁全球安全的各种风险产生的根源、传导路径、应对方案等方面的系统性研究，建立现代公共安全信息共享平台，促进创新数据和资源要素的共享，提升认知和科技水平，搭建全球风险应对安全网。

2. 妥善处理竞争与合作关系，构建创新共同体

提升G20创新竞争力的过程同时也是G20国家之间创新竞争与合作的过程。一方面，要保障先行创新国家的利益，通过达成知识产权保护协定、先进技术的购买与转让协定等使处于创新链前端的国家可以获得创新收益，不断激发其创新积极性，保持创新竞争活跃的动力；另一方面，要加强G20国家之间的创新协同，各国的结构性改革和创新努力方向是相互连接的，只有确保全球产业链、价值链和创新链的协同，才能形成创新规模效应，达到全球经济治理结构调整的目标。G20创新竞争与合作共同推动形成创新共同体，创新共同体是人类命运共同体的组成部分，通过组建G20创新共同体联盟，既保障创新的有序竞争，不断释放发展动能，又在合作互补中加快创新速度，提高创新效率。

3. 布局全球创新前沿领域，开辟创新成长新空间

当前，全球经济面临的风险和挑战错综复杂，各种新情况、新问题层出不穷，传统经济增长动能乏力，层出不穷的创新虽然开辟了新的产业发展领域，但是尚没有形成规模化态势，以及缺乏消费市场的拉动导致供需不匹配，甚至出现创新供给过剩，大量的创新没有很好地和实体经济发展相结合，或者不符合市场需求而被束之高阁，形成创新浪费。G20应着眼于全球创新需求，顺应全球创新浪潮，把握创新发展的前沿趋势，掌握创新的主动权，成为全球创新的主导力量。要充分把握信息技术发展的前沿，聚焦互联网、人工智能、区块链、大数据等前沿技术发展动态，加强现代技术的应用研究，面向产业链和价值链加速重构，开辟新的产业模式、商业模式和消费模式，不断开辟创新成长新空间，并转化为经济增长的新空间。

4. 补齐创新领域短板，提升创新效率水平

无论是G20国家间的创新竞争还是合作，都是一个国家内部创新实力的外在表现。根据事物发展的一般规律，内因是决定因素，外因通过内因起作用，G20国家创新竞争力的整体提升归根结底取决于各个国家内部创新竞争力的提升。在前面的评价分析中已经得知，创新基础竞争力和创新投入竞争力是提升国家创新竞争力最重要的两个影响因素，而新兴市场国家由于这两个创新要素都很薄弱，在G20国家创新竞争力中排位靠后，G20国家创新竞争力内部的不平衡也不利于全球创新竞争力的整体提升。因此，要补齐创新领域短板，各个国家要针对自身内部创新的薄弱环节给予重点关注。发达国家要进一步夯实创新基础，激发创新潜能；发展中国家则要加大创新的各要素投入，加强创新基础设施建设，加快创新人才培养，形成可持续高质量的创新投入。在提升G20创新竞争力整体水平的同时，也可以缩小内部创新差距，节约创新成本，提高创新效率。

5. 加快创新成果转化，形成创新普遍应用

G20国家创新竞争力提升的最终效益取决于创新成果的运用，如果大量的创新成果只是停留在实验室阶段，或者被束之高阁而没有运用于生产过程，那么，创新的成本就无法回收，创新的价值无法体现，也会严重打击创新的积极性。G20要提高创新水平，就要加快创新成果的转化运用，比如面向全球市场需求开展创新，建立创新成果发布平台和需求平台，包括现场平台和网络平

台；比如定期举办创新成果展示会和交易会，建立网上平台，为创新成果供给和需求的对接提供便利条件和服务，推动创新成果的普及。对于一些不发达国家和贫穷的国家，可以开展创新成果的公益性应用，运用创新的力量帮助这些国家摆脱贫困。G20国家之间可以开展创新链和产业链的对接合作，强化创新环节的分工，同时构建良好的创新收益分配机制，使各国公平地享有创新收益，提升创新应用的积极性。

第二部分　分报告

Part 2　Sub Reports

Y.2

第1章

阿根廷国家创新竞争力评价分析报告

阿根廷位于南美洲南部，与智利、玻利维亚、巴拉圭、巴西等国接壤，东南面向大西洋。国土面积约 277 万平方公里，海岸线长 4989 公里。2018 年全国年末总人口约为 4449 万人，实现国内生产总值 5199 亿美元，人均 GDP 达到 11684 美元。本部分通过对阿根廷 2017~2018 年国家创新竞争力以及创新竞争力中各要素在 G20 集团中的排名变化分析，从中找出阿根廷国家创新竞争力的推动点及影响因素。

1.1　阿根廷国家创新竞争力总体评价分析

2017~2018 年，阿根廷的国家创新竞争力排名保持不变，与 2017 年一样，2018 年阿根廷国家创新竞争力在 G20 集团中排名第 18 位。

1.1.1　阿根廷国家创新竞争力概要分析

阿根廷国家创新竞争力在 G20 集团中所处的位置及 5 个二级指标的得分和排位变化如图 1-1、图 1-2 和表 1-1 所示。

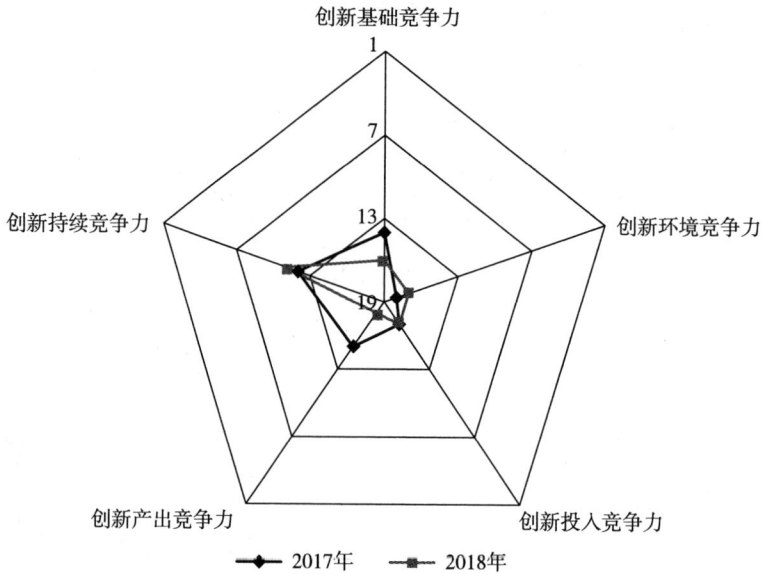

图 1-1　阿根廷国家创新竞争力二级指标排名雷达图

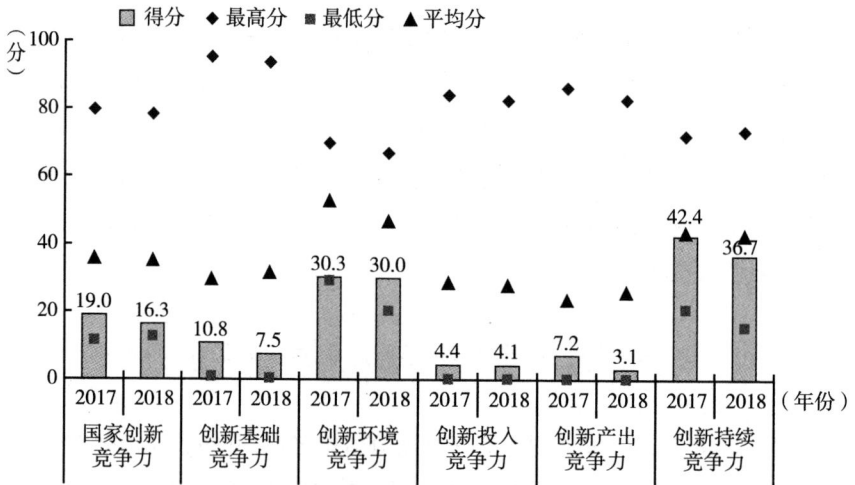

图 1-2　阿根廷国家创新竞争力得分和排名变化趋势

（1）从综合排位变化看，2018 年阿根廷国家创新竞争力综合排名在 G20 集团中处于第 18 位，与 2017 年相比，排位上没有变化。

表 1 - 1　阿根廷国家创新竞争力二级指标得分和排名

项目 年份	创新基础 竞争力		创新环境 竞争力		创新投入 竞争力		创新产出 竞争力		创新持续 竞争力		创新竞争力	
	得分	排名	得分	排名	得分	排名	得分	排名	得分	排名	得分	排名
2017	10.8	14	30.3	18	4.4	17	7.2	15	42.4	12	19.0	18
2018	7.5	16	30.0	17	4.1	17	3.1	18	36.7	11	16.3	18
得分变化	-3.3		-0.2		-0.2		-4.1		-5.8		-2.7	
排名升降		-2		1		0		-3		1		0
优劣度		劣势		劣势		劣势		劣势		中势		劣势

（2）从指标得分看，2018 年阿根廷国家创新竞争力得分为 16.3 分，比 G20 集团最高分低 62.2 分，比平均分低 18.7 分；与 2017 年相比，阿根廷国家创新竞争力得分减少了 2.7 分，与当年最高分的差距扩大了 1.2 分，与 G20 集团平均分的差距扩大了 2.1 分。

（3）从指标所处区位看，2018 年阿根廷国家创新竞争力的 5 个二级指标中，没有强势指标和优势指标；有中势指标一个，为创新持续竞争力，其余 4 个指标均为劣势指标。[①]

（4）从指标排位变化趋势看，在 5 个二级指标中，有 2 个指标的排位处于上升趋势，分别是创新环境竞争力和创新持续竞争力，是阿根廷国家创新竞争力的上升动力所在；有 2 个指标的排位处于下降趋势，为创新基础竞争力和创新产出竞争力，是阿根廷国家创新竞争力的下降拉力所在；在指标上升和下降的综合作用下，创新投入竞争力指标排位没有发生变化。

（5）从指标排位变化的动因看，2 个二级指标的排位出现了下降，2 个二级指标排位出现上升，在上升指标和下降指标的综合作用下，2018 年阿根廷国家创新竞争力的综合排位保持不变，在 G20 集团中排名第 18 位。

1.1.2　阿根廷国家创新竞争力各级指标动态变化分析

2017～2018 年阿根廷国家创新竞争力各级指标的动态变化及其结构，如图 1 - 3 和表 1 - 2 所示。

---

① 本报告所指的强势指标为排名在第 1～5 位的指标；优势指标为排名在第 6～10 位的指标；中势指标为排名在第 11～15 位的指标；劣势指标为排名在第 16～19 位的指标。下同。

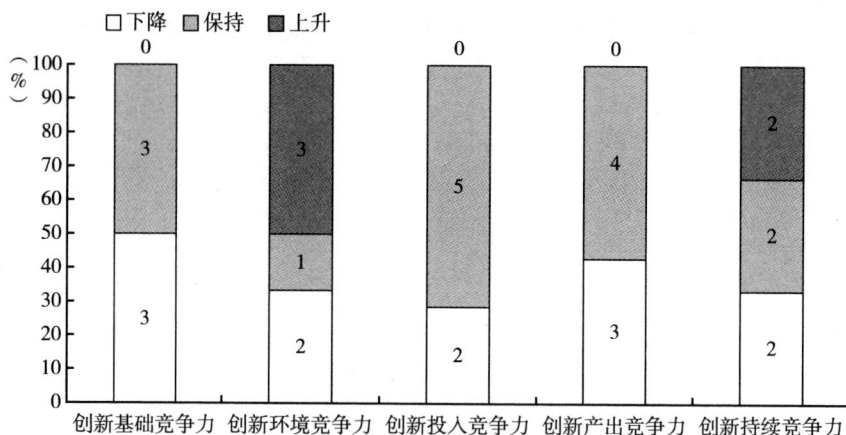

图1-3　2017~2018年阿根廷国家创新竞争力指标动态变化结构

表1-2　2017~2018年阿根廷国家创新竞争力各级指标排位变化态势比较

二级指标	三级指标个数	上升		保持		下降		变化趋势
		个数	比重(%)	个数	比重(%)	个数	比重(%)	
创新基础竞争力	6	0	0.0	3	50.0	3	50.0	下降
创新环境竞争力	6	3	50.0	1	16.7	2	33.3	上升
创新投入竞争力	7	0	0.0	5	71.4	2	28.6	保持
创新产出竞争力	7	0	0.0	4	57.1	3	42.9	下降
创新持续竞争力	6	2	33.3	2	33.3	2	33.3	上升
合计	32	5	15.6	15	46.9	12	37.5	保持

从图1-3可以看出，阿根廷国家创新竞争力的三级指标中保持不变指标占主导地位，而上升指标的数量明显少于下降指标的数量。表1-2中的数据进一步说明，阿根廷国家创新竞争力的32个三级指标中，上升的指标有5个，占指标总数的15.6%；保持的指标有15个，占指标总数的46.9%；下降的指标有12个，占指标总数的37.5%。指标下降的数量大于指标上升的数量，下降的拉力大于上升的动力，但保持不变的指标占主导地位，在3类指标综合作用下，2018年阿根廷国家创新竞争力排位保持不变，在G20集团中居第18位。

1.1.3 阿根廷国家创新竞争力各级指标优劣势结构分析

2017～2018 年阿根廷国家创新竞争力各级指标的优劣势变化及其结构，如表 1 - 3 所示。

表 1 - 3 2017～2018 年阿根廷国家创新竞争力各级指标排位优劣势比较

二级指标	三级指标个数	强势		优势		中势		劣势		优劣度
		个数	比重（%）	个数	比重（%）	个数	比重（%）	个数	比重（%）	
创新基础竞争力	6	0	0.0	0	0.0	2	33.3	4	66.7	劣势
创新环境竞争力	6	1	16.7	0	0.0	3	50.0	2	33.3	劣势
创新投入竞争力	7	0	0.0	1	14.3	3	42.9	3	42.9	劣势
创新产出竞争力	7	0	0.0	0	0.0	2	28.6	5	71.4	劣势
创新持续竞争力	6	2	33.3	0	0.0	2	33.3	2	33.3	中势
合计	32	3	9.4	1	3.1	12	37.5	16	50.0	劣势

从表 1 - 3 中的数据可以看出，阿根廷国家创新竞争力的 32 个三级指标中，强势指标 3 个，占指标总数的 9.4%；优势指标 1 个，占指标总数的 3.1%；中势指标 12 个，占指标总数的 37.5%；劣势指标 16 个，占指标总数的 50%；强势指标和优势指标的数量之和约占指标总数的 12.5%，远远小于中势指标和劣势指标之和。从二级指标来看，没有强势指标和优势指标；中势指标 1 个，占二级指标总数的 20%；其余 4 个指标均为劣势指标，占二级指标总数的 80%。由于只有中势指标和劣势指标，且劣势指标居于主导地位，2017～2018 年阿根廷国家创新竞争力处于劣势地位。

1.2 阿根廷国家创新基础竞争力评价分析

1.2.1 阿根廷国家创新基础竞争力评价结果

2017～2018 年阿根廷国家创新基础竞争力及其下属 6 个三级指标的排位和排位变化情况，如表 1 - 4 所示。

表1-4 阿根廷2017～2018年国家创新基础竞争力指标组排位及趋势

年份 \ 项目	GDP		人均GDP		财政收入		人均财政收入	
	得分	排名	得分	排名	得分	排名	得分	排名
2017	1.5	18	21.8	11	2.1	18	13.0	12
2018	0.7	18	15.9	11	0.0	19	8.9	16
得分变化	-0.8		-5.9		-2.1		-4.1	
排名升降		0		0		-1		-4
优劣度		劣势		中势		劣势		劣势

年份 \ 项目	外国直接投资净值		受高等教育人员比重		全社会劳动生产率		创新基础竞争力	
	得分	排名	得分	排名	得分	排名	得分	排名
2017	2.9	15	—	—	23.5	11	10.8	14
2018	3.0	16	—	—	16.6	11	7.5	16
得分变化	0.1		—		-6.9		-3.3	
排名升降		-1		—		0		-2
优劣度		劣势		—		中势		劣势

（1）从排位变化比较看，2018年阿根廷国家创新基础竞争力排名16位，与2017年相比，排位下降2位，处于劣势地位。

（2）从指标所处区位来看，在6个三级指标中，没有强势指标和优势指标，有2个中势指标为人均GDP和全社会劳动生产率，其余4个指标均为劣势指标。

（3）从指标排位变化趋势看，在6个三级指标中，有3个指标处于下降趋势，剩下3个指标位次没有变化。

（4）从指标排位变化的动因看，有一半指标处于下降趋势，另一半指标保持不变，使得阿根廷创新基础竞争力的综合排位下降2位，在G20集团中排名第16位。

（5）从三级指标结构特征看，在创新基础竞争力指标组的6个三级指标中，没有强势指标和优势指标。有2个中势指标，占指标总数的33.3%；其余4个指标为劣势指标，占指标总数的66.6%。没有上升指标，有3个下降指标，占指标总数的50%；其余3个指标是保持趋势，占指标总数的50%。由于没有上升指标，且一半的指标是下降指标，2018年阿根廷国家创新基础竞争力综合排位下降2位。

1.2.2 阿根廷国家创新基础竞争力比较分析

图1-4反映了2017~2018年阿根廷国家创新基础竞争力与G20集团最高水平和平均水平的比较情况。

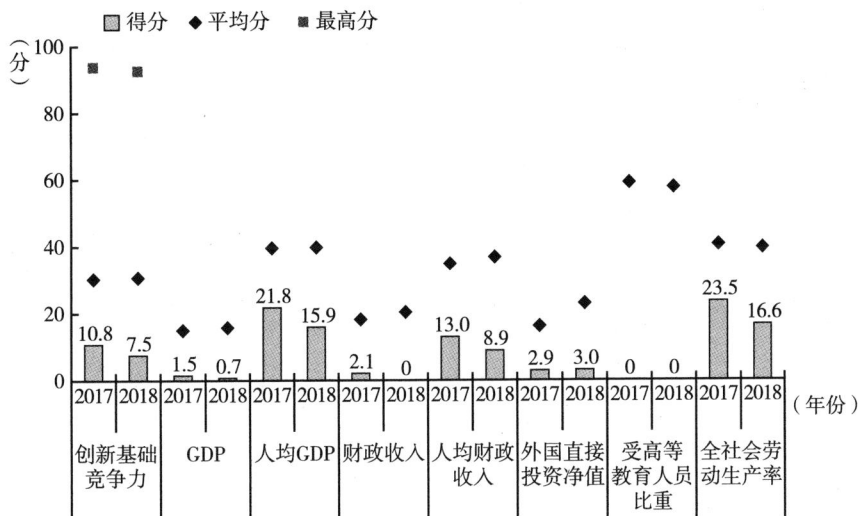

图1-4 2017~2018阿根廷国家创新基础竞争力指标得分比较

由图1-4可知，评价期内阿根廷国家创新基础竞争力的得分均在10分左右，说明阿根廷国家创新基础竞争力整体水平较低。具体而言，从创新基础竞争力的整体得分比较来看，2017年，阿根廷国家创新基础竞争力得分与G20集团最高分相比还有83.9分的差距，比G20集团平均分低19.4分；到2018年，阿根廷国家创新基础竞争力得分与G20集团最高分的差距为85.9分，比G20集团平均分低23.7分。总的来说，2017~2018年阿根廷国家创新基础竞争力与平均分的差距增加了4.3分，与最高分的差距增加了2.1分。

从具体指标得分比较和变化趋势来看，阿根廷国家创新基础竞争力整体水平呈现下降趋势；且所有指标得分均低于G20国家平均分，创新基础竞争力缺乏上升动力，且存在较大的下降拉力。在今后的发展中，要着重注意财政收入水平的提高，同时加大对科学教育的财政投入，提升对外开放水平，积极参与国际直接投资，引入国际资本和前沿技术，提高全社会劳动生产率，夯实国家创新基础，不断增强国家创新基础竞争力。

1.3 阿根廷国家创新环境竞争力评价分析

1.3.1 阿根廷国家创新环境竞争力评价结果

2017～2018 年阿根廷国家创新环境竞争力及其下属 6 个三级指标的排位和排位变化情况，如表 1-5 所示。

表 1-5 阿根廷 2017～2018 年国家创新环境竞争力指标组排位及趋势

项目 年份	因特网 用户比例		每百人 手机数		企业开业 程序		企业平均 税负水平		在线公共 服务指数		ISO9001 质量 体系认证数		创新环境 竞争力	
	得分	排名	得分	排名	得分	排名	得分	排名	得分	排名	得分	排名	得分	排名
2017	66.9	11	69.9	4	0.0	19	0.0	19	43.3	18	1.4	16	30.3	18
2018	64.7	12	61.9	5	0.0	16	0.0	19	51.9	12	1.6	12	30.0	17
得分变化	-2.2		-8.0		0.0		0.0		8.5		0.2		-0.2	
排名升降		-1		-1		3		0		6		4		1
优劣度		中势		强势		劣势		劣势		中势		中势		劣势

（1）从排位变化比较看，2018 年阿根廷国家创新环境竞争力排名第 17 位，与 2017 年相比，排位上升了 1 位，但仍处于劣势地位。

（2）从指标所处区位来看，6 个三级指标中有 1 个强势指标，为每百人手机数；有 2 个劣势指标，为企业开业程序和企业平均税负水平；其余 3 个指标均为中势指标。

（3）从指标排位变化趋势看，在 6 个三级指标中，有 3 个指标处于上升趋势，分别为企业开业程序、在线公共服务指数和 ISO9001 质量体系认证数；因特网用户比例、每百人手机数处于下降趋势；企业平均税负水平保持不变。

（4）从指标排位变化的动因看，有 3 个三级指标的排位出现了上升，有 2 个三级指标出现下降，剩下 1 个三级指标保持不变排名，上升排位指标大于下降排位指标，因而阿根廷创新环境竞争力的综合排位处于上升趋势，在 G20 集团中处于第 17 位。

（5）从三级指标结构特征看，在创新环境竞争力指标组的 6 个三级指标中，强势指标 1 个，占指标总数的 16.7%；优势指标 0 个；中势指标 3 个，劣势指标 2 个，分别占指标总数的 50% 和 33.3%；中势和劣势指标居于主导地位。上升指标 3 个，占指标总数的 50%；保持指标 1 个，占指标总数的 16.7%；下降指标 2 个，占指标总数的 33.3%。指标排位上升的数量大于排位下降的数量，2018 年阿根廷国家创新环境竞争力综合排位与 2017 年相比上升了 1 位。

1.3.2 阿根廷国家创新环境竞争力比较分析

图 1 - 5 反映了 2017～2018 年阿根廷国家创新环境竞争力与 G20 集团最高水平和平均水平的比较情况。

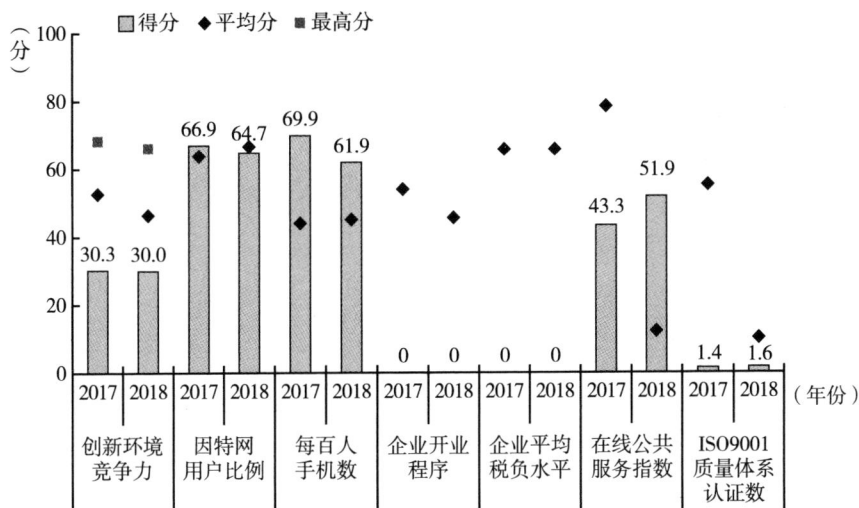

图 1 - 5　2017～2018 年阿根廷国家创新环境竞争力指标得分比较

由图 1 - 5 可知，评价期内阿根廷国家创新环境竞争力得分均在 30 分左右，处于偏低水平。从创新环境竞争力的整体得分比较来看，2017 年，阿根廷国家创新环境竞争力得分与 G20 集团最高分相比还有 39.5 分的差距，与 G20 集团平均分相比还有 22.6 分的差距；2018 年，阿根廷国家创新环境竞争力得分与 G20 集团最高分的差距为 36.7 分，与 G20 集团平均分相比还有 16.6 分的差距。总的来说，2017～2018 年阿根廷国家创新环境竞争力与最高分的差距有所缩小。

从具体指标得分比较和变化趋势来看，阿根廷国家创新环境竞争力整体水平较低，处于劣势地位，这主要是由于企业开业程序和企业平均税负水平处于劣势地位；而在线公共服务指数、ISO9001质量体系认证数等指标均低于G20集团平均分水平，这限制了其创新环境竞争力的进一步提升。因此，为了巩固和提升阿根廷国家创新环境竞争力，应针对这些问题，着力提高网络使用率，加快信息高速公路建设，加大对创新型企业的科技和资金扶持力度，加强知识产权保护，重视创新人才的外引内育，营造有利于企业健康有序发展的良好创新氛围，不断优化国家创新环境，进一步增强国家创新环境竞争力。

1.4 阿根廷国家创新投入竞争力评价分析

1.4.1 阿根廷国家创新投入竞争力评价结果

2017~2018年阿根廷国家创新投入竞争力及其下属7个三级指标的排位和排位变化情况，如表1-6所示。

表1-6 阿根廷2017~2018年国家创新投入竞争力指标组排位及趋势

年份＼项目	R&D经费支出总额		R&D经费支出占GDP比重		人均R&D经费支出		R&D人员	
	得分	排名	得分	排名	得分	排名	得分	排名
2017	0.2	17	9.9	17	4.2	15	0.9	15
2018	0.1	18	10.2	17	3.1	15	0.8	15
得分变化	-0.1		0.4		-1.1		-0.1	
排名升降		-1		0		0		0
优劣度		劣势		劣势		中势		中势

年份＼项目	研究人员占从业人员比重		企业研发投入比重		风险资本交易占GDP比重		创新投入竞争力	
	得分	排名	得分	排名	得分	排名	得分	排名
2017	15.5	13	0.0	17	0.0	8	4.4	17
2018	14.8	14	0.0	17	0.0	8	4.1	17
得分变化	-0.8		0.0		0.0		-0.2	
排名升降		-1		0		0		0
优劣度		中势		劣势		优势		劣势

（1）从排位变化比较看，2018年阿根廷国家创新投入竞争力排名第17位，与2017年相比，排位保持不变，处于劣势地位。

（2）从指标所处区位来看，7个三级指标中没有强势指标；有1个优势指标，为风险资本交易占GDP比重；有3个指标是中势指标，分别为人均R&D经费支出、R&D人员、研究人员占从业人员比重；其余3个指标均是劣势指标。

（3）从指标排位变化趋势看，在7个三级指标中，没有指标处于上升趋势，有5个指标排位保持不变；有2个指标处于下降趋势，为R&D经费支出总额和研究人员占从业人员比重。

（4）从指标排位变化的动因看，由于有5个三级指标的排位保持不变，阿根廷创新投入竞争力的综合排位也保持不变，在G20集团中排名第17位。

（5）从三级指标结构特征看，在创新投入竞争力指标组的7个三级指标中，没有强势指标；有1个优势指标，占指标总数的14.3%；有3个中势指标，占指标总数的42.8%；劣势指标3个，占指标总数的42.8%。没有上升指标；下降指标2个，占指标总数的28.6%；保持指标5个，占指标总数的71.4%。由于大部分指标排位保持不变，2018年阿根廷国家创新投入竞争力综合排位仍保持不变。

1.4.2　阿根廷国家创新投入竞争力比较分析

图1-6反映了2017～2018年阿根廷国家创新投入竞争力与G20集团最高水平和平均水平的比较情况。

由图1-6可知，评价期内阿根廷国家创新投入竞争力得分均低于5分，说明阿根廷国家创新投入竞争力水平很低。从创新投入竞争力的整体得分比较来看，2017年，阿根廷国家创新投入竞争力得分与G20集团最高分相比还有79.6分的差距，与G20集团平均分相比还有24.4分的差距；到2018年，阿根廷国家创新投入竞争力得分与G20集团最高分的差距为78.6分，低于G20集团平均分24.2分。总的来说，2017～2018年阿根廷国家创新投入竞争力与平均分的差距较大，国家创新投入竞争力排位保持不变。

从具体指标得分比较和变化趋势来看，阿根廷国家创新投入竞争力整体水平较为稳定，仍处于劣势地位，这主要是由于大部分指标得分偏低；且所有三

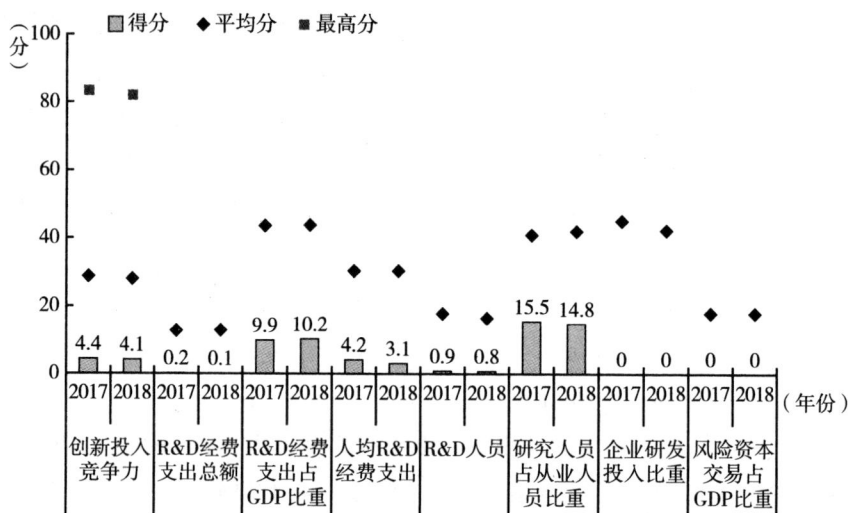

图1-6 2017~2018年阿根廷国家创新投入竞争力指标得分比较

级指标的得分都低于G20国家平均分,可见,其创新投入竞争力确实较为薄弱。今后要特别关注这些问题,继续加大科技研发经费投入,鼓励多元化的创新研发投入,加大研发人员培养力度,高度重视研发人才队伍建设,不断增加国家创新投入,显著增强国家创新投入竞争力。

1.5 阿根廷国家创新产出竞争力评价分析

1.5.1 阿根廷国家创新产出竞争力评价结果

2017~2018年阿根廷国家创新产出竞争力及其下属7个三级指标的排位和排位变化情况,如表1-7所示。

(1)从排位变化比较看,2018年阿根廷国家创新产出竞争力排名第18位,与2017年相比,排位下降了3位,处于劣势地位。

(2)从指标所处区位来看,7个三级指标中没有强势指标和优势指标;有2个指标是中势指标,为专利和许可收入、注册商标数;其余5个指标均为劣势指标。

表1－7 阿根廷2017～2018年国家创新产出竞争力指标组排位及趋势

项目 年份	专利授权数		科技论文发表数		专利和许可收入		高技术产品出口额	
	得分	排名	得分	排名	得分	排名	得分	排名
2017	0.6	17	0.0	19	0.3	14	0.6	18
2018	0.3	18	0.0	19	0.2	14	0.2	18
得分变化	-0.3		0.0		0.0		-0.4	
排名升降		-1		0		0		0
优劣度		劣势		劣势		中势		劣势

项目 年份	高技术产品出口比重		注册商标数		创意产品出口比重		创新产出竞争力	
	得分	排名	得分	排名	得分	排名	得分	排名
2017	26.8	13	9.3	15	13.0	10	7.2	15
2018	13.2	16	7.7	15	0.0	19	3.1	18
得分变化	-13.5		-1.5		-13.0		-4.1	
排名升降		-3		0		-9		-3
优劣度		劣势		中势		劣势		劣势

（3）从指标排位变化趋势看，在7个三级指标中，没有处于上升趋势的指标，有3个处于下降趋势的指标，分别为专利授权数、高技术产品出口比重、创意产品出口比重，其余4个指标均保持不变位次。

（4）从指标排位变化的动因看，没有指标上升，3个三级指标的排位出现了下降，4个三级指标的排位保持不变，在指标升降的综合作用下，阿根廷创新产出竞争力的综合排位下降了3位，在G20集团中排名第18位。

（5）从三级指标结构特征看，在创新产出竞争力指标组的7个三级指标中，没有强势指标和优势指标；有中势指标2个，占指标总数28.6%；劣势指标5个，占指标总数的71.4%。没有上升指标；保持指标4个，占指标总数的57.1%；下降指标3个，占指标总数的42.9%。在下降指标和其他因素的综合影响下，2018年阿根廷国家创新产出竞争力综合排位与2017年相比，下降了3位。

1.5.2 阿根廷国家创新产出竞争力比较分析

图1－7反映了2017～2018年阿根廷国家创新产出竞争力与G20集团最高水平和平均水平的比较情况。

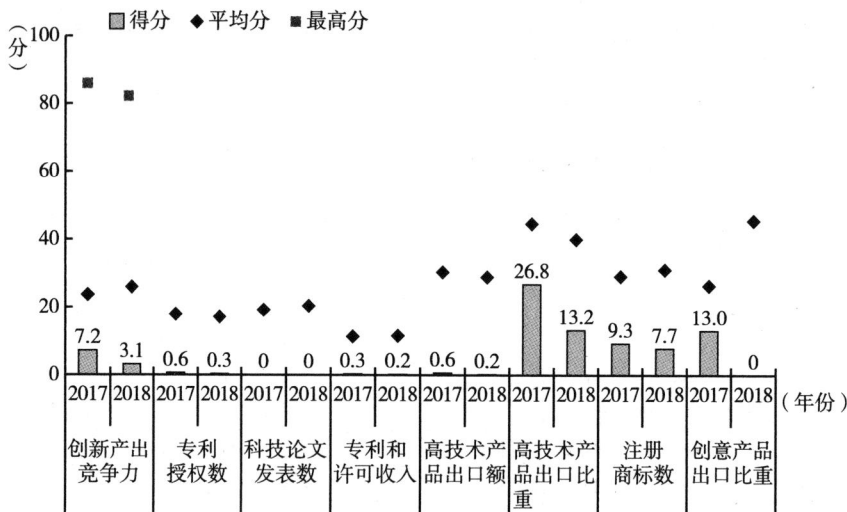

图1-7 2017~2018年阿根廷国家创新产出竞争力指标得分比较

由图1-7可知,评价期内阿根廷国家创新产出竞争力得分均低于10分,说明阿根廷国家创新产出竞争力处于低水平状态。从创新产出竞争力的整体得分比较来看,2017年,阿根廷国家创新产出竞争力得分与G20集团最高分相比还有79.5分的差距,低于G20集团平均分16.4分;到2018年,阿根廷国家创新产出竞争力得分与G20集团最高分的差距为79.8分,低于G20集团平均分23.0分。总的来说,2017~2018年阿根廷国家创新产出竞争力与最高分差距基本不变,与平均分差距呈扩大趋势,且排位处于下降趋势。

从具体指标得分比较和变化趋势来看,阿根廷国家创新产出竞争力整体水平下降了3位,这主要是由于专利授权数、高技术产品出口比重和创意产品出口比重这3个三级指标排位下降,且所有三级指标的评价得分均低于G20国家平均分。在今后的发展中,阿根廷需要进一步提升专利授权量,加大高技术产品和创意产品的出口比重,优化出口贸易结构,突出高技术产品在对外贸易中的重要地位;推动实施商标战略,打造国际知名品牌。通过实施一系列的创新措施,切实提高国家创新产出,增强国家创新产出竞争力。

1.6 阿根廷国家创新持续竞争力评价分析

1.6.1 阿根廷国家创新持续竞争力评价结果

2017～2018年阿根廷国家创新持续竞争力及其下属6个三级指标的排位和排位变化情况，如表1-8所示。

表1-8 阿根廷2017～2018年国家创新持续竞争力指标组排位及趋势

项目 年份	公共教育经费支出总额		公共教育经费支出占GDP比重		人均公共教育经费支出额		高等教育毛入学率		科技人员增长率		科技经费增长率		创新持续竞争力	
	得分	排名	得分	排名	得分	排名	得分	排名	得分	排名	得分	排名	得分	排名
2017	1.4	17	75.2	5	24.2	11	90.7	3	0.5	17	62.7	6	42.4	12
2018	0.8	18	93.0	3	19.9	11	92.5	3	13.8	12	0.0	19	36.7	11
得分变化	-0.6		17.9		-4.3		1.8		13.2		-62.7		-5.8	
排名升降		-1		2		0		0		5		-13		1
优劣度		劣势		强势		中势		强势		中势		劣势		中势

（1）从排位变化比较看，2018年阿根廷国家创新持续竞争力排名第11位，与2017年排名相比上升了1位，处于中势地位。

（2）从指标所处区位来看，6个三级指标中有2个强势指标，为公共教育经费支出占GDP比重、高等教育毛入学率；没有优势指标；中势指标有2个，为人均公共教育经费支出额和科技人员增长率；其余2个指标为劣势指标。

（3）从指标排位变化趋势看，在6个三级指标中，有2个指标处于上升趋势，为公共教育经费支出占GDP比重和科技人员增长率；有2个指标排名保持不变，为人均公共教育经费支出额和高等教育毛入学率；余下2个指标呈下降趋势，它们是阿根廷创新持续竞争力的下降拉力所在。

（4）从指标排位变化的动因看，上升与下降动力大致相同，另有2个指标保持不变，综合其他因素，阿根廷创新持续竞争力的综合排位上升了1位，在G20集团中排名11位。

（5）从三级指标结构特征看，在创新持续竞争力指标组的6个三级指标

中，强势指标 2 个，占指标总数的 33.3%；中势指标 2 个，占指标总数的
33.3%；劣势指标 2 个，占指标总数的 33.3%，强势指标所占比重小于中势指
标和劣势指标的比重。上升指标 2 个，占指标总数的 33.3%；保持指标 2 个，
占指标总数的 33.3%；下降指标 2 个，占指标总数的 33.3%。上升指标、下
降指标和保持指标的数量相同，结合其他综合因素，2018 年阿根廷国家创新
持续竞争力综合排位同 2017 年相比，上升了 1 个位次。

1.6.2 阿根廷国家创新持续竞争力比较分析

图 1-8 反映了 2017～2018 年阿根廷国家创新持续竞争力与 G20 集团最高
水平和平均水平的比较情况。

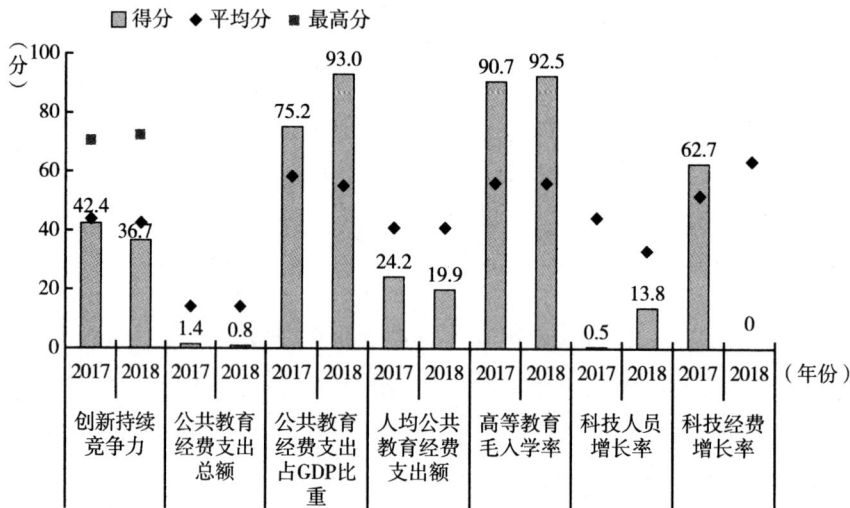

图 1-8 2017～2018 年阿根廷国家创新持续竞争力指标得分比较

由图 1-8 可知，从创新持续竞争力的整体得分比较来看，2017 年，阿根
廷国家创新持续竞争力得分与 G20 集团最高分相比还有 28.8 分的差距，低于
G20 集团平均分 1 分；到 2018 年，阿根廷国家创新持续竞争力得分与 G20 集
团最高分的差距扩大为 36.9 分，低于 G20 集团平均分 6.2 分。总的来说，
2017～2018 年阿根廷国家创新持续竞争力与最高分差距、平均分差距呈扩大
趋势。

从具体指标得分比较和变化趋势来看，阿根廷国家创新持续竞争力整体水

平上升了 1 个位次。主要归因于公共教育经费支出占 GDP 比重和科技人员增长率 2 个三级指标呈现上升状态。然而阿根廷国家创新持续竞争力仍然处于中势地位，且有 2 个三级指标处于下降趋势，尤其是科技经费增长率这一指标大幅度下降，需要特别关注这些问题。在未来的发展中，阿根廷要着重加大公共教育经费的支出，提升科技经费的投入，同时加大培养科学家和工程师的力度，实现国家创新能力的可持续发展，显著增强国家创新持续竞争力。

Y.3

第2章

澳大利亚国家创新竞争力
评价分析报告

澳大利亚位于南太平洋和印度洋之间，由澳大利亚大陆和塔斯马尼亚岛等岛屿和海外领土组成，是世界上唯一独占一个大陆的国家。国土面积约769万平方公里，海岸线长36735公里。2018年全国年末总人口约为2498万人，实现国内生产总值14339亿美元，人均GDP达到57396美元。本部分通过对澳大利亚2017～2018年国家创新竞争力以及创新竞争力中各要素在G20集团中的排名变化分析，从中找出澳大利亚国家创新竞争力的推动点及影响因素。

2.1 澳大利亚国家创新竞争力总体评价分析

2017～2018年，澳大利亚的国家创新竞争力没有变化。与2017年一样，2018年澳大利亚国家创新竞争力在G20集团中排名第6位。

2.1.1 澳大利亚国家创新竞争力概要分析

澳大利亚国家创新竞争力在G20集团中所处的位置及5个二级指标的得分和排位变化如图2-1、图2-2和表2-1所示。

（1）从综合排位变化看，2018年澳大利亚国家创新竞争力综合排名在G20集团中处于第6位，与2017年相比，排位没有变化。

（2）从指标得分看，2018年澳大利亚国家创新竞争力得分为45.2分，比G20集团最高分低33.3分，比平均分高10.1分；与2017年相比，澳大利亚国家创新竞争力得分提高了0.8分，与当年最高分的差距缩小了2.4分，与G20集团平均分的优势扩大了1.5分。

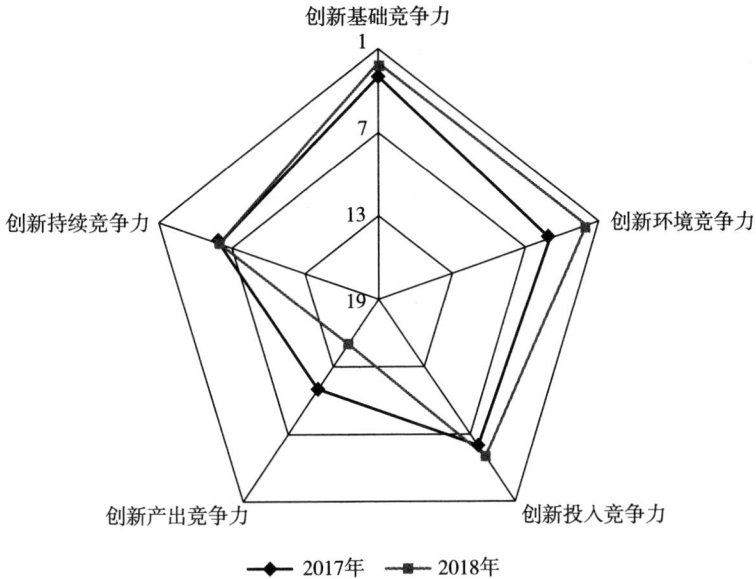

图 2 - 1　澳大利亚国家创新竞争力二级指标排名雷达图

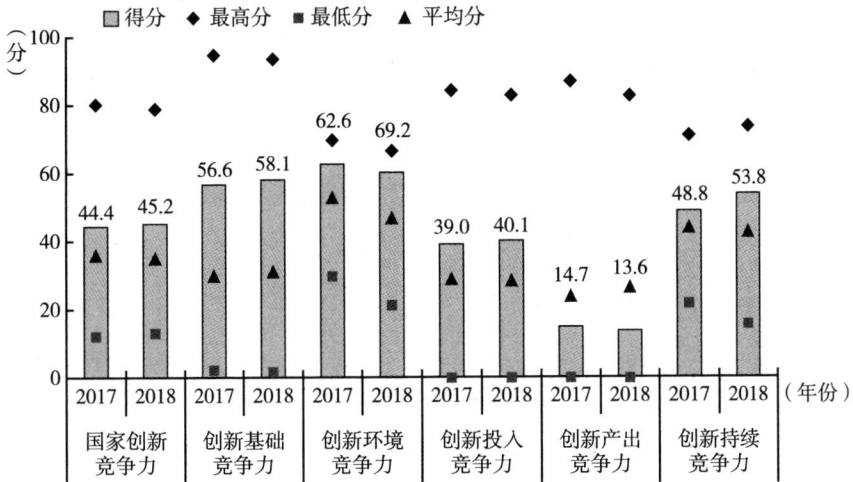

图 2 - 2　澳大利亚国家创新竞争力得分和排名变化趋势

　　（3）从指标所处区位看，2018 年澳大利亚国家创新竞争力的 5 个二级指标中，强势指标 3 个，为创新基础竞争力、创新环境竞争力和创新投入竞争力；优势指标 1 个，为创新持续竞争力；中势指标 1 个，为创新产出竞争力。

表 2 – 1　澳大利亚国家创新竞争力二级指标得分和排名

项目 年份	创新基础 竞争力		创新环境 竞争力		创新投入 竞争力		创新产出 竞争力		创新持续 竞争力		创新竞争力	
	得分	排名	得分	排名	得分	排名	得分	排名	得分	排名	得分	排名
2017	56.6	3	62.6	5	39.0	6	14.7	11	48.8	6	44.4	6
2018	58.1	2	60.2	2	40.1	5	13.6	15	53.8	6	45.2	6
得分变化	1.5		-2.4		1.1		-1.2		5.0		0.8	
排名升降		1		3		1		-4		0		0
优劣度		强势		强势		强势		中势		优势		优势

（4）从指标排位变化趋势看，在5个二级指标中，有3个指标的排位处于上升趋势，分别是创新基础竞争力、创新环境竞争力和创新投入竞争力，是澳大利亚国家创新竞争力的上升动力所在；有1个指标的排位处于下降趋势，为创新产出竞争力，是澳大利亚国家创新竞争力的下降拉力所在。综合其他因素，澳大利亚的创新持续竞争力指标排位没有发生变化。

（5）从指标排位变化的动因看，有3个二级指标处于排位上升趋势，1个二级指标处于排位下降趋势。尽管有3个二级指标排位出现了微升，在指标升降的综合作用下，2018年澳大利亚国家创新竞争力的综合排位没有变化，在G20集团中排名仍为第6位。

2.1.2　澳大利亚国家创新竞争力各级指标动态变化分析

2017～2018年澳大利亚国家创新竞争力各级指标的动态变化及其结构，如图2 – 3和表2 – 2所示。

从图2 – 3可以看出，澳大利亚国家创新竞争力的三级指标中保持不变的指标处于主导地位，且下降指标的数量略大于上升指标的数量。表2 – 2中的数据进一步说明，澳大利亚国家创新竞争力的32个三级指标中，上升的指标有5个，占指标总数的15.6%；保持的指标有20个，占指标总数的62.5%；下降的指标有7个，占指标总数的21.9%。指标下降的数量大于指标上升的数量，下降的动力大于上升的拉力，但是保持不变的指标数大于下降指标和上升指标之和，使得2018年澳大利亚国家创新竞争力排位保持不变，在G20集团中居第6位。

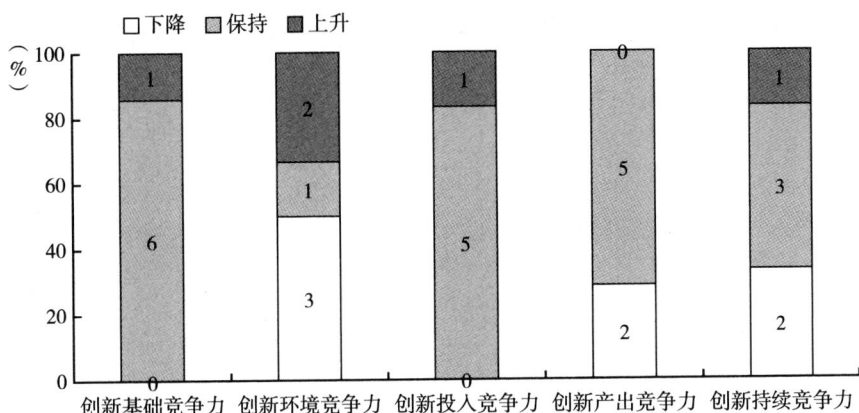

图 2 - 3　2017～2018 年澳大利亚国家创新竞争力指标动态变化结构

表 2 - 2　2017～2018 年澳大利亚国家创新竞争力各级指标排位变化态势比较

二级指标	三级指标个数	上升		保持		下降		变化趋势
		个数	比重(%)	个数	比重(%)	个数	比重(%)	
创新基础竞争力	7	1	14.3	6	85.7	0	0.0	上升
创新环境竞争力	6	2	33.3	1	16.7	3	50.0	上升
创新投入竞争力	6	1	16.7	5	83.3	0	0.0	上升
创新产出竞争力	7	0	0.0	5	71.4	2	28.6	下降
创新持续竞争力	6	1	16.7	3	50.0	2	33.3	保持
合计	32	5	15.6	20	62.5	7	21.9	保持

2.1.3　澳大利亚国家创新竞争力各级指标优劣势结构分析

2017～2018 年澳大利亚国家创新竞争力各级指标的优劣势变化及其结构，如表 2 - 3 所示。

从表 2 - 3 中的数据可以看出，澳大利亚国家创新竞争力的 32 个三级指标中，强势指标 11 个，占指标总数的 34.4%；优势指标 12 个，占指标总数的 37.5%；中势指标 9 个，占指标总数的 28.1%；强势指标和优势指标的数量之和约占指标总数的 71.9%，远远大于中势指标和劣势指标之和。从二级指标来看，强势指标 3 个，占二级指标总数的 60%；优势指标 1 个，占二级指标总数的 20%；中势指标 1 个，占二级指标总数的 20%。由于强势指标和优势指

表 2 - 3　2017～2018 年澳大利亚国家创新竞争力各级指标排位优劣势比较

二级指标	三级指标个数	强势		优势		中势		劣势		优劣度
		个数	比重（%）	个数	比重（%）	个数	比重（%）	个数	比重（%）	
创新基础竞争力	7	4	57.1	2	28.6	1	14.3	0	0.0	强势
创新环境竞争力	6	2	33.3	2	33.3	2	33.3	0	0.0	强势
创新投入竞争力	6	3	50.0	2	33.3	1	16.7	0	0.0	强势
创新产出竞争力	7	0	0.0	3	42.9	4	57.1	0	0.0	中势
创新持续竞争力	6	2	33.3	3	50.0	1	16.7	0	0.0	优势
合计	32	11	34.4	12	37.5	9	28.1	0	0.0	优势

标在指标体系中居于主导地位，2017～2018 年澳大利亚国家创新竞争力处于优势地位。

2.2　澳大利亚国家创新基础竞争力评价分析

2.2.1　澳大利亚国家创新基础竞争力评价结果

2017～2018 年澳大利亚国家创新基础竞争力及其下属 7 个三级指标的排位和排位变化情况，如表 2 - 4 所示。

（1）从排位变化比较看，2018 年澳大利亚国家创新基础竞争力排名第 2 位，与 2017 年相比，排位上升 1 位，处于强势地位。

（2）从指标所处区位来看，7 个三级指标有 4 个强势指标，有 2 个优势指标，有 1 个中势指标。

（3）从指标排位变化趋势看，在 7 个三级指标中，有 1 个指标处于上升趋势，为财政收入；其余 6 个指标均保持不变。

（4）从指标排位变化的动因看，只有财政收入指标处于上升趋势，其余指标都保持不变，使得澳大利亚创新基础竞争力的综合排位上升 1 位，在 G20 集团中排名第 2 位。

（5）从三级指标结构特征看，在创新基础竞争力指标组的 7 个三级指标中，有 4 个强势指标，占指标总数的 57.1%；优势指标 2 个，占指标总数的

表2-4　澳大利亚2017～2018年国家创新基础竞争力指标组排位及趋势

年份＼项目	GDP		人均GDP		财政收入		人均财政收入	
	得分	排名	得分	排名	得分	排名	得分	排名
2017	5.1	13	89.8	2	11.8	9	100	1
2018	5.3	13	90.8	2	14.4	8	100	1
得分变化	0.1		1.0		2.6		0.0	
排名升降		0		0		1		0
优劣度		中势		强势		优势		强势

年份＼项目	外国直接投资净值		受高等教育人员比重		全社会劳动生产率		创新基础竞争力	
	得分	排名	得分	排名	得分	排名	得分	排名
2017	13.1	6	90.9	3	85.7	2	56.6	3
2018	22.8	6	87.3	3	86.4	2	58.1	2
得分变化	9.7		-3.6		0.7		1.5	
排名升降		0		0		0		1
优劣度		优势		强势		强势		强势

28.6%；中势指标1个，占指标总数的14.3%；强势和优势指标所占比重远大于中势指标的比重。上升指标1个，占指标总数的14.3%；其余6个指标是保持趋势，占指标总数的85.7%。在上升指标和保持不变指标的综合作用下，2018年澳大利亚国家创新基础竞争力综合排位上升1位。

2.2.2　澳大利亚国家创新基础竞争力比较分析

图2-4反映了2017～2018年澳大利亚国家创新基础竞争力与G20集团最高水平和平均水平的比较情况。

由图2-4可知，评价期内澳大利亚国家创新基础竞争力平均得分在58分左右，说明澳大利亚国家创新基础竞争力处于较高水平。从创新基础竞争力的整体得分比较来看，2017年，澳大利亚国家创新基础竞争力得分与G20集团最高分相比还有38分的差距，比G20集团平均分高26.5分；到2018年，澳大利亚国家创新基础竞争力得分与G20集团最高分的差距为35.3分，比G20集团平均分高27分。总的来说，2017～2018年澳大利亚国家创新基础竞争力与最高分的差距缩小，其创新基础竞争力稳中有升。

从具体指标得分比较和变化趋势来看，澳大利亚国家创新基础竞争力整体

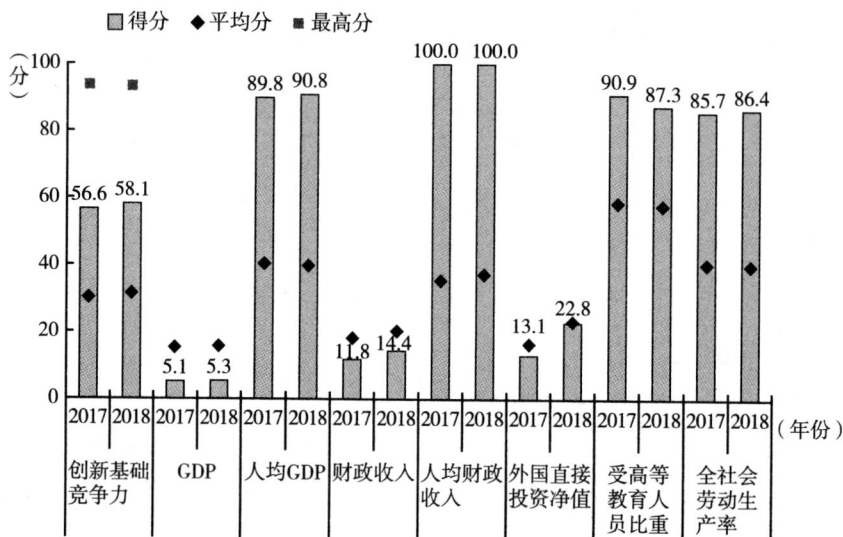

图 2-4 2017～2018 年澳大利亚国家创新基础竞争力指标得分比较

水平稳步提升，保持着较高水平。在今后的发展中，澳大利亚需要在保持优势的同时，提高国内生产总值，促进产业转型升级，加快企业战略转型，积极引进国外先进技术，切实提高全社会劳动生产率，进一步提升国家创新基础竞争力。

2.3 澳大利亚国家创新环境竞争力评价分析

2.3.1 澳大利亚国家创新环境竞争力评价结果

2017～2018 年澳大利亚国家创新环境竞争力及其下属 6 个三级指标的排位和排位变化情况，如表 2-5 所示。

（1）从排位变化比较看，2018 年澳大利亚国家创新环境竞争力排名第 2 位，与 2017 年相比，排位上升了 3 位，居于强势地位。

（2）从指标所处区位来看，6 个三级指标中有 2 个强势指标，分别企业开业程序和在线公共服务指数；有 2 个优势指标，为因特网用户比例和 ISO9001 质量体系认证数；其余 2 个指标为中势指标。

表 2 - 5　澳大利亚 2017～2018 年国家创新环境竞争力指标组排位及趋势

项目 年份	因特网 用户比例		每百人 手机数		企业开业 程序		企业平均 税负水平		在线公共 服务指数		ISO9001 质量 体系认证数		创新环境 竞争力	
	得分	排名	得分	排名	得分	排名	得分	排名	得分	排名	得分	排名	得分	排名
2017	86.4	5	32.5	12	91.7	2	64.8	10	96.7	5	3.6	10	62.6	5
2018	84.6	8	36.5	13	88.9	2	64.9	11	83.3	3	3.2	9	60.2	2
得分变化	-1.8		4.0		-2.8		0.1		-13.4		-0.4		-2.4	
排名升降		-3		-1		0		-1		2		1		3
优劣度		优势		中势		强势		中势		强势		优势		强势

（3）从指标排位变化趋势看，在 6 个三级指标中，有 2 个指标处于上升趋势，分别为在线公共服务指数和 ISO9001 质量体系认证数；有 3 个指标处于下降趋势，分别为因特网用户比例、每百人手机数和企业平均税负水平；企业开业程序指标保持不变。

（4）从指标排位变化的动因看，有 2 个三级指标的排位出现了上升，澳大利亚创新环境竞争力的综合排位处于上升趋势，在 G20 集团中处于第 2 位。

（5）从三级指标结构特征看，在创新环境竞争力指标组的 6 个三级指标中，强势指标 2 个，占指标总数的 33.3%；优势指标 2 个，占指标总数的 33.3%；中势指标 2 个，占指标总数的 33.3%，劣势指标 0 个；强势和优势指标居于主导地位。上升指标 2 个，占指标总数的 33.3%；保持指标 1 个，占指标总数的 16.7%；下降指标 3 个，占指标总数的 50%；指标排位上升的数量小于排位下降的数量，但受其他因素的综合影响，2018 年澳大利亚国家创新环境竞争力综合排位与 2017 年相比上升了 3 位。

2.3.2　澳大利亚国家创新环境竞争力比较分析

图 2 - 5 反映了 2017～2018 年澳大利亚国家创新环境竞争力与 G20 集团最高水平和平均水平的比较情况。

由图 2 - 5 可知，评价期内澳大利亚国家创新环境竞争力得分在 60 分左右，处于高水平阶段。

从创新环境竞争力的整体得分比较来看，2017 年，澳大利亚国家创新环境竞争力得分与 G20 集团最高分相比还有 7.1 分的差距，但与 G20 集团平均分相比，高了 9.8 分；2018 年，澳大利亚国家创新环境竞争力得分与 G20 集

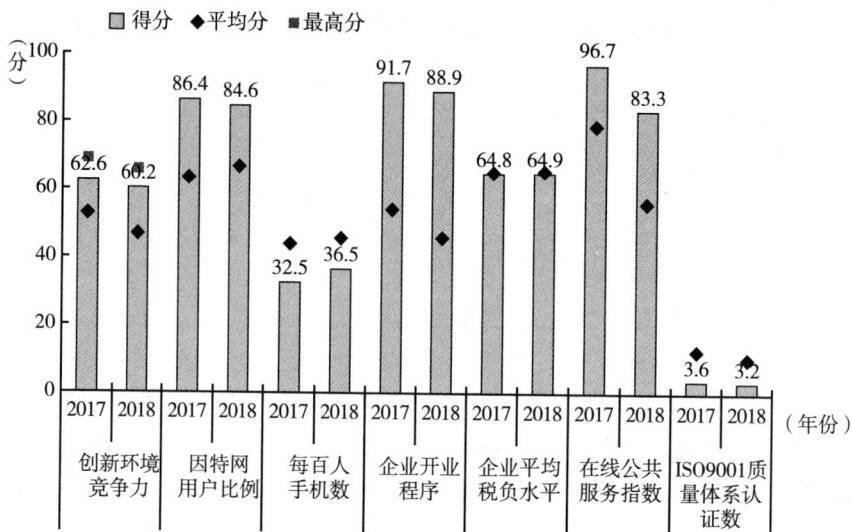

图2－5　2017～2018年澳大利亚国家创新环境竞争力指标得分比较

团最高分的差距为6.5分，高于G20集团平均分13.6分。总的而言，2017～2018年澳大利亚国家创新环境竞争力与最高分的差距略有缩小。

从具体指标得分比较和变化趋势来看，澳大利亚国家创新环境竞争力整体水平较高，处于强势地位。这在很大程度上归因于6个三级指标中，大部分为强势指标和优势指标，且没有劣势指标。但还是要注意在研究期内，因特网用户比例、每百人手机数和企业平均税负水平这3个三级指标出现下降趋势。澳大利亚今后需要在保持现有优势的基础上，进一步提高手机用户普及度，加大对创新型企业的科技和资金扶持力度，减轻企业平均税负水平，营造有利于企业健康有序发展的良好创新氛围，以此来进一步增强国家创新环境竞争力。

2.4　澳大利亚国家创新投入竞争力评价分析

2.4.1　澳大利亚国家创新投入竞争力评价结果

2017～2018年澳大利亚国家创新投入竞争力及其下属7个三级指标的排位和排位变化情况，如表2－6所示。

表 2 - 6　澳大利亚 2017 ~ 2018 年国家创新投入竞争力指标组排位及趋势

项目 / 年份	R&D 经费支出总额		R&D 经费支出占 GDP 比重		人均 R&D 经费支出		R&D 人员	
	得分	排名	得分	排名	得分	排名	得分	排名
2017	4.1	11	53.2	7	59.8	5	5.6	12
2018	4.2	10	53.4	7	60.0	5	5.7	12
得分变化	0.1		0.2		0.2		0.1	
排名升降		1		0		0		0
优劣度		优势		优势		强势		中势

项目 / 年份	研究人员占从业人员比重		企业研发投入比重		风险资本交易占 GDP 比重		创新投入竞争力	
	得分	排名	得分	排名	得分	排名	得分	排名
2017	91.5	2	—	—	20.0	5	39.0	6
2018	97.2	2	—	—	20.0	5	40.1	5
得分变化	5.7		—		0.0		1.1	
排名升降		0		—		0		1
优劣度		强势		—		强势		强势

（1）从排位变化比较看，2017 年澳大利亚国家创新投入竞争力排名第 5 位，与 2017 年相比，排位上升 1 位，处于强势地位。

（2）从指标所处区位来看，6 个三级指标中有 3 个强势指标，为人均 R&D 经费支出、研究人员占从业人员比重、风险资本交易占 GDP 比重；有 2 个优势指标，为 R&D 经费支出总额、R&D 经费支出占 GDP 比重；有 1 个指标是中势指标，为 R&D 人员。

（3）从指标排位变化趋势看，在 6 个三级指标中，有 5 个指标排位保持不变；有 1 个指标处于上升趋势，为 R&D 经费支出总额。

（4）从指标排位变化的动因看，有 1 个三级指标处于排位上升趋势，有 5 个三级指标的排位保持不变，使得澳大利亚创新投入竞争力的综合排位上升 1 位，在 G20 集团中排名第 5 位。

（5）从三级指标结构特征看，在创新投入竞争力指标组的 6 个三级指标中，有 3 个强势指标，占指标总数的 50%；有 2 个优势指标，占指标总数的 33.3%；中势指标 1 个，占指标总数的 16.7%。上升指标 1 个，占指标总数的 16.7%，没有下降指标，保持指标 5 个，占指标总数的 83.3%。在上升趋势指标和保持不变指标的综合作用下，2018 年澳大利亚国家创新投入竞争力综合排位上升 1 位。

2.4.2 澳大利亚国家创新投入竞争力比较分析

图 2 - 6 反映了 2017 ~ 2018 年澳大利亚国家创新投入竞争力与 G20 集团最高水平和平均水平的比较情况。

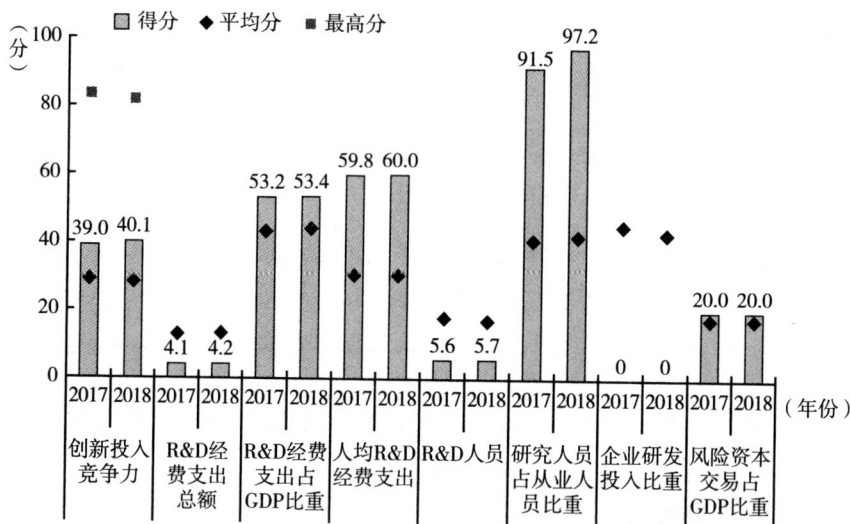

图 2 - 6　2017 ~ 2018 年澳大利亚国家创新投入竞争力指标得分比较

由图 2 - 6 可知，评价期内澳大利亚国家创新投入竞争力得分在 40 分左右，说明澳大利亚国家创新投入竞争力处于较高水平。从创新投入竞争力的整体得分比较来看，2017 年，澳大利亚国家创新投入竞争力得分与 G20 集团最高分相比还有 45 分的差距，与 G20 集团平均分相比，则高了 10.3 分；到 2018 年，澳大利亚国家创新投入竞争力得分与 G20 集团最高分的差距为 42.7 分，高于 G20 集团平均分 11.8 分。总的来说，2017 ~ 2018 年澳大利亚国家创新投入竞争力与最高分的差距有所缩小。

从具体指标得分比较和变化趋势来看，澳大利亚国家创新投入竞争力整体水平平稳增长，提升了 1 个位次，处于强势地位。这在很大程度上归因于 6 个三级指标中，大部分为强势指标和优势指标，且没有劣势指标。在今后的发展中，澳大利亚应当保持在 R&D 方面的投入优势，继续加大科技研发经费投入。同时，侧重于高水平研发人才队伍的建设，加大研发人员的培养力度，以期进一步增强国家创新投入竞争力。

2.5 澳大利亚国家创新产出竞争力评价分析

2.5.1 澳大利亚国家创新产出竞争力评价结果

2017～2018 年澳大利亚国家创新产出竞争力及其下属 7 个三级指标的排位和排位变化情况，如表 2－7 所示。

表 2－7 澳大利亚 2017～2018 年国家创新产出竞争力指标组排位及趋势

项目 年份	专利授权数		科技论文发表数		专利和许可收入		高技术产品出口额	
	得分	排名	得分	排名	得分	排名	得分	排名
2017	7.0	7	9.6	13	0.7	10	2.2	15
2018	5.0	7	10.4	13	0.8	10	2.2	15
得分变化	-2.0		0.8		0.0		-0.1	
排名升降		0		0		0		0
优劣度		优势		中势		优势		中势

项目 年份	高技术产品出口比重		注册商标数		创意产品出口比重		创新产出竞争力	
	得分	排名	得分	排名	得分	排名	得分	排名
2017	49.3	8	17.0	11	17.4	8	14.7	11
2018	45.0	8	17.2	12	14.3	14	13.6	15
得分变化	-4.2		0.3		-3.1		-1.2	
排名升降		0		-1		-6		-4
优劣度		优势		中势		中势		中势

（1）从排位变化比较看，2018 年澳大利亚国家创新产出竞争力排名第 15 位，与 2017 年相比，排位下降了 4 位，处于中势地位。

（2）从指标所处区位来看，7 个三级指标中有 3 个优势指标，为专利授权数、专利和许可收入、高技术产品出口比重；其余 4 个指标均为中势指标，无强势指标和劣势指标。

（3）从指标排位变化趋势看，在7个三级指标中，有2个指标处于下降趋势，为注册商标数和创意产品出口比重，这正是澳大利亚创新产出竞争力下降的拉力所在；其余指标排名均保持不变。

（4）从指标排位变化的动因看，2个三级指标的排位出现了下降，其余指标排位保持不变，在指标升降的综合作用下，澳大利亚创新产出竞争力的综合排位下降了4位，在G20集团中排名第15位。

（5）从三级指标结构特征看，在创新产出竞争力指标组的7个三级指标中，没有强势指标和劣势指标；有优势指标3个，占指标总数42.9%；中势指标4个，占指标总数的57.1%；优势指标数所占比重略微小于中势指标；没有上升指标，下降指标2个，占指标总数的28.6%，其余指标保持不变，占指标总数的71.4%。在2个下降指标和5个保持不变指标的综合作用下，2018年澳大利亚国家创新产出竞争力综合排位与2017年相比，下降了4位。

2.5.2 澳大利亚国家创新产出竞争力比较分析

图2-7反映了2017～2018年澳大利亚国家创新产出竞争力与G20集团最高水平和平均水平的比较情况。

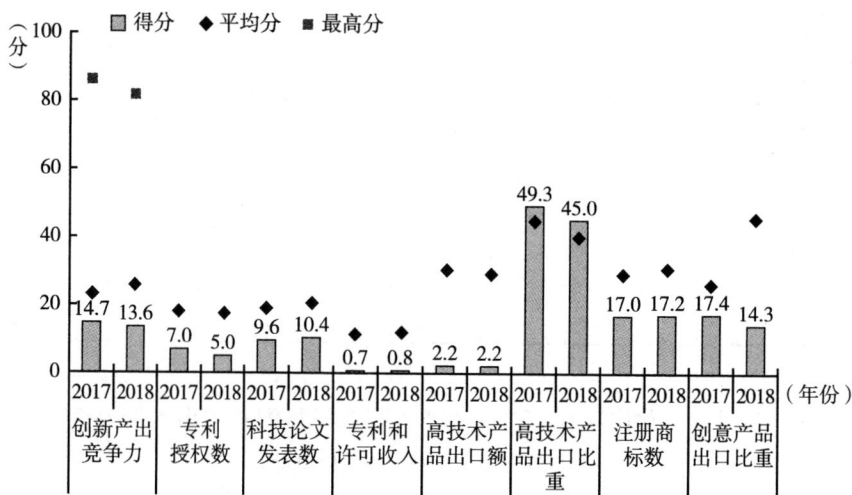

图2-7 2017～2018年澳大利亚国家创新产出竞争力指标得分比较

由图 2-7 可知，评价期内澳大利亚国家创新产出竞争力得分低于 15 分，说明澳大利亚国家创新产出竞争力处于偏低水平。从创新产出竞争力的整体得分比较来看，2017 年，澳大利亚国家创新产出竞争力得分与 G20 集团最高分相比还有 72 分的差距，低于 G20 集团平均分 8.9 分；到 2018 年，澳大利亚国家创新产出竞争力得分与 G20 集团最高分的差距为 69.4 分，低于 G20 集团平均分 12.6 分。总的来说，2017～2018 年澳大利亚国家创新产出竞争力与最高分差距呈缩小趋势，与平均分呈扩大趋势，排位处于下降趋势。

从具体指标得分比较和变化趋势来看，澳大利亚国家创新产出竞争力整体水平下降 4 位，这主要是由于注册商标数和创意产品出口比重指标下降所致；且除了高技术产品出口比重指标外，其余指标的评价得分均低于 G20 国家平均分。因此，针对下降指标，要进一步提升澳大利亚的注册商标数和增强创意产品的出口水平，切实提高国家创新产出，增强国家创新产出竞争力。

2.6 澳大利亚国家创新持续竞争力评价分析

2.6.1 澳大利亚国家创新持续竞争力评价结果

2017～2018 年澳大利亚国家创新持续竞争力及其下属 6 个三级指标的排位和排位变化情况，如表 2-8 所示。

表 2-8 澳大利亚 2017～2018 年国家创新持续竞争力指标组排位及趋势

项目 / 年份	公共教育经费支出总额		公共教育经费支出占 GDP 比重		人均公共教育经费支出额		高等教育毛入学率		科技人员增长率		科技经费增长率		创新持续竞争力	
	得分	排名	得分	排名	得分	排名	得分	排名	得分	排名	得分	排名	得分	排名
2017	5.0	12	69.0	8	93.7	2	67.0	6	87.0	2	53.3	9	48.8	6
2018	5.2	12	65.3	8	94.7	2	65.1	7	60.6	3	78.9	7	53.8	6
得分变化	0.2		-3.7		1.0		-1.9		-26.4		25.6		5.0	
排名升降		0		0		0		-1		-1		2		0
优劣度		中势		优势		强势		优势		强势		优势		优势

（1）从排位变化比较看，2018 年澳大利亚国家创新持续竞争力排名第 6 位，与 2017 年排名持平，处于优势地位。

（2）从指标所处区位来看，6 个三级指标中有 2 个强势指标，分别是人均公共教育经费支出额、科技人员增长率；优势指标有 3 个，分别为公共教育经费支出占 GDP 比重、高等教育毛入学率、科技经费增长率；只有 1 个中势指标，为公共教育经费支出总额。

（3）从指标排位变化趋势看，在 7 个三级指标中，有 1 个指标处于上升趋势，为科技经费增长率；有 3 个指标排名保持不变；有 2 个指标呈下降趋势，分别为高等教育毛入学率和科技人员增长率，这些是澳大利亚创新持续竞争力的下降拉力所在。

（4）从指标排位变化的动因看，上升与下降动力大致相同，另有 3 个指标保持不变，因此澳大利亚创新持续竞争力的综合排位保持不变，在 G20 集团中排名第 6 位。

（5）从三级指标结构特征看，在创新持续竞争力指标组的 6 个三级指标中，强势指标 2 个，占指标总数的 33.3%；优势指标 3 个，占指标总数的 50%；中势指标 1 个，占指标总数的 16.7%，强势指标和优势指标所占比重远大于中势指标的比重。上升指标 1 个，占指标总数的 16.7%；保持指标 3 个，占指标总数的 50%；下降指标 2 个，占指标总数的 33.3%。虽然指标排位下降的数量大于排位上升的数量，但保持指标占绝大多数，使得 2018 年澳大利亚国家创新持续竞争力综合排位与 2017 年持平。

2.6.2　澳大利亚国家创新持续竞争力比较分析

图 2-8 反映了 2017~2018 年澳大利亚国家创新持续竞争力与 G20 集团最高水平和平均水平的比较情况。

由图 2-8 可知，从创新持续竞争力的整体得分比较来看，2017 年，澳大利亚国家创新持续竞争力得分与 G20 集团最高分相比还有 22.4 分的差距，高于 G20 集团平均分 5.4 分；到 2018 年，澳大利亚国家创新持续竞争力得分与 G20 集团最高分的差距缩小为 19.8 分，高于 G20 集团平均分 10.9 分。总的来说，2017~2018 年澳大利亚国家创新持续竞争力与最高分呈缩小趋势。

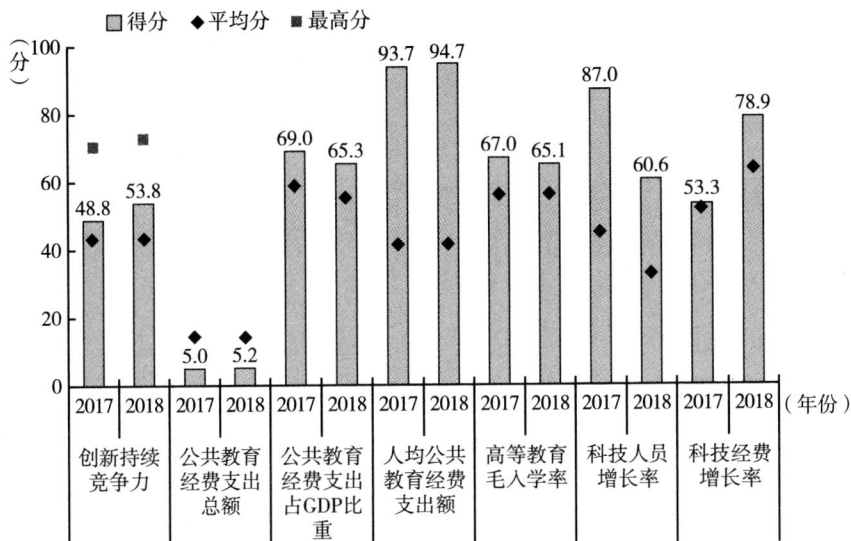

图2-8　2017～2018年澳大利亚国家创新持续竞争力指标得分比较

从具体指标得分比较和变化趋势来看，澳大利亚国家创新持续竞争力整体水平保持不变，其中公共教育经费支出总额、公共教育经费支出占GDP比重和人均公共教育经费支出额排名没有发生变化。今后澳大利亚要进一步提高创新持续增长力，应该侧重于增加公共教育经费支出，加大对公共教育经费的投入，以实现国家创新能力的可持续发展，进而显著增强国家创新持续竞争力。

Y.4
第3章
巴西国家创新竞争力评价分析报告

巴西位于南美洲东南部，南邻乌拉圭、阿根廷、巴拉圭等国，东濒大西洋。国土面积约851.49万平方公里，海岸线长7400多公里。2018年全国年末总人口约为20947万人，实现国内生产总值18855亿美元，人均GDP达到9001美元。本部分通过对巴西2017～2018年国家创新竞争力以及创新竞争力中各要素在G20集团中的排名变化分析，从中找出巴西国家创新竞争力的推动点及影响因素。

3.1 巴西国家创新竞争力总体评价分析

2017～2018年，巴西的国家创新竞争力排名略有下降。其中，2017年巴西国家创新竞争力在G20集团中排名第12位，到了2018年，排名第13位，排位下降了1位。

3.1.1 巴西国家创新竞争力概要分析

巴西国家创新竞争力在G20集团中所处的位置及5个二级指标的得分和排位变化如图3-1、图3-2和表3-1所示。

（1）从综合排位变化看，2018年巴西国家创新竞争力综合排名在G20集团中处于第13位，与2017年相比，排位下降了1位。

（2）从指标得分看，2018年巴西国家创新竞争力得分为23.9分，比G20集团最高分低54.5分，比平均分低11.1分；与2017年相比，巴西国家创新竞争力得分提高了3.5分，与当年最高分的差距扩大了1.9分，与G20集团平均分的差距扩大了2.8分。

（3）从指标所处区位看，2018年巴西国家创新竞争力的5个二级指标中，

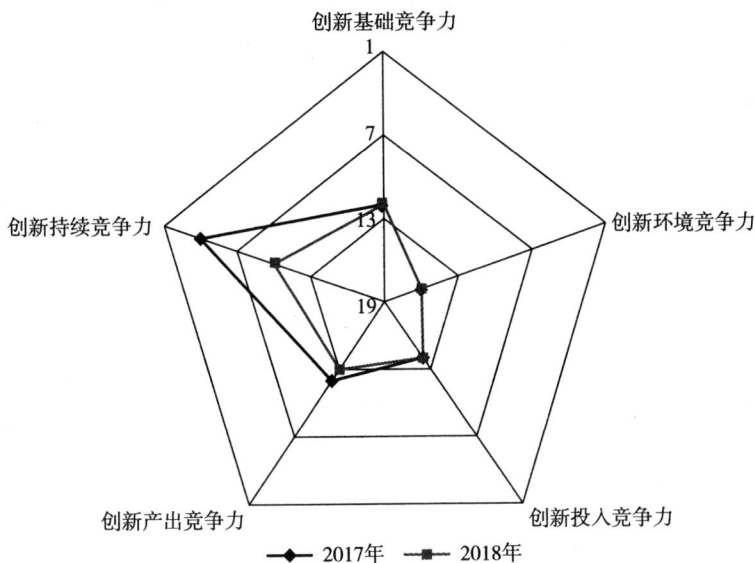

图3-1 巴西国家创新竞争力二级指标排名雷达图

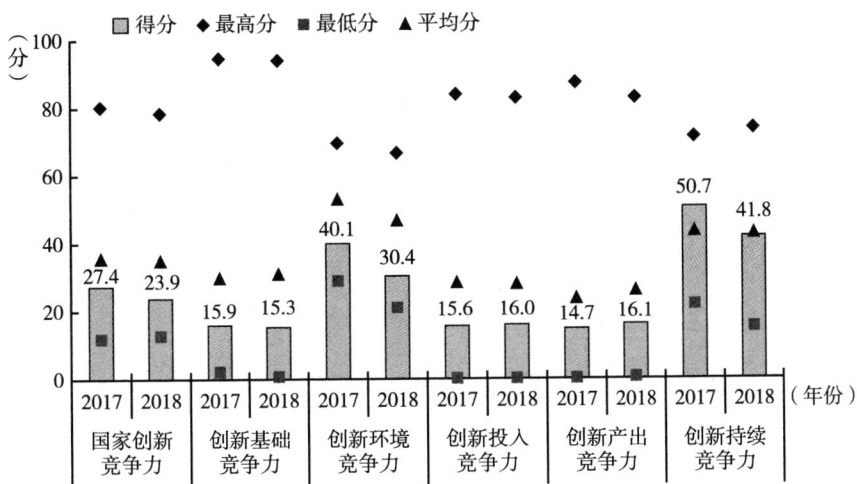

图3-2 巴西国家创新竞争力得分和排名变化趋势

没有强势指标，优势指标1个，为创新持续竞争力；劣势指标有1个，为创新环境竞争力；其余3个指标均为中势指标。

表3-1 巴西国家创新竞争力二级指标得分和排名

项目 年份	创新基础 竞争力		创新环境 竞争力		创新投入 竞争力		创新产出 竞争力		创新持续 竞争力		创新竞争力	
	得分	排名	得分	排名	得分	排名	得分	排名	得分	排名	得分	排名
2017	15.9	12	40.1	16	15.6	14	14.7	12	50.7	4	27.4	12
2018	15.3	12	30.4	16	16.0	14	16.1	13	41.8	10	23.9	13
得分变化	-0.5		-9.7		0.3		1.4		-8.8		-3.5	
排名升降		0		0		0		-1		-6		-1
优劣度		中势		劣势		中势		中势		优势		中势

（4）从指标排位变化趋势看，在5个二级指标中，没有上升指标，有3个保持指标，为创新基础竞争力、创新环境竞争力和创新投入竞争力；有2个指标的排位处于下降趋势，分别是创新持续竞争力和创新产出竞争力，是巴西国家创新竞争力的下降拉力所在。

（5）从指标排位变化的动因看，2个二级指标的排位下降，3个二级指标的排位保持，因此，受指标排位下降的影响，2018年巴西国家创新竞争力的综合排位下降了1位，在G20集团中排名第13位。

3.1.2 巴西国家创新竞争力各级指标动态变化分析

2017～2018年巴西国家创新竞争力各级指标的动态变化及其结构，如图3-3和表3-2所示。

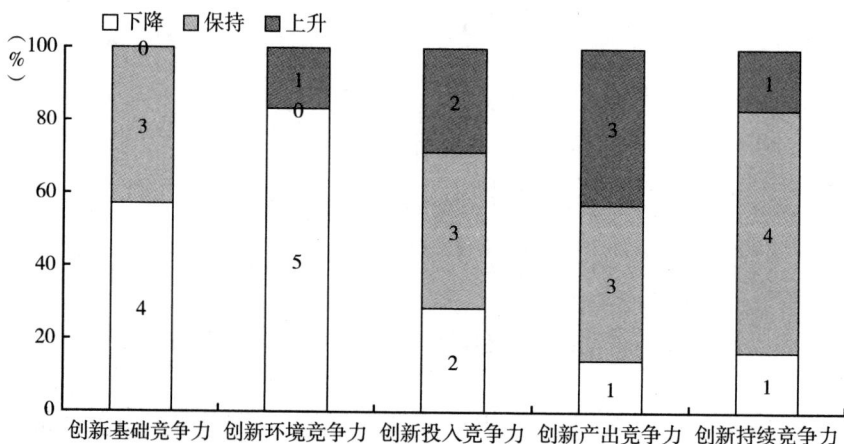

图3-3 2017～2018年巴西国家创新竞争力指标动态变化结构

表 3 - 2　2017~2018 年巴西国家创新竞争力各级指标排位变化态势比较

二级指标	三级指标个数	上升		保持		下降		变化趋势
		个数	比重(%)	个数	比重(%)	个数	比重(%)	
创新基础竞争力	7	0	0.0	3	42.9	4	57.1	保持
创新环境竞争力	6	1	16.7	0	0.0	5	83.3	保持
创新投入竞争力	7	2	28.6	3	42.9	2	28.6	保持
创新产出竞争力	7	3	42.9	3	42.9	1	14.3	下降
创新持续竞争力	6	1	16.7	4	66.7	1	16.7	下降
合计	33	7	21.2	13	39.4	13	39.4	下降

从图 3 - 3 可以看出，巴西国家创新竞争力的三级指标中，上升指标的数量小于下降指标，保持不变的指标与下降指标数量相同。表 3 - 2 中的数据进一步说明，巴西国家创新竞争力的 33 个三级指标中，上升的指标有 7 个，占指标总数的 21.2%；保持的指标有 13 个，占指标总数的 39.4%；下降的指标有 13 个，占指标总数的 39.4%。指标上升的数量小于指标下降的数量，上升的动力小于下降的拉力，使得 2018 年巴西国家创新竞争力排位下降了 1 位，在 G20 集团中居第 13 位。

3.1.3　巴西国家创新竞争力各级指标优劣势结构分析

2017~2018 年巴西国家创新竞争力各级指标的优劣势变化及其结构，如表 3 - 3 所示。

表 3 - 3　2017~2018 年巴西国家创新竞争力各级指标排位优劣势比较

二级指标	三级指标个数	强势		优势		中势		劣势		优劣度
		个数	比重(%)	个数	比重(%)	个数	比重(%)	个数	比重(%)	
创新基础竞争力	7	1	14.3	2	28.6	3	42.9	1	14.3	中势
创新环境竞争力	6	0	0.0	2	33.3	2	33.3	2	33.3	劣势
创新投入竞争力	7	0	0.0	3	42.9	4	57.1	0	0.0	中势
创新产出竞争力	7	1	14.3	0	0.0	5	71.4	1	14.3	中势
创新持续竞争力	6	2	33.3	1	16.7	2	33.3	1	16.7	优势
合计	33	4	12.1	8	24.2	16	48.5	5	15.2	中势

从表 3 - 3 中的数据可以看出，巴西国家创新竞争力的 33 个三级指标中，强势指标 4 个，占指标总数的 12.1%；优势指标 8 个，占指标总数的 24.2%；中势指标 16 个，占指标总数的 48.5%；劣势指标 5 个，占指标总数的 15.2%；强势指标和优势指标的数量之和约占指标总数的 36.3%，远远小于中势指标和劣势指标之和。从二级指标来看，优势指标 1 个，占二级指标总数的 20%；中势指标 3 个，占二级指标总数的 60%；劣势指标 1 个，占二级指标总数的 20%。由于中势指标和劣势指标在指标体系中居于主导地位，2017 ~ 2018 年巴西国家创新竞争力处于中势地位。

3.2 巴西国家创新基础竞争力评价分析

3.2.1 巴西国家创新基础竞争力评价结果

2017 ~ 2018 年巴西国家创新基础竞争力及其下属 7 个三级指标的排位和排位变化情况，如表 3 - 4 所示。

表 3 - 4 巴西 2017 ~ 2018 年国家创新基础竞争力指标组排位及趋势

年份\项目	GDP		人均 GDP		财政收入		人均财政收入	
	得分	排名	得分	排名	得分	排名	得分	排名
2017	9.0	8	13.7	14	11.4	10	10.6	13
2018	7.5	9	11.5	16	11.2	11	9.8	14
得分变化	- 1.4		- 2.2		- 0.2		- 0.9	
排名升降		- 1		- 2		- 1		- 1
优劣度		优势		劣势		中势		中势

年份\项目	外国直接投资净值		受高等教育人员比重		全社会劳动生产率		创新基础竞争力	
	得分	排名	得分	排名	得分	排名	得分	排名
2017	19.1	5	34.7	9	12.6	15	15.9	12
2018	29.1	5	28.0	9	10.4	15	15.3	12
得分变化	10.0		- 6.7		- 2.3		- 0.5	
排名升降		0		0		0		0
优劣度		强势		优势		中势		中势

（1）从排位变化比较看，2018年巴西国家创新基础竞争力排名第12位，与2017年相比，排位保持不变，处于中势地位。

（2）从指标所处区位来看，7个三级指标中有1个强势指标，2个优势指标，3个中势指标，人均GDP是唯一的劣势指标。

（3）从指标排位变化趋势看，在7个三级指标中，没有指标处于上升趋势；有4个指标处于下降趋势，分别为GDP、人均GDP、财政收入和人均财政收入；其余3个指标均保持不变。

（4）从指标排位变化的动因看，由于指标排位升降的幅度较小，且相当一部分指标排位保持不变，巴西创新基础竞争力的综合排位保持不变，在G20集团中排名第12位。

（5）从三级指标结构特征看，在创新基础竞争力指标组的7个三级指标中，有1个强势指标，占指标总数的14.3%；优势指标2个，占指标总数的28.6%；中势指标3个，占指标总数的42.9%；劣势指标1个，占指标总数的14.3%；强势和优势指标所占比重略小于中势指标和劣势指标的比重。没有上升指标；下降指标4个，占指标总数的57.2%；其余3个指标是保持趋势，占指标总数的42.8%。下降指标和保持指标占多数，综合其他影响因素，2018年巴西国家创新基础竞争力综合排位保持不变。

3.2.2　巴西国家创新基础竞争力比较分析

图3-4反映了2017～2018年巴西国家创新基础竞争力与G20集团最高水平和平均水平的比较情况。

由图3-4可知，评价期内巴西国家创新基础竞争力得分在15分左右，说明巴西国家创新基础竞争力处于偏低水平。从创新基础竞争力的整体得分比较来看，2017年，巴西国家创新基础竞争力得分与G20集团最高分相比还有78.8分的差距，比G20集团平均分低14.3分；到2018年，巴西国家创新基础竞争力得分与G20集团最高分的差距为78.1分，比G20集团平均分低15.8分。总的来说，2017～2018年巴西国家创新基础竞争力与G20集团最高分的差距减少了0.7分，与G20集团平均分的差距增大了1.6分。

从具体指标得分比较和变化趋势来看，巴西国家创新基础竞争力整体水平基本稳定，但是GDP、人均GDP、财政收入和人均财政收入等指标在

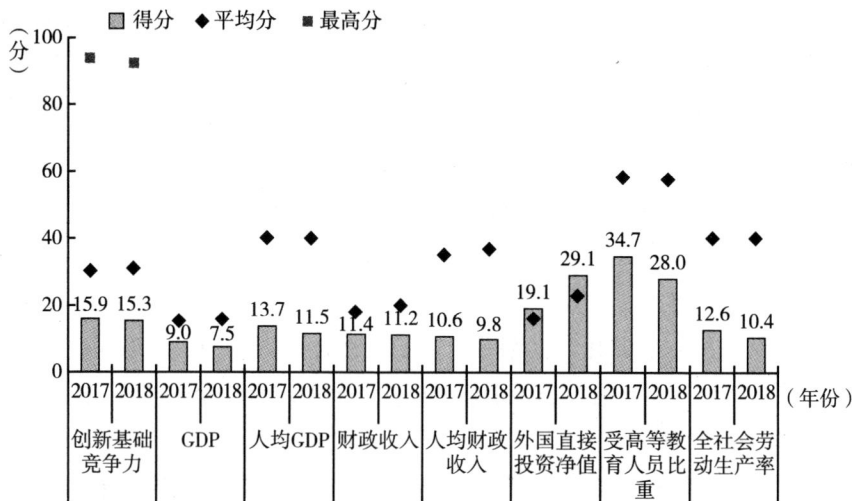

图 3 – 4　2017～2018 年巴西国家创新基础竞争力指标得分比较

研究期内呈现下降趋势，同时巴西的家创新基础竞争力缺乏上升的动力。在今后的发展过程中，巴西要进一步发展经济，应当提高财政收入，同时提高对外开放水平，引进国外先进技术，充分利用国外投资，借鉴国外先进管理经验与技术，切实提高全社会劳动生产率，谋求国家创新基础竞争力的提升。

3.3　巴西国家创新环境竞争力评价分析

3.3.1　巴西国家创新环境竞争力评价结果

2017～2018 年巴西国家创新环境竞争力及其下属 6 个三级指标的排位和排位变化情况，如表 3 – 5 所示。

（1）从排位变化比较看，2018 年巴西国家创新环境竞争力排名第 16 位，与 2017 年相比，排位保持不变，处于劣势地位。

（2）从指标所处区位来看，6 个三级指标中没有强势指标；有 2 个优势指标，为在线公共服务指数和 ISO9001 质量体系认证数；有 2 个中势指标，分别为因特网用户比例和每百人手机数；其余 2 个指标为劣势指标。

表 3 – 5 巴西 2017～2018 年国家创新环境竞争力指标组排位及趋势

项 目 年 份	因特网用户比例		每百人手机数		企业开业程序		企业平均税负水平		在线公共服务指数		ISO9001 质量体系认证数		创新环境竞争力	
	得分	排名	得分	排名	得分	排名	得分	排名	得分	排名	得分	排名	得分	排名
2017	56.0	12	24.0	14	25.0	15	45.3	17	85.0	11	5.0	9	40.1	16
2018	58.4	14	16.3	15	0.0	16	45.3	18	59.3	9	2.9	10	30.4	16
得分变化	2.4		-7.7		-25.0		0.0		-25.7		-2.1		-9.7	
排名升降		-2		-1		-1		-1		2		-1		0
优劣度		中势		中势		劣势		劣势		优势		优势		劣势

（3）从指标排位变化趋势看，在 6 个三级指标中，有 1 个指标处于上升趋势，为在线公共服务指数；其余指标均为下降指标。

（4）从指标排位变化的动因看，有 1 个三级指标的排位出现了上升，5 个指标出现了下降，但是由于存在其他因素，综合得出巴西创新环境竞争力的综合排位处于保持不变状态，在 G20 集团中处于第 16 位。

（5）从三级指标结构特征看，在创新环境竞争力指标组的 6 个三级指标中，没有强势指标；优势指标 2 个，占指标总数的 33.3%；中势指标 2 个，劣势指标 2 个，都占指标总数的 33.3%；中势和劣势指标居于主导地位。上升指标 1 个，占指标总数的 16.7%；下降指标 5 个，占指标总数的 83.3%；没有保持指标。指标排位上升的数量小于排位下降的数量，且受其他因素的综合影响，2018 年巴西国家创新环境竞争力综合排位与 2017 年相同，没有变化。

3.3.2 巴西国家创新环境竞争力比较分析

图 3 – 5 反映了 2017～2018 年巴西国家创新环境竞争力与 G20 集团最高水平和平均水平的比较情况。

由图 3 – 5 可知，评价期内巴西国家创新环境竞争力得分均低于 41 分，处于较低水平。从创新环境竞争力的整体得分比较来看，2017 年，巴西国家创新环境竞争力得分与 G20 集团最高分相比还有 29.7 分的差距，与 G20 集团平均分相比低 12.8 分；2018 年，巴西国家创新环境竞争力得分与 G20 集团最高分的差距为 36.4 分，低于 G20 集团平均分 16.3 分。总的来说，2017～2018 年巴西国家创新环境竞争力与最高分、平均分之间的差距有所扩大。

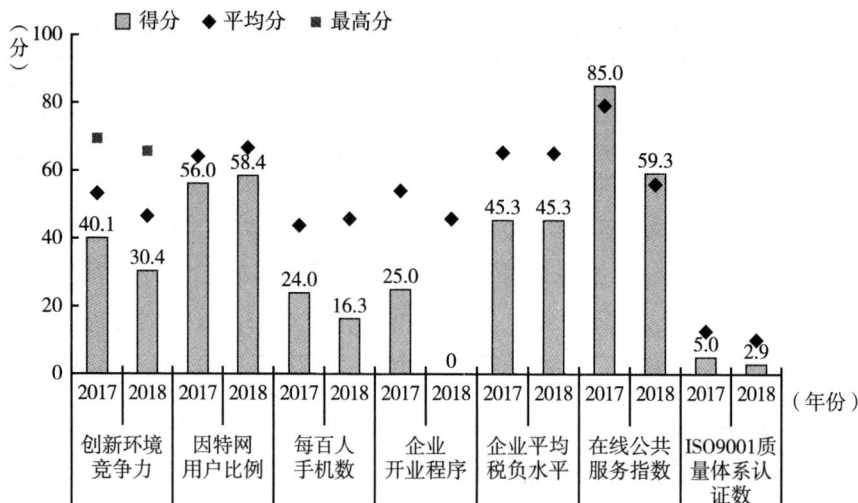

图例: ▇ 得分　◆ 平均分　▪ 最高分

图 3 – 5　2017～2018 年巴西国家创新环境竞争力指标得分比较

从具体指标得分比较和变化趋势来看，巴西国家创新环境竞争力整体水平较低，处于劣势地位，这是由于除了在线公共服务指数外，巴西国家创新环境竞争力的另外 5 个三级指标均低于 G20 集团平均分水平，这限制了其创新环境竞争力的进一步提升。因此，为了巩固和提升巴西国家创新环境竞争力，一方面必须加快信息化建设，提高网络通信普及度；另一方面政府部门应当出台相应激励政策，为创新型企业营造良好的营商环境，不断优化国家创新环境，进一步增强国家创新环境竞争力。

3.4　巴西国家创新投入竞争力评价分析

3.4.1　巴西国家创新投入竞争力评价结果

2017～2018 年巴西国家创新投入竞争力及其下属 7 个三级指标的排位和排位变化情况，如表 3 – 6 所示。

（1）从排位变化比较看，2018 年巴西国家创新投入竞争力排名第 14 位，与 2017 年相比，排位保持不变，处于中势地位。

（2）从指标所处区位来看，7 个三级指标中没有强势指标；有 3 个优势指

表3-6　巴西2017~2018年国家创新投入竞争力指标组排位及趋势

项目 年份	R&D 经费 支出总额		R&D 经费支出 占 GDP 比重		人均 R&D 经费支出		R&D 人员	
	得分	排名	得分	排名	得分	排名	得分	排名
2017	4.3	10	33.3	11	6.9	12	8.3	10
2018	3.7	11	33.6	11	5.9	13	8.4	10
得分变化	-0.6		0.3		-1.0		0.1	
排名升降		-1		0		-1		0
优劣度		中势		中势		中势		优势

项目 年份	研究人员占从业 人员比重		企业研发 投入比重		风险资本交易 占 GDP 比重		创新投入 竞争力	
	得分	排名	得分	排名	得分	排名	得分	排名
2017	14.1	14	42.4	8	0.0	8	15.6	14
2018	15.0	13	45.1	7	0.0	8	16.0	14
得分变化	0.9		2.7		0.0		0.3	
排名升降		1		1		0		0
优劣度		中势		优势		优势		中势

标，分别为 R&D 人员、企业研发投入比重、风险资本交易占 GDP 比重；其余 4 个指标均为中势指标，没有强势指标和劣势指标。

（3）从指标排位变化趋势看，在 7 个三级指标中，有 2 个指标处于上升趋势，为研究人员占从业人员比重和企业研发投入比重；有 3 个指标保持不变，为 R&D 经费支出占 GDP 比重、风险资本交易占 GDP 比重、R&D 人员；其余 2 个指标为下降指标。

（4）从指标排位变化的动因看，由于有 3 个三级指标的排位保持不变，上升指标和下降指标数量相同，巴西创新投入竞争力的综合排位也保持不变，在 G20 集团中排名第 14 位。

（5）从三级指标结构特征看，在创新投入竞争力指标组的 7 个三级指标中，没有强势指标；有 3 个优势指标，占指标总数的 42.9%；中势指标 4 个，占指标总数的 57.1%；上升指标 2 个，占指标总数的 28.6%；下降指标 2 个，占指标总数的 28.6%；保持指标 3 个，占指标总数的 42.8%。由于大部分指标排位保持不变，2018 年巴西国家创新投入竞争力综合排位仍保持不变。

3.4.2 巴西国家创新投入竞争力比较分析

图 3-6 反映了 2017~2018 年巴西国家创新投入竞争力与 G20 集团最高水平和平均水平的比较情况。

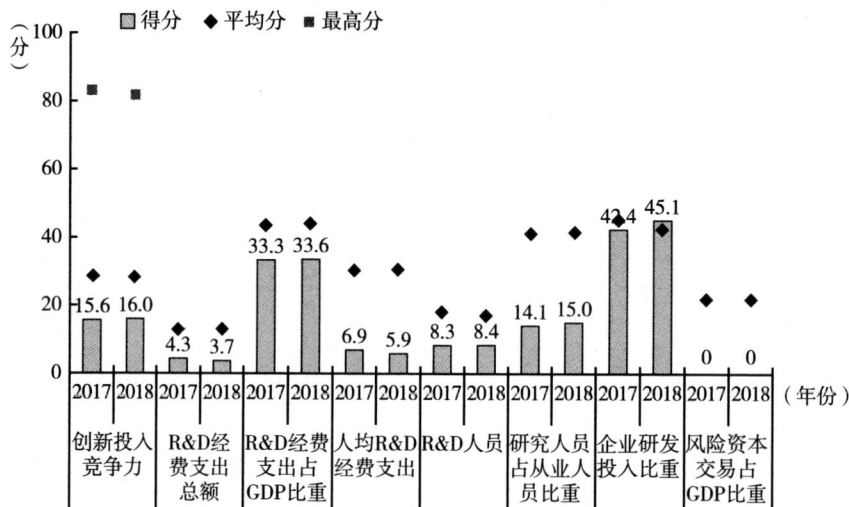

图 3-6 2017~2018 年巴西国家创新投入竞争力指标得分比较

由图 3-6 可知，评价期内巴西国家创新投入竞争力得分在 16 分左右，说明巴西国家创新投入竞争力处于低水平。从创新投入竞争力的整体得分比较来看，2017 年，巴西国家创新投入竞争力得分与 G20 集团最高分相比还有 68.4 分的差距，与 G20 集团平均分相比，则低了 13.1 分；到 2018 年，巴西国家创新投入竞争力得分与 G20 集团最高分的差距为 66.8 分，低于 G20 集团平均分 12.3 分。总的来说，2017~2018 年巴西国家创新投入竞争力与最高分、平均分之间的差距略有缩小。

从具体指标得分比较和变化趋势来看，巴西国家创新投入竞争力整体水平较为稳定，处于中势地位，这主要是由于三级指标中中势指标占主导地位，且三级指标得分都低于 G20 国家平均分，可以看出其创新投入竞争力较为薄弱。未来巴西想要提升国家创新投入竞争力水平，需要加大科技研发经费投入，鼓励多元化的创新研发投入，加大研发人员培养力度，高度重视研发人才队伍建设，不断增加国家创新投入，显著增强国家创新投入竞争力。

3.5　巴西国家创新产出竞争力评价分析

3.5.1　巴西国家创新产出竞争力评价结果

2017～2018年巴西国家创新产出竞争力及其下属7个三级指标的排位和排位变化情况，如表3-7所示。

表3-7　巴西2017~2018年国家创新产出竞争力指标组排位及趋势

年份 \ 项目	专利授权数		科技论文发表数		专利和许可收入		高技术产品出口额	
	得分	排名	得分	排名	得分	排名	得分	排名
2017	1.5	14	10.6	12	0.5	13	5.1	12
2018	2.8	11	12.0	11	0.6	12	4.7	12
得分变化	1.3		1.3		0.1		-0.5	
排名升降		3		1		1		0
优劣度		中势		中势		中势		中势

年份 \ 项目	高技术产品出口比重		注册商标数		创意产品出口比重		创新产出竞争力	
	得分	排名	得分	排名	得分	排名	得分	排名
2017	39.6	11	37.0	4	8.7	12	14.7	12
2018	34.5	11	55.4	4	2.9	18	16.1	13
得分变化	-5.0		18.4		-5.8		1.4	
排名升降		0		0		-6		-1
优劣度		中势		强势		劣势		中势

（1）从排位变化比较看，2018年巴西国家创新产出竞争力排名第13位，与2017年相比，排位下降了1位，处于中势地位。

（2）从指标所处区位来看，7个三级指标中没有优势指标，有1个强势指标，为注册商标数；有1个劣势指标，为创意产品出口比重；其余5个指标均为中势指标。

（3）从指标排位变化趋势看，在7个三级指标中，有3个指标处于上升趋势，为专利授权数、科技论文发表数、专利和许可收入；有1个指标处于下降趋势，为创意产品出口比重；其余 3 个指标均保持不变。

（4）从指标排位变化的动因看，3 个三级指标的排位出现了上升，1 个三级指标的排位出现了大幅下降，在指标升降的综合作用下，巴西创新产出竞争力的综合排位下降了 1 位，在 G20 集团中排名第 13 位。

（5）从三级指标结构特征看，在创新产出竞争力指标组的 7 个三级指标中，有 1 个强势指标，占指标总数的 14.3%；没有优势指标；中势指标 5 个，占指标总数的 71.4%；劣势指标 1 个，占指标总数的 14.3%；强势和中势指标所占比重远远大于劣势指标的比重。上升指标 3 个，占指标总数的 42.9%；下降指标 1 个，占指标总数的 14.3%。指标排位上升的数量大于排位下降的数量，但创意产品出口比重下降得较多，2018 年巴西国家创新产出竞争力综合排位与 2017 年相比，下降了 1 位。

3.5.2　巴西国家创新产出竞争力比较分析

图 3 - 7 反映了 2017～2018 年巴西国家创新产出竞争力与 G20 集团最高水平和平均水平的比较情况。

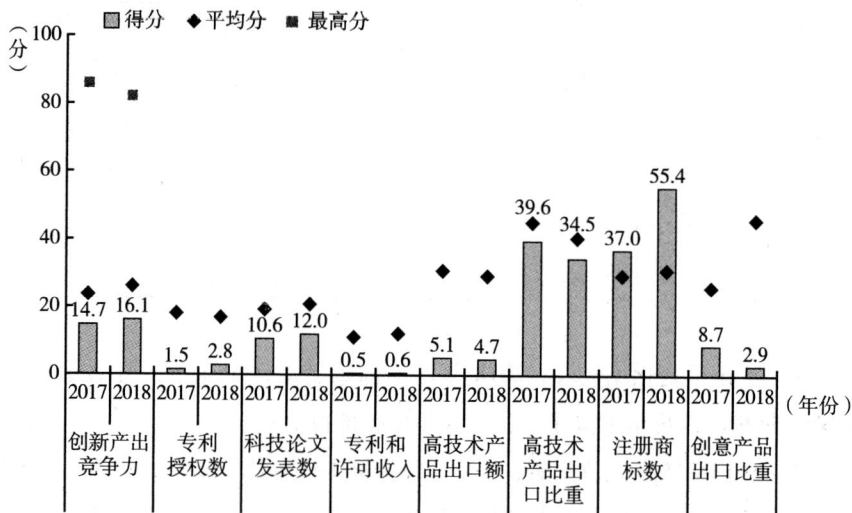

图 3 - 7　2017～2018 年巴西国家创新产出竞争力指标得分比较

根据图 3 - 7，通过对创新产出竞争力的整体得分比较来看，2017 年，巴西国家创新产出竞争力得分与 G20 集团最高分相比还有 72 分的差距，低于

G20 集团平均分 8.9 分；到 2018 年，巴西国家创新产出竞争力得分与 G20 集团最高分的差距为 66.8 分，低于 G20 集团平均分 10 分。总的来说，2017～2018 年巴西国家创新产出竞争力与最高分的差距呈缩小趋势，与平均分差距呈扩大趋势。

从具体指标得分比较和变化趋势来看，巴西国家创新产出竞争力整体水平下降 1 位，这主要是由于创意产品出口比重的排位大幅度下降所致；且除了注册商标数，其余的三级指标得分均低于 G20 国家的平均分。因此，在未来的发展中，巴西应当注重优化出口贸易结构，加大高技术产品出口比重，突出高技术产品在对外贸易中的重要地位；推动实施商标战略，打造国际知名品牌。通过实施一系列的创新措施，切实提高国家创新产出，增强国家创新产出竞争力。

3.6　巴西国家创新持续竞争力评价分析

3.6.1　巴西国家创新持续竞争力评价结果

2017～2018 年巴西国家创新持续竞争力及其下属 6 个三级指标的排位和排位变化情况，如表 3－8 所示。

表 3－8　巴西 2017～2018 年国家创新持续竞争力指标组排位及趋势

项目 年份	公共教育经费支出总额		公共教育经费支出占 GDP 比重		人均公共教育经费支出额		高等教育毛入学率		科技人员增长率		科技经费增长率		创新持续竞争力	
	得分	排名	得分	排名	得分	排名	得分	排名	得分	排名	得分	排名	得分	排名
2017	10.7	7	96.4	2	17.6	12	40.4	14	67.4	5	71.5	4	50.7	4
2018	8.9	7	96.0	2	14.9	12	39.7	14	60.6	3	30.8	17	41.8	10
得分变化	-1.7		-0.4		-2.7		-0.8		-6.8		-40.7		-8.8	
排名升降		0		0		0		0		2		-13		-6
优劣度		优势		强势		中势		中势		强势		劣势		优势

（1）从排位变化比较看，2018 年巴西国家创新持续竞争力排名第 10 位，与 2017 年相比，下降了 6 位。

（2）从指标所处区位来看，6 个三级指标中，有 2 个强势指标，为公共教育经费支出占 GDP 比重、科技人员增长率；优势指标 1 个，为公共教育经费支出总额；中势指标有 2 个，为人均公共教育经费支出额、高等教育毛入学率，科技经费增长率这 1 个指标为劣势指标。

（3）从指标排位变化趋势看，在 6 个三级指标中，有 1 个指标处于上升趋势，为科技人员增长率；有 4 个指标排名保持不变；有 1 个指标呈下降趋势，为科技经费增长率，且下降了 13 位，这是巴西创新持续竞争力的下降拉力所在。

（4）从指标排位变化的动因看，上升与下降动力大致相同，另有 4 个指标保持不变，因此巴西创新持续竞争力的综合排位下降了 6 位，在 G20 集团中排名第 10 位。

（5）从三级指标结构特征看，在创新持续竞争力指标组的 6 个三级指标中，强势指标 2 个，占指标总数的 33.3%；中势指标 2 个，占指标总数的 33.3%；优势指标 1 个，占指标总数的 16.7%；劣势指标 1 个，占指标总数的 16.7%，强势指标和优势指标所占比重略大于劣势指标的比重。上升指标 1 个，占指标总数的 16.7%；保持指标 4 个，占指标总数的 66.7%；下降指标 1 个，占指标总数的 16.7%。虽然保持指标占绝大多数，但下降指标的下降幅度太大，使得 2018 年巴西国家创新持续竞争力综合排位与 2017 年相比下降了 6 位。

3.6.2 巴西国家创新持续竞争力比较分析

图 3 - 8 反映了 2017～2018 年巴西国家创新持续竞争力与 G20 集团最高水平和平均水平的比较情况。

由图 3 - 8 可知，从创新持续竞争力的整体得分比较来看，2017 年，巴西国家创新持续竞争力得分与 G20 集团最高分相比还有 20.6 分的差距，高于 G20 集团平均分 7.3 分；到 2018 年，巴西国家创新持续竞争力得分与 G20 集团最高分的差距扩大为 31.7 分，低于平均分 1.1 分。总的来说，2017～2018 年巴西国家创新持续竞争力与最高分差距、平均分差距呈明显扩大趋势。

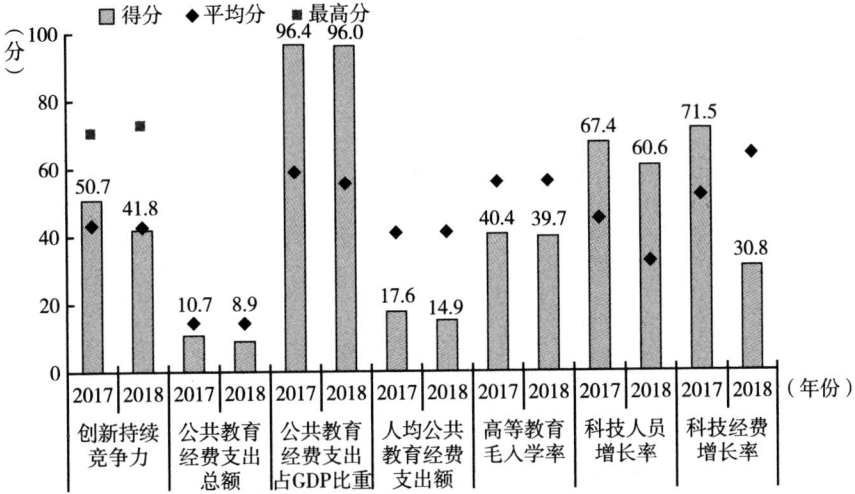

图3-8　2017~2018年巴西国家创新持续竞争力指标得分比较

从具体指标得分比较和变化趋势来看，巴西国家创新持续竞争力整体水平大幅下降。其主要原因在于三级指标科技经费增长率的排位大幅度下降，降低了13个位次。针对这一问题，未来巴西应注重提高科技经费的投入，认识到科技强国的重要性，实现国家创新能力的可持续发展，显著增强国家创新持续竞争力。

Y.5
第4章
加拿大国家创新竞争力评价分析报告

加拿大是位于北美洲北部的北美海陆兼备国，东临大西洋，西濒太平洋，西北部邻美国阿拉斯加州，南接美国本土，北靠北冰洋。国土面积约998万平方公里，海岸线长达202080公里。2018年全国年末总人口约为3706万人，实现国内生产总值17163亿美元，人均GDP达到46313美元。本部分通过对加拿大2017～2018年国家创新竞争力以及创新竞争力中各要素在G20集团中的排名变化分析，从中找出加拿人国家创新竞争力的推动点及影响因素。

4.1 加拿大国家创新竞争力总体评价分析

2017～2018年，加拿大的国家创新竞争力排名保持不变。与2017年一样，2018年加拿大国家创新竞争力在G20集团中排名第9位。

4.1.1 加拿大国家创新竞争力概要分析

加拿大国家创新竞争力在G20集团中所处的位置及5个二级指标的得分和排位变化如图4－1、图4－2和表4－1所示。

（1）从综合排位变化看，2018年加拿大国家创新竞争力综合排名在G20集团中处于第9位，与2017年相比，排位保持不变。

（2）从指标得分看，2018年加拿大国家创新竞争力得分为39.3分，比G20集团最高分低39.2分，比平均分高4.3分；与2017年相比，加拿大国家创新竞争力得分降低了1.7分，与当年最高分的差距扩大了0.1分，基本没有变化；高于G20集团平均分的优势则拉大了1分。

（3）从指标所处区位看，2018年加拿大国家创新竞争力的5个二级指标

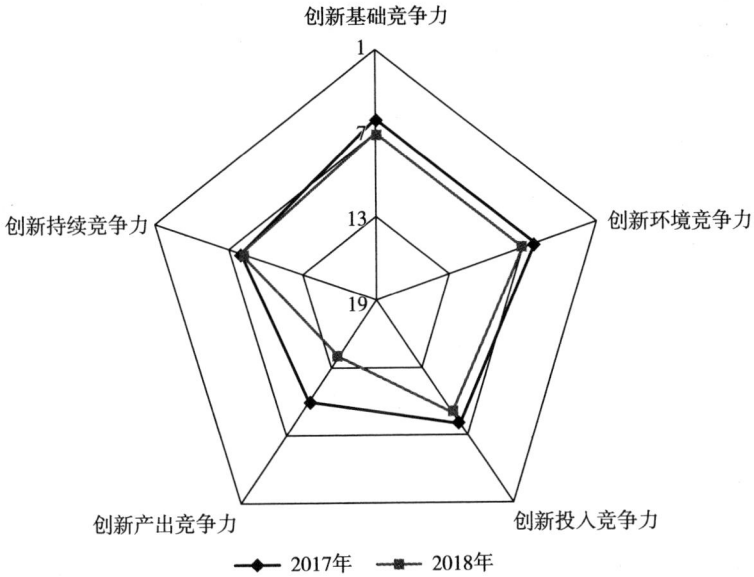

图4-1　加拿大国家创新竞争力二级指标排名雷达图

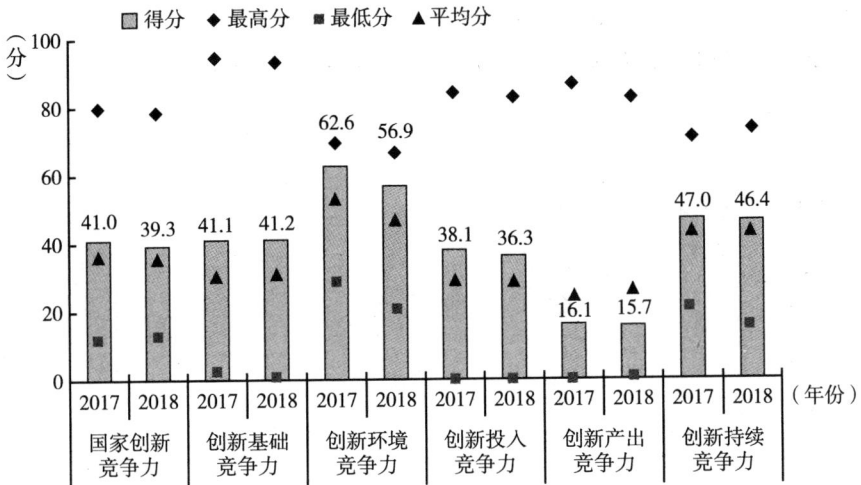

图4-2　加拿大国家创新竞争力得分和排名变化趋势

中，没有强势指标和劣势指标；有中势指标1个，为创新产出竞争力；其余4个指标均为优势指标。

表4-1 加拿大国家创新竞争力二级指标得分和排名

项目 年份	创新基础竞争力		创新环境竞争力		创新投入竞争力		创新产出竞争力		创新持续竞争力		创新竞争力	
	得分	排名	得分	排名	得分	排名	得分	排名	得分	排名	得分	排名
2017	41.1	6	62.6	6	38.1	8	16.1	10	47.0	8	41.0	9
2018	41.2	7	56.9	7	36.3	9	15.7	14	46.4	8	39.3	9
得分变化	0.2		-5.7		-1.8		-0.4		-0.6		-1.7	
排名升降		-1		-1		-1		-4		0		0
优劣度		优势		优势		优势		中势		优势		优势

（4）从指标排位变化趋势看，在5个二级指标中，没有处于上升趋势的指标，有1个指标保持不变，为创新持续竞争力；其余4个指标均处于下降趋势。

（5）从指标排位变化的动因看，4个二级指标的排位出现了下降，1个排位保持不变的二级指标，然而，受到指标综合作用影响，2018年加拿大国家创新竞争力的综合排名保持不变，在G20集团中排名仍为第9位。

4.1.2 加拿大国家创新竞争力各级指标动态变化分析

2017～2018年加拿大国家创新竞争力各级指标的动态变化及其结构，如图4-3和表4-2所示。

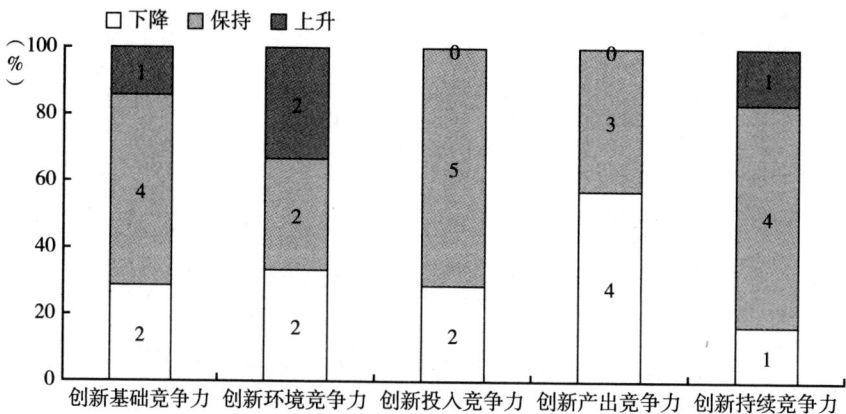

图4-3 2017～2018年加拿大国家创新竞争力指标动态变化结构

表4－2　2017～2018年加拿大国家创新竞争力各级指标排位变化态势比较

二级指标	三级指标个数	上升		保持		下降		变化趋势
		个数	比重(%)	个数	比重(%)	个数	比重(%)	
创新基础竞争力	7	1	14.3	4	57.1	2	28.6	下降
创新环境竞争力	6	2	33.3	2	33.3	2	33.3	下降
创新投入竞争力	7	0	0.0	5	71.4	2	28.6	下降
创新产出竞争力	7	0	0.0	3	42.9	4	57.1	下降
创新持续竞争力	6	1	16.7	4	66.7	1	16.7	保持
合计	33	4	12.1	18	54.5	11	33.3	保持

从图4－3可以看出，加拿大国家创新竞争力的三级指标中上升指标的数量小于下降指标，但保持不变的指标仍居于主导地位。表4－2中的数据进一步说明，加拿大国家创新竞争力的33个三级指标中，上升的指标有4个，占指标总数的12.1%；保持的指标有18个，占指标总数的54.5%；下降的指标有11个，占指标总数的33.3%。指标上升的数量小于指标下降的数量，上升的动力小于下降的拉力，但是保持不变的指标占主导地位，结合其他因素的综合作用，2018年加拿大国家创新竞争力排位保持不变，在G20集团中居第9位。

4.1.2　加拿大国家创新竞争力各级指标优劣势结构分析

2017～2018年加拿大国家创新竞争力各级指标的优劣势变化及其结构，如表4－3所示。

表4－3　2017～2018年加拿大国家创新竞争力各级指标排位优劣势比较

二级指标	三级指标个数	强势		优势		中势		劣势		优劣度
		个数	比重(%)	个数	比重(%)	个数	比重(%)	个数	比重(%)	
创新基础竞争力	7	2	28.6	3	42.9	2	28.6	0	0.0	优势
创新环境竞争力	6	3	50.0	0	0.0	2	33.3	1	16.7	优势
创新投入竞争力	7	1	14.3	4	57.1	2	28.6	0	0.0	优势
创新产出竞争力	7	0	0.0	4	57.1	2	28.6	1	14.3	中势
创新持续竞争力	6	1	16.7	3	50.0	2	33.3	0	0.0	优势
合计	33	7	21.2	14	42.4	10	30.3	2	6.1	优势

从表4-3中的数据可以看出，加拿大国家创新竞争力的33个三级指标中，强势指标7个，占指标总数的21.2%；优势指标14个，占指标总数的42.4%；中势指标10个，占指标总数的30.3%；劣势指标2个，占指标总数的6.1%；强势指标和优势指标的数量之和约占指标总数的63.6%，远远大于中势指标和劣势指标之和。从二级指标来看，没有强势指标和劣势指标，只有1个中势指标，占二级指标总数的20%，其余4个指标均为优势指标。由于优势指标在指标体系中居于压倒性地位，2017~2018年加拿大国家创新竞争力处于优势地位。

4.2 加拿大国家创新基础竞争力评价分析

4.2.1 加拿大国家创新基础竞争力评价结果

2017~2018年加拿大国家创新基础竞争力及其下属7个三级指标的排位和排位变化情况，如表4-4所示。

表4-4 加拿大2017~2018年国家创新基础竞争力指标组排位及趋势

年份 \ 项目	GDP		人均GDP		财政收入		人均财政收入	
	得分	排名	得分	排名	得分	排名	得分	排名
2017	6.8	10	74.5	3	8.2	12	51.9	6
2018	6.7	11	72.6	4	8.8	12	53.5	6
得分变化	-0.1		-1.8		0.6		1.5	
排名升降		-1		-1		0		0
优劣度		中势		强势		中势		优势

年份 \ 项目	外国直接投资净值		受高等教育人员比重		全社会劳动生产率		创新基础竞争力	
	得分	排名	得分	排名	得分	排名	得分	排名
2017	7.8	10	70.7	6	67.5	5	41.1	6
2018	16.6	8	63.9	6	66.3	5	41.2	7
得分变化	8.8		-6.7		-1.2		0.2	
排名升降		2		0		0		-1
优劣度		优势		优势		强势		优势

（1）从排位变化比较看，2018年加拿大国家创新基础竞争力排名第7位，与2017年相比，排位下降1位，处于优势地位。

（2）从指标所处区位来看，7个三级指标有2个强势指标，为人均GDP和全社会劳动生产率；有3个优势指标，为人均财政收入、外国直接投资净值和受高等教育人员比重；有2个中势指标，为GDP和财政收入，没有劣势指标。

（3）从指标排位变化趋势看，在7个三级指标中，有1个指标处于上升趋势，为外国直接投资净值；有2个指标处于下降趋势，为GDP和人均GDP；其余4个指标均保持不变。

（4）从指标排位变化的动因看，由于上升指标数量少于下降指标数量，且较多指标保持不变，加拿大创新基础竞争力的综合排位下降1位，在G20集团中排名第7位。

（5）从三级指标结构特征看，在创新基础竞争力指标组的7个三级指标中，有2个强势指标，占指标总数的28.6%；优势指标3个，占指标总数的42.9%；中势指标2个，占指标总数的28.6%；强势和优势指标所占比重大于中势指标的比重。上升指标1个，占指标总数的14.3%；下降指标2个，占指标总数的28.6%；其余4个指标是保持趋势，占指标总数的57.1%。指标排位上升的数量较少，且保持不变的指标较多，使得2018年加拿大国家创新基础竞争力综合排位下降1位。

4.2.2　加拿大国家创新基础竞争力比较分析

图4－4反映了2017～2018年加拿大国家创新基础竞争力与G20集团最高水平和平均水平的比较情况。

由图4－4可知，评价期内加拿大国家创新基础竞争力得分在41分左右，说明加拿大国家创新基础竞争力处于中等水平。从创新基础竞争力的整体得分比较来看，2017年，加拿大国家创新基础竞争力得分与G20集团最高分相比还有53.6分的差距，但是比G20集团平均分高10.9分；到2018年，加拿大国家创新基础竞争力得分与G20集团最高分的差距为52.2分，比G20集团平均分高10分。总的来说，2017～2018年加拿大国家创新基础竞争力与最高分的差距缩小了1.3分，但其高于平均分优势缩小了0.9分，其创新基础竞争力

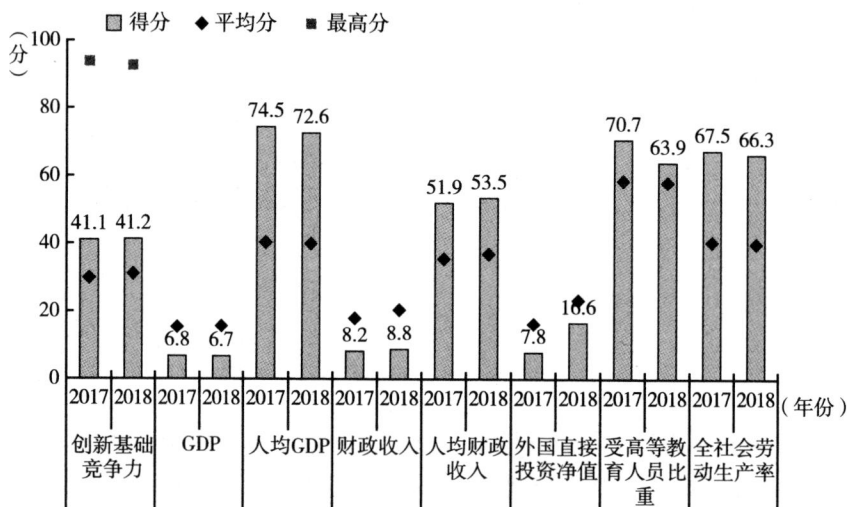

图4-4 2017～2018年加拿大国家创新基础竞争力指标得分比较

略有下降。

从具体指标得分比较和变化趋势来看，加拿大国家创新基础竞争力整体水平下降了1个位次。这主要归因于GDP和人均GDP指标处于下降趋势，且保持不变指标占主导地位，国家创新基础竞争力缺乏上升动力。加拿大在未来的发展中，应当特别注意经济发展建设，提高对外开放水平，通过引进国外资本和先进技术，提高全社会劳动生产率，促进产业转型升级，拉动经济增长，来进一步巩固国家创新基础，增强国家创新基础竞争力。

4.3 加拿大国家创新环境竞争力评价分析

4.3.1 加拿大国家创新环境竞争力评价结果

2017～2018年加拿大国家创新环境竞争力及其下属6个三级指标的排位和排位变化情况，如表4-5所示。

（1）从排位变化比较看，2018年加拿大国家创新环境竞争力排名第7位，与2017年相比，排位下降了1位，但仍处于优势地位。

（2）从指标所处区位来看，6个三级指标中有3个强势指标，分别为因特

表 4 – 5 加拿大 2017～2018 年国家创新环境竞争力指标组排位及趋势

项目 年份	因特网用户比例		每百人手机数		企业开业程序		企业平均税负水平		在线公共服务指数		ISO9001 质量体系认证数		创新环境竞争力	
	得分	排名	得分	排名	得分	排名	得分	排名	得分	排名	得分	排名	得分	排名
2017	93.5	3	0.0	19	100.0	1	94.2	2	86.7	9	1.2	17	62.6	6
2018	91.8	5	3.6	18	100.0	1	94.7	2	50.0	13	1.1	14	56.9	7
得分变化	-1.7		3.6		0.0		0.4		-36.7		-0.1		-5.7	
排名升降		-2		1		0		0		-4		3		-1
优劣度		强势		劣势		强势		强势		中势		中势		优势

网用户比例、企业开业程序和企业平均税负水平；有 1 个劣势指标，为每百人手机数；其余 2 个指标为中势指标。

（3）从指标排位变化趋势看，在 6 个三级指标中，有 2 个指标处于上升趋势，分别为每百人手机数和 ISO9001 质量体系认证数；有 2 个指标处于下降趋势，分别为因特网用户比例和在线公共服务指数；其余指标均保持不变。

（4）从指标排位变化的动因看，有 2 个三级指标的排位出现了上升，有 2 个三级指标排位出现下降，由于指标上升幅度小于指标下降幅度，因此加拿大创新环境竞争力的综合排位处于下降趋势，在 G20 集团中处于第 7 位。

（5）从三级指标结构特征看，在创新环境竞争力指标组的 6 个三级指标中，强势指标 3 个，占指标总数的 50%；优势指标 0 个；中势指标 2 个，劣势指标 1 个，分别占指标总数的 33.3% 和 16.7%；强势指标与中势指标与劣势指标势均力敌。上升指标 2 个，占指标总数的 33.3%；保持指标 2 个，占指标总数的 33.3%；下降指标 2 个，占指标总数的 33.3%。指标排位上升的数量同下降的数量相同，且受其他因素的综合影响，2018 年加拿大国家创新环境竞争力综合排位与 2017 年相比下降了 1 位。

4.3.2 加拿大国家创新环境竞争力比较分析

图 4 – 5 反映了 2017～2018 年加拿大国家创新环境竞争力与 G20 集团最高水平和平均水平的比较情况。

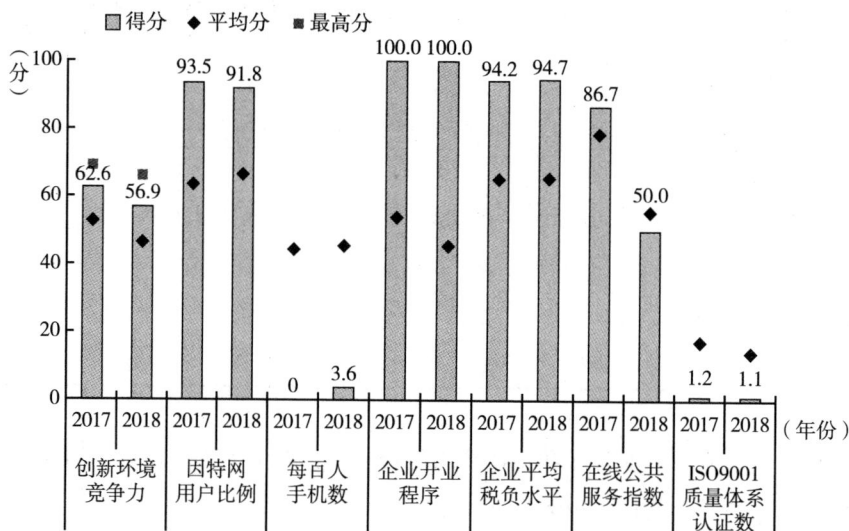

图4-5 2017～2018年加拿大国家创新环境竞争力指标得分比较

由图4-5可知，评价期内加拿大国家创新环境竞争力的得分在60分左右，处于中等水平。从创新环境竞争力的整体得分比较来看，2017年，加拿大国家创新环境竞争力得分与G20集团最高分相比还有7.1分的差距，与G20集团平均分相比，高于9.8分；2018年，加拿大国家创新环境竞争力得分与G20集团最高分的差距为9.9分，高于G20集团平均分10.2分。总的来说，2017～2018年加拿大国家创新环境竞争力与最高分的差距有所扩大。

从具体指标得分比较和变化趋势来看，在评价期内，加拿大国家创新环境竞争力整体水平下降了1个位次。这主要是由于因特网用户比例和在线公共服务指数2个三级指标处于下降趋势。且每百人手机数和ISO9001质量体系认证数2个三级指标得分远低于G20国家平均数，使得加拿大的创新环境竞争力发展动力不足。加拿大在今后的发展中，应当侧重于提高互联网和移动通信设备普及度，推进信息高速公路建设，优化企业发展"硬环境"。同时，增强对创新型企业和科研机构的资金扶持力度，积极出台与时俱进的产权保护政策，营造良好的社会创新环境。以此进一步优化国家创新环境，进一步增强国家创新环境竞争力。

4.4　加拿大国家创新投入竞争力评价分析

4.4.1　加拿大国家创新投入竞争力评价结果

2017～2018年加拿大国家创新投入竞争力及其下属7个三级指标的排位和排位变化情况，如表4-6所示。

表4-6　加拿大2017～2018年国家创新投入竞争力指标组排位及趋势

年份＼项目	R&D 经费支出总额		R&D 经费支出占 GDP 比重		人均 R&D 经费支出		R&D 人员	
	得分	排名	得分	排名	得分	排名	得分	排名
2017	4.6	8	46.6	9	44.4	7	4.6	13
2018	4.2	9	43.5	9	40.3	8	4.3	13
得分变化	-0.4		-3.2		-4.1		-0.4	
排名升降		-1		0		-1		0
优劣度		优势		优势		优势		中势

年份＼项目	研究人员占从业人员比重		企业研发投入比重		风险资本交易占 GDP 比重		创新投入竞争力	
	得分	排名	得分	排名	得分	排名	得分	排名
2017	49.2	9	17.0	14	100.0	1	38.1	8
2018	48.4	9	13.5	14	100.0	1	36.3	9
得分变化	-0.8		-3.5		0.0		-1.8	
排名升降		0		0		0		-1
优劣度		优势		中势		强势		优势

（1）从排位变化比较看，2018年加拿大国家创新投入竞争力排名第9位，与2017年相比，排位下降1位，处于优势地位。

（2）从指标所处区位来看，7个三级指标中有1个强势指标，为风险资本交易占 GDP 比重；有4个优势指标，为 R&D 经费支出总额、R&D 经费支出占 GDP 比重、人均 R&D 经费支出和研究人员占从业人员比重；其余2个指标是中势指标。

（3）从指标排位变化趋势看，在7个三级指标中，有5个指标排位保持不变；有2个指标处于下降趋势，为 R&D 经费支出总额和人均 R&D 经费支出。

（4）从指标排位变化的动因看，由于有2个三级指标处于下降状态，其余5个三级指标的排位保持不变，加拿大创新投入竞争力的综合排位下降1个位次，在G20集团中排名第9位。

（5）从三级指标结构特征看，在创新投入竞争力指标组的7个三级指标中，有1个强势指标，占指标总数的14.3%；有4个优势指标，占指标总数的57.1%；中势指标2个，占指标总数的28.6%。没有上升指标，下降指标2个，占指标总数的28.6%，保持指标5个，占指标总数的71.4%。由于存在2个下降指标，且无上升指标，且大部分指标排位保持不变，2018年加拿大国家创新投入竞争力综合排位下降了1位。

4.4.2 加拿大国家创新投入竞争力比较分析

图4-6反映了2017～2018年加拿大国家创新投入竞争力与G20集团最高水平和平均水平的比较情况。

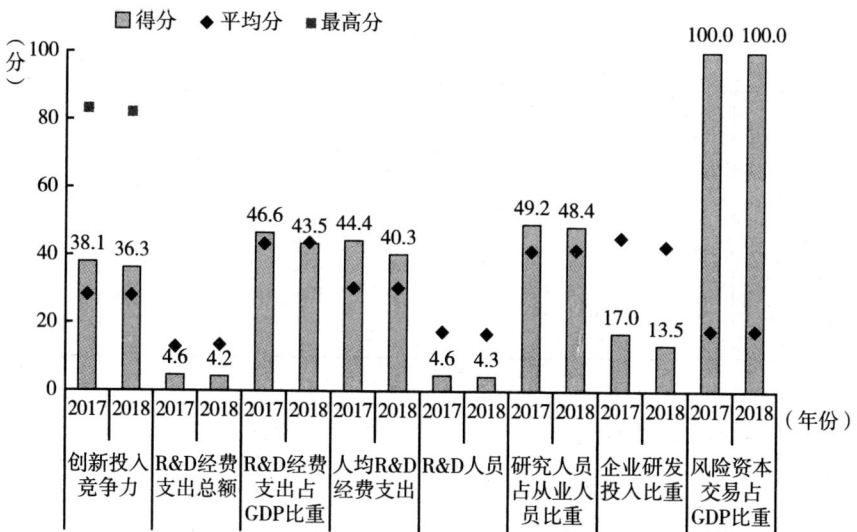

图4-6 2017～2018年加拿大国家创新投入竞争力指标得分比较

由图4-6可知，评价期内加拿大国家创新投入竞争力得分在40分以下，说明加拿大国家创新投入竞争力处于居中水平。从创新投入竞争力的整体得分比较来看，2017年，加拿大国家创新投入竞争力得分与G20集团最高分相比有45.9分的差距，与G20集团平均分相比，则高了9.3分；到2018年，加拿大国家创新投入竞争力得分与 G20 集团最高分的差距为 46.4 分，高于 G20 集团平均分 8 分。总的来说，2017～2018 年加拿大国家创新投入竞争力与平均分的差距变化不大，国家创新投入竞争力排位下降 1 位。

从具体指标得分比较和变化趋势来看，加拿大国家创新投入竞争力整体水平下降了 1 个位次。这主要是由于 R&D 经费支出总额和人均 R&D 经费支出这 2 个三级指标处于下降趋势，且其他指标排位均保持不变，没有上升趋势指标，缺乏上升动力。今后的发展中，加拿大应当加大科研经费的投入，提高财政支出中对于教育支出和科研支出的比重，完善科研奖励机制，加大研发人员的培养力度，不断增加国家创新投入，提升国家创新投入竞争力。

4.5 加拿大国家创新产出竞争力评价分析

4.5.1 加拿大国家创新产出竞争力评价结果

2017～2018 年加拿大国家创新产出竞争力及其下属 7 个三级指标的排位和排位变化情况，如表 4-7 所示。

表 4-7 加拿大 2017～2018 年国家创新产出竞争力指标组排位及趋势

年份 \ 项目	专利授权数		科技论文发表数		专利和许可收入		高技术产品出口额	
	得分	排名	得分	排名	得分	排名	得分	排名
2017	7.4	6	11.1	11	3.9	7	13.4	10
2018	6.9	6	11.9	12	4.3	8	13.3	10
得分变化	-0.5		0.8		0.4		-0.1	
排名升降		0		-1		-1		0
优劣度		优势		中势		优势		优势

年份 \ 项目	高技术产品出口比重		注册商标数		创意产品出口比重		创新产出竞争力	
	得分	排名	得分	排名	得分	排名	得分	排名
2017	44.0	10	6.8	17	26.1	6	16.1	10
2018	42.4	10	5.1	18	25.7	12	15.7	14
得分变化	-1.6		-1.7		-0.4		-0.4	
排名升降		0		-1		-6		-4
优劣度		优势		劣势		中势		中势

（1）从排位变化比较看，2018年加拿大国家创新产出竞争力排名第14位，与2017年相比，排位下降了4位，处于中势地位。

（2）从指标所处区位来看，7个三级指标中没有强势指标；有2个中势指标，为科技论文发表数和创意产品出口比重；1个指标是劣势指标，为注册商标数；其余4个指标均为优势指标。

（3）从指标排位变化趋势看，在7个三级指标中，没有处于上升趋势的指标，有3个指标保持不变，分别为专利授权数、高技术产品出口额和高技术产品出口比重；其余4个指标均处于下降趋势。

（4）从指标排位变化的动因看，4个三级指标的排位出现了下降，3个三级指标的排位保持不变，没有上升指标。在下降指标的作用下，加拿大创新产出竞争力的综合排位下降了4位，在G20集团中排名第14位。

（5）从三级指标结构特征看，在创新产出竞争力指标组的7个三级指标中，没有强势指标；有优势指标4个，占指标总数57.2%；中势指标2个，占指标总数的28.6%；劣势指标1个，占指标总数的14.3%；优势指标所占比重大于中势指标和劣势指标的比重。没有上升指标；下降指标4个，占指标总数的57.2%；保持指标3个，占指标总数的42.8%，受占下降指标的影响，2018年加拿大国家创新产出竞争力综合排位与2017年相比，下降了4位。

4.5.2 加拿大国家创新产出竞争力比较分析

图4-7反映了2017~2018年加拿大国家创新产出竞争力与G20集团最高水平和平均水平的比较情况。

由图4-7可知，评价期内加拿大国家创新产出竞争力得分低于20分，说明加拿大国家创新产出竞争力处于较低水平。从创新产出竞争力的整体得分比较来看，2017年，加拿大国家创新产出竞争力得分与G20集团最高分相比还有70.7分的差距，低于G20集团平均分7.6分；到2018年，加拿大国家创新产出竞争力得分与G20集团最高分的差距为67.3分，低于G20集团平均分10.5分。总的来说，2017~2018年加拿大国家创新产出竞争力与最高分的差距缩小了3.4分，平均分的差距扩大了2.9分，排位处于下降趋势。

从具体指标得分比较和变化趋势来看，加拿大国家创新产出竞争力整体水平下降了4位，处于中势水平。这主要是由于科技论文发表数、专利和许可收

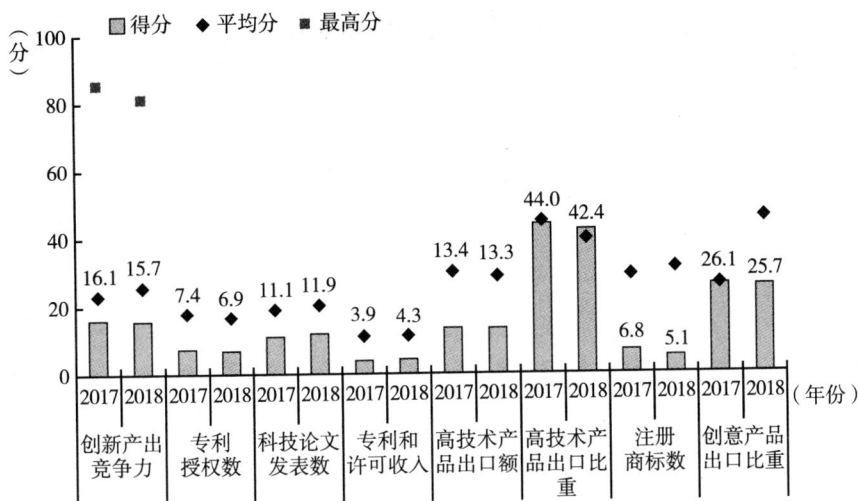

图4－7 2017～2018年加拿大国家创新产出竞争力指标得分比较

入、注册商标数和创意产品出口比重4个指标处于下降趋势，其余3个指标保持不变，下降拉力大，上升动力不足所致。而且所有三级指标的评价得分均低于G20国家平均分。因此，针对这些问题，需要出台相应激励政策，进一步完善知识产权激励机制，促进科技论文、专利申请和授权量的提升；优化出口贸易结构，加大高技术产品出口比重，突出高技术产品在对外贸易中的重要地位；推动实施商标战略，打造国际知名品牌。通过实施一系列的创新措施，切实提高国家创新产出，增强国家创新产出竞争力。

4.6 加拿大国家创新持续竞争力评价分析

4.6.1 加拿大国家创新持续竞争力评价结果

2017～2018年加拿大国家创新持续竞争力及其下属6个三级指标的排位和排位变化情况，如表4－8所示。

（1）从排位变化比较看，2018年加拿大国家创新持续竞争力排名第8位，与2017年排名持平，处于优势地位。

（2）从指标所处区位来看，6个三级指标中有1个强势指标，为人均公共教育经费支出额；优势指标有3个，分别为公共教育经费支出总额、公共教育

表4-8 加拿大2017~2018年国家创新持续竞争力指标组排位及趋势

项目 年份	公共教育经费支出总额		公共教育经费支出占GDP比重		人均公共教育经费支出额		高等教育毛入学率		科技人员增长率		科技经费增长率		创新持续竞争力	
	得分	排名	得分	排名	得分	排名	得分	排名	得分	排名	得分	排名	得分	排名
2017	6.9	9	72.0	7	79.1	3	62.3	9	21.6	15	40.1	14	47.0	8
2018	6.8	9	68.7	7	77.2	3	63.7	9	13.8	12	48.6	15	46.4	8
得分变化	-0.1		-3.3		-1.9		1.5		-7.8		8.4		-0.6	
排名升降		0		0		0		0		3		-1		0
优劣度		优势		优势		强势		优势		中势		中势		优势

经费支出占GDP比重和高等教育毛入学率；中势指标有2个，分别为科技人员增长率和科技经费增长率。

（3）从指标排位变化趋势看，在6个三级指标中，有1个指标处于上升趋势，为科技人员增长率；有1个指标呈下降趋势，为科技经费增长率，这些是加拿大创新持续竞争力的下降拉力所在；其余4个指标均保持不变。

（4）从指标排位变化的动因看，上升与下降动力大致相同，另有4个指标保持不变，不变指标占主导地位，因此加拿大创新持续竞争力的综合排位保持不变，在G20集团中排名第8位。

（5）从三级指标结构特征看，在创新持续竞争力指标组的6个三级指标中，有强势指标1个，占指标总数的16.7%；有优势指标3个，占指标总数的50%；中势指标2个，占指标总数的33.3%；强势指标和优势指标所占比重大于中势指标的比重。上升指标1个，占指标总数的16.7%；保持指标4个，占指标总数的66.6%；下降指标1个，占指标总数的16.7%。上升指标和下降指标的数量持平，且保持不变指标占主导地位，使得2018年加拿大国家创新持续竞争力综合排位与2017年持平。

4.6.2 加拿大国家创新持续竞争力比较分析

图4-8反映了2017~2018年加拿大国家创新持续竞争力与G20集团最高水平和平均水平的比较情况。

由图4-8可知，从创新持续竞争力的整体得分比较来看，2017年，加拿

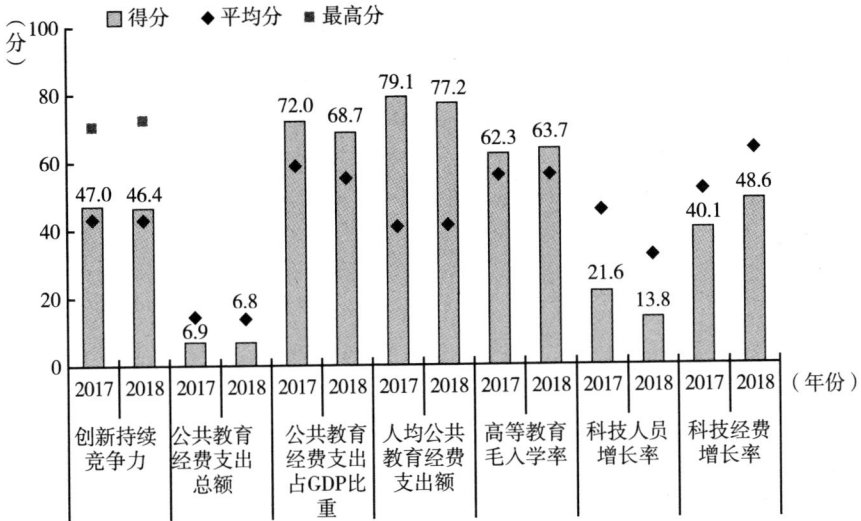

图 4-8 2017~2018 年加拿大国家创新持续竞争力指标得分比较

大国家创新持续竞争力得分与 G20 集团最高分相比还有 24.2 分的差距，高于 G20 集团平均分 3.6 分；到 2018 年，加拿大国家创新持续竞争力得分与 G20 集团最高分的差距扩大为 27.1 分，高于 G20 集团平均分 3.5 分。总的来说，2017~2018 年加拿大国家创新持续竞争力与最高分差距略微扩大，与平均分的差距基本不变。

从具体指标得分比较和变化趋势来看，加拿大国家创新持续竞争力整体水平保持不变，其中公共教育经费支出总额、公共教育经费支出占 GDP 比重、人均公共教育经费支出额和高等教育毛入学率排名没有发生变化。因此，未来加拿大要提高创新持续增长力，应该要不断增加教育经费的投入，提升科学家和工程师的待遇，加大培养科学家和工程师的力度，实现国家创新能力的可持续发展，显著增强国家创新持续竞争力。

Y.6

第5章

中国国家创新竞争力评价分析报告

中国位于亚洲东部，太平洋西岸，同 14 国接壤，与 8 国海上相邻。国土面积约 960 万平方公里，东部和南部大陆海岸线长约 1.8 万公里。2018 年全国年末总人口约为 139273 万人，实现国内生产总值 138948 亿美元，人均 GDP 达到 9977 美元。本部分通过对中国 2017～2018 年国家创新竞争力以及创新竞争力中各要素在 G20 集团中的排名变化分析，从中找出中国国家创新竞争力的推动点及影响因素。

5.1 中国国家创新竞争力总体评价分析

2017～2018 年，中国的国家创新竞争力排名略有上升。其中，2017 年中国国家创新竞争力在 G20 集团中排名第 8 位，到了 2018 年，排名第 7 位，排位上升了 1 位。

5.1.1 中国国家创新竞争力概要分析

中国国家创新竞争力在 G20 集团中所处的位置及 5 个二级指标的得分和排位变化如图 5-1、图 5-2 和表 5-1 所示。

（1）从综合排位变化看，2018 年中国国家创新竞争力综合排名在 G20 集团中处于第 7 位，与 2017 年相比，排位上升了 1 位。

（2）从指标得分看，2018 年中国国家创新竞争力得分为 44.2 分，比 G20 集团最高分低 34.3 分，比平均分高 9.2 分；与 2017 年相比，中国国家创新竞争力得分提高了 0.6 分，与当年最高分的差距缩小了 2.1 分，与 G20 集团平均分的差距扩大了 1.2 分。

（3）从指标所处区位看，2018 年中国国家创新竞争力的 5 个二级指标中，

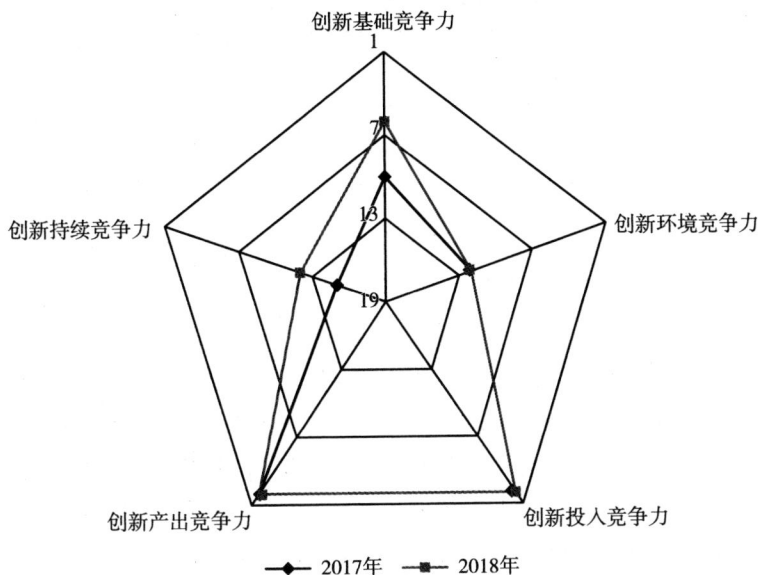

图5-1　中国国家创新竞争力二级指标排名雷达图

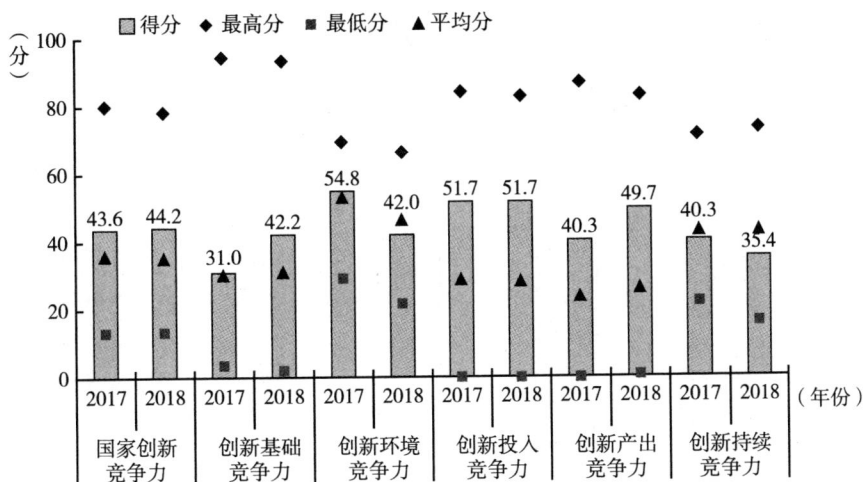

图5-2　中国国家创新竞争力得分和排名变化趋势

强势指标2个，为创新投入竞争力和创新产出竞争力；优势指标1个，为创新基础竞争力；中势指标有2个，为创新环境竞争力和创新持续竞争力。

表5-1　中国国家创新竞争力二级指标得分和排名

项目 年份	创新基础竞争力		创新环境竞争力		创新投入竞争力		创新产出竞争力		创新持续竞争力		创新竞争力	
	得分	排名	得分	排名	得分	排名	得分	排名	得分	排名	得分	排名
2017	31.0	10	54.8	12	51.7	2	40.3	2	40.3	15	43.6	8
2018	42.2	6	42.0	12	51.7	2	49.7	2	35.4	12	44.2	7
得分变化	11.2		-12.8		0.0		9.4		-4.9		0.6	
排名升降		4		0		0		0		3		1
优劣度		优势		中势		强势		强势		中势		优势

（4）从指标排位变化趋势看，在5个二级指标中，有2个指标的排位处于上升趋势，分别是上升4位的创新基础竞争力和上升3位的创新持续竞争力，是中国国家创新竞争力的上升拉力所在，没有指标的排位处于下降趋势，创新环境竞争力、创新投入竞争力和创新产出竞争力指标的排位没有发生变化。

（5）从指标排位变化的动因看，有2个排位上升的二级指标，其他3个指标排位未发生变化，因此，受排位上升指标的影响，2018年中国国家创新竞争力的综合排位上升了1位，在G20集团中排名第7位。

5.1.2　中国国家创新竞争力各级指标动态变化分析

2017～2018年中国国家创新竞争力各级指标的动态变化及其结构，如图5-3和表5-2所示。

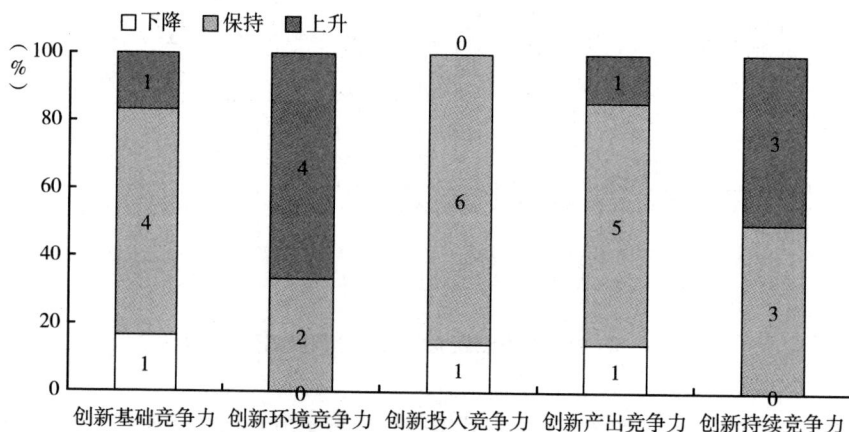

图5-3　2017～2018年中国国家创新竞争力指标动态变化结构

表5-2 2017~2018年中国国家创新竞争力各级指标排位变化态势比较

二级指标	三级指标个数	上升		保持		下降		变化趋势
		个数	比重(%)	个数	比重(%)	个数	比重(%)	
创新基础竞争力	6	1	16.7	4	66.7	1	16.7	上升
创新环境竞争力	6	4	66.7	2	33.3	0	0.0	保持
创新投入竞争力	7	0	0.0	6	85.7	1	14.3	保持
创新产出竞争力	7	1	14.3	5	71.4	1	14.3	保持
创新持续竞争力	6	3	50.0	3	50.0	0	0.0	上升
合计	32	9	28.1	20	62.5	3	9.4	上升

从图5-3可以看出,中国国家创新竞争力的三级指标中,上升指标的数量大于下降指标,但保持不变的指标仍居于主导地位。表5-2中的数据进一步说明,中国国家创新竞争力的32个三级指标中,上升指标有9个,占指标总数的28.1%;保持指标有20个,占指标总数的62.5%;下降指标有3个,占指标总数的9.4%。指标上升的数量大于指标下降的数量,上升的动力大于下降的拉力,使得2018年中国国家创新竞争力排位上升了1位,在G20集团中居第7位。

5.1.3 中国国家创新竞争力各级指标优劣势结构分析

2017~2018年中国国家创新竞争力各级指标的优劣势变化及其结构,如表5-3所示。

表5-3 2017~2018年中国国家创新竞争力各级指标排位优劣势比较

二级指标	三级指标个数	强势		优势		中势		劣势		优劣度
		个数	比重(%)	个数	比重(%)	个数	比重(%)	个数	比重(%)	
创新基础竞争力	6	3	50.0	0	0.0	1	16.7	2	33.3	优势
创新环境竞争力	6	2	33.3	1	16.7	1	16.7	2	33.3	中势
创新投入竞争力	7	4	57.1	2	28.6	1	14.3	0	0.0	强势
创新产出竞争力	7	5	71.4	2	28.6	0	0.0	0	0.0	强势
创新持续竞争力	6	3	50.0	0	0.0	2	33.3	1	16.7	中势
合计	32	17	53.1	5	15.6	5	15.6	5	15.6	优势

从表 5－3 中的数据可以看出，中国国家创新竞争力的 32 个三级指标中，强势指标 17 个，占指标总数的 53.1%；优势指标 5 个，占指标总数的 15.6%；中势指标 5 个，占指标总数的 15.6%；劣势指标 5 个，占指标总数的 15.6%；强势指标和优势指标的数量之和约占指标总数的 68.7%，远远大于中势指标和劣势指标之和。从二级指标来看，强势指标 2 个，占二级指标总数的 40%；优势指标 1 个，占二级指标总数的 20%；中势指标 2 个，占二级指标总数的 40%。由于强势指标和中势指标在指标体系中居于主导地位，2017～2018 年中国国家创新竞争力处于优势地位。

5.2　中国国家创新基础竞争力评价分析

5.2.1　中国国家创新基础竞争力评价结果

2017～2018 年中国国家创新基础竞争力及其下属 6 个三级指标的排位和排位变化情况，如表 5－4 所示。

表 5－4　中国 2017～2018 年国家创新基础竞争力指标组排位及趋势

年份＼项目	GDP		人均 GDP		财政收入		人均财政收入	
	得分	排名	得分	排名	得分	排名	得分	排名
2017	62.5	2	11.9	16	50.1	2	5.8	16
2018	66.9	2	13.1	13	65.2	2	6.6	17
得分变化	4.4		1.2		15.1		0.9	
排名升降		0		3		0		－1
优劣度		强势		中势		强势		劣势

年份＼项目	外国直接投资净值		受高等教育人员比重		全社会劳动生产率		创新基础竞争力	
	得分	排名	得分	排名	得分	排名	得分	排名
2017	46.6	2	—	—	9.0	16	31.0	10
2018	90.9	2	—	—	10.2	16	42.2	6
得分变化	44.3		—		1.2		11.2	
排名升降		0		—		0		4
优劣度		强势		—		劣势		优势

（1）从排位变化比较看，2018 年中国国家创新基础竞争力排名第 6 位，与 2017 年相比，排位上升 4 位，处于优势地位。

（2）从指标所处区位来看，6 个三级指标有 3 个强势指标，分别为 GDP、财政收入和外国直接投资净值，没有优势指标，人均 GDP 是唯一中势指标，有 2 个劣势指标，分别为人均财政收入和全社会劳动生产率。

（3）从指标排位变化趋势看，在 6 个三级指标中，有 1 个指标处于上升趋势，为人均 GDP；1 个指标处于下降趋势，为人均财政收入，其余 4 个指标均保持不变。

（4）从指标排位变化的动因看，由于人均 GDP 排位上升 3 位，人均财政收入仅下降 1 位，大部分指标排位保持不变，且 GDP、财政收入、外国直接投资净值保持强势，中国创新基础竞争力的综合排位上升 4 位，在 G20 集团中排名第 6 位。

（5）从三级指标结构特征看，在创新基础竞争力指标组的 6 个三级指标中，有 3 个强势指标，占指标总数的 50%；中势指标 1 个，占指标总数的 16.7%；劣势指标 2 个，占指标总数的 33.3%；强势指标所占比重大于中势指标和劣势指标的比重，上升指标 1 个，占指标总数的 16.7%；下降指标 1 个，占指标总数的 16.7%；其余 4 个指标是保持趋势，占指标总数的 66.7%。指标排位上升和下降的数量相同，且上升的排位数大于下降的排位数，保持不变的指标较多，使得 2018 年中国国家创新基础竞争力综合排位上升 4 位。

5.2.2 中国国家创新基础竞争力比较分析

图 5-4 反映了 2017~2018 年中国国家创新基础竞争力与 G20 集团最高水平和平均水平的比较情况。

由图 5-4 可知，评价期内中国国家创新基础竞争力得分从 31 分上升至 42.2 分，说明评价期间中国国家创新基础竞争力处于上升水平。从创新基础竞争力的整体得分比较来看，2017 年，中国国家创新基础竞争力得分与 G20 集团最高分相比还有 63.7 分的差距，比 G20 集团平均分高 0.8 分；到 2018 年，中国国家创新基础竞争力得分与 G20 集团最高分的差距为 51.3 分，比 G20 集团平均分高 11 分。总的来说，2017~2018 年中国国家创新基础竞争力与平均分的差距拉大，创新基础竞争力处于上升趋势。

■ 得分　◆ 平均分　■ 最高分

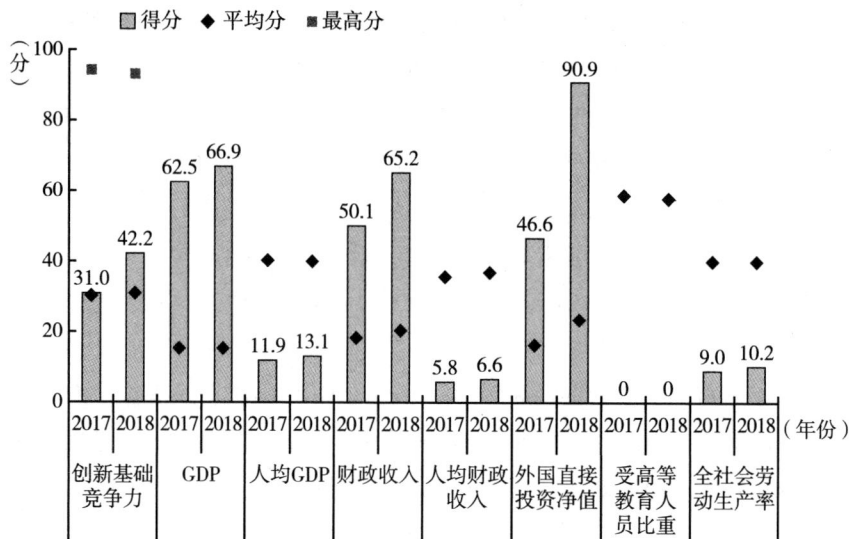

图5-4　2017～2018年中国国家创新基础竞争力指标得分比较

从具体指标得分比较和变化趋势来看，中国国家创新基础竞争力整体水平呈上升趋势；3个指标的得分显著高于G20国家平均分，3个指标低于G20国家平均分，由于高过平均分的指标得分差显著高于低过平均分的指标，因此创新基础竞争力拥有上升的动力。在下一步的科技创新活动中，要特别关注这些问题，将国家主导的科研创新体系与企业主导的以市场竞争为主的科研创新体系相结合，继续加快企业战略转型，加大教育和科技财政投入，加强基础研究的投入，补齐核心技术短板，着重顶层设计，保持国际直接投资的水平，借鉴和引进国际科技前沿技术，提高全社会劳动生产率，不断增强国家创新基础竞争力。

5.3　中国国家创新环境竞争力评价分析

5.3.1　中国国家创新环境竞争力评价结果

2017～2018年中国国家创新环境竞争力及其下属6个三级指标的排位和排位变化情况，如表5-5所示。

表 5 – 5　中国 2017～2018 年国家创新环境竞争力指标组排位及趋势

项目 年份	因特网用户比例		每百人手机数		企业开业程序		企业平均税负水平		在线公共服务指数		ISO9001 质量体系认证数		创新环境竞争力	
	得分	排名	得分	排名	得分	排名	得分	排名	得分	排名	得分	排名	得分	排名
2017	35.1	17	22.0	15	58.3	8	43.7	18	70.0	15	100.0	1	54.8	12
2018	32.2	17	39.2	12	77.8	4	46.5	17	70.4	6	100.0	1	42.0	12
得分变化	-2.8		17.2		19.4		2.8		0.4		0.0		-12.8	
排名升降		0		3		4		1		9		0		0
优劣度		劣势		中势		强势		劣势		优势		强势		中势

（1）从排位变化比较看，2018 年中国国家创新环境竞争力排名第 12 位，与 2017 年相比，排位不变，仍处于中势地位。

（2）从指标所处区位来看，6 个三级指标中有 2 个强势指标，分别为企业开业程序和 ISO9001 质量体系认证数；有 2 个劣势指标，为因特网用户比例和企业平均税负水平；在线公共服务指数为唯一优势指标；每百人手机数为唯一中势指标。

（3）从指标排位变化趋势看，在 6 个三级指标中，有 4 个指标处于上升趋势，分别为每百人手机数、企业开业程序、企业平均税负水平和在线公共服务指数；其余指标均保持不变。

（4）从指标排位变化的动因看，有 4 个三级指标的排位出现了上升，其他指标保持不变，中国创新环境竞争力的综合排位处于平稳趋势，在 G20 集团中处于第 12 位。

（5）从三级指标结构特征看，在创新环境竞争力指标组的 6 个三级指标中，强势指标 2 个，占指标总数的 33.3%。优势指标 1 个，占总数的 16.7%；中势指标 1 个，劣势指标 2 个，分别占指标总数的 16.7% 和 33.3%。上升指标 4 个，占指标总数的 66.7%；保持指标 2 个，占指标总数的 33.3%；没有下降指标。由于指标排位上升的数量大于排位下降的数量，且受其他因素的综合影响，2018 年中国国家创新环境竞争力综合排位与 2017 年相比不变。

5.3.2　中国国家创新环境竞争力比较分析

图 5 – 5 反映了 2017～2018 年中国国家创新环境竞争力与 G20 集团最高水平和平均水平的比较情况。

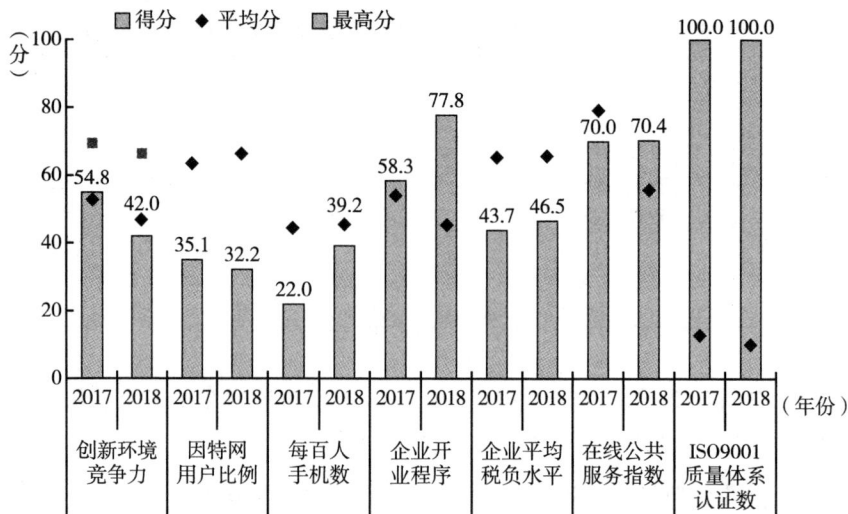

图 5-5 2017~2018 年中国国家创新环境竞争力指标得分比较

由图 5-5 可知,评价期内中国国家创新环境竞争力得分下降了 12.8 分,呈下降趋势,处于中等偏低水平。从创新环境竞争力的整体得分比较来看,2017 年,中国国家创新环境竞争力得分与 G20 集团最高分相比还有 14.9 分的差距,与 G20 集团平均分相比,高了 2 分;2018 年,中国国家创新环境竞争力得分与 G20 集团最高分的差距为 24.8 分,低于 G20 集团平均分 4.6 分。总的来说,2017~2018 年中国国家创新环境竞争力与最高分的差距有所扩大,与平均分的差距由正转向负。

从具体指标得分比较和变化趋势来看,中国国家创新环境竞争力整体水平中等偏低,处于中势地位,这主要是由于因特网用户比例、企业平均税负水平处于劣势地位;而每百人手机数、因特网用户比例和企业平均税负水平均低于 G20 集团平均分水平,这限制了其创新环境竞争力的进一步提升。因此,为了巩固和提升中国国家创新环境竞争力,应针对这些问题,着力增加因特网用户数,加快新基建建设,加大对创新型企业的科技和资金扶持力度,降低企业的平均税负水平,继续缩短企业开业程序,简政放权,加强知识产权保护,重视创新人才的外引内育,营造有利于企业健康有序发展的良好创新氛围,建设全国领先、对标国际化的一流标准,坚持效率至上、群众优先的服务理念,强化有效制度供给，系统谋划环境打造的目标任务、具体措施、实现路径，着力营造精简高效的政务环境、公平正义的法治环境、诚信守约的人文环境，以一流的环境支撑高质量发展，进一步增强国家创新环境竞争力。

5.4　中国国家创新投入竞争力评价分析

5.4.1　中国国家创新投入竞争力评价结果

2017～2018年中国国家创新投入竞争力及其下属7个三级指标的排位和排位变化情况，如表5-6所示。

表5-6　中国2017～2018年国家创新投入竞争力指标组排位及趋势

年份＼项目	R&D 经费支出总额		R&D 经费支出占 GDP 比重		人均 R&D 经费支出		R&D 人员	
	得分	排名	得分	排名	得分	排名	得分	排名
2017	47.9	2	62.0	6	10.8	10	100	1
2018	51.8	2	63.5	6	11.8	10	100	1
得分变化	3.9		1.5		1.0		0.0	
排名升降		0		0		0		0
优劣度		强势		优势		优势		强势

年份＼项目	研究人员占从业人员比重		企业研发投入比重		风险资本交易占 GDP 比重		创新投入竞争力	
	得分	排名	得分	排名	得分	排名	得分	排名
2017	21.0	11	100	1	20.0	5	51.7	2
2018	22.8	11	91.8	2	20.0	5	51.7	2
得分变化	1.7		−8.2		0.0		0.0	
排名升降		0		−1		0		0
优劣度		中势		强势		强势		强势

（1）从排位变化比较看，2018年中国国家创新投入竞争力排名第2位，与2017年相比，排位保持不变，处于强势地位。

（2）从指标所处区位来看，7个三级指标中有4个强势指标，分别为R&D经费支出总额、R&D人员、企业研发投入比重和风险资本交易占GDP比重；有 2 个优势指标，为 R&D 经费支出占 GDP 比重和人均 R&D 经费支出；研发人员占从业人员比重是唯一的中势指标；没有劣势指标。

（3）从指标排位变化趋势看，在 7 个三级指标中，有 6 个指标排位保持不变；有 1 个指标处于下降趋势，为企业研发投入比重。

（4）从指标排位变化的动因看，有 6 个三级指标的排位保持不变，使得中国创新投入竞争力的综合排位也保持不变，在 G20 集团中排名第 2 位。

（5）从三级指标结构特征看，在创新投入竞争力指标组的 7 个三级指标中，有 4 个强势指标，占指标总数的 57.1%；有 2 个优势指标和 1 个中势指标，分别占指标总数的 28.6% 和 14.3%。下降指标 1 个，占指标总数的 14.3%，没有上升指标；保持指标 6 个，占指标总数的 85.7%。大部分指标排位保持不变，使得 2018 年中国国家创新投入竞争力综合排位仍保持不变。

5.4.2 中国国家创新投入竞争力比较分析

图 5-6 反映了 2017～2018 年中国国家创新投入竞争力与 G20 集团最高水平和平均水平的比较情况。

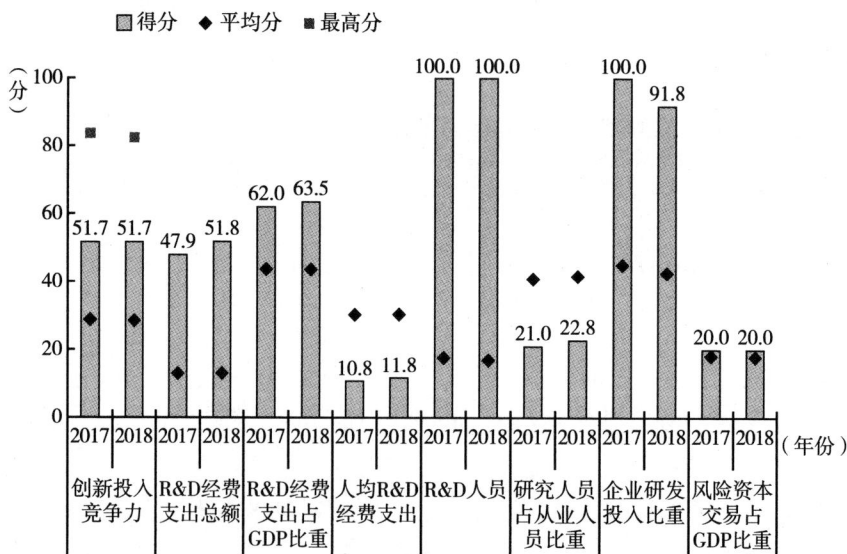

图 5-6 2017～2018 年中国国家创新投入竞争力指标得分比较

由图 5 - 6 可知，评价期内中国国家创新投入竞争力得分均为 51.7 分，说明中国国家创新投入竞争力处于较高水平。从创新投入竞争力的整体得分比较来看，2017 年，中国国家创新投入竞争力得分与 G20 集团最高分相比还有 32.3 分的差距，与 G20 集团平均分相比，则高了 22.9 分；到 2018 年，中国国家创新投入竞争力得分与 G20 集团最高分的差距为 31.1 分，高于 G20 集团平均分 23.4 分。总的来说，2017 ~ 2018 年中国国家创新投入竞争力与平均分的差额大体保持不变，与最高分的差距有所缩小，国家创新投入竞争力排位保持不变。

从具体指标得分比较和变化趋势来看，中国国家创新投入竞争力整体水平较为稳定，仍处于强势地位，这主要是由于大部分指标得分较高导致的；且有 5 个指标高于平均分，其中 R&D 经费支出总额、R&D 人员和企业研发投入比重显著高于平均分，可见，其创新投入竞争力较强，但是人均 R&D 经费支出和研发人员占从业人员比重较为落后。今后要特别关注这些问题，继续加大人均科技研发经费投入，推动产学研的发展，牢固树立人才是第一资源的理念，大力实施投资于人战略，完善政策保障，健全保护科技创新的法制环境，全面落实国家关于推进科技领域创造的要求，保护创新者的合法权益，推动创新创业高质量发展，显著增强国家创新投入竞争力。

5.5 中国国家创新产出竞争力评价分析

5.5.1 中国国家创新产出竞争力评价结果

2017 ~ 2018 年中国国家创新产出竞争力及其下属 7 个三级指标的排位和排位变化情况，如表 5 - 7 所示。

（1）从排位变化比较看，2018 年中国国家创新产出竞争力排名第 2 位，与 2017 年相比，排位不变，处于强势地位。

（2）从指标所处区位来看，7 个三级指标中有 5 个强势指标，分别为专利授权数、科技论文发表数、高技术产品出口额、高技术产品出口比重和注册商标数；2 个指标是优势指标，为专利和许可收入、创意产品出口比重；没有中

表5－7 中国2017～2018年国家创新产出竞争力指标组排位及趋势

项目 年份	专利 授权数		科技论文 发表数		专利和 许可收入		高技术产品 出口额	
	得分	排名	得分	排名	得分	排名	得分	排名
2017	100.0	1	100.0	1	3.8	8	100.0	1
2018	100.0	1	100.0	1	4.3	7	100.0	1
得分变化	0.0		0.0		0.5		0.0	
排名升降		0		0		1		0
优劣度		强势		强势		优势		强势

项目 年份	高技术产品 出口比重		注册 商标数		创意产品 出口比重		创新产出 竞争力	
	得分	排名	得分	排名	得分	排名	得分	排名
2017	94.9	2	80.8	2	82.6	3	40.3	2
2018	86.3	2	88.1	2	51.4	10	49.7	2
得分变化	－8.6		7.3		－31.2		9.4	
排名升降		0		0		－7		0
优劣度		强势		强势		优势		强势

势指标和劣势指标。

（3）从指标排位变化趋势看，在7个三级指标中，专利和许可收入是唯一的上升指标，排名上升1位；创意产品出口比重是唯一的下降指标，排名下降7位。

（4）从指标排位变化的动因看，1个三级指标的排位出现了上升，1个三级指标的排位出现了下降，其余5个三级指标排位未发生变化，在指标升降的综合作用下，中国创新产出竞争力的综合排位不变，在G20集团中排名第2位。

（5）从三级指标结构特征看，在创新产出竞争力指标组的7个三级指标中，有5个强势指标和2个优势指标，分别占指标总数的71.4%和28.6%；没有中势指标和劣势指标。上升指标1个，占指标总数的14.3%；下降指标1个，占指标总数的14.3%。指标排位上升的数量等于排位下降的数量，且受其他因素的综合影响，2018年中国国家创新产出竞争力综合排位与2017年相比，保持不变。

5.5.2 中国国家创新产出竞争力比较分析

图 5 - 7 反映了 2017～2018 年中国国家创新产出竞争力与 G20 集团最高水平和平均水平的比较情况。

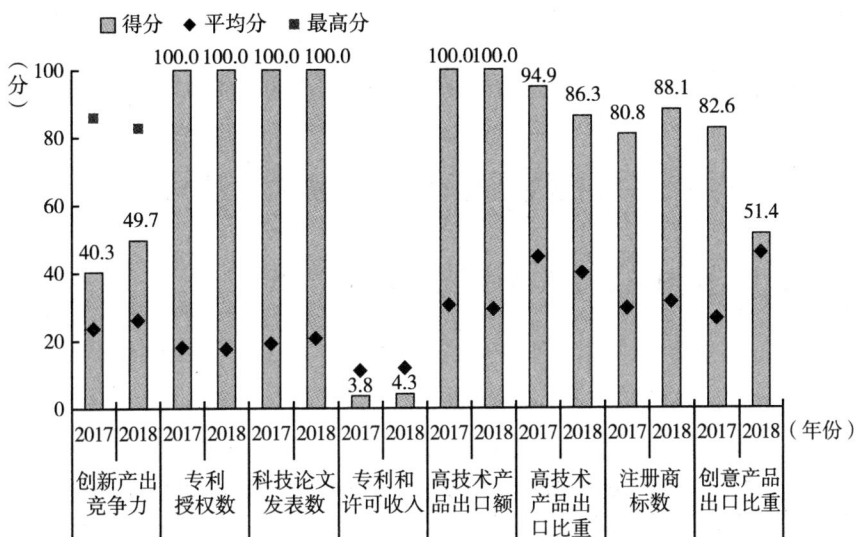

图 5 - 7　2017～2018 年中国国家创新产出竞争力指标得分比较

由图 5 - 7 可知，评价期内中国国家创新产出竞争力得分均高于 40 分，说明中国国家创新产出竞争力处于较高水平。从创新产出竞争力的整体得分比较来看，2017 年，中国国家创新产出竞争力得分与 G20 集团最高分相比还有 46.5 分的差距，高于 G20 集团平均分 16.6 分；到 2018 年，中国国家创新产出竞争力得分与 G20 集团最高分的差距为 33.2 分，高于 G20 集团平均分 23.6 分。总的来说，2017～2018 年中国国家创新产出竞争力与最高分有缩小、与平均分有拉大的趋势，排位处于稳定向好趋势。

从具体指标得分比较和变化趋势来看，中国国家创新产出竞争力整体水平保持不变，这主要是由于有 5 个指标得分和排位大体保持不变所致；且有 5 个指标得分显著大于平均分；但专利和许可收入仍低于平均分；且创意产品出口比重呈大幅度下降的趋势。因此，要将国家主导的科研创新体系与企业主导的以市场竞争为主的科研创新体系相结合，建立与国际接轨的"现代企业化科研机构体制",包括国家科研机构和部门科研机构,建立现代科研院所管理制度,调整结构,集中力量,重点建设一批国家知识创新基地,包括国家科研机构和若干所教学科研型大学,创造有利于知识创新的良好环境,提高知识创新的效率,深化合作交流,加强国际科技合作交流和引才引智工作,开展各种创新扶贫协作,深化产学研合作,促进科技与产业的紧密融合,增强国家创新产出竞争力。

5.6 中国国家创新持续竞争力评价分析

5.6.1 中国国家创新持续竞争力评价结果

2017～2018 年中国国家创新持续竞争力及其下属 6 个三级指标的排位和排位变化情况,如表 5 - 8 所示。

表 5 - 8 中国 2017～2018 年国家创新持续竞争力指标组排位及趋势

项目\年份	公共教育经费支出总额		公共教育经费支出占 GDP 比重		人均公共教育经费支出额		高等教育毛入学率		科技人员增长率		科技经费增长率		创新持续竞争力	
	得分	排名	得分	排名	得分	排名	得分	排名	得分	排名	得分	排名	得分	排名
2017	52.9	2	35.2	16	10.4	16	37.1	15	46.4	9	60.1	7	40.3	15
2018	56.7	2	27.5	16	11.3	15	36.6	15	60.6	3	100	1	35.4	12
得分变化	3.8		-7.7		1.0		-0.5		14.2		39.9		-4.9	
排名升降		0		0		1		0		6		6		3
优劣度	强势		劣势		中势		中势		强势		强势		中势	

(1)从排位变化比较看,2018 年中国国家创新持续竞争力排名第 12 位,相较 2017 年排名上升 3 名,处于中势地位。

(2)从指标所处区位来看,6 个三级指标中有 3 个强势指标,分别是公共教育经费支出总额、科技人员增长率和科技经费增长率;没有优势指标;中势指标有 2 个,为人均公共教育经费支出额、高等教育毛入学率;公共教育经费支出占 GDP 比重为唯一的劣势指标。

（3）从指标排位变化趋势看，在6个三级指标中，有3个指标处于上升趋势，为人均公共教育经费支出额、科技人员增长率和科技经费增长率；有3个指标排名保持不变。因此中国创新持续竞争力处于上升趋势。

（4）从指标排位变化的动因看，上升的拉力远大于下降的拉力，另有3个指标保持不变，因此中国创新持续竞争力的综合排位上升，在G20集团中排名第12位。

（5）从三级指标结构特征看，在创新持续竞争力指标组的6个三级指标中，强势指标3个，占指标总数的50%；中势指标2个，占指标总数的33.3%；劣势指标1个，占指标总数的16.7%，强势指标所占比重远大于劣势指标的比重。上升指标3个，占指标总数的50%。保持指标3个，占指标总数的50%。上升指标的数量与保持指标持平，且无下降的指标，这使得2018年中国国家创新持续竞争力综合排位与2017年相比上升了3位。

5.6.2 中国国家创新持续竞争力比较分析

图5-8反映了2017～2018年中国国家创新持续竞争力与G20集团最高水平和平均水平的比较情况。

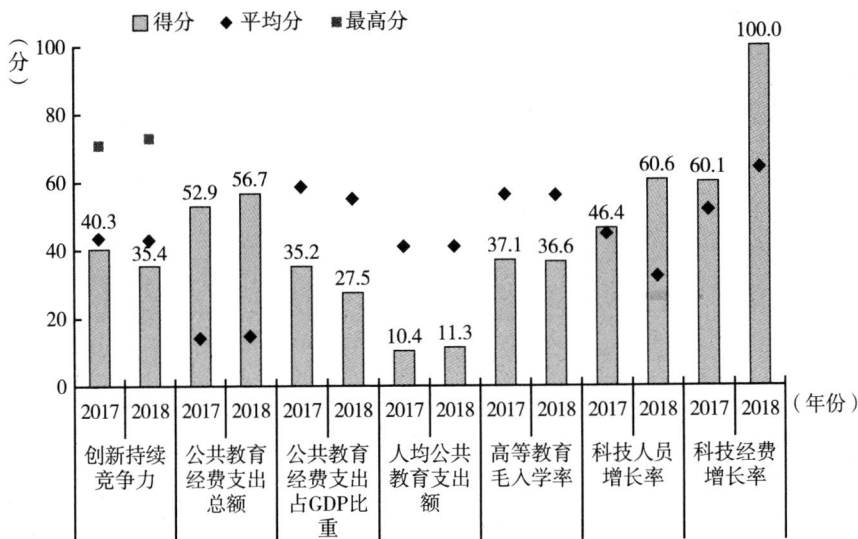

图5-8 2017～2018年中国国家创新持续竞争力指标得分比较

由图 5 - 8 可知，评价期内中国国家创新持续竞争力得分均高于 30 分，但低于平均分，说明中国国家创新产出竞争力处于中等水平。从创新持续竞争力的整体得分比较来看，2017 年，中国国家创新持续竞争力得分与 G20 集团最高分相比还有 30.9 分的差距，低于 G20 集团平均分 3 分；到 2018 年，中国国家创新持续竞争力得分与 G20 集团最高分的差距扩大为 38.2 分，低于 G20 集团平均分 7.5 分。总的来说，2017～2018 年中国国家创新持续竞争力与最高分差距、平均分差距呈扩大趋势。

从具体指标得分比较和变化趋势来看，中国国家创新持续竞争力整体水平略有上升。指标中有 3 个上升指标，其中科技人员增长率和科技经费增长率排位上升幅度较大，均上升了 6 位；有 3 个保持不变的指标；公共教育经费支出总额指标显著大于平均分；但公共教育经费支出占 GDP 比重、人均公共教育经费支出额和高等教育毛入学率低于平均分。因此，未来中国要提高创新持续增长力，应不断增加公共教育经费的投入，提高教育经费占 GDP 的比重，加大对高等教育的投入，继续保持培养科学家和工程师的力度，做到持续管理创新、持续技术创新、持续市场创新，显著增强国家创新持续竞争力。

第6章

法国国家创新竞争力评价分析报告

法国为欧洲国土面积第三大、西欧面积最大的国家，东与比利时、卢森堡、德国、瑞士、意大利接壤，南与西班牙、安道尔、摩纳哥接壤。本土地势东南高、西北低，大致呈六边形，三面临水，南临地中海，西濒大西洋，西北隔英吉利海峡与英国相望。国土面积约67.3万平方公里，海岸线长约7000公里。2018年全国年末总人口约为6697万人，实现国内生产总值27879亿美元，人均GDP达到41631美元。本部分通过对法国2017~2018年国家创新竞争力以及创新竞争力中各要素在G20集团中的排名变化分析，从中找出法国国家创新竞争力的推动点及影响因素。

6.1 法国国家创新竞争力总体评价分析

2017~2018年，法国的国家创新竞争力排名略有下降。其中，2017年法国国家创新竞争力在G20集团中排名第7位，到了2018年，排名第8位，排位下降了1位。

6.1.1 法国国家创新竞争力概要分析

法国国家创新竞争力在G20集团中所处的位置及5个二级指标的得分和排位变化如图6-1、图6-2和表6-1所示。

（1）从综合排位变化看，2018年法国国家创新竞争力综合排名在G20集团中处于第8位，与2017年相比，排位下降了1位。

（2）从指标得分看，2018年法国国家创新竞争力得分为43.9分，比G20集团最高分低34.6分，比平均分高8.9分；与2017年相比，法国国家创新竞争力得分提高了0.1分，与当年最高分的差距缩小了1.6分，与G20集团平均

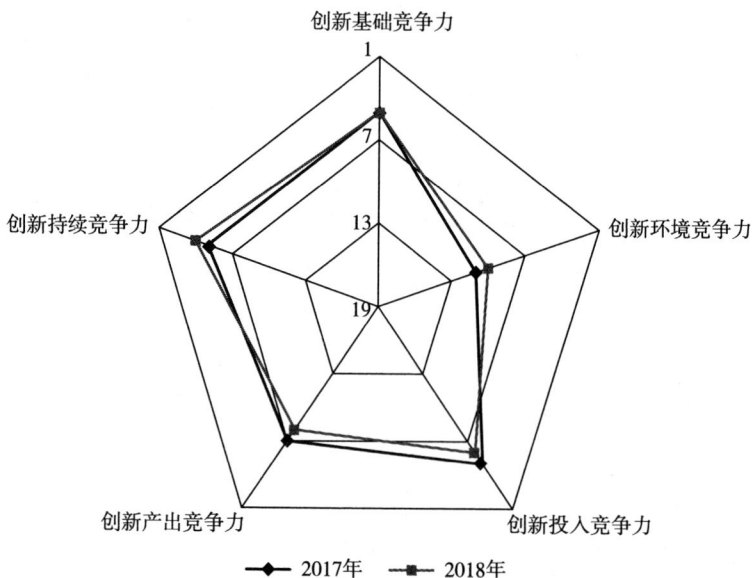

图6-1　法国国家创新竞争力二级指标排名雷达图

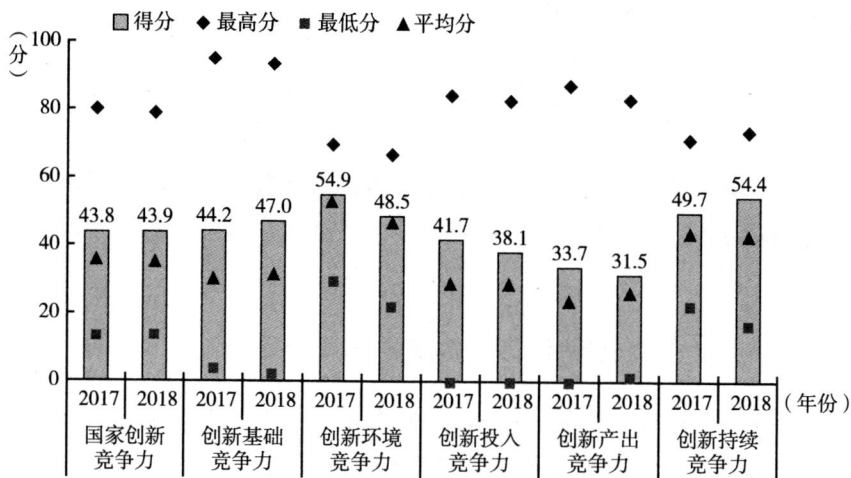

图6-2　法国国家创新竞争力得分和排名变化趋势

分的差距扩大了0.8分。

（3）从指标所处区位看，2018年法国国家创新竞争力的5个二级指标中，强势指标2个，为创新基础竞争力和创新持续竞争力；优质指标3个，为创新

表6-1　法国国家创新竞争力二级指标得分和排名

项目 年份	创新基础竞争力		创新环境竞争力		创新投入竞争力		创新产出竞争力		创新持续竞争力		创新竞争力	
	得分	排名	得分	排名	得分	排名	得分	排名	得分	排名	得分	排名
2017	44.2	5	54.9	11	41.7	5	33.7	7	49.7	5	43.8	7
2018	47.0	5	48.5	10	38.1	6	31.5	8	54.4	4	43.9	8
得分变化	2.8		-6.4		-3.6		-2.2		4.6		0.1	
排名升降		0		1		-1		-1		1		-1
优劣度		强势		优势		优势		优势		强势		优势

环境竞争力、创新投入竞争力和创新产出竞争力；没有中势指标和劣势指标。

（4）从指标排位变化趋势看，在5个二级指标中，有2个指标的排位处于上升趋势，为创新环境竞争力和创新持续竞争力；有2个指标的排位处于下降趋势，为创新投入竞争力和创新产出竞争力，这是法国国家创新竞争力的下降拉力所在；创新基础竞争力指标排位没有变化。

（5）从指标排位变化的动因看，2个二级指标的排位下降，2个指标排位上升，受指标排位下降的影响，2018年法国国家创新竞争力的综合排位下降了1位，在G20集团中排名第8位。

6.1.2　法国国家创新竞争力各级指标动态变化分析

2017～2018年法国国家创新竞争力各级指标的动态变化及其结构，如图6-3和表6-2所示。

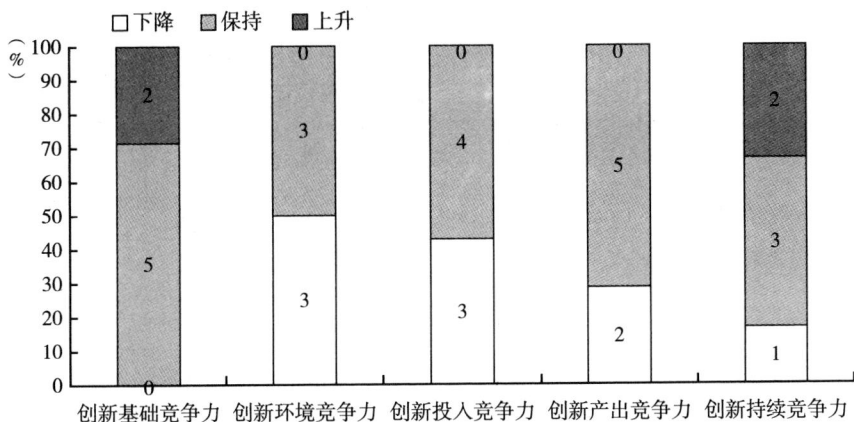

图6-3　2017～2018年法国国家创新竞争力指标动态变化结构

表 6 - 2   2017~2018 年法国国家创新竞争力各级指标排位变化态势比较

二级指标	三级指标个数	上升		保持		下降		变化趋势
		个数	比重(%)	个数	比重(%)	个数	比重(%)	
创新基础竞争力	7	2	28.6	5	71.4	0	0.0	保持
创新环境竞争力	6	0	0.0	3	50.0	3	50.0	上升
创新投入竞争力	7	0	0.0	4	57.1	3	42.9	下降
创新产出竞争力	7	0	0.0	5	71.4	2	28.6	下降
创新持续竞争力	6	2	33.3	3	50.0	1	16.7	上升
合计	33	4	12.1	20	60.6	9	27.3	下降

从图 6 - 3 可以看出,法国国家创新竞争力的三级指标中,上升指标的数量小于下降指标,但保持指标居主导地位。表 6 - 2 中的数据进一步说明,法国国家创新竞争力的 33 个三级指标中,上升指标 4 个,占指标总数的 12.1%;保持指标 20 个,占指标总数的 60.6%;下降指标 9 个,占指标总数的 27.3%。指标上升的数量小于指标下降的数量,上升的动力小于下降的拉力,使得 2018 年法国国家创新竞争力排位下降了 1 位,在 G20 集团中居第 8 位。

6.1.3   法国国家创新竞争力各级指标优劣势结构分析

2017~2018 年法国国家创新竞争力各级指标的优劣势变化及其结构,如表 6 - 3 所示。

表 6 - 3   2017~2018 年法国国家创新竞争力各级指标排位优劣势比较

二级指标	三级指标个数	强势		优势		中势		劣势		优劣度
		个数	比重(%)	个数	比重(%)	个数	比重(%)	个数	比重(%)	
创新基础竞争力	7	3	42.9	4	57.1	0	0.0	0	0.0	强势
创新环境竞争力	6	0	0.0	4	66.7	1	16.7	1	16.7	优势
创新投入竞争力	7	4	57.1	2	28.6	1	14.3	0	0.0	优势
创新产出竞争力	7	3	42.9	3	42.9	1	14.3	0	0.0	优势
创新持续竞争力	6	1	16.7	5	83.3	0	0.0	0	0.0	强势
合计	33	11	33.3	18	54.5	3	9.1	1	3.0	优势

从表 6-3 中的数据可以看出，法国国家创新竞争力的 33 个三级指标中，强势指标 11 个，占指标总数的 33.3%；优势指标 18 个，占指标总数的 54.5%；中势指标 3 个，占指标总数的 9.1%；劣势指标 1 个，占指标总数的 3.0%；强势指标和优势指标的数量之和约占指标总数的 87.8%，远远大于中势指标和劣势指标之和。从二级指标来看，强势指标 2 个，占二级指标总数的 40%；优势指标 3 个，占二级指标总数的 60%。由于优势指标在指标体系中居于主导地位，2017~2018 年法国国家创新竞争力处于优势地位。

6.2　法国国家创新基础竞争力评价分析

6.2.1　法国国家创新基础竞争力评价结果

2017~2018 年法国国家创新基础竞争力及其下属 7 个三级指标的排位和排位变化情况，如表 6-4 所示。

表 6-4　法国 2017~2018 年国家创新基础竞争力指标组排位及趋势

年份 \ 项目	GDP		人均 GDP		财政收入		人均财政收入	
	得分	排名	得分	排名	得分	排名	得分	排名
2017	11.7	7	63.5	6	26.0	4	84.2	3
2018	12.0	6	65.0	6	32.3	4	91.6	3
得分变化	0.2		1.4		6.4		7.4	
排名升降		1		0		0		0
优劣度	优势		优势		强势		强势	

年份 \ 项目	外国直接投资净值		受高等教育人员比重		全社会劳动生产率		创新基础竞争力	
	得分	排名	得分	排名	得分	排名	得分	排名
2017	10.2	8	42.8	8	71.0	3	44.2	5
2018	21.9	7	33.7	8	72.5	3	47.0	5
得分变化	11.7		-9.2		1.5		2.8	
排名升降		1		0		0		0
优劣度	优势		优势		强势		强势	

（1）从排位变化比较看，2018 年法国国家创新基础竞争力排名第 5 位，与 2017 年相比，排位不变，处于强势地位。

（2）从指标所处区位来看，7 个三级指标有 3 个强势指标，分别为财政收入、人均财政收入和全社会劳动生产率；有 4 个优势指标，分别为 GDP、人均 GDP、外国直接投资净值和受高等教育人员比重；没有中势指标和劣势指标。

（3）从指标排位变化趋势看，在 7 个三级指标中，有 2 个指标处于上升趋势，为 GDP 和外国直接投资净值；其余 5 个指标均保持不变。

（4）从指标排位变化的动因看，由于指标排位上升的幅度较小，且大部分指标排位保持不变，法国创新基础竞争力的综合排位不变，在 G20 集团中排名第 5 位。

（5）从三级指标结构特征看，在创新基础竞争力指标组的 7 个三级指标中，有 3 个强势指标，占指标总数的 42.9%；优势指标 4 个，占指标总数的 57.1%；没有中势指标和劣势指标。上升指标 2 个，占指标总数的 28.6%；保持指标 5 个，占指标总数的 71.4%。指标排位上升的数量较少，且保持不变的指标较多，使得 2018 年法国国家创新基础竞争力综合排位不变。

6.2.2　法国国家创新基础竞争力比较分析

图 6-4 反映了 2017～2018 年法国国家创新基础竞争力与 G20 集团最高水平和平均水平的比较情况。

由图 6-4 可知，评价期内法国国家创新基础竞争力得分均在 40 分以上，说明法国国家创新基础竞争力处于较高水平。从创新基础竞争力的整体得分比较来看，2017 年，法国国家创新基础竞争力得分与 G20 集团最高分相比还有 50.4 分的差距，比 G20 集团平均分高 14.1 分；到 2018 年，法国国家创新基础竞争力得分与 G20 集团最高分的差距为 46.5 分，比 G20 集团平均分高 15.8 分。总的来说，2017～2018 年法国国家创新基础竞争力与平均分的差距变化不大，其创新基础竞争力保持稳定。

从具体指标得分比较和变化趋势来看，法国国家创新基础竞争力整体水平基本稳定；4 个指标的得分显著高于 G20 国家平均分；3 个指标略微低于 G20 国家平均分；创新基础竞争力处于均衡状态。但受高等教育人员比重在报告期内有明显下降趋势，在下一步的科技创新活动中，要特别关注这个问题，加大

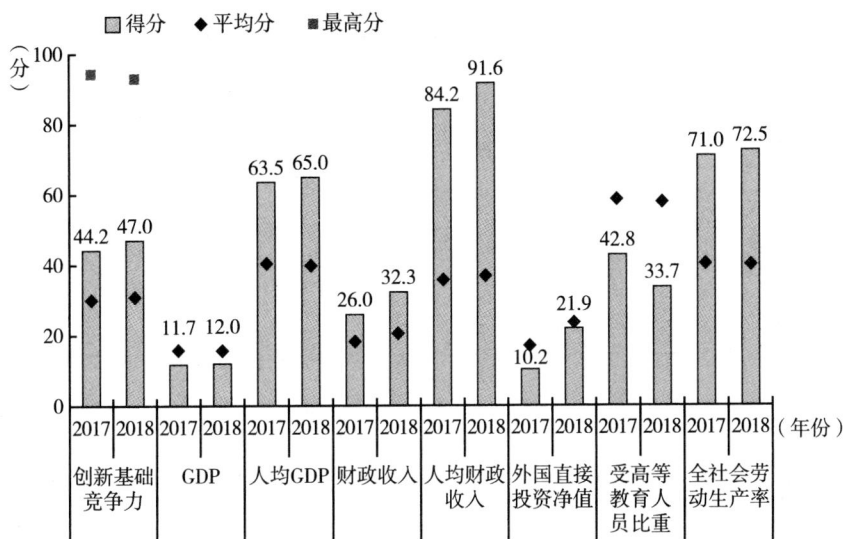

图6-4　2017～2018年法国国家创新基础竞争力指标得分比较

教育和科技财政投入，提倡高等教育，增加高等教育人群，创造有利于知识创新的良好环境，提高知识创新的效率，积极参与国际直接投资，借鉴和引进国际科技前沿技术，不断增强国家创新基础竞争力。

6.3　法国国家创新环境竞争力评价分析

6.3.1　法国国家创新环境竞争力评价结果

2017～2018年法国国家创新环境竞争力及其下属6个三级指标的排位和排位变化情况，如表6-5所示。

（1）从排位变化比较看，2018年法国国家创新环境竞争力排名第10位，与2017年相比，排位上升了1位，处于优势地位。

（2）从指标所处区位来看，6个三级指标中没有强势指标；有4个优势指标，分别为因特网用户比例、企业开业程序、在线公共服务指数和ISO9001质量体系认证数；每百人手机数是唯一中势指标；企业平均税负水平是唯一劣势指标。

表6-5　法国2017~2018年国家创新环境竞争力指标组排位及趋势

项目\年份	因特网用户比例		每百人手机数		企业开业程序		企业平均税负水平		在线公共服务指数		ISO9001质量体系认证数		创新环境竞争力	
	得分	排名	得分	排名	得分	排名	得分	排名	得分	排名	得分	排名	得分	排名
2017	76.8	9	25.8	13	75.0	6	48.1	16	98.3	2	8.5	8	54.9	11
2018	77.3	9	29.3	14	66.7	7	50.5	16	63.0	8	4.2	8	48.5	10
得分变化	0.5		3.5		-8.3		2.4		-35.4		-4.3		-6.4	
排名升降		0		-1		-1		0		-6		0		1
优劣度	优势		中势		优势		劣势		优势		优势		优势	

（3）从指标排位变化趋势看，在6个三级指标中，有3个指标处于下降趋势，分别为每百人手机数、企业开业程序和在线公共服务指数；其余指标均保持不变。

（4）从指标排位变化的动因看，有3个三级指标的排位出现了下降，受到综合因素的影响，法国创新环境竞争力的得分下降，但综合排位上升，在G20集团中处于第10位。

（5）从三级指标结构特征看，在创新环境竞争力指标组的6个三级指标中，没有强势指标；优势指标4个，占指标总数的66.7%；中势指标和劣势指标都为1个，各占指标总数的16.7%；优势指标居于主导地位。没有上升指标；保持指标3个，占指标总数的50%；下降指标3个，占指标总数的50%。指标排位上升的数量小于排位下降的数量，且受其他因素的综合影响，2018年法国国家创新环境竞争力综合排位与2017年相比上升了1位。

6.3.2　法国国家创新环境竞争力比较分析

图6-5反映了2017~2018年法国国家创新环境竞争力与G20集团最高水平和平均水平的比较情况。

由图6-5可知，评价期内法国国家创新环境竞争力得分略微高于平均分，处于中等偏高水平。从创新环境竞争力的整体得分比较来看，2017年，法国国家创新环境竞争力得分与G20集团最高分相比还有14.8分的差距，与G20集团平均分相比，高2.1分；2018年，法国国家创新环境竞争力得分与G20集

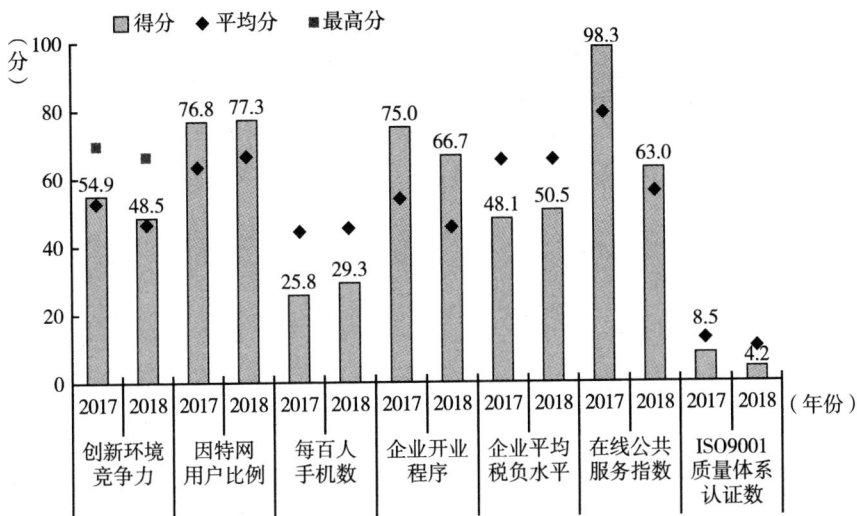

图6-5　2017~2018年法国国家创新环境竞争力指标得分比较

团最高分的差距为18.3分，高于G20集团平均分1.9分。总的来说，2017~2018年法国国家创新环境竞争力与最高分的差距有所扩大，与平均分差距有所缩小。

从具体指标得分比较和变化趋势来看，法国国家创新环境竞争力整体水平中等偏高，处于优势地位，这主要是因特网用户比例、企业开业程序、在线公共服务指数和ISO9001质量体系认证数处于优势地位；而每百人手机数、企业平均税负水平和ISO9001质量体系认证数等指标均低于G20集团平均分水平，在线公共服务指数得分在报告期内显著降低，这限制了其创新环境竞争力的进一步提升。因此，为了巩固和提升法国国家创新环境竞争力，应针对这些问题，提高居民手机数量，简化企业开业程序，降低企业平均税负水平，简政放权，加大在线公共服务的投入力度，加快政务信息系统整合，建立一体化协同办公体系，加快政府决策、执行、督查、反馈等数字化协同；对分散、独立的政务信息系统加快清理整合，接入统一的数据共享交换平台，并依法依规向社会开放，营造有利于企业健康有序发展的良好创新氛围，增加ISO9001质量体系认证数，进一步增强国家创新环境竞争力。

6.4 法国国家创新投入竞争力评价分析

6.4.1 法国国家创新投入竞争力评价结果

2017～2018年法国国家创新投入竞争力及其下属7个三级指标的排位和排位变化情况，如表6-6所示。

表6-6 法国2017～2018年国家创新投入竞争力指标组排位及趋势

年份＼项目	R&D经费支出总额		R&D经费支出占GDP比重		人均R&D经费支出		R&D人员	
	得分	排名	得分	排名	得分	排名	得分	排名
2017	10.0	5	64.0	5	50.4	6	10.0	8
2018	10.1	5	64.0	5	51.0	6	9.4	9
得分变化	0.1		0.0		0.6		-0.6	
排名升降		0		0		0		-1
优劣度		强势		强势		优势		优势

年份＼项目	研究人员占从业人员比重		企业研发投入比重		风险资本交易占GDP比重		创新投入竞争力	
	得分	排名	得分	排名	得分	排名	得分	排名
2017	63.9	5	33.4	11	60.0	3	41.7	5
2018	64.7	5	27.2	13	40.0	4	38.1	6
得分变化	0.8		-6.2		-20.0		-3.6	
排名升降		0		-2		-1		-1
优劣度		强势		中势		强势		优势

（1）从排位变化比较看，2018年法国国家创新投入竞争力排名第6位，与2017年相比，排位下降1位，处于优势地位。

（2）从指标所处区位来看，7个三级指标中有4个强势指标，分别为R&D经费支出总额、R&D经费支出占GDP比重、研究人员占从业人员比重和风险资本交易占GDP比重；有2个优势指标，为人均R&D经费支出和R&D人员；企业研发投入比重是唯一的中势指标。

（3）从指标排位变化趋势看，在7个三级指标中，有4个指标排位保持不变；有3个指标处于下降趋势，分别为R&D人员、企业研发投入比重和风险资本占 GDP 比重。

（4）从指标排位变化的动因看，由于有 3 个三级指标的排位下降，其余 4 个三级指标保持不变，法国创新投入竞争力的综合排位下降 1 名，在 G20 集团中排名第 6 位。

（5）从三级指标结构特征看，在创新投入竞争力指标组的 7 个三级指标中，有 4 个强势指标，占指标总数的 57.1%；有 2 个优势指标，占指标总数的 28.6%；中势指标 1 个，占指标总数的 14.3%。没有上升指标；下降指标 3 个，占指标总数的 42.9%；保持指标 4 个，占指标总数的 57.1%。由于有近一半的指标排位下降，其余指标保持不变，2018 年法国国家创新投入竞争力综合排位下降 1 位。

6.4.2　法国国家创新投入竞争力比较分析

图 6-6 反映了 2017～2018 年法国国家创新投入竞争力与 G20 集团最高水平和平均水平的比较情况。

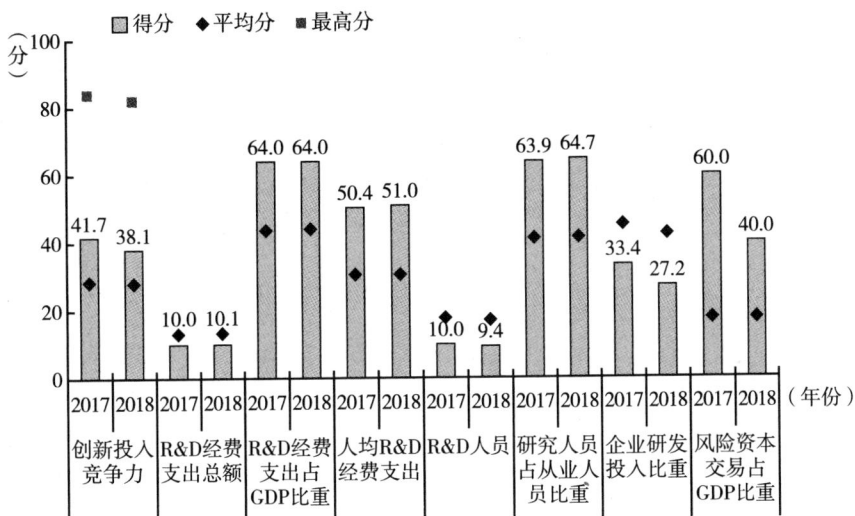

图 6-6　2017～2018 年法国国家创新投入竞争力指标得分比较

由图 6-6 可知，评价期内法国国家创新投入竞争力得分均高于平均分，说明法国国家创新投入竞争力处于较高水平。从创新投入竞争力的整体得分比较来看，2017 年，法国国家创新投入竞争力得分与 G20 集团最高分相比有

42.3 分的差距，与 G20 集团平均分相比，则高了 12.9 分；到 2018 年，法国国家创新投入竞争力得分与 G20 集团最高分的差距为 44.7 分，高于 G20 集团平均分 9.8 分。总的来说，报告期法国国家创新投入竞争力与最高分的差距拉大，与平均分的差距缩小。

从具体指标得分比较和变化趋势来看，报告期内法国国家创新投入竞争力整体水平有所下降，但仍处于优势地位，这主要是由于大部分指标得分仍在高位；但有 2 个指标的得分出现了明显的下降，分别为企业研发投入比重和风险资本交易占 GDP 比重，可见，其创新投入竞争力仍需加强。今后要特别关注这些问题，继续加强制造业创新体系建设，推动重点领域创新突破，促进科技创新成果应用，优化创新创业政策环境，显著增强国家创新投入竞争力。

6.5 法国国家创新产出竞争力评价分析

6.5.1 法国国家创新产出竞争力评价结果

2017～2018 年法国国家创新产出竞争力及其下属 7 个三级指标的排位和排位变化情况，如表 6 - 7 所示。

表 6 - 7 法国 2017～2018 年国家创新产出竞争力指标组排位及趋势

年份 \ 项目	专利授权数		科技论文发表数		专利和许可收入		高技术产品出口额	
	得分	排名	得分	排名	得分	排名	得分	排名
2017	3.6	10	13.2	9	13.3	5	53.5	5
2018	3.5	10	13.4	10	13.1	5	50.7	5
得分变化	0.0		0.2		-0.3		-2.8	
排名升降		0		-1		0		0
优劣度		优势		优势		强势		强势

年份 \ 项目	高技术产品出口比重		注册商标数		创意产品出口比重		创新产出竞争力	
	得分	排名	得分	排名	得分	排名	得分	排名
2017	79.8	3	24.4	9	47.8	4	33.7	7
2018	70.8	3	23.0	9	45.7	11	31.5	8
得分变化	-9.0		-1.4		-2.1		-2.2	
排名升降		0		0		-7		-1
优劣度		强势		优势		中势		优势

（1）从排位变化比较看，2018 年法国国家创新产出竞争力排名第 8 位，与 2017 年相比，排位下降了 1 位，处于优势地位。

（2）从指标所处区位来看，7 个三级指标中有 3 个强势指标，为专利和许可收入、高技术产品出口额、高技术产品出口比重；3 个优势指标，为专利授权数、科技论文发表数、注册商标数；创意产品出口比重为唯一的中势指标。

（3）从指标排位变化趋势看，在 7 个三级指标中，有 2 个指标处于下降趋势，分别为科技论文发表数和创意产品出口比重；其他指标排位均未发生变化。

（4）从指标排位变化的动因看，2 个三级指标的排位出现了下降，其他指标排位均未发生变化，在指标升降的综合作用下，法国创新产出竞争力的综合排位下降了 1 位，在 G20 集团中排名第 8 位。

（5）从三级指标结构特征看，在创新产出竞争力指标组的 7 个三级指标中，3 个强势指标，占指标总数 42.9%；优势指标 3 个，占指标总数 42.9%；中势指标 1 个，占指标总数的 14.3%；强势和优势指标所占比重远远大于中势指标的比重。下降指标 2 个，占指标总数的 28.6%；保持指标 5 个，占指标总数的 71.4%。排位不变的指标占主导地位，且受其他因素的综合影响，2018 年法国国家创新产出竞争力综合排位与 2017 年相比，下降了 1 位。

6.5.2　法国国家创新产出竞争力比较分析

图 6 - 7 反映了 2017～2018 年法国国家创新产出竞争力与 G20 集团最高水平和平均水平的比较情况。

由图 6 - 7 可知，评价期内法国国家创新产出竞争力得分均高于 30 分，处于平均分之上，说明法国国家创新产出竞争力处于较高水平。从创新产出竞争力的整体得分比较来看，2017 年，法国国家创新产出竞争力得分与 G20 集团最高分相比还有 53.1 分的差距，高于 G20 集团平均分 10 分；到 2018 年，法国国家创新产出竞争力得分与 G20 集团最高分的差距为 51.4 分，高于 G20 集团平均分 5.3 分。总的来说，2017～2018 年法国国家创新产出竞争力与最高分和平均分的差距呈缩小趋势，排位处于第 8 位。

从具体指标得分比较和变化趋势来看，法国国家创新产出竞争力整体水平

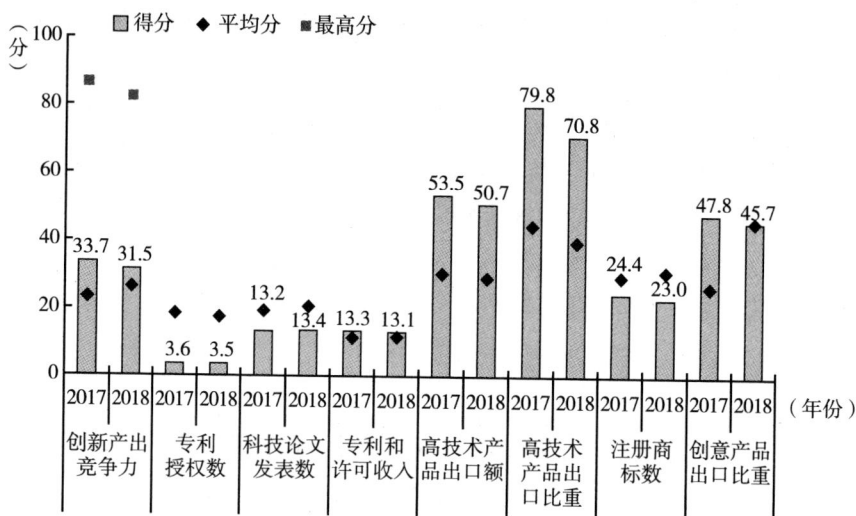

图6-7 2017~2018年法国国家创新产出竞争力指标得分比较

下降了1位，这主要是由于科技论文发表数和创意产品出口比重等指标下降所致；且专利授权数、科技论文发表数和注册商标数等指标低于G20国家平均分。因此，要进一步提升法国的专利申请和授权量，增强企业和个人专利权的创造和运用能力；加大对高等教育的投入力度，增加科技论文发表数量和提高质量；促进完善知识产权激励机制，促进专利和许可收入增长；推动实施商标战略，打造国际知名品牌，增强国家创新产出竞争力。

6.6 法国国家创新持续竞争力评价分析

6.6.1 法国国家创新持续竞争力评价结果

2017~2018年法国国家创新持续竞争力及其下属6个三级指标的排位和排位变化情况，如表6-8所示。

（1）从排位变化比较看，2018年法国国家创新持续竞争力排名第4位，与2017年排名相比上升1位，处于强势地位。

（2）从指标所处区位来看，6个三级指标中，公共教育经费支出占GDP比重是唯一的强势指标；其余5个指标均为优势指标。

表 6 – 8　法国 2017～2018 年国家创新持续竞争力指标组排位及趋势

项目 年份	公共教育 经费支出 总额		公共教育 经费支出 占 GDP 比重		人均公共 教育经费 支出额		高等教育 毛入学率		科技人员 增长率		科技经费 增长率		创新持续 竞争力	
	得分	排名	得分	排名	得分	排名	得分	排名	得分	排名	得分	排名	得分	排名
2017	12.8	6	80.8	4	70.8	6	59.9	10	34.1	10	39.9	15	49.7	5
2018	13.1	6	78.5	5	72.4	6	59.2	10	26.0	8	77.0	8	54.4	4
得分变化	0.3		-2.3		1.6		-0.7		-8.1		37.1		4.6	
排名升降		0		-1		0		0		2		7		1
优劣度		优势		强势		优势		优势		优势		优势		强势

（3）从指标排位变化趋势看，在 6 个三级指标中，有 2 个指标处于上升趋势，为科技人员增长率和科技经费增长率；有 3 个指标排名保持不变；有 1 个指标呈下降趋势，为公共教育经费支出占 GDP 比重。

（4）从指标排位变化的动因看，上升的动力大于下降的动力，另有 3 个指标保持不变，因此法国创新持续竞争力的综合排位上升 1 位，在 G20 集团中排名第 4 位。

（5）从三级指标结构特征看，在创新持续竞争力指标组的 6 个三级指标中，强势指标 1 个，占指标总数的 16.7%；优势指标 5 个，占指标总数的 83.3%；强势指标和优势指标占了全部比重。上升指标 2 个，占指标总数的 33.3%；保持指标 3 个，占指标总数 50%；下降指标 1 个，占指标总数 16.7%。指标排位下降的数量小于排位上升的数量，且有 3 个不变的指标，使得 2018 年法国国家创新持续竞争力综合排位与 2017 年相比上升 1 位。

6.6.2　法国国家创新持续竞争力比较分析

图 6 – 8 反映了 2017～2018 年法国国家创新持续竞争力与 G20 集团最高水平和平均水平的比较情况。

由图 6 – 8 可知，评价期内法国国家创新持续竞争力得分均在 50 分左右，处于平均分之上，说明法国国家创新产出竞争力处于较高水平。从创新持续竞争力的整体得分比较来看，2017 年，法国国家创新持续竞争力得分与 G20 集团最高分相比还有 21.5 分的差距，高于 G20 集团平均分 6.3 分；到 2018 年，

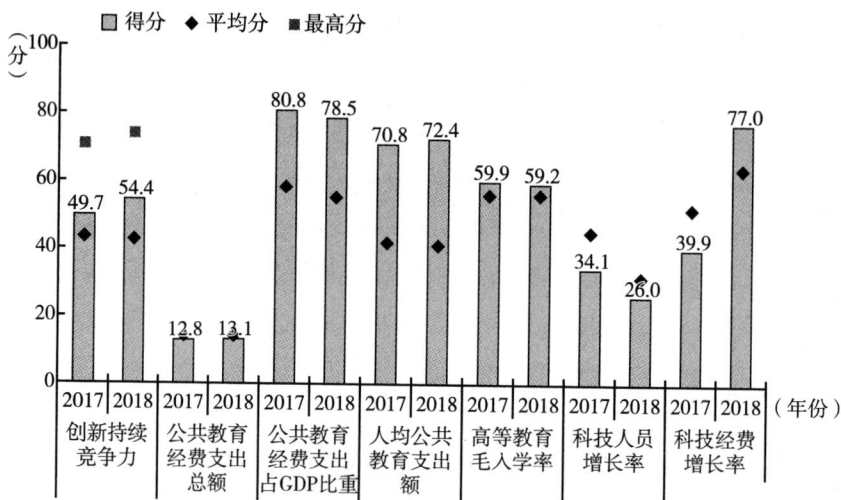

图6-8 2017~2018年法国国家创新持续竞争力指标得分比较

法国国家创新持续竞争力得分与G20集团最高分的差距缩小为19.2分，高于G20集团平均分11.5分。总的来说，2017~2018年法国国家创新持续竞争力与最高分差距呈缩小趋势、与平均分差距呈扩大趋势。

从具体指标得分比较和变化趋势来看，法国国家创新持续竞争力整体水平保持上升趋势，其中科技人员增长率和科技经费增长率排名上升；但公共教育经费支出总额和科技人员增长率仍低于平均分。因此，未来法国要提高创新持续增长力，应该不断增加公共教育经费的投入，加大培养科学家和工程师的力度，继续保持科技经费的投入力度，实现国家创新能力的可持续发展。

Y.8
第7章
德国国家创新竞争力评价分析报告

德国位于中欧，北邻丹麦，西部与荷兰、比利时、卢森堡和法国接壤，南邻瑞士和奥地利，东部与捷克和波兰接壤。国土面积约 35.7 平方公里，海岸线长 2389 公里。2018 年全国年末总人口约为 8291 万人，实现国内生产总值 39495 亿美元，人均 GDP 达到 47639 美元。本部分通过对德国 2017～2018 年国家创新竞争力以及创新竞争力中各要素在 G20 集团中的排名变化分析，从中找出德国国家创新竞争力的推动点及影响因素。

7.1 德国国家创新竞争力总体评价分析

2017～2018 年，德国的国家创新竞争力分数下降。其中，2017 年德国国家创新竞争力在 G20 集团中排名第 3 位，2018 年，仍排名第 3 位，排位保持不变。

7.1.1 德国国家创新竞争力概要分析

德国国家创新竞争力在 G20 集团中所处的位置及 5 个二级指标的得分和排位变化如图 7-1、图 7-2 和表 7-1 所示。

（1）从综合排位变化看，2018 年德国国家创新竞争力综合排名在 G20 集团中处于第 3 位，与 2017 年相比，排位保持不变。

（2）从指标得分看，2018 年德国国家创新竞争力得分为 49.4 分，比 G20 集团最高分低 29.1 分，比平均分高 14.3 分；与 2017 年相比，德国国家创新竞争力得分提高了 1 分，与当年最高分的差距缩小了 2.6 分，与 G20 集团平均分的差距扩大了 1.7 分。

（3）从指标所处区位看，2018 年德国国家创新竞争力的 5 个二级指标中，

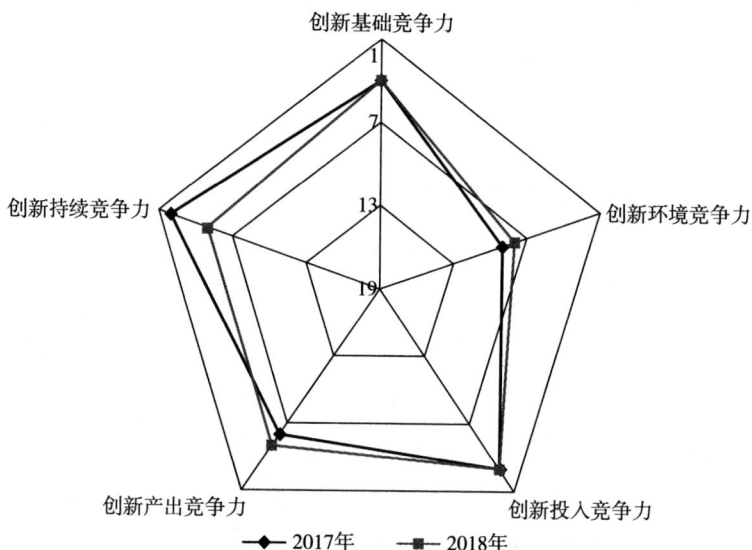

图7-1 德国国家创新竞争力二级指标排名雷达图

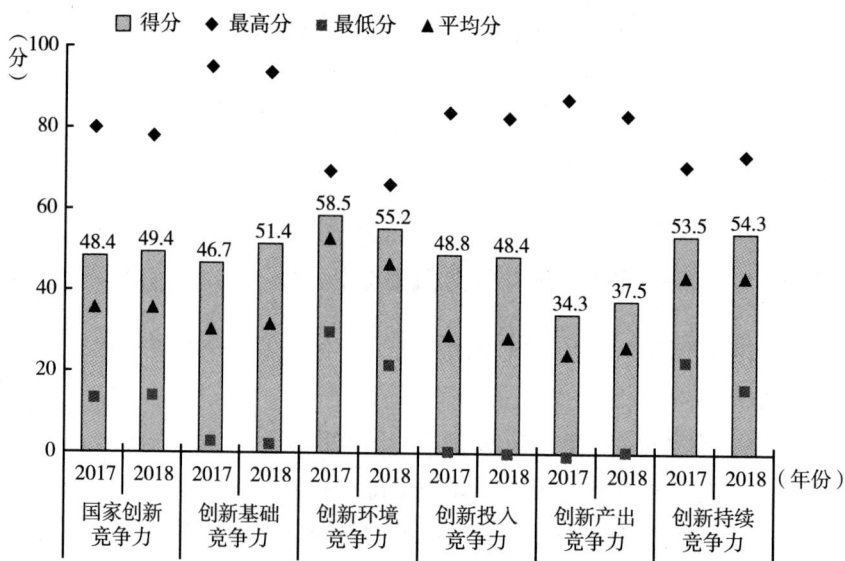

图7-2 德国国家创新竞争力得分和排名变化趋势

强势指标4个,为创新基础竞争力、创新投入竞争力、创新产出竞争力和创新持续竞争力;创新环境竞争力是唯一的优势指标。

表 7 – 1 德国国家创新竞争力二级指标得分和排名

项目 年份	创新基础 竞争力		创新环境 竞争力		创新投入 竞争力		创新产出 竞争力		创新持续 竞争力		创新竞争力	
	得分	排名	得分	排名	得分	排名	得分	排名	得分	排名	得分	排名
2017	46.7	4	58.5	9	48.8	3	34.3	6	53.5	2	48.4	3
2018	51.4	4	55.2	8	48.4	3	37.5	5	54.3	5	49.4	3
得分变化	4.7		– 3.3		– 0.4		3.2		0.8		1.0	
排名升降		0		1		0		1		– 3		0
优劣度		强势		优势		强势		强势		强势		强势

（4）从指标排位变化趋势看，在5个二级指标中，有2个指标的排位处于上升趋势，为创新环境竞争力和创新产出竞争力；有1个指标的排位处于下降趋势，为创新持续竞争力，这是德国国家创新竞争力的下降拉力所在；创新基础竞争力、创新投入竞争力指标排位没有发生变化。

（5）从指标排位变化的动因看，5个二级指标中，有1个指标排位下降，2个指标排位上升，2个指标排位保持不变，因此，受指标排位综合因素影响，2018年德国国家创新竞争力的综合排位不变，在G20集团中排名第3位。

7.1.2 德国国家创新竞争力各级指标动态变化分析

2017～2018年德国国家创新竞争力各级指标的动态变化及其结构，如图7 – 3和表7 – 2所示。

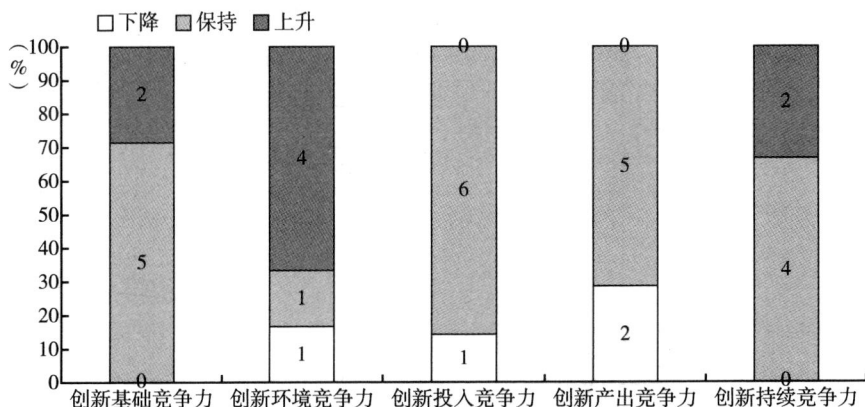

图 7 – 3 2017～2018 年德国国家创新竞争力指标动态变化结构

表7-2　2017～2018年德国国家创新竞争力各级指标排位变化态势比较

二级指标	三级指标个数	上升		保持		下降		变化趋势
		个数	比重(%)	个数	比重(%)	个数	比重(%)	
创新基础竞争力	7	2	28.6	5	71.4	0	0.0	保持
创新环境竞争力	6	4	66.7	1	16.7	1	16.7	上升
创新投入竞争力	7	0	0.0	6	85.7	1	14.3	保持
创新产出竞争力	7	0	0.0	5	71.4	2	28.6	上升
创新持续竞争力	6	2	33.3	4	66.7	0	0.0	下降
合计	33	8	24.2	21	63.6	4	12.1	保持

从图7-3可以看出，德国国家创新竞争力的三级指标中上升指标的数量大于下降指标，但保持不变的指标仍居于主导地位。表7-2中的数据进一步说明，德国国家创新竞争力的33个三级指标中，上升指标有8个，占指标总数的24.2%；保持指标有21个，占指标总数的63.6%；下降指标有4个，占指标总数的12.1%。指标上升的数量大于指标下降的数量，且指标不变的数量占比大，使得2018年德国国家创新竞争力排位保持不变，在G20集团中居第3位。

7.1.3　德国国家创新竞争力各级指标优劣势结构分析

2017～2018年德国国家创新竞争力各级指标的优劣势变化及其结构，如表7-3所示。

表7-3　2017～2018年德国国家创新竞争力各级指标排位优劣势比较

二级指标	三级指标个数	强势		优势		中势		劣势		优劣度
		个数	比重(%)	个数	比重(%)	个数	比重(%)	个数	比重(%)	
创新基础竞争力	7	4	57.1	3	42.9	0	0.0	0	0.0	强势
创新环境竞争力	6	2	33.3	2	33.3	2	33.3	0	0.0	优势
创新投入竞争力	7	6	85.7	1	14.3	0	0.0	0	0.0	强势
创新产出竞争力	7	3	42.9	3	42.9	1	14.3	0	0.0	强势
创新持续竞争力	6	3	50.0	2	33.3	1	16.7	0	0.0	强势
合计	33	18	54.5	11	33.3	4	12.1	0	0.0	强势

从表7-3中的数据可以看出，德国国家创新竞争力的33个三级指标中，强势指标18个，占指标总数的54.5%；优势指标11个，占指标总数的33.3%；中势指标4个，占指标总数的12.1%；没有劣势指标；强势指标和优势指标的数量之和约占指标总数的87.8%，远远大于中势指标和劣势指标之和。从二级指标来看，强势指标4个，占二级指标总数的80%；优势指标1个，占二级指标总数的20%；没有中势指标和劣势指标。由于强势指标在指标体系中居于主导地位，2017~2018年德国国家创新竞争力处于强势地位。

7.2 德国国家创新基础竞争力评价分析

7.2.1 德国国家创新基础竞争力评价结果

2017~2018年德国国家创新基础竞争力及其下属7个三级指标的排位和排位变化情况，如表7-4所示。

表7-4 德国2017~2018年国家创新基础竞争力指标组排位及趋势

年份 \ 项目	GDP		人均GDP		财政收入		人均财政收入	
	得分	排名	得分	排名	得分	排名	得分	排名
2017	17.3	4	73.1	4	17.5	7	45.8	7
2018	17.7	4	74.8	3	20.9	7	48.8	7
得分变化	0.4		1.7		3.4		3.0	
排名升降		0		1		0		0
优劣度		强势		强势		优势		优势

年份 \ 项目	外国直接投资净值		受高等教育人员比重		全社会劳动生产率		创新基础竞争力	
	得分	排名	得分	排名	得分	排名	得分	排名
2017	33.1	4	70.1	7	70.0	4	46.7	4
2018	64.4	3	61.6	7	71.6	4	51.4	4
得分变化	31.3		-8.5		1.6		4.7	
排名升降		1		0		0		0
优劣度		强势		优势		强势		强势

（1）从排位变化比较看，2018年德国国家创新基础竞争力排名第4位，与2017年相比，排位不变，处于强势地位。

（2）从指标所处区位来看，7个三级指标中有4个强势指标，3个优势指标。

（3）从指标排位变化趋势看，在7个三级指标中，有2个指标处于上升趋势，为人均GDP和外国直接投资净值；其余5个指标均保持不变。

（4）从指标排位变化的动因看，由于指标排位上升的幅度较小，且5个指标排位保持不变，德国创新基础竞争力的综合排位保持不变，在G20集团中排名第4位。

（5）从三级指标结构特征看，在创新基础竞争力指标组的7个三级指标中，有4个强势指标，占指标总数的57.1%；优势指标3个，占指标总数的42.9%；没有中势指标和劣势指标；强势和优势指标数量之和为全部指标数量。上升指标2个，占指标总数的28.6%；其余5个指标为保持趋势，占指标总数的71.4%。上升指标数量较少，且保持指标较多，使得2018年德国国家创新基础竞争力综合排位保持不变。

7.2.2 德国国家创新基础竞争力比较分析

图7-4反映了2017~2018年德国国家创新基础竞争力与G20集团最高水平和平均水平的比较情况。

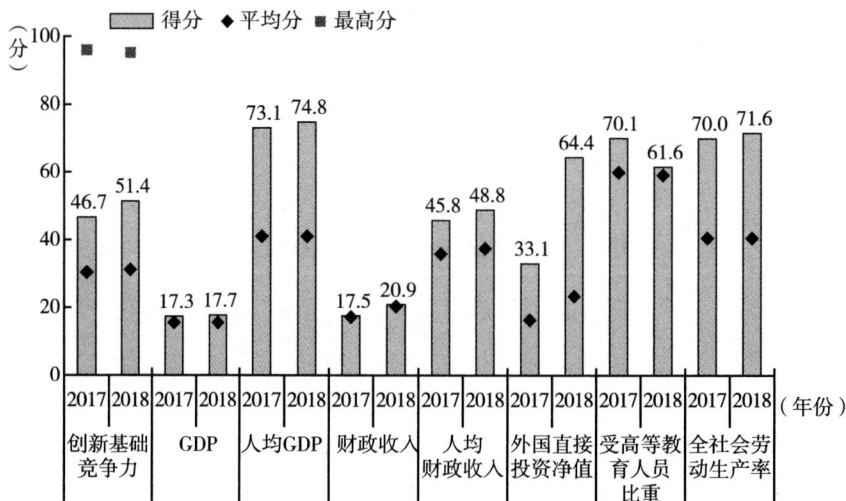

图7-4 2017~2018年德国国家创新基础竞争力指标得分比较

　　由图 7-4 可知，评价期内德国国家创新基础竞争力得分均在 45 分以上，说明德国国家创新基础竞争力处于较高水平。从创新基础竞争力的整体得分比较来看，2017 年，德国国家创新基础竞争力得分与 G20 集团最高分相比还有 48 分的差距，比 G20 集团平均分高 16.5 分；到 2018 年，德国国家创新基础竞争力得分与 G20 集团最高分的差距为 42 分，比 G20 集团平均分高 20.2 分。总的来说，2017~2018 年德国国家创新基础竞争力与最高分差距缩小、与平均分差距拉大，其创新基础竞争力保持稳定。

　　从具体指标得分比较和变化趋势来看，德国国家创新基础竞争力整体水平基本稳定；且 7 个指标的得分普遍高于 G20 国家平均分，创新基础竞争力拥有上升的动力；其中外国直接投资净值得分显著增加；但受高等教育人员比重得分下降。在下一步的科技创新活动中，要特别关注这些问题，继续保持教育和科技财政投入，更加积极地参与国际直接投资，重视基础学科研究，加大高等教育的投入，增加高等教育人群数量，培养具有创新意识和能力的高素质人才，不断取得重大科技成果，不断增强国家创新基础竞争力。

7.3　德国国家创新环境竞争力评价分析

7.3.1　德国国家创新环境竞争力评价结果

　　2017~2018 年德国国家创新环境竞争力及其下属 6 个三级指标的排位和排位变化情况，如表 7-5 所示。

表 7-5　德国 2017~2018 年国家创新环境竞争力指标组排位及趋势

项\年\目份	因特网用户比例		每百人手机数		企业开业程序		企业平均税负水平		在线公共服务指数		ISO9001 质量体系认证数		创新环境竞争力	
	得分	排名	得分	排名	得分	排名	得分	排名	得分	排名	得分	排名	得分	排名
2017	83.0	7	59.4	7	41.7	13	63.2	13	86.7	9	17.0	3	58.5	9
2018	89.8	6	58.1	7	22.2	14	63.1	12	79.6	5	18.4	2	55.2	8
得分变化	6.8		-1.3		-19.4		-0.1		-7.1		1.3		-3.3	
排名升降		1		0		-1		1		4		1		1
优劣度		优势		优势		中势		中势		强势		强势		优势

（1）从排位变化比较看，2018 年德国国家创新环境竞争力排名第 8 位，与 2017 年相比，排位上升了 1 位，仍处于优势地位。

（2）从指标所处区位来看，6 个三级指标中有 2 个强势指标，分别为在线公共服务指数和 ISO9001 质量体系认证数；有 2 个优势指标，为因特网用户比例和每百人手机数；其余 2 个指标为中势指标。

（3）从指标排位变化趋势看，有 4 个指标处于上升趋势；企业开业程序是唯一的下降指标；其余指标均保持不变。

（4）从指标排位变化的动因看，有 4 个指标排位上升；1 个指标排位下降；1 个指标排位不变，德国创新环境竞争力的综合排位处于上升趋势，在 G20 集团中处于第 8 位。

（5）从三级指标结构特征看，在创新环境竞争力指标组的 6 个三级指标中，强势指标、优势指标、中势指标均为 2 个，均占指标总数的 33.3%；没有劣势指标。上升指标 4 个，占指标总数的 66.7%；保持指标 1 个，占指标总数的 16.7%；下降指标 1 个，占指标总数的 16.7%。指标排位上升的数量大于排位下降的数量，且受其他因素的综合影响，2018 年德国国家创新环境竞争力综合排位与 2017 年相比上升了 1 位。

7.3.2　德国国家创新环境竞争力比较分析

图 7 - 5 反映了 2017 ~ 2018 年德国国家创新环境竞争力与 G20 集团最高水平和平均水平的比较情况。

由图 7 - 5 可知，评价期内德国国家创新环境竞争力得分均高于 50 分，处于较高水平。从创新环境竞争力的整体得分比较来看，2017 年，德国国家创新环境竞争力得分与 G20 集团最高分相比还有 11.2 分的差距，与 G20 集团平均分相比，高 5.7 分；2018 年，德国国家创新环境竞争力得分与 G20 集团最高分的差距为 11.5 分，高于 G20 集团平均分 8.6 分。总的来说，2017 ~ 2018 年德国国家创新环境竞争力与最高分的差距略有扩大。

从具体指标得分比较和变化趋势来看，德国国家创新环境竞争力整体水平较高，处于优势地位，这主要是由于在线公共服务指数和 ISO9001 质量体系认证数处于强势地位；因特网用户比例和每百人手机数处于优势地位；但企业开业程序和企业平均税负水平低于 G20 集团平均分水平，这限制了其创新环境

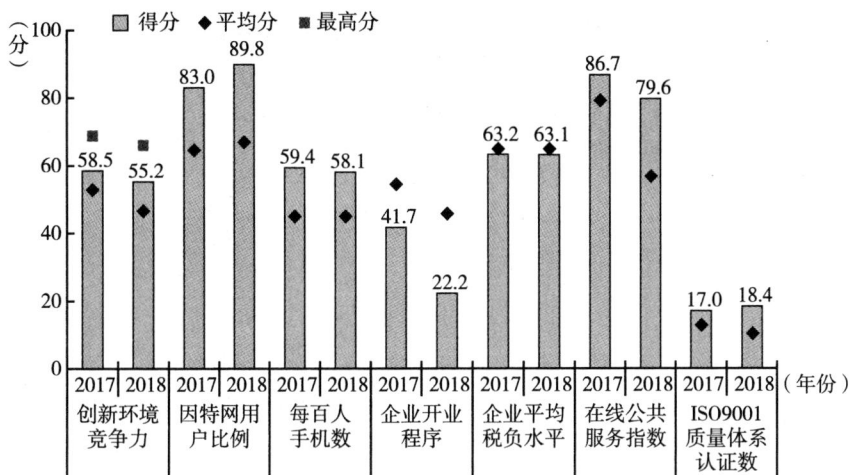

图7－5　2017～2018年德国国家创新环境竞争力指标得分比较

竞争力的进一步提升。因此，为了巩固和提升德国国家创新环境竞争力，应针对这些问题，处理好政府与市场的关系，简化企业开办流程，提供更多的公共服务，以打造"手续最简、环节最少、成本最低、效率最高"的政务服务环境为目标，以"放、简、通、优"为重点，全面推进制度创新和流程再造，进一步增强国家创新环境竞争力。

7.4　德国国家创新投入竞争力评价分析

7.4.1　德国国家创新投入竞争力评价结果

2017～2018年德国国家创新投入竞争力及其下属7个三级指标的排位和排位变化情况，如表7－6所示。

（1）从排位变化比较看，2018年德国国家创新投入竞争力排名第3位，与2017年相比，排位保持不变，处于强势地位。

（2）从指标所处区位来看，7个三级指标中有6个强势指标；企业研发投入比重是唯一的优势指标；没有中势指标和劣势指标。

（3）从指标排位变化趋势看，在7个三级指标中，有6个指标排位保持不变；有1个指标处于下降趋势，为企业研发投入比重。

171

表7－6　德国2017～2018年国家创新投入竞争力指标组排位及趋势

年份＼项目	R&D经费支出总额		R&D经费支出占GDP比重		人均R&D经费支出		R&D人员	
	得分	排名	得分	排名	得分	排名	得分	排名
2017	19.9	4	91.1	3	79.6	2	16.1	5
2018	20.6	4	93.0	3	82.4	2	15.3	5
得分变化	0.7		1.9		2.7		－0.8	
排名升降		0		0		0		0
优劣度		强势		强势		强势		强势

年份＼项目	研究人员占从业人员比重		企业研发投入比重		风险资本交易占GDP比重		创新投入竞争力	
	得分	排名	得分	排名	得分	排名	得分	排名
2017	69.5	4	45.4	7	20.0	5	48.8	3
2018	70.9	4	36.7	9	20.0	5	48.4	3
得分变化	1.3		－8.7		0.0		－0.4	
排名升降		0		－2		0		0
优劣度		强势		优势		强势		强势

（4）从指标排位变化的动因看，虽然企业研发投入比重指标排位下降，但有6个三级指标的排位保持不变，且保持在强势地位，使得德国创新投入竞争力的综合排位也保持不变，在G20集团中排名第3位。

（5）从三级指标结构特征看，在创新投入竞争力指标组的7个三级指标中，有6个强势指标，占指标总数的85.7%；有1个优势指标，占指标总数的14.3%；没有中势指标和劣势指标。没有上升指标；有1个下降指标，占指标总数的14.3%；保持指标6个，占指标总数的85.7%。由于大部分指标排位保持不变，2018年德国国家创新投入竞争力综合排位仍保持不变。

7.4.2　德国国家创新投入竞争力比较分析

图7－6反映了2017～2018年德国国家创新投入竞争力与G20集团最高水平和平均水平的比较情况。

由图7－6可知，评价期内德国国家创新投入竞争力得分均接近50分，

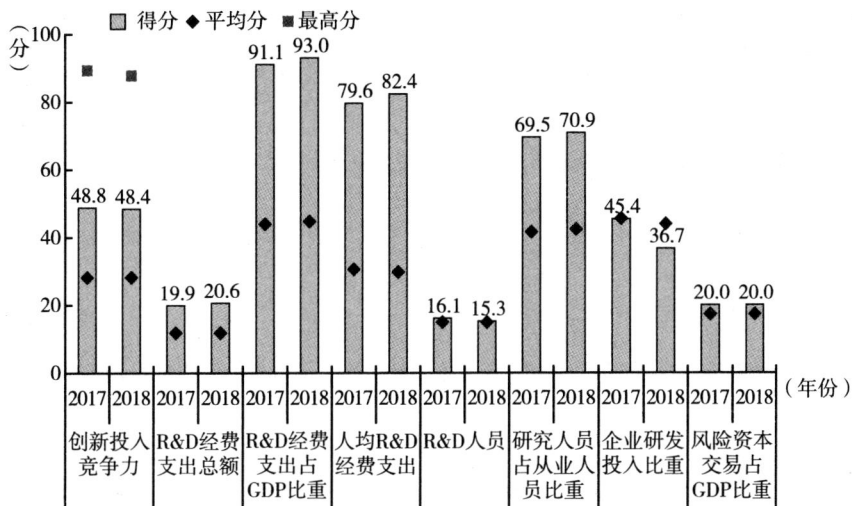

图 7 - 6　2017 ~ 2018 年德国国家创新投入竞争力指标得分比较

说明德国国家创新投入竞争力处于较高水平。从创新投入竞争力的整体得分比较来看，2017 年，德国国家创新投入竞争力得分与 G20 集团最高分相比还有 35.2 分的差距，与 G20 集团平均分相比，则高了 20.1 分；到 2018 年，德国国家创新投入竞争力得分与 G20 集团最高分的差距为 34.4 分，高于 G20 集团平均分 20.1 分。总的来说，2017 ~ 2018 年德国国家创新投入竞争力与最高分、平均分之间差距基本保持不变，国家创新投入竞争力排位保持不变。

从具体指标得分比较和变化趋势来看，德国国家创新投入竞争力整体水平较为稳定，仍处于强势地位，这主要是由于大部分指标得分较高、拥有 6 个强势指标；但 R&D 人员和企业研发投入比重得分仍低于平均分，且在报告期内得分出现下降，可见，其创新投入竞争力较强但仍有缺陷之处。今后要特别关注这些问题，深化科技体制改革，深入实施国家技术创新工程，推动企业加快实施创新发展战略，提升创新能力；完善和落实好现有的促进企业科技创新的有关政策和促进科技成果转移转化的政策，强化科技工作和财政金融工作的衔接，多方位加强科技投入，继续显著增强国家创新投入竞争力。

7.5 德国国家创新产出竞争力评价分析

7.5.1 德国国家创新产出竞争力评价结果

2017～2018 年德国国家创新产出竞争力及其下属 7 个三级指标的排位和排位变化情况，如表 7 - 7 所示。

表 7 - 7　德国 2017～2018 年国家创新产出竞争力指标组排位及趋势

项目 年份	专利 授权数		科技论文 发表数		专利和 许可收入		高技术产品 出口额	
	得分	排名	得分	排名	得分	排名	得分	排名
2017	4.7	8	21.3	4	24.6	3	95.9	2
2018	4.8	8	22.3	4	28.2	3	90.6	2
得分变化	0.0		0.9		3.6		- 5.3	
排名升降		0		0		0		0
优劣度		优势		强势		强势		强势

项目 年份	高技术产品 出口比重		注册 商标数		创意产品 出口比重		创新产出 竞争力	
	得分	排名	得分	排名	得分	排名	得分	排名
2017	47.6	9	15.4	13	30.4	5	34.3	6
2018	42.4	9	14.4	14	60.0	7	37.5	5
得分变化	- 5.1		- 1.0		29.6		3.2	
排名升降		0		- 1		- 2		1
优劣度		优势		中势		优势		强势

（1）从排位变化比较看，2018 年德国国家创新产出竞争力排名第 5 位，与 2017 年相比，排位上升了 1 位，处于强势地位。

（2）从指标所处区位来看，7 个三级指标中有 3 个强势指标，为科技论文发表数、专利和许可收入、高技术产品出口额；3 个优势指标，为专利授权数、高技术产品出口比重、创意产品出口比重；注册商标数是唯一的中势指标；没有劣势指标。

（3）从指标排位变化趋势看，在 7 个三级指标中，没有指标处于上升趋势；有 2 个指标处于下降趋势，为注册商标数和创意产品出口比重。

（4）从指标排位变化的动因看，2 个三级指标的排位出现了下降，其余 5 个指标排位未发生变化，其中有 3 个是强势指标。在指标升降的综合作用下，德国创新产出竞争力的综合排位上升了 1 位，在 G20 集团中排名第 5 位。

（5）从三级指标结构特征看，在创新产出竞争力指标组的 7 个三级指标中，有 3 个强势指标，占指标总数的 42.9%；优势指标 3 个，占指标总数 42.9%；中势指标 1 个，占指标总数的 14.3%；没有劣势指标；强势和优势指标所占比重远远大于中势指标的比重。没有上升指标；下降指标 2 个，占指标总数的 28.6%；保持指标 5 个，占指标总数的 71.4%。排位不变的指标占主导位置，且受其他因素的综合影响，2018 年德国国家创新产出竞争力综合排位与 2017 年相比，上升了 1 位。

7.5.2 德国国家创新产出竞争力比较分析

图 7-7 反映了 2017~2018 年德国国家创新产出竞争力与 G20 集团最高水平和平均水平的比较情况。

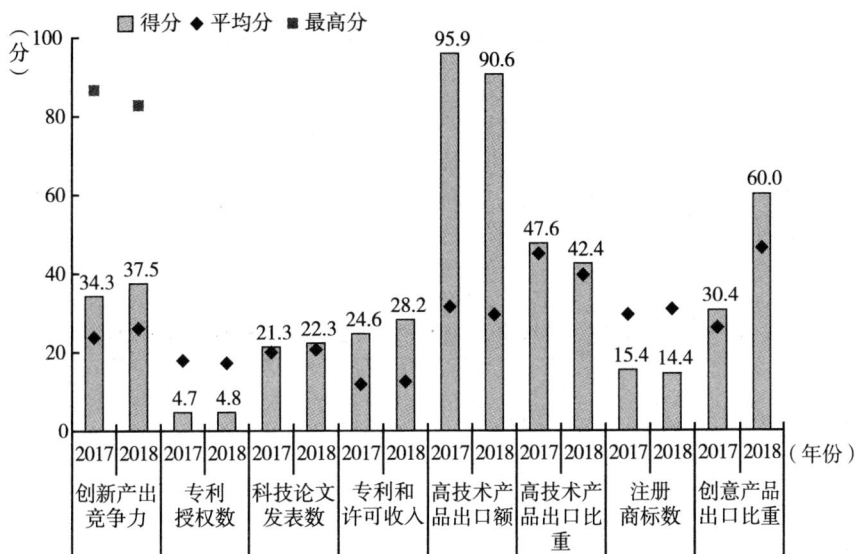

图 7-7 2017~2018 年德国国家创新产出竞争力指标得分比较

由图 7-7 可知，评价期内德国国家创新产出竞争力得分均高于 30 分，说明德国国家创新产出竞争力处于较高水平。从创新产出竞争力的整体得分比较来看，2017 年，德国国家创新产出竞争力得分与 G20 集团最高分相比还有52.5 分的差距，高于 G20 集团平均分 10.6 分；到 2018 年，德国国家创新产出竞争力得分与 G20 集团最高分的差距为 45.4 分，高于 G20 集团平均分 11.4分。总的来说，2017～2018 年德国国家创新产出竞争力与最高分差距缩小，与平均分差距扩大，排位处于上升趋势。

从具体指标得分比较和变化趋势来看，德国国家创新产出竞争力整体水平上升 1 位，这主要是由于科技论文发表数、专利和许可收入、高技术产品出口额保持强势指标地位；且强势指标和优势指标占全部指标的 85.7%；但专利授权数和注册商标数得分显著低于平均分。因此，应完善科技成果转移转化机制，建立科技成果转移转化收益分配激励制度，强化科技成果转移转化市场化服务，大力推动创新创业，建设科技成果产业化基地，培育科技成果转移转化人才队伍，强化科技成果转移转化多元化资金投入，增强国家创新产出竞争力。

7.6 德国国家创新持续竞争力评价分析

7.6.1 德国国家创新持续竞争力评价结果

2017～2018 年德国国家创新持续竞争力及其下属 6 个三级指标的排位和排位变化情况，如表 7-8 所示。

表 7-8 德国 2017～2018 年国家创新持续竞争力指标组排位及趋势

项目 年份	公共教育经费支出总额		公共教育经费支出占 GDP 比重		人均公共教育经费支出额		高等教育毛入学率		科技人员增长率		科技经费增长率		创新持续竞争力	
	得分	排名	得分	排名	得分	排名	得分	排名	得分	排名	得分	排名	得分	排名
2017	16.8	4	59.6	12	72.4	5	66.6	7	48.5	7	57.5	8	53.5	2
2018	17.2	4	54.7	12	74.1	5	65.5	6	29.7	7	84.6	4	54.3	5
得分变化	0.4		-4.8		1.7		-1.0		-18.7		27.1		0.8	
排名升降		0		0		0		1		0		4		-3
优劣度		强势		中势		强势		优势		优势		强势		强势

（1）从排位变化比较看，2018 年德国国家创新持续竞争力排名第 5 位，与 2017 年排名相比下降 3 位，仍处于强势地位。

（2）从指标所处区位来看，6 个三级指标中有 3 个强势指标，分别是公共教育经费支出总额、人均公共教育经费支出额和科技经费增长率；优势指标 2 个，分别是高等教育毛入学率和科技人员增长率；公共教育经费支出占 GDP 比重是唯一的中势指标；没有劣势指标。

（3）从指标排位变化趋势看，在 6 个三级指标中，有 2 个指标处于上升趋势，为高等教育毛入学率和科技经费增长率；其余 4 个指标排位不变。

（4）从指标排位变化的动因看，上升指标有 2 个，另外 4 个指标保持不变，受到各种综合因素的影响，德国创新持续竞争力的得分增加，但综合排位下降 3 位，在 G20 集团中排名第 5 位。

（5）从三级指标结构特征看，在创新持续竞争力指标组的 6 个三级指标中，强势指标 3 个，占指标总数的 50%；优势指标 2 个，占指标总数的 33.3%；中势指标 1 个，占指标总数的 16.7%；没有劣势指标；强势指标和优势指标所占比重为绝大多数。上升指标 2 个，占指标总数的 33.3%；保持指标 4 个，占指标总数的 66.7%；没有下降指标。虽然指标排位上升的数量大于排位下降的数量，但保持指标占绝大多数，且受到综合因素的影响，2018 年德国国家创新持续竞争力得分上升，综合排位与 2017 相比下降 3 位。

7.6.2 德国国家创新持续竞争力比较分析

图 7 - 8 反映了 2017～2018 年德国国家创新持续竞争力与 G20 集团最高水平和平均水平的比较情况。

由图 7 - 8 可知，评价期内德国国家创新持续竞争力得分均高于 50 分，说明德国国家创新产出竞争力处于较高水平。从创新持续竞争力的整体得分比较来看，2017 年，德国国家创新持续竞争力得分与 G20 集团最高分相比还有 17.7 分的差距，高于 G20 集团平均分 10.2 分；到 2018 年，德国国家创新持续竞争力得分与 G20 集团最高分的差距扩大为 19.3 分，高于 G20 集团平均分 11.4 分。总的来说，2017～2018 年德国国家创新持续竞争力与最高分差距、平均分差距呈扩大趋势。

从具体指标得分比较和变化趋势来看，德国国家创新持续竞争力整体得分

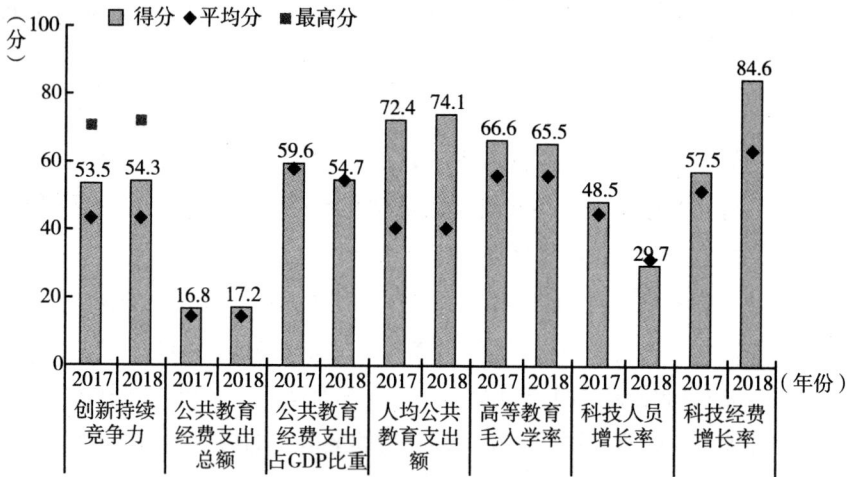

图 7-8 2017~2018 年德国国家创新持续竞争力指标得分比较

水平保持不变，排位下降。其中高等教育毛入学率和科技经费增长率排名上升；但科技人员增长率呈显著下降趋势。

Y.9

第8章

印度国家创新竞争力评价分析报告

印度位于南亚，是南亚次大陆最大的国家。东北部同孟加拉国、尼泊尔、不丹和中国接壤，东部与缅甸为邻，东南与斯里兰卡隔海相望，西北与巴基斯坦交界。东临孟加拉湾，西濒阿拉伯海，海岸线长 5560 公里。2018 年全国年末总人口约为 135262 万人，实现国内生产总值 27132 亿美元，人均 GDP 达到 2006 美元。本部分通过对印度 2017～2018 年国家创新竞争力以及创新竞争力中各要素在 G20 集团中的排名变化分析，从中找出印度国家创新竞争力的推动点及影响因素。

8.1 印度国家创新竞争力总体评价分析

2017～2018 年，印度的国家创新竞争力排名没有变化。其中，2017 年印度国家创新竞争力在 G20 集团中排名第 17 位，到了 2018 年，排名仍然是第 17 位。

8.1.1 印度国家创新竞争力概要分析

印度国家创新竞争力在 G20 集团中所处的位置及 5 个二级指标的得分和排位变化如图 8－1、图 8－2 和表 8－1 所示。

（1）从综合排位变化看，2018 年印度国家创新竞争力综合排名在 G20 集团中处于第 17 位，与 2017 年相比，排位没有变化。

（2）从指标得分看，2018 年印度国家创新竞争力得分为 19.3 分，比 G20 集团最高分低 59.1 分，比平均分低 15.7 分；与 2017 年相比，印度国家创新竞争力得分下降了 0.8 分，与当年最高分的差距缩小了 0.7 分，与 G20 集团平均分的差距扩大了 0.1 分。

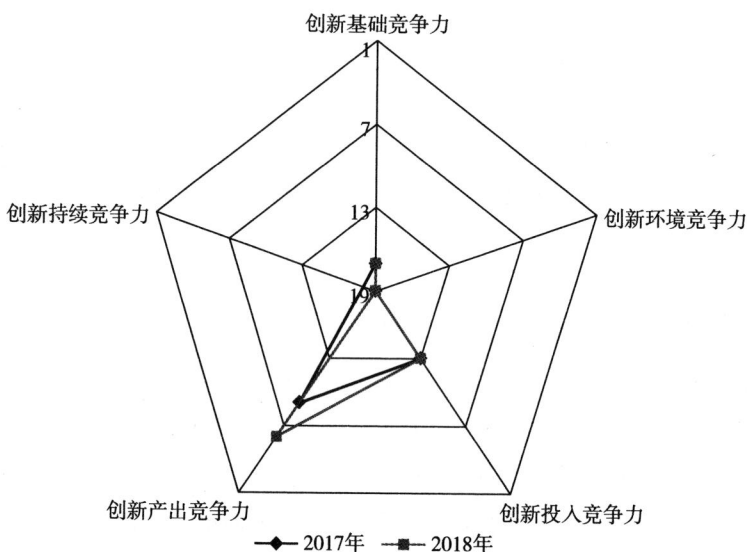

图 8-1　印度国家创新竞争力二级指标排名雷达图

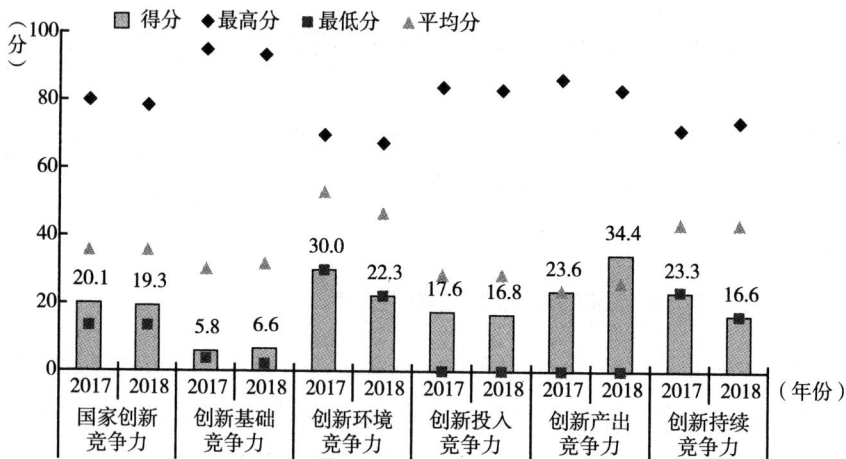

图 8-2　印度国家创新竞争力得分和排名变化趋势

（3）从指标所处区位看，2018年印度国家创新竞争力的5个二级指标中，优势指标1个，为创新产出竞争力；劣势指标3个，为创新基础竞争力、创新环境竞争力和创新持续竞争力；中势指标1个，为创新投入竞争力。

表8-1　印度国家创新竞争力二级指标得分和排名表

年份 \ 项目	创新基础竞争力		创新环境竞争力		创新投入竞争力		创新产出竞争力		创新持续竞争力		创新竞争力	
	得分	排名	得分	排名	得分	排名	得分	排名	得分	排名	得分	排名
2017	5.8	17	30.0	19	17.6	13	23.6	9	23.3	18	20.1	17
2018	6.6	17	22.3	19	16.8	13	34.4	6	16.6	19	19.3	17
得分变化	0.8		-7.6		-0.8		10.7		-6.7		-0.7	
排名升降		0		0		0		3		-1		0
优劣度		劣势		劣势		中势		优势		劣势		劣势

（4）从指标排位变化趋势看，在5个二级指标中，有1个指标的排位处于上升趋势，为创新产出竞争力；有1个指标的排位处于下降趋势，为创新持续竞争力，这是印度国家创新竞争力的下降拉力所在；创新基础竞争力、创新环境竞争力和创新投入竞争力指标排位没有发生变化。

（5）从指标排位变化的动因看，1个二级指标的排位下降，1个排位上升，因此，受指标排位上升的影响，2018年印度国家创新竞争力的综合排位没有变化，在G20集团中排名第17位。

8.1.2　印度国家创新竞争力各级指标动态变化分析

2017～2018年印度国家创新竞争力各级指标的动态变化及其结构，如图8-3和表8-2所示。

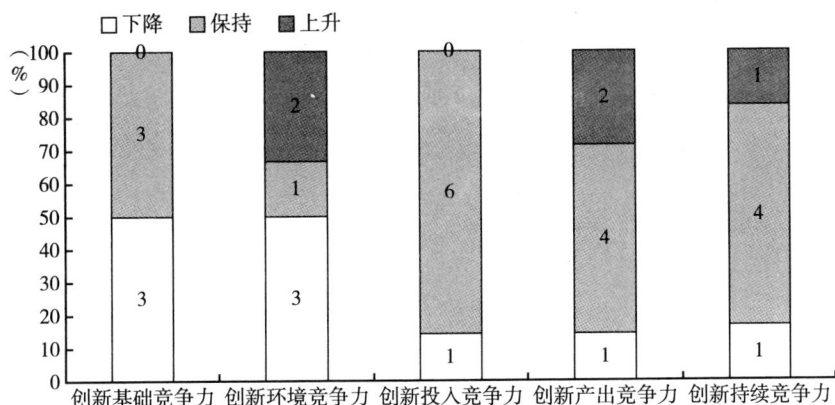

图8-3　2017～2018年印度国家创新竞争力指标动态变化结构

表8-2 2017~2018年印度国家创新竞争力各级指标排位变化态势比较

二级指标	三级指标个数	上升		保持		下降		变化趋势
		个数	比重(%)	个数	比重(%)	个数	比重(%)	
创新基础竞争力	6	0	0.0	3	50.0	3	50.0	保持
创新环境竞争力	6	2	33.3	1	16.7	3	50.0	保持
创新投入竞争力	7	0	0.0	6	85.7	1	14.3	保持
创新产出竞争力	7	2	28.6	4	57.1	1	14.3	上升
创新持续竞争力	6	1	16.7	4	66.7	1	16.7	下降
合计	32	5	15.6	18	56.3	9	28.1	保持

从图8-3可以看出,印度国家创新竞争力的三级指标中上升指标的数量少于下降指标,但保持不变的指标仍居于主导地位。表8-2中的数据进一步说明,印度国家创新竞争力的33个三级指标中,上升指标有5个,占指标总数的15.6%;保持指标有18个,占指标总数的56.3%;下降指标有9个,占指标总数的28.1%。指标下降的数量大于指标上升的数量,下降的拉力略大于上升的动力,但不变的指标仍然居多,使得2018年印度国家创新竞争力排位不变,在G20集团中居第17位。

8.1.3 印度国家创新竞争力各级指标优劣势结构分析

2017~2018年印度国家创新竞争力各级指标的优劣势变化及其结构,如表8-3所示。

表8-3 2017~2018年印度国家创新竞争力各级指标排位优劣势比较

二级指标	三级指标个数	强势		优势		中势		劣势		优劣度
		个数	比重(%)	个数	比重(%)	个数	比重(%)	个数	比重(%)	
创新基础竞争力	6	0	0.0	3	50.0	0	0.0	3	50.0	劣势
创新环境竞争力	6	0	0.0	1	16.7	3	50.0	2	33.3	劣势
创新投入竞争力	7	1	14.3	2	28.6	1	14.3	3	42.9	中势
创新产出竞争力	7	2	28.6	2	28.6	3	42.9	0	0.0	优势
创新持续竞争力	6	0	0.0	2	33.3	1	16.7	3	50.0	劣势
合计	32	3	9.4	10	31.3	8	25.0	11	34.4	劣势

从表 8 - 3 中的数据可以看出，印度国家创新竞争力的 32 个三级指标中，强势指标 3 个，占指标总数的 9.4%；优势指标 10 个，占指标总数的 31.3%；中势指标 8 个，占指标总数的 25.0%；劣势指标 11 个，占指标总数的 34.4%；强势指标和优势指标的数量之和约占指标总数的 40.7%，小于中势指标和劣势指标之和。从二级指标来看，优势指标 1 个，占二级指标总数的 20%；中势指标 1 个，占二级指标总数的 20%；劣势指标 3 个，占二级指标总数的 60%。由于中势指标和劣势指标在指标体系中居于主导地位，2017 ~ 2018 年印度国家创新竞争力处于劣势地位。

8.2 印度国家创新基础竞争力评价分析

8.2.1 印度国家创新基础竞争力评价结果

2017 ~ 2018 年印度国家创新基础竞争力及其下属 6 个三级指标的排位和排位变化情况，如表 8 - 4 所示。

表 8 - 4 印度 2017 ~ 2018 年国家创新基础竞争力指标组排位及趋势

年份 \ 项目	GDP		人均 GDP		财政收入		人均财政收入	
	得分	排名	得分	排名	得分	排名	得分	排名
2017	12.0	6	0.0	19	12.0	8	0.0	19
2018	11.6	7	0.0	19	13.0	9	0.0	19
得分变化	- 0.4		0.0		1.0		0.0	
排名升降		- 1		0		- 1		0
优劣度		优势		劣势		优势		劣势

年份 \ 项目	外国直接投资净值		受高等教育人员比重		全社会劳动生产率		创新基础竞争力	
	得分	排名	得分	排名	得分	排名	得分	排名
2017	10.9	7	—	—	0.0	19	5.8	17
2018	14.9	9	—	—	0.0	19	6.6	17
得分变化	4.0		—	—	0.0		0.8	
排名升降		- 2	—	—		0		0
优劣度		优势	—	—		劣势		劣势

（1）从排位变化比较看，2018 年印度国家创新基础竞争力排名第 17 位，与 2017 年相比，排位不变，处于劣势地位。

（2）从指标所处区位来看，6 个三级指标中有 3 个优势指标，没有中势指标，有 3 个劣势指标，其中印度的受高等教育人员比重由于数据缺乏，没有得分排名。

（3）从指标排位变化趋势看，在 6 个三级指标中，没有指标处于上升趋势，3 个指标处于下降趋势，其余 3 个指标均保持不变。

（4）从指标排位变化的动因看，由于指标排位升降的幅度较小，且大部分指标排位保持不变，印度创新基础竞争力的综合排位不变，在 G20 集团中排名第 17 位。

（5）从三级指标结构特征看，在创新基础竞争力指标组的 6 个三级指标中，没有强势指标；优势指标 3 个，占指标总数的 50%；劣势指标 3 个，占指标总数的 50%；优势指标所占比重等于劣势指标的比重。没有上升指标；下降指标 3 个，占指标总数的 50%；其余 3 个指标是保持趋势，占指标总数的 50%。指标排位保持不变的指标较多，使得 2018 年印度国家创新基础竞争力综合排位不变。

8.2.2 印度国家创新基础竞争力比较分析

图 8 - 4 反映了 2017～2018 年印度国家创新基础竞争力与 G20 集团最高水平和平均水平的比较情况。

由图 8 - 4 可知，评价期内印度国家创新基础竞争力得分均在 6 分左右，说明印度国家创新基础竞争力处于较低水平。从创新基础竞争力的整体得分比较来看，2017 年，印度国家创新基础竞争力得分与 G20 集团最高分相比还有 88.9 分的差距，比 G20 集团平均分低 24.3 分；到 2018 年，印度国家创新基础竞争力得分与 G20 集团最高分的差距为 86.9 分，比 G20 集团平均分低 24.6 分。总的来说，2017～2018 年印度国家创新基础竞争力与最高分、平均分的差距基本不变，其创新基础竞争力保持稳定。

从具体指标得分比较和变化趋势来看，印度国家创新基础竞争力整体水平基本稳定；且 6 个指标的得分普遍低于 G20 国家平均分，创新基础竞争力缺乏上升的动力。在下一步的科技创新活动中，要特别关注这些问题，继续扩大生

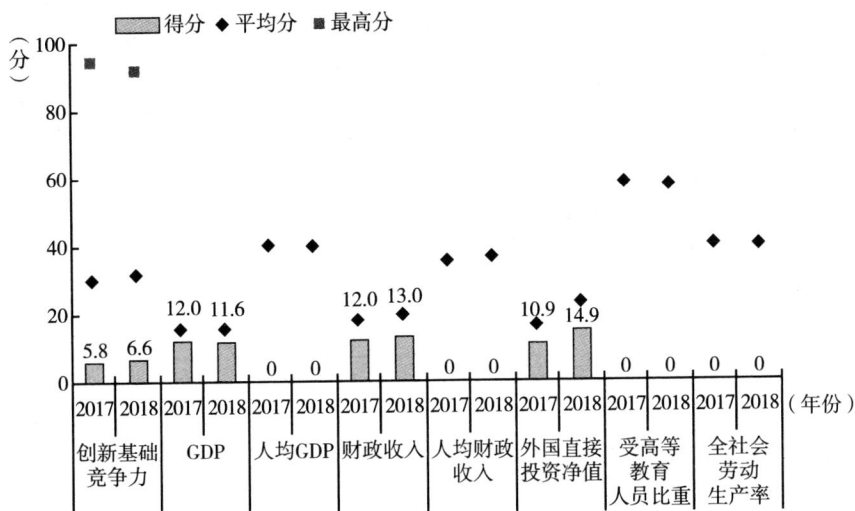

图 8 - 4 2017～2018 年印度国家创新基础竞争力指标得分比较

产和加快企业战略转型、加大教育和科技财政投入，积极参与国际直接投资，借鉴和引进国际科技前沿技术，提高全社会劳动生产率，夯实国家创新基础，不断增强国家创新基础竞争力。

8.3 印度国家创新环境竞争力评价分析

8.3.1 印度国家创新环境竞争力评价结果

2017～2018 年印度国家创新环境竞争力及其下属 6 个三级指标的排位和排位变化情况，如表 8 - 5 所示。

（1）从排位变化比较看，2018 年印度国家创新环境竞争力排名第 19 位，与 2017 年相比，排位不变，仍处于劣势地位。

（2）从指标所处区位来看，6 个三级指标中没有强势指标；有 1 个优势指标，为 ISO9001 质量体系认证数；有 2 个劣势指标，为因特网用户比例和每百人手机数；其余 3 个指标为中势指标。

（3）从指标排位变化趋势看，在 6 个三级指标中，有 2 个指标处于上升趋势，分别为企业开业程序和企业平均税负水平；1 个指标不变；其余指标均处

表 8 – 5 印度 2017～2018 年国家创新环境竞争力指标组排位及趋势

项目 年份	因特网用户比例		每百人手机数		企业开业程序		企业平均税负水平		在线公共服务指数		ISO9001 质量体系认证数		创新环境竞争力	
	得分	排名	得分	排名	得分	排名	得分	排名	得分	排名	得分	排名	得分	排名
2017	3.4	18	1.3	18	16.7	17	55.1	15	91.7	6	11.5	6	30.0	19
2018	0.0	19	0.0	19	11.1	15	59.7	13	53.7	11	9.4	6	22.3	19
得分变化	-3.4		-1.3		-5.6		4.5		-38.0		-2.1		-7.6	
排名升降		-1		-1		2		2		-5		0		0
优劣度		劣势		劣势		中势		中势		中势		优势		劣势

于下降趋势。

（4）从指标排位变化的动因看，有 2 个三级指标的排位上升，同时有 3 个三级指标排位下降，印度创新环境竞争力的综合排位不变，在 G20 集团中处于第 19 位。

（5）从三级指标结构特征看，在创新环境竞争力指标组的 6 个三级指标中，没有强势指标；优势指标 1 个，占指标总数的 16.6%；中势指标 3 个，劣势指标 2 个，分别占指标总数的 50% 和 33.3%；中势和劣势指标居于主导地位。上升指标 2 个，占指标总数的 33.3%；保持指标 1 个，占指标总数的 16.6%；其余为下降指标。指标排位上升的数量略低于排位下降的数量，且受其他因素的综合影响，2018 年印度国家创新环境竞争力综合排位与 2017 年相比没有变化。

8.3.2 印度国家创新环境竞争力比较分析

图 8 – 5 反映了 2017～2018 年印度国家创新环境竞争力与 G20 集团最高水平和平均水平的比较情况。

由图 8 – 5 可知，评价期内印度国家创新环境竞争力得分均在 20～30 分，处于较低水平。从创新环境竞争力的整体得分比较来看，2017 年，印度国家创新环境竞争力得分与 G20 集团最高分相比还有 39.7 分的差距，与 G20 集团平均分相比，低于 22.8 分；2018 年，印度国家创新环境竞争力得分与 G20 集团最高分的差距为 44.5 分，低于 G20 集团平均分 24.3 分。总的来说，2017～2018 年印度国家创新环境竞争力与最高分的差距显著扩大。

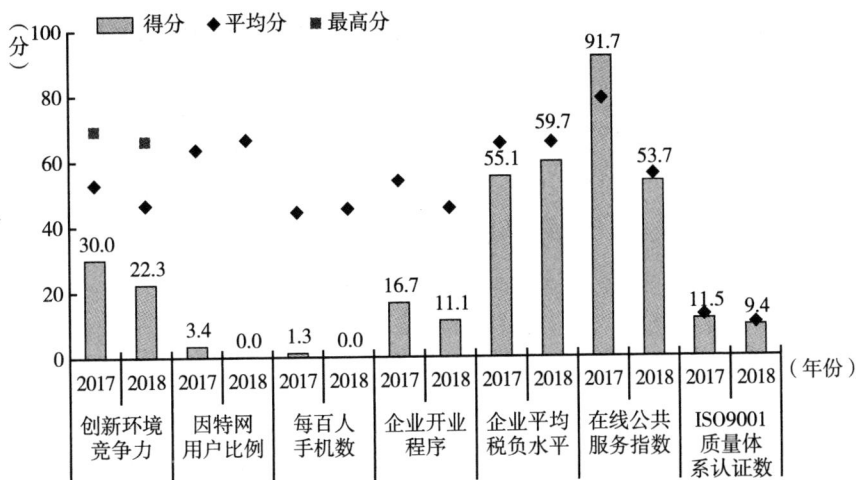

图 8 – 5　2017～2018 年印度国家创新环境竞争力指标得分比较

从具体指标得分比较和变化趋势来看，印度国家创新环境竞争力整体水平较低，处于劣势地位，这主要是由于因特网用户比例、每百人手机数处于明显劣势地位；而 2018 年全部指标均低于 G20 集团平均分水平，这限制了其创新环境竞争力的进一步提升。因此，为了巩固和提升印度国家创新环境竞争力，应针对这些问题，着力提高网络使用率，加快信息高速公路建设，加大对创新型企业的科技和资金扶持力度，加强知识产权保护，重视创新人才的外引内育，营造有利于企业健康有序发展的良好创新氛围，不断优化国家创新环境，进一步增强国家创新环境竞争力。

8.4　印度国家创新投入竞争力评价分析

8.4.1　印度国家创新投入竞争力评价结果

2017～2018 年印度国家创新投入竞争力及其下属 7 个三级指标的排位和排位变化情况，如表 8 – 6 所示。

（1）从排位变化比较看，2018 年印度国家创新投入竞争力排名第 13 位，与 2017 年相比，排位保持不变，处于中势地位。

表8-6　印度2017~2018年国家创新投入竞争力指标组排位及趋势

年份＼项目	R&D 经费支出总额		R&D 经费支出占 GDP 比重		人均 R&D 经费支出		R&D 人员	
	得分	排名	得分	排名	得分	排名	得分	排名
2017	2.8	12	13.9	16	0.2	18	12.6	6
2018	2.6	12	13.7	16	0.2	18	11.7	6
得分变化	-0.2		-0.2		0.0		-0.9	
排名升降		0		0		0		0
优劣度		中势		劣势		劣势		优势

年份＼项目	研究人员占从业人员比重		企业研发投入比重		风险资本交易占 GDP 比重		创新投入竞争力	
	得分	排名	得分	排名	得分	排名	得分	排名
2017	2.9	17	90.5	2	0.0	8	17.6	13
2018	2.6	17	86.5	4	0.0	8	16.8	13
得分变化	-0.3		-4.0		0.0		-0.8	
排名升降		0		-2		0		0
优劣度		劣势		强势		优势		中势

（2）从指标所处区位来看，7个三级指标中有1个强势指标，为企业研发投入比重；2个优势指标，为R&D人员和风险资本交易占GDP比重；有1个指标是中势指标，为R&D经费支出总额；其余3个指标均是劣势指标。

（3）从指标排位变化趋势看，在7个三级指标中，有6个指标排位保持不变；有1个指标处于下降趋势，为企业研发投入比重。

（4）从指标排位变化的动因看，由于有6个三级指标的排位保持不变，印度创新投入竞争力的综合排位也保持不变，在G20集团中排名第13位。

（5）从三级指标结构特征看，在创新投入竞争力指标组的7个三级指标中，有1个强势指标，占指标总数的14.3%；2个优势指标，占指标总数的28.6%；中势指标1个，占指标总数的14.3%。劣势指标3个，占指标总数的42.9%。下降指标1个，占指标总数的14.3%，没有上升指标，保持指标6个，占指标总数的85.7%。由于大部分指标排位保持不变，2018年印度国家创新投入竞争力综合排位仍保持不变。

8.4.2 印度国家创新投入竞争力比较分析

图 8-6 反映了 2017~2018 年印度国家创新投入竞争力与 G20 集团最高水平和平均水平的比较情况。

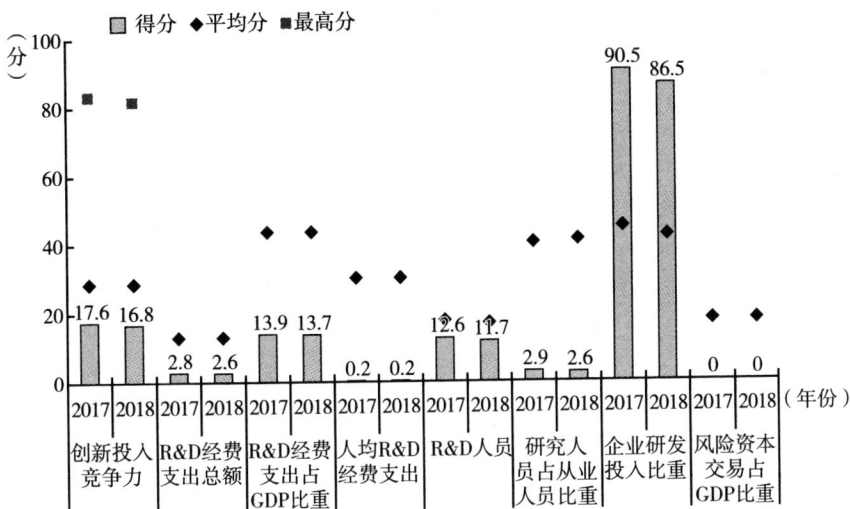

图 8-6 2017~2018 年印度国家创新投入竞争力指标得分比较

由图 8-6 可知，评价期内印度国家创新投入竞争力得分均低于 20 分，说明印度国家创新投入竞争力处于较低水平。从创新投入竞争力的整体得分比较来看，2017 年，印度国家创新投入竞争力得分与 G20 集团最高分相比还有 66.4 分的差距，与 G20 集团平均分相比，则低了 11.1 分；到 2018 年，印度国家创新投入竞争力得分与 G20 集团最高分的差距为 66.0 分，低于 G20 集团平均分 11.5 分。总的来说，2017~2018 年印度国家创新投入竞争力与平均分的差距略有加大，国家创新投入竞争力排位保持不变。

从具体指标得分比较和变化趋势来看，印度国家创新投入竞争力整体水平较为稳定，仍处于中势地位，这主要是由于大部分指标得分偏低；且除了企业研发投入比重，其他所有三级指标的得分都低于 G20 国家平均分，可见，其创新投入竞争力确实较为薄弱。今后要特别关注这些问题，继续加大科技研发经费投入，鼓励多元化的创新研发投入，加大研发人员培养力度，高度重视研发人才队伍建设，不断增加国家创新投入，显著增强国家创新投入竞争力。

8.5 印度国家创新产出竞争力评价分析

8.5.1 印度国家创新产出竞争力评价结果

2017～2018年印度国家创新产出竞争力及其下属7个三级指标的排位和排位变化情况，如表8-7所示。

表8-7 印度2017～2018年国家创新产出竞争力指标组排位及趋势

项目 年份	专利授权数		科技论文发表数		专利和许可收入		高技术产品出口额	
	得分	排名	得分	排名	得分	排名	得分	排名
2017	3.7	9	24.3	3	0.5	12	7.3	11
2018	4.0	9	29.6	3	0.6	13	8.6	11
得分变化	0.3		5.3		0.1		1.3	
排名升降		0		0		-1		0
优劣度		优势		强势		中势		中势

项目 年份	高技术产品出口比重		注册商标数		创意产品出口比重		创新产出竞争力	
	得分	排名	得分	排名	得分	排名	得分	排名
2017	20.8	16	100.0	1	8.7	12	23.6	9
2018	23.5	13	100.0	1	74.3	6	34.4	6
得分变化	2.7		0.0		65.6		10.7	
排名升降		3		0		6		3
优劣度		中势		强势		优势		优势

（1）从排位变化比较看，2018年印度国家创新产出竞争力排名第6位，与2017年相比，排位上升了3位，处于优势地位。

（2）从指标所处区位来看，7个三级指标中有2个强势指标，为科技论文发表数和注册商标数；2个优势指标，为专利授权数和创意产品出口比重；其余3个指标均为中势指标。

（3）从指标排位变化趋势看，在7个三级指标中，有2个指标处于上升趋势，为高技术产品出口比重、创意产品出口比重；有1个指标处于下降趋势，为专利和许可收入。

（4）从指标排位变化的动因看，2个三级指标的排位出现了上升，1个三级指标的排位出现了下降，在指标升降的综合作用下，印度创新产出竞争力的综合排位上升了3位，在G20集团中排名第6位。

（5）从三级指标结构特征看，在创新产出竞争力指标组的7个三级指标中，有强势指标2个，占指标总数的28.6%；优势指标2个，占指标总数28.6%；中势指标3个，占指标总数的42.9%；没有劣势指标；强势和优势指标所占比重大于中势指标的比重。上升指标2个，占指标总数的28.6%；下降指标1个，占指标总数的14.3%。指标排位上升的数量大于排位下降的数量，且受其他因素的综合影响，2018年印度国家创新产出竞争力综合排位与2017年相比，上升了3位。

8.5.2　印度国家创新产出竞争力比较分析

图8-7反映了2017~2018年印度国家创新产出竞争力与G20集团最高水平和平均水平的比较情况。

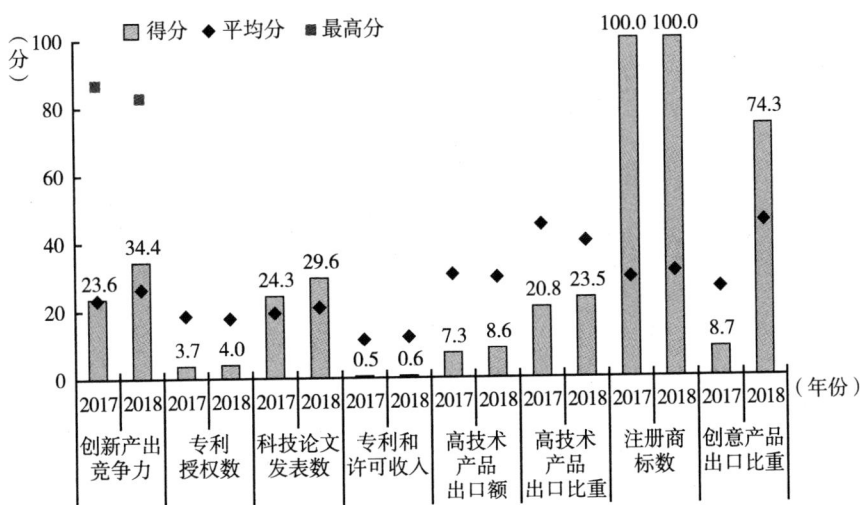

图8-7　2017~2018年印度国家创新产出竞争力指标得分比较

191

由图 8-7 可知，评价期内印度国家创新产出竞争力得分均高于 20 分，说明印度国家创新产出竞争力处于较高水平。从创新产出竞争力的整体得分比较来看，2017 年，印度国家创新产出竞争力得分与 G20 集团最高分相比还有 63.2 分的差距，低于 G20 集团平均分 0.1 分；到 2018 年，印度国家创新产出竞争力得分与 G20 集团最高分的差距为 48.5 分，高于 G20 集团平均分 8.3 分。总的来说，2017~2018 年印度国家创新产出竞争力与最高分和平均分的差距呈缩小趋势，排位处于上升趋势。

从具体指标得分比较和变化趋势来看，印度国家创新产出竞争力整体水平上升 3 位，这主要是由于高技术产品出口比重、创意产品出口比重等指标得分和排位上升；由于大部分三级指标的评价得分高于 G20 国家平均分，所以国家创新产出竞争力是印度的优势所在，建议加以巩固。因此，要进一步提升印度的专利申请和授权量，增强企业和个人专利权的创造和运用能力；完善知识产权激励机制，促进专利和许可收入增长；注重提升基础研究能力，提高科技论文等创新产出的数量和质量；优化出口贸易结构，加大高技术产品出口比重，突出高技术产品在对外贸易中的重要地位；推动实施商标战略，打造国际知名品牌。通过实施一系列的创新措施，切实提高国家创新产出，增强国家创新产出竞争力。

8.6 印度国家创新持续竞争力评价分析

8.6.1 印度国家创新持续竞争力评价结果

2017~2018 年印度国家创新持续竞争力及其下属 6 个三级指标的排位和排位变化情况，如表 8-8 所示。

（1）从排位变化比较看，2018 年印度国家创新持续竞争力排名第 19 位，与 2017 年排名相比下降 1 位，处于劣势地位。

（2）从指标所处区位来看，6 个三级指标中没有强势指标；有 2 个优势指标，分别为公共教育经费支出总额和科技人员增长率；中势指标有 1 个，为科技经费增长率；其余 3 个指标为劣势指标。

（3）从指标排位变化趋势看，在 6 个三级指标中，有 1 个指标处于上升趋

势，为科技人员增长率；有4个指标排名保持不变；有1个指标呈下降趋势，为科技经费增长率，这是印度创新持续竞争力的下降拉力所在。

表8-8 印度2017~2018年国家创新持续竞争力指标组排位及趋势

项目\年份	公共教育经费支出总额		公共教育经费支出占GDP比重		人均公共教育经费支出额		高等教育毛入学率		科技人员增长率		科技经费增长率		创新持续竞争力	
	得分	排名	得分	排名	得分	排名	得分	排名	得分	排名	得分	排名	得分	排名
2017	8.5	8	20.1	18	0.0	19	8.1	18	32.2	12	71.2	5	23.3	18
2018	8.2	8	10.5	18	0.0	19	6.9	18	18.5	10	55.6	13	16.6	19
得分变化	-0.3		-9.5		0.0		-1.1		-13.7		-15.6		-6.7	
排名升降		0		0		0		0		2		-8		-1
优劣度	优势		劣势		劣势		劣势		优势		中势		劣势	

（4）从指标排位变化的动因看，上升动力弱于下降拉力，另有4个指标保持不变，因此印度创新持续竞争力的综合排位下降，在G20集团中排名第19位。

（5）从三级指标结构特征看，在创新持续竞争力指标组的6个三级指标中，优势指标2个，占指标总数的33.2%；中势指标1个，占指标总数的16.7%；劣势指标3个，占指标总数的50.1%，优势指标所占比重低于劣势指标的比重。上升指标与下降指标都为1个，各占指标总数的16.7%；保持指标4个，占指标总数66.8%；虽然保持指标占绝大多数，但下降指标拉力远大于上升指标的动力，使得2018年印度国家创新持续竞争力综合排位与2017年相比下降1位。

8.6.2 印度国家创新持续竞争力比较分析

图8-8反映了2017~2018年印度国家创新持续竞争力与G20集团最高水平和平均水平的比较情况。

由图8-8可知，从创新持续竞争力的整体得分比较来看，2017年，印度国家创新持续竞争力得分与G20集团最高分相比还有47.9分的差距，低于G20集团平均分20.1分；到2018年，印度国家创新持续竞争力得分与G20集团最高分的差距扩大为57.0分，低于G20集团平均分26.3分。总的来说，

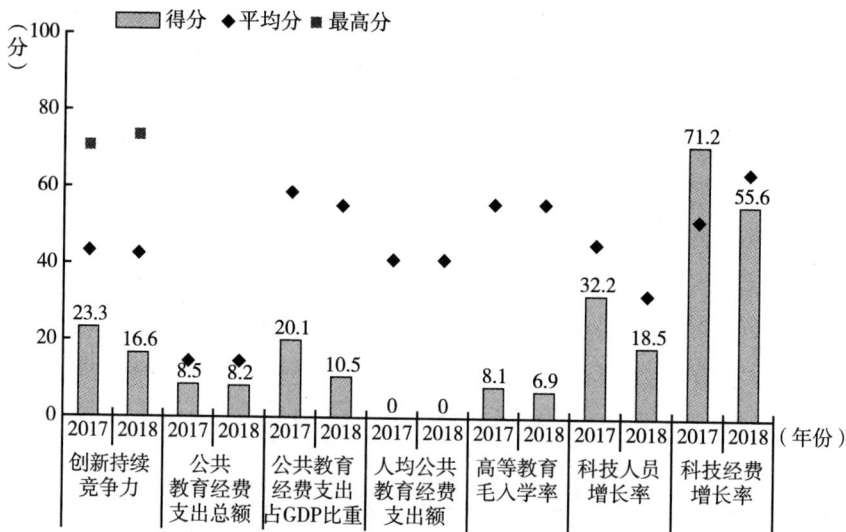

图8-8 2017~2018年印度国家创新持续竞争力指标得分比较

2017~2018年印度国家创新持续竞争力与最高分差距、平均分差距呈扩大趋势。

从具体指标得分比较和变化趋势来看，印度国家创新持续竞争力整体水平下降1位，其中公共教育经费支出总额、公共教育经费支出占GDP比重、人均公共教育经费支出额、高等教育毛入学率排名没有发生变化。因此，未来印度要提高创新持续增长力，应该要不断增加教育经费的投入，实现国家创新能力的可持续发展，显著增强国家创新持续竞争力。

Y.10

第9章

印度尼西亚国家创新竞争力
评价分析报告

印度尼西亚位于南亚，是全世界最大的群岛国家，疆域横跨亚洲及大洋洲，与巴布亚新几内亚、东帝汶和马来西亚相接。2018 年全国年末总人口约为 26766 万人，实现国内生产总值 10422 亿美元，人均 GDP 达到 3894 美元。本部分通过对印度尼西亚 2017～2018 年国家创新竞争力以及创新竞争力中各要素在 G20 集团中的排名变化分析，从中找出印度尼西亚国家创新竞争力的推动点及影响因素。

9.1 印度尼西亚国家创新竞争力总体评价分析

2017～2018 年，印度尼西亚的国家创新竞争力排名没有变化。其中，2017 年印度尼西亚国家创新竞争力在 G20 集团中排名第 19 位，到了 2018 年，排名仍然是第 19 位。

9.1.1 印度尼西亚国家创新竞争力概要分析

印度尼西亚国家创新竞争力在 G20 集团中所处的位置及 5 个二级指标的得分和排位变化如图 9–1、图 9–2 和表 9–1 所示。

（1）从综合排位变化看，2018 年印度尼西亚国家创新竞争力综合排名在 G20 集团中处于第 19 位，与 2017 年相比，排位没有变化。

（2）从指标得分看，2018 年印度尼西亚国家创新竞争力得分为 14.2 分，比 G20 集团最高分低 64.3 分，比平均分低 20.8 分；与 2017 年相比，印度尼西亚国家创新竞争力得分上升了 0.8 分，与当年最高分的差距缩小了 2.3 分，

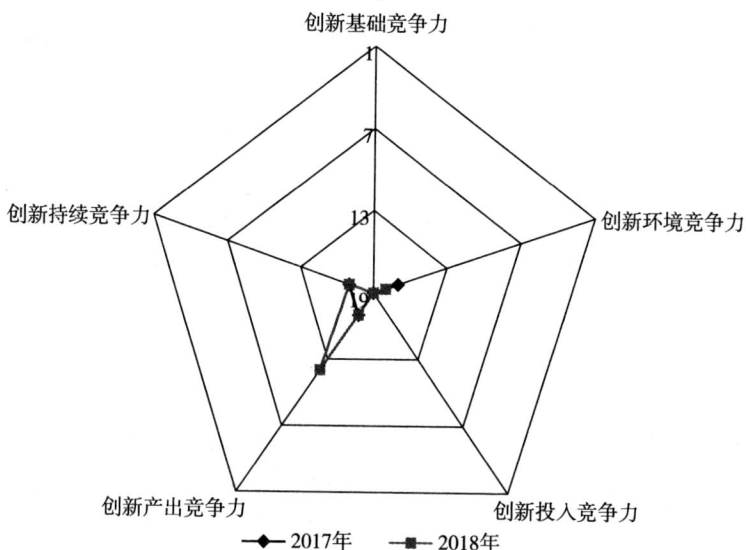

图9-1 印度尼西亚国家创新竞争力二级指标排名雷达图

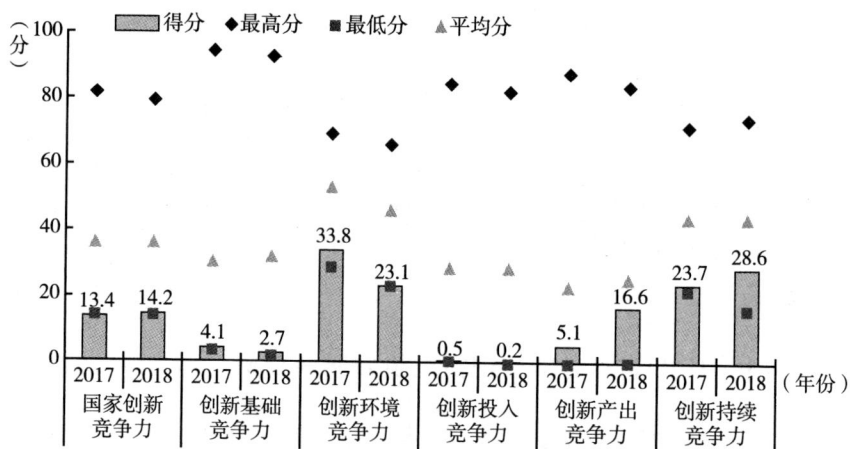

图9-2 印度尼西亚国家创新竞争力得分和排名变化趋势

与 G20 集团平均分的差距缩小了 1.5 分。

（3）从指标所处区位看，2018 年印度尼西亚国家创新竞争力的 5 个二级指标中，没有优势指标；中势指标有 1 个，为创新产出竞争力；其余的都为劣势指标。

196

表9-1 印度尼西亚国家创新竞争力二级指标得分和排名

项目 年份	创新基础竞争力		创新环境竞争力		创新投入竞争力		创新产出竞争力		创新持续竞争力		创新竞争力	
	得分	排名	得分	排名	得分	排名	得分	排名	得分	排名	得分	排名
2017	4.1	19	33.8	17	0.5	19	5.1	17	23.7	17	13.4	19
2018	2.7	19	23.1	18	0.2	19	16.6	12	28.6	17	14.2	19
得分变化	-1.5		-10.7		-0.3		11.6		4.9		0.8	
排名升降		0		-1		0		5		0		0
优劣度		劣势		劣势		劣势		中势		劣势		劣势

（4）从指标排位变化趋势看，在5个二级指标中，有1个指标的排位处于上升趋势，是创新产出竞争力；有1个指标的排位处于下降趋势，为创新环境竞争力，是印度尼西亚国家创新竞争力的下降拉力所在，其余指标排位没有发生变化。

（5）从指标排位变化的动因看，1个二级指标的排位下降，1个排位上升，因此，受指标排位上升的影响，2018年印度尼西亚国家创新竞争力的综合排位没有变化，在G20集团中排名第19位。

9.1.2 印度尼西亚国家创新竞争力各级指标动态变化分析

2017～2018年印度尼西亚国家创新竞争力各级指标的动态变化及其结构，如图9-3和表9-2所示。

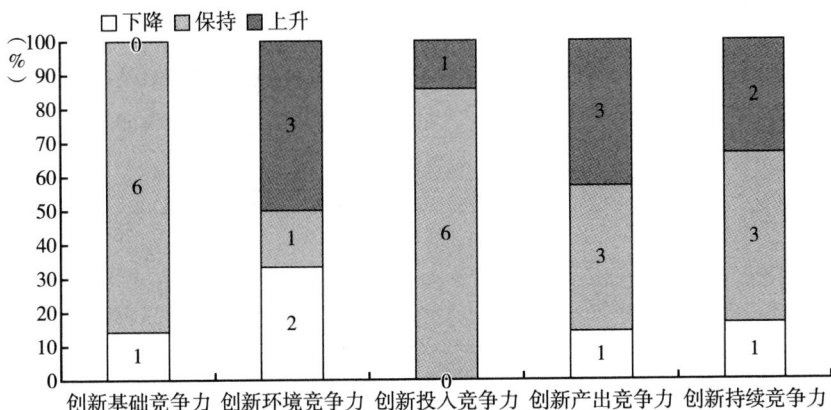

图9-3 2017～2018年印度尼西亚国家创新竞争力指标动态变化结构

表 9 – 2　2017～2018 年印度尼西亚国家创新竞争力各级指标排位变化态势比较

二级指标	三级指标个数	上升		保持		下降		变化趋势
		个数	比重（%）	个数	比重（%）	个数	比重（%）	
创新基础竞争力	7	0	0.0	6	85.7	1	14.3	保持
创新环境竞争力	6	3	50.0	1	16.7	2	33.3	下降
创新投入竞争力	7	1	14.3	6	85.7	0	0.0	保持
创新产出竞争力	7	3	42.9	3	42.9	1	14.3	上升
创新持续竞争力	6	2	33.3	3	50.0	1	16.7	保持
合计	33	9	27.3	19	57.6	5	15.2	保持

从图 9 – 3 可以看出，印度尼西亚国家创新竞争力的三级指标中，上升指标的数量多于下降指标，但保持不变的指标仍居于主导地位。表 9 – 2 中的数据进一步说明，印度尼西亚国家创新竞争力的 33 个三级指标中，上升指标 9 个，占指标总数的 27.3%；保持指标 19 个，占指标总数的 57.6%；下降指标 5 个，占指标总数的 15.2%。指标下降的数量少于指标上升的数量，下降的拉力略低于上升的动力，但不变的指标仍然居多，使得 2018 年印度尼西亚国家创新竞争力排位不变，在 G20 集团中居第 19 位。

9.1.3　印度尼西亚国家创新竞争力各级指标优劣势结构分析

2017～2018 年印度尼西亚国家创新竞争力各级指标的优劣势变化及其结构，如表9 – 3所示。

表 9 – 3　2017～2018 年印度尼西亚国家创新竞争力各级指标排位优劣势比较

二级指标	三级指标个数	强势		优势		中势		劣势		优劣度
		个数	比重（%）	个数	比重（%）	个数	比重（%）	个数	比重（%）	
创新基础竞争力	7	0	0.0	0	0.0	3	42.9	4	57.1	劣势
创新环境竞争力	6	1	16.7	1	16.7	1	16.7	3	50.0	劣势
创新投入竞争力	7	0	0.0	1	14.3	0	0.0	6	85.7	劣势
创新产出竞争力	7	1	14.3	0	0.0	4	57.1	2	28.6	中势
创新持续竞争力	6	1	16.7	0	0.0	1	16.7	4	66.7	劣势
合计	33	3	9.1	2	6.1	9	27.3	19	57.6	劣势

从表9-3中的数据可以看出，印度尼西亚国家创新竞争力的33个三级指标中，强势指标3个，占指标总数的9.1%；优势指标2个，占指标总数的6.1%；中势指标9个，占指标总数的27.3%；劣势指标19个，占指标总数的57.6%；强势指标和优势指标的数量之和约占指标总数的15.2%，小于中势指标和劣势指标之和。从二级指标来看，没有优势指标；中势指标1个，占二级指标总数的20%；劣势指标4个，占二级指标总数的80%。由于中势指标和劣势指标在指标体系中居于主导地位，2017~2018年印度尼西亚国家创新竞争力处于劣势地位。

9.2 印度尼西亚国家创新基础竞争力评价分析

9.2.1 印度尼西亚国家创新基础竞争力评价结果

2017~2018年印度尼西亚国家创新基础竞争力及其下属7个三级指标的排位和排位变化情况，如表9-4所示。

表9-4 印度尼西亚2017~2018年国家创新基础竞争力指标组排位及趋势

年份＼项目	GDP		人均GDP		财政收入		人均财政收入	
	得分	排名	得分	排名	得分	排名	得分	排名
2017	3.5	15	3.2	18	3.4	16	1.5	18
2018	3.3	15	3.1	18	2.8	16	1.6	18
得分变化	-0.1		-0.1		-0.6		0.1	
排名升降		0		0		0		0
优劣度		中势		劣势		劣势		劣势

年份＼项目	外国直接投资净值		受高等教育人员比重		全社会劳动生产率		创新基础竞争力	
	得分	排名	得分	排名	得分	排名	得分	排名
2017	5.4	12	9.8	11	2.1	18	4.1	19
2018	5.8	13	0.0	11	1.9	18	2.7	19
得分变化	0.4		-9.8		-0.2		-1.5	
排名升降		-1		0		0		0
优劣度		中势		中势		劣势		劣势

（1）从排位变化比较看，2018年印度尼西亚国家创新基础竞争力排名第19位，与2017年相比，排位不变，处于劣势地位。

（2）从指标所处区位来看，7个三级指标中没有优势指标，有3个中势指标，其余为劣势指标。

（3）从指标排位变化趋势看，在7个三级指标中，没有指标处于上升趋势，1个指标处于下降趋势，其余指标均保持不变。

（4）从指标排位变化的动因看，由于指标排位升降的幅度较小，且大部分指标排位保持不变，印度尼西亚创新基础竞争力的综合排位不变，在G20集团中排名第19位。

（5）从三级指标结构特征看，在创新基础竞争力指标组的7个三级指标中，没有强势指标和优势指标；劣势指标4个，占指标总数的57.1%；中势指标3个，占指标总数的42.9%。没有上升指标，下降指标1个，占指标总数的14.3%；其余6个指标是保持趋势，占指标总数的85.7%。排位保持不变的指标较多，使得2018年印度尼西亚国家创新基础竞争力综合排位不变。

9.2.2 印度尼西亚国家创新基础竞争力比较分析

图9-4反映了2017～2018年印度尼西亚国家创新基础竞争力与G20集团最高水平和平均水平的比较情况。

由图9-4可知，评价期内印度尼西亚国家创新基础竞争力得分均在3.4分左右，说明印度尼西亚国家创新基础竞争力处于较低水平。从创新基础竞争力的整体得分比较来看，2017年，印度尼西亚国家创新基础竞争力得分与G20集团最高分相比还有90.6分的差距，比G20集团平均分低26分；到2018年，印度尼西亚国家创新基础竞争力得分与G20集团最高分的差距为90.8分，比G20集团平均分低28.5分。总的来说，2017～2018年印度尼西亚国家创新基础竞争力与平均分的差距基本不变，其创新基础竞争力保持稳定。

从具体指标得分比较和变化趋势来看，印度尼西亚国家创新基础竞争力整体水平基本稳定；且7个指标的得分均普遍低于G20国家平均分，创新基础竞争力缺乏上升的动力。在下一步的科技创新活动中，要特别关注这些问题，继续扩大生产和加快企业战略转型、加大教育和科技财政投入，积极参与国际直

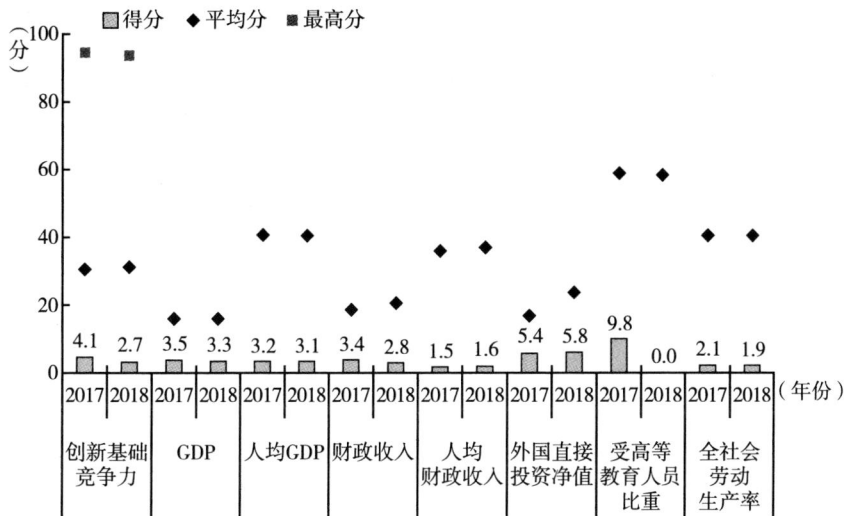

图9-4　2017~2018年印度尼西亚国家创新基础竞争力指标得分比较

接投资，借鉴和引进国际科技前沿技术，提高全社会劳动生产率，夯实国家创新基础，不断增强国家创新基础竞争力。

9.3　印度尼西亚国家创新环境竞争力评价分析

9.3.1　印度尼西亚国家创新环境竞争力评价结果

2017~2018年印度尼西亚国家创新环境竞争力及其下属6个三级指标的排位和排位变化情况，如表9-5所示。

（1）从排位变化比较看，2018年印度尼西亚国家创新环境竞争力排名第18位，与2017年相比，排位下降1位，处于劣势地位。

（2）从指标所处区位来看，6个三级指标中有1个强势指标，为企业平均税负水平；有1个优势指标，为每百人手机数；有1个中势指标，为ISO9001质量体系认证数；有3个劣势指标，为因特网用户比例、企业开业程序和在线公共服务指数。

（3）从指标排位变化趋势看，在6个三级指标中，有3个指标处于上升趋

表9-5 印度尼西亚2017~2018年国家创新环境竞争力指标组排位及趋势

项 目 年 份	因特网 用户比例		每百人 手机数		企业开业 程序		企业平均 税负水平		在线公共 服务指数		ISO9001 质量 体系认证数		创新环境 竞争力	
	得分	排名	得分	排名	得分	排名	得分	排名	得分	排名	得分	排名	得分	排名
2017	0.0	19	100.0	1	16.7	17	84.2	4	0.0	19	1.9	14	33.8	17
2018	8.9	18	44.4	10	0.0	16	84.1	5	0.0	19	1.3	13	23.1	18
得分变化	8.9		-55.6		-16.7		-0.1		0.0		-0.6		-10.7	
排名升降		1		-9		1		-1		0		1		-1
优劣度		劣势		优势		优势		强势		劣势		中势		劣势

势,分别为因特网用户比例、企业开业程序和ISO9001质量体系认证数;1个指标不变,为在线公共服务指数;其余指标均处于下降趋势。

(4)从指标排位变化的动因看,有3个三级指标的排位出现了上升,但由于每百人手机数指标降幅较大,所以印度尼西亚创新环境竞争力的综合排位下降1位,在G20集团中处于第18位。

(5)从三级指标结构特征看,在创新环境竞争力指标组的6个三级指标中,有1个强势指标,占指标总数的16.6%;优势指标1个,占指标总数的16.6%;中势指标1个,劣势指标3个,分别占指标总数的16.6%和50.0%;中势和劣势指标居于主导地位。上升指标3个,占指标总数的50.0%;保持指标1个,占指标总数的16.6%;其余为下降指标。指标排位上升的数量略高于排位下降的数量,且受其他因素的综合影响,2018年印度尼西亚国家创新环境竞争力综合排位与2017年相比下降1位。

9.3.2 印度尼西亚国家创新环境竞争力比较分析

图9-5反映了2017~2018年印度尼西亚国家创新环境竞争力与G20集团最高水平和平均水平的比较情况。

由图9-5可知,评价期内印度尼西亚国家创新环境竞争力得分均低于35分,处于较低水平。从创新环境竞争力的整体得分比较来看,2017年,印度尼西亚国家创新环境竞争力得分与G20集团最高分相比还有35.9分的差距,与G20集团平均分相比,低于19分;2018年,印度尼西亚国家创新环境竞争力得分与G20集团最高分的差距为43.7分,低于G20集团平均分23.5分。总的来

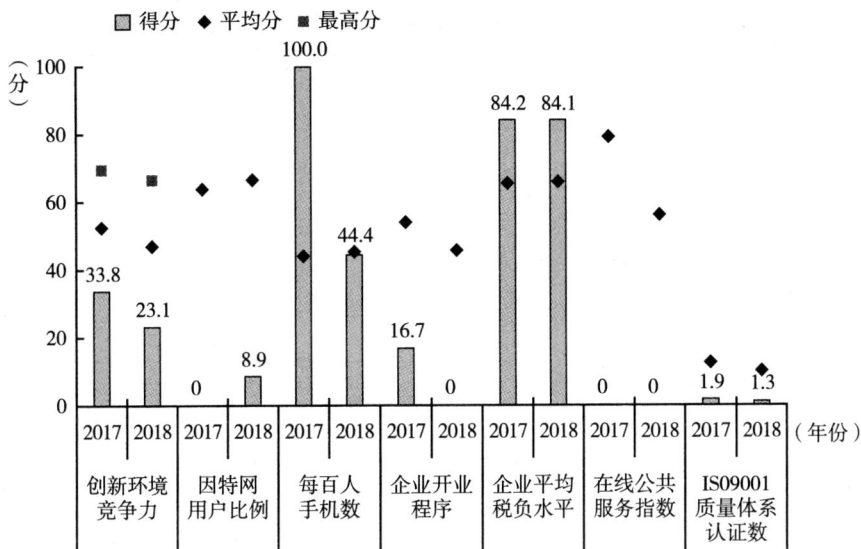

图 9 - 5　2017~2018 年印度尼西亚国家创新环境竞争力指标得分比较

说，2017~2018 年印度尼西亚国家创新环境竞争力与最高分的差距有所扩大。

　　从具体指标得分比较和变化趋势来看，印度尼西亚国家创新环境竞争力整体水平较低，处于劣势地位，这主要是由于因特网用户比例、企业开业程序、在线公共服务指数处于明显劣势地位；而 2018 年绝大部分指标均低于 G20 集团平均分水平，这限制了其创新环境竞争力的进一步提升。因此，为了巩固和提升印度尼西亚国家创新环境竞争力，应针对这些问题，着力提高网络使用率，加快信息高速公路建设，加大对创新型企业的科技和资金扶持力度，加强知识产权保护，重视创新人才的外引内育，营造有利于企业健康有序发展的良好创新氛围，不断优化国家创新环境，进一步增强国家创新环境竞争力。

9.4　印度尼西亚国家创新投入竞争力评价分析

9.4.1　印度尼西亚国家创新投入竞争力评价结果

　　2017~2018 年印度尼西亚国家创新投入竞争力及其下属 7 个三级指标的排位和排位变化情况，如表 9 - 6 所示。

表9－6 印度尼西亚2017～2018年国家创新投入竞争力指标组排位及趋势

年份＼项目	R&D 经费支出总额		R&D 经费支出占 GDP 比重		人均 R&D 经费支出		R&D 人员	
	得分	排名	得分	排名	得分	排名	得分	排名
2017	0.0	19	0.0	19	0.0	19	0.5	17
2018	0.0	19	0.0	19	0.0	19	0.7	16
得分变化	0.0		0.0		0.0		0.2	
排名升降		0		0		0		1
优劣度		劣势		劣势		劣势		劣势

年份＼项目	研究人员占从业人员比重		企业研发投入比重		风险资本交易占 GDP 比重		创新投入竞争力	
	得分	排名	得分	排名	得分	排名	得分	排名
2017	0.0	18	2.7	16	0.0	8	0.5	19
2018	0.0	18	0.6	16	0.0	8	0.2	19
得分变化	0.0		－2.1		0.0		－0.3	
排名升降		0		0		0		0
优劣度		劣势		劣势		优势		劣势

（1）从排位变化比较看，2018年印度尼西亚国家创新投入竞争力排名第19位，与2017年相比，排位保持不变，处于劣势地位。

（2）从指标所处区位来看，7个三级指标中有1个优势指标，为风险资本交易占GDP比重；其余指标均是劣势指标。

（3）从指标排位变化趋势看，在7个三级指标中，有6个指标排位保持不变；有1个指标处于上升趋势，为R&D人员。

（4）从指标排位变化的动因看，由于有6个三级指标的排位保持不变，印度尼西亚创新投入竞争力的综合排位也保持不变，在G20集团中排名第19位。

（5）从三级指标结构特征看，在创新投入竞争力指标组的7个三级指标中，有1个优势指标，占指标总数的14.3%；劣势指标6个，占指标总数的85.7%。上升指标1个，占指标总数的14.3%，没有下降指标，保持指标6个，占指标总数的85.7%。由于大部分指标排位保持不变，2018年印度尼西亚国家创新投入竞争力综合排位仍保持不变。

9.4.2　印度尼西亚国家创新投入竞争力比较分析

图 9-6 反映了 2017~2018 年印度尼西亚国家创新投入竞争力与 G20 集团最高水平和平均水平的比较情况。

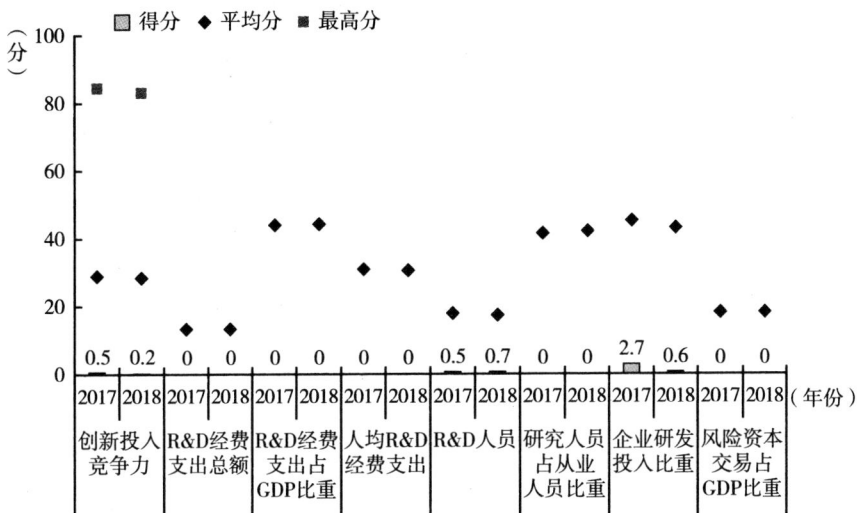

图 9-6　2017~2018 年印度尼西亚国家创新投入竞争力指标得分比较

由图 9-6 可知，评价期内印度尼西亚国家创新投入竞争力得分均不到 1 分，说明印度尼西亚国家创新投入竞争力处于极低水平。从创新投入竞争力的整体得分比较来看，2017 年，印度尼西亚国家创新投入竞争力得分与 G20 集团最高分相比还有 83.5 分的差距，与 G20 集团平均分相比，则低了 28.2 分；到 2018 年，印度尼西亚国家创新投入竞争力得分与 G20 集团最高分的差距为 82.6 分，低于 G20 集团平均分 28.1 分。总的来说，2017~2018 年印度尼西亚国家创新投入竞争力与平均分的差距较大，国家创新投入竞争力排位保持不变。

从具体指标得分比较和变化趋势来看，印度尼西亚国家创新投入竞争力整体水平较为稳定，仍处于劣势地位，这主要是由于大部分指标得分偏低；所有三级指标的得分都低于 G20 国家平均分，可见，其创新投入竞争力确实较为薄弱。今后要特别关注这些问题，继续加大科技研发经费投入，鼓励多元化的创新研发投入，加大研发人员培养力度，高度重视研发人才队伍建设，不断增加国家创新投入，显著增强国家创新投入竞争力。

9.5 印度尼西亚国家创新产出竞争力评价分析

9.5.1 印度尼西亚国家创新产出竞争力评价结果

2017～2018年印度尼西亚国家创新产出竞争力及其下属7个三级指标的排位和排位变化情况，如表9-7所示。

表9-7 印度尼西亚2017～2018年国家创新产出竞争力指标组排位及趋势

年份＼项目	专利授权数		科技论文发表数		专利和许可收入		高技术产品出口额	
	得分	排名	得分	排名	得分	排名	得分	排名
2017	0.6	16	1.3	16	0.0	17	2.8	14
2018	1.8	14	4.2	15	0.0	17	2.6	14
得分变化	1.2		3.0		0.0		-0.2	
排名升降		2		1		0		0
优劣度		中势		中势		劣势		中势

年份＼项目	高技术产品出口比重		注册商标数		创意产品出口比重		创新产出竞争力	
	得分	排名	得分	排名	得分	排名	得分	排名
2017	23.5	14	7.2	16	0.0	17	5.1	17
2018	20.7	14	7.1	17	80.0	3	16.6	12
得分变化	-2.8		-0.1		80.0		11.6	
排名升降		0		-1		14		5
优劣度		中势		劣势		强势		中势

（1）从排位变化比较看，2018年印度尼西亚国家创新产出竞争力排名第12位，与2017年相比，排位上升了5位，处于中势地位。

（2）从指标所处区位来看，7个三级指标中有1个强势指标，为创意产品出口比重；4个指标是中势指标，分别为专利授权数、科技论文发表数、高技术产品出口额和高技术产品出口比重；其余2个指标均为劣势指标。

（3）从指标排位变化趋势看，在7个三级指标中，有3个指标处于上升趋势，分别为专利授权数、科技论文发表数和创意产品出口比重；有1个指标处

206

于下降趋势，为注册商标数。

（4）从指标排位变化的动因看，3个三级指标的排位出现了上升，1个三级指标的排位出现了下降，在指标升降的综合作用下，印度尼西亚创新产出竞争力的综合排位上升了5位，在G20集团中排名第12位。

（5）从三级指标结构特征看，在创新产出竞争力指标组的7个三级指标中，有1个强势指标，占指标总数14.3%；4个中势指标，占指标总数的57.2%；2个劣势指标，占指标总数的28.6%；强势和中势指标所占比重远远大于劣势指标的比重。上升指标3个，占指标总数的42.9%；下降指标1个，占指标总数的14.3%。指标排位上升的数量大于排位下降的数量，且受其他因素的综合影响，2018年印度尼西亚国家创新产出竞争力综合排位与2017年相比，上升了5位。

9.5.2 印度尼西亚国家创新产出竞争力比较分析

图9-7反映了2017~2018年印度尼西亚国家创新产出竞争力与G20集团最高水平和平均水平的比较情况。

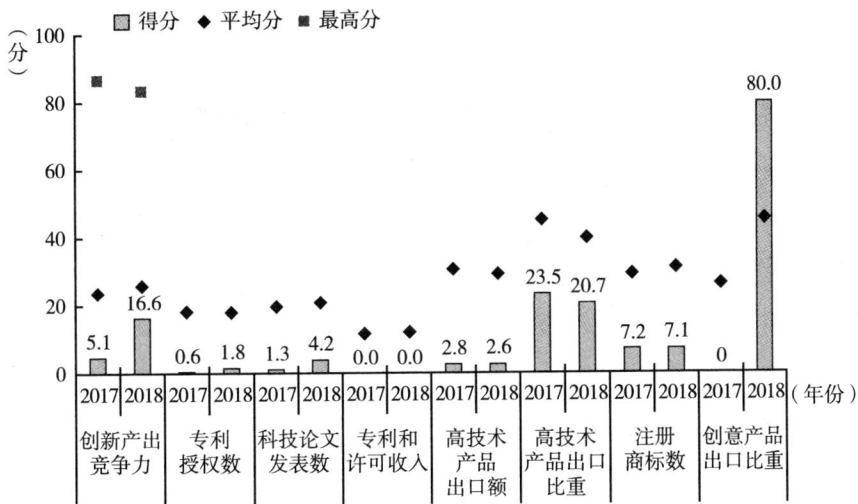

图9-7 2017~2018年印度尼西亚国家创新产出竞争力指标得分比较

由图9-7可知，评价期内印度尼西亚国家创新产出竞争力得分均低于20分，说明印度尼西亚国家创新产出竞争力处于较低水平。从创新产出竞争力的整体得分比较来看，2017年，印度尼西亚国家创新产出竞争力得分与G20集团最高分相比还有81.7分的差距，低于G20集团平均分18.6分；到2018年，印度尼西亚国家创新产出竞争力得分与G20集团最高分的差距为66.3分，低于G20集团平均分9.5分。总的来说，2017~2018年印度尼西亚国家创新产出竞争力与最高分、平均分的差距呈缩小趋势，排位处于上升趋势。

从具体指标得分比较和变化趋势来看，印度尼西亚国家创新产出竞争力整体水平上升5位，这主要是由于专利授权数、科技论文发表数、创意产品出口比重指标得分和排位上升所致；由于大部分三级指标的评价得分均低于G20国家平均分，所以国家创新产出竞争力仍是印度尼西亚的短板所在，应加以巩固。因此，要进一步提升印度尼西亚的专利申请和授权量，增强企业和个人专利权的创造和运用能力；完善知识产权激励机制，促进专利和许可收入增长；注重提升基础研究能力，提高科技论文等创新产出的数量和质量；优化出口贸易结构，加大高技术产品出口比重，突出高技术产品在对外贸易中的重要地位；推动实施商标战略，打造国际知名品牌。通过实施一系列的创新措施，切实提高国家创新产出，增强国家创新产出竞争力。

9.6 印度尼西亚国家创新持续竞争力评价分析

9.6.1 印度尼西亚国家创新持续竞争力评价结果

2017~2018年印度尼西亚国家创新持续竞争力及其下属6个三级指标的排位和排位变化情况，如表9-8所示。

（1）从排位变化比较看，2018年印度尼西亚国家创新持续竞争力排名第17位，与2017年排名一样，处于劣势地位。

（2）从指标所处区位来看，6个三级指标中有1个强势指标，为科技人员增长率；没有优势指标；中势指标1个，为科技经费增长率；其余4个指标为劣势指标。

（3）从指标排位变化趋势看，在6个三级指标中，有2个指标处于上升趋势，为公共教育经费支出总额和科技人员增长率；有3个指标排名保持不变；

表9-8 印度尼西亚2017～2018年国家创新持续竞争力指标组排位及趋势

项目 年份	公共教育 经费支出 总额		公共教育 经费支出 占GDP比重		人均公共 教育经费 支出额		高等教育 毛入学率		科技人员 增长率		科技经费 增长率		创新持续 竞争力	
	得分	排名	得分	排名	得分	排名	得分	排名	得分	排名	得分	排名	得分	排名
2017	1.3	18	0.0	19	1.7	18	19.9	17	75.0	4	44.5	12	23.7	17
2018	1.5	16	0.0	19	2.0	18	19.3	17	100.0	1	48.8	14	28.6	17
得分变化	0.2		0.0		0.3		-0.6		25.0		4.3		4.9	
排名升降		2		0		0		0		3		-2		0
优劣度	劣势		劣势		劣势		劣势		强势		中势		劣势	

有1个指标呈下降趋势，为科技经费增长率，这是印度尼西亚创新持续竞争力的下降拉力所在。

（4）从指标排位变化的动因看，上升动力略强于下降拉力，另有3个指标保持不变，因此印度尼西亚创新持续竞争力的综合排位不变，在G20集团中排名第17位。

（5）从三级指标结构特征看，在创新持续竞争力指标组的6个三级指标中，强势指标1个，占指标总数的16.7%；中势指标1个，占指标总数的16.7%；劣势指标4个，占指标总数的66.8%；强势指标和中势指标所占比重远低于劣势指标的比重。上升指标2个，下降指标1个，各占指标总数的33.4%和16.7%；保持指标3个，占指标总数的50.1%。由于保持指标占绝大多数，而且下降指标拉力中和了上升指标的动力，2018年印度尼西亚国家创新持续竞争力综合排位与2017年相比没有变化。

9.6.2 印度尼西亚国家创新持续竞争力比较分析

图9-8反映了2017～2018年印度尼西亚国家创新持续竞争力与G20集团最高水平和平均水平的比较情况。

由图9-8可知，从创新持续竞争力的整体得分比较来看，2017年，印度尼西亚国家创新持续竞争力得分与G20集团最高分相比还有47.5分的差距，低于G20集团平均分19.7分；到2018年，印度尼西亚国家创新持续竞争力得分与G20集团最高分的差距扩大为45.0分，低于G20集团平均分14.3分。总

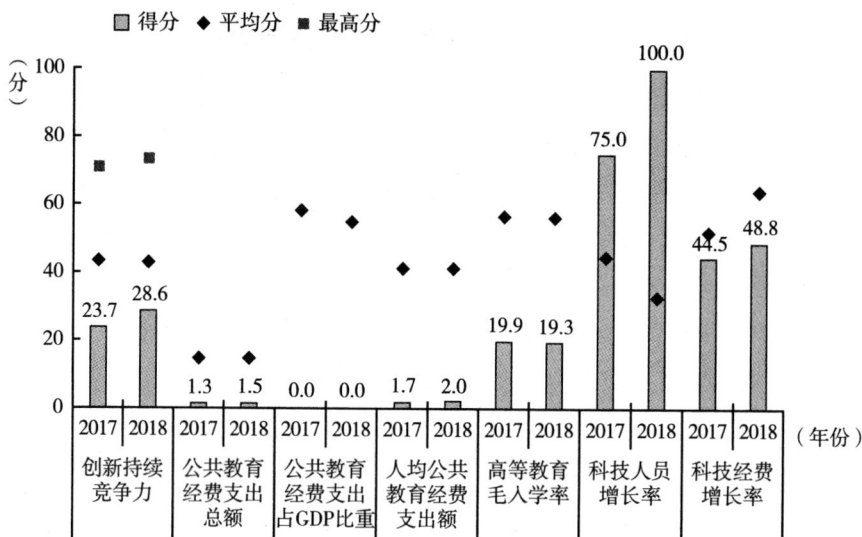

图9-8 2017~2018年印度尼西亚国家创新持续竞争力指标得分比较

的来说，2017~2018年印度尼西亚国家创新持续竞争力与最高分差距、平均分差距呈缩小趋势。

从具体指标得分比较和变化趋势来看，印度尼西亚国家创新持续竞争力整体水平保持不变，其中公共教育经费支出总额、公共教育经费支出占GDP比重、人均公共教育经费支出额、高等教育毛入学率排名为劣势指标。因此，未来印度尼西亚要提高创新持续增长力，应该要不断增加教育经费的投入，提升科学家和工程师的待遇，加大培养科学家和工程师的力度，实现国家创新能力的可持续发展，显著增强国家创新持续竞争力。

Y.11

第10章
意大利国家创新竞争力评价分析报告

意大利是一个欧洲国家，主要由南欧的亚平宁半岛及两个位于地中海的岛屿西西里岛与萨丁岛所组成。北方的阿尔卑斯山地区与法国、瑞士、奥地利以及斯洛文尼亚接壤，其领土还包围着两个微型国家——圣马力诺与梵蒂冈。2018年全国年末总人口约为6042万人，实现国内生产总值20858亿美元，人均GDP达到34520美元。本部分通过对意大利2017~2018年国家创新竞争力以及创新竞争力中各要素在G20集团中的排名变化分析，从中找出意大利国家创新竞争力的推动点及影响因素。

10.1 意大利国家创新竞争力总体评价分析

2017~2018年，意大利的国家创新竞争力排名没有变化。其中，2017年意大利国家创新竞争力在G20集团中排名第10位，到了2018年，排名仍然是第10位。

10.1.1 意大利国家创新竞争力概要分析

意大利国家创新竞争力在G20集团中所处的位置及5个二级指标的得分和排位变化如图10-1、图10-2和表10-1所示。

（1）从综合排位变化看，2018年意大利国家创新竞争力综合排名在G20集团中处于第10位，与2017年相比，排位没有变化。

（2）从指标得分看，2018年意大利国家创新竞争力得分为33.1分，比G20集团最高分低45.4分，比平均分低1.9分；与2017年相比，意大利国家创新竞争力得分下降了2.3分，与当年最高分的差距扩大了0.8分，与G20集团平均分的差距扩大了1.7分。

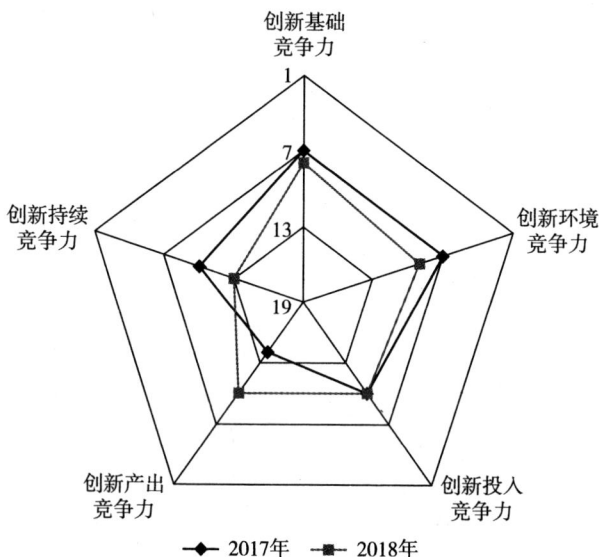

图 10 - 1　意大利国家创新竞争力二级指标排名雷达图

图 10 - 2　意大利国家创新竞争力得分和排名变化趋势

（3）从指标所处区位看，2018 年意大利国家创新竞争力的 5 个二级指标中，有 4 个优势指标；1 个中势指标，为创新持续竞争力；没有劣势指标。

表 10 - 1　意大利国家创新竞争力二级指标得分和排名

项目 年份	创新基础 竞争力		创新环境 竞争力		创新投入 竞争力		创新产出 竞争力		创新持续 竞争力		创新竞争力	
	得分	排名	得分	排名	得分	排名	得分	排名	得分	排名	得分	排名
2017	36.5	7	62.4	7	23.4	10	12.0	14	42.9	10	35.4	10
2018	39.6	8	49.5	9	23.1	10	18.6	10	34.5	13	33.1	10
得分变化	3.1		-12.8		-0.3		6.7		-8.4		-2.4	
排名升降		-1		-2		0		4		-3		0
优劣度	优势		优势		优势		优势		中势		优势	

（4）从指标排位变化趋势看，在 5 个二级指标中，有 1 个指标的排位处于上升趋势，为创新产出竞争力；有 3 个指标的排位处于下降趋势，为创新基础竞争力、创新环境竞争力和创新持续竞争力，是意大利国家创新竞争力的下降拉力所在，其余指标排位没有发生变化。

（5）从指标排位变化的动因看，3 个二级指标的排位出现了下降，1 个二级指标排位上升，且上升幅度较大，因此，受指标排位上升的影响，2018 年意大利国家创新竞争力的综合排位没有变化，在 G20 集团中排名第 10 位。

10.1.2　意大利国家创新竞争力各级指标动态变化分析

2017 ~ 2018 年意大利国家创新竞争力各级指标的动态变化及其结构，如图 10 - 3 和表 10 - 2 所示。

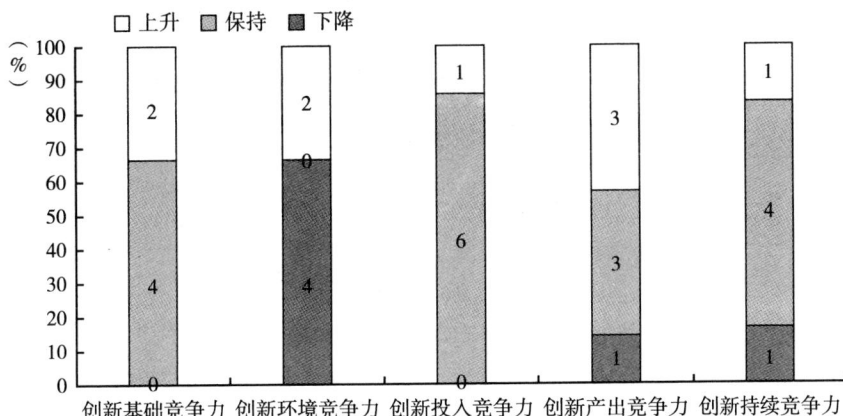

图 10 - 3　2017 ~ 2018 年意大利国家创新竞争力指标动态变化结构

表 10 - 2　2017~2018 年意大利国家创新竞争力各级指标排位变化态势比较

二级指标	三级指标个数	上升		保持		下降		变化趋势
		个数	比重（%）	个数	比重（%）	个数	比重（%）	
创新基础竞争力	6	2	33.3	4	66.7	0	0.0	下降
创新环境竞争力	6	2	33.3	0	0.0	4	66.7	下降
创新投入竞争力	7	1	14.3	6	85.7	0	0.0	保持
创新产出竞争力	7	3	42.9	3	42.9	1	14.3	上升
创新持续竞争力	6	1	16.7	4	66.7	1	16.7	下降
合计	32	9	28.1	17	53.1	6	18.8	保持

从图 10 - 3 可以看出，意大利国家创新竞争力的三级指标中上升指标的数量多于下降指标，保持不变的指标占大多数。表 10 - 2 中的数据进一步说明，意大利国家创新竞争力的 32 个三级指标中，上升指标 9 个，占指标总数的 28.1%；保持指标 17 个，占指标总数的 53.1%；下降指标 6 个，占指标总数的 18.8%。指标下降的数量少于指标上升的数量，下降的拉力略低于上升的动力，但不变的指标仍然居多，使得 2018 年意大利国家创新竞争力排位不变，在 G20 集团中居第 10 位。

10.1.3　意大利国家创新竞争力各级指标优劣势结构分析

2017~2018 年意大利国家创新竞争力各级指标的优劣势变化及其结构，如表 10 - 3 所示。

表 10 - 3　2017~2018 年意大利国家创新竞争力各级指标排位优劣势比较

二级指标	三级指标个数	强势		优势		中势		劣势		优劣度
		个数	比重（%）	个数	比重（%）	个数	比重（%）	个数	比重（%）	
创新基础竞争力	6	1	16.7	5	83.3	0	0.0	0	0.0	优势
创新环境竞争力	6	2	33.3	1	16.7	3	50.0	0	0.0	优势
创新投入竞争力	7	0	0.0	6	85.7	1	14.3	0	0.0	优势
创新产出竞争力	7	0	0.0	4	57.1	3	42.9	0	0.0	优势
创新持续竞争力	6	0	0.0	2	33.3	2	33.3	2	33.3	中势
合计	32	3	9.4	18	56.3	9	28.1	2	6.3	优势

从表 10 - 3 中的数据可以看出，意大利国家创新竞争力的 32 个三级指标中，强势指标 3 个，占指标总数的 9.4%；优势指标 18 个，占指标总数的 56.3%；中势指标 9 个，占指标总数的 28.1%；劣势指标 2 个，占指标总数的 6.3%；强势指标和优势指标的数量之和约占指标总数的 65.7%，大于中势指标和劣势指标之和。从二级指标来看，有 4 个优势指标，占二级指标总数的 83.3%；中势指标 1 个，占二级指标总数的 16.7%；没有劣势指标。由于强势指标和优势指标在指标体系中居于主导地位，2017~2018 年意大利国家创新竞争力处于优势地位。

10.2　意大利国家创新基础竞争力评价分析

10.2.1　意大利国家创新基础竞争力评价结果

2017~2018 年意大利国家创新基础竞争力及其下属 7 个三级指标的排位和排位变化情况，如表 10 - 4 所示。

表 10 - 4　2017~2018 年意大利国家创新基础竞争力指标组排位及趋势

年份 \ 项目	GDP		人均 GDP		财政收入		人均财政收入	
	得分	排名	得分	排名	得分	排名	得分	排名
2017	8.4	9	52.5	8	20.3	6	73.0	4
2018	8.5	8	53.3	8	23.5	6	75.7	4
得分变化	0.1		0.8		3.3		2.6	
排名升降		1		0		0		0
优劣度		优势		优势		优势		强势

年份 \ 项目	外国直接投资净值		受高等教育人员比重		全社会劳动生产率		创新基础竞争力	
	得分	排名	得分	排名	得分	排名	得分	排名
2017	2.8	16	—	—	61.9	7	36.5	7
2018	13.9	10	—	—	62.8	7	39.6	8
得分变化	11.2		—		0.9		3.1	
排名升降		6		—		0		-1
优劣度		优势		—		优势		优势

（1）从排位变化比较看，2018年意大利国家创新基础竞争力排名第8位，与2017年相比，排位下降1位，处于优势地位。

（2）从指标所处区位来看，7个三级指标有1个强势指标，其余为优势指标，由于意大利的受高等教育人员比重指标数据缺失，故不列入统计。

（3）从指标排位变化趋势看，在7个三级指标中，2个指标处于上升趋势，没有指标处于下降趋势，其余指标均保持不变。

（4）从指标排位变化的动因看，由于指标排位升降的幅度较小，且大部分指标排位保持不变，综合其他影响因素，意大利创新基础竞争力的综合排位下降1位，在G20集团中排名第8位。

（5）从三级指标结构特征看，在创新基础竞争力指标的7个三级指标中，没有中势指标和劣势指标；强势指标1个，占指标总数的14.3%；优势指标5个，占指标总数的71.5%；2个上升指标，占指标总数的28.6%；4个指标是保持趋势，占指标总数的57.2%。指标排位保持不变的指标较多，但综合其他影响因素，2018年意大利国家创新基础竞争力综合排位下降1位。

10.2.2　意大利国家创新基础竞争力比较分析

图10-4反映了2017～2018年意大利国家创新基础竞争力与G20集团最高水平和平均水平的比较情况。

由图10-4可知，评价期内意大利国家创新基础竞争力得分在39.6分左右，说明意大利国家创新基础竞争力处于较高水平。从创新基础竞争力的整体得分比较来看，2017年，意大利国家创新基础竞争力得分与G20集团最高分相比还有58.2分的差距，比G20集团平均分高6.3分；到2018年，意大利国家创新基础竞争力得分与G20集团最高分的差距为53.8分，比G20集团平均分高8.4分。总的来说，2017～2018年意大利国家创新基础竞争力与平均分的差距基本不变，其创新基础竞争力保持稳定。

从具体指标得分比较和变化趋势来看，意大利国家创新基础竞争力整体水平基本稳定；且7个指标的得分普遍高于G20国家平均分，创新基础竞争力不乏上升的动力。在下一步的科技创新活动中，应该继续扩大生产和加快企业战略转型，加大教育和科技财政投入，积极参与国际直接投资，借鉴和引进国际

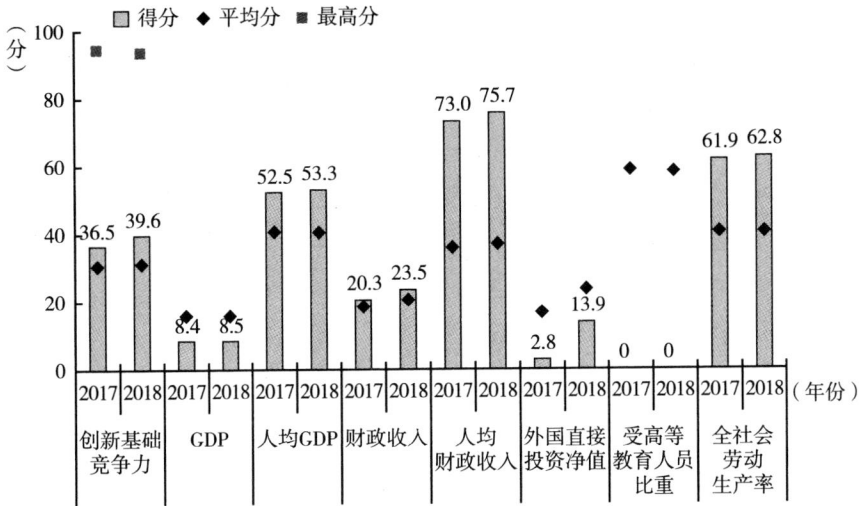

图 10 - 4　2017~2018 年意大利国家创新基础竞争力指标得分比较

科技前沿技术，提高全社会劳动生产率，夯实国家创新基础，不断增强国家创新基础竞争力。

10.3　意大利国家创新环境竞争力评价分析

10.3.1　意大利国家创新环境竞争力评价结果

2017~2018 年意大利国家创新环境竞争力及其下属 6 个三级指标的排位和排位变化情况，如表 10 - 5 所示。

表 10 - 5　2017~2018 年意大利国家创新环境竞争力指标组排位及趋势

项目 年份	因特网 用户比例		每百人 手机数		企业开业 程序		企业平均 税负水平		在线公共 服务指数		ISO9001 质量 体系认证数		创新环境 竞争力	
	得分	排名	得分	排名	得分	排名	得分	排名	得分	排名	得分	排名	得分	排名
2017	49.0	15	66.5	5	58.3	8	64.2	12	91.7	6	44.5	2	62.4	7
2018	64.9	11	69.2	4	44.4	9	58.6	14	46.3	14	13.8	4	49.5	9
得分变化	15.8		2.8		-13.9		-5.6		-45.4		-30.7		-12.8	
排名升降		4		1		-1		-2		-8		-2		-2
优劣度		中势		强势		优势		中势		中势		强势		优势

（1）从排位变化比较看，2018年意大利国家创新环境竞争力排名第9位，与2017年相比，排位下降2位，处于优势地位。

（2）从指标所处区位来看，6个三级指标中有2个强势指标，为每百人手机数和ISO9001质量体系认证数；有1个优势指标，为企业开业程序；其余都是中势指标，为因特网用户比例、企业平均税负水平和在线公共服务指数。

（3）从指标排位变化趋势看，在6个三级指标中，有2个指标处于上升趋势，分别为因特网用户比例和每百人手机数；其余指标均处于下降趋势。

（4）从指标排位变化的动因看，有2个三级指标的排位出现了上升，但由于4个三级指标的排位出现了下降，所以意大利创新环境竞争力的综合排位下降2位，在G20集团中处于第9位。

（5）从三级指标结构特征看，在创新环境竞争力指标组的6个三级指标中，有2个强势指标，占指标总数的33.2%；优势指标1个，占指标总数的16.6%；中势指标3个，占指标总数的50.0%；中势和强势指标居于主导地位。上升指标2个，占指标总数的33.3%；下降指标4个，占指标总数的66.6%。指标排位上升的数量低于排位下降的数量，2018年意大利国家创新环境竞争力综合排位与2017年相比下降2位。

10.3.2　意大利国家创新环境竞争力比较分析

图10-5反映了2017～2018年意大利国家创新环境竞争力与G20集团最高水平和平均水平的比较情况。

由图10-5可知，评价期内意大利国家创新环境竞争力得分普遍高于40分，处于较高水平。从创新环境竞争力的整体得分比较来看，2017年，意大利国家创新环境竞争力得分与G20集团最高分相比还有7.4分的差距，与G20集团平均分相比，高9.5分；2018年，意大利国家创新环境竞争力得分与G20集团最高分的差距为17.2分，高于G20集团平均分2.9分。总的来说，2017～2018年意大利国家创新环境竞争力与最高分的差距有所扩大。

从具体指标得分比较和变化趋势来看，意大利国家创新环境竞争力整体水平较高，处于优势地位，这主要是由于每百人手机数、企业开业程序、ISO9001质量体系认证数处于强势或优势地位；而2018年绝大部分指标均高于G20集团平均分水平，这促进了其创新环境竞争力的进一步提升。因此，为了巩固和

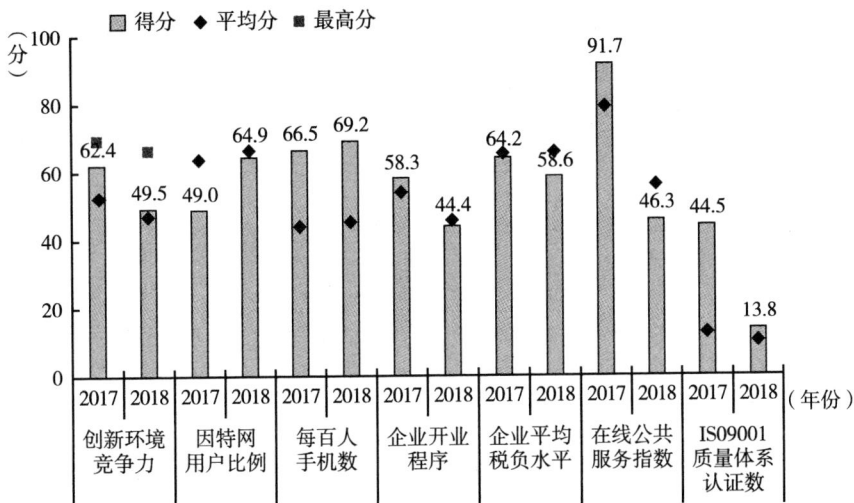

图 10 - 5　2017～2018 年意大利国家创新环境竞争力指标得分比较

提升意大利国家创新环境竞争力，应继续着力提高网络使用率，加快信息高速公路建设，加大对创新型企业的科技和资金扶持力度，加强知识产权保护，重视创新人才的外引内育，营造有利于企业健康有序发展的良好创新氛围，不断优化国家创新环境，进一步增强国家创新环境竞争力。

10.4　意大利国家创新投入竞争力评价分析

10.4.1　意大利国家创新投入竞争力评价结果

2017～2018 年意大利国家创新投入竞争力及其下属 7 个三级指标的排位和排位变化情况，如表 10 - 6 所示。

（1）从排位变化比较看，2018 年意大利国家创新投入竞争力排名第 10 位，与 2017 年相比，排位保持不变，处于优势地位。

（2）从指标所处区位来看，7 个三级指标中有 1 个中势指标，为 R&D 人员；其余指标均是优势指标。

（3）从指标排位变化趋势看，在 7 个三级指标中，有 6 个指标排位保持不

表 10 - 6　2017～2018 年意大利国家创新投入竞争力指标组排位及趋势

项目 年份	R&D 经费 支出总额		R&D 经费支出 占 GDP 比重		人均 R&D 经费支出		R&D 人员	
	得分	排名	得分	排名	得分	排名	得分	排名
2017	4.5	9	37.1	10	26.0	9	6.9	11
2018	4.6	8	38.0	10	26.7	9	6.2	11
得分变化	0.1		1.0		0.6		-0.7	
排名升降		1		0		0		0
优劣度		优势		优势		优势		中势

项目 年份	研究人员占从业 人员比重		企业研发 投入比重		风险资本交易 占 GDP 比重		创新投入 竞争力	
	得分	排名	得分	排名	得分	排名	得分	排名
2017	53.1	8	36.6	10	0.0	8	23.4	10
2018	51.6	8	34.7	10	0.0	8	23.1	10
得分变化	-1.4		-2.0		0.0		-0.3	
排名升降		0		0		0		0
优劣度		优势		优势		优势		优势

变；有 1 个指标处于上升趋势，为 R&D 经费支出总额。

（4）从指标排位变化的动因看，由于有 6 个三级指标的排位保持不变，意大利创新投入竞争力的综合排位也保持不变，在 G20 集团中排名第 10 位。

（5）从三级指标结构特征看，在创新投入竞争力指标组的 7 个三级指标中，有 1 个中势指标，占指标总数的 14.3%；优势指标 6 个，占指标总数的 85.7%。上升指标 1 个，占指标总数的 14.3%；没有下降指标；保持指标 6 个，占指标总数的 85.7%。由于大部分指标排位保持不变，2018 年意大利国家创新投入竞争力综合排位仍保持不变。

10.4.2　意大利国家创新投入竞争力比较分析

图 10 - 6 反映了 2017～2018 年意大利国家创新投入竞争力与 G20 集团最高水平和平均水平的比较情况。

由图 10 - 6 可知，评价期内意大利国家创新投入竞争力得分均高于 20 分，说明意大利国家创新投入竞争力处于较高水平。从创新投入竞争力的整体得分比较来看，2017 年，意大利国家创新投入竞争力得分与 G20 集团最高分相比还有 60.5 分的差距，与 G20 集团平均分相比，则低了 5.3 分；到 2018 年，意

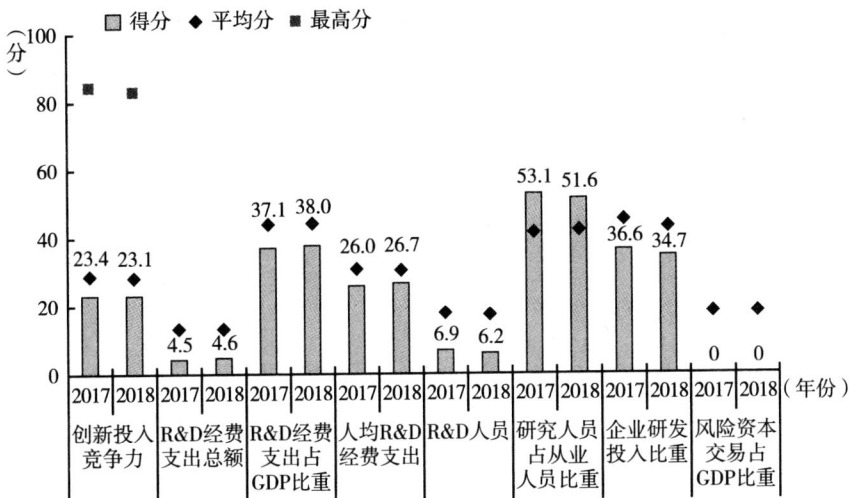

图 10 - 6　2017～2018 年意大利国家创新投入竞争力指标得分比较

大利国家创新投入竞争力得分与 G20 集团最高分的差距为 59.6 分，低于 G20 集团平均分 5.2 分。总的来说，2017～2018 年意大利国家创新投入竞争力与平均分的差距较小，国家创新投入竞争力排位保持不变。

从具体指标得分比较和变化趋势来看，意大利国家创新投入竞争力整体水平较为稳定，仍处于优势地位，这主要是由于大部分指标得分较高；大部分三级指标的得分都接近 G20 国家平均分，可见，其创新投入竞争力还有提升空间。今后要特别关注这些问题，继续加大科技研发经费投入，鼓励多元化的创新研发投入，加大研发人员培养力度，高度重视研发人才队伍建设，不断增加国家创新投入，显著增强国家创新投入竞争力。

10.5　意大利国家创新产出竞争力评价分析

10.5.1　意大利国家创新产出竞争力评价结果

2017～2018 年意大利国家创新产出竞争力及其下属 7 个三级指标的排位和排位变化情况，如表 10 - 7 所示。

表 10 - 7 2017 ~ 2018 年意大利国家创新产出竞争力指标组排位及趋势

年份＼项目	专利授权数		科技论文发表数		专利和许可收入		高技术产品出口额	
	得分	排名	得分	排名	得分	排名	得分	排名
2017	1.4	15	13.5	7	3.4	9	15.7	9
2018	1.8	13	14.5	8	3.8	9	13.9	9
得分变化	0.4		1.0		0.4		-1.7	
排名升降		2		-1		0		0
优劣度		中势		优势		优势		优势

年份＼项目	高技术产品出口比重		注册商标数		创意产品出口比重		创新产出竞争力	
	得分	排名	得分	排名	得分	排名	得分	排名
2017	22.6	15	9.9	14	17.4	8	12.0	14
2018	19.3	15	17.1	13	60.0	7	18.6	10
得分变化	-3.3		7.2		42.6		6.7	
排名升降		0		1		1		4
优劣度		中势		中势		优势		优势

（1）从排位变化比较看，2018 年意大利国家创新产出竞争力排名第 10 位，与 2017 年相比，排位上升了 4 位，处于优势地位。

（2）从指标所处区位来看，7 个三级指标中没有强势指标；4 个指标是优势指标，分别为科技论文发表数、专利和许可收入、高技术产品出口额、创意产品出口比重；其余 3 个指标均为中势指标。

（3）从指标排位变化趋势看，在 7 个三级指标中，有 3 个指标处于上升趋势，分别为专利授权数、注册商标数、创意产品出口比重；有 1 个指标处于下降趋势，为科技论文发表数。

（4）从指标排位变化的动因看，3 个三级指标的排位出现了上升，1 个三级指标的排位出现了下降，在指标升降的综合作用下，意大利创新产出竞争力的综合排位上升了 4 位，在 G20 集团中排名第 10 位。

（5）从三级指标结构特征看，在创新产出竞争力指标组的 7 个三级指标中，优势指标 4 个，占指标总数的 57.2%；中势指标 3 个，占指标总数的 42.8%；没有劣势指标。上升指标 3 个，占指标总数的 42.9%；下降指标 1 个，占指标总数的 14.3%。指标排位上升的数量大于排位下降的数量，2018 年意大利国家创新产出竞争力综合排位与 2017 年相比，上升了 4 位。

10.5.2 意大利国家创新产出竞争力比较分析

图 10 - 7 反映了 2017～2018 年意大利国家创新产出竞争力与 G20 集团最高水平和平均水平的比较情况。

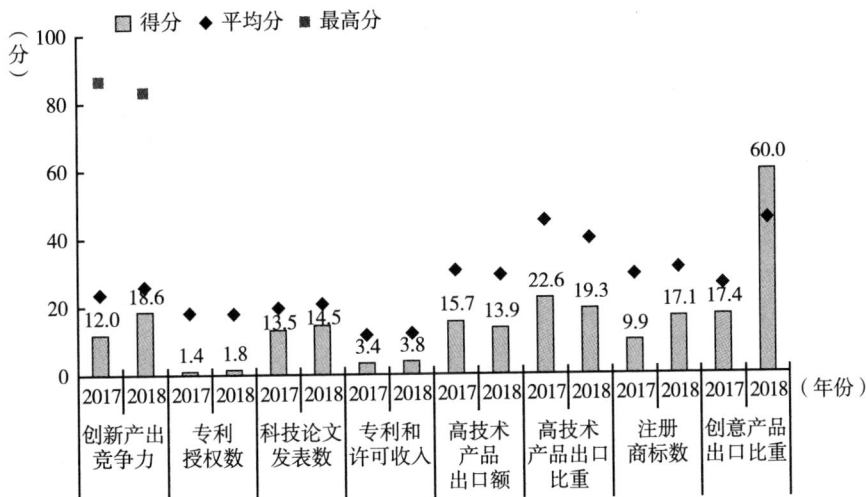

图 10 - 7 2017～2018 年意大利国家创新产出竞争力指标得分比较

由图 10 - 7 可知，评价期内意大利国家创新产出竞争力得分均在 10～20 分，说明意大利国家创新产出竞争力处于较低水平。从创新产出竞争力的整体得分比较来看，2017 年，意大利国家创新产出竞争力得分与 G20 集团最高分相比还有 74.8 分的差距，低于 G20 集团平均分 11.7 分；到 2018 年，意大利国家创新产出竞争力得分与 G20 集团最高分的差距为 64.3 分，低于 G20 集团平均分 7.5 分。总的来说，2017～2018 年意大利国家创新产出竞争力与最高分和平均分的差距呈缩小趋势，排位处于上升趋势。

从具体指标得分比较和变化趋势来看，意大利国家创新产出竞争力整体水平上升 4 位，这主要是由于专利授权数、注册商标数和创意产品出口比重等指标得分和排位上升所致；由于大部分三级指标的评价得分均低于 G20 国家平

223

均分，所以国家创新产出竞争力仍是意大利的短板所在，建议加以巩固。因此，要进一步提升意大利的专利申请和授权量，增强企业和个人专利权的创造和运用能力；完善知识产权激励机制，促进专利和许可收入增长；注重提升基础研究能力，增加科技论文等创新产出的数量和提高质量；优化出口贸易结构，加大高技术产品出口比重，突出高技术产品在对外贸易中的重要地位；推动实施商标战略，打造国际知名品牌。通过实施一系列的创新措施，切实提高国家创新产出，增强国家创新产出竞争力。

10.6 意大利国家创新持续竞争力评价分析

10.6.1 意大利国家创新持续竞争力评价结果

2017～2018年意大利国家创新持续竞争力及其下属6个三级指标的排位和排位变化情况，如表10-8所示。

表10-8 2017～2018年意大利国家创新持续竞争力指标组排位及趋势

项目 年份	公共教育经费支出总额		公共教育经费支出占GDP比重		人均公共教育经费支出额		高等教育毛入学率		科技人员增长率		科技经费增长率		创新持续竞争力	
	得分	排名	得分	排名	得分	排名	得分	排名	得分	排名	得分	排名	得分	排名
2017	6.2	11	28.5	17	42.7	9	54.7	12	82.8	3	42.4	13	42.9	10
2018	6.2	11	20.0	17	43.4	9	54.2	12	3.7	17	79.4	6	34.5	13
得分变化	0.1		-8.5		0.7		-0.6		-79.1		37.1		-8.4	
排名升降		0		0		0		0		-14		7		-3
优劣度		中势		劣势		优势		中势		劣势		优势		中势

（1）从排位变化比较看，2018年意大利国家创新持续竞争力排名第13位，与2017年排名相比下降3位，处于中势地位。

（2）从指标所处区位来看，6个三级指标中有2个优势指标，为人均公共教育经费支出额和科技经费增长率；中势指标2个，为公共教育经费支出总额和高等教育毛入学率；其余2个指标为劣势指标。

（3）从指标排位变化趋势看，在6个三级指标中，有1个指标处于上升趋

势，为科技经费增长率；4 个指标排名保持不变；1 个指标呈下降趋势，为科技人员增长率，这是意大利创新持续竞争力的下降拉力所在。

（4）从指标排位变化的动因看，上升动力远小于下降拉力，另有 4 个指标保持不变，因此意大利创新持续竞争力的综合排位下降，在 G20 集团中排名第 13 位。

（5）从三级指标结构特征看，在创新持续竞争力指标组的 6 个三级指标中，优势指标 2 个，占指标总数的 33.4%；中势指标 2 个，占指标总数的 33.4%；劣势指标 2 个，占指标总数的 33.4%，强势指标和优势指标所占比重远低于劣势指标的比重。上升指标 1 个，下降指标 1 个，各占指标总数的 16.7%；保持指标 4 个，占指标总数的 66.6%；由于保持指标占绝大多数，而且下降指标拉力远大于上升指标的动力，2018 年意大利国家创新持续竞争力综合排位与 2017 年相比下降了 3 位。

10.6.2　意大利国家创新持续竞争力比较分析

图 10-8 反映了 2017～2018 年意大利国家创新持续竞争力与 G20 集团最高水平和平均水平的比较情况。

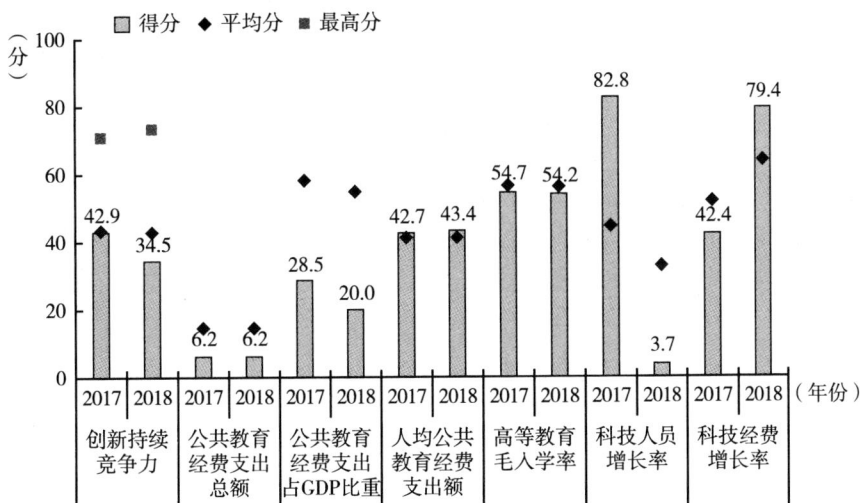

图 10-8　2017～2018 年意大利国家创新持续竞争力指标得分比较

由图 10 - 8 可知，从创新持续竞争力的整体得分比较来看，2017 年，意大利国家创新持续竞争力得分与 G20 集团最高分相比还有 28.4 分的差距，低于 G20 集团平均分 0.5 分；到 2018 年，意大利国家创新持续竞争力得分与 G20 集团最高分的差距扩大为 39.1 分，低于 G20 集团平均分 8.4 分。总的来说，2017～2018 年意大利国家创新持续竞争力与最高分、平均分差距呈扩大趋势。

从具体指标得分比较和变化趋势来看，意大利国家创新持续竞争力整体水平有下降的趋势，其中公共教育经费支出占 GDP 比重、科技人员增长率为劣势指标。因此，未来意大利要提高创新持续增长力，应该不断增加教育经费的投入，实现国家创新能力的可持续发展，显著增强国家创新持续竞争力。

第11章
日本国家创新竞争力评价分析报告

日本位于亚洲东部、太平洋西北，东部和南部为太平洋，西临日本海、东海，北接鄂霍次克海，隔海分别和朝鲜、韩国、中国、俄罗斯、菲律宾等国相望。领土由北海道、本州、四国、九州四大岛及7200多个小岛组成，总面积37.8万平方千米。2018年全国年末总人口约为12653万人，实现国内生产总值49548亿美元，人均GDP达到39159美元。本部分通过对日本2017～2018年国家创新竞争力以及创新竞争力中各要素在G20集团中的排名变化分析，从中找出日本国家创新竞争力的推动点及影响因素。

11.1 日本国家创新竞争力总体评价分析

2017～2018年，日本的国家创新竞争力排名略有上升。其中，2017年日本国家创新竞争力在G20集团中排名第5位，到了2018年，排名第4位，排位上升了1位。

11.1.1 日本国家创新竞争力概要分析

日本国家创新竞争力在G20集团中所处的位置及5个二级指标的得分和排位变化如图11-1、图11-2和表11-1所示。

（1）从综合排位变化看，2018年日本国家创新竞争力综合排名在G20集团中处于第4位，与2017年相比，排位上升了1位。

（2）从指标得分看，2018年日本国家创新竞争力得分为45.3分，比G20集团最高分低33.2分，比平均分高10.3分；与2017年相比，日本国家创新竞争力得分提高了0.9分，与当年最高分的差距缩小了2.4分，与G20集团平均分的差距扩大了1.6分。

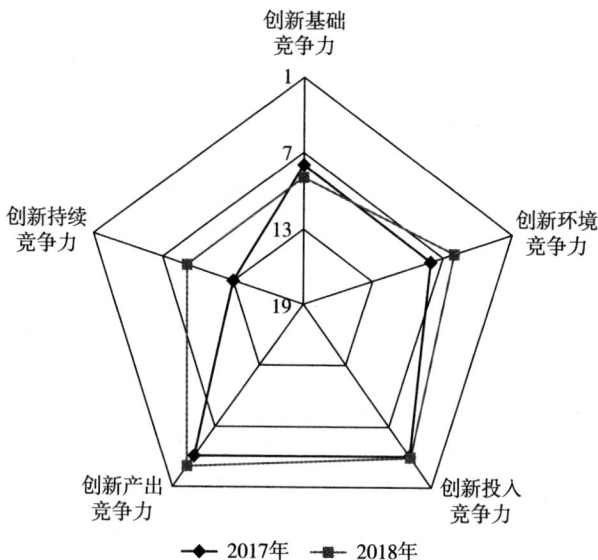

图 11-1　日本国家创新竞争力二级指标排名雷达图

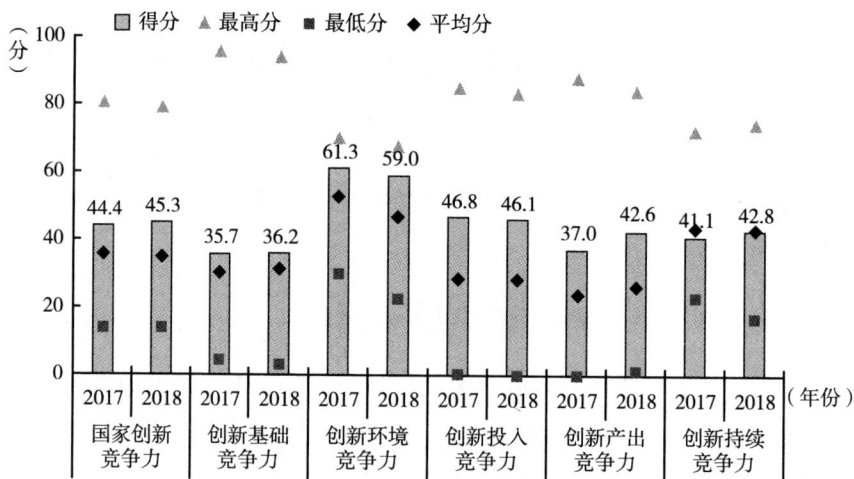

图 11-2　日本国家创新竞争力得分和排名变化趋势

（3）从指标所处区位看，2018 年日本国家创新竞争力的 5 个二级指标中，强势指标 2 个，分别是创新投入竞争力、创新产出竞争力；优势指标 3 个，分别为创新基础竞争力、创新环境竞争力、创新持续竞争力。

表 11 -1 日本国家创新竞争力二级指标得分和排名

项目 年份	创新基础 竞争力		创新环境 竞争力		创新投入 竞争力		创新产出 竞争力		创新持续 竞争力		创新竞争力	
	得分	排名	得分	排名	得分	排名	得分	排名	得分	排名	得分	排名
2017	35.7	8	61.3	8	46.8	4	37.0	4	41.1	13	44.4	5
2018	36.2	9	59.0	6	46.1	4	42.6	3	42.8	9	45.3	4
得分变化	0.5		-2.3		-0.8		5.6		1.7		0.9	
排名升降		-1		2		0		1		4		1
优劣度		优势		优势		强势		强势		优势		强势

（4）从指标排位变化趋势看，在5个二级指标中，有3个指标的排位处于上升趋势，分别是创新环境竞争力、创新产出竞争力和创新持续竞争力，是日本国家创新竞争力的上升动力所在；有1个指标的排位处于下降趋势，为创新基础竞争力；创新投入竞争力指标排位没有发生变化。

（5）从指标排位变化的动因看，1个二级指标的排位出现了下降，3个指标排位上升，因此，受指标排位上升的影响，2018年日本国家创新竞争力的综合排位上升了1位，在G20集团中排名第4位。

11.1.2 日本国家创新竞争力各级指标动态变化分析

2017～2018年日本国家创新竞争力各级指标的动态变化及其结构，如图11-3和表11-2所示。

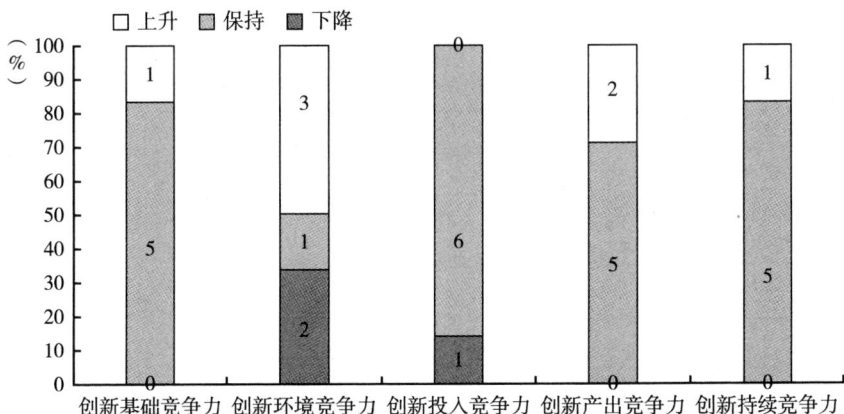

图 11 -3 2017～2018 年日本国家创新竞争力指标动态变化结构

表 11 - 2 2017～2018 年日本国家创新竞争力各级指标排位变化态势比较

二级指标	三级指标个数	上升		保持		下降		变化趋势
		个数	比重（%）	个数	比重（%）	个数	比重（%）	
创新基础竞争力	6	1	16.7	5	83.3	0	0.0	下降
创新环境竞争力	6	3	50.0	1	16.7	2	33.3	上升
创新投入竞争力	7	0	0.0	6	85.7	1	14.3	保持
创新产出竞争力	7	2	28.6	5	71.4	0	0.0	上升
创新持续竞争力	6	1	16.7	5	83.3	0	0.0	上升
合计	32	7	21.9	22	68.8	3	9.4	上升

从图 11 - 3 可以看出，日本国家创新竞争力的三级指标中上升指标的数量大于下降指标，但保持不变的指标仍居于主导地位。表 11 - 2 中的数据进一步说明，日本国家创新竞争力的 32 个三级指标中，上升指标有 7 个，占指标总数的 21.9%；保持指标有 22 个，占指标总数的 68.8%；下降指标有 3 个，占指标总数的 9.4%。指标上升的数量大于指标下降的数量，上升的动力大于下降的拉力，使得 2018 年日本国家创新竞争力排位上升了 1 位，在 G20 集团中居第 4 位。

11.1.3 日本国家创新竞争力各级指标优劣势结构分析

2017～2018 年日本国家创新竞争力各级指标的优劣势变化及其结构，如表 11 - 3 所示。

表 11 - 3 2017～2018 年日本国家创新竞争力各级指标排位优劣势比较

二级指标	三级指标个数	强势		优势		中势		劣势		优劣度
		个数	比重（%）	个数	比重（%）	个数	比重（%）	个数	比重（%）	
创新基础竞争力	6	2	33.3	3	50.0	1	16.7	0	0.0	优势
创新环境竞争力	6	3	50.0	2	33.3	1	16.7	0	0.0	优势
创新投入竞争力	7	4	57.1	3	42.9	0	0.0	0	0.0	强势
创新产出竞争力	7	4	57.1	3	42.9	0	0.0	0	0.0	强势
创新持续竞争力	6	1	16.7	1	16.7	4	66.7	0	0.0	优势
合计	32	14	43.8	12	37.5	6	18.8	0	0.0	强势

从表11-3中的数据可以看出，日本国家创新竞争力的32个三级指标中，强势指标14个，占指标总数的43.8%；优势指标12个，占指标总数的37.5%；中势指标6个，占指标总数的18.8%；没有劣势指标；强势指标和优势指标的数量之和约占指标总数的81.3%，远远大于中势指标和劣势指标之和。从二级指标来看，强势指标2个，占二级指标总数的40%；优势指标3个，占二级指标总数的60%。由于强势指标和优势指标在指标体系中居于主导地位，2017～2018年日本国家创新竞争力处于强势地位。

11.2 日本国家创新基础竞争力评价分析

11.2.1 日本国家创新基础竞争力评价结果

2017～2018年日本国家创新基础竞争力及其下属6个三级指标的排位和排位变化情况，如表11-4所示。

表11-4　2017～2018年日本国家创新基础竞争力指标组排位及趋势

年份\项目	GDP		人均GDP		财政收入		人均财政收入	
	得分	排名	得分	排名	得分	排名	得分	排名
2017	23.6	3	62.8	7	23.9	5	39.9	9
2018	22.7	3	60.9	7	27.9	5	41.2	9
得分变化	-0.9		-1.9		4.0		1.3	
排名升降		0		0		0		0
优劣度		强势		优势		强势		优势

年份\项目	外国直接投资净值		受高等教育人员比重		全社会劳动生产率		创新基础竞争力	
	得分	排名	得分	排名	得分	排名	得分	排名
2017	4.9	13	—	—	59.1	8	35.7	8
2018	8.0	12	—	—	56.3	8	36.2	9
得分变化	3.1		—		-2.8		0.5	
排名升降		1		—		0		-1
优劣度		中势		—		优势		优势

（1）从排位变化比较看，2018年日本国家创新基础竞争力排名第9位，与2017年相比，排位下降1位，但是仍处于优势地位。

（2）从指标所处区位来看，6 个三级指标中有 2 个强势指标，3 个优势指标，1 个中势指标，没有劣势指标。

（3）从指标排位变化趋势看，在 6 个三级指标中，有 1 个指标处于上升趋势，为外国直接投资净值；其余 5 个指标均保持不变。

（4）从指标排位变化的动因看，由于指标排位升降的幅度较小，且大部分指标排位保持不变，日本创新基础竞争力的综合排位下降 1 位，在 G20 集团中排名第 9 位。

（5）从三级指标结构特征看，在创新基础竞争力指标组的 6 个三级指标中，有 2 个强势指标，占指标总数的 33.3%；优势指标 3 个，占指标总数的 50%；中势指标 1 个，占指标总数的 16.7%；没有劣势指标；强势和优势指标所占比重大于中势指标的比重。上升指标 1 个，占指标总数的 16.7%；其余 5 个指标是保持趋势，占指标总数的 83.3%。指标排位上升的数量较少，且保持不变的指标较多，使得 2018 年日本国家创新基础竞争力综合排位下降 1 位。

11.2.2 日本国家创新基础竞争力比较分析

图 11-4 反映了 2017~2018 年日本国家创新基础竞争力与 G20 集团最高水平和平均水平的比较情况。

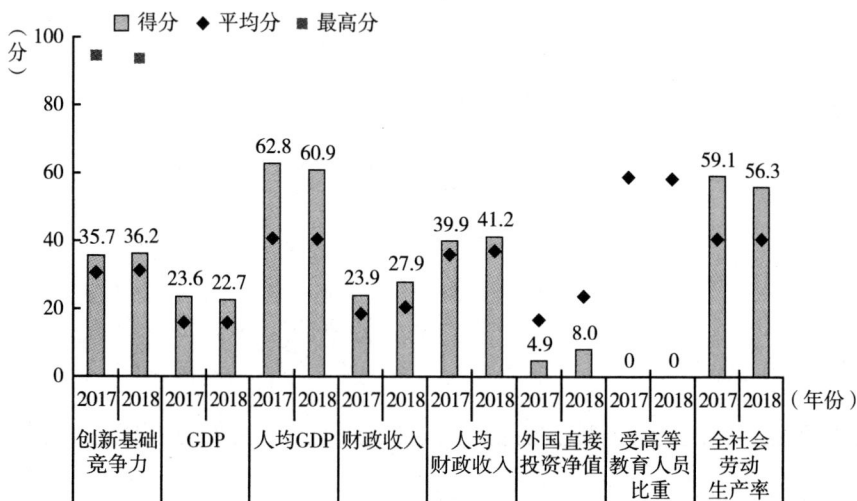

图 11-4 2017~2018 年日本国家创新基础竞争力指标得分比较

由图 11－4 可知，评价期内日本国家创新基础竞争力得分均在 35 分以上，说明日本国家创新基础竞争力处于较高水平。从创新基础竞争力的整体得分比较来看，2017 年，日本国家创新基础竞争力得分与 G20 集团最高分相比还有 58.9 分的差距，比 G20 集团平均分高 5.6 分；到 2018 年，日本国家创新基础竞争力得分与 G20 集团最高分的差距为 57.3 分，比 G20 集团平均分高 5.0 分。总的来说，2017～2018 年日本国家创新基础竞争力与最高分、平均分的差距基本不变，其创新基础竞争力略微下降。

从具体指标得分比较和变化趋势来看，日本国家创新基础竞争力整体水平基本稳定；且大部分指标的得分高于 G20 国家平均分，但是创新基础竞争力缺乏上升的动力。在下一步的科技创新活动中，要特别关注这些问题，继续扩大生产和加快企业战略转型、加大教育和科技财政投入，积极参与国际直接投资，借鉴和引进国际科技前沿技术，提高全社会劳动生产率，夯实国家创新基础，不断增强国家创新基础竞争力。

11.3 日本国家创新环境竞争力评价分析

11.3.1 日本国家创新环境竞争力评价结果

2017～2018 年日本国家创新环境竞争力及其下属 6 个三级指标的排位和排位变化情况，如表 11－5 所示。

表 11－5 2017～2018 年日本国家创新环境竞争力指标组排位及趋势

项目\年份	因特网用户比例		每百人手机数		企业开业程序		企业平均税负水平		在线公共服务指数		ISO9001 质量体系认证数		创新环境竞争力	
	得分	排名	得分	排名	得分	排名	得分	排名	得分	排名	得分	排名	得分	排名
2017	83.3	6	63.0	6	50.0	11	64.9	9	91.7	6	15.2	4	61.3	8
2018	92.3	4	74.6	3	33.3	12	65.7	10	70.4	6	17.8	3	59.0	6
得分变化	9.0		11.6		-16.7		0.8		-21.3		2.6		-2.3	
排名升降		2		3		-1		-1		0		1		2
优劣度		强势		强势		中势		优势		优势		强势		优势

（1）从排位变化比较看，2018 年日本国家创新环境竞争力排名第 6 位，与 2017 年相比，排位上升了 2 位，处于优势地位。

（2）从指标所处区位来看，6个三级指标中有3个强势指标，为因特网用户比例、每百人手机数、ISO9001质量体系认证数；有2个优势指标，为企业平均税负水平、在线公共服务指数；有1个中势指标，为企业开业程序。

（3）从指标排位变化趋势看，在6个三级指标中，有3个指标处于上升趋势，为因特网用户比例、每百人手机数、ISO9001质量体系认证数；有2个指标处于下降趋势，为企业开业程序、企业平均税负水平；有1个指标保持不变，为在线公共服务指数。

（4）从指标排位变化的动因看，有3个三级指标的排位出现了上升，因此日本创新环境竞争力的综合排位处于上升趋势，在G20集团中处于第6位。

（5）从三级指标结构特征看，在创新环境竞争力指标组的6个三级指标中，强势指标3个，占指标总数的50%；优势指标2个，占指标总数的33.3%；中势指标1个，占指标总数的16.7%；没有劣势指标；强势和优势指标居于主导地位。上升指标3个，占指标总数的50%；下降指标2个，占指标总数的33.3%；保持指标1个，占指标总数的16.7%。指标排位上升的数量大于排位下降的数量，且受其他因素的综合影响，2018年日本国家创新环境竞争力综合排位与2017年相比上升了2位。

11.3.2　日本国家创新环境竞争力比较分析

图11-5反映了2017～2018年日本国家创新环境竞争力与G20集团最高水平和平均水平的比较情况。

由图11-5可知，评价期内日本国家创新环境竞争力得分在60分左右，处于较高水平。从创新环境竞争力的整体得分比较来看，2017年，日本国家创新环境竞争力得分与G20集团最高分相比还有8.4分的差距，与G20集团平均分相比，高8.5分；2018年，日本国家创新环境竞争力得分与G20集团最高分的差距为7.7分，高于G20集团平均分12.4分。总的来说，2017～2018年日本国家创新环境竞争力与最高分的差距有所缩小。

从具体指标得分比较和变化趋势来看，日本国家创新环境竞争力整体水平较高，处于优势地位，这主要是由于大部分指标处于强势和优势地位；而企业开业程序指标低于G20集团平均分水平，这限制了其创新环境竞争力的进一步提升。因此，为了巩固和提升日本国家创新环境竞争力，应针对这些问题，

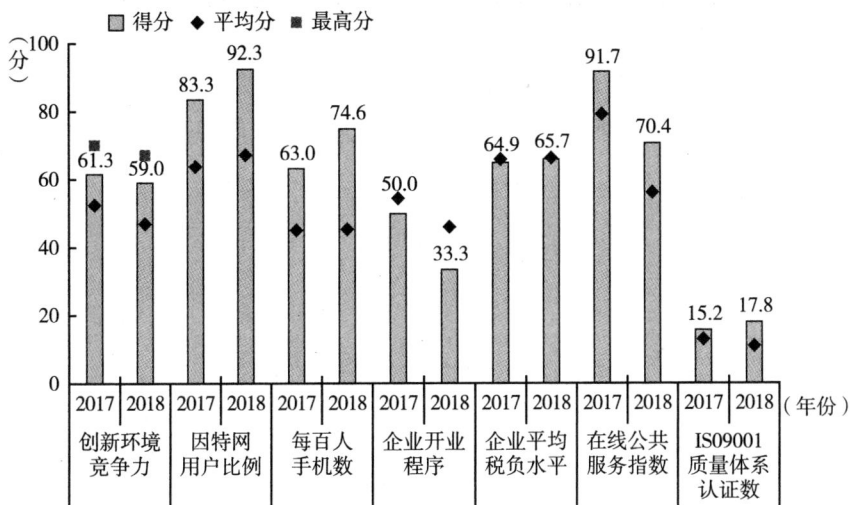

图 11 - 5　2017～2018 年日本国家创新环境竞争力指标得分比较

着力提高网络使用率，加快信息高速公路建设，加大对创新型企业的科技和资金扶持力度，加强知识产权保护，重视创新人才的外引内育，营造有利于企业健康有序发展的良好创新氛围，不断优化国家创新环境，进一步增强国家创新环境竞争力。

11.4　日本国家创新投入竞争力评价分析

11.4.1　日本国家创新投入竞争力评价结果

2017～2018 年日本国家创新投入竞争力及其下属 7 个三级指标的排位和排位变化情况，如表 11 - 6 所示。

（1）从排位变化比较看，2018 年日本国家创新投入竞争力排名第 4 位，与 2017 年相比，排位保持不变，处于强势地位。

（2）从指标所处区位来看，7 个三级指标中有 4 个强势指标，分别为 R&D 经费支出总额、R&D 经费支出占 GDP 比重、人均 R&D 经费支出、R&D 人员；其余 3 个指标均是优势指标。

表 11 -6　2017～2018 年日本国家创新投入竞争力指标组排位及趋势

年份\项目	R&D 经费支出总额		R&D 经费支出占 GDP 比重		人均 R&D 经费支出		R&D 人员	
	得分	排名	得分	排名	得分	排名	得分	排名
2017	28.2	3	96.8	2	72.9	3	21.2	3
2018	27.4	3	98.5	2	71.4	3	19.7	3
得分变化	-0.8		1.8		-1.5		-1.6	
排名升降		0		0		0		0
优劣度		强势		强势		强势		强势

年份\项目	研究人员占从业人员比重		企业研发投入比重		风险资本交易占 GDP 比重		创新投入竞争力	
	得分	排名	得分	排名	得分	排名	得分	排名
2017	57.7	6	51.2	6	0.0	8	46.8	4
2018	56.8	7	48.7	6	0.0	8	46.1	4
得分变化	-0.9		-2.5		0.0		-0.8	
排名升降		-1		0		0		0
优劣度		优势		优势		优势		强势

（3）从指标排位变化趋势看，在 7 个三级指标中，有 6 个指标排位保持不变；有 1 个指标处于下降趋势，为研究人员占从业人员比重。

（4）从指标排位变化的动因看，由于有 6 个三级指标的排位保持不变，日本创新投入竞争力的综合排位也保持不变，在 G20 集团中排名第 4 位。

（5）从三级指标结构特征看，在创新投入竞争力指标组的 7 个三级指标中，有 4 个强势指标，占指标总数的 57.1%；有 3 个优势指标，占指标总数的 42.9%。没有上升指标；有 1 个下降指标，占指标总数的 14.3%；保持指标 6 个，占指标总数的 85.7%。由于大部分指标排位保持不变，2018 年日本国家创新投入竞争力综合排位仍保持不变。

11.4.2　日本国家创新投入竞争力比较分析

图 11 -6 反映了 2017～2018 年日本国家创新投入竞争力与 G20 集团最高水平和平均水平的比较情况。

由图 11 -6 可知，评价期内日本国家创新投入竞争力得分均高于 45 分，说明日本国家创新投入竞争力处于较高水平。从创新投入竞争力的整体得分比较来看，2017 年，日本国家创新投入竞争力得分与 G20 集团最高分相比有

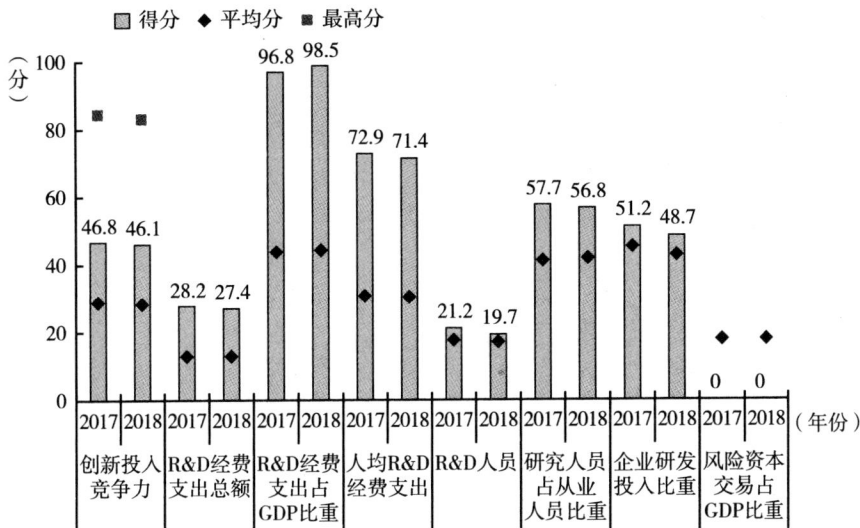

图 11-6 2017～2018 年日本国家创新投入竞争力指标得分比较

37.1 分的差距，与 G20 集团平均分相比，则高了 18.1 分；到 2018 年，日本国家创新投入竞争力得分与 G20 集团最高分的差距为 36.7 分，高于 G20 集团平均分 17.8 分。总的来说，2017～2018 年日本国家创新投入竞争力与最高分相比仍有一些差距，国家创新投入竞争力排位保持不变。

从具体指标得分比较和变化趋势来看，日本国家创新投入竞争力整体水平较为稳定，仍处于强势地位，这主要是由于所有三级指标都是强势指标和优势指标，且所有三级得分都高于 G20 国家平均分，可见，其创新投入竞争力确实较强。今后更要继续加大科技研发经费投入，鼓励多元化的创新研发投入，加大研发人员培养力度，高度重视研发人才队伍建设，不断增加国家创新投入，进一步增强国家创新投入竞争力。

11.5 日本国家创新产出竞争力评价分析

11.5.1 日本国家创新产出竞争力评价结果

2017～2018 年日本国家创新产出竞争力及其下属 7 个三级指标的排位和排位变化情况，如表 11-7 所示。

表 11-7　2017~2018 年日本国家创新产出竞争力指标组排位及趋势

年份 \ 项目	专利授权数		科技论文发表数		专利和许可收入		高技术产品出口额	
	得分	排名	得分	排名	得分	排名	得分	排名
2017	62.3	3	19.9	5	33.0	2	52.1	6
2018	58.5	3	21.0	5	35.4	2	47.8	6
得分变化	-3.8		1.1		2.4		-4.2	
排名升降		0		0		0		0
优劣度		强势		强势		强势		优势

年份 \ 项目	高技术产品出口比重		注册商标数		创意产品出口比重		创新产出竞争力	
	得分	排名	得分	排名	得分	排名	得分	排名
2017	52.9	7	34.3	7	4.3	15	37.0	4
2018	46.6	7	34.7	5	54.3	9	42.6	3
得分变化	-6.3		0.4		49.9		5.6	
排名升降		0		2		6		1
优劣度		优势		强势		优势		强势

（1）从排位变化比较看，2018 年日本国家创新产出竞争力排名第 3 位，与 2017 年相比，排位上升了 1 位，处于强势地位。

（2）从指标所处区位来看，7 个三级指标中有 4 个强势指标，为专利授权数、科技论文发表数、专利和许可收入、注册商标数；3 个优势指标，为高技术产品出口额、高技术产品出口比重、创意产品出口比重。

（3）从指标排位变化趋势看，在 7 个三级指标中，有 2 个指标处于上升趋势，为注册商标数、创意产品出口比重；其余指标排位均保持不变。

（4）从指标排位变化的动因看，2 个三级指标的排位上升，没有三级指标的排位下降，5 个三级指标的排位保持不变；在指标升降的综合作用下，日本创新产出竞争力的综合排位上升了 1 位，在 G20 集团中排名第 3 位。

（5）从三级指标结构特征看，在创新产出竞争力指标组的 7 个三级指标中，有 4 个强势指标，占指标总数的 57.1%；优势指标 3 个，占指标总数的 42.9%；没有中势指标和劣势指标。上升指标 2 个，占指标总数的 28.6%；保持指标 5 个，占指标总数的 71.4%；没有下降指标。指标主要为排位上升的指标和保持指标，且受其他因素的综合影响，2018 年日本国家创新产出竞争力综合排位与 2017 年相比，上升了 1 位。

11.5.2 日本国家创新产出竞争力比较分析

图 11 - 7 反映了 2017～2018 年日本国家创新产出竞争力与 G20 集团最高水平和平均水平的比较情况。

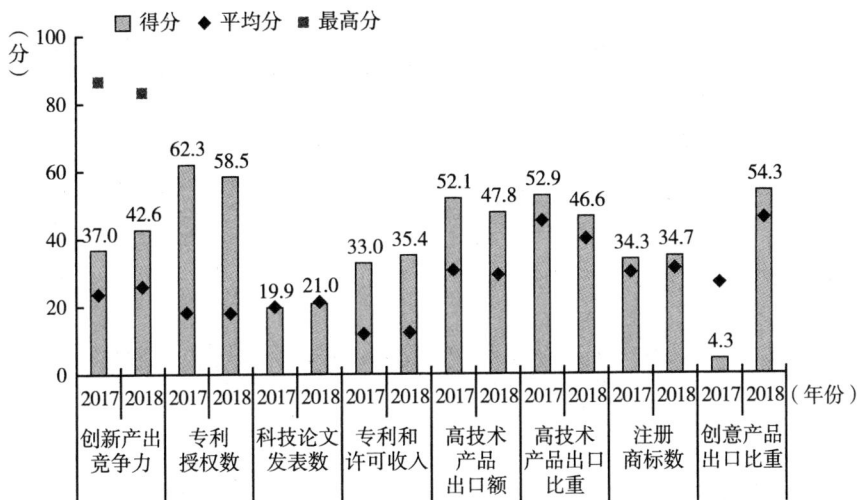

图 11 - 7 2017～2018 年日本国家创新产出竞争力指标得分比较

由图 11 - 7 可知，评价期内日本国家创新产出竞争力得分在 40 分左右，说明日本国家创新产出竞争力处于较高水平。从创新产出竞争力的整体得分比较来看，2017 年，日本国家创新产出竞争力得分与 G20 集团最高分相比还有49.8 分的差距，高于 G20 集团平均分 13.3 分；到 2018 年，日本国家创新产出竞争力得分与 G20 集团最高分的差距为 40.3 分，高于 G20 集团平均分 16.5分。总的来说，2017～2018 年日本国家创新产出竞争力与最高分的差距呈缩小趋势，排位处于上升趋势。

从具体指标得分比较和变化趋势来看，日本国家创新产出竞争力整体水平上升 1 位，这主要是由于注册商标数、创意产品出口比重等指标得分和排位上升所致；三级指标的评价得分基本均高于 G20 国家平均分。因此，要进一步提升日本的专利申请和授权量，增强企业和个人专利权的创造和运用能力；完善知识产权激励机制，促进专利和许可收入增长；注重提升基础研究能力，增加科技论文等创新产出的数量和提高质量；优化出口贸易结构，加大高技术产品出口比重，突出高技术产品在对外贸易中的重要地位；推动实施商标战略，打造国际知名品牌。通过实施一系列的创新措施，切实提高国家创新产出，进一步增强国家创新产出竞争力。

11.6 日本国家创新持续竞争力评价分析

11.6.1 日本国家创新持续竞争力评价结果

2017～2018年日本国家创新持续竞争力及其下属6个三级指标的排位和排位变化情况，如表11-8所示。

表 11-8 2017～2018年日本国家创新持续竞争力指标组排位及趋势

项目 年份	公共教育经费支出总额		公共教育经费支出占GDP比重		人均公共教育经费支出额		高等教育毛入学率		科技人员增长率		科技经费增长率		创新持续竞争力	
	得分	排名	得分	排名	得分	排名	得分	排名	得分	排名	得分	排名	得分	排名
2017	21.3	3	47.2	13	57.8	7	57.4	11	33.8	11	29.3	16	41.1	13
2018	20.4	3	40.9	13	56.1	7	55.9	11	17.5	11	66.1	11	42.8	9
得分变化	-0.8		-6.3		-1.7		-1.5		-16.3		36.9		1.7	
排名升降		0		0		0		0		0		5		4
优劣度		强势		中势		优势		中势		中势		中势		优势

（1）从排位变化比较看，2018年日本国家创新持续竞争力排名第9位，比2017年排名上升4位，处于优势地位。

（2）从指标所处区位来看，6个三级指标中有1个强势指标，为公共教育经费支出总额；1个优势指标，为人均公共教育经费支出额；没有劣势指标；其余4个指标为中势指标。

（3）从指标排位变化趋势看，在6个三级指标中，有1个指标处于上升趋势，为科技经费增长率，是日本创新持续竞争力的上升动力所在；没有排位下降的指标；其余 5 个指标排名保持不变；

（4）从指标排位变化的动因看，上升动力大于下降拉力，另有 5 个指标保持不变，因此日本创新持续竞争力的综合排位上升 4 位，在 G20 集团中排名第 9 位。

（5）从三级指标结构特征看，在创新持续竞争力指标组的 6 个三级指标中，强势指标 1 个，占指标总数的 16.7%；优势指标 1 个，占指标总数的 16.7%；中势指标 4 个，占指标总数的 66.7%；没有劣势指标。上升指标 1 个，占指标总数的 16.7%；保持指标 5 个，占指标总数 83.3%；没有下降指标。虽然保持指标占绝大多数，但指标排位上升动力较大，使得 2018 年日本国家创新持续竞争力综合排位比 2017 年上升 4 位。

11.6.2 日本国家创新持续竞争力比较分析

图 11 - 8 反映了 2017 ~ 2018 年日本国家创新持续竞争力与 G20 集团最高水平和平均水平的比较情况。

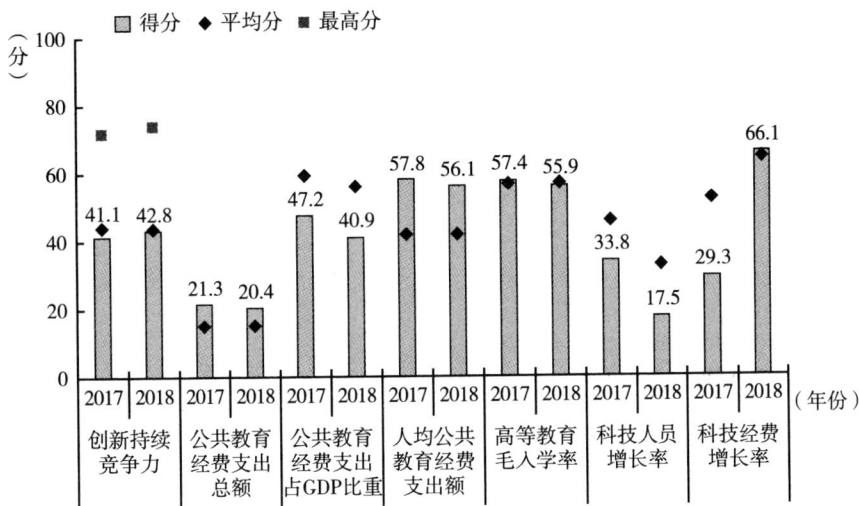

图 11 - 8 2017 ~ 2018 年日本国家创新持续竞争力指标得分比较

由图 11 - 8 可知，从创新持续竞争力的整体得分比较来看，2017 年，日本国家创新持续竞争力得分与 G20 集团最高分相比还有 30.1 分的差距，低于

G20集团平均分2.2分；到2018年，日本国家创新持续竞争力得分与G20集团最高分的差距扩大为30.7分，低于G20集团平均分0.1分。总的来说，2017~2018年日本国家创新持续竞争力与最高分差距呈扩大趋势、与平均分差距呈缩小趋势。

从具体指标得分比较和变化趋势来看，日本国家创新持续竞争力整体水平有所上升，但是公共教育经费支出总额、公共教育经费支出占GDP比重、人均公共教育经费支出额、高等教育毛入学率、科技人员增长率排名没有发生变化。因此，未来日本要提高创新持续增长力，应该要不断增加教育经费的投入，实现国家创新能力的可持续发展，显著增强国家创新持续竞争力。

Y.13

第12章

韩国国家创新竞争力评价分析报告

韩国位于东亚朝鲜半岛南部，西濒临黄海，东南是朝鲜海峡，东边是日本海，北面与朝鲜相邻。国土面积约10万平方公里。2018年全国年末总人口约为5161万人，实现国内生产总值17206亿美元，人均GDP达到33340美元。本部分通过对韩国2017~2018年国家创新竞争力以及创新竞争力中各要素在G20集团中的排名变化分析，从中找出韩国国家创新竞争力的推动点及影响因素。

12.1 韩国国家创新竞争力总体评价分析

2017~2018年，韩国的国家创新竞争力排名略有下降。其中，2017年韩国国家创新竞争力在G20集团中排名第4位，到了2018年，排名第5位，排位下降了1位。

12.1.1 韩国国家创新竞争力概要分析

韩国国家创新竞争力在G20集团中所处的位置及5个二级指标的得分和排位变化如图12-1、图12-2和表12-1所示。

（1）从综合排位变化看，2018年韩国国家创新竞争力综合排名在G20集团中处于第5位，与2017年相比，排位下降了1位。

（2）从指标得分看，2018年韩国国家创新竞争力得分为45.3分，比G20集团最高分低33.2分，比平均分高10.3分；与2017年相比，韩国国家创新竞争力得分提高了0.4分，与当年最高分的差距缩小了2分，与G20集团平均分的差距扩大了1.2分。

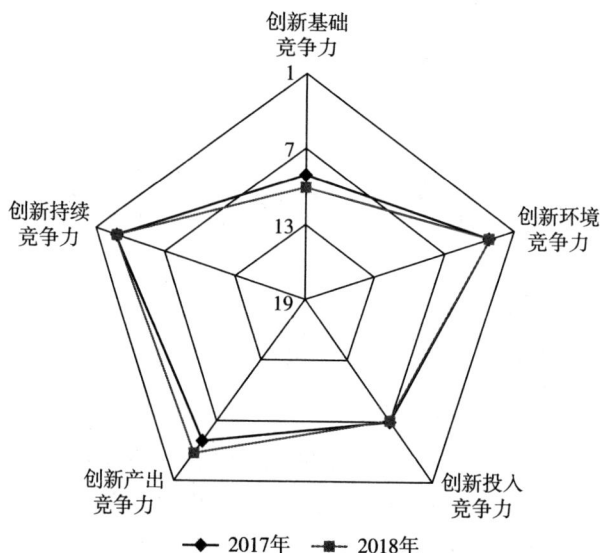

图 12 - 1　韩国国家创新竞争力二级指标排名雷达图

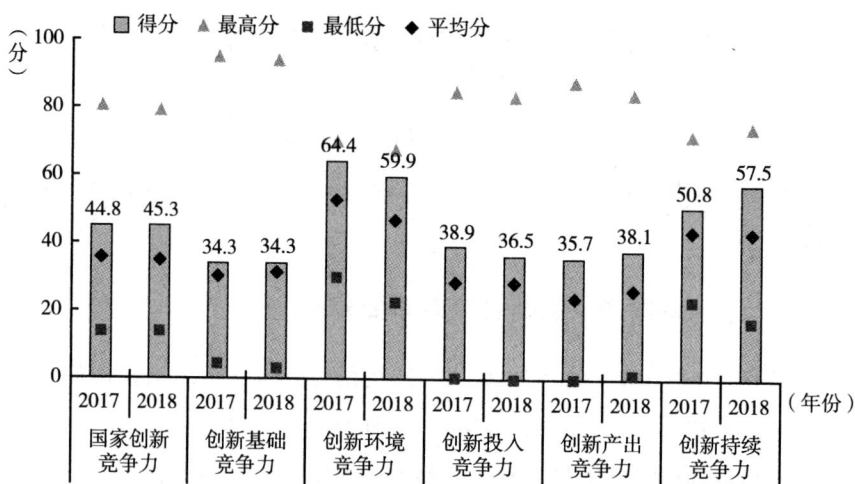

图 12 - 2　韩国国家创新竞争力得分和排名变化趋势

（3）从指标所处区位看，2018 年韩国国家创新竞争力的 5 个二级指标中，强势指标 3 个，为创新环境竞争力、创新产出竞争力、创新持续竞争力；优势指标有 2 个，为创新基础竞争力和创新投入竞争力。

表 12 - 1 韩国国家创新竞争力二级指标得分和排名

项 目 年 份	创新基础 竞争力		创新环境 竞争力		创新投入 竞争力		创新产出 竞争力		创新持续 竞争力		创新 竞争力	
	得分	排名	得分	排名	得分	排名	得分	排名	得分	排名	得分	排名
2017	34.3	9	64.4	3	38.9	7	35.7	5	50.8	3	44.8	4
2018	34.3	10	59.9	3	36.5	7	38.1	4	57.5	3	45.3	5
得分变化	0.0		-4.5		-2.5		2.4		6.7		0.4	
排名升降		-1		0		0		1		0		-1
优劣度	优势		强势		优势		强势		强势		强势	

（4）从指标排位变化趋势看，在5个二级指标中，有1个指标的排位处于上升趋势，是创新产出竞争力；有1个指标的排位处于下降趋势，为创新基础竞争力，是韩国国家创新竞争力的下降拉力所在；创新环境竞争力、创新投入竞争力、创新持续竞争力指标排位没有发生变化。

（5）从指标排位变化的动因看，1个二级指标的排位下降，1个指标排位上升，因此，受指标排位下降的影响，2018年韩国国家创新竞争力的综合排位下降了1位，在G20集团中排名第5位。

12.1.2 韩国国家创新竞争力各级指标动态变化分析

2017～2018年韩国国家创新竞争力各级指标的动态变化及其结构，如图12 - 3和表12 - 2所示。

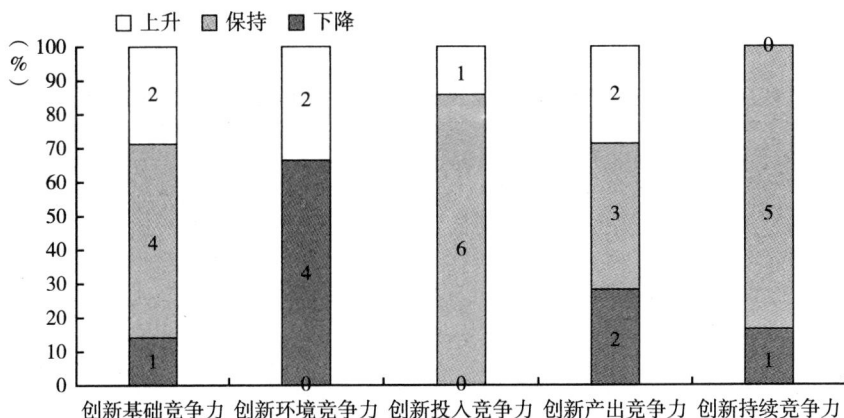

图 12 - 3 2017～2018 年韩国国家创新竞争力指标动态变化结构

表12－2 2017～2018年韩国国家创新竞争力各级指标排位变化态势比较

二级指标	三级指标个数	上升		保持		下降		变化趋势
		个数	比重(%)	个数	比重(%)	个数	比重(%)	
创新基础竞争力	7	2	28.6	4	57.1	1	14.3	下降
创新环境竞争力	6	2	33.3	4	66.7	0	0.0	保持
创新投入竞争力	7	1	14.3	6	85.7	0	0.0	保持
创新产出竞争力	7	2	28.6	3	42.9	2	28.6	上升
创新持续竞争力	6	0	0.0	5	83.3	1	16.7	保持
合计	33	7	21.2	22	66.7	4	12.1	下降

从图12－3可以看出，韩国国家创新竞争力的三级指标中，上升指标的数量大于下降指标，但保持不变的指标仍居于主导地位。表12－2中的数据进一步说明，韩国国家创新竞争力的33个三级指标中，上升指标有7个，占指标总数的21.2%；保持指标有22个，占指标总数的66.7%；下降指标有4个，占指标总数的12.1%。指标上升的数量大于指标下降的数量，但是上升的动力小于下降的拉力，使得2018年韩国国家创新竞争力排位下降了1位，在G20集团中居第5位。

12.1.3 韩国国家创新竞争力各级指标优劣势结构分析

2017～2018年韩国国家创新竞争力各级指标的优劣势变化及其结构，如表12－3所示。

表12－3 2017～2018年韩国国家创新竞争力各级指标排位优劣势比较

二级指标	三级指标个数	强势		优势		中势		劣势		优劣度
		个数	比重(%)	个数	比重(%)	个数	比重(%)	个数	比重(%)	
创新基础竞争力	7	1	14.3	5	74.1	1	14.3	0	0.0	优势
创新环境竞争力	6	3	50.0	2	33.3	1	16.7	0	0.0	强势
创新投入竞争力	7	4	57.1	3	42.9	0	0.0	0	0.0	优势
创新产出竞争力	7	3	42.9	3	42.9	1	14.3	0	0.0	强势
创新持续竞争力	6	2	33.3	4	66.7	0	0.0	0	0.0	强势
合计	33	13	39.4	17	51.5	3	9.1	0	0.0	强势

从表12－3中的数据可以看出，韩国国家创新竞争力的33个三级指标中，强势指标13个，占指标总数的39.4％；优势指标17个，占指标总数的51.5％；中势指标3个，占指标总数的9.1％；没有劣势指标；强势指标和优势指标的数量之和约占指标总数的90.9％，远远大于中势指标和劣势指标之和。从二级指标来看，强势指标3个，占二级指标总数的60％；优势指标2个，占二级指标总数的40％。由于强势指标和优势指标在指标体系中居于主导地位，2017～2018年韩国国家创新竞争力处于强势地位。

12.2 韩国国家创新基础竞争力评价分析

12.2.1 韩国国家创新基础竞争力评价结果

2017～2018年韩国国家创新基础竞争力及其下属7个三级指标的排位和排位变化情况，如表12－4所示。

表12－4 2017～2018年韩国国家创新基础竞争力指标组排位及趋势

项目 年份	GDP		人均GDP		财政收入		人均财政收入	
	得分	排名	得分	排名	得分	排名	得分	排名
2017	6.7	11	51.1	9	9.3	11	41.0	8
2018	6.7	10	51.4	9	11.2	10	46.1	8
得分变化	0.0		0.3		1.8		5.1	
排名升降		1		0		1		0
优劣度		优势		优势		优势		优势

项目 年份	外国直接 投资净值		受高等教育 人员比重		全社会劳动 生产率		创新基础 竞争力	
	得分	排名	得分	排名	得分	排名	得分	排名
2017	4.7	14	81.2	4	46.2	9	34.3	9
2018	3.1	15	75.4	4	46.5	9	34.3	10
得分变化	-1.5		-5.8		0.3		0	
排名升降		-1		0		0		-1
优劣度		中势		强势		优势		优势

（1）从排位变化比较看，2018年韩国国家创新基础竞争力排名第10位，与2017年相比，排位下降1位，处于优势地位。

（2）从指标所处区位来看，7个三级指标有1个强势指标，5个优势指标，1个中势指标。

（3）从指标排位变化趋势看，在7个三级指标中，有2个指标处于上升趋势，为GDP、财政收入；有4个指标处于保持趋势，为人均GDP、人均财政收入、受高等教育人员比重、全社会劳动生产率；有1个指标处于下降趋势，为外国直接投资净值。

（4）从指标排位变化的动因看，由于指标排位升降的幅度较小，且大部分指标排位保持不变，韩国创新基础竞争力的综合排位下降1位，在G20集团中排名第10位。

（5）从三级指标结构特征看，在创新基础竞争力指标组的7个三级指标中，有强势指标1个，占指标总数的14.3%；优势指标5个，占指标总数的71.4%；中势指标1个，占指标总数的14.3%；强势和优势指标所占比重大于中势指标的比重。上升指标2个，占指标总数的28.6%；下降指标1个，占指标总数的14.3%；其余4个指标是保持趋势，占指标总数的57.1%。指标排位上升的数量较少，且保持不变的指标较多，使得2018年韩国国家创新基础竞争力综合排位下降1位。

12.2.2　韩国国家创新基础竞争力比较分析

图12-4反映了2017～2018年韩国国家创新基础竞争力与G20集团最高水平和平均水平的比较情况。

由图12-4可知，评价期内韩国国家创新基础竞争力得分均为34.3分，说明韩国国家创新基础竞争力处于较高水平。从创新基础竞争力的整体得分比较来看，2017年，韩国国家创新基础竞争力得分与G20集团最高分相比还有60.3分的差距，比G20集团平均分高4.2分；到2018年，韩国国家创新基础竞争力得分与G20集团最高分的差距为59.1分，比G20集团平均分高3.1分。总的来说，2017～2018年韩国国家创新基础竞争力与平均分的差距基本不变，其创新基础竞争力保持稳定。

从具体指标得分比较和变化趋势来看，韩国国家创新基础竞争力整体水平基本稳定；且大部分指标的得分高于G20国家平均分，创新基础竞争力缺乏上升的动力。在下一步的科技创新活动中，要特别关注这些问题，继续扩大生

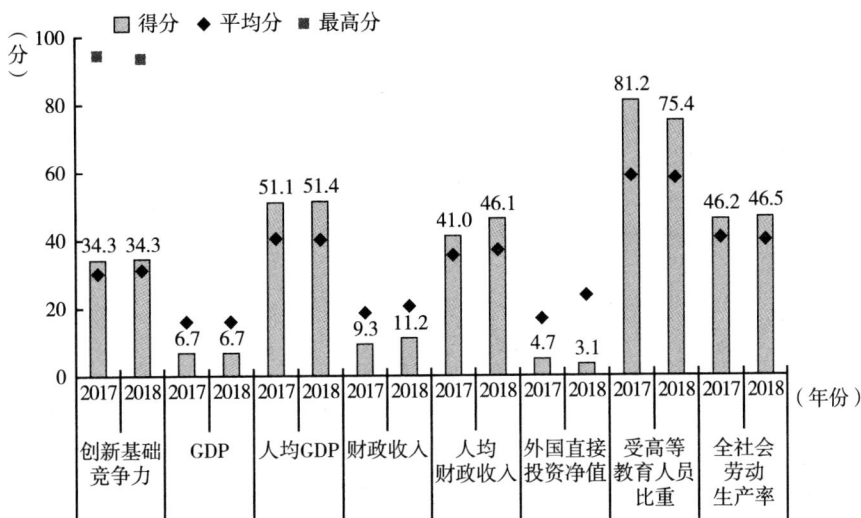

图 12 - 4　2017～2018 年韩国国家创新基础竞争力指标得分比较

产和加快企业战略转型、加大教育和科技财政投入，积极参与国际直接投资，借鉴和引进国际科技前沿技术，提高全社会劳动生产率，夯实国家创新基础，不断增强国家创新基础竞争力。

12.3　韩国国家创新环境竞争力评价分析

12.3.1　韩国国家创新环境竞争力评价结果

2017～2018 年韩国国家创新环境竞争力及其下属 6 个三级指标的排位和排位变化情况，如表 12 - 5 所示。

（1）从排位变化比较看，2018 年韩国国家创新环境竞争力排名第 3 位，与 2017 年相比，排位没有变化，处于强势地位。

（2）从指标所处区位来看，6 个三级指标中有 3 个强势指标，分为因特网用户比例、企业开业程度、在线公共服务指数；2 个优势指标，为每百人手机数、企业平均税负水平；1 个中势指标，为 ISO9001 质量体系认证数。

（3）从指标排位变化趋势看，在 6 个三级指标中，有 2 个指标处于上升趋势，为每百人手机数、在线公共服务指数；其余指标均保持不变。

表 12 – 5　2017～2018 年韩国国家创新环境竞争力指标组排位及趋势

项目 年份	因特网用户比例		每百人手机数		企业开业程序		企业平均税负水平		在线公共服务指数		ISO9001 质量体系认证数		创新环境竞争力	
	得分	排名	得分	排名	得分	排名	得分	排名	得分	排名	得分	排名	得分	排名
2017	100.0	1	49.0	8	91.7	2	80.7	6	98.3	2	3.1	11	64.4	3
2018	100.0	1	58.5	6	88.9	2	80.7	6	100.0	1	2.1	11	59.9	3
得分变化	0.0		9.5		– 2.8		0.0		1.7		– 1.0		– 4.5	
排名升降		0		2		0		0		1		0		0
优劣度		强势		优势		强势		优势		强势		中势		强势

（4）从指标排位变化的动因看，有 2 个三级指标的排位出现了上升，大部分指标排位保持不变，韩国创新环境竞争力的综合排位处于保持趋势，在 G20 集团中处于第3 位。

（5）从三级指标结构特征看，在创新环境竞争力指标组的 6 个三级指标中，强势指标 3 个，占指标总数的 50%；优势指标 2 个，占指标总数的 33.3%；中势指标 1 个，占指标总数的 16.7%；强势和优势指标居于主导地位。上升指标 2 个，占指标总数的 33.3%；保持指标 4 个，占指标总数的 66.7%；没有下降指标。指标排位上升的数量大于排位下降的数量，且受其他因素的综合影响，2018 年韩国国家创新环境竞争力综合排位与 2017 年相比保持不变。

12.3.2　韩国国家创新环境竞争力比较分析

图 12 – 5 反映了 2017～2018 年韩国国家创新环境竞争力与 G20 集团最高水平和平均水平的比较情况。

由图 12 – 5 可知，评价期内韩国国家创新环境竞争力得分均在 60 分左右，处于较高水平。从创新环境竞争力的整体得分比较来看，2017 年，韩国国家创新环境竞争力得分与 G20 集团最高分相比还有 5.3 分的差距，与 G20 集团平均分相比，高 11.6 分；2018 年，韩国国家创新环境竞争力得分与 G20 集团最高分的差距为 6.9 分，高于 G20 集团平均分 13.3 分。总的来说，2017～2018 年韩国国家创新环境竞争力与最高分的差距有所缩小。

从具体指标得分比较和变化趋势来看，韩国国家创新环境竞争力整体水平

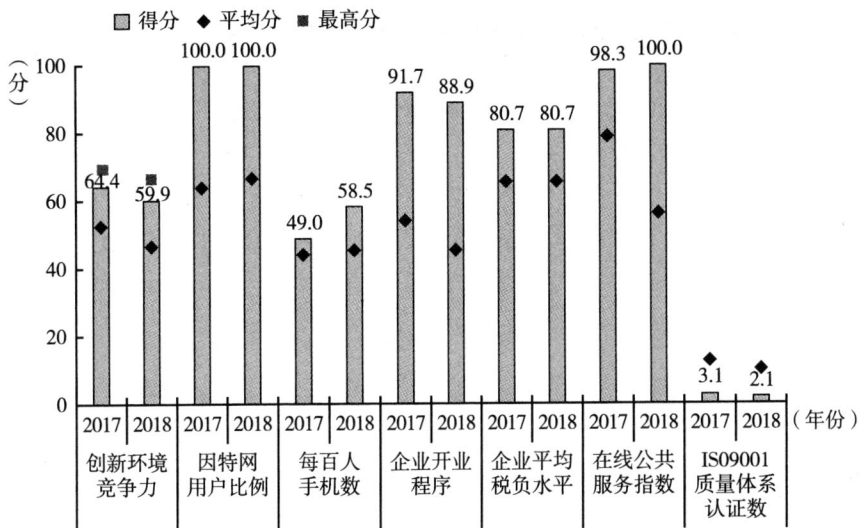

图 12-5　2017~2018 年韩国国家创新环境竞争力指标得分比较

较高，处于强势地位，这主要是由于因特网用户比例、企业开业程序、在线公共服务指数处于强势地位；而 ISO9001 质量体系认证数等指标低于 G20 集团平均分水平，这限制了其创新环境竞争力的进一步提升。因此，为了巩固和提升韩国国家创新环境竞争力，应针对这些问题，加快信息高速公路建设，加大对创新型企业的科技和资金扶持力度，加强知识产权保护，重视创新人才的外引内育，营造有利于企业健康有序发展的良好创新氛围，不断优化国家创新环境，进一步增强国家创新环境竞争力。

12.4　韩国国家创新投入竞争力评价分析

12.4.1　韩国国家创新投入竞争力评价结果

2017~2018 年韩国国家创新投入竞争力及其下属 7 个三级指标的排位和排位变化情况，如表 12-6 所示。

（1）从排位变化比较看，2018 年韩国国家创新投入竞争力排名第 7 位，与 2017 年相比，排位保持不变，处于优势地位。

表 12 - 6   2017～2018 年韩国国家创新投入竞争力指标组排位及趋势

年份 \ 项目	R&D 经费支出总额		R&D 经费支出占 GDP 比重		人均 R&D 经费支出		R&D 人员	
	得分	排名	得分	排名	得分	排名	得分	排名
2017	9.4	6	100.0	1	61.8	4	10.7	7
2018	9.4	6	100.0	1	61.5	4	10.5	7
得分变化	0.0		0.0		-0.2		-0.2	
排名升降		0		0		0		0
优劣度		优势		强势		强势		优势

年份 \ 项目	研究人员占从业人员比重		企业研发投入比重		风险资本交易占 GDP 比重		创新投入竞争力	
	得分	排名	得分	排名	得分	排名	得分	排名
2017	73.6	3	87.1	4	0.0	8	38.9	7
2018	77.7	3	87.1	3	0.0	8	36.5	7
得分变化	4.0		0.0		0.0		-2.5	
排名升降		0		1		0		0
优劣度		强势		强势		优势		优势

（2）从指标所处区位来看，7 个三级指标中，有 4 个强势指标，分别为 R&D 经费支出占 GDP 比重、人均 R&D 经费支出、研究人员占从业人员比重、企业研发投入比重；有 3 个优势指标，分别为 R&D 经费支出总额、R&D 人员、风险资本交易占 GDP 比重。

（3）从指标排位变化趋势看，在 7 个三级指标中，有 6 个指标排位保持不变；有 1 个指标处于上升趋势，为企业研发投入比重。

（4）从指标排位变化的动因看，由于有 6 个三级指标的排位保持不变，韩国创新投入竞争力的综合排位也保持不变，在 G20 集团中排名第 7 位。

（5）从三级指标结构特征看，在创新投入竞争力指标组的 7 个三级指标中，有 4 个强势指标，占指标总数的 57.1%；3 个优势指标，占指标总数的 42.9%。上升指标 1 个，占指标总数的 14.3%，没有下降指标，保持指标 6 个，占指标总数的 85.7%。由于大部分指标排位保持不变，2018 年韩国国家创新投入竞争力综合排位仍保持不变。

12.4.2　韩国国家创新投入竞争力比较分析

图 12 – 6 反映了 2017～2018 年韩国国家创新投入竞争力与 G20 集团最高水平和平均水平的比较情况。

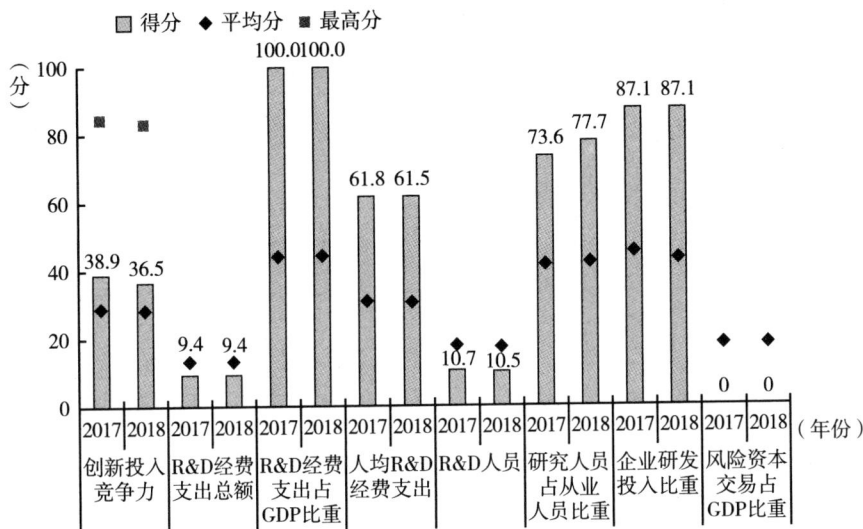

图 12 – 6　2017～2018 年韩国国家创新投入竞争力指标得分比较

由图 12 – 6 可知，评价期内韩国国家创新投入竞争力得分均高于 36 分，说明韩国国家创新投入竞争力处于较高水平。从创新投入竞争力的整体得分比较来看，2017 年，韩国国家创新投入竞争力得分与 G20 集团最高分相比还有45.0 分的差距，与 G20 集团平均分相比，则高了 10.2 分；到 2018 年，韩国国家创新投入竞争力得分与 G20 集团最高分的差距为 46.3 分，高于 G20 集团平均分 8.2 分。总的来说，2017～2018 年韩国国家创新投入竞争力与平均分的差距较小，国家创新投入竞争力排位保持不变。

从具体指标得分比较和变化趋势来看，韩国国家创新投入竞争力整体水平较为稳定，仍处于优势地位，这主要是由于大部分指标得分较高；且大部分三级指标的得分都高于 G20 国家平均分，可见，其创新投入竞争力确实较强。今后要继续加大科技研发经费投入，鼓励多元化的创新研发投入，加大研发人员培养力度，高度重视研发人才队伍建设，不断增加国家创新投入，进一步增强国家创新投入竞争力。

12.5 韩国国家创新产出竞争力评价分析

12.5.1 韩国国家创新产出竞争力评价结果

2017～2018年韩国国家创新产出竞争力及其下属7个三级指标的排位和排位变化情况，如表12-7所示。

表12-7 2017～2018年韩国国家创新产出竞争力指标组排位及趋势

项目 年份	专利 授权数		科技论文 发表数		专利和 许可收入		高技术产品 出口额	
	得分	排名	得分	排名	得分	排名	得分	排名
2017	2.5	11	11.9	10	5.8	6	81.6	3
2018	2.5	12	13.4	9	6.0	6	83.1	3
得分变化	0.0		1.5		0.3		1.5	
排名升降		-1		1		0		0
优劣度		中势		优势		优势		强势

项目 年份	高技术产品 出口比重		注册 商标数		创意产品 出口比重		创新产出 竞争力	
	得分	排名	得分	排名	得分	排名	得分	排名
2017	100.0	1	35.0	6	13.0	10	35.7	5
2018	100.0	1	31.3	7	100.0	1	38.1	4
得分变化	0.0		-3.6		87.0		2.4	
排名升降		0		-1		9		1
优劣度		强势		优势		强势		强势

（1）从排位变化比较看，2018年韩国国家创新产出竞争力排名第4位，与2017年相比，排位上升了1位，处于强势地位。

（2）从指标所处区位来看，7个三级指标中，有3个强势指标，分别为高技术产品出口额、高技术产品出口比重、创意产品出口比重；有3个优势指标，分别为科技论文发表数、专利和许可收入、注册商标数；1个指标是中势指标，为专利授权数。

（3）从指标排位变化趋势看，在7个三级指标中，有2个指标处于上升趋势，分别为科技论文发表数、创意产品出口比重；有2个指标处于下降趋势，分别为专利授权数、注册商标数。

（4）从指标排位变化的动因看，2个三级指标的排位上升，2个三级指标的排位下降，在指标升降的综合作用下，韩国创新产出竞争力的综合排位上升了1位，在G20集团中排名第4位。

（5）从三级指标结构特征看，在创新产出竞争力指标组的7个三级指标中，有3个强势指标，占指标总数的42.9%；优势指标3个，占指标总数的42.9%；中势指标1个，占指标总数的14.3%；强势和优势指标所占比重远远大于中势指标的比重。上升指标2个，占指标总数的28.6%；下降指标2个，占指标总数的28.6%。指标排位上升的数量等于排位下降的数量，且受其他因素的综合影响，2018年韩国国家创新产出竞争力综合排位与2017年相比，上升了1位。

12.5.2 韩国国家创新产出竞争力比较分析

图12-7反映了2017～2018年韩国国家创新产出竞争力与G20集团最高水平和平均水平的比较情况。

由图12-7可知，评价期内韩国国家创新产出竞争力得分均高于35分，说明韩国国家创新产出竞争力处于较高水平。从创新产出竞争力的整体得分比较来看，2017年，韩国国家创新产出竞争力得分与G20集团最高分相比还有51.1分的差距，高于G20集团平均分12.0分；到2018年，韩国国家创新产出竞争力得分与G20集团最高分的差距为44.9分，高于G20集团平均分11.9分。总的来说，2017～2018年韩国国家创新产出竞争力与最高分、平均分的差距呈缩小趋势，排位处于上升趋势。

从具体指标得分比较和变化趋势来看，韩国国家创新产出竞争力整体水平上升1位，这主要是由于科技论文发表数、创意产品出口比重等指标得分和排位上升所致；但仍有一些三级指标的评价得分低于G20国家平均分。因此，要进一步提升韩国的专利申请和授权量，增强企业和个人专利权的创造和运用能力；完善知识产权激励机制，促进专利和许可收入增长；注重提升基础研究能力，提高科技论文等创新产出的数量和质量；优化出口贸易结构，加大高技

■ 得分　◆ 平均分　■ 最高分

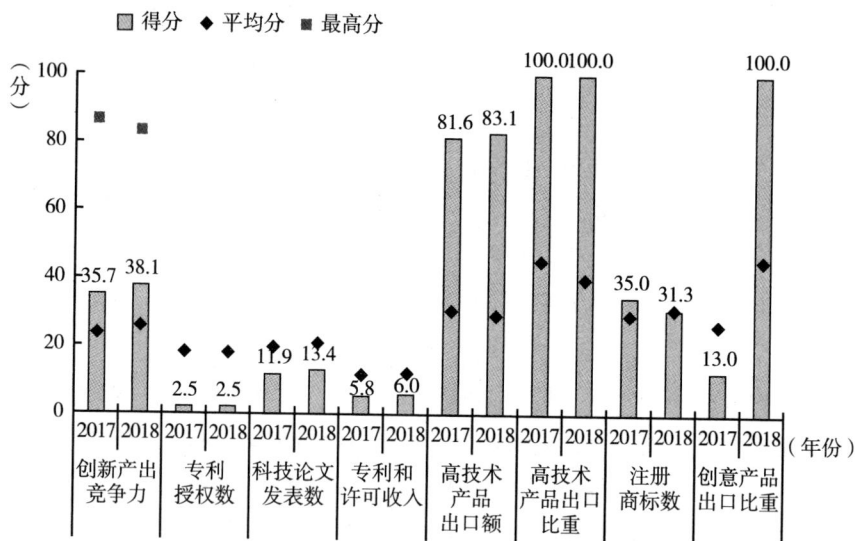

图 12 – 7　2017～2018 年韩国国家创新产出竞争力指标得分比较

术产品出口比重,突出高技术产品在对外贸易中的重要地位;推动实施商标战略,打造国际知名品牌。通过实施一系列的创新措施,切实提高国家创新产出,增强国家创新产出竞争力。

12.6　韩国国家创新持续竞争力评价分析

12.6.1　韩国国家创新持续竞争力评价结果

2017～2018 年韩国国家创新持续竞争力及其下属 6 个三级指标的排位和排位变化情况,如表 12 – 8 所示。

(1) 从排位变化比较看,2018 年韩国国家创新持续竞争力排名第 3 位,与 2017 年排名持平,处于强势地位。

(2) 从指标所处区位来看,6 个三级指标中有 2 个强势指标,分别是高等教育毛入学率、科技经费增长率;4 个优势指标,分别为公共教育经费支出总额、公共教育经费支出占 GDP 比重、人均公共教育经费支出额、科技人员增长率。

表 12 – 8　2017～2018 年韩国国家创新持续竞争力指标组排位及趋势

项目　年份	公共教育经费支出总额		公共教育经费支出占 GDP 比重		人均公共教育经费支出额		高等教育毛入学率		科技人员增长率		科技经费增长率		创新持续竞争力	
	得分	排名	得分	排名	得分	排名	得分	排名	得分	排名	得分	排名	得分	排名
2017	6.4	10	64.1	10	52.2	8	100.0	1	55.0	6	76.9	3	50.8	3
2018	6.5	10	60.2	10	52.6	8	98.5	2	48.3	6	91.0	3	57.5	3
得分变化	0.0		– 3.9		0.3		– 1.5		– 6.7		14.1		6.7	
排名升降		0		0		0		– 1		0		0		0
优劣度	优势		优势		优势		强势		优势		强势		强势	

（3）从指标排位变化趋势看，在 6 个三级指标中，有 1 个指标处于下降趋势，为高等教育毛入学率；其余指标排名保持不变。

（4）从指标排位变化的动因看，有 5 个指标保持不变，因此韩国创新持续竞争力的综合排位保持不变，在 G20 集团中排名第 3 位。

（5）从三级指标结构特征看，在创新持续竞争力指标组的 6 个三级指标中，强势指标 2 个，占指标总数的 33.3%；优势指标 4 个，占指标总数的66.7%；下降指标 1 个，占指标总数的 16.7%；保持指标 5 个，占指标总数的83.3%；虽然指标排位下降的数量大于排位上升的数量，但保持指标占绝大多数，使得 2018 年韩国国家创新持续竞争力综合排位与 2017 年持平。

12.6.2　韩国国家创新持续竞争力比较分析

图 12 – 8 反映了 2017～2018 年韩国国家创新持续竞争力与 G20 集团最高水平和平均水平的比较情况。

由图 12 – 8 可知，从创新持续竞争力的整体得分比较来看，2017 年，韩国国家创新持续竞争力得分与 G20 集团最高分相比还有 20.4 分的差距，高于G20 集团平均分 7.4 分；到 2018 年，韩国国家创新持续竞争力得分与 G20 集团最高分的差距为 16.1 分，高于 G20 集团平均分 14.6 分。总的来说，2017～2018 年韩国国家创新持续竞争力与最高分的差距呈缩小趋势。

从具体指标得分比较和变化趋势来看，韩国国家创新持续竞争力整体水平保持不变，其中公共教育经费支出总额、公共教育经费支出占 GDP 比重、人

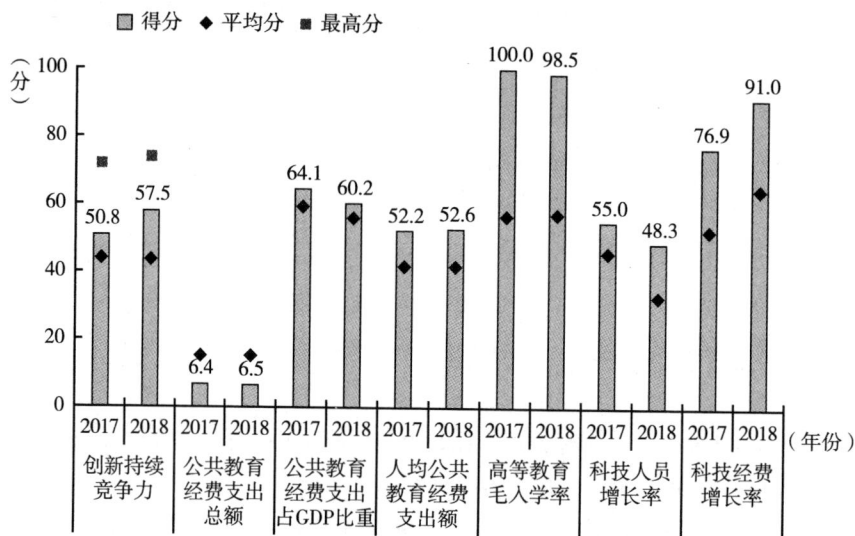

图 12 – 8   2017～2018 年韩国国家创新持续竞争力指标得分比较

均公共教育经费支出额、科技人员增长率、科技经费增长率排名没有发生变化。因此，未来韩国要提高创新持续增长力，应该不断增加教育经费的投入，实现国家创新能力的可持续发展，进一步增强国家创新持续竞争力。

Y.14
第13章
墨西哥国家创新竞争力评价分析报告

墨西哥位于北美洲南部，拉丁美洲西北端，与美国接壤，濒临太平洋和加勒比海，与伯利兹、危地马拉接壤，东部则为墨西哥湾。国土面积约197万平方公里，海岸线长11122公里。其中太平洋海岸7828公里，墨西哥湾、加勒比海岸3294公里。2018年全国年末总人口约为12619万人，实现国内生产总值12207亿美元，人均GDP达到9673美元。本部分通过对墨西哥2017~2018年国家创新竞争力以及创新竞争力中各要素在G20集团中的排名变化分析，从中找出墨西哥国家创新竞争力的推动点及影响因素。

13.1 墨西哥国家创新竞争力总体评价分析

2017~2018年，墨西哥的国家创新竞争力排名保持不变。其中，2017年墨西哥国家创新竞争力在G20集团中排名第16位，到了2018年，排名仍是第16位。

13.1.1 墨西哥国家创新竞争力概要分析

墨西哥国家创新竞争力在G20集团中所处的位置及5个二级指标的得分和排位变化如图13-1、图13-2和表13-1所示。

（1）从综合排位变化看，2018年墨西哥国家创新竞争力综合排名在G20集团中处于第16位，与2017年相比，排位没有变化。

（2）从指标得分看，2018年墨西哥国家创新竞争力得分为20.6分，比G20集团最高分低57.9分，比平均分低14.4分；与2017年相比，墨西哥国家创新竞争力得分下降了1.2分，与当年最高分的差距缩小了0.3分，与G20集团平均分的差距扩大了0.5分。

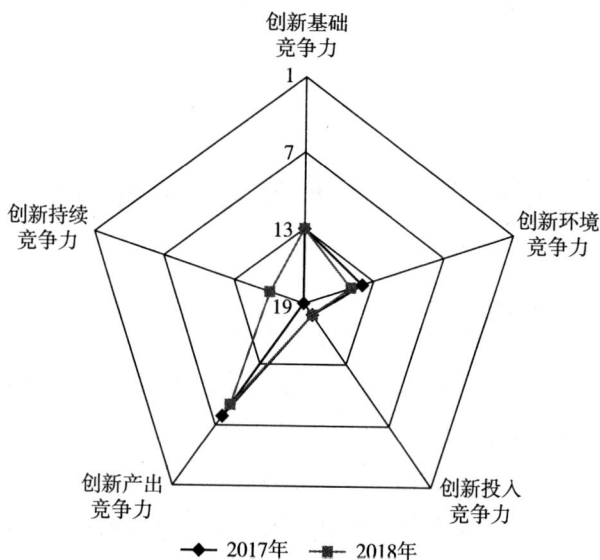

图13-1　墨西哥国家创新竞争力二级指标排名雷达图

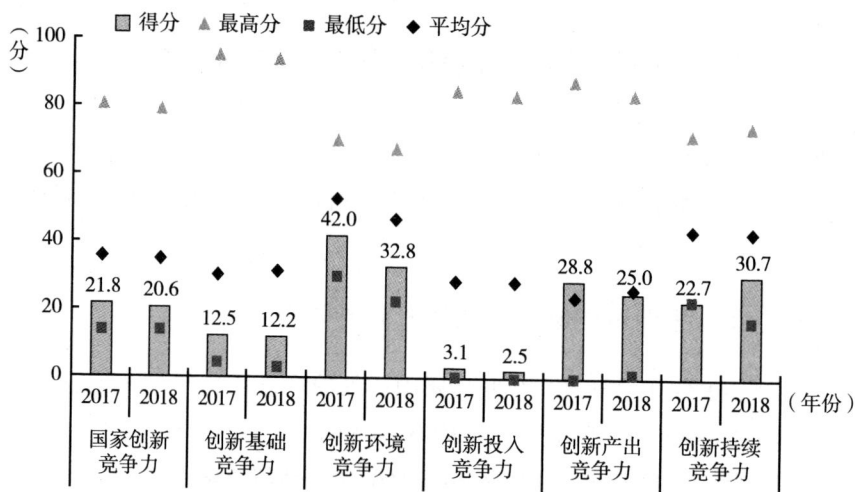

图13-2　墨西哥国家创新竞争力得分和排名变化趋势

（3）从指标所处区位看，2018年墨西哥国家创新竞争力的5个二级指标中，优势指标1个，为创新产出竞争力；中势指标2个，为创新基础竞争力和创新环境竞争力；劣势指标2个，为创新投入竞争力和创新持续竞争力。

表 13 –1 墨西哥国家创新竞争力二级指标得分和排名

项目 年份	创新基础 竞争力		创新环境 竞争力		创新投入 竞争力		创新产出 竞争力		创新持续 竞争力		创新竞争力	
	得分	排名	得分	排名	得分	排名	得分	排名	得分	排名	得分	排名
2017	12.5	13	42.0	14	3.1	18	28.8	8	22.7	19	21.8	16
2018	12.2	13	32.8	15	2.5	18	25.0	9	30.7	16	20.6	16
得分变化	-0.4		-9.2		-0.6		-3.8		8.0		-1.2	
排名升降		0		-1		0		-1		3		0
优劣度		中势		中势		劣势		优势		劣势		劣势

（4）从指标排位变化趋势看，在5个二级指标中，有1个指标的排位处于上升趋势，为创新持续竞争力；有2个指标的排位处于下降趋势，分别是创新环境竞争力和创新产出竞争力；创新基础竞争力和创新投入竞争力指标排位没有发生变化。

（5）从指标排位变化的动因看，2个二级指标的排位下降，1个排位上升，2个排位保持不变，使得2018年墨西哥国家创新竞争力的综合排位没有发生变化，在G20集团中排名第16位。

13.1.2　墨西哥国家创新竞争力各级指标动态变化分析

2017～2018年墨西哥国家创新竞争力各级指标的动态变化及其结构，如图13－3和表13－2所示。

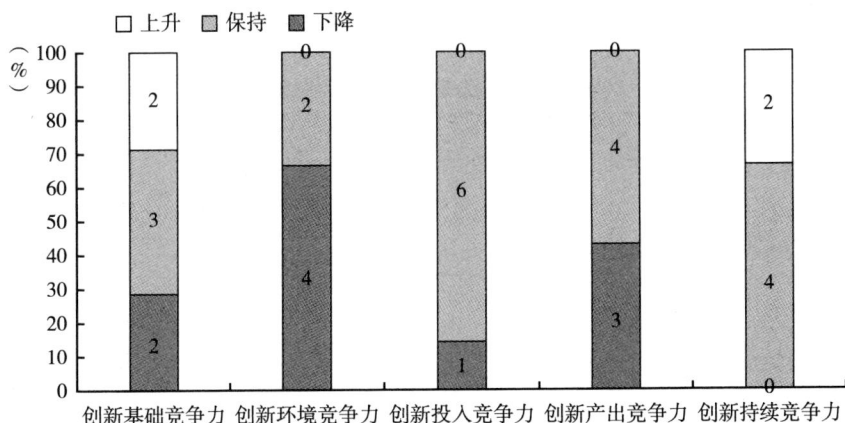

图 13－3　2017～2018 年墨西哥国家创新竞争力指标动态变化结构

表 13 - 2　2017～2018 年墨西哥国家创新竞争力各级指标排位变化态势比较

二级指标	三级指标个数	上升		保持		下降		变化趋势
		个数	比重(%)	个数	比重(%)	个数	比重(%)	
创新基础竞争力	7	2	28.6	3	42.9	2	28.6	保持
创新环境竞争力	6	0	0.0	2	33.3	4	66.7	下降
创新投入竞争力	7	0	0.0	6	85.7	1	14.3	保持
创新产出竞争力	7	0	0.0	4	57.1	3	42.9	下降
创新持续竞争力	6	2	33.3	4	66.7	0	0.0	上升
合计	33	4	12.1	19	57.6	10	30.3	保持

从图 13 - 3 可以看出，墨西哥国家创新竞争力的三级指标中上升指标的数量小于下降指标，但保持不变的指标仍居于主导地位。表 13 - 2 中的数据进一步说明，墨西哥国家创新竞争力的 33 个三级指标中，上升的指标有 4 个，占指标总数的 12.1%；保持的指标有 19 个，占指标总数的 57.6%；下降的指标有 10 个，占指标总数的 30.3%。指标上升的数量小于指标下降的数量，上升的动力小于下降的拉力，使得 2018 年墨西哥国家创新竞争力排位没有发生变化，在 G20 集团中居第 16 位。

13.1.3　墨西哥国家创新竞争力各级指标优劣势结构分析

2017～2018 年墨西哥国家创新竞争力各级指标的优劣势变化及其结构，如表 13 - 3 所示。

表 13 - 3　2017～2018 年墨西哥国家创新竞争力各级指标排位优劣势比较

二级指标	三级指标个数	强势		优势		中势		劣势		优劣度
		个数	比重(%)	个数	比重(%)	个数	比重(%)	个数	比重(%)	
创新基础竞争力	7	0	0.0	1	14.3	6	85.7	0	0.0	中势
创新环境竞争力	6	0	0.0	0	0.0	5	83.3	1	16.7	中势
创新投入竞争力	7	0	0.0	1	14.3	1	14.3	5	71.4	劣势
创新产出竞争力	7	2	28.6	2	28.6	1	14.3	2	28.6	优势
创新持续竞争力	6	0	0.0	1	16.7	4	66.7	1	16.7	劣势
合计	33	2	6.1	5	15.2	17	51.5	9	27.3	劣势

从表13-3中的数据可以看出，墨西哥国家创新竞争力的33个三级指标中，强势指标2个，占指标总数的6.1%；优势指标5个，占指标总数的15.2%；中势指标17个，占指标总数的51.5%；劣势指标9个，占指标总数的27.3%；强势指标和优势指标的数量之和约占指标总数的21.3%，远远小于中势指标和劣势指标之和。从二级指标来看，优势指标1个，占二级指标总数的20%；中势指标2个，占二级指标总数的40%；劣势指标2个，占二级指标总数的40%。由于中势指标和劣势指标在指标体系中居于主导地位，2017~2018年墨西哥国家创新竞争力处于劣势地位。

13.2 墨西哥国家创新基础竞争力评价分析

13.2.1 墨西哥国家创新基础竞争力评价结果

2017~2018年墨西哥国家创新基础竞争力及其下属7个三级指标的排位和排位变化情况，如表13-4所示。

表13-4 2017~2018年墨西哥国家创新基础竞争力指标组排位及趋势

年份＼项目	GDP		人均GDP		财政收入		人均财政收入	
	得分	排名	得分	排名	得分	排名	得分	排名
2017	4.2	14	12.6	15	5.6	15	9.3	14
2018	4.2	14	12.6	14	5.6	14	9.7	15
得分变化	0.0		0.0		-0.1		0.4	
排名升降		0		1		1		-1
优劣度		中势		中势		中势		中势

年份＼项目	外国直接投资净值		受高等教育人员比重		全社会劳动生产率		创新基础竞争力	
	得分	排名	得分	排名	得分	排名	得分	排名
2017	8.9	9	33.4	10	13.7	14	12.5	13
2018	13.5	11	25.9	10	13.6	14	12.2	13
得分变化	4.6		-7.5		-0.1		-0.4	
排名升降		-2		0		0		0
优劣度		中势		优势		中势		中势

（1）从排位变化比较看，2018年墨西哥国家创新基础竞争力排名第13位，与2017年相比，排位没有变化，处于中势地位。

（2）从指标所处区位来看，7个三级指标有1个优势指标，为受高等教育人员比重；其余指标均是中势指标。

（3）从指标排位变化趋势看，在7个三级指标中，有2个指标处于上升趋势，分别为人均GDP和财政收入；有2个指标处于下降趋势，分别为人均财政收入和外国直接投资净值；其余3个指标均保持不变。

（4）从指标排位变化的动因看，由于大部分指标排位保持不变，墨西哥创新基础竞争力的综合排位保持不变，在G20集团中排名第13位。

（5）从三级指标结构特征看，在创新基础竞争力指标组的7个三级指标中，有1个优势指标，占指标总数的14.3%；中势指标6个，占指标总数的85.7%。上升指标2个，占指标总数的28.6%；下降指标2个，占指标总数的28.6%；其余3个指标是保持趋势，占指标总数的42.8%。保持不变的指标较多，使得2018年墨西哥国家创新基础竞争力综合排位保持不变。

13.2.2 墨西哥国家创新基础竞争力比较分析

图13-4反映了2017～2018年墨西哥国家创新基础竞争力与G20集团最高水平和平均水平的比较情况。

由图13-4可知，评价期内墨西哥国家创新基础竞争力得分在12分左右，说明墨西哥国家创新基础竞争力处于较低水平。从创新基础竞争力的整体得分比较来看，2017年，墨西哥国家创新基础竞争力得分与G20集团最高分相比还有82.1分的差距，比G20集团平均分低17.6分；到2018年，墨西哥国家创新基础竞争力得分与G20集团最高分的差距为81.3分，比G20集团平均分低19.0分。总的来说，2017～2018年墨西哥国家创新基础竞争力与最高分、平均分的差距基本不变，其创新基础竞争力保持稳定。

从具体指标得分比较和变化趋势来看，墨西哥国家创新基础竞争力整体水平基本稳定；且7个指标的得分普遍低于G20国家平均分，创新基础竞争力缺乏上升的动力。在下一步的科技创新活动中，要特别关注这些问题，继续扩大生产和加快企业战略转型，加大教育和科技财政投入，积极参与国际

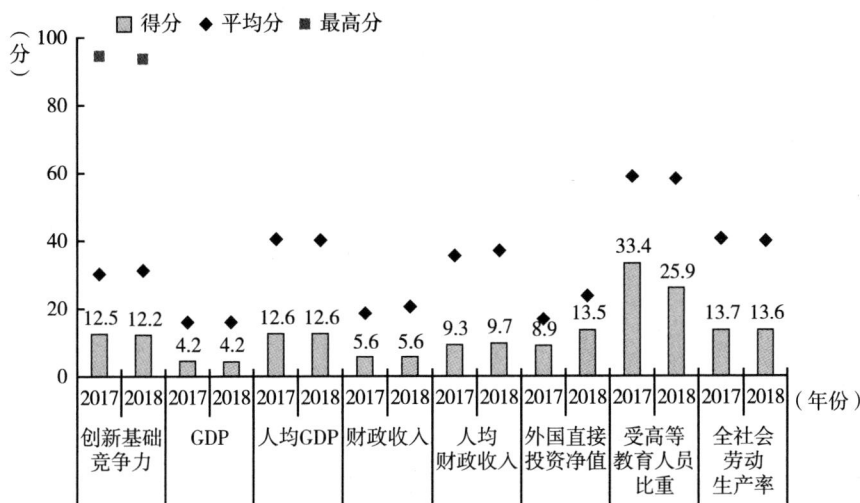

图 13 - 4　2017～2018 年墨西哥国家创新基础竞争力指标得分比较

直接投资，借鉴和引进国际科技前沿技术，提高全社会劳动生产率，夯实国家创新基础，不断增强国家创新基础竞争力。

13.3　墨西哥国家创新环境竞争力评价分析

13.3.1　墨西哥国家创新环境竞争力评价结果

2017～2018 年墨西哥国家创新环境竞争力及其下属 6 个三级指标的排位和排位变化情况，如表 13 - 5 所示。

表 13 - 5　2017～2018 年墨西哥国家创新环境竞争力指标组排位及趋势

项目　年份	因特网用户比例		每百人手机数		企业开业程序		企业平均税负水平		在线公共服务指数		ISO9001 质量体系认证数		创新环境竞争力	
	得分	排名	得分	排名	得分	排名	得分	排名	得分	排名	得分	排名	得分	排名
2017	50.3	14	6.8	17	50.0	11	58.3	14	85.0	11	1.5	15	42.0	14
2018	50.9	15	11.4	17	33.3	12	55.7	15	44.4	15	1.0	15	32.8	15
得分变化	0.6		4.5		-16.7		-2.5		-40.6		-0.5		-9.2	
排名升降		-1		0		-1		-1		-4		0		-1
优劣度	中势		劣势		中势		中势		中势		中势		中势	

（1）从排位变化比较看，2018年墨西哥国家创新环境竞争力排名第15位，与2017年相比，排位下降了1位，但仍处于中势地位。

（2）从指标所处区位来看，6个三级指标中有1个劣势指标，为每百人手机数；其余5个指标均为中势指标。

（3）从指标排位变化趋势看，在6个三级指标中，没有指标处于上升趋势；有4个指标处于下降趋势，分别为因特网用户比例、企业开业程序、企业平均税负水平、在线公共服务指数；其余指标均保持不变。

（4）从指标排位变化的动因看，没有三级指标的排位出现上升，有4个指标处于下降趋势，墨西哥创新环境竞争力的综合排位处于下降趋势，在G20集团中处于第15位。

（5）从三级指标结构特征看，在创新环境竞争力指标组的6个三级指标中，中势指标5个，占指标总数的83.3%；劣势指标1个，占指标总数的16.7%；中势和劣势指标居于主导地位。没有上升指标；保持指标2个，占指标总数的33.3%；下降指标4个，占指标总数的66.7%。指标排位下降的数量大于排位上升的数量，且受其他因素的综合影响，2018年墨西哥国家创新环境竞争力综合排位与2017年相比下降了1位。

13.3.2　墨西哥国家创新环境竞争力比较分析

图13-5反映了2017~2018年墨西哥国家创新环境竞争力与G20集团最高水平和平均水平的比较情况。

由图13-5可知，评价期内墨西哥国家创新环境竞争力得分为40分左右，处于较低水平。从创新环境竞争力的整体得分比较来看，2017年，墨西哥国家创新环境竞争力得分与G20集团最高分相比还有27.7分的差距，与G20集团平均分相比，低10.8分；2018年，墨西哥国家创新环境竞争力得分与G20集团最高分的差距为34.0分，低于G20集团平均分13.8分。总的来说，2017~2018年墨西哥国家创新环境竞争力与最高分、平均分的差距有所扩大。

从具体指标得分比较和变化趋势来看，墨西哥国家创新环境竞争力整体水平较低，处于中势地位，这主要是由于每百人手机数处于劣势地位；而大部分指标均低于G20集团平均分水平，这限制了其创新环境竞争力的进一步提升。

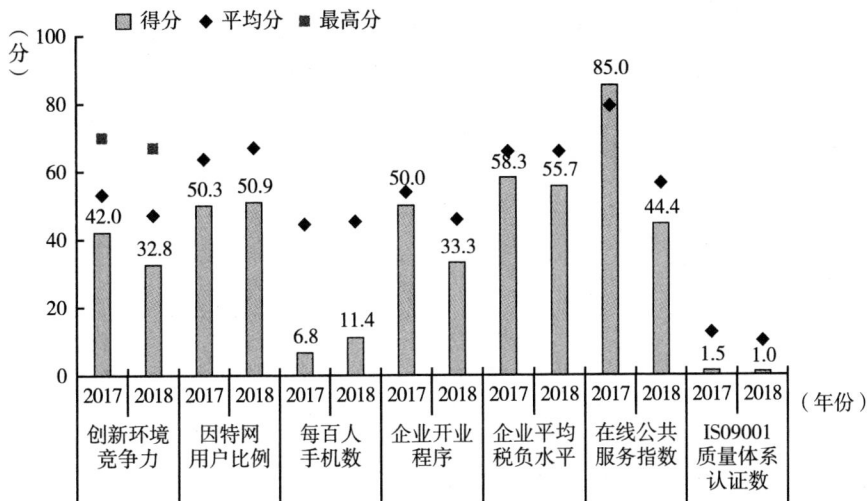

图 13 - 5　2017～2018 年墨西哥国家创新环境竞争力指标得分比较

因此，为了巩固和提升墨西哥国家创新环境竞争力，应针对这些问题，着力提高网络使用率，加快信息高速公路建设，加大对创新型企业的科技和资金扶持力度，加强知识产权保护，重视创新人才的外引内育，营造有利于企业健康有序发展的良好创新氛围，不断优化国家创新环境，进一步增强国家创新环境竞争力。

13.4　墨西哥国家创新投入竞争力评价分析

13.4.1　墨西哥国家创新投入竞争力评价结果

2017～2018 年墨西哥国家创新投入竞争力及其下属 7 个三级指标的排位和排位变化情况，如表 13 - 6 所示。

（1）从排位变化比较看，2018 年墨西哥国家创新投入竞争力排名第 18 位，与 2017 年相比，排位保持不变，处于劣势地位。

（2）从指标所处区位来看，7 个三级指标中没有强势指标；有 1 个优势指标，为风险资本交易占 GDP 比重；有 1 个指标是中势指标，为企业研发投入比重；其余 5 个指标均是劣势指标。

表 13 - 6   2017～2018 年墨西哥国家创新投入竞争力指标组排位及趋势

年份＼项目	R&D 经费支出总额		R&D 经费支出占 GDP 比重		人均 R&D 经费支出		R&D 人员	
	得分	排名	得分	排名	得分	排名	得分	排名
2017	0.3	16	2.9	18	1.3	17	0.5	16
2018	0.2	16	2.8	18	1.2	17	0.5	17
得分变化	0.0		-0.1		-0.1		0.0	
排名升降		0		0		0		-1
优劣度		劣势		劣势		劣势		劣势

年份＼项目	研究人员占从业人员比重		企业研发投入比重		风险资本交易占 GDP 比重		创新投入竞争力	
	得分	排名	得分	排名	得分	排名	得分	排名
2017	3.1	16	13.5	15	0.0	8	3.1	18
2018	2.7	16	9.9	15	0.0	8	2.5	18
得分变化	-0.4		-3.6		0.0		-0.6	
排名升降		0		0		0		0
优劣度		劣势		中势		优势		劣势

（3）从指标排位变化趋势看，在 7 个三级指标中，有 6 个指标排位保持不变；有 1 个指标处于下降趋势，为 R&D 人员。

（4）从指标排位变化的动因看，由于有 6 个三级指标的排位保持不变，墨西哥创新投入竞争力的综合排位也保持不变，在 G20 集团中排名第 18 位。

（5）从三级指标结构特征看，在创新投入竞争力指标组的 7 个三级指标中，没有强势指标；1 个优势指标，占指标总数的 14.3%；1 个中势指标，占指标总数的 14.3%；劣势指标 5 个，占指标总数的 71.4%。没有上升指标；下降指标 1 个，占指标总数的 14.3%，保持指标 6 个，占指标总数的 85.7%。由于大部分指标排位保持不变，2018 年墨西哥国家创新投入竞争力综合排位仍保持不变。

13.4.2　墨西哥国家创新投入竞争力比较分析

图 13 - 6 反映了 2017～2018 年墨西哥国家创新投入竞争力与 G20 集团最高水平和平均水平的比较情况。

由图 13 - 6 可知，评价期内墨西哥国家创新投入竞争力得分均低于 4 分，说明墨西哥国家创新投入竞争力处于较低水平。从创新投入竞争力的整体得分比较来看，2017 年，墨西哥国家创新投入竞争力得分与 G20 集团最高分相比

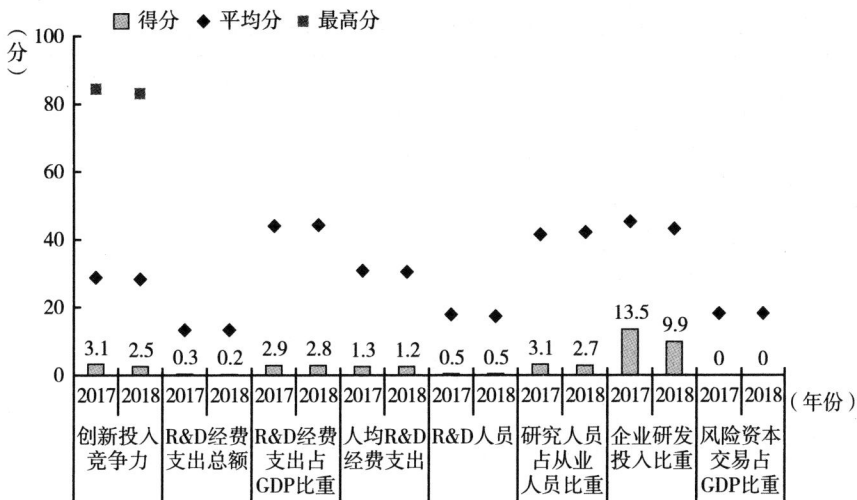

图 13 – 6 2017～2018 年墨西哥国家创新投入竞争力指标得分比较

还有 80.9 分的差距，与 G20 集团平均分相比，则低了 25.6 分；到 2018 年，墨西哥国家创新投入竞争力得分与 G20 集团最高分的差距为 80.3 分，低于 G20 集团平均分 25.8 分。总的来说，2017～2018 年墨西哥国家创新投入竞争力与平均分的差距较大，国家创新投入竞争力排位保持不变。

从具体指标得分比较和变化趋势来看，墨西哥国家创新投入竞争力整体水平较为稳定，仍处于劣势地位，这主要是由于大部分指标得分偏低导致的；且所有三级指标的得分都低于 G20 国家平均分，可见，其创新投入竞争力确实较为薄弱。今后要特别关注这些问题，继续加大科技研发经费投入，鼓励多元化的创新研发投入，加大研发人员培养力度，高度重视研发人才队伍建设，不断增加国家创新投入，显著增强国家创新投入竞争力。

13.5 墨西哥国家创新产出竞争力评价分析

13.5.1 墨西哥国家创新产出竞争力评价结果

2017～2018 年墨西哥国家创新产出竞争力及其下属 7 个三级指标的排位和排位变化情况，如表 13 – 7 所示。

表 13 – 7　2017 ~ 2018 年墨西哥国家创新产出竞争力指标组排位及趋势

项　目 年份	专利 授权数		科技论文 发表数		专利和 许可收入		高技术产品 出口额	
	得分	排名	得分	排名	得分	排名	得分	排名
2017	37.6	4	1.6	15	0.0	18	34.0	8
2018	35.7	4	1.8	16	0.0	18	32.2	8
得分变化	-1.9		0.2		0.0		-1.8	
排名升降		0		-1		0		0
优劣度		强势		劣势		劣势		优势

项　目 年份	高技术产品 出口比重		注册 商标数		创意产品 出口比重		创新产出 竞争力	
	得分	排名	得分	排名	得分	排名	得分	排名
2017	65.7	5	36.3	5	26.1	6	28.8	8
2018	57.3	5	33.8	6	14.3	14	25.0	9
得分变化	-8.4		-2.5		-11.8		-3.8	
排名升降		0		-1		-8		-1
优劣度		强势		优势		中势		优势

（1）从排位变化比较看，2018 年墨西哥国家创新产出竞争力排名第 9 位，与 2017 年相比，排位下降了 1 位，处于优势地位。

（2）从指标所处区位来看，7 个三级指标中有 2 个强势指标，分别为专利授权数、高技术产品出口比重；有 2 个优势指标，分别为高技术产品出口额、注册商标数；有 1 个中势指标，为创意产品出口比重；有 2 个劣势指标，分别为科技论文发表数、专利和许可收入。

（3）从指标排位变化趋势看，在 7 个三级指标中，有 3 个指标处于下降趋势，分别为科技论文发表数、注册商标数、创意产品出口比重；其余指标均保持不变。

（4）从指标排位变化的动因看，3 个三级指标的排位出现了下降，4 个三级指标的排位保持不变，在指标升降的综合作用下，墨西哥创新产出竞争力的综合排位下降了 1 位，在 G20 集团中排名第 9 位。

（5）从三级指标结构特征看，在创新产出竞争力指标组的 7 个三级指标中，强势指标 2 个，占指标总数的 28.6%；优势指标 2 个，占指标总数的 28.6%；中势指标 1 个，占指标总数的 14.3%；劣势指标 2 个，占指标总数的 28.6%；强势和优势指标所占比重大于劣势指标的比重。没有上升指标；下降指标 3 个，占指标总数的 42.9%；保持指标 4 个，占指标总数的 57.1%。受其他因素的综合影响，2018 年墨西哥国家创新产出竞争力综合排位与 2017 年相比，下降了 1 位。

13.5.2　墨西哥国家创新产出竞争力比较分析

图 13 - 7 反映了 2017 ~ 2018 年墨西哥国家创新产出竞争力与 G20 集团最高水平和平均水平的比较情况。

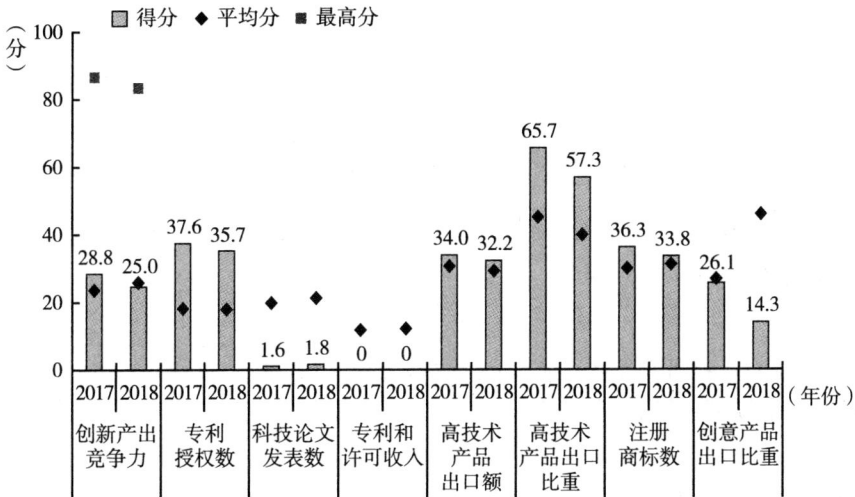

图13 - 7　2017 ~ 2018 年墨西哥国家创新产出竞争力指标得分比较

由图 13 - 7 可知，评价期内墨西哥国家创新产出竞争力得分均高于 25 分，说明墨西哥国家创新产出竞争力处于较高水平。从创新产出竞争力的整体得分比较来看，2017 年，墨西哥国家创新产出竞争力得分与 G20 集团最高分相比还有 58.0 分的差距，高于 G20 集团平均分 5.1 分；到 2018 年，墨西哥国家创新产出竞争力得分与 G20 集团最高分的差距为 57.9 分，低于 G20 集团平均分 1.1 分。总的来说，2017 ~ 2018 年墨西哥国家创新产出竞争力与最高分的差距基本保持不变，但是排位处于下降趋势。

从具体指标得分比较和变化趋势来看，墨西哥国家创新产出竞争力整体水平下降 1 位，这主要是科技论文发表数、注册商标数、创意产品出口比重等指标得分和排位下降所致；但个别三级指标的评价得分仍然低于 G20 国家平均分。因此，要进一步提升墨西哥的专利申请和授权量，增强企业和个人专利权的创造和运用能力；完善知识产权激励机制，促进专利和许可收入增长；注重提升基础研究能力，提高科技论文等创新产出的数量和质量；优化出口贸易结构，加大高技术产品出口比重，突出高技术产品在对外贸易中的重要地位；推动实施商标战略，打造国际知名品牌。通过实施一系列的创新措施，切实提高国家创新产出，增强国家创新产出竞争力。

13.6 墨西哥国家创新持续竞争力评价分析

13.6.1 墨西哥国家创新持续竞争力评价结果

2017～2018 年墨西哥国家创新持续竞争力及其下属 6 个三级指标的排位和排位变化情况，如表 13-8 所示。

表 13-8 2017～2018 年墨西哥国家创新持续竞争力指标组排位及趋势

项目 年份	公共教育经费支出总额		公共教育经费支出占GDP比重		人均公共教育经费支出额		高等教育毛入学率		科技人员增长率		科技经费增长率		创新持续竞争力	
	得分	排名	得分	排名	得分	排名	得分	排名	得分	排名	得分	排名	得分	排名
2017	4.3	14	73.9	6	14.3	13	24.0	16	19.9	16	0.0	19	22.7	19
2018	4.3	14	70.7	6	14.3	13	24.4	16	13.8	12	56.8	12	30.7	16
得分变化	0.0		-3.1		0.0		0.5		-6.2		56.8		8.0	
排名升降		0		0		0		0		4		7		3
优劣度		中势		优势		中势		劣势		中势		中势		劣势

（1）从排位变化比较看，2018 年墨西哥国家创新持续竞争力排名第 16位，比 2017 年排名上升 3 位，但是仍处于劣势地位。

（2）从指标所处区位来看，6 个三级指标中没有强势指标；有 1 个优势指标，为公共教育经费支出占 GDP 比重；有 1 个劣势指标，为高等教育毛入学率；其余 4 个指标为中势指标。

（3）从指标排位变化趋势看，在 6 个三级指标中，有 2 个指标处于上升趋

势，分别为科技人员增长率、科技经费增长率，这些是墨西哥创新持续竞争力的上升拉力所在；有 4 个指标排名保持不变，分别为公共教育经费支出总额、公共教育经费支出占 GDP 比重、人均公共教育经费支出额、高等教育毛入学率。

（4）从指标排位变化的动因看，上升动力较大，另有 4 个指标保持不变，因此墨西哥创新持续竞争力的综合排位上升 3 位，在 G20 集团中排名第 16 位。

（5）从三级指标结构特征看，在创新持续竞争力指标组的 6 个三级指标中，没有强势指标；优势指标 1 个，占指标总数的 16.7%；中势指标 4 个，占指标总数的 66.7%；劣势指标 1 个，占指标总数的 16.7%，优势指标所占比重小于中势指标和劣势指标的比重。上升指标 2 个，占指标总数的 33.3%；保持指标 4 个，占指标总数 66.7%；没有下降指标。由于排位上升的指标数量大于排位下降的数量，并且保持指标占绝大多数，2018 年墨西哥国家创新持续竞争力综合排位比 2017 年上升 3 位。

13.6.2　墨西哥国家创新持续竞争力比较分析

图 13 - 8 反映了 2017 ~ 2018 年墨西哥国家创新持续竞争力与 G20 集团最高水平和平均水平的比较情况。

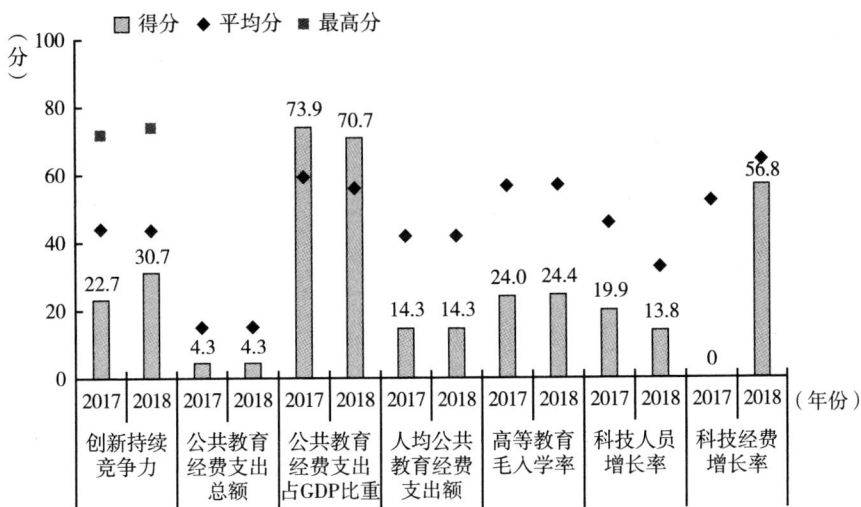

图 13 - 8　2017 ~ 2018 年墨西哥国家创新持续竞争力指标得分比较

由图 13 - 8 可知，从创新持续竞争力的整体得分比较来看，2017 年，墨西哥国家创新持续竞争力得分与 G20 集团最高分相比还有 48.5 分的差距，低于 G20 集团平均分 20.7 分；到 2018 年，墨西哥国家创新持续竞争力得分与 G20 集团最高分的差距缩小为 42.9 分，低于 G20 集团平均分 12.2 分。总的来说，2017~2018 年墨西哥国家创新持续竞争力与最高分差距、平均分差距呈缩小趋势。

从具体指标得分比较和变化趋势来看，墨西哥国家创新持续竞争力整体水平上升，其中公共教育经费支出总额、公共教育经费支出占 GDP 比重、人均公共教育经费支出额、高等教育毛入学率排名没有发生变化。因此，未来墨西哥要提高创新持续增长力，应该要不断增加教育经费的投入，实现国家创新能力的可持续发展，显著增强国家创新持续竞争力。

第14章

俄罗斯国家创新竞争力评价分析报告

俄罗斯位于欧亚大陆北部，地跨欧亚两大洲，与中国、蒙古、朝鲜、挪威、芬兰等国接壤，还与日本、加拿大、格陵兰岛、冰岛、瑞典和美国隔海相望。国土面积约 1709.82 万平方公里，海岸线长 37653 公里。2018 年全国年末总人口约为 14448 万人，实现国内生产总值 16696 亿美元，人均 GDP 达到 11371 美元。本部分通过对俄罗斯 2017~2018 年国家创新竞争力以及创新竞争力中各要素在 G20 集团中的排名变化分析，从中找出俄罗斯国家创新竞争力的推动点及影响因素。

14.1 俄罗斯国家创新竞争力总体评价分析

2017~2018 年，俄罗斯的国家创新竞争力排名保持不变。2017 年和 2018 年俄罗斯国家创新竞争力在 G20 集团中排名第 11 位。

14.1.1 俄罗斯国家创新竞争力概要分析

俄罗斯国家创新竞争力在 G20 集团中所处的位置及 5 个二级指标的得分和排位变化如图 14-1、图 14-2 和表 14-1 所示。

（1）从综合排位变化看，2018 年俄罗斯国家创新竞争力综合排名在 G20 集团中处于第 11 位，与 2017 年相比，排位不变。

（2）从指标得分看，2018 年俄罗斯国家创新竞争力得分为 25.6 分，比 G20 集团最高分低 52.8 分，比平均分低 9.4 分；与 2017 年相比，俄罗斯国家创新竞争力得分降低了 3.8 分，与最高分的差距扩大了 2.2 分，与 G20 集团平均分的差距扩大了 3.1 分。

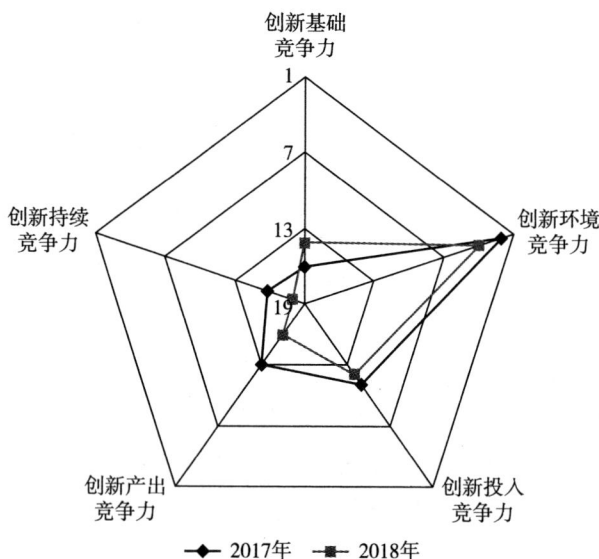

图 14 - 1 俄罗斯国家创新竞争力二级指标排名雷达图

图 14 - 2 俄罗斯国家创新竞争力得分和排名变化趋势

（3）从指标所处区位看，2018 年俄罗斯国家创新竞争力的 5 个二级指标中，强势指标 1 个，为创新环境竞争力；中势指标有 2 个，为创新基础竞争力和创新投入竞争力；劣势指标有 2 个，为创新产出竞争力和创新持续竞争力。

表 14 − 1 俄罗斯国家创新竞争力二级指标得分和排名

项目 年份	创新基础 竞争力		创新环境 竞争力		创新投入 竞争力		创新产出 竞争力		创新持续 竞争力		创新竞争力	
	得分	排名	得分	排名	得分	排名	得分	排名	得分	排名	得分	排名
2017	9.6	16	65.4	2	20.2	11	12.3	13	39.5	16	29.4	11
2018	9.2	14	59.8	4	18.6	12	12.1	16	28.4	18	25.6	11
得分变化	−0.4		−5.6		−1.6		−0.1		−11.1		−3.8	
排名升降		2		−2		−1		−3		−2		0
优劣度		中势		强势		中势		劣势		劣势		中势

（4）从指标排位变化趋势看，在5个二级指标中，有1个指标的排位处于上升趋势，为创新基础竞争力，有4个指标的排位处于下降趋势，分别是创新环境竞争力、创新投入竞争力、创新产出竞争力和创新持续竞争力，是俄罗斯国家创新竞争力的下降拉力所在。

（5）从指标排位变化的动因看，4个二级指标的排位出现了下降，1个指标排位上升，因此，受指标排位下降和上升的综合影响，2018年俄罗斯国家创新竞争力的综合排位保持不变，在G20集团中排名第11位。

14.1.2 俄罗斯国家创新竞争力各级指标动态变化分析

2017～2018年俄罗斯国家创新竞争力各级指标的动态变化及其结构，如图14−3和表14−2所示。

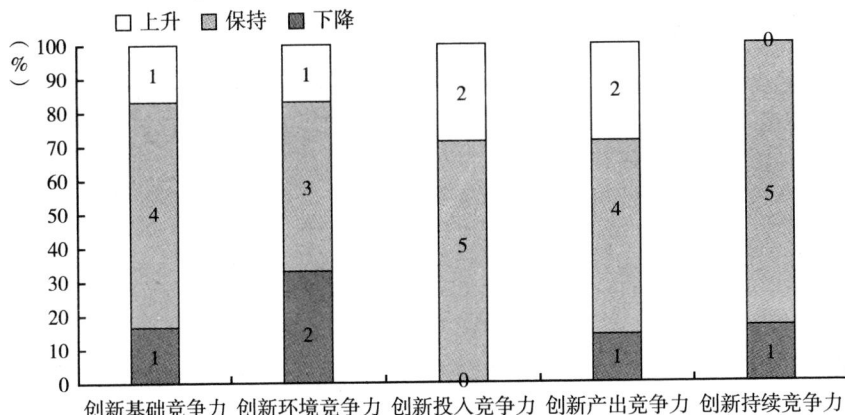

图 14 − 3 2017～2018 年俄罗斯国家创新竞争力指标动态变化结构

表 14 - 2 2017~2018 年俄罗斯国家创新竞争力各级指标排位变化态势比较

二级指标	三级指标个数	上升		保持		下降		变化趋势
		个数	比重(%)	个数	比重(%)	个数	比重(%)	
创新基础竞争力	6	1	16.7	4	66.7	1	16.7	上升
创新环境竞争力	6	1	16.7	3	50.0	2	33.3	下降
创新投入竞争力	7	2	28.6	5	71.4	0	0.0	下降
创新产出竞争力	7	2	28.6	4	57.1	1	14.3	下降
创新持续竞争力	6	0	0.0	5	83.3	1	16.7	下降
合计	32	6	18.8	21	65.6	5	15.6	保持

从图 14 - 3 可以看出,俄罗斯国家创新竞争力的三级指标中上升指标的数量大于下降指标,但保持不变的指标仍居于主导地位。表 14 - 2 中的数据进一步说明,俄罗斯国家创新竞争力的 32 个三级指标中,上升指标 6 个,占指标总数的 18.8%;保持指标 21 个,占指标总数的 65.6%;下降指标 5 个,占指标总数的 15.6%。指标上升的数量大于指标下降的数量,上升的动力大于下降的拉力,但受下降幅度与其他外部因素的综合影响,2018 年俄罗斯国家创新竞争力排位保持不变,在 G20 集团中居第 11 位。

14.1.3 俄罗斯国家创新竞争力各级指标优劣势结构分析

2017~2018 年俄罗斯国家创新竞争力各级指标的优劣势变化及其结构,如表 14 - 3 所示。

表 14 - 3 2017~2018 年俄罗斯国家创新竞争力各级指标排位优劣势比较

二级指标	三级指标个数	强势		优势		中势		劣势		优劣度
		个数	比重(%)	个数	比重(%)	个数	比重(%)	个数	比重(%)	
创新基础竞争力	6	0	0.0	0	0.0	5	83.3	1	16.7	中势
创新环境竞争力	6	2	33.3	2	33.3	0	0.0	2	33.3	强势
创新投入竞争力	7	1	14.3	3	42.9	3	42.9	0	0.0	中势
创新产出竞争力	7	1	14.3	1	14.3	4	57.1	1	14.3	劣势
创新持续竞争力	6	1	16.7	0	0.0	3	50.0	2	33.3	劣势
合计	32	5	15.6	6	18.8	15	46.9	6	18.8	中势

从表 14-3 中的数据可以看出，俄罗斯国家创新竞争力的 32 个三级指标中，强势指标 5 个，占指标总数的 15.6%；优势指标 6 个，占指标总数的 18.8%；中势指标 15 个，占指标总数的 46.9%；劣势指标 6 个，占指标总数的 18.8%；强势指标和优势指标的数量之和约占指标总数的 34.4%，远远小于中势指标和劣势指标之和。从二级指标来看，强势指标 1 个，占二级指标总数的 20%；中势指标 2 个，占二级指标总数的 40%；劣势指标 2 个，占二级指标总数的 40%。由于中势指标和劣势指标在指标体系中居于主导地位，2017~2018 年俄罗斯国家创新竞争力处于中势地位。

14.2　俄罗斯国家创新基础竞争力评价分析

14.2.1　俄罗斯国家创新基础竞争力评价结果

2017~2018 年俄罗斯国家创新基础竞争力及其下属 6 个三级指标的排位和排位变化情况，如表 14-4 所示。

表 14-4　2017~2018 年俄罗斯国家创新基础竞争力指标组排位及趋势

年份＼项目	GDP		人均 GDP		财政收入		人均财政收入	
	得分	排名	得分	排名	得分	排名	得分	排名
2017	6.4	12	15.1	12	6.1	13	8.5	15
2018	6.4	12	15.4	12	7.1	13	10.1	13
得分变化	0.0		0.3		1.0		1.7	
排名升降		0		0		0		2
优劣度		中势		中势		中势		中势

年份＼项目	外国直接投资净值		受高等教育人员比重		全社会劳动生产率		创新基础竞争力	
	得分	排名	得分	排名	得分	排名	得分	排名
2017	7.7	11	—		13.9	13	9.6	16
2018	1.8	17	—		14.4	13	9.2	14
得分变化	-5.9		—		0.4		-0.4	
排名升降		-6				0		2
优劣度		劣势		—		中势		中势

（1）从排位变化比较看，2018 年俄罗斯国家创新基础竞争力排名第 14 位，与 2017 年相比，排位上升 2 位，处于中势地位。

（2）从指标所处区位来看，6 个三级指标中没有强势指标和优势指标，有 5 个中势指标，外国直接投资净值是唯一劣势指标。

（3）从指标排位变化趋势看，在 6 个三级指标中，有 1 个指标处于上升趋势，为人均财政收入；有 1 个指标处于下降趋势，为外国直接投资净值；其余 4 个指标均保持不变。

（4）从指标排位变化的动因看，1 个三级指标的排位出现了下降，1 个指标排位上升，且大部分指标排位保持不变，使得俄罗斯创新基础竞争力的综合排位上升 2 位，在 G20 集团中排名第 14 位。

（5）从三级指标结构特征看，在创新基础竞争力指标组的 6 个三级指标中，没有强势指标和优势指标；中势指标 5 个，占指标总数的 83.3%；劣势指标 1 个，占指标总数的 16.7%。上升指标 1 个，占指标总数的 16.7%；下降指标 1 个，占指标总数的 16.7%；其余 4 个指标是保持趋势，占指标总数的 66.7%。指标排位下降的数量较少，且保持不变的指标较多，使得 2018 年俄罗斯国家创新基础竞争力综合排位上升 2 位。

14.2.2 俄罗斯国家创新基础竞争力比较分析

图 14-4 反映了 2017~2018 年俄罗斯国家创新基础竞争力与 G20 集团最高水平和平均水平的比较情况。

由图 14-4 可知，评价期内俄罗斯国家创新基础竞争力得分均低于 10 分，说明俄罗斯国家创新基础竞争力处于较低水平。从创新基础竞争力的整体得分比较来看，2017 年，俄罗斯国家创新基础竞争力得分与 G20 集团最高分相比还有 85 分的差距，比 G20 集团平均分低 20.5 分；到 2018 年，俄罗斯国家创新基础竞争力得分与 G20 集团最高分的差距为 84.3 分，比 G20 集团平均分低 22 分。总的来说，2017~2018 年俄罗斯国家创新基础竞争力与平均分的差距基本不变，其创新基础竞争力保持稳定。

从具体指标得分比较和变化趋势来看，俄罗斯国家创新基础竞争力整体水平基本稳定；且 6 个指标的得分均普遍低于 G20 国家平均分，创新基础竞争力缺乏上升的动力。在下一步的科技创新活动中，要特别关注这些问题，继续扩

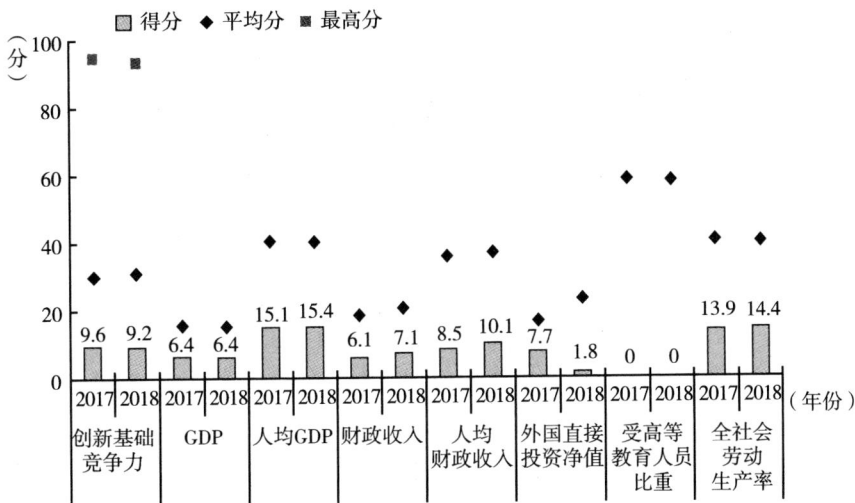

图 14 - 4　2017~2018 年俄罗斯国家创新基础竞争力指标得分比较

大生产和加快企业战略转型、加大教育和科技财政投入，积极参与国际直接投资，借鉴和引进国际科技前沿技术，提高全社会劳动生产率，夯实国家创新基础，不断增强国家创新基础竞争力。

14.3　俄罗斯国家创新环境竞争力评价分析

14.3.1　俄罗斯国家创新环境竞争力评价结果

2017~2018 年俄罗斯国家创新环境竞争力及其下属 6 个三级指标的排位和排位变化情况，如表 14 - 5 所示。

（1）从排位变化比较看，2018 年俄罗斯国家创新环境竞争力排名第 4 位，与 2017 年相比，排位下降了 2 位，但仍处于强势地位。

（2）从指标所处区位来看，6 个三级指标中有 2 个强势指标，分别为每百人手机用户数和企业开业程度；有 2 个优势指标，为因特网用户比例和企业平均税负水平；其余 2 个指标为劣势指标，分别为在线公共服务指数和 ISO9001 质量体系认证数。

表 14－5   2017～2018 年俄罗斯国家创新环境竞争力指标组排位及趋势

项目 年份	因特网 用户比例		每百人 手机数		企业开 业程序		企业平均 税负水平		在线公共 服务指数		ISO9001 质量 体系认证数		创新环境 竞争力	
	得分	排名	得分	排名	得分	排名	得分	排名	得分	排名	得分	排名	得分	排名
2017	69.6	10	89.4	2	83.3	4	64.8	10	83.3	13	2.1	12	65.4	2
2018	75.4	10	96.6	2	77.8	4	66.1	9	42.6	16	0.5	17	59.8	4
得分变化	5.7		7.1		-5.6		1.3		-40.8		-1.6		-5.6	
排名升降		0		0		0		1		-3		-5		-2
优劣度		优势		强势		强势		优势		劣势		劣势		强势

（3）从指标排位变化趋势看，在6个三级指标中，有1个指标处于上升趋势，为企业平均税负水平；有2个指标处于下降趋势，分别为在线公共服务指数和ISO9001质量体系认证数；其余指标均保持不变。

（4）从指标排位变化的动因看，有2个三级指标的排位出现了下降，使俄罗斯创新环境竞争力的综合排位处于下降趋势，在G20集团中处于第4位。

（5）从三级指标结构特征看，在创新环境竞争力指标组的6个三级指标中，强势指标2个，优势指标2个，劣势指标2个，各占指标总数的33.3%；没有中势指标；强势和优势指标居于主导地位。上升指标1个，占指标总数的16.7%；保持指标3个，占指标总数的50%；下降指标2个，占指标总数的33.3%。指标排位下降的数量大于排位上升的数量，且受其他因素的综合影响，2018年俄罗斯国家创新环境竞争力综合排位与2017年相比下降了2位。

14.3.2   俄罗斯国家创新环境竞争力比较分析

图14－5反映了2017～2018年俄罗斯国家创新环境竞争力与G20集团最高水平和平均水平的比较情况。

由图14－5可知，评价期内俄罗斯国家创新环境竞争力得分均高于50分，处于较高水平。从创新环境竞争力的整体得分比较来看，2017年，俄罗斯国家创新环境竞争力得分与G20集团最高分相比还有4.3分的差距，与G20集团平均分相比，高12.6分；2018年，俄罗斯国家创新环境竞争力得分与G20集团最高分的差距为6.9分，高于G20集团平均分13.2分。总的来说，2017～2018年俄罗斯国家创新环境竞争力与最高分的差距有所扩大。

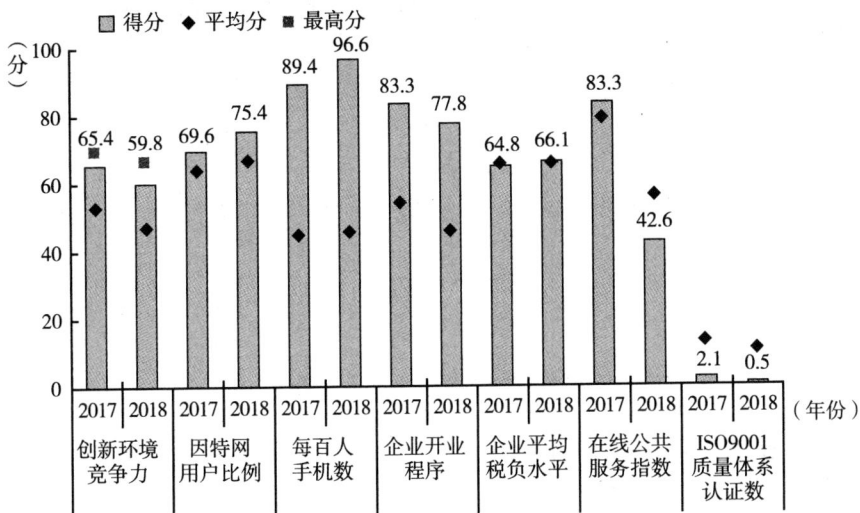

图 14 - 5　2017～2018 年俄罗斯国家创新环境竞争力指标得分比较

从具体指标得分比较和变化趋势来看，俄罗斯国家创新环境竞争力整体水平较高，处于强势地位，这主要是由于每百人手机数得分、企业开业程序得分处于强势地位；因特网用户比例、企业平均税负水平得分处于优势地位，这促进了其创新环境竞争力的进一步提升。而在线公共服务指数、ISO9001 质量体系认证数等指标略低于 G20 集团平均分水平。因此，为了巩固和提升俄罗斯国家创新环境竞争力，应针对这些问题，着力提高网络使用率，加快信息高速公路建设，加大对创新型企业的科技和资金扶持力度，加强知识产权保护，重视创新人才的外引内育，营造有利于企业健康有序发展的良好创新氛围，不断优化国家创新环境，进一步增强国家创新环境竞争力。

14.4　俄罗斯国家创新投入竞争力评价分析

14.4.1　俄罗斯国家创新投入竞争力评价结果

2017～2018 年俄罗斯国家创新投入竞争力及其下属 7 个三级指标的排位和排位变化情况，如表 14 - 6 所示。

表 14 - 6　2017～2018 年俄罗斯国家创新投入竞争力指标组排位及趋势

年份 \ 项目	R&D 经费支出总额		R&D 经费支出占 GDP 比重		人均 R&D 经费支出		R&D 人员	
	得分	排名	得分	排名	得分	排名	得分	排名
2017	2.7	13	28.2	12	6.6	13	18.4	4
2018	2.4	13	24.8	12	5.9	12	16.5	4
得分变化	-0.3		-3.5		-0.7		-1.9	
排名升降		0		0		1		0
优劣度		中势		中势		中势		强势

年份 \ 项目	研究人员占从业人员比重		企业研发投入比重		风险资本交易占 GDP 比重		创新投入竞争力	
	得分	排名	得分	排名	得分	排名	得分	排名
2017	45.2	10	40.4	9	0.0	8	20.2	11
2018	43.9	10	36.8	8	0.0	8	18.6	12
得分变化	-1.3		-3.7		0.0		-1.6	
排名升降		0		1		0		-1
优劣度		优势		优势		优势		中势

（1）从排位变化比较看，2018 年俄罗斯国家创新投入竞争力排名第 12 位，与 2017 年相比，排位下降了 1 位，处于中势地位。

（2）从指标所处区位来看，7 个三级指标中有 1 个强势指标，为 R&D 人员；有 3 个优势指标，分别为研究人员占从业人员比重、企业研发投入比重和风险资本交易占 GDP 比重；有 3 个指标是中势指标，分别为 R&D 经费支出总额、R&D 经费支出占 GDP 比重和人均 R&D 经费支出；没有劣势指标。

（3）从指标排位变化趋势看，在 7 个三级指标中，有 5 个指标排位保持不变；有 2 个指标处于上升趋势，为人均 R&D 经费支出、企业研发投入比重。

（4）从指标排位变化的动因看，由于 5 个三级指标的排位保持不变，俄罗斯创新投入竞争力的综合排位下降了 1 位，在 G20 集团中排名第 12 位。

（5）从三级指标结构特征看，在创新投入竞争力指标组的 7 个三级指标中，有 1 个强势指标，占指标总数的 14.2%；有 3 个优势指标，占指标总数的 42.9%；中势指标 3 个，占指标总数的 42.9%；没有劣势指标。上升指标 2 个，占指标总数的 28.6%，没有下降指标；保持指标 5 个，占指标总数的

71.4%。由于指标排位上升的数量较少，且保持不变的指标较多，2018年俄罗斯国家创新投入竞争力综合排位下降了1位。

14.4.2　俄罗斯国家创新投入竞争力比较分析

图14-6反映了2017～2018年俄罗斯国家创新投入竞争力与G20集团最高水平和平均水平的比较情况。

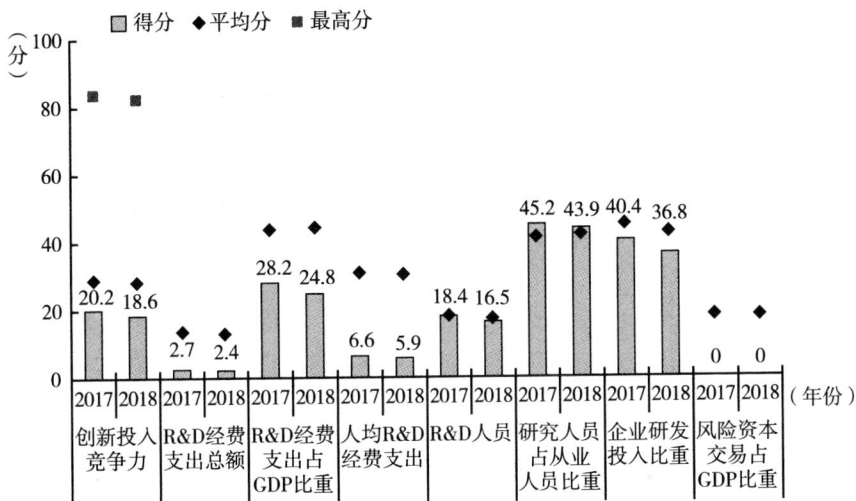

图14-6　2017～2018年俄罗斯国家创新投入竞争力指标得分比较

由图14-6可知，评价期内俄罗斯国家创新投入竞争力得分均低于25分，说明俄罗斯国家创新投入竞争力处于较低水平。从创新投入竞争力的整体得分比较来看，2017年，俄罗斯国家创新投入竞争力得分与G20集团最高分相比还有63.7分的差距，与G20集团平均分相比，则低了8.5分；到2018年，俄罗斯国家创新投入竞争力得分与G20集团最高分的差距为64.1分，低于G20集团平均分9.7分。总的来说，2017～2018年俄罗斯国家创新投入竞争力与最高分、平均分的差距变化不大，国家创新投入竞争力排位下降了1位。

从具体指标得分比较和变化趋势来看，俄罗斯国家创新投入竞争力整体水平基本稳定，仍处于中势地位，这主要是由于大部分指标得分偏低；且有6个三级指标的得分都低于G20国家平均分，创新投入竞争力缺乏上升的动力。

今后要特别关注这些问题，继续加大科技研发经费投入，鼓励多元化的创新研发投入，加大研发人员培养力度，高度重视研发人才队伍建设，不断增加国家创新投入，显著增强国家创新投入竞争力。

14.5　俄罗斯国家创新产出竞争力评价分析

14.5.1　俄罗斯国家创新产出竞争力评价结果

2017～2018年俄罗斯国家创新产出竞争力及其下属7个三级指标的排位和排位变化情况，如表14－7所示。

表14－7　2017～2018年俄罗斯国家创新产出竞争力指标组排位及趋势

年份＼项目	专利授权数		科技论文发表数		专利和许可收入		高技术产品出口额	
	得分	排名	得分	排名	得分	排名	得分	排名
2017	10.6	5	13.4	8	0.6	11	5.0	13
2018	10.6	5	16.9	7	0.7	11	4.3	13
得分变化	0.1		3.6		0.1		-0.7	
排名升降		0		1		0		0
优劣度		强势		优势		中势		中势

年份＼项目	高技术产品出口比重		注册商标数		创意产品出口比重		创新产出竞争力	
	得分	排名	得分	排名	得分	排名	得分	排名
2017	36.1	12	15.9	12	4.3	15	12.3	13
2018	29.0	12	17.9	11	5.7	17	12.1	16
得分变化	-7.1		2.0		1.4		-0.1	
排名升降		0		1		-2		-3
优劣度		中势		中势		劣势		劣势

（1）从排位变化比较看，2018年俄罗斯国家创新产出竞争力排名第16位，与2017年相比，排位下降了3位，处于劣势地位。

（2）从指标所处区位来看，7个三级指标中有1个强势指标，为专利授权数；1个优势指标，为科技论文发表数；4个中势指标，分别为专利和许可收入、高技术产品出口额、高技术产品出口比重、注册商标数；其余1个指标为劣势指标，为创意产品出口比重。

（3）从指标排位变化趋势看，在7个三级指标中，有2个指标处于上升趋势，分别为科技论文发表数、注册商标数；有1个指标处于下降趋势，为创意产品出口比重。

（4）从指标排位变化的动因看，2个三级指标的排位上升，1个三级指标的排位下降，在指标升降的综合作用下，俄罗斯创新产出竞争力的综合排位下降了3位，在G20集团中排名第16位。

（5）从三级指标结构特征看，在创新产出竞争力指标组的7个三级指标中，强势指标1个，占指标总数的14.3%；优势指标1个，占指标总数的14.3%；中势指标4个，占指标总数的57.1%；劣势指标1个，占指标总数的14.3%；强势和优势指标所占比重远远小于中势和劣势指标的比重。上升指标2个，占指标总数的28.6%；下降指标1个，占指标总数的14.3%。指标排位上升的数量大于排位下降的数量，但受下降幅度和其他因素的综合影响，2018年俄罗斯国家创新产出竞争力综合排位与2017年相比，下降了3位。

14.5.2 俄罗斯国家创新产出竞争力比较分析

图14-7反映了2017~2018年俄罗斯国家创新产出竞争力与G20集团最高水平和平均水平的比较情况。

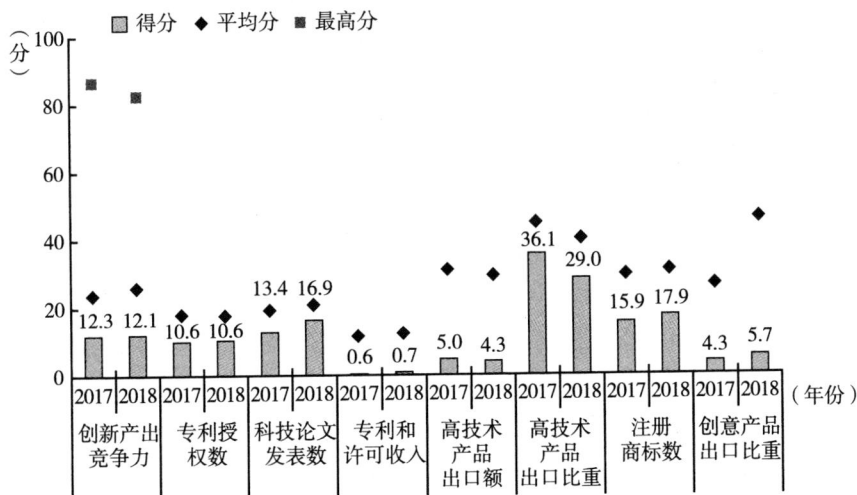

图14-7 2017~2018年俄罗斯国家创新产出竞争力指标得分比较

由图 14 - 7 可知，评价期内俄罗斯国家创新产出竞争力得分均低于 15 分，说明俄罗斯国家创新产出竞争力处于较低水平。从创新产出竞争力的整体得分比较来看，2017 年，俄罗斯国家创新产出竞争力得分与 G20 集团最高分相比还有74.5 分的差距，低于 G20 集团平均分 11.4 分；到 2018 年，俄罗斯国家创新产出竞争力得分与 G20 集团最高分的差距为 70.8 分，低于 G20 集团平均分 14.0 分。总的来说，2017~2018 年俄罗斯国家创新产出竞争力与最高分的差距呈缩小趋势，与平均分的差距呈扩大趋势，排位处于下降趋势。

从具体指标得分比较和变化趋势来看，俄罗斯国家创新产出竞争力整体水平下降了 3 位，这主要是由于高技术产品出口额、高技术产品出口比重和创意产品出口比重指标得分和排位下降；但所有三级指标的评价得分均低于 G20国家平均分。因此，要进一步提升俄罗斯的专利申请和授权量，增强企业和个人专利权的创造和运用能力；完善知识产权激励机制，促进专利和许可收入增长；注重提升基础研究能力，提高科技论文等创新产出的数量和质量；优化出口贸易结构，加大高技术产品出口比重，突出高技术产品在对外贸易中的重要地位；推动实施商标战略，打造国际知名品牌。通过实施一系列的创新措施，切实提高国家创新产出，增强国家创新产出竞争力。

14.6 俄罗斯国家创新持续竞争力评价分析

14.6.1 俄罗斯国家创新持续竞争力评价结果

2017~2018 年俄罗斯国家创新持续竞争力及其下属 6 个三级指标的排位和排位变化情况，如表 14 - 8 所示。

（1）从排位变化比较看，2018 年俄罗斯国家创新持续竞争力排名第 18位，与 2017 年相比排名下降了 2 位，处于劣势地位。

（2）从指标所处区位来看，6 个三级指标中有 1 个强势指标，为高等教育毛入学率；没有优势指标；中势指标 3 个，分别为公共教育经费支出总额、公共教育经费支出占 GDP 比重和人均公共教育经费支出额；其余 2 个指标为劣势指标，分别为科技人员增长率和科技经费增长率。

表 14 - 8　2017～2018 年俄罗斯国家创新持续竞争力指标组排位及趋势

项目 年份	公共教育经费支出总额		公共教育经费支出占 GDP 比重		人均公共教育经费支出额		高等教育毛入学率		科技人员增长率		科技经费增长率		创新持续竞争力	
	得分	排名	得分	排名	得分	排名	得分	排名	得分	排名	得分	排名	得分	排名
2017	4.9	13	36.7	15	13.5	14	81.7	5	0.0	18	100.0	1	39.5	16
2018	4.9	13	29.1	15	13.7	14	81.5	5	0.0	18	41.0	16	28.4	18
得分变化	0.0		-7.6		0.2		-0.2		0.0		-59.0		-11.1	
排名升降		0		0		0		0		0		-15		-2
优劣度	中势		中势		中势		强势		劣势		劣势		劣势	

（3）从指标排位变化趋势看，在 6 个三级指标中，有 5 个指标排名保持不变；有 1 个指标呈下降趋势，为科技经费增长率，这是俄罗斯创新持续竞争力的下降拉力所在。

（4）从指标排位变化的动因看，下降动力大于上升动力，另有 5 个指标保持不变，因此俄罗斯创新持续竞争力的综合排位下降 2 位，在 G20 集团中排名第 18 位。

（5）从三级指标结构特征看，在创新持续竞争力指标组的 6 个三级指标中，强势指标 1 个，占指标总数的 16.7%；中势指标 3 个，占指标总数的 50%；劣势指标 2 个，占指标总数的 33.3%。中势指标和劣势指标所占比重大于强势指标的比重。保持指标 5 个，占指标总数 83.3%；下降指标 1 个，占指标总数 16.7%；没有上升指标，2018 年俄罗斯国家创新持续竞争力综合排位比 2017 年下降了 2 位。

14.6.2　俄罗斯国家创新持续竞争力比较分析

图 14 - 8 反映了 2017～2018 年俄罗斯国家创新持续竞争力与 G20 集团最高水平和平均水平的比较情况。

由图 14 - 8 可知，从创新持续竞争力的整体得分比较来看，2017 年，俄罗斯国家创新持续竞争力得分与 G20 集团最高分相比还有 31.8 分的差距，低于 G20 集团平均分 3.9 分；到 2018 年，俄罗斯国家创新持续竞争力得分与 G20 集团最高分的差距扩大为 45.2 分，低于 G20 集团平均分 14.5 分。总的来

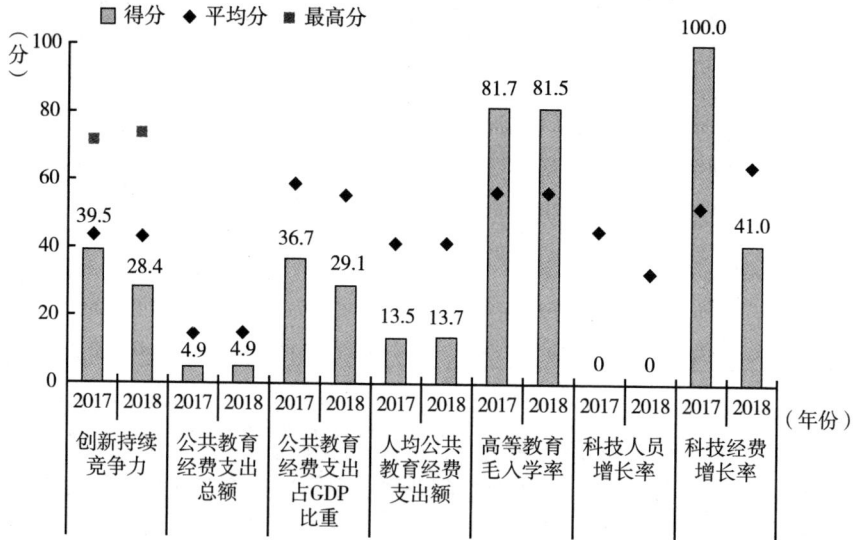

图14-8 2017~2018年俄罗斯国家创新持续竞争力指标得分比较

说，2017~2018年俄罗斯国家创新持续竞争力与最高分、平均分差距呈扩大趋势。

从具体指标得分比较和变化趋势来看，俄罗斯国家创新持续竞争力整体水平下降2位，这主要是由于科技经费增长率指标得分和排位下降所致，且5个三级指标的评价得分均低于G20国家平均分。因此，未来俄罗斯要提高创新持续增长力，应该不断增加教育经费的投入，实现国家创新能力的可持续发展，显著增强国家创新持续竞争力。

Y.16

第15章
沙特阿拉伯国家创新
竞争力评价分析报告

沙特阿拉伯位于亚洲西南部的阿拉伯半岛，东濒波斯湾，西临红海，同约旦、伊拉克、科威特、阿拉伯联合酋长国、阿曼、也门、巴林、卡塔尔等国接壤。国土面积约225万平方公里，海岸线长2640公里。2018年全国年末总人口约为3370万人，实现国内生产总值7865亿美元，人均GDP达到23339美元。本部分通过对沙特阿拉伯2017~2018年国家创新竞争力以及创新竞争力中各要素在G20集团中的排名变化分析，从中找出沙特阿拉伯国家创新竞争力的推动点及影响因素。

15.1 沙特阿拉伯国家创新竞争力总体评价分析

2017~2018年，沙特阿拉伯的国家创新竞争力排名略有上升。其中，2017年沙特阿拉伯国家创新竞争力在G20集团中排名第14位，到了2018年，排名第12位，排位上升了2位。

15.1.1 沙特阿拉伯国家创新竞争力概要分析

沙特阿拉伯国家创新竞争力在G20集团中所处的位置及5个二级指标的得分和排位变化如图15-1、图15-2和表15-1所示。

（1）从综合排位变化看，2018年沙特阿拉伯国家创新竞争力综合排名在G20集团中处于第12位，与2017年相比，排位上升了2位。

（2）从指标得分看，2018年沙特阿拉伯国家创新竞争力得分为25.2分，比G20集团最高分低53.2分，比平均分低9.8分；与2017年相比，沙特阿拉

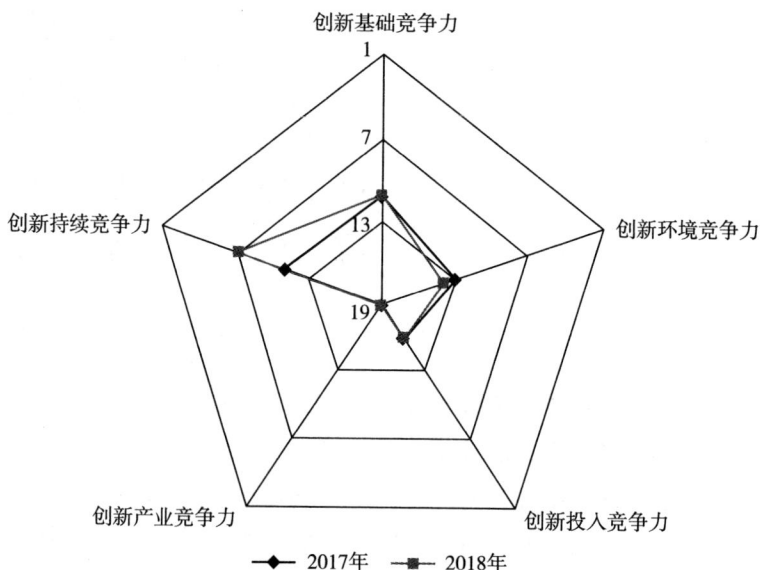

图 15 - 1　沙特阿拉伯国家创新竞争力二级指标排名雷达图

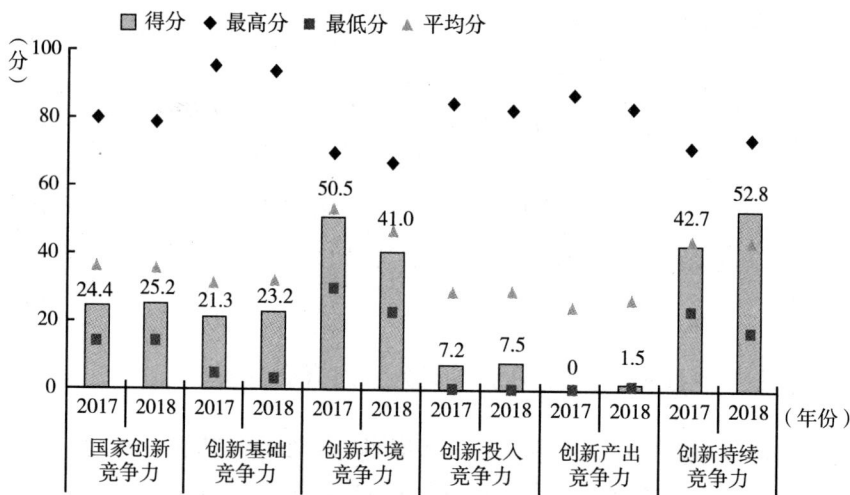

图 15 - 2　沙特阿拉伯国家创新竞争力得分和排名变化趋势

伯国家创新竞争力得分提高了 0.9 分，与最高分的差距缩小了 2.4 分，与 G20 集团平均分的差距缩小了 1.5 分。

表 15 - 1   沙特阿拉伯国家创新竞争力二级指标得分和排名

项目 年份	创新基础 竞争力		创新环境 竞争力		创新投入 竞争力		创新产出 竞争力		创新持续 竞争力		国家创新 竞争力	
	得分	排名	得分	排名	得分	排名	得分	排名	得分	排名	得分	排名
2017	21.3	11	50.5	13	7.2	16	0.0	19	42.7	11	24.4	14
2018	23.2	11	41.0	14	7.5	16	1.5	19	52.8	7	25.2	12
得分变化	1.9		-9.4		0.3		1.5		10.1		0.9	
排名升降		0		-1		0		0		4		2
优劣度	中势		中势		劣势		劣势		优势		中势	

（3）从指标所处区位看，2018年沙特阿拉伯国家创新竞争力的5个二级指标中，优势指标1个，为创新持续竞争力；中势指标2个，分别为创新基础竞争力和创新环境竞争力；劣势指标2个，分别为创新投入竞争力和创新产出竞争力。

（4）从指标排位变化趋势看，在5个二级指标中，有1个指标的排位处于上升趋势，为创新持续竞争力；有1个指标的排位处于下降趋势，为创新环境竞争力，是沙特阿拉伯国家创新竞争力的下降拉力所在，创新基础竞争力、创新投入竞争力和创新产出竞争力指标排位没有发生变化。

（5）从指标排位变化的动因看，1个二级指标的排位出现了下降，1个指标排位上升，因此，受指标排位上升的影响，2018年沙特阿拉伯国家创新竞争力的综合排位上升了2位，在G20集团中排名第12位。

15.1.2   沙特阿拉伯国家创新竞争力各级指标动态变化分析

2017~2018年沙特阿拉伯国家创新竞争力各级指标的动态变化及其结构，如图15-3和表15-2所示。

从图15-3可以看出，沙特阿拉伯国家创新竞争力的三级指标中上升指标的数量大于下降指标，但保持不变的指标仍居于主导地位。表15-2中的数据进一步说明，沙特阿拉伯国家创新竞争力的28个三级指标中，上升指标8个，占指标总数的28.6%；保持指标18个，占指标总数的64.3%；下降指标2个，占指标总数的7.1%。指标上升的数量大于指标下降的数量，上升的动力大于下降的拉力，使得2018年沙特阿拉伯国家创新竞争力排位上升了2位，在G20集团中居第12位。

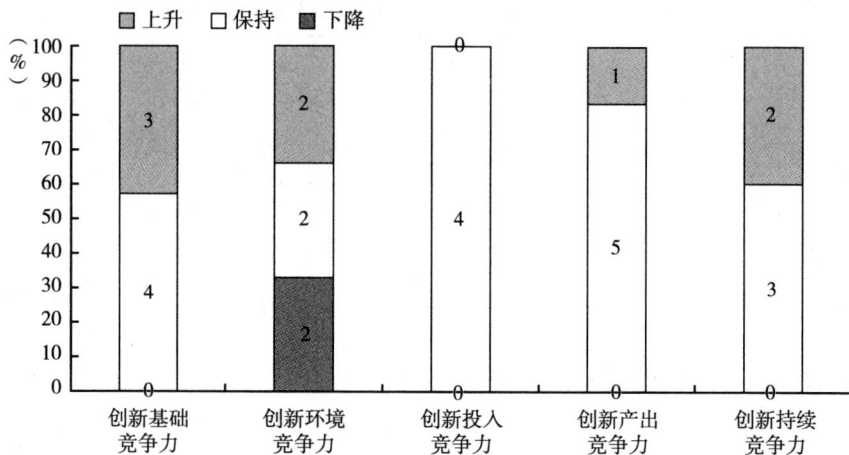

图15-3 2017~2018年沙特阿拉伯国家创新竞争力指标动态变化结构

表15-2 2017~2018年沙特阿拉伯国家创新竞争力各级指标排位变化态势比较

二级指标	三级指标个数	上升		保持		下降		变化趋势
		个数	比重(%)	个数	比重(%)	个数	比重(%)	
创新基础竞争力	7	3	42.9	4	57.1	0	0.0	保持
创新环境竞争力	6	2	33.3	2	33.3	2	33.3	下降
创新投入竞争力	4	0	0.0	4	100.0	0	0.0	保持
创新产出竞争力	6	1	16.7	5	83.3	0	0.0	保持
创新持续竞争力	5	2	40.0	3	60.0	0	0.0	上升
合计	28	8	28.6	18	64.3	2	7.1	上升

15.1.3 沙特阿拉伯国家创新竞争力各级指标优劣势结构分析

2017~2018年沙特阿拉伯国家创新竞争力各级指标的优劣势变化及其结构，如表15-3所示。

从表15-3中的数据可以看出，沙特阿拉伯国家创新竞争力的28个三级指标中，强势指标4个，占指标总数的14.3%；优势指标8个，占指标总数的28.6%；中势指标4个，占指标总数的14.3%；劣势指标12个，占指标总数的42.9%；强势指标和优势指标的数量之和约占指标总数的42.9%，远远小于

表 15 – 3 2017～2018 年沙特阿拉伯国家创新竞争力各级指标排位优劣势比较

二级指标	三级指标个数	强势		优势		中势		劣势		优劣度
		个数	比重（%）	个数	比重（%）	个数	比重（%）	个数	比重（%）	
创新基础竞争力	7	1	14.3	3	42.9	0	0.0	3	42.9	中势
创新环境竞争力	6	2	33.3	1	16.7	0	0.0	3	50.0	中势
创新投入竞争力	4	0	0.0	1	25.0	3	75.0	0	0.0	劣势
创新产出竞争力	6	0	0.0	0	0.0	0	0.0	6	100.0	劣势
创新持续竞争力	5	1	20.0	3	60.0	1	20.0	0	0.0	优势
合计	28	4	14.3	8	28.6	4	14.3	12	42.9	中势

中势指标和劣势指标之和。从二级指标来看，优势指标 1 个，占二级指标总数的 20%；中势指标 2 个，占二级指标总数的 40%；劣势指标 2 个，占二级指标总数的 40%。由于中势指标和劣势指标在指标体系中居于主导地位，2017～2018 年沙特阿拉伯国家创新竞争力处于中势地位。

15.2 沙特阿拉伯国家创新基础竞争力评价分析

15.2.1 沙特阿拉伯国家创新基础竞争力评价结果

2017～2018 年沙特阿拉伯国家创新基础竞争力及其下属 7 个三级指标的排位和排位变化情况，如表 15 – 4 所示。

（1）从排位变化比较看，2018 年沙特阿拉伯国家创新基础竞争力排名第 11 位，与 2017 年相比，排位没有变化，处于中势地位。

（2）从指标所处区位来看，7 个三级指标有 1 个强势指标，3 个优势指标，没有中势指标，3 个劣势指标。

（3）从指标排位变化趋势看，在 7 个三级指标中，有 3 个指标处于上升趋势，分别为 GDP、财政收入和人均财政收入；其余 4 个指标均保持不变。

（4）从指标排位变化的动因看，由于指标排位上升的幅度较小，且大部分指标排位保持不变，沙特阿拉伯创新基础竞争力的综合排位保持不变，在 G20 集团中排名第 11 位。

表 15 – 4 2017 ~ 2018 年沙特阿拉伯国家创新基础竞争力指标组排位及趋势

年份＼项目	GDP		人均 GDP		财政收入		人均财政收入	
	得分	排名	得分	排名	得分	排名	得分	排名
2017	1.8	17	32.5	10	0.0	19	4.5	17
2018	2.1	16	35.0	10	0.9	18	17.3	10
得分变化	0.3		2.5		0.9		12.7	
排名升降		1		0		1		7
优劣度		劣势		优势		劣势		优势

年份＼项目	外国直接投资净值		受高等教育人员比重		全社会劳动生产率		创新基础竞争力	
	得分	排名	得分	排名	得分	排名	得分	排名
2017	0.0	19	71.5	5	39.1	10	21.3	11
2018	0.0	19	64.8	5	42.5	10	23.2	11
得分变化	0.0		-6.7		3.4		1.9	
排名升降		0		0		0		0
优劣度		劣势		强势		优势		中势

（5）从三级指标结构特征看，在创新基础竞争力指标组的 7 个三级指标中，强势指标 1 个，占指标总数的 14.3%；优势指标 3 个，占指标总数的 42.9%；；劣势指标 4 个，占指标总数的 57.1%；强势和优势指标所占比重大于劣势指标的比重。上升指标 3 个，占指标总数的 42.9%；其余 4 个指标是保持趋势，占指标总数的 57.1%。指标排位上升的幅度较小，且保持不变的指标较多，使得 2018 年沙特阿拉伯国家创新基础竞争力综合排位保持不变。

15.2.2　沙特阿拉伯国家创新基础竞争力比较分析

图 15 – 4 反映了 2017 ~ 2018 年沙特阿拉伯国家创新基础竞争力与 G20 集团最高水平和平均水平的比较情况。

由图 15 – 4 可知，评价期内沙特阿拉伯国家创新基础竞争力得分在 20 分左右，说明沙特阿拉伯国家创新基础竞争力处于较低水平。从创新基础竞争力的整体得分比较来看，2017 年，沙特阿拉伯国家创新基础竞争力得分与 G20 集团最高分相比还有 73.3 分的差距，比 G20 集团平均分低 8.8 分；到 2018 年，沙特阿拉伯国家创新基础竞争力得分与 G20 集团最高分的差距为

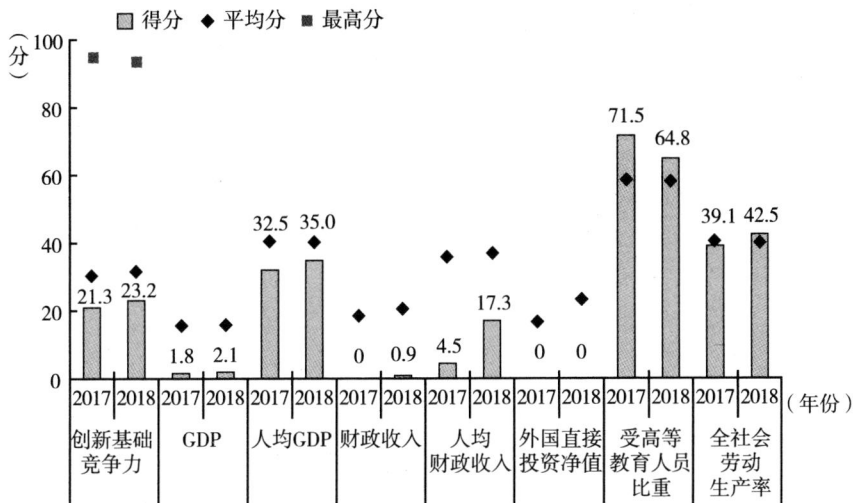

图 15 - 4 2017~2018 年沙特阿拉伯国家创新基础竞争力指标得分比较

70.2 分，比 G20 集团平均分低 7.9 分。总的来说，2017~2018 年沙特阿拉伯国家创新基础竞争力与平均分的差距基本不变，其创新基础竞争力保持稳定。

从具体指标得分比较和变化趋势来看，沙特阿拉伯国家创新基础竞争力整体水平基本稳定；且有 6 个指标的得分低于 G20 国家平均分，创新基础竞争力缺乏上升的动力。在下一步的科技创新活动中，要特别关注这些问题，继续扩大生产和加快企业战略转型，加大教育和科技财政投入，积极参与国际直接投资，借鉴和引进国际科技前沿技术，提高全社会劳动生产率，夯实国家创新基础，不断增强国家创新基础竞争力。

15.3 沙特阿拉伯国家创新环境竞争力评价分析

15.3.1 沙特阿拉伯国家创新环境竞争力评价结果

2017~2018 年沙特阿拉伯国家创新环境竞争力及其下属 6 个三级指标的排位和排位变化情况，如表 15 - 5 所示。

表 15 – 5　2017～2018 年沙特阿拉伯国家创新环境竞争力指标组排位及趋势

项目\年份	因特网用户比例		每百人手机数		企业开业程序		企业平均税负水平		在线公共服务指数		ISO9001 质量体系认证数		创新环境竞争力	
	得分	排名	得分	排名	得分	排名	得分	排名	得分	排名	得分	排名	得分	排名
2017	79.4	8	45.0	10	25.0	15	100.0	1	53.3	17	0.0	19	50.5	13
2018	95.6	3	48.8	9	0.0	16	100.0	1	1.8	18	0.0	19	41.0	14
得分变化	16.2		3.8		-25.0		0.0		-51.5		0.0		-9.4	
排名升降		5		1		-1		0		-1		0		-1
优劣度	强势		优势		劣势		强势		劣势		劣势		中势	

（1）从排位变化比较看，2018 年沙特阿拉伯国家创新环境竞争力排名第 14 位，与 2017 年相比，排位下降了 1 位，但仍处于中势地位。

（2）从指标所处区位来看，6 个三级指标中有 2 个强势指标，分别为因特网用户比例和企业平均税负水平；有 1 个优势指标，为每百人手机数；有 3 个劣势指标，分别为企业开业程序、在线公共服务指数和 ISO9001 质量体系认证数。

（3）从指标排位变化趋势看，在 6 个三级指标中，有 2 个指标处于上升趋势，分别为因特网用户比例和每百人手机数；有 2 个指标处于下降趋势，分别为企业开业程序和在线公共服务指数；其余指标均保持不变。

（4）从指标排位变化的动因看，有 2 个三级指标的排位上升，有 2 个三级指标的排位下降，沙特阿拉伯创新环境竞争力的综合排位处于下降趋势，在 G20 集团中处于第 14 位。

（5）从三级指标结构特征看，在创新环境竞争力指标组的 6 个三级指标中，强势指标 2 个，占指标总数的 33.3%；优势指标 1 个，占指标总数的 16.7%；没有中势指标；劣势指标 3 个，占指标总数的 50%。上升指标 2 个，下降指标 2 个，保持指标 2 个，各占指标总数的 33.3%。指标排位上升的数量等于排位下降的数量，且受其他因素的综合影响，2018 年沙特阿拉伯国家创新环境竞争力综合排位与 2017 年相比下降了 1 位。

15.3.2　沙特阿拉伯国家创新环境竞争力比较分析

图 15 – 5 反映了 2017～2018 年沙特阿拉伯国家创新环境竞争力与 G20 集团最高水平和平均水平的比较情况。

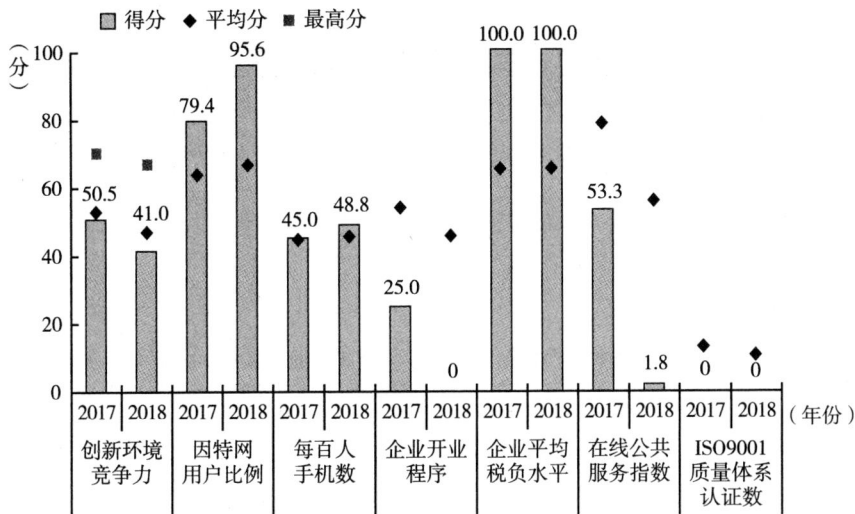

图 15 - 5　2017～2018 年沙特阿拉伯国家创新环境竞争力指标得分比较

由图 15 - 5 可知，评价期内沙特阿拉伯国家创新环境竞争力得分均低于 51 分，处于中等水平。从创新环境竞争力的整体得分比较来看，2017 年，沙特阿拉伯国家创新环境竞争力得分与 G20 集团最高分相比还有 19.3 分的差距，与 G20 集团平均分相比，低 2.4 分；2018 年，沙特阿拉伯国家创新环境竞争力得分与 G20 集团最高分的差距为 25.7 分，低于 G20 集团平均分 5.6 分。总的来说，2017～2018 年沙特阿拉伯国家创新环境竞争力与最高分、平均分的差距有所扩大。

从具体指标得分比较和变化趋势来看，沙特阿拉伯国家创新环境竞争力整体水平较低，处于中势地位，这主要是由于企业开业程序、在线公共服务指数和 ISO9001 质量体系认证数等指标均低于 G20 集团平均分水平，这限制了其创新环境竞争力的进一步提升。因此，为了巩固和提升沙特阿拉伯国家创新环境竞争力，应针对这些问题，着力提高网络使用率，加快信息高速公路建设，加大对创新型企业的科技和资金扶持力度，加强知识产权保护，重视创新人才的外引内育，营造有利于企业健康有序发展的良好创新氛围，不断优化国家创新环境，进一步增强国家创新环境竞争力。

15.4 沙特阿拉伯国家创新投入竞争力评价分析

15.4.1 沙特阿拉伯国家创新投入竞争力评价结果

2017～2018 年沙特阿拉伯国家创新投入竞争力及其下属 4 个三级指标的排位和排位变化情况，如表 15 - 6 所示。

表 15 - 6 2017～2018 年沙特阿拉伯国家创新投入竞争力指标组排位及趋势

项目 年份	R&D 经费 支出总额		R&D 经费支出 占 GDP 比重		人均 R&D 经费支出		R&D 人员	
	得分	排名	得分	排名	得分	排名	得分	排名
2017	0.6	15	18.8	15	9.5	11	—	—
2018	0.7	15	19.1	15	10.2	11	—	—
得分变化	0.1		0.3		0.7		—	
排名升降		0		0		0		—
优劣度		中势		中势		中势		—

项目 年份	研究人员占从业 人员比重		企业研发 投入比重		风险资本交易 占 GDP 比重		创新投入 竞争力	
	得分	排名	得分	排名	得分	排名	得分	排名
2017	—	—	—	—	0.0	8	7.2	16
2018	—	—	—	—	0.0	8	7.5	16
得分变化	—		—		0.0		0.3	
排名升降	—		—			0		0
优劣度	—		—			优势		劣势

（1）从排位变化比较看，2018 年沙特阿拉伯国家创新投入竞争力排名第 16 位，与 2017 年相比，排位保持不变，处于劣势地位。

（2）从指标所处区位来看，4 个三级指标中没有强势指标；有 1 个优势指标，为风险资本交易占 GDP 比重；3 个中势指标，分别为 R&D 经费支出总额、R&D 经费支出占 GDP 比重和人均 R&D 经费支出；没有劣势指标。

（3）从指标排位变化趋势看，4 个三级指标排位均保持不变。

（4）从指标排位变化的动因看，由于 4 个三级指标的排位均保持不变，沙特阿拉伯创新投入竞争力的综合排位也保持不变，在 G20 集团中排名第 16 位。

（5）从三级指标结构特征看，在创新投入竞争力指标组的 4 个三级指标中，没有强势指标；优势指标 1 个，占指标总数的 25%；劣势指标 3 个，占指标总数的 75%。4 个保持指标，占指标总数的 100%。由于大部分指标排位保持不变，2018 年沙特阿拉伯国家创新投入竞争力综合排位仍保持不变。

15.4.2　沙特阿拉伯国家创新投入竞争力比较分析

图 15-6 反映了 2017～2018 年沙特阿拉伯国家创新投入竞争力与 G20 集团最高水平和平均水平的比较情况。

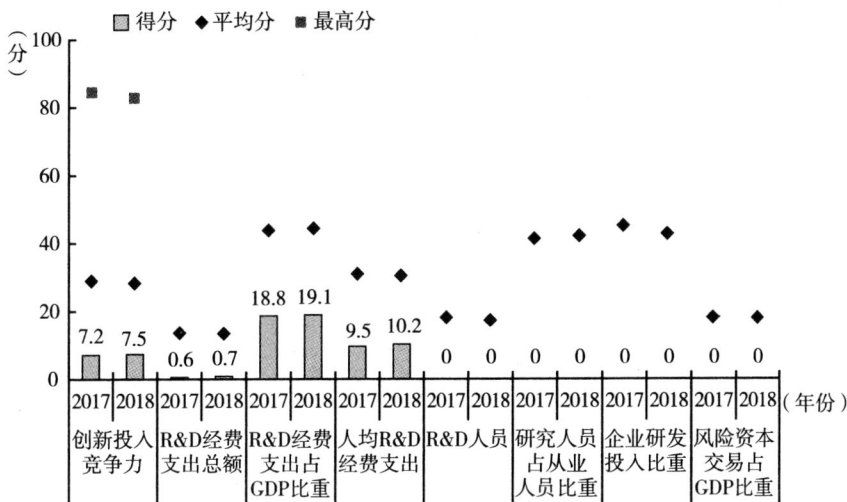

图 15-6　2017～2018 年沙特阿拉伯国家创新投入竞争力指标得分比较

由图 15-6 可知，评价期内沙特阿拉伯国家创新投入竞争力得分均低于 10 分，说明沙特阿拉伯国家创新投入竞争力处于较低水平。从创新投入竞争力的整体得分比较来看，2017 年，沙特阿拉伯国家创新投入竞争力得分与 G20 集团最高分相比还有 76.8 分的差距，与 G20 集团平均分相比，则低了 21.5 分；到 2018 年，沙特阿拉伯国家创新投入竞争力得分与 G20 集团最高分的差距为 75.3 分，低于 G20 集团平均分 20.8 分。总的来说，2017～2018 年沙特阿拉伯国家创新投入竞争力与平均分的差距较大，国家创新投入竞争力排位保持不变。

从具体指标得分比较和变化趋势来看，沙特阿拉伯国家创新投入竞争力整体水平较为稳定，仍处于劣势地位，这主要是由于大部分指标得分偏低；且所有三级指标的得分都低于G20国家平均分，可见，其创新投入竞争力确实较为薄弱。今后要特别关注这些问题，继续加大科技研发经费投入，鼓励多元化的创新研发投入，加大研发人员培养力度，高度重视研发人才队伍建设，不断增加国家创新投入，显著增强国家创新投入竞争力。

15.5 沙特阿拉伯国家创新产出竞争力评价分析

15.5.1 沙特阿拉伯国家创新产出竞争力评价结果

2017~2018年沙特阿拉伯国家创新产出竞争力及其下属6个三级指标的排位和排位变化情况，如表15-7所示。

表15-7 2017~2018年沙特阿拉伯国家创新产出竞争力指标组排位及趋势

年份 \ 项目	专利授权数		科技论文发表数		专利和许可收入		高技术产品出口额	
	得分	排名	得分	排名	得分	排名	得分	排名
2017	0.0	19	0.3	18	—	—	0.0	19
2018	0.0	19	0.5	18	—	—	0.0	19
得分变化	0.0		0.2		—		0.0	
排名升降		0		0		—		0
优劣度		劣势		劣势		—		劣势

年份 \ 项目	高技术产品出口比重		注册商标数		创意产品出口比重		创新产出竞争力	
	得分	排名	得分	排名	得分	排名	得分	排名
2017	0.0	19	0.0	19	0.0	17	0.0	19
2018	0.0	19	0.0	19	8.6	16	1.5	19
得分变化	0.0		0.0		8.6		1.5	
排名升降		0		0		1		0
优劣度		劣势		劣势		劣势		劣势

（1）从排位变化比较看，2018年沙特阿拉伯国家创新产出竞争力排名第19位，与2017年相比，排位保持不变，处于劣势地位。

（2）从指标所处区位来看，6个三级指标均为劣势指标，分别为专利授权数、科技论文发表数、高技术产品出口额、高技术产品出口比重、注册商标数和创意产品出口比重。

（3）从指标排位变化趋势看，在6个三级指标中，有1个指标处于上升趋势，为创意产品出口比重；其余指标保持不变。

（4）从指标排位变化的动因看，1个三级指标的排位出现了上升，且大多数指标排位保持不变，沙特阿拉伯创新产出竞争力的综合排位保持不变，在G20集团中排名第19位。

（5）从三级指标结构特征看，在创新产出竞争力指标组的6个三级指标中，劣势指标6个，占指标总数的100%。上升指标1个，占指标总数的16.7%；没有下降指标；保持指标5个，占指标总数的83.3%。指标排位上升的数量大于下降的数量，且保持不变的指标占绝大多数，2018年沙特阿拉伯国家创新产出竞争力综合排位与2017年相比，保持不变。

15.5.2　沙特阿拉伯国家创新产出竞争力比较分析

图15-7反映了2017～2018年沙特阿拉伯国家创新产出竞争力与G20集团最高水平和平均水平的比较情况。

由图15-7可知，评价期内沙特阿拉伯国家创新产出竞争力得分均低于10分，说明沙特阿拉伯国家创新产出竞争力处于较低水平。从创新产出竞争力的整体得分比较来看，2017年，沙特阿拉伯国家创新产出竞争力得分与G20集团最高分相比还有86.7分的差距，低于G20集团平均分23.6分；到2018年，沙特阿拉伯国家创新产出竞争力得分与G20集团最高分的差距为81.4分，低于G20集团平均分24.6分。总的来说，2017～2018年沙特阿拉伯国家创新产出竞争力与最高分的差距呈缩小趋势，和平均分的差距呈扩大趋势，排位保持不变。

从具体指标得分比较和变化趋势来看，沙特阿拉伯国家创新产出竞争力整体水平保持不变，这主要是由于保持不变的指标占绝大多数；且所有三级指标的评价得分均低于G20国家平均分。因此，要进一步提升沙特阿拉伯的专利

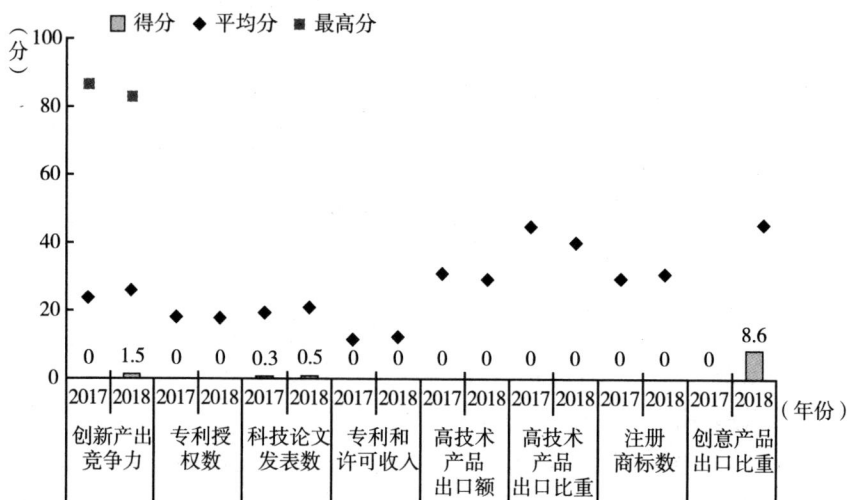

图15-7 2017~2018年沙特阿拉伯国家创新产出竞争力指标得分比较

申请和授权量，增强企业和个人专利权的创造和运用能力；完善知识产权激励机制，促进专利和许可收入增长；注重提升基础研究能力，提高科技论文等创新产出的数量和质量；优化出口贸易结构，加大高技术产品出口比重，突出高技术产品在对外贸易中的重要地位；推动实施商标战略，打造国际知名品牌。通过实施一系列的创新措施，切实提高国家创新产出，增强国家创新产出竞争力。

15.6 沙特阿拉伯国家创新持续竞争力评价分析

15.6.1 沙特阿拉伯国家创新持续竞争力评价结果

2017~2018年沙特阿拉伯国家创新持续竞争力及其下属5个三级指标的排位和排位变化情况，如表15-8所示。

（1）从排位变化比较看，2018年沙特阿拉伯国家创新持续竞争力排名第7位，与2017年排名上升4位，处于优势地位。

表15-8 2017～2018年沙特阿拉伯国家创新持续竞争力指标组排位及趋势

项目 年份	公共教育经费支出总额		公共教育经费支出占GDP比重		人均公共教育经费支出额		高等教育毛入学率		科技人员增长率		科技经费增长率		创新持续竞争力	
	得分	排名	得分	排名	得分	排名	得分	排名	得分	排名	得分	排名	得分	排名
2017	1.5	16	67.0	9	34.1	10	63.5	8	—	—	47.5	10	42.7	11
2018	1.8	15	63.1	9	36.6	10	64.8	8	—	—	97.7	2	52.8	7
得分变化	0.3		-3.9		2.5		1.3		—		50.2		10.1	
排名升降		1		0		0		0		—		8		4
优劣度		中势		优势		优势		优势		—		强势		优势

（2）从指标所处区位来看，5个三级指标中有1个强势指标，为科技经费增长率；3个优势指标，分别是公共教育经费支出占GDP比重、人均公共教育经费支出额和高等教育毛入学率；中势指标1个，为公共教育经费支出总额。

（3）从指标排位变化趋势看，在5个三级指标中，有2个指标处于上升趋势，分别为公共教育经费支出总额和科技经费增长率；其余3个指标排名保持不变。

（4）从指标排位变化的动因看，上升指标的数量大于下降指标的数量，另有3个指标保持不变，因此沙特阿拉伯创新持续竞争力的综合排位上升了4位，在G20集团中排名第7位。

（5）从三级指标结构特征看，在创新持续竞争力指标组的5个三级指标中，强势指标1个，占指标总数的20%；优势指标3个，占指标总数的额60%；中势指标1个，占指标总数的20%，强势指标和优势指标所占比重远远大于中势指标的比重。上升指标2个，占指标总数的40%；保持指标3个，占指标总数60%；没有下降指标。由于指标排位上升的数量大于排位下降的数量，且保持指标占绝大多数，2018年沙特阿拉伯国家创新持续竞争力综合排位与2017年相比上升了4位。

15.6.2 沙特阿拉伯国家创新持续竞争力比较分析

图15-8反映了2017～2018年沙特阿拉伯国家创新持续竞争力与G20集团最高水平和平均水平的比较情况。

305

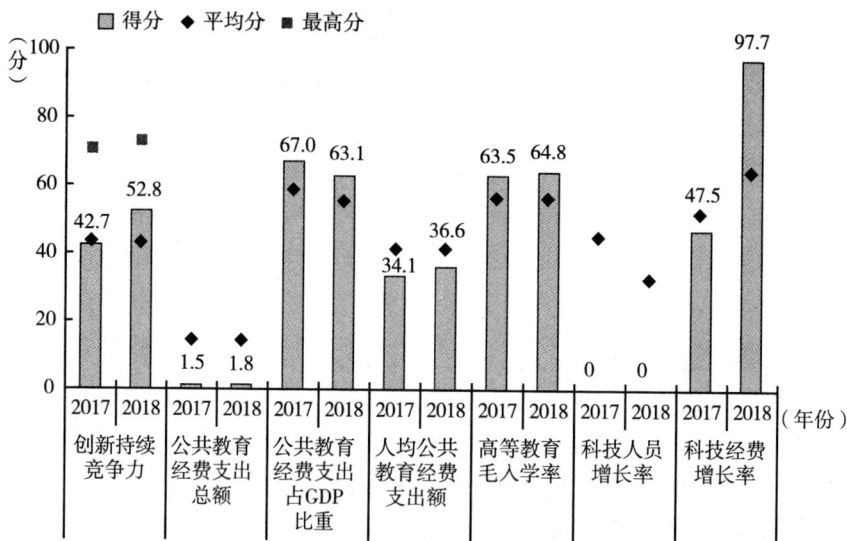

图 15 – 8　2017～2018 年沙特阿拉伯国家创新持续竞争力指标得分比较

由图 15 – 8 可知，从创新持续竞争力的整体得分比较来看，2017 年，沙特阿拉伯国家创新持续竞争力得分与 G20 集团最高分相比还有 28.5 分的差距，低于 G20 集团平均分 0.7 分；到 2018 年，沙特阿拉伯国家创新持续竞争力得分与 G20 集团最高分的差距缩小为 20.8 分，高于 G20 集团平均分 9.9 分。总的来说，2017～2018 年沙特阿拉伯国家创新持续竞争力与最高分、平均分差距呈缩小趋势。

从具体指标得分比较和变化趋势来看，沙特阿拉伯国家创新持续竞争力整体水平呈上升趋势，这是由于公共教育经费支出总额和科技经费增长率等指标的得分和排位呈上升趋势，且大多数指标排位保持不变。因此，未来沙特阿拉伯要提高创新持续增长力，应该不断增加教育经费的投入，实现国家创新能力的可持续发展，显著增强国家创新持续竞争力。

Y.17

第16章
南非国家创新竞争力评价分析报告

南非位于非洲大陆的最南端，其东、南、西三面被印度洋和大西洋环抱，陆地上与纳米比亚、博茨瓦纳、莱索托、津巴布韦、莫桑比克和斯威士兰接壤。国土面积约122万平方公里，海岸线长2798公里。2018年全国年末总人口约为5778万人，实现国内生产总值3683亿美元，人均GDP达到6374美元。本部分通过对南非2017～2018年国家创新竞争力以及创新竞争力中各要素在G20集团中的排名变化分析，从中找出南非国家创新竞争力的推动点及影响因素。

16.1 南非国家创新竞争力总体评价分析

2017～2018年，南非的国家创新竞争力排名略有下降。其中，2017年南非国家创新竞争力在G20集团中排名第16位，到了2018年，排名第15位，排位上升了1位。

16.1.1 南非国家创新竞争力概要分析

南非国家创新竞争力在G20集团中所处的位置及5个二级指标的得分和排位变化如图16-1、图16-2和表16-1所示。

（1）从综合排位变化看，2018年南非国家创新竞争力综合排名在G20集团中处于第15位，与2017年相比，排位保持不变。

（2）从指标得分看，2018年南非国家创新竞争力得分为20.6分，比G20集团最高分低57.8分，比平均分低14.4分；与2017年相比，南非国家创新竞争力得分降低了2.8分，与当年最高分的差距扩大了1.2分，与G20集团平均分的差距扩大了2.1分。

307

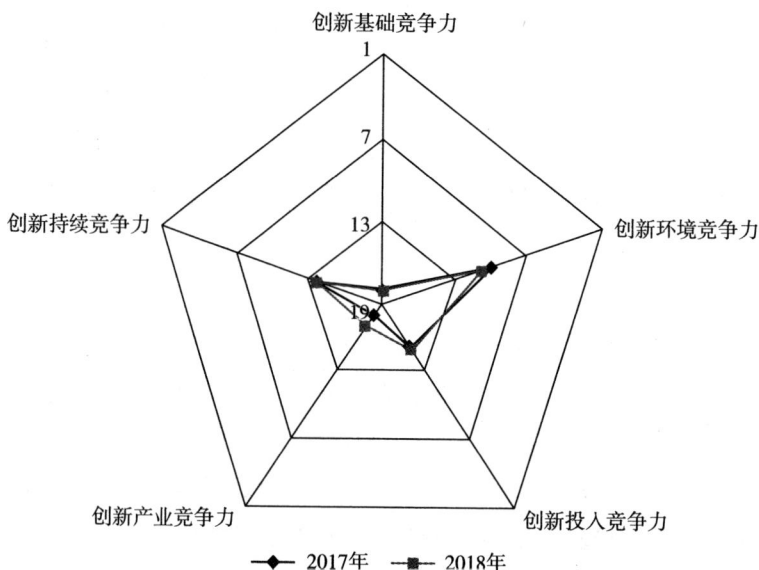

图16-1　南非国家创新竞争力二级指标排名雷达图

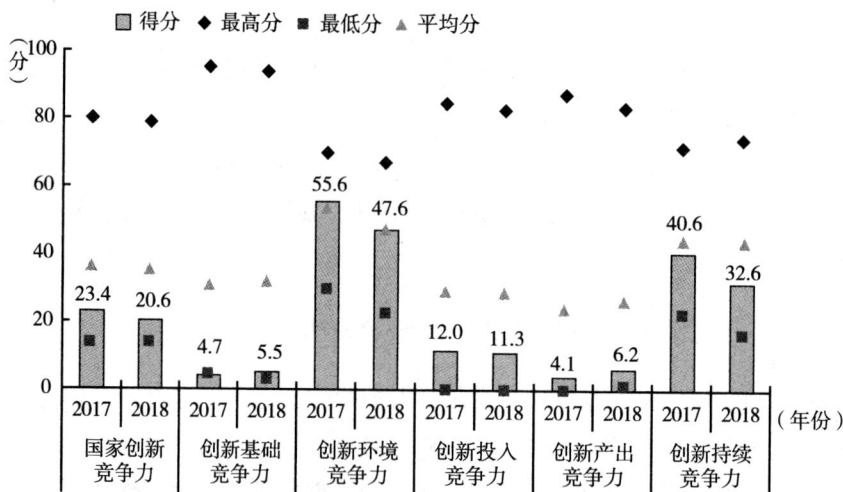

图16-2　南非国家创新竞争力得分和排名变化趋势

（3）从指标所处区位看，2018年南非国家创新竞争力的5个二级指标中，没有优质指标；中势指标3个，分别为创新环境竞争力、创新投入竞争力和创新持续竞争力；劣势指标2个，分别为创新基础竞争力和创新产出竞争力。

表 16 - 1　南非国家创新竞争力二级指标得分和排名

项目 年份	创新基础 竞争力		创新环境 竞争力		创新投入 竞争力		创新产出 竞争力		创新持续 竞争力		创新竞争力	
	得分	排名	得分	排名	得分	排名	得分	排名	得分	排名	得分	排名
2017	4.7	18	55.6	10	12.0	15	4.1	18	40.6	14	23.4	15
2018	5.5	18	47.6	11	11.3	15	6.2	17	32.6	14	20.6	15
得分变化	0.9		-8.1		-0.8		2.2		-8.0		-2.8	
排名升降		0		-1		0		1		0		0
优劣度		劣势		中势		中势		劣势		中势		中势

（4）从指标排位变化趋势看，在 5 个二级指标中，有 1 个指标的排位处于上升趋势，为创新产出竞争力；有 1 个指标的排位处于下降趋势，为创新环境竞争力，是南非国家创新竞争力的下降拉力所在；创新基础竞争力、创新投入竞争力和创新持续竞争力指标排位没有发生变化。

（5）从指标排位变化的动因看，1 个二级指标的排位下降，1 个指标排位上升，受指标排位升降的影响，2018 年南非国家创新竞争力的综合排位保持不变，在 G20 集团中排名第 15 位。

16.1.2　南非国家创新竞争力各级指标动态变化分析

2017～2018 年南非国家创新竞争力各级指标的动态变化及其结构，如图 16 - 3 和表 16 - 2 所示。

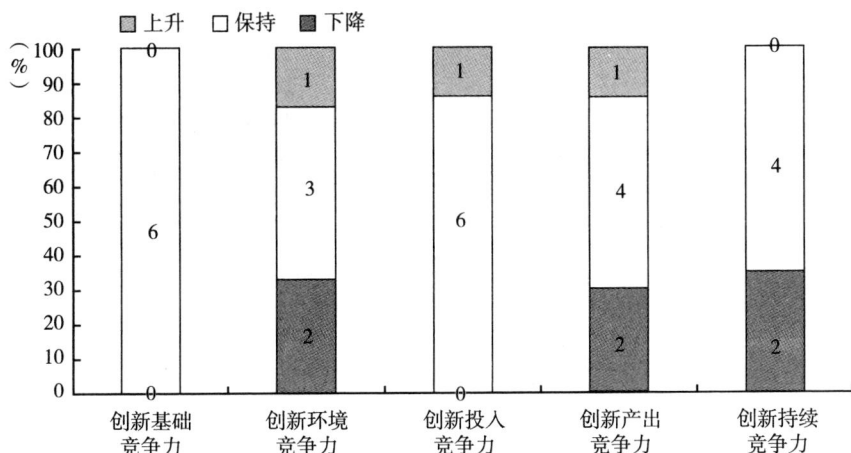

图 16 - 3　2017～2018 年南非国家创新竞争力指标动态变化结构

表16-2 2017~2018年南非国家创新竞争力各级指标排位变化态势比较

二级指标	三级指标个数	上升		保持		下降		变化趋势
		个数	比重(%)	个数	比重(%)	个数	比重(%)	
创新基础竞争力	6	0	0.0	6	100.0	0	0.0	保持
创新环境竞争力	6	1	16.7	3	50.0	2	33.3	下降
创新投入竞争力	7	1	14.3	6	85.7	0	0.0	保持
创新产出竞争力	7	1	14.3	4	57.1	2	28.6	上升
创新持续竞争力	6	0	0.0	4	66.7	2	33.3	保持
合计	32	3	9.4	23	71.9	6	18.8	保持

从图16-3可以看出,南非国家创新竞争力的三级指标中,上升指标的数量小于下降指标,但保持不变的指标仍居于主导地位。表16-2中的数据进一步说明,南非国家创新竞争力的32个三级指标中,上升指标有3个,占指标总数的9.4%;保持指标有23个,占指标总数的71.9%;下降指标有6个,占指标总数的18.8%。指标上升的数量小于指标下降的数量,上升的动力小于下降的拉力,且受其他因素的影响,2018年南非国家创新竞争力排位保持不变,在G20集团中居第15位。

16.1.3 南非国家创新竞争力各级指标优劣势结构分析

2017~2018年南非国家创新竞争力各级指标的优劣势变化及其结构,如表16-3所示。

表16-3 2017~2018年南非国家创新竞争力各级指标排位优劣势比较

二级指标	三级指标个数	强势		优势		中势		劣势		优劣度
		个数	比重(%)	个数	比重(%)	个数	比重(%)	个数	比重(%)	
创新基础竞争力	6	0	0.0	0	0.0	1	16.7	5	83.3	劣势
创新环境竞争力	6	2	33.3	1	16.7	0	0.0	3	50.0	中势
创新投入竞争力	7	1	14.3	1	14.3	2	28.6	3	42.9	中势
创新产出竞争力	7	0	0.0	0	0.0	2	28.6	5	71.4	劣势
创新持续竞争力	6	1	16.7	1	16.7	1	16.7	3	50.0	中势
合计	32	4	12.5	3	9.4	6	18.7	19	59.4	中势

从表16-3中的数据可以看出，南非国家创新竞争力的32个三级指标中，强势指标4个，占指标总数的12.5%；优势指标3个，占指标总数的9.4%；中势指标6个，占指标总数的18.7%；劣势指标19个，占指标总数的59.4%；强势指标和优势指标的数量之和约占指标总数的21.9%，远远小于中势指标和劣势指标之和。从二级指标来看，中势指标3个，占二级指标总数的60%；劣势指标2个，占二级指标总数的40%。由于全部是中势指标和劣势指标，2017~2018年南非国家创新竞争力处于中势地位。

16.2　南非国家创新基础竞争力评价分析

16.2.1　南非国家创新基础竞争力评价结果

2017~2018年南非国家创新基础竞争力及其下属6个三级指标的排位和排位变化情况，如表16-4所示。

表16-4　2017~2018年南非国家创新基础竞争力指标组排位及趋势

年份＼项目	GDP		人均GDP		财政收入		人均财政收入	
	得分	排名	得分	排名	得分	排名	得分	排名
2017	0.0	19	7.2	17	3.1	17	13.5	11
2018	0.0	19	7.2	17	2.5	17	14.2	11
得分变化	0.0		0.0		-0.6		0.7	
排名升降		0		0		0		0
优劣度		劣势		劣势		劣势		中势

年份＼项目	外国直接投资净值		受高等教育人员比重		全社会劳动生产率		创新基础竞争力	
	得分	排名	得分	排名	得分	排名	得分	排名
2017	0.2	18	—	—	8.8	17	4.7	18
2018	0.5	18	—	—	8.8	17	5.5	18
得分变化	0.3		—		0.1		0.9	
排名升降		0		—		0		0
优劣度		劣势		—		劣势		劣势

（1）从排位变化比较看，2018 年南非国家创新基础竞争力排名第 18 位，与 2017 年相比，排位保持不变，处于劣势地位。

（2）从指标所处区位来看，6 个三级指标中没有强势指标和优势指标，有 1 个中势指标，其余 5 个指标均为劣势指标。

（3）从指标排位变化趋势看，6 个三级指标均保持不变。

（4）从指标排位变化的动因看，由于所有指标排位保持不变，使南非创新基础竞争力的综合排位保持不变，在 G20 集团中排名第 18 位。

（5）从三级指标结构特征看，在创新基础竞争力指标组的 6 个三级指标中，没有强势指标和优势指标；中势指标 1 个，占指标总数的 16.7%；劣势指标 5 个，占指标总数的 83.3%。6 个指标均是保持趋势，占指标总数的 100%。指标排位保持不变，2018 年南非国家创新基础竞争力综合排位保持不变。

16.2.2 南非国家创新基础竞争力比较分析

图 16 - 4 反映了 2017～2018 年南非国家创新基础竞争力与 G20 集团最高水平和平均水平的比较情况。

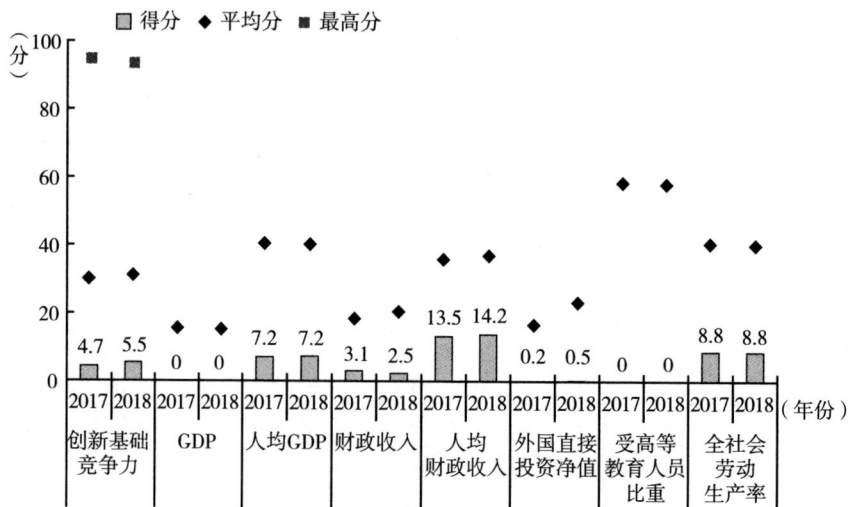

图 16 - 4 2017～2018 年南非国家创新基础竞争力指标得分比较

由图 16-4 可知,评价期内南非国家创新基础竞争力得分均低于 6 分,说明南非国家创新基础竞争力处于较低水平。从创新基础竞争力的整体得分比较来看,2017 年,南非国家创新基础竞争力得分与 G20 集团最高分相比还有 90 分的差距,比 G20 集团平均分低 25.5 分;到 2018 年,南非国家创新基础竞争力得分与 G20 集团最高分的差距为 87.9 分,比 G20 集团平均分低 25.6 分。总的来说,2017~2018 年南非国家创新基础竞争力与平均分的差距基本不变,其创新基础竞争力保持稳定。

从具体指标得分比较和变化趋势来看,南非国家创新基础竞争力整体水平基本稳定;且 6 个指标的得分均普遍低于 G20 国家平均分,创新基础竞争力缺乏上升的动力。在下一步的科技创新活动中,要特别关注这些问题,继续扩大生产和加快企业战略转型、加大教育和科技财政投入,积极参与国际直接投资,借鉴和引进国际科技前沿技术,提高全社会劳动生产率,夯实国家创新基础,不断增强国家创新基础竞争力。

16.3 南非国家创新环境竞争力评价分析

16.3.1 南非国家创新环境竞争力评价结果

2017~2018 年南非国家创新环境竞争力及其下属 6 个三级指标的排位和排位变化情况,如表 16-5 所示。

表 16-5 2017~2018 年南非国家创新环境竞争力指标组排位及趋势

项目 年份	因特网 用户比例		每百人 手机数		企业开 业程序		企业平均 税负水平		在线公共 服务指数		ISO9001 质量 体系认证数		创新环境 竞争力	
	得分	排名	得分	排名	得分	排名	得分	排名	得分	排名	得分	排名	得分	排名
2017	38.0	16	88.2	3	58.3	8	85.4	3	63.3	16	0.5	18	55.6	10
2018	35.3	16	100.0	1	44.4	9	85.2	3	20.4	17	0.1	18	47.6	11
得分变化	-2.8		11.8		-13.9		-0.2		-43.0		-0.3		-8.1	
排名升降		0		2		-1		0		-1		0		-1
优劣度		劣势		强势		优势		强势		劣势		劣势		中势

313

（1）从排位变化比较看，2018年南非国家创新环境竞争力排名第11位，与2017年相比，排位下降了1位，处于中势地位。

（2）从指标所处区位来看，6个三级指标中有2个强势指标，分别为每百人手机用户数和企业平均税负水平；1个优势指标，为企业开业程度；3个劣势指标，为因特网用户比例、在线公共服务指数和ISO9001质量体系认证数。

（3）从指标排位变化趋势看，在6个三级指标中，有1个指标处于上升趋势，为每百人手机用户数；有2个指标处于下降趋势，分别为企业开业程度和在线公共服务指数；其余指标均保持不变。

（4）从指标排位变化的动因看，有1个三级指标的排位上升，有2个三级指标的排位下降，南非创新环境竞争力的综合排位处于下降趋势，在G20集团中处于第11位。

（5）从三级指标结构特征看，在创新环境竞争力指标组的6个三级指标中，强势指标2个，占指标总数的33.3%；优势指标1个，占指标总数的16.7%；劣势指标3个，占指标总数的50%。上升指标1个，占指标总数的16.7%；保持指标3个，占指标总数的50%；下降指标2个，占指标总数的33.3%。指标排位上升的数量小于排位下降的数量，且受其他因素的综合影响，2018年南非国家创新环境竞争力综合排位与2017年相比下降了1位。

16.3.2 南非国家创新环境竞争力比较分析

图16-5反映了2017～2018年南非国家创新环境竞争力与G20集团最高水平和平均水平的比较情况。

由图16-5可知，评价期内南非国家创新环境竞争力得分略高于55分，处于中等水平。从创新环境竞争力的整体得分比较来看，2017年，南非国家创新环境竞争力得分与G20集团最高分相比还有14.1分的差距，与G20集团平均分相比，高于2.8分；2018年，南非国家创新环境竞争力得分与G20集团最高分的差距为19.2分，高于G20集团平均分0.9分。总的来说，2017～2018年南非国家创新环境竞争力与最高分的差距有所扩大，与平均分的差距有所缩小。

从具体指标得分比较和变化趋势来看，南非国家创新环境竞争力整体水平中等，处于中势地位，这主要是由于因特网用户比例、在线公共服务指数和

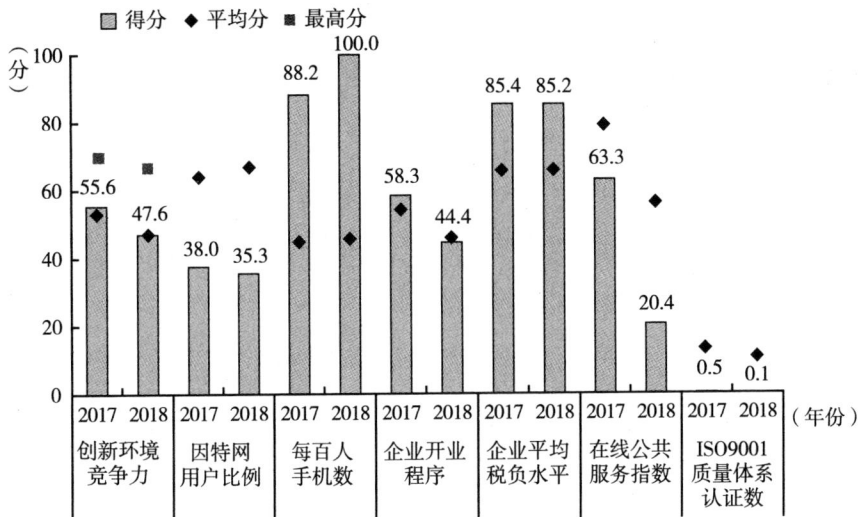

图 16 – 5　2017～2018 年南非国家创新环境竞争力指标得分比较

ISO9001 质量体系认证数处于劣势地位，低于 G20 集团平均分水平，这限制了其创新环境竞争力的进一步提升。因此，为了巩固和提升南非国家创新环境竞争力，应针对这些问题，着力提高网络使用率，加快信息高速公路建设，加大对创新型企业的科技和资金扶持力度，加强知识产权保护，重视创新人才的外引内育，营造有利于企业健康有序发展的良好创新氛围，不断优化国家创新环境，进一步增强国家创新环境竞争力。

16.4　南非国家创新投入竞争力评价分析

16.4.1　南非国家创新投入竞争力评价结果

2017～2018 年南非国家创新投入竞争力及其下属 7 个三级指标的排位和排位变化情况，如表 16 – 6 所示。

（1）从排位变化比较看，2018 年南非国家创新投入竞争力排名第 15 位，与 2017 年相比，排位保持不变，处于中势地位。

表 16－6　2017～2018 年南非国家创新投入竞争力指标组排位及趋势

项目 年份	R&D 经费 支出总额		R&D 经费支出 占 GDP 比重		人均 R&D 经费支出		R&D 人员	
	得分	排名	得分	排名	得分	排名	得分	排名
2017	0.1	18	19.3	14	2.5	16	0.0	18
2018	0.1	17	19.6	14	2.5	16	0.0	18
得分变化	0.0		0.3		0.0		0.0	
排名升降		1		0		0		0
优劣度		劣势		中势		劣势		劣势

项目 年份	研究人员占从业 人员比重		企业研发 投入比重		风险资本交易 占 GDP 比重		创新投入 竞争力	
	得分	排名	得分	排名	得分	排名	得分	排名
2017	6.6	15	55.8	5	0.0	8	12.0	15
2018	6.2	15	50.4	5	0.0	8	11.3	15
得分变化	−0.4		−5.4		0.0		−0.8	
排名升降		0		0		0		0
优劣度		中势		强势		优势		中势

（2）从指标所处区位来看，7 个三级指标中有 1 个强势指标，为企业研发投入比重；1 个优势指标，为风险资本交易占 GDP 比重；2 个中势指标，分别为 R&D 经费支出占 GDP 比重和研究人员占从业人员比重；其余 3 个指标均是劣势指标。

（3）从指标排位变化趋势看，在 7 个三级指标中，有 6 个指标排位保持不变；有 1 个指标处于上升趋势，为 R&D 经费支出总额。

（4）从指标排位变化的动因看，由于有 6 个三级指标的排位保持不变，南非创新投入竞争力的综合排位也保持不变，在 G20 集团中排名第 15 位。

（5）从三级指标结构特征看，在创新投入竞争力指标组的 7 个三级指标中，有 1 个强势指标，占指标总数的 14.3%；1 个优势指标，占指标总数的 14.3%；2 个中势指标，3 个劣势指标，分别占指标总数的 28.6% 和 42.8%。上升指标 1 个，占指标总数的 14.3%；没有下降指标；保持指标 6 个，占指标总数的 85.7%。由于大部分指标排位保持不变，2018 年南非国家创新投入竞争力综合排位仍保持不变。

16.4.2　南非国家创新投入竞争力比较分析

图 16－6 反映了 2017～2018 年南非国家创新投入竞争力与 G20 集团最高水平和平均水平的比较情况。

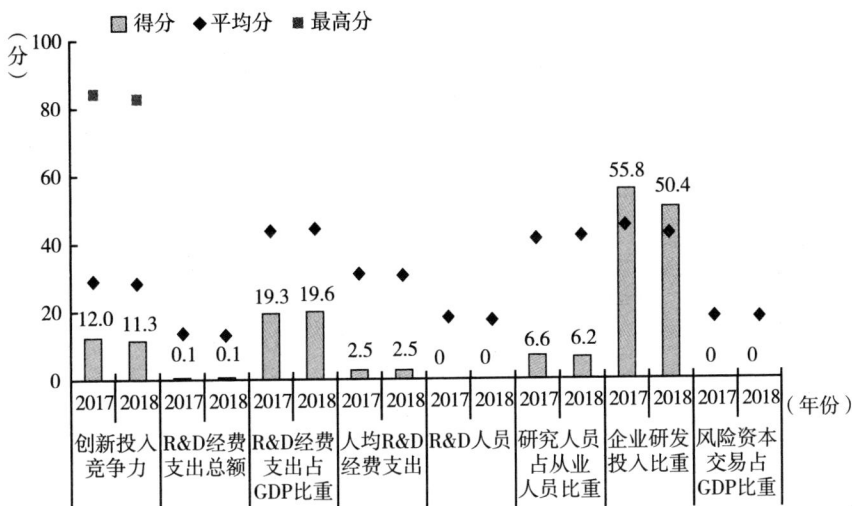

图 16－6　2017～2018 年南非国家创新投入竞争力指标得分比较

由图 16－6 可知，评价期内南非国家创新投入竞争力得分在 12 分左右，说明南非国家创新投入竞争力处于较低水平。从创新投入竞争力的整体得分比较来看，2017 年，南非国家创新投入竞争力得分与最高分相比还有 72 分的差距，与平均分相比，则低了 16.7 分；到 2018 年，南非国家创新投入竞争力得分与 G20 最高分的差距为 71.5 分，低于平均分 17 分。总的来说，2017～2018 年南非国家创新投入竞争力与最高分、平均分的差距基本未变，国家创新投入竞争力排位保持不变。

从具体指标得分比较和变化趋势来看，南非国家创新投入竞争力整体水平较为稳定，仍处于中势地位，这主要是由于大部分指标得分偏低；且 6 个三级指标的得分都低于 G20 平均分，可见，其创新投入竞争力确实较为薄弱。今后要特别关注这些问题，继续加大科技研发经费投入，鼓励多元化的创新研发投入，加大研发人员培养力度，高度重视研发人才队伍建设，不断增加国家创新投入，显著增强国家创新投入竞争力。

16.5 南非国家创新产出竞争力评价分析

16.5.1 南非国家创新产出竞争力评价结果

2017～2018 年南非国家创新产出竞争力及其下属 7 个三级指标的排位和排位变化情况，如表 16 - 7 所示。

表 16 - 7 2017～2018 年南非国家创新产出竞争力指标组排位及趋势

项目 年份	专利授权数		科技论文发表数		专利和许可收入		高技术产品出口额	
	得分	排名	得分	排名	得分	排名	得分	排名
2017	1.6	13	0.9	17	0.1	15	0.9	17
2018	1.3	16	1.0	17	0.1	15	0.8	17
得分变化	-0.3		0.1		0.0		0.0	
排名升降		-3		0		0		0
优劣度		劣势		劣势		中势		劣势

项目 年份	高技术产品出口比重		注册商标数		创意产品出口比重		创新产出竞争力	
	得分	排名	得分	排名	得分	排名	得分	排名
2017	14.1	17	2.2	18	8.7	12	4.1	18
2018	13.2	17	7.4	16	20.0	13	6.2	17
得分变化	-0.9		5.2		11.3		2.2	
排名升降		0		2		-1		1
优劣度		劣势		劣势		中势		劣势

（1）从排位变化比较看，2018 年南非国家创新产出竞争力排名第 17 位，与 2017 年相比，排位上升了 1 位，处于劣势地位。

（2）从指标所处区位来看，7 个三级指标中有 2 个中势指标，分别为专利和许可收入、创意产品出口比重；其余 5 个指标均为劣势指标。

（3）从指标排位变化趋势看，在 7 个三级指标中，有 1 个指标处于上升趋势，为注册商标数；有 2 个指标处于下降趋势，分别为专利授权数和创意产品出口比重；其余指标保持不变。

（4）从指标排位变化的动因看，1个三级指标的排位上升，2个三级指标的排位下降，在指标升降的综合作用下，南非创新产出竞争力的综合排位上升了1位，在G20集团中排名第17位。

（5）从三级指标结构特征看，在创新产出竞争力指标组的7个三级指标中，没有强势指标和优势指标；中势指标2个，占指标总数28.6%；劣势指标5个，占指标总数的71.4%。上升指标1个，占指标总数的14.3%；下降指标2个，占指标总数的28.6%。指标排位上升的数量小于排位下降的数量，但受其他因素的综合影响，2018年南非国家创新产出竞争力综合排位与2017年相比，上升了1位。

16.5.2　南非国家创新产出竞争力比较分析

图16-7反映了2017～2018年南非国家创新产出竞争力与G20集团最高水平和平均水平的比较情况。

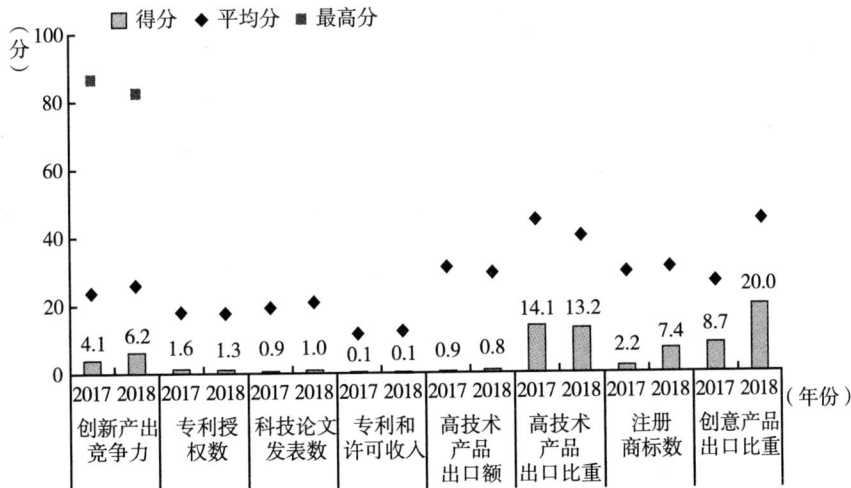

图16-7　2017～2018年南非国家创新产出竞争力指标得分比较

由图16-7可知，评价期内南非国家创新产出竞争力得分均低于7分，说明南非国家创新产出竞争力处于较低水平。从创新产出竞争力的整体得分比较来看，2017 年，南非国家创新产出竞争力得分与 G20 集团最高分相比还有 82.7 分的差距，低于 G20 集团平均分 19.6 分；到 2018 年，南非国家创新产出竞争力得分与 G20 集团最高分的差距为 76.7 分，低于 G20 集团平均分 19.9 分。总的来说，2017～2018 年南非国家创新产出竞争力与最高分的差距呈缩小趋势，和平均分的差距基本不变，排位处于上升趋势。

从具体指标得分比较和变化趋势来看，南非国家创新产出竞争力整体水平上升 1 位，这主要是由于注册商标数等指标得分和排位上升；但所有三级指标的评价得分均低于 G20 国家平均分。因此，要进一步提升南非的专利申请和授权量，增强企业和个人专利权的创造和运用能力；完善知识产权激励机制，促进专利和许可收入增长；注重提升基础研究能力，增加科技论文等创新产出的数量和提高质量；优化出口贸易结构，加大高技术产品出口比重，突出高技术产品在对外贸易中的重要地位；推动实施商标战略，打造国际知名品牌。通过实施一系列的创新措施，切实提高国家创新产出，增强国家创新产出竞争力。

16.6 南非国家创新持续竞争力评价分析

16.6.1 南非国家创新持续竞争力评价结果

2017～2018 年南非国家创新持续竞争力及其下属 6 个三级指标的排位和排位变化情况，如表 16 - 8 所示。

表 16 - 8 2017～2018 年南非国家创新持续竞争力指标组排位及趋势

项目 年份	公共教育经费支出总额		公共教育经费支出占GDP比重		人均公共教育经费支出额		高等教育毛入学率		科技人员增长率		科技经费增长率		创新持续竞争力	
	得分	排名	得分	排名	得分	排名	得分	排名	得分	排名	得分	排名	得分	排名
2017	0.0	19	100.0	1	10.1	17	0.0	19	46.7	8	86.7	2	40.6	14
2018	0.0	19	100.0	1	10.1	17	0.0	19	13.8	12	71.7	10	32.6	14
得分变化	0.0		0.0		-0.1		0.0		-33.0		-14.9		-8.0	
排名升降		0		0		0		0		-4		-8		0
优劣度		劣势		强势		劣势		劣势		中势		优势		中势

（1）从排位变化比较看，2018年南非国家创新持续竞争力排名第14位，与2017年排名持平，处于中势地位。

（2）从指标所处区位来看，6个三级指标中有1个强势指标，为公共教育经费支出占GDP比重；1个优势指标，为科技经费增长率；1个中势指标，为科技人员增长率；其余3个指标为劣势指标。

（3）从指标排位变化趋势看，在6个三级指标中，有4个指标排名保持不变；有2个指标呈下降趋势，分别为科技人员增长率和科技经费增长率。

（4）从指标排位变化的动因看，2个三级指标的排位下降，另有4个指标保持不变，因此南非创新持续竞争力的综合排位保持不变，在G20集团中排名第14位。

（5）从三级指标结构特征看，在创新持续竞争力指标组的6个三级指标中，没有强势指标；优势指标1个，占指标总数的16.7%；中势指标1个，占指标总数的16.7%；劣势指标3个，占指标总数的50%，强势指标和优势指标所占比重远远小于中势指标和劣势指标的比重。没有上升指标；保持指标4个，占指标总数66.7%；下降指标2个，占指标总数33.3%。虽然指标排位下降的数量大于排位上升的数量，但保持指标占绝大多数，使得2018年南非国家创新持续竞争力综合排位与2017年持平。

16.6.2 南非国家创新持续竞争力比较分析

图16-8反映了2017～2018年南非国家创新持续竞争力与G20集团最高水平和平均水平的比较情况。

由图16-8可知，从创新持续竞争力的整体得分比较来看，2017年，南非国家创新持续竞争力得分与G20集团最高分相比还有30.7分的差距，低于G20集团平均分2.8分；到2018年，南非国家创新持续竞争力得分与G20集团最高分的差距扩大为41分，低于G20集团平均分10.3分。总的来说，2017～2018年南非国家创新持续竞争力与最高分、平均分差距呈扩大趋势。

从具体指标得分比较和变化趋势来看，南非国家创新持续竞争力整体水平保持不变，其中公共教育经费支出总额、公共教育经费支出占GDP比重、人均公共教育经费支出额和高等教育毛入学率排名没有发生变化。因此，未来南

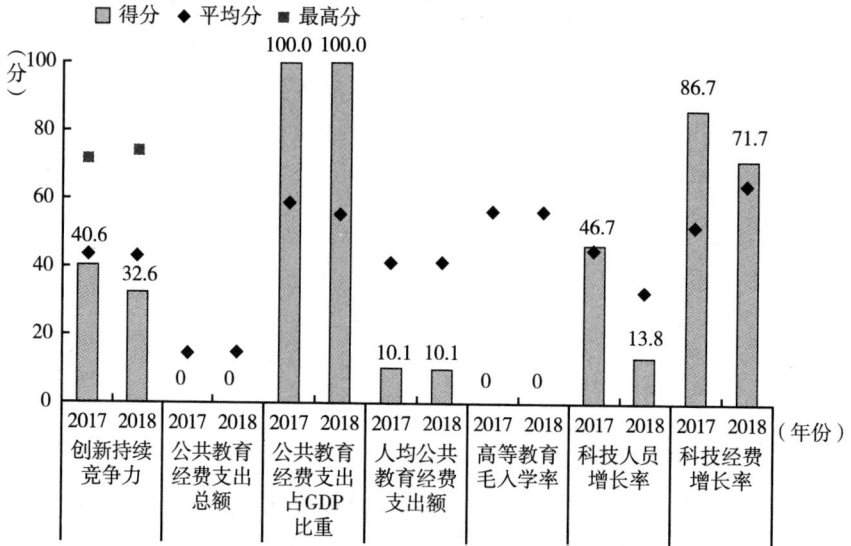

图 16 – 8　2017～2018 年南非国家创新持续竞争力指标得分比较

非要提高创新持续增长力，应该不断增加教育经费的投入，实现国家创新能力的可持续发展，显著增强国家创新持续竞争力。

Y.18

第17章

土耳其国家创新竞争力评价分析报告

土耳其是一个横跨两洲的国家，北临黑海，南临地中海，西临爱琴海，与叙利亚、伊拉克、希腊、保加利亚、伊朗等国相接壤。国土面积约 78.36 万平方公里。2018 年全国年末总人口约为 8232 万人，实现国内生产总值 7714 亿美元，人均 GDP 达到 9370 美元。本部分通过对土耳其 2017~2018 年国家创新竞争力以及创新竞争力中各要素在 G20 集团中的排名变化分析，从中找出土耳其国家创新竞争力的推动点及影响因素。

17.1 土耳其国家创新竞争力总体评价分析

2017~2018 年，土耳其的国家创新竞争力排名略有下降。其中，2017 年土耳其国家创新竞争力在 G20 集团中排名第 13 位，到了 2018 年，排名第 14 位，排位下降了 1 位。

17.1.1 土耳其国家创新竞争力概要分析

土耳其国家创新竞争力在 G20 集团中所处的位置及 5 个二级指标的得分和排位变化如图 17-1、图 17-2 和表 17-1 所示。

（1）从综合排位变化看，2018 年土耳其国家创新竞争力综合排名在 G20 集团中处于第 14 位，与 2017 年相比，排位下降了 1 位。

（2）从指标得分看，2018 年土耳其国家创新竞争力得分为 23.8 分，比 G20 集团最高分低 54.6 分，比平均分低 11.2 分；与 2017 年相比，土耳其国家创新竞争力得分下降了 0.8 分，与当年最高分的差距缩小了 0.8 分，与 G20 集团平均分的差距增大了 0.1 分。

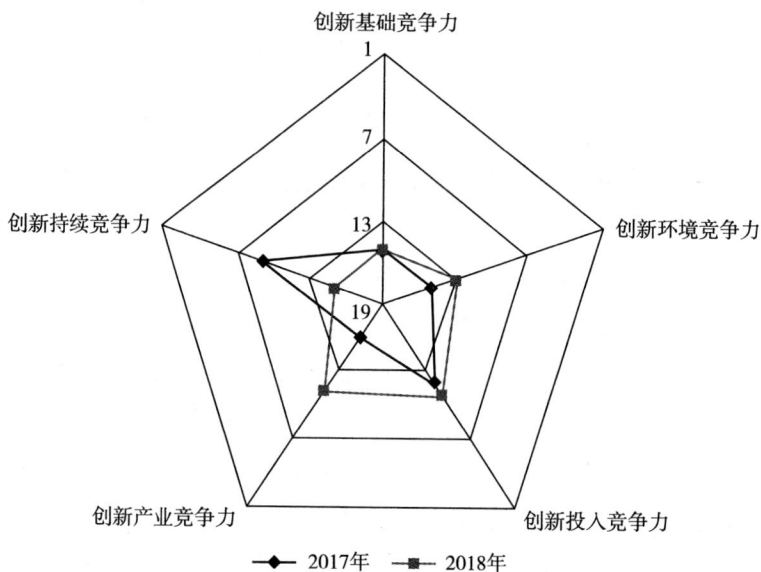

图 17 - 1　土耳其国家创新竞争力二级指标排名雷达图

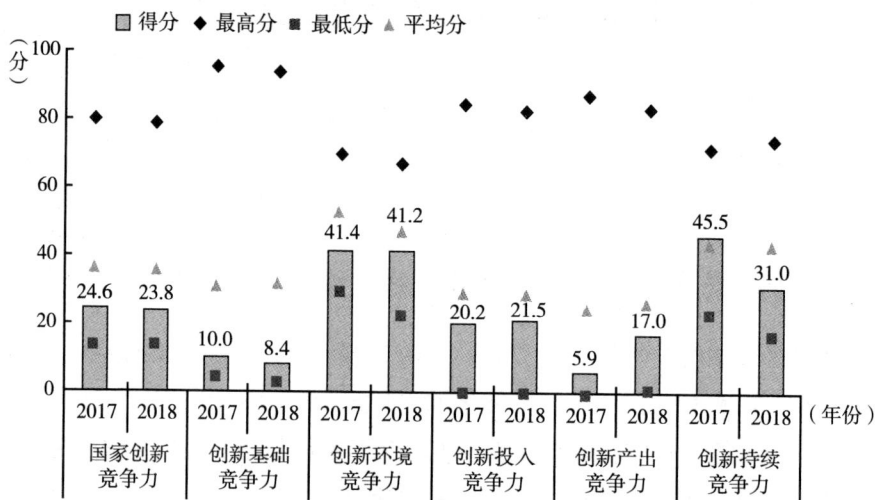

图 17 - 2　土耳其国家创新竞争力得分和排名变化趋势

（3）从指标所处区位看，2018 年土耳其国家创新竞争力的 5 个二级指标中，无优势指标与劣势指标，各项指标均为中势。

表 17 −1　土耳其国家创新竞争力二级指标得分和排名

项目 年份	创新基础 竞争力		创新环境 竞争力		创新投入 竞争力		创新产出 竞争力		创新持续 竞争力		创新竞争力	
	得分	排名	得分	排名	得分	排名	得分	排名	得分	排名	得分	排名
2017	10.0	15	41.4	15	20.2	12	5.9	16	45.5	9	24.6	13
2018	8.4	15	41.2	13	21.5	11	17.0	11	31.0	15	23.8	14
得分变化	−1.6		−0.3		1.3		1.1		−14.5		−0.8	
排名升降		0		2		1		5		−6		−1
优劣度		中势		中势		中势		中势		中势		中势

（4）从指标排位变化趋势看，在 5 个二级指标中，有 3 个指标的排位处于上升趋势，分别是创新环境竞争力、创新投入竞争力和创新产出竞争力，有 1 个指标的排位处于下降趋势，为创新持续竞争力，是土耳其国家创新竞争力的下拉力所在，创新基础竞争力排位没有发生变化。

（5）从指标排位变化的动因看，虽有 3 个二级指标的排位上升，1 个指标排位下降，但下降的分数较多。因此，受指标排位下降的影响，2018 年土耳其国家创新竞争力的综合排位下降了 1 位，在 G20 集团中排名第 14 位。

17.1.2　土耳其国家创新竞争力各级指标动态变化分析

2017～2018 年土耳其国家创新竞争力各级指标的动态变化及其结构，如图 17 −3 和表 17 −2 所示。

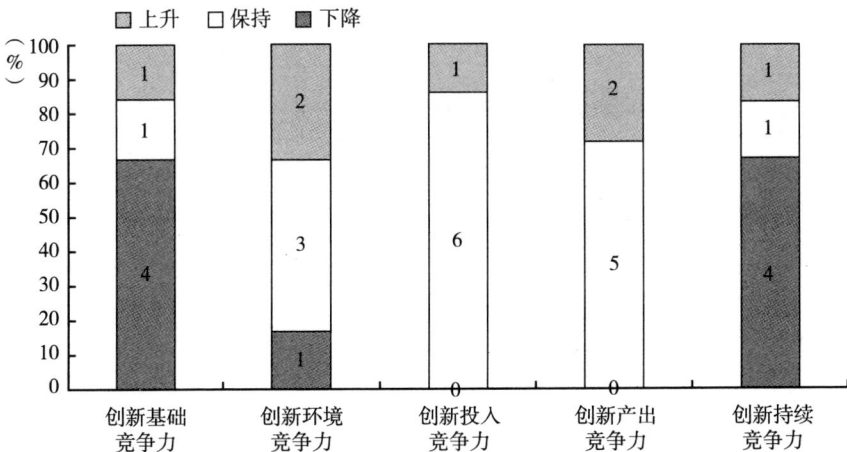

图 17 −3　2017～2018 年土耳其国家创新竞争力指标动态变化结构

表 17 – 2　2017 ~ 2018 年土耳其国家创新竞争力各级指标排位变化态势比较

二级指标	三级指标个数	上升		保持		下降		变化趋势
		个数	比重(%)	个数	比重(%)	个数	比重(%)	
创新基础竞争力	6	1	16.7	1	16.7	4	66.7	保持
创新环境竞争力	6	2	33.3	3	50.0	1	16.7	上升
创新投入竞争力	7	1	14.3	6	85.7	0	0.0	上升
创新产出竞争力	7	2	28.6	5	71.4	0	0.0	上升
创新持续竞争力	6	1	16.7	1	16.7	4	66.7	下降
合计	32	7	21.9	16	50.0	9	28.1	下降

从图 17 – 3 可以看出，土耳其国家创新竞争力的三级指标中上升指标的数量小于下降指标，但保持不变的指标数仍然占据主导地位。表 17 – 2 中的数据进一步说明，土耳其国家创新竞争力的 32 个三级指标中，上升指标有 7 个，占指标总数的 21.9%；保持指标有 16 个，占指标总数的 50%；下降指标有 9 个，占指标总数的 28.1%。指标上升的数量小于指标下降的数量，下降的拉力大于上升的动力，使得 2018 年土耳其国家创新竞争力排位下降了 1 位，在 G20 集团中居第 14 位。

17.1.3　土耳其国家创新竞争力各级指标优劣势结构分析

2017 ~ 2018 年土耳其国家创新竞争力各级指标的优劣势变化及其结构，如表 17 – 3 所示。

表 17 – 3　2017 ~ 2018 年土耳其国家创新竞争力各级指标排位优劣势比较

二级指标	三级指标个数	强势		优势		中势		劣势		优劣度
		个数	比重(%)	个数	比重(%)	个数	比重(%)	个数	比重(%)	
创新基础竞争力	6	0	0.0	0	0.0	5	83.3	1	16.7	中势
创新环境竞争力	6	0	0.0	3	50.0	1	16.7	2	33.3	中势
创新投入竞争力	7	1	14.3	1	14.3	5	71.4	0	0.0	中势
创新产出竞争力	7	1	14.3	1	14.3	1	14.3	4	57.1	中势
创新持续竞争力	6	1	16.7	0	0.0	2	33.3	3	50.0	中势
合计	32	3	9.4	5	15.6	14	43.8	10	31.3	中势

从表17－3中的数据可以看出，土耳其国家创新竞争力的32个三级指标中，强势指标3个，占指标比重9.4%；优势指标5个，占指标比重15.6%；中势指标14个，占指标比重43.8%；劣势指标10个，占指标比重31.3%；强势指标和优势指标的数量之和约占指标总数的25%，远远小于中势指标和劣势指标之和。从二级指标来看，无优势指标和劣势指标；中势指标5个，占二级指标总数的100%。因此2017～2018年土耳其国家创新竞争力处于中势地位。

17.2　土耳其国家创新基础竞争力评价分析

17.2.1　土耳其国家创新基础竞争力评价结果

2017～2018年土耳其国家创新基础竞争力及其下属7个三级指标的排位和排位变化情况，如表17－4所示。

表17－4　2017～2018年土耳其国家创新基础竞争力指标组排位及趋势

年份 项目	GDP		人均GDP		财政收入		人均财政收入	
	得分	排名	得分	排名	得分	排名	得分	排名
2017	2.6	16	14.7	13	5.7	14	15.6	10
2018	2.0	17	12.1	15	4.4	15	13.5	12
得分变化	-0.6		-2.6		-1.2		-2.1	
排名升降		-1		-2		-1		-2
优劣度		劣势		中势		中势		中势

年份 项目	外国直接投资净值		受高等教育人员比重		全社会劳动生产率		创新基础竞争力	
	得分	排名	得分	排名	得分	排名	得分	排名
2017	2.7	17	—	—	18.7	12	10.0	15
2018	3.5	14	—	—	15.1	12	8.4	15
得分变化	0.7		—		-3.6		-1.6	
排名升降		3		—		0		0
优劣度		中势		—		中势		中势

（1）从排位变化比较看，2018 年土耳其国家创新基础竞争力排名第 15 位，与 2017 年相比，排位没有发生变化，处于中势地位。

（2）从指标所处区位来看，6 个三级指标中，无强势指标和优势指标，有 5 个中势指标，GDP 是唯一劣势指标。

（3）从指标排位变化趋势看，在 6 个三级指标中，有 1 个指标处于上升趋势，为外国直接投资净值；有 4 个指标处于下降状态；1 个指标保持不变，为全社会劳动生产率。

（4）从指标排位变化的动因看，由于指标排位下降的幅度较小，且上升指标上升幅度较大，土耳其创新基础竞争力的综合排位保持不变，在 G20 集团中排名第 15 位。

（5）从三级指标结构特征看，在创新基础竞争力指标组的 6 个三级指标中，无强势指标和优势指标；中势指标 5 个，占指标总数的 83.3%；劣势指标 1 个，占指标总数的 16.7%；中指标所占比重远大于劣势指标的比重。上升指标 1 个，占指标总数的 16.7%；保持指标 1 个，占指标总数的 16.7%；其余 4 个指标呈下降趋势，占指标总数的 66.7%。指标排位上升的数量较少，但上升量大，使得 2018 年土耳其国家创新基础竞争力综合排位保持不变。

17.2.2　土耳其国家创新基础竞争力比较分析

图 17 -4 反映了 2017～2018 年土耳其国家创新基础竞争力与 G20 集团最高水平和平均水平的比较情况。

由图 17 -4 可知，评价期内土耳其国家创新基础竞争力得分在 30 分左右，说明土耳其国家创新基础竞争力处于较低水平。从创新基础竞争力的整体得分比较来看，2017 年，土耳其国家创新基础竞争力得分与 G20 集团最高分相比还有 84.6 分的差距，比 G20 集团平均分低 20.1 分；到 2018 年，土耳其国家创新基础竞争力得分与 G20 集团最高分的差距为 85.0 分，比 G20 集团平均分低 22.7 分。总的来说，2017～2018 年土耳其国家创新基础竞争力与最高分、平均分的差距基本不变，其创新基础竞争力保持稳定。

从具体指标得分比较和变化趋势来看，土耳其国家创新基础竞争力整体水平基本稳定；且 6 个指标的得分均低于 G20 国家平均分，创新基础竞争力缺乏上升的动力。在下一步的科技创新活动中，要特别关注这些问题，继续扩大生

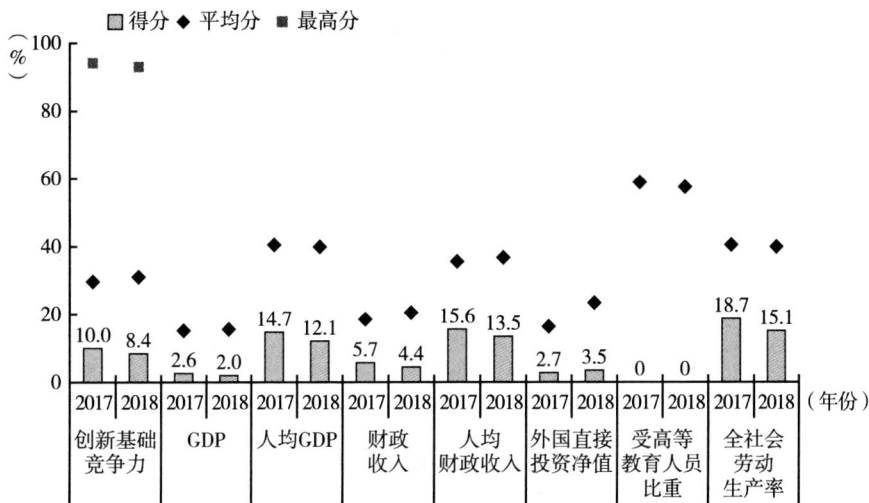

图17-4　2017～2018年土耳其国家创新基础竞争力指标得分比较

产和加快企业战略转型，加大教育和科技财政投入，积极参与国际直接投资，借鉴和引进国际科技前沿技术，提高全社会劳动生产率，夯实国家创新基础，不断增强国家创新基础竞争力。

17.3　土耳其国家创新环境竞争力评价分析

17.3.1　土耳其国家创新环境竞争力评价结果

2017～2018年土耳其国家创新环境竞争力及其下属6个三级指标的排位和排位变化情况，如表17-5所示。

（1）从排位变化比较看，2018年土耳其国家创新环境竞争力排名第13位，与2017年相比，排位上升了2位，处于中势地位。

（2）从指标所处区位来看，6个三级指标中无强势指标；有3个优势指标，分别为企业开业程度、企业平均税负水平和在线公共服务指数；有2个劣势指标，为每百人手机数和ISO9001质量体系认证数；1个中势指标，为因特网用户比例。

表 17 - 5 2017～2018 年土耳其国家创新环境竞争力指标组排位及趋势

项 目 年 份	因特网用户比例		每百人手机数		企业开业程序		企业平均税负水平		在线公共服务指数		ISO9001 质量体系认证数		创新环境竞争力	
	得分	排名	得分	排名	得分	排名	得分	排名	得分	排名	得分	排名	得分	排名
2017	51.6	13	12.3	16	33.3	14	72.6	7	76.7	14	1.9	13	41.4	15
2018	59.4	13	14.2	16	44.4	9	72.6	7	55.5	10	0.7	16	41.2	13
得分变化	7.8		1.9		11.1		0.0		-21.1		-1.2		-0.3	
排名升降		0		0		5		0		4		-3		2
优劣度	中势		劣势		优势		优势		优势		劣势		中势	

（3）从指标排位变化趋势看，在 6 个三级指标中，有 2 个指标处于上升趋势，分别为企业开业程序和在线公共服务指数；1 个下降指标，为 ISO9001 质量体系认证数；其余指标均保持不变。

（4）从指标排位变化的动因看，有 2 个三级指标的排位上升，因此土耳其创新环境竞争力的综合排位处于上升趋势，在 G20 集团中处于第 13 位。

（5）从三级指标结构特征看，在创新环境竞争力指标组的 6 个三级指标中，无强势指标；优势指标 3 个，占指标总数的 50%；中势指标 1 个，劣势指标 2 个，分别占指标总数的 16.7% 和 33.3%；优势指标居于主导地位。上升指标 2 个，占指标总数的 33.3%；保持指标 3 个，占指标总数的 50%；下降指标 1 个，占指标总数的 16.7%。指标排位上升的数量大于排位下降的数量，且受其他因素的综合影响，2018 年土耳其国家创新环境竞争力综合排位与 2017 年相比上升了 2 位。

17.3.2 土耳其国家创新环境竞争力比较分析

图 17 - 5 反映了 2017～2018 年土耳其国家创新环境竞争力与 G20 集团最高水平和平均水平的比较情况。

由图 17 - 5 可知，评价期内土耳其国家创新环境竞争力得分均略高于 40 分，处于较低水平。从创新环境竞争力的整体得分比较来看，2017 年，土耳其国家创新环境竞争力得分与 G20 集团最高分相比还有 28.3 分的差距，与 G20 集团平均分相比，低于 11.4 分；2018 年，土耳其国家创新环境竞争力得分与 G20 集团最高分的差距为 25.6 分，低于 G20 集团平均分 5.5 分。总的来说，2017～2018 年土耳其国家创新环境竞争力与最高分、平均分的差距有所

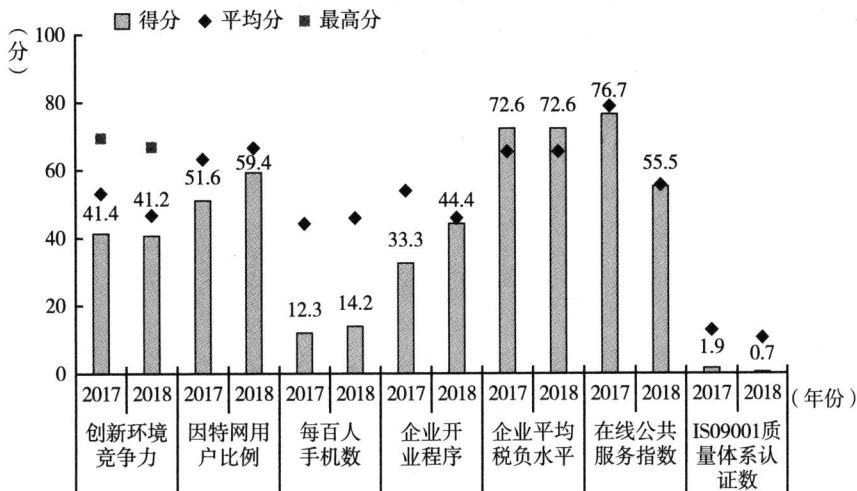

图 17 - 5　2017～2018 年土耳其国家创新环境竞争力指标得分比较

缩小。

从具体指标得分比较和变化趋势来看，土耳其国家创新环境竞争力整体水平较低，处于劣势地位，这主要是由于每百人手机数和 ISO9001 质量体系认证数处于劣势地位；而因特网用户比例、企业开业程序和在线公共服务指数等指标均低于 G20 集团平均分水平，这限制了其创新环境竞争力的进一步提升。因此，为了巩固和提升土耳其国家创新环境竞争力，应针对这些问题，着力提高网络使用率，加快信息高速公路建设，加大对创新型企业的科技和资金扶持力度，加强知识产权保护，重视创新人才的外引内育，营造有利于企业健康有序发展的良好创新氛围，不断优化国家创新环境，进一步增强国家创新环境竞争力。

17.4　土耳其国家创新投入竞争力评价分析

17.4.1　土耳其国家创新投入竞争力评价结果

2017～2018 年土耳其国家创新投入竞争力及其下属 7 个三级指标的排位和排位变化情况，如表 17 - 6 所示。

表17-6 2017~2018年土耳其国家创新投入竞争力指标组排位及趋势

项目 年份	R&D 经费 支出总额		R&D 经费支出 占 GDP 比重		人均 R&D 经费支出		R&D 人员	
	得分	排名	得分	排名	得分	排名	得分	排名
2017	1.1	14	23.5	13	5.5	14	2.7	14
2018	0.9	14	23.8	13	4.6	14	2.5	14
得分变化	-0.2		0.3		-0.9		-0.2	
排名升降		0		0		0		0
优劣度		中势		中势		中势		中势

项目 年份	研究人员占从业 人员比重		企业研发 投入比重		风险资本交易 占 GDP 比重		创新投入 竞争力	
	得分	排名	得分	排名	得分	排名	得分	排名
2017	19.5	12	88.9	3	0.0	8	20.2	12
2018	18.6	12	100	1	0.0	8	21.5	11
得分变化	-0.9		11.1		0.0		1.3	
排名升降		0		2		0		1
优劣度		中势		强势		优势		中势

（1）从排位变化比较看，2018年土耳其国家创新投入竞争力排名第11位，与2017年相比，排位提升1位，处于中势地位。

（2）从指标所处区位来看，7个三级指标中有1个强势指标，为企业研发投入比重；有1个优势指标，为风险资本交易占GDP比重；其余指标均是中势指标。

（3）从指标排位变化趋势看，在7个三级指标中，有6个指标排位保持不变；有1个指标处于上升趋势，为企业研发投入比重。

（4）从指标排位变化的动因看，由于有6个三级指标的排位保持不变，且企业研发投入比重有所提升，土耳其创新投入竞争力的综合排位上升了1位，在G20集团中排名第11位。

（5）从三级指标结构特征看，在创新投入竞争力指标组的7个三级指标中，有1个强势指标，占指标总数的14.3%；1个优势指标，占指标总数的14.3%；5个中势指标，占指标总数的71.4%；无劣势指标。上升指标1个，占指标总数的14.3%，没有下降指标；保持指标6个，占指标总数的85.7%。由于大部分指标排位保持不变且1个指标有所上升，2018年土耳其国家创新投入竞争力综合排位略有上升。

17.4.2　土耳其国家创新投入竞争力比较分析

图17-6反映了2017～2018年土耳其国家创新投入竞争力与G20集团最高水平和平均水平的比较情况。

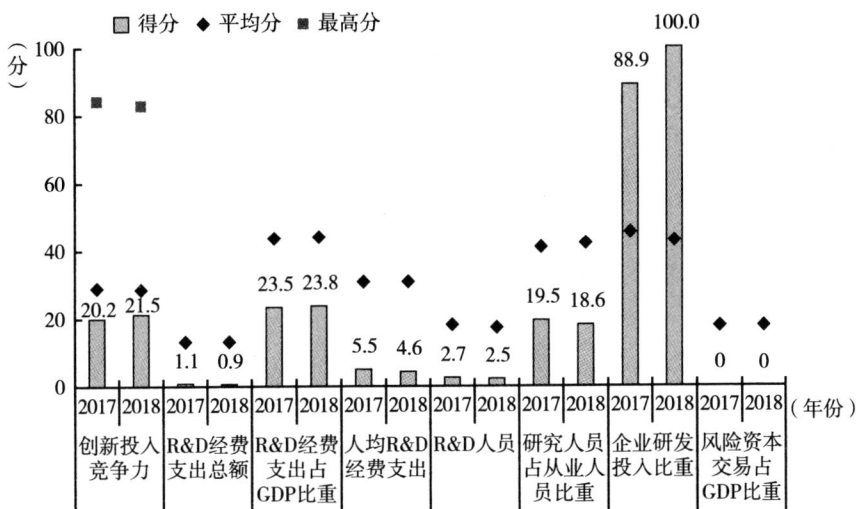

图17-6　2017～2018年土耳其国家创新投入竞争力指标得分比较

由图17-6可知，评价期内土耳其国家创新投入竞争力得分仅略高于20分，说明土耳其国家创新投入竞争力处于较低水平。从创新投入竞争力的整体得分比较来看，2017年，土耳其国家创新投入竞争力得分与G20集团最高分相比还有63.8分的差距，与G20集团平均分相比，则低了8.6分；到2018年，土耳其国家创新投入竞争力得分与G20集团最高分的差距为61.3分，低于G20集团平均分6.8分。总的来说，2017～2018年土耳其国家创新投入竞争力与最高分、平均分的差距有所缩小，国家创新投入竞争力排位略有上升。

从具体指标得分比较和变化趋势来看，土耳其国家创新投入竞争力整体水平较为稳定，处于中势地位，这主要是由于大部分指标都保持中势水平，但所有三级指标的得分都低于G20国家平均分，可见，其创新投入竞争力仍然较为薄弱。今后要特别关注这些问题，继续加大科技研发经费投入，鼓励多元化的创新研发投入，加大研发人员培养力度，高度重视研发人才队伍建设，不断增加国家创新投入，显著增强国家创新投入竞争力。

17.5 土耳其国家创新产出竞争力评价分析

17.5.1 土耳其国家创新产出竞争力评价结果

2017～2018 年土耳其国家创新产出竞争力及其下属 7 个三级指标的排位和排位变化情况，如表 17 - 7 所示。

表 17 - 7 2017～2018 年土耳其国家创新产出竞争力指标组排位及趋势

年份＼项目	专利授权数		科技论文发表数		专利和许可收入		高技术产品出口额	
	得分	排名	得分	排名	得分	排名	得分	排名
2017	0.4	18	5.4	14	0.1	16	1.6	16
2018	0.7	17	5.8	14	0.1	16	1.2	16
得分变化	0.3		0.3		0.0		- 0.4	
排名升降		1		0		0		0
优劣度		劣势		中势		劣势		劣势

年份＼项目	高技术产品出口比重		注册商标数		创意产品出口比重		创新产出竞争力	
	得分	排名	得分	排名	得分	排名	得分	排名
2017	6.8	18	27.0	8	0.0	17	5.9	16
2018	4.8	18	26.7	8	80.0	3	17.0	11
得分变化	-2.0		- 0.3		80.0		11.1	
排名升降		0		0		14		5
优劣度		劣势		优势		强势		中势

（1）从排位变化比较看，2018 年土耳其国家创新产出竞争力排名第 11 位，与 2017 年相比，排位上升了 5 位，处于中势地位。

（2）从指标所处区位来看，7 个三级指标中有 1 个强势指标，为创意产品出口比重；有 1 个优势指标，为注册商标数；1 个中势指标，为科技论文发表数；其余 4 个指标均为劣势指标。

（3）从指标排位变化趋势看，在 7 个三级指标中，有 2 个指标处于上升趋

势，分别为专利授权数、创意产品出口比重；其余各指标均保持不变。

（4）从指标排位变化的动因看，2个三级指标的排位上升，没有指标排位下降，在指标升降的综合作用下，土耳其创新产出竞争力的综合排位上升了5位，在G20集团中排名第11位。

（5）从三级指标结构特征看，在创新产出竞争力指标组的7个三级指标中，有1个强势指标，占指标总数的14.3%；优势指标1个，占指标总数的14.3%；中势指标1个，占指标总数的14.3%；劣势指标4个，占指标总数的57.1%；强势、优势及中势指标所占比重小于劣势指标的比重。上升指标2个，占指标总数的28.6%；无下降指标。2个指标排位上升较多，同时其他排位保持不变，且受其他因素的综合影响，2018年土耳其国家创新产出竞争力综合排位与2017年相比，上升了5位。

17.5.2 土耳其国家创新产出竞争力比较分析

图17-7反映了2017~2018年土耳其国家创新产出竞争力与G20集团最高水平和平均水平的比较情况。

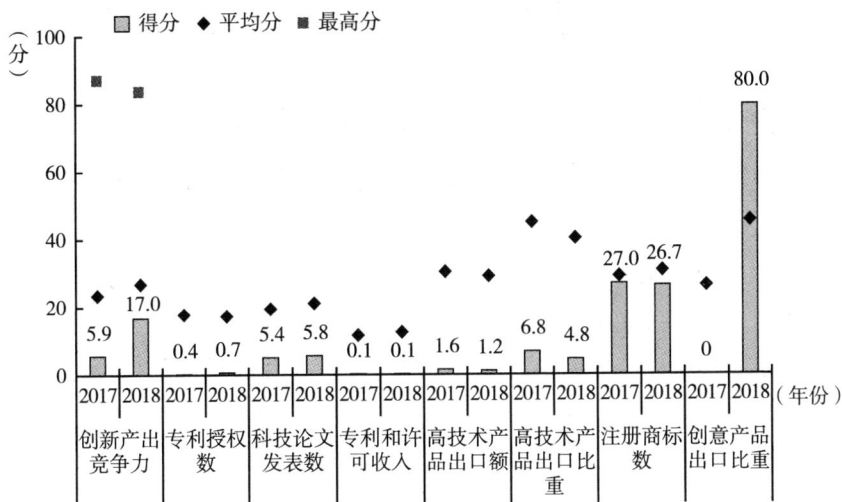

图17-7 2017~2018年土耳其国家创新产出竞争力指标得分比较

由图17-7可知，评价期内土耳其国家创新产出竞争力得分均低于20分，说明土耳其国家创新产出竞争力处于较低水平。从创新产出竞争力的整体得分比较来看,2017 年,土耳其国家创新产出竞争力得分与 G20 集团最高分相比还有 80.8 分的差距,低于 G20 集团平均分 17.8 分;到 2018 年,土耳其国家创新产出竞争力得分与 G20 集团最高分的差距为 65.9 分,低于 G20 集团平均分 9.1 分。总的来说,2017～2018 年土耳其国家创新产出竞争力与最高分、平均分的差距呈缩小趋势,排位处于上升趋势。

从具体指标得分比较和变化趋势来看,土耳其国家创新产出竞争力整体水平上升了 2 位,这主要是由于专利授权数和创意产品出口比重指标得分和排位上升;但所有三级指标的评价得分均低于 G20 国家平均分。因此,要进一步提升土耳其的专利申请和授权量,增强企业和个人专利权的创造和运用能力;完善知识产权激励机制,促进专利和许可收入增长;注重提升基础研究能力,提高科技论文等创新产出的数量和质量;优化出口贸易结构,加大高技术产品出口比重,突出高技术产品在对外贸易中的重要地位;推动实施商标战略,打造国际知名品牌。通过实施一系列的创新措施,切实提高国家创新产出,增强国家创新产出竞争力。

17.6　土耳其国家创新持续竞争力评价分析

17.6.1　土耳其国家创新持续竞争力评价结果

2017～2018 年土耳其国家创新持续竞争力及其下属 6 个三级指标的排位和排位变化情况,如表 17－8 所示。

(1) 从排位变化比较看,2018 年土耳其国家创新持续竞争力排名第 15 位,较 2017 年排名下降 6 位,处于中势地位。

(2) 从指标所处区位来看,6 个三级指标中,有 1 个强势指标,为高等教育毛入学率;没有优势指标;中势指标有 2 个,分别为公共教育经费支出占 GDP 比重、科技人员增长率;其余 3 个指标为劣势指标。

(3) 从指标排位变化趋势看,在 7 个三级指标中,有 1 个指标处于上升趋势,为高等教育毛入学率;有 1 个指标排名保持不变,为公共教育经费支出占 GDP 比重;有 4 个指标呈下降趋势,分别为公共教育经费支出总额、人均公共教育经费支出额、科技人员增长率和科技经费增长率,这些是土耳其创新持续竞争力的下降拉力所在。

表17-8　2017~2018年土耳其国家创新持续竞争力指标组排位及趋势

年份\项目	公共教育经费支出总额		公共教育经费支出占GDP比重		人均公共教育经费支出额		高等教育毛入学率		科技人员增长率		科技经费增长率		创新持续竞争力	
	得分	排名	得分	排名	得分	排名	得分	排名	得分	排名	得分	排名	得分	排名
2017	1.7	15	39.3	14	13.2	15	90.4	4	100	1	28.6	17	45.5	9
2018	1.1	17	32.0	14	10.8	16	100	1	13.8	12	28.1	18	31.0	15
得分变化	-0.6		-7.2		-2.3		9.6		-86.2		-0.5		-14.5	
排名升降		-2		0		-1		3		-11		-1		-6
优劣度		劣势		中势		劣势		强势		中势		劣势		中势

（4）从指标排位变化的动因看，下降拉力大于上升动力，另有1个指标保持不变，因此土耳其创新持续竞争力的综合排位下降6位，在G20集团中排名第15位。

（5）从三级指标结构特征看，在创新持续竞争力指标组的6个三级指标中，强势指标1个，占指标总数的16.7%；中势指标2个，占指标总数的33.3%；劣势指标3个，占指标总数的50%，强势指标和中势指标所占比重与劣势指标的比重持平。上升指标1个，占指标总数的16.7%；保持指标1个，占指标总数16.7%；下降指标4个，占指标总数66.7%。指标排位下降的数量大于排位上升的数量，且保持指标仅有1个，使得2018年土耳其国家创新持续竞争力综合排位比2017年下降6位。

17.6.2　土耳其国家创新持续竞争力比较分析

图17-8反映了2017~2018年土耳其国家创新持续竞争力与G20集团最高水平和平均水平的比较情况。

由图17-8可知，从创新持续竞争力的整体得分比较来看，2017年，土耳其国家创新持续竞争力得分与G20集团最高分相比还有25.7分的差距，高于G20集团平均分2.1分；到2018年，土耳其国家创新持续竞争力得分与G20集团最高分的差距扩大为42.6分，低于G20集团平均分11.9分。总的来说，2017~2018年土耳其国家创新持续竞争力与最高分、平均分差距呈扩大趋势。

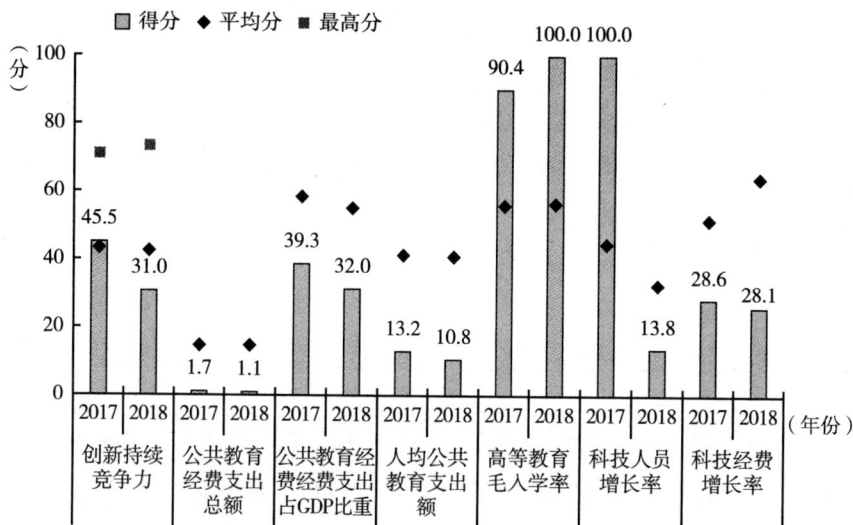

图 17-8 2017~2018 年土耳其国家创新持续竞争力指标得分比较

从具体指标得分比较和变化趋势来看，土耳其国家创新持续竞争力整体水平处于下降状态，其公共教育经费支出总额、人均公共教育经费支出额、科技人员增长率和科技经费增长率四个指标下降严重。因此，未来土耳其要提高创新持续增长力，应该大力增加公共教育经费的支出，提升人均公共教育支出，实现国家创新能力的可持续发展，显著增强国家创新持续竞争力。

Y.19

第18章
英国国家创新竞争力评价分析报告

英国位于欧洲大陆西北面大不列颠群岛，被北海、英吉利海峡、凯尔特海、爱尔兰海和大西洋包围。国土面积约 24.41 万平方公里。2018 年全国年末总人口约为 6646 万人，实现国内生产总值 28607 亿美元，人均 GDP 达到 43043 美元。本部分通过对英国 2017~2018 年国家创新竞争力以及创新竞争力中各要素在 G20 集团中的排名变化分析，从中找出英国国家创新竞争力的推动点及影响因素。

18.1 英国国家创新竞争力总体评价分析

2017~2018 年，英国的国家创新竞争力排名保持不变。2017 年和 2018 年排名均为第 2 名。

18.1.1 英国国家创新竞争力概要分析

英国国家创新竞争力在 G20 集团中所处的位置及 5 个二级指标的得分和排位变化如图 18-1、图 18-2 和表 18-1 所示。

（1）从综合排位变化看，2018 年英国国家创新竞争力综合排名在 G20 集团中处于第 2 位，与 2017 年相比，排位没有发生变化。

（2）从指标得分看，2018 年英国国家创新竞争力得分为 51.7 分，比 G20 集团最高分低 26.7 分，比平均分高 16.7 分；与 2017 年相比，英国国家创新竞争力得分提高了 2.7 分，与当年最高分的差距缩小了 4.3 分。

（3）从指标所处区位看，2018 年英国国家创新竞争力的 5 个二级指标中，强势指标 3 个，分别为创新基础竞争力、创新环境竞争力和创新持续竞争力；优势指标 2 个，为创新投入竞争力和创新产出竞争力。

339

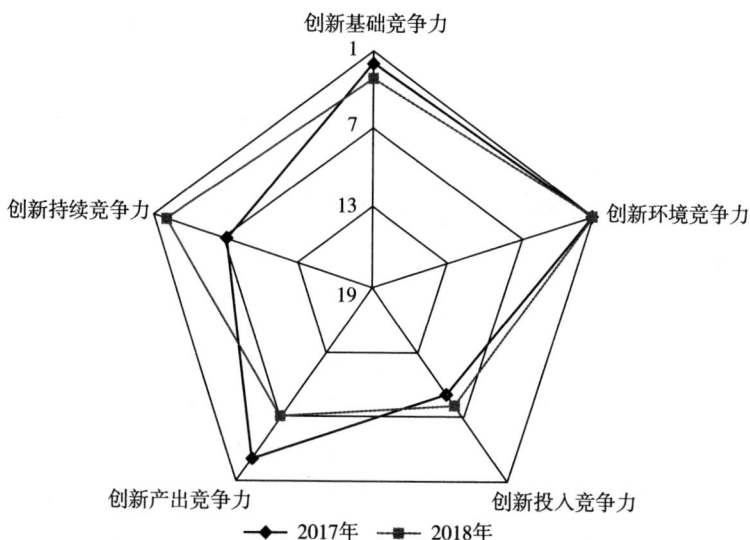

图18-1　英国国家创新竞争力二级指标排名雷达图

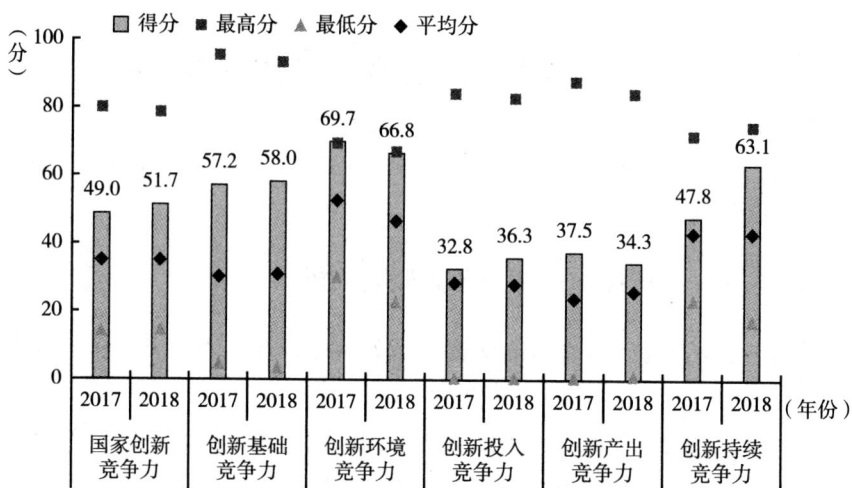

图18-2　英国国家创新竞争力得分和排名变化趋势

（4）从指标排位变化趋势看，在5个二级指标中，有2个指标的排位处于上升趋势，分别是创新投入竞争力和创新持续竞争力，有2个指标的排位处于下降趋势，为创新基础竞争力和创新产出竞争力，是英国国家创新竞争力的下降拉力所在；1个保持不变的指标，为创新环境竞争力。

表 18 –1　英国国家创新竞争力二级指标得分和排名

项目 年份	创新基础 竞争力		创新环境 竞争力		创新投入 竞争力		创新产出 竞争力		创新持续 竞争力		创新竞争力	
	得分	排名	得分	排名	得分	排名	得分	排名	得分	排名	得分	排名
2017	57.2	2	69.7	1	32.8	9	37.5	3	47.8	7	49.0	2
2018	58.0	3	66.8	1	36.3	8	34.3	7	63.1	2	51.7	2
得分变化	0.8		–3.0		3.6		–3.2		15.4		2.7	
排名升降		–1		0		1		–4		5			0
优劣度		强势		强势		优势		优势		强势		强势	

（5）从指标排位变化的动因看，有 2 个二级指标的排位下降，另有 2 个指标排位上升，因此，英国国家创新竞争力总体持平，2018 年英国国家创新竞争力的综合排位不变，在 G20 集团中排名第 2 位。

18.1.2　英国国家创新竞争力各级指标动态变化分析

2017～2018 年英国国家创新竞争力各级指标的动态变化及其结构，如图 18 –3 和表 18 –2 所示。

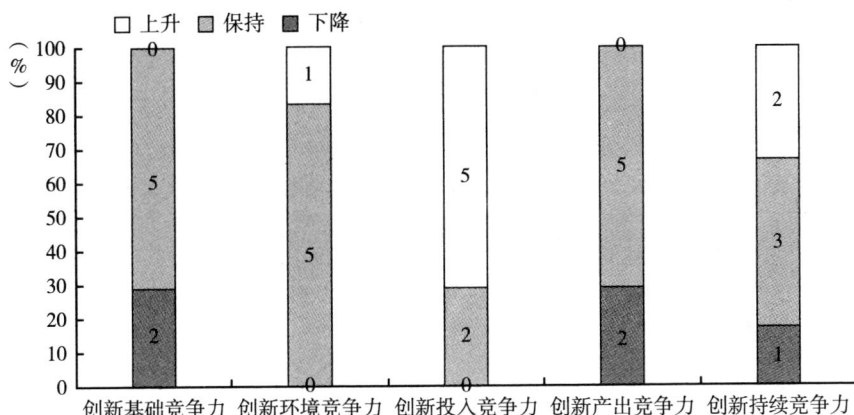

图 18 –3　2017～2018 年英国国家创新竞争力指标动态变化结构

表 18 – 2　2017～2018 年英国国家创新竞争力各级指标排位变化态势比较

二级指标	三级指标个数	上升		保持		下降		变化趋势
		个数	比重(%)	个数	比重(%)	个数	比重(%)	
创新基础竞争力	7	0	0.0	5	71.4	2	28.6	下降
创新环境竞争力	6	1	16.7	5	83.3	0	0.0	保持
创新投入竞争力	7	5	71.4	2	28.6	0	0.0	上升
创新产出竞争力	7	0	0.0	5	71.4	2	28.6	下降
创新持续竞争力	6	2	33.3	3	50.0	1	16.7	上升
合计	33	8	24.2	20	60.6	5	15.2	保持

从图 18 – 3 可以看出，英国国家创新竞争力的三级指标中，上升指标的数量大于下降指标，且保持不变的指标居于主导地位。表 18 – 2 中的数据进一步说明，英国国家创新竞争力的 33 个三级指标中，上升指标有 8 个，占指标总数的 24.2%；保持指标有 20 个，占指标总数的 60.6%；下降指标有 5 个，占指标总数的 15.2%。指标上升的数量大于指标下降的数量，但上升的动力与下降的拉力基本持平，使得 2018 年英国国家创新竞争力排位保持不变，在 G20 集团中居第 2 位。

18.1.3　英国国家创新竞争力各级指标优劣势结构分析

2017～2018 年英国国家创新竞争力各级指标的优劣势变化及其结构，如表 18 – 3 所示。

表 18 – 3　2017～2018 年英国国家创新竞争力各级指标排位优劣势比较

二级指标	三级指标个数	强势		优势		中势		劣势		优劣度
		个数	比重(%)	个数	比重(%)	个数	比重(%)	个数	比重(%)	
创新基础竞争力	7	6	85.7	1	14.3	0	0.0	0	0.0	强势
创新环境竞争力	6	5	83.3	0	0.0	1	16.7	0	0.0	强势
创新投入竞争力	7	1	14.3	5	71.4	1	14.3	0	0.0	优势
创新产出竞争力	7	3	42.9	3	42.9	1	14.3	0	0.0	优势
创新持续竞争力	6	5	83.3	0	0.0	1	16.7	0	0.0	强势
合计	33	20	60.6	9	27.3	4	12.1	0	0.0	强势

从表 18-3 中的数据可以看出，英国国家创新竞争力的 33 个三级指标中，强势指标 20 个，占指标总数的 60.6%；优势指标 9 个，占指标总数的 27.3%；中势指标 4 个，占指标总数的 12.1%；无劣势指标；强势指标和优势指标的数量之和约占指标总数的 88%，远远大于中势指标。从二级指标来看，强势指标 3 个，占二级指标总数的 60%；优势指标 2 个，占二级指标总数的 40%；无中势和劣势指标。由于强势指标和优势指标在指标体系中居于主导地位，2017～2018 年英国国家创新竞争力处于强势地位。

18.2 英国国家创新基础竞争力评价分析

18.2.1 英国国家创新基础竞争力评价结果

2017～2018 年英国国家创新基础竞争力及其下属 7 个三级指标的排位和排位变化情况，如表 18-4 所示。

表 18-4 2017～2018 年英国国家创新基础竞争力指标组排位及趋势

年份 \ 项目	GDP		人均 GDP		财政收入		人均财政收入	
	得分	排名	得分	排名	得分	排名	得分	排名
2017	12.1	5	66.2	5	29.0	3	94.8	2
2018	12.3	5	67.3	5	35.2	3	99.9	2
得分变化	0.2		1.1		6.2		5.0	
排名升降		0		0		0		0
优劣度		强势		强势		强势		强势

年份 \ 项目	外国直接投资净值		受高等教育人员比重		全社会劳动生产率		创新基础竞争力	
	得分	排名	得分	排名	得分	排名	得分	排名
2017	33.9	3	100	1	64.4	6	57.2	2
2018	30.3	4	95.8	2	65.5	6	58.0	3
得分变化	-3.7		-4.2		1.0		0.8	
排名升降		-1		-1		0		-1
优劣度		强势		强势		优势		强势

（1）从排位变化比较看，2018 年英国国家创新基础竞争力排名第 3 位，与 2017 年相比，排位下降 1 位，处于强势地位。

（2）从指标所处区位来看，7 个三级指标有 6 个强势指标；1 个优势指标，为全社会劳动生产率。

（3）从指标排位变化趋势看，在 7 个三级指标中，有 2 个指标处于下降趋势，为外国直接投资净值和受高等教育人员比重；其余 5 个指标均保持不变。

（4）从指标排位变化的动因看，由于指标排位下降的幅度较小，且大部分指标排位保持不变，英国创新基础竞争力的综合排位下降 1 位，在 G20 集团中排名第 3 位。

（5）从三级指标结构特征看，在创新基础竞争力指标组的 7 个三级指标中，有 6 个强势指标，占指标总数的 85.7%；优势指标 1 个，占指标总数的 14.3%；无中势和劣势指标；强势和优势指标所占比重为 100%。下降指标 2 个，占指标总数的 28.6%；其余 6 个为保持指标，占指标总数的 85.7%。指标排位下降的数量较少，且保持不变的指标较多，使得 2018 年英国国家创新基础竞争力综合排位下降 1 位。

18.2.2　英国国家创新基础竞争力比较分析

图 18 - 4 反映了 2017～2018 年英国国家创新基础竞争力与 G20 集团最高水平和平均水平的比较情况。

由图 18 - 4 可知，评价期内英国国家创新基础竞争力得分均接近 60 分，说明英国国家创新基础竞争力处于较高水平。从创新基础竞争力的整体得分比较来看，2017 年，英国国家创新基础竞争力得分与 G20 集团最高分相比还有 37.4 分的差距，比 G20 集团平均分高 21.7 分；到 2018 年，英国国家创新基础竞争力得分与 G20 集团最高分的差距为 35.4 分，比 G20 集团平均分高 26.9 分。总的来说，2017～2018 年英国国家创新基础竞争力与平均分的差距基本不变，其创新基础竞争力保持稳定。

从具体指标得分比较和变化趋势来看，英国国家创新基础竞争力整体水平基本稳定；且 7 个指标的得分普遍高于 G20 国家平均分，创新基础竞争力上升的动力稳定。在下一步的科技创新活动中，要特别关注这些问题，继续加大高等教育人员比例，积极参与国际直接投资，提高全社会劳动生产率，夯实国家创新基础，不断增强国家创新基础竞争力。

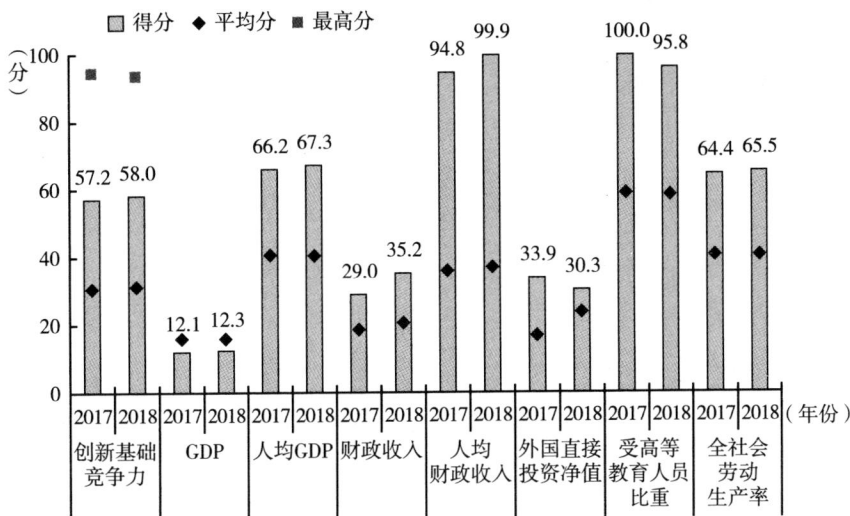

图 18－4　2017～2018 年英国国家创新基础竞争力指标得分比较

18.3　英国国家创新环境竞争力评价分析

18.3.1　英国国家创新环境竞争力评价结果

2017～2018 年英国国家创新环境竞争力及其下属 6 个三级指标的排位和排位变化情况，如表 18－5 所示。

表 18－5　2017～2018 年英国国家创新环境竞争力指标组排位及趋势

项目 年份	因特网 用户比例		每百人 手机数		企业开 业程序		企业平均 税负水平		在线公共 服务指数		ISO9001 质量 体系认证数		创新环境 竞争力	
	得分	排名	得分	排名	得分	排名	得分	排名	得分	排名	得分	排名	得分	排名
2017	99.3	2	41.3	11	83.3	4	83.4	5	98.3	2	12.8	5	69.7	1
2018	98.2	2	43.1	11	77.8	4	84.2	4	87.0	2	10.3	5	66.8	1
得分变化	-1.1		1.8		-5.6		0.8		-11.3		-2.4		-3.0	
排名升降		0		0		0		1		0		0		0
优劣度		强势		中势		强势		强势		强势		强势		强势

345

（1）从排位变化比较看，2018 年英国国家创新环境竞争力排名第 1 位，与 2017 年相比，排位没有发生变化，仍处于强势地位。

（2）从指标所处区位来看，6 个三级指标中有 5 个强势指标，1 个中势指标，为每百人手机数。

（3）从指标排位变化趋势看，在 6 个三级指标中，有 1 个指标处于上升趋势，为企业平均税负水平；其余指标均保持不变。

（4）从指标排位变化的动因看，有 1 个三级指标的排位上升，上升幅度小，而其他 5 个指标均保持不变。英国创新环境竞争力的综合排位稳定不变，在 G20 集团中处于第 1 位。

（5）从三级指标结构特征看，在创新环境竞争力指标组的 6 个三级指标中，强势指标 5 个，占指标总数的 83.3%；中势指标 1 个，占指标总数的 16.7%；没有优势指标和劣势指标。上升指标 1 个，占指标总数的 16.7%；保持指标 5 个，占指标总数的 83.3%；没有下降指标。指标排位上升 1 个，其他指标均保持不变，且受其他因素的综合影响，2018 年英国国家创新环境竞争力综合排位与 2017 年相比仍保持不变。

18.3.2　英国国家创新环境竞争力比较分析

图 18-5 反映了 2017～2018 年英国国家创新环境竞争力与 G20 集团最高水平和平均水平的比较情况。

由图 18-5 可知，评价期内英国国家创新环境竞争力得分均接近 70 分，处于最高水平。从创新环境竞争力的整体得分比较来看，2017 年，英国国家创新环境竞争力得分为 G20 集团最高分，高出 G20 集团平均分 16.9 分；2018 年，英国国家创新环境竞争力得分仍为 G20 集团最高分，高于 G20 集团平均分 20.1 分。总的来说，2017～2018 年英国国家创新环境竞争力仍然保持领先状态。

从具体指标得分比较和变化趋势来看，英国国家创新环境竞争力整体水平在 G20 国家中最高，处于强势地位。为了巩固和保持英国国家创新环境竞争力，应针对存在的个别问题进行改进，例如提高每百人手机数，扩大国内互联网、通信工具的普及程度，提高信息传递效率。

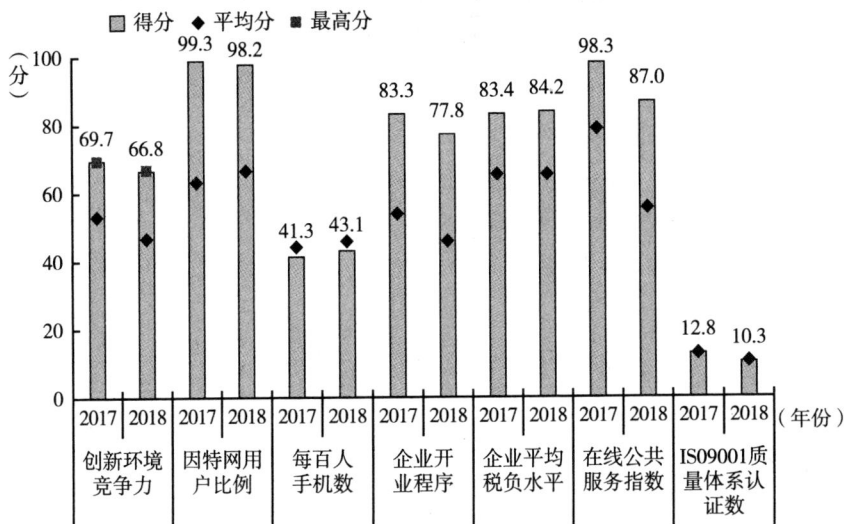

图18－5　2017～2018年英国国家创新环境竞争力指标得分比较

18.4　英国国家创新投入竞争力评价分析

18.4.1　英国国家创新投入竞争力评价结果

2017～2018年英国国家创新投入竞争力及其下属7个三级指标的排位和排位变化情况，如表18－6所示。

（1）从排位变化比较看，2018年英国国家创新投入竞争力排名第8位，与2017年相比，排位上升1位，处于优势地位。

（2）从指标所处区位来看，7个三级指标中有1个强势指标，为风险资本交易占GDP比重；5个优势指标；1个中势指标，为企业研发投入比重；无劣势指标。

（3）从指标排位变化趋势看，在7个三级指标中，有2个指标排位保持不变，分别为R&D经费支出总额和R&D经费支出占GDP比重；其余5个指标处于上升趋势。

表 18 – 6　　2017～2018 年英国国家创新投入竞争力指标组排位及趋势

项目 年份	R&D 经费支出总额		R&D 经费支出占 GDP 比重		人均 R&D 经费支出		R&D 人员	
	得分	排名	得分	排名	得分	排名	得分	排名
2017	7.8	7	47.5	8	40.3	8	9.5	9
2018	8.1	7	48.6	8	41.2	7	9.8	8
得分变化	0.2		1.1		1.0		0.3	
排名升降		0		0		1		1
优劣度		优势		优势		优势		优势

项目 年份	研究人员占从业人员比重		企业研发投入比重		风险资本交易占 GDP 比重		创新投入竞争力	
	得分	排名	得分	排名	得分	排名	得分	排名
2017	54.2	7	29.9	13	40.0	4	32.8	9
2018	59.4	6	27.3	12	60.0	3	36.3	8
得分变化	5.1		-2.6		20.0		3.6	
排名升降		1		1		1		1
优劣度		优势		中势		强势		优势

（4）从指标排位变化的动因看，由于有 5 个三级指标的排位略有上升，英国创新投入竞争力的综合排位上升 1 位，在 G20 集团中排名第 8 位。

（5）从三级指标结构特征看，在创新投入竞争力指标组的 7 个三级指标中，有 1 个强势指标，占指标总数的 14.3%；5 个优势指标，占指标总数的 71.4%；1 个中势指标，占指标总数的 14.3%。上升指标 5 个，占指标总数的 71.4%，没有下降指标；保持指标 2 个，占指标总数的 28.6%。由于大部分指标排位有上升趋势，2018 年英国国家创新投入竞争力综合排位上升了 1 位。

18.4.2　英国国家创新投入竞争力比较分析

图 18 – 6 反映了 2017～2018 年英国国家创新投入竞争力与 G20 集团最高水平和平均水平的比较情况。

由图 18 – 6 可知，评价期内英国国家创新投入竞争力得分均高于 30 分，说明英国国家创新投入竞争力处于较高水平。从创新投入竞争力的整体得分比较来看，2017 年，英国国家创新投入竞争力得分与 G20 集团最高分相比还有 51.2 分的差距，与 G20 集团平均分相比，则高出 4.0 分；到 2018 年，英国国

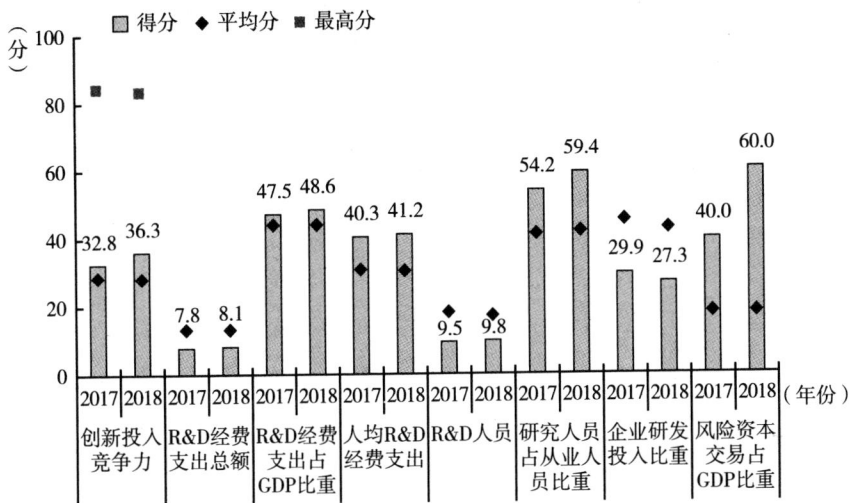

图18-6　2017~2018年英国国家创新投入竞争力指标得分比较

家创新投入竞争力得分与G20集团最高分的差距为46.4分,高于G20集团平均分8分。总的来说,2017~2018年英国国家创新投入竞争力与平均分的差距不大,国家创新投入竞争力排位提高了1位。

从具体指标得分比较和变化趋势来看,英国国家创新投入竞争力整体水平较为稳定,仍处于优势地位;多数三级指标的得分都高于G20国家平均分,可见,其创新投入竞争力处于优势地位。今后要关注其相对落后的部分,继续加大科技研发经费投入,鼓励多元化的创新研发投入,加大研发人员培养力度,高度重视研发人才队伍建设,不断增加企业研发创新投入比重,显著增强国家创新投入竞争力。

18.5　英国国家创新产出竞争力评价分析

18.5.1　英国国家创新产出竞争力评价结果

2017~2018年英国国家创新产出竞争力及其下属7个三级指标的排位和排位变化情况,如表18-7所示。

表 18 – 7 2017～2018 年英国国家创新产出竞争力指标组排位及趋势

年份 \ 项目	专利授权数		科技论文发表数		专利和许可收入		高技术产品出口额	
	得分	排名	得分	排名	得分	排名	得分	排名
2017	1.8	12	19.5	6	18.1	4	36.8	7
2018	1.6	15	20.7	6	20.4	4	33.1	7
得分变化	-0.2		1.2		2.3		-3.7	
排名升降		-3		0		0		0
优劣度		中势		优势		强势		优势

年份 \ 项目	高技术产品出口比重		注册商标数		创意产品出口比重		创新产出竞争力	
	得分	排名	得分	排名	得分	排名	得分	排名
2017	70.5	4	20.5	10	95.7	2	37.5	3
2018	61.7	4	22.8	10	80.0	3	34.3	7
得分变化	-8.8		2.3		-15.7		-3.2	
排名升降		0		0		-1		-4
优劣度		强势		优势		强势		优势

（1）从排位变化比较看，2018 年英国国家创新产出竞争力排名第 7 位，与 2017 年相比，排位下降了 4 位，处于优势地位。

（2）从指标所处区位来看，7 个三级指标中有 3 个强势指标，为专利和许可收入、高技术产品出口比重和创意产品出口比重；3 个优势指标，分别为科技论文发表数、高技术产品出口额和注册商标数；1 个中势指标，为专利授权数。

（3）从指标排位变化趋势看，在 7 个三级指标中，没有处于上升趋势的指标；有 2 个指标处于下降趋势，为专利授权数和创意产品出口比重。

（4）从指标排位变化的动因看，2 个三级指标的排位下降，5 个三级指标的排位保持不变，在指标升降的综合作用下，英国创新产出竞争力的综合排位下降了 4 位，在 G20 集团中排名第 7 位。

（5）从三级指标结构特征看，在创新产出竞争力指标组的 7 个三级指标中，强势指标有 3 个，占指标总数的 42.9%；优势指标 3 个，占指标总数 42.9%；中势指标 1 个，占指标总数的 14.3%；强势和优势指标所占比重远远大于中势指标的比重。下降指标 2 个，占指标总数的 28.6%；保持指标 5 个，占指标总数的

71.4%。指标排位下降数多于上升数，且受其他因素的综合影响，2018年英国国家创新产出竞争力综合排位与2017年相比，下降了4位。

18.5.2　英国国家创新产出竞争力比较分析

图18-7反映了2017~2018年英国国家创新产出竞争力与G20集团最高水平和平均水平的比较情况。

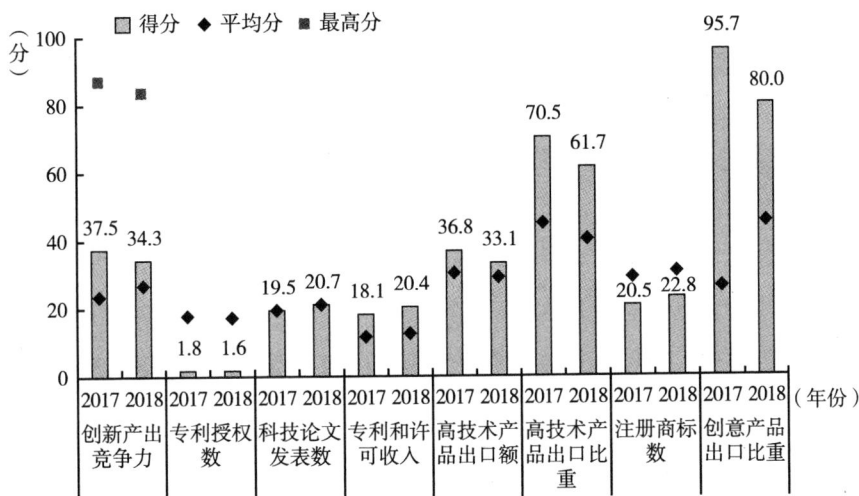

图18-7　2017~2018年英国国家创新产出竞争力指标得分比较

由图18-7可知，评价期内英国国家创新产出竞争力得分在35分左右，说明英国国家创新产出竞争力处于较高水平。从创新产出竞争力的整体得分比较来看，2017年，英国国家创新产出竞争力得分与G20集团最高分相比还有49.2分的差距，高于G20集团平均分13.9分；到2018年，英国国家创新产出竞争力得分与G20集团最高分的差距为48.6分，高于G20集团平均分8.2分。总的来说，2017~2018年英国国家创新产出竞争力与最高分差距呈缩小趋势，高出平均分的分值却在减少，排位处于下降趋势。

从具体指标得分比较和变化趋势来看，英国国家创新产出竞争力整体水平下降了4位，这主要是由于专利授权数、创意产品出口比重等指标得分和排位下降所致；同时多数三级指标的评价得分均高于G20国家平均分。因此，要进一步放开英国的注册商标门槛，促进商业活动向好发展；提高创意产品出口比重；完善知识产权激励机制，促进专利和许可收入增长；注重提升基础研究能力，提高科技论文等创新产出的数量和质量；优化出口贸易结构，加大高技术产品出口比重，突出高技术产品在对外贸易中的重要地位；推动实施商标战略，打造国际知名品牌。通过实施一系列的创新措施，切实提高国家创新产出，增强国家创新产出竞争力。

18.6 英国国家创新持续竞争力评价分析

18.6.1 英国国家创新持续竞争力评价结果

2017～2018年英国国家创新持续竞争力及其下属6个三级指标的排位和排位变化情况，如表18-8所示。

表18-8 英国2017～2018年国家创新持续竞争力指标组排位及趋势

项目\年份	公共教育经费支出总额		公共教育经费支出占GDP比重		人均公共教育经费支出额		高等教育毛入学率		科技人员增长率		科技经费增长率		创新持续竞争力	
	得分	排名	得分	排名	得分	排名	得分	排名	得分	排名	得分	排名	得分	排名
2017	13.7	5	87.2	3	76.2	4	51.3	13	31.2	13	27.0	18	47.8	7
2018	13.8	5	83.1	4	76.5	4	51.5	13	71.5	2	82.2	5	63.1	2
得分变化	0.1		-4.0		0.3		0.2		40.3		55.2		15.4	
排名升降		0		-1		0		0		11		13		5
优劣度		强势		强势		强势		中势		强势		强势		强势

（1）从排位变化比较看，2018年英国国家创新持续竞争力排名第2位，相比2017年排名上升5位，处于强势地位。

（2）从指标所处区位来看，6个三级指标中有5个强势指标，分别是公共教育经费支出总额、公共教育经费支出占GDP比重、人均公共教育经费支出额、科技人员增长率和科技经费增长率；没有优势指标；中势指标1个，为高等教育毛入学率。

（3）从指标排位变化趋势看，在7个三级指标中，有2个指标处于上升趋

势，为科技人员增长率和科技经费增长率，这是英国创新持续竞争力上升的动力所在；有 3 个指标排名保持不变；有 1 个指标呈下降趋势，为公共教育经费支出占 GDP 比重。

（4）从指标排位变化的动因看，上升的动力大于下降拉力，另有 3 个指标保持不变，因此英国创新持续竞争力的综合排位有所提升，在 G20 集团中排名第 2 位。

（5）从三级指标结构特征看，在创新持续竞争力指标组的 6 个三级指标中，强势指标 5 个，占指标总数的 83.3%；中势指标 1 个，占指标总数的 16.7%；强势指标所占比重大于中势指标的比重。上升指标 2 个，占指标总数的 33.3%；保持指标 3 个，占指标总数的 50%；下降指标 1 个，占指标总数的 16.7%。指标排位下降的数量小于排位上升的数量，保持指标占到一半，使得 2018 年英国国家创新持续竞争力综合排位与 2017 相比较上升 5 位。

18.6.2　英国国家创新持续竞争力比较分析

图 18-8 反映了 2017～2018 年英国国家创新持续竞争力与 G20 集团最高水平和平均水平的比较情况。

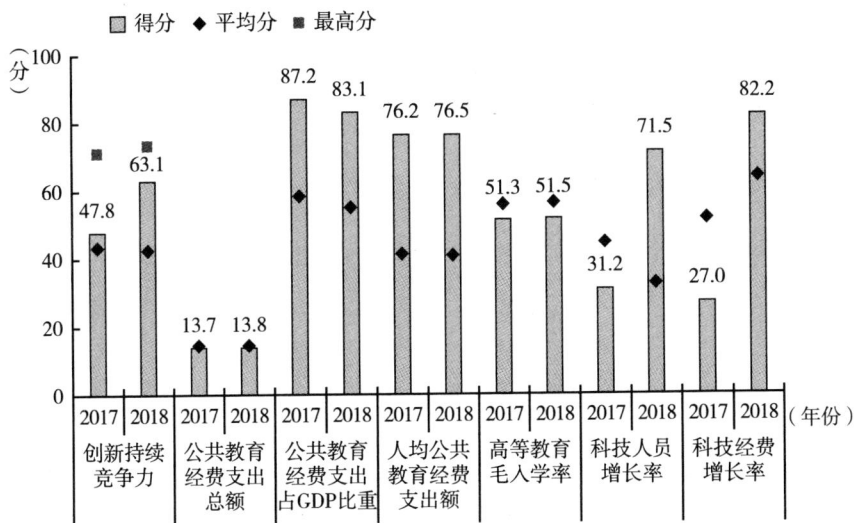

图 18-8　2017～2018 年英国国家创新持续竞争力指标得分比较

　　由图 18 - 8 可知，从创新持续竞争力的整体得分比较来看，2017 年，英国国家创新持续竞争力得分与 G20 集团最高分相比还有 23.5 分的差距，高于 G20 集团平均分 4.4 分；到 2018 年，英国国家创新持续竞争力得分与 G20 集团最高分的差距缩小为 10.5 分，高于 G20 集团平均分 20.2 分。总的来说，2017 ~ 2018 年英国国家创新持续竞争力与最高分差距呈缩小趋势。

　　从具体指标得分比较和变化趋势来看，英国国家创新持续竞争力整体水平有所提高，其中公共教育经费支出总额、人均公共教育经费支出额和高等教育毛入学率排名没有发生变化。因此，未来英国要提高创新持续增长力，应该不断增加教育经费的投入，实现国家创新能力的可持续发展，显著增强国家创新持续竞争力。

Y.20

第19章

美国国家创新竞争力评价分析报告

美国位于北美洲，北邻加拿大，南邻墨西哥，西邻太平洋，东临大西洋。国土面积约937万平方公里。2018年全国年末总人口约为32669万人，实现国内生产总值205802亿美元，人均GDP达到62997美元。本部分通过对美国2017～2018年国家创新竞争力以及创新竞争力中各要素在G20集团中的排名变化分析，从中找出美国国家创新竞争力的推动点及影响因素。

19.1 美国国家创新竞争力总体评价分析

2017～2018年，美国的国家创新竞争力排名保持不变。其中，2017年美国国家创新竞争力在G20集团中排名第1位，到了2018年，排名仍为第1位，保持不变。

19.1.1 美国国家创新竞争力概要分析

美国国家创新竞争力在G20集团中所处的位置及5个二级指标的得分和排位变化如图19-1、图19-2和表19-1所示。

（1）从综合排位变化看，2018年美国国家创新竞争力综合排名在G20集团中处于第1位，与2017年相比，排位保持不变。

（2）从指标得分看，2018年美国国家创新竞争力得分为78.5分，为G20集团最高分，比平均分高43.4分；与2017年相比，美国国家创新竞争力得分降低了1.5分，为当年最高分。

（3）从指标所处区位看，2018年美国国家创新竞争力的5个二级指标中，所有指标均为强势指标。

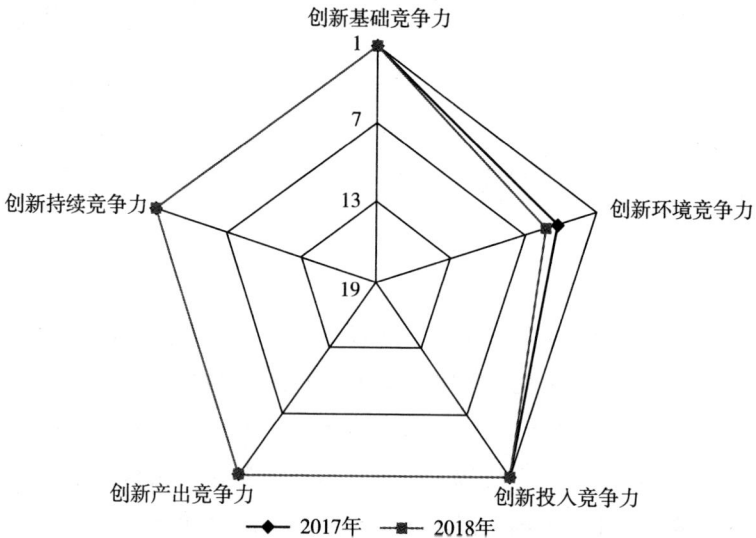

图 19 - 1　美国国家创新竞争力二级指标排名雷达图

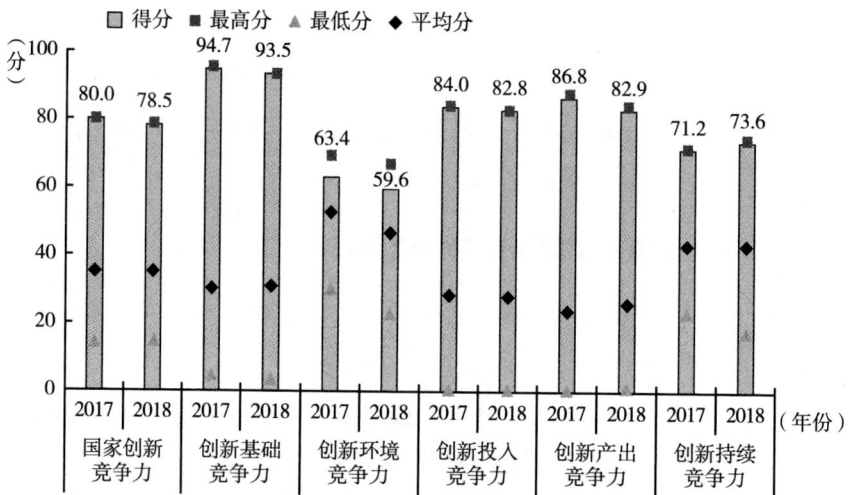

图 19 - 2　美国国家创新竞争力得分和排名变化趋势

（4）从指标排位变化趋势看，在5个二级指标中，有1个指标的排位处于下降趋势，为创新环境竞争力，其余4个指标均保持不变。

表 19 - 1 美国国家创新竞争力二级指标得分和排名

项目 年份	创新基础 竞争力		创新环境 竞争力		创新投入 竞争力		创新产出 竞争力		创新持续 竞争力		创新竞争力	
	得分	排名	得分	排名	得分	排名	得分	排名	得分	排名	得分	排名
2017	94.7	1	63.4	4	84.0	1	86.8	1	71.2	1	80.0	1
2018	93.5	1	59.6	5	82.8	1	82.9	1	73.6	1	78.5	1
得分变化	-1.2		-3.8		-1.2		-3.8		2.3		-1.6	
排名升降		0		-1		0		0		0		0
优劣度		强势		强势		强势		强势		强势		强势

（5）从指标排位变化的动因看，有 1 个二级指标的排位下降，其余二级指标排位均保持不变，因此，受指标排位下降的影响，2018 年美国国家创新竞争力的得分有所下降，但仍然在 G20 集团中排名第 1 位。

19.1.2 美国国家创新竞争力各级指标动态变化分析

2017～2018 年美国国家创新竞争力各级指标的动态变化及其结构，如图19 - 3 和表 19 - 2 所示。

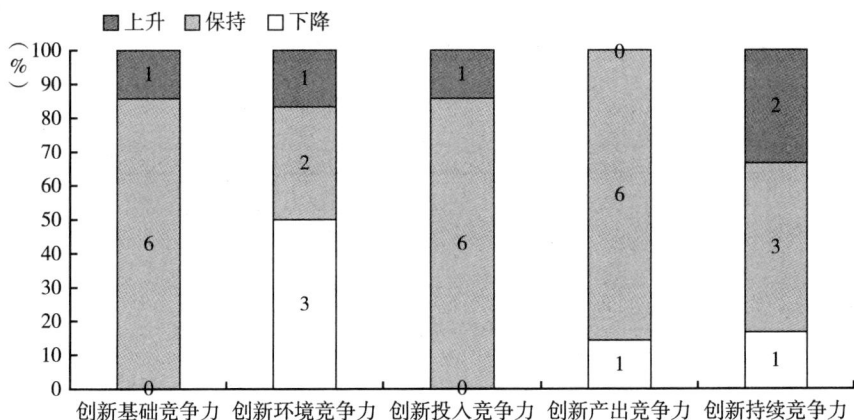

图 19 - 3 2017～2018 年美国国家创新竞争力指标动态变化结构

表 19 - 2   2017～2018 年美国国家创新竞争力各级指标排位变化态势比较

二级指标	三级指标个数	上升		保持		下降		变化趋势
		个数	比重(%)	个数	比重(%)	个数	比重(%)	
创新基础竞争力	7	1	14.3	6	85.7	0	0.0	保持
创新环境竞争力	6	1	16.7	2	33.3	3	50.0	下降
创新投入竞争力	7	1	14.3	6	85.7	0	0.0	保持
创新产出竞争力	7	0	0.0	6	85.7	1	14.3	保持
创新持续竞争力	6	2	33.3	3	50.0	1	16.7	保持
合计	33	5	15.2	23	69.7	5	15.2	保持

从图 19 - 3 可以看出，美国国家创新竞争力的三级指标中，上升指标数为 1 个，但保持不变的指标仍居于主导地位。表 19 - 2 中的数据进一步说明，美国国家创新竞争力的 33 个三级指标中，上升指标 5 个，占指标总数的 15.2%；保持指标 23 个，占指标总数的 69.7%；下降指标 5 个，占指标总数的 15.2%。指标上升的数量与指标下降的持平，使得 2018 年美国国家创新竞争力排位保持不变，在 G20 集团中居第 1 位。

19.1.3   美国国家创新竞争力各级指标优劣势结构分析

2017～2018 年美国国家创新竞争力各级指标的优劣势变化及其结构，如表 19 - 3 所示。

表 19 - 3   2017～2018 年美国国家创新竞争力各级指标排位优劣势比较

二级指标	三级指标个数	强势		优势		中势		劣势		优劣度
		个数	比重(%)	个数	比重(%)	个数	比重(%)	个数	比重(%)	
创新基础竞争力	7	7	100.0	0	0.0	0	0.0	0	0.0	强势
创新环境竞争力	6	1	16.7	5	83.3	0	0.0	0	0.0	强势
创新投入竞争力	7	6	85.7	0	0.0	1	14.3	0	0.0	强势
创新产出竞争力	7	6	85.7	1	14.3	0	0.0	0	0.0	强势
创新持续竞争力	6	3	50.0	2	33.3	1	16.7	0	0.0	强势
合计	33	23	69.7	8	24.2	2	6.1	0	0.0	强势

从表19-3中的数据可以看出,美国国家创新竞争力的33个三级指标中,强势指标23个,占指标总数的69.7%;优势指标8个,占指标总数的24.2%;中势指标2个,占指标总数的6.1%;无劣势指标;强势指标和优势指标的数量之和约占指标总数的94%,远远大于中势指标。从二级指标来看,5个指标均为强势指标。因此,2017~2018年美国国家创新竞争力处于强势地位。

19.2 美国国家创新基础竞争力评价分析

19.2.1 美国国家创新基础竞争力评价结果

2017~2018年美国国家创新基础竞争力及其下属7个三级指标的排位和排位变化情况,如表19-4所示。

表19-4 美国2017~2018年国家创新基础竞争力指标组排位及趋势

年份 \ 项目	GDP		人均 GDP		财政收入		人均财政收入	
	得分	排名	得分	排名	得分	排名	得分	排名
2017	100	1	100	1	100	1	64.3	5
2018	100	1	100	1	100	1	54.2	5
得分变化	0.0		0.0		0.0		-10.1	
排名升降		0		0		0		0
优劣度		强势		强势		强势		强势

年份 \ 项目	外国直接投资净值		受高等教育人员比重		全社会劳动生产率		创新基础竞争力	
	得分	排名	得分	排名	得分	排名	得分	排名
2017	100	1	98.3	2	100	1	94.7	1
2018	100	1	100	1	100	1	93.5	1
得分变化	0.0		1.7		0.0		-1.2	
排名升降		0		1		0		0
优劣度		强势		强势		强势		强势

(1)从排位变化比较看,2018年美国国家创新基础竞争力排名第1位,与2017年相比,排位保持不变,处于强势地位。

(2)从指标所处区位来看,7个三级指标均为强势指标。

(3)从指标排位变化趋势看,在7个三级指标中,有1个指标处于上升趋势，为受高等教育人员比重；其余 6 个指标均保持不变。

（4）从指标排位变化的动因看，由于指标排位升降的幅度较小，且大部分指标排位保持不变，美国创新基础竞争力的综合排位保持不变，在 G20 集团中排名第 1 位。

（5）从三级指标结构特征看，创新基础竞争力指标组的 7 个三级指标全部为强势指标，占指标总数的 100%。上升指标 1 个，占指标总数的 14.3%；其余 6 个是保持指标，占指标总数的 85.7%。指标排位上升的数量较少，且保持不变的指标较多，使得 2018 年美国国家创新基础竞争力得分略有下降，综合排位保持第 1 位。

19.2.2 美国国家创新基础竞争力比较分析

图 19 - 4 反映了 2017 ~ 2018 年美国国家创新基础竞争力与 G20 集团最高水平和平均水平的比较情况。

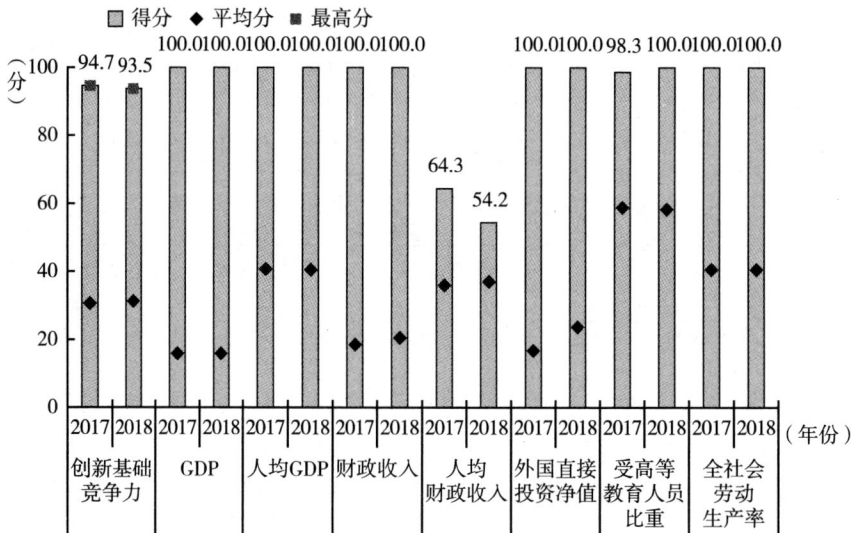

图 19 - 4 2017 ~ 2018 年美国国家创新基础竞争力指标得分比较

由图 19 - 4 可知，评价期内美国国家创新基础竞争力得分均接近 95 分，说明美国国家创新基础竞争力处于最高水平。从创新基础竞争力的整体得分比较来看，2017年，美国国家创新基础竞争力得分为G20集团最高分，比G20集团平均分高出64.5分；到2018年，美国国家创新基础竞争力得分仍为G20集团最高分，比G20集团平均分高62.3分。总的来说，2017～2018年美国国家创新基础竞争力与平均分的差距基本不变，创新基础竞争力保持稳定。

从具体指标得分比较和变化趋势来看，美国国家创新基础竞争力整体水平基本稳定；且7个指标的得分均远高于G20国家平均分，创新基础竞争力具有稳定的动力。在下一步的科技创新活动中，应继续保持并加强生产和加快企业战略转型，加大教育和科技财政投入，保持并加强积极参与国际直接投资，发展国际科技前沿技术，提高全社会劳动生产率，夯实国家创新基础，保持并加强国家创新基础竞争力。

19.3　美国国家创新环境竞争力评价分析

19.3.1　美国国家创新环境竞争力评价结果

2017～2018年美国国家创新环境竞争力及其下属6个三级指标的排位和排位变化情况，如表19-5所示。

表19-5　2017～2018年美国国家创新环境竞争力指标组排位及趋势

项目 年份	因特网 用户比例		每百人 手机数		企业开 业程序		企业平均 税负水平		在线公共 服务指数		ISO9001质量 体系认证数		创新环境 竞争力	
	得分	排名	得分	排名	得分	排名	得分	排名	得分	排名	得分	排名	得分	排名
2017	87.6	4	47.0	9	66.7	7	68.9	8	100	1	10.4	7	63.4	4
2018	85.8	7	57.6	8	55.6	8	68.9	8	83.3	3	6.3	7	59.6	5
得分变化	-1.8		10.6		-11.1		0.0		-16.7		-4.1		-3.8	
排名升降		-3		1		-1			0		-2		0		-1
优劣度		优势		优势		优势		优势		强势		优势		强势

（1）从排位变化比较看，2018年美国国家创新环境竞争力排名第5位，与2017年相比，排位下降了1位，但仍处于强势地位。

（2）从指标所处区位来看，6个三级指标中有1个强势指标，在线公共服务指数；其余5个指标均为优势指标。

（3）从指标排位变化趋势看，在6个三级指标中，有1个指标处于上升趋势，为每百人手机数；2个指标保持不变，为企业平均税负水平和ISO9001质量体系认证数；其余指标均有所下降。

（4）从指标排位变化的动因看，有1个三级指标的排位上升，而有3个指标排位下降，所以美国创新环境竞争力的综合排位处于下降趋势，在G20集团中处于第5位。

（5）从三级指标结构特征看，在创新环境竞争力指标组的6个三级指标中，强势指标1个，占指标总数的16.7%；优势指标5个，占指标总数的83.3%。上升指标1个，占指标总数的16.7%；下降指标3个，占指标总数的50%；保持指标2个，占指标总数的33.3%。指标排位下降的数量大于排位上升的数量，且受其他因素的综合影响，2018年美国国家创新环境竞争力综合排位与2017年相比下降了1位。

19.3.2 美国国家创新环境竞争力比较分析

图19-5反映了2017～2018年美国国家创新环境竞争力与G20集团最高水平和平均水平的比较情况。

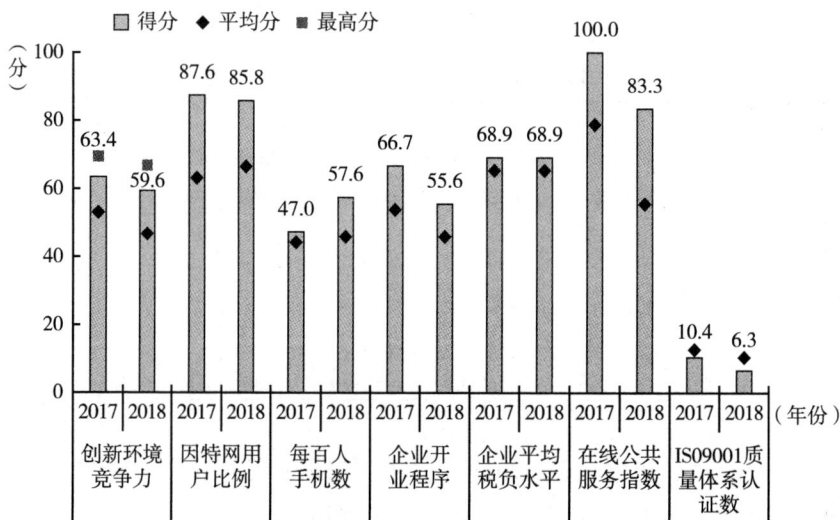

图19-5 2017～2018年美国国家创新环境竞争力指标得分比较

由图 19 - 5 可知，评价期内美国国家创新环境竞争力得分在 70 分左右，处于较高水平。从创新环境竞争力的整体得分比较来看，2017 年，美国国家创新环境竞争力得分与 G20 集团最高分相比还有 6.3 分的差距，与 G20 集团平均分相比，高出 10.6 分；2018 年，美国国家创新环境竞争力得分与 G20 集团最高分的差距为 7.2 分，高出 G20 集团平均分 13 分。总的来说，2017 ~ 2018 年美国国家创新环境竞争力与最高分的差距略有扩大。

从具体指标得分比较和变化趋势来看，美国国家创新环境竞争力整体水平较高，处于强势地位，这主要是由于在线公共服务指数处于强势地位；而其他 5 个指标也均是优势地位。为了巩固和提升国家创新环境竞争力，美国应着力提高网络使用率，加快信息高速公路建设，加大对创新型企业的科技和资金扶持力度，加强知识产权保护，重视创新人才的外引内育，营造有利于企业健康有序发展的良好创新氛围，不断优化国家创新环境，进一步增强国家创新环境竞争力。

19.4　美国国家创新投入竞争力评价分析

19.4.1　美国国家创新投入竞争力评价结果

2017 ~ 2018 年美国国家创新投入竞争力及其下属 7 个三级指标的排位和排位变化情况，如表 19 - 6 所示。

（1）从排位变化比较看，2018 年美国国家创新投入竞争力排名第 1 位，与 2017 年相比，排位保持不变，处于强势地位。

（2）从指标所处区位来看，有 1 个中势指标，为企业研发投入比重；其余 6 个指标均为强势指标。

（3）从指标排位变化趋势看，在 7 个三级指标中，有 6 个指标排位保持不变；有 1 个指标处于上升趋势，为企业研发投入比重。

（4）从指标排位变化的动因看，由于有 6 个三级指标的排位保持不变，且都远高于 G20 集团中其他国家，美国创新投入竞争力的综合排位也保持不变，在 G20 集团中排名第 1 位。

表 19 - 6　2017 ~ 2018 年美国国家创新投入竞争力指标组排位及趋势

项目 年份	R&D 经费 支出总额		R&D 经费支出 占 GDP 比重		人均 R&D 经费支出		R&D 人员	
	得分	排名	得分	排名	得分	排名	得分	排名
2017	100	1	83.9	4	100	1	91.9	2
2018	100	1	84.7	4	100	1	85.4	2
得分变化	0.0		0.8		0.0		-6.4	
排名升降		0		0		0		0
优劣度		强势		强势		强势		强势

项目 年份	研究人员占从业 人员比重		企业研发 投入比重		风险资本交易 占 GDP 比重		创新投入 竞争力	
	得分	排名	得分	排名	得分	排名	得分	排名
2017	100	1	32.2	12	80.0	2	84.0	1
2018	100	1	29.1	11	80.0	2	82.8	1
得分变化	0.0		-3.0		0.0		-1.2	
排名升降		0		1		0		0
优劣度		强势		中势		强势		强势

（5）从三级指标结构特征看，在创新投入竞争力指标组的 7 个三级指标中，有 6 个强势指标，占指标总数的 85.7%；有 1 个中势指标，占指标总数的14.3%；无优势指标和劣势指标。上升指标 1 个，占指标总数的 14.3%；没有下降指标，保持指标 6 个，占指标总数的 85.7%。由于大部分指标排位保持不变，2018 年美国国家创新投入竞争力综合排位仍保持不变。

19.4.2　美国国家创新投入竞争力比较分析

图 19 - 6 反映了 2017 ~ 2018 年美国国家创新投入竞争力与 G20 集团最高水平和平均水平的比较情况。

由图 19 - 6 可知，评价期内美国国家创新投入竞争力得分均高于 80 分，说明美国国家创新投入竞争力处于最高水平。从创新投入竞争力的整体得分比较来看，2017 年，美国国家创新投入竞争力得分为 G20 集团最高分，与 G20集团平均分相比，则高出 55.3 分；到 2018 年，美国国家创新投入竞争力得分仍为 G20 集团最高分，高出 G20 集团平均分 54.5 分。总的来说，2017 ~ 2018

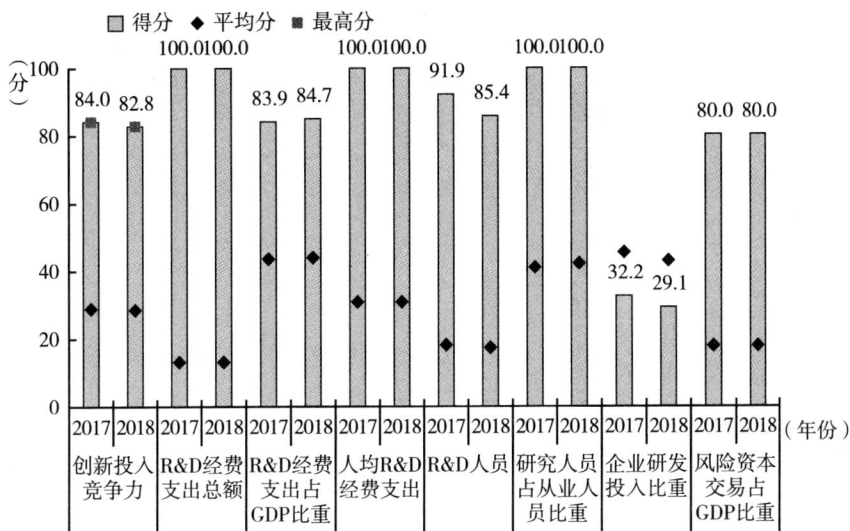

图 19－6　2017～2018 年美国国家创新投入竞争力指标得分比较

年美国国家创新投入竞争力遥遥领先于 G20 集团其他国家，国家创新投入竞争力排位保持不变，为第 1 名。

从具体指标得分比较和变化趋势来看，美国国家创新投入竞争力整体水平较为稳定，仍处于强势地位；所有三级指标的得分均高于 G20 国家平均分，可见，其创新投入竞争力确实较强。今后要继续加大科技研发经费投入，鼓励多元化的创新研发投入，加大研发人员培养力度，高度重视研发人才队伍建设，不断增加国家创新投入，显著增强国家创新投入竞争力。

19.5　美国国家创新产出竞争力评价分析

19.5.1　美国国家创新产出竞争力评价结果

2017～2018 年美国国家创新产出竞争力及其下属 7 个三级指标的排位和排位变化情况，如表 19－7 所示。

表 19 – 7　2017～2018 年美国国家创新产出竞争力指标组排位及趋势

年份 \ 项目	专利授权数		科技论文发表数		专利和许可收入		高技术产品出口额	
	得分	排名	得分	排名	得分	排名	得分	排名
2017	99.6	2	91.1	2	100.0	1	76.8	4
2018	92.6	2	96.4	2	100.0	1	67.4	4
得分变化	-6.9		5.3		0.0		-9.4	
排名升降		0		0		0		0
优劣度		强势		强势		强势		强势

年份 \ 项目	高技术产品出口比重		注册商标数		创意产品出口比重		创新产出竞争力	
	得分	排名	得分	排名	得分	排名	得分	排名
2017	59.6	6	80.1	3	100.0	1	86.8	1
2018	51.2	6	81.4	3	91.4	2	82.9	1
得分变化	-8.5		1.2		8.6		-3.8	
排名升降		0		0		-1		0
优劣度		优势		强势		强势		强势

（1）从排位变化比较看，2018 年美国国家创新产出竞争力排名第 1 位，与 2017 年相比，排位保持不变，处于强势地位。

（2）从指标所处区位来看，7 个三级指标中有 1 个优势指标，为高技术产品出口比重；其余 6 个指标均为强势指标。

（3）从指标排位变化趋势看，在 7 个三级指标中，有 1 个指标处于下降趋势，为创意产品出口比重；其余指标均保持不变。

（4）从指标排位变化的动因看，1 个三级指标的排位下降，其余所有指标保持不变，且遥遥领先于其他 G20 国家，所以美国创新产出竞争力的综合排位保持不变，在 G20 集团中排名第 1 位。

（5）从三级指标结构特征看，在创新产出竞争力指标组的 7 个三级指标中，有 6 个强势指标，占指标总数 85.7%；优势指标 1 个，占指标总数 14.3%；无中势和劣势指标；强势和优势指标占 100% 的比重。下降指标 1 个，占指标总数的 14.3%；其余指标均保持不变。各项指标都占有绝对优势，指标排位下降幅度较小，2018 年美国国家创新产出竞争力综合排位与 2017 年相比保持不变。

19.5.2 美国国家创新产出竞争力比较分析

图 19 - 7 反映了 2017 ～ 2018 年美国国家创新产出竞争力与 G20 集团最高水平和平均水平的比较情况。

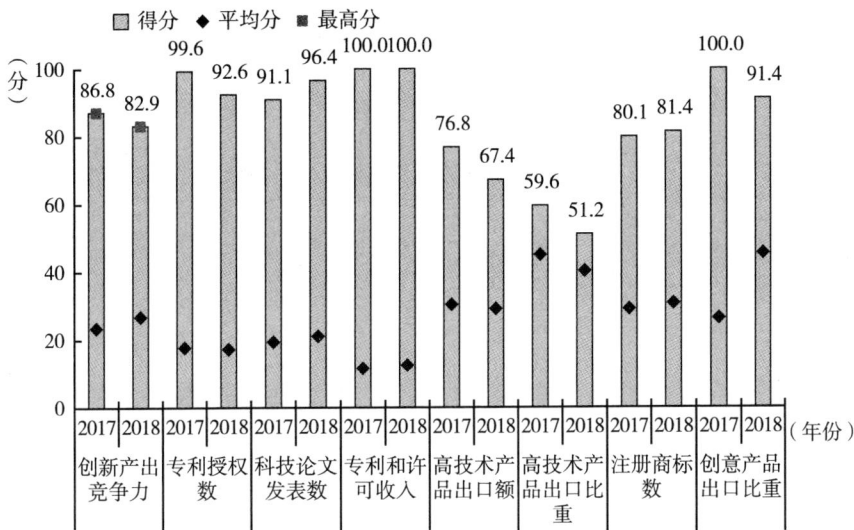

图 19 - 7　2017 ～ 2018 年美国国家创新产出竞争力指标得分比较

由图 19 - 7 可知，评价期内美国国家创新产出竞争力得分在 85 分左右，说明美国国家创新产出竞争力处于很高水平。从创新产出竞争力的整体得分比较来看，2017 年，美国国家创新产出竞争力得分为 G20 集团最高分，高出 G20 集团平均分 63.1 分；到 2018 年，美国国家创新产出竞争力得分仍为 G20 集团最高分，高出 G20 集团平均分 56.8 分。总的来说，2017 ～ 2018 年美国国家创新产出竞争力遥遥领先于其他 G20 国家，位于第 1 位。

从具体指标得分比较和变化趋势来看，美国国家创新产出竞争力整体水平保持不变，这主要是由于美国所有指标都拥有绝对优势，个别指标微小的下滑不影响综合排名位居第 1 的状态。因此，美国只需进一步保持和提升各项指标，谋求超越自身的发展。

19.6 美国国家创新持续竞争力评价分析

19.6.1 美国国家创新持续竞争力评价结果

2017～2018 年美国国家创新持续竞争力及其下属 6 个三级指标的排位和排位变化情况，如表 19－8 所示。

表 19－8 2017～2018 年美国国家创新持续竞争力指标组排位及趋势

项目 年份	公共教育经费支出总额		公共教育经费支出占 GDP 比重		人均公共教育经费支出额		高等教育毛入学率		科技人员增长率		科技经费增长率		创新持续竞争力	
	得分	排名	得分	排名	得分	排名	得分	排名	得分	排名	得分	排名	得分	排名
2017	100	1	61.7	11	100	1	92.9	2	26.9	14	46.0	11	71.2	1
2018	100	1	57.1	11	100	1	90.1	4	19.6	9	74.7	9	73.6	1
得分变化	0.0		-4.6		0.0		-2.8		-7.3		28.7		2.3	
排名升降		0		0		0		-2		5		2		0
优劣度		强势		中势		强势		强势		优势		优势		强势

（1）从排位变化比较看，2018 年美国国家创新持续竞争力排名第 1 位，与 2017 年排名持平，处于强势地位。

（2）从指标所处区位来看，6 个三级指标中有 3 个强势指标，分别是公共教育经费支出总额、人均公共教育经费支出额和高等教育毛入学率；有 2 个优势指标，为科技人员增长率和科技经费增长率；1 个中势指标，为公共教育经费支出占 GDP 比重。

（3）从指标排位变化趋势看，在 7 个三级指标中，有 2 个指标处于上升趋势，为科技人员增长率和科技经费增长率；3 个指标排名保持不变；1 个指标呈下降趋势，为高等教育毛入学率。

（4）从指标排位变化的动因看，上升动力与下降拉力大致相同，另有 3 个指标保持不变，因此美国创新持续竞争力的综合排位保持不变，在 G20 集团中排名第 1 位。

（5）从三级指标结构特征看，在创新持续竞争力指标组的 6 个三级指标中，强势指标 3 个，占指标总数的 50%；优势指标 2 个，占指标总数的33.3%；中势指标 1 个，占指标总数的16.7%；强势指标和优势指标所占比重大于中势指标的比重。上升指标 2 个，占指标总数的33.3%；保持指标 3 个，占指标总数 50%；下降指标 1 个，占指标总数16.7%。排位下降的指标数量小于排位上升的数量，但保持指标占多数，使得 2018 年美国国家创新持续竞争力综合排位与 2017 年持平。

19.6.2　美国国家创新持续竞争力比较分析

图 19 - 8 反映了 2017～2018 年美国国家创新持续竞争力与 G20 集团最高水平和平均水平的比较情况。

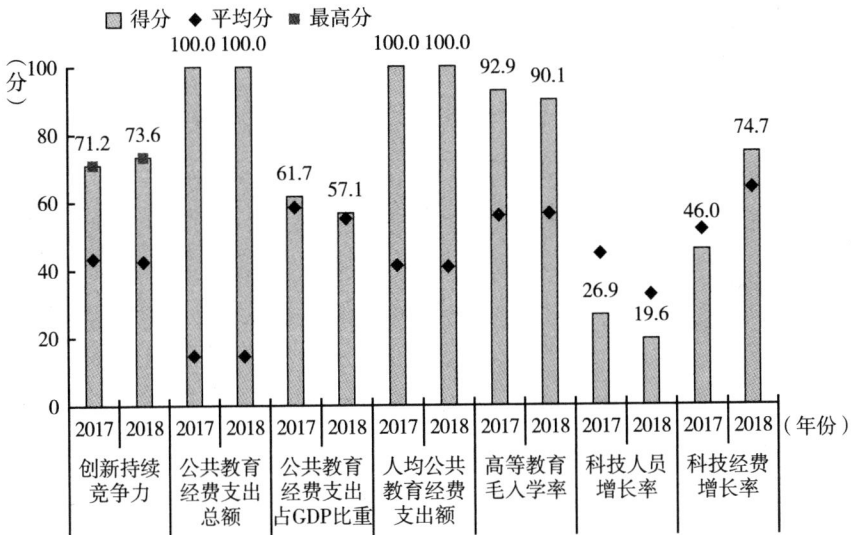

图 19 - 8　2017～2018 年美国国家创新持续竞争力指标得分比较

由图 19 - 8 可知，从创新持续竞争力的整体得分比较来看，2017 年，美国国家创新持续竞争力得分为 G20 集团最高分，高于 G20 集团平均分 27.9分；到 2018 年，美国国家创新持续竞争力得分仍为 G20 集团最高分，高于G20 集团平均分 30.7 分。总的来说，2017～2018 年美国国家创新持续竞争力在 G20 集团国家中处于绝对领先地位。

　　从具体指标得分比较和变化趋势来看，美国国家创新持续竞争力整体水平保持不变，其中公共教育经费支出总额、公共教育经费支出占 GDP 比重、人均公共教育支出额排名没有发生变化，但高等教育毛入学率与自身相比有所下降。

第三部分　专题报告

Part Ⅲ　Special Reports

Y.21

专题一　后疫情时代 G20 合作发展的
动态变化与趋势展望

叶　琪　王珍珍　陈伟雄*

摘　要： 新冠肺炎疫情对 G20 合作机制产生了极大的冲击和挑战，暴露了以经济利益为核心的合作局限性，激化了合作理念的分歧，冲击了产业链合作的稳定性，助长了单边主义和逆全球化思潮，凸显了协调经验的缺乏，等等，但疫情也赋予了 G20 合作发展变革和转型的新机遇。中国在推动 G20 抗疫合作行动中作出了积极努力，为 G20 合作发展的变革贡献了智慧和经验。后疫情时代，G20 合作发展的重点领域将更加聚焦于挖掘经济增长动力、弥补短板、加强团结、提振信心、推动创新、提升治理效能等方面，在做好疫情防控、稳定世

* 叶琪，经济学博士，福建师范大学经济学院副教授，研究方向：竞争力理论与政策；王珍珍，管理学博士，福建师范大学经济学院副教授，研究方向：物流与供应链管理；陈伟雄，经济学博士，福建师范大学经济学院副教授，研究方向：世界经济形势比较研究。

界经济、促进政策协调等方面更好地发挥协调和引领性作用。

关键词： 后疫情时代；G20合作发展；动态变化；趋势展望

2020年初暴发的新冠肺炎疫情以前所未有、前所未料之势在全球蔓延，席卷了世界主要经济体，对全球经济按下了暂停键，扰乱了世界经济运行秩序，中断了全球供应链，这对原本就处于艰难复苏的世界经济无疑是沉重一击。为了防止病毒扩散，多数国家和地区采取了社交隔离和边境封闭措施，寻求国际抗疫合作和经验借鉴，在共同应对疫情风险和维护公共卫生安全中维护经济社会发展的稳定。随着全球疫情防控进入常态化，全球经济发展进入后疫情时代，各个国家和地区都面临既要谨防疫情反弹，又要加快复工复产的双重任务，同时不断审视和反思在全球经济发展中的定位，利益博弈将更加激烈。但不可否认的是，全球网络化体系将更加紧密，也充斥了许多未知的风险，需要各个国家和地区达成统一共识，付出一致行动和努力，任何一个国家和地区的消极和破坏都会拖累其他国家和地区的发展进程。

习近平总书记在我国首届国际进口博览会开幕式讲话中指出，经济全球化是不可逆转的历史大势，但会在曲折中发展、呈螺旋式上升，单边主义和逆全球化的行为只是局部的、暂时的，不足以动摇全球化的根基，而且会使得全球经济在遭受破坏后寻求全球合作的意愿更加强烈。疫情虽然破坏了全球经济原有的秩序，但也孕育着新的机遇，如历史上曾出现的安东尼瘟疫后罗马的衰落；欧洲黑死病后出现的文艺复兴；西班牙流感加速了第一次世界大战的进程；等等。可以预见，后疫情时代，全球经济必将面临新的秩序调整，人类文明将向前迈进一大步，但是无论商业、体制、文明等如何蜕变，都不可能是一个国家或地区的孤立行为，不可能脱离全球化体系的整体，合作始终是全球化的核心。要加强全球合作，就要有一个能代表绝大多数国家利益、有领导力和行动力的组织。纵观当前较有影响力的国际组织，G7和OECD主要由发达经济体构成，代表性不全面；联合国、国际货币基金组织、世界银行、国际贸易组织等国际组织机构长期受发达国家把控，内部矛盾重重，能力有限。由主要发达经济体和新兴市场经济体构成的G20在历经危机应对和走向全球治理中逐渐成熟，有条件、有能力责无旁贷地担当起后疫情时代的全球合作重任。

G20 国家兼顾了地域之间的平衡，人口占全球 2/3，面积占 60%，国内生产总值占 85%，贸易额占 80%，对全球经济增长的稳定性和贡献度不言而喻。历经二十多年的适应、调整、提升，从部长级会议升格为领导人峰会，从单一话题到议题内容愈加丰富，从应对危机到转向长效治理机制，从临时性事务协调迈向常态化深入合作，G20 对推动全球经济合作，应对全球经济发展难题的作用有目共睹。在 G20 领导人峰会十周年之际，习近平总书记用"坚持开放合作、坚持伙伴精神、坚持创新引领、坚持普惠共赢"四个坚持形象地阐释了 G20 精神，也是对 G20 作为的充分肯定。在新冠肺炎疫情全球蔓延时期，G20 紧急举行了特别峰会，就加强合作抗疫、信息共享、完善全球公共卫生体系、维护全球经济金融稳定达成了共识，G20 的责任担当被全球寄予厚望。后疫情时代，全球经济将充满更大的不确定性，G20 有责任发挥领导作用，凝聚全球合作力量，把握世界经济发展的正确方向，这是历史的选择，也是时代的选择。

1　疫情对 G20 合作机制的冲击与挑战

第二次世界大战以来，世界经济体系几乎没有受到来自经济系统外因素的强烈冲击，世界范围内也没有暴发大规模的流行病，有关公共卫生安全的话题鲜少成为国际组织协商的议题，也极少形成应对突然公共卫生安全事件的预案。突发新冠肺炎疫情传播速度快、影响范围广，令国际组织猝不及防，不可避免地对世界经济社会发展以及对国际组织关系和国际合作产生巨大冲击，许多专家学者将之称为第二次世界大战以来全球最严重的一次大流行病，并对其破坏性和冲击力进行预判。联合国秘书长古特雷斯表示，新冠肺炎疫情大流行是自第二次世界大战以来最严重的全球危机，恐将造成经济衰退。[①] 新加坡国立大学郑永年教授认为，疫情使第二次世界大战以来形成的"世界秩序"走向解体，全球化进程放缓。[②] 中国人民银行行长易纲指出疫情已严重冲击全球经济，造成产业

---

① 《二战后最大危机 联国忧疫情引冲突》，http://www.takungpao.com/news/232111/2020/0402/433101.html，最后访问日期：2020 年 4 月 2 日。

② 郑永年：《可把大湾区打造成地区嵌入型经济平台》，《南方日报》2020 年 6 月 9 日，第 3 版。

链供应链循环受阻，国际贸易投资萎缩，失业人数急剧增加。① 世界银行在 2020 年 6 月的《全球经济展望》中估计全球经济 2020 年将收缩 5.2%，成为第二次世界大战以来程度最深的经济衰退。② 全球财富管理论坛举行的"疫情冲击下的国际局势与全球治理"研讨会上，与会专家也一致认为疫情会使多边机构作用被削弱，并挑战了全球治理体系的有效性和稳定性。③

G20 作为代表性最为广泛的全球多边治理平台也难以在疫情中独善其身，合作机制不可避免地受到冲击。G20 成立之初主要是通过财长和央行行长会议定期就经济金融问题进行协商对话，为了应对 2008 年金融危机升格为领导人峰会后，G20 在全球事务处理和应对中发挥的作用越来越大，逐渐形成了以峰会为引领，以负责峰会筹备、成果磋商等事务的协调人和对经济金融问题进行磋商的财经渠道"双轨机制"为支撑、部长级会议和工作组为辅助、非政府组织之间的交流为补充的运行机制。每年峰会都会围绕共同关心的问题设定议题，集体讨论达成共识并发表公报，努力消除国家和地区间的分歧，为解决问题一致行动，形成了一套相互协商、相互妥协、平等对话、互利共赢的合作机制。然而，疫情对 G20 合作的合作理念、重点领域、合作进程、合作方式等机制产生了强大的冲击，少部分国家和群体不怀好意地把疫情与政治利益挂钩，鼓吹全球合作脱钩，分化 G20 合作。在第 73 届世界卫生大会上，联合国秘书长古特雷斯不仅充分肯定了 G20 合作的重要性，而且呼吁 G20 要紧急启动大规模刺激计划，增加发展中国家可获得的资源。具体而言，疫情对 G20 合作机制的冲击主要表现在以下几个方面。

1.1 暴露了以经济利益为核心的合作局限性

纵观历次 G20 领导人峰会的议题，主要聚焦于经济增长、金融、贸易、创新、就业、气候变化、反贫困、可持续发展、就业等方面，基本上是以经济

---

① 易纲：《我国经济持续向好的基本面不会改变》，http：//finance. sina. com. cn/china/2020 - 05 - 26/doc - iircuyvi5039833. shtml，最后访问日期：2020 年 5 月 26 日。

② 《世界银行：新冠疫情使全球经济陷入二战以来最严重衰退》，http：//finance. sina. com. cn/roll/2020 - 06 - 09/doc - iirczymk5981552. shtml，最后访问日期：2020 年 6 月 9 日。

③ 《疫情冲击下的国际局势与全球治理研讨会举行》，http：//www. cwm50. cn/newsitem/278356253。

发展不同阶段的突出问题为核心，同时兼顾不同国家和地区间的公平与包容，这些问题既是困扰全球化的常态性问题，也会随着发展形势变化与时俱进地运用新方法、新手段加以解决。总体上，G20议题缺乏对突发性公共事件的讨论，没有建立预警机制和制定相应的应急预案，缺乏维护全球公共卫生安全的合作经验，暴露了G20长期以来过于重视以经济利益为核心，在公共卫生安全等一些偶然性、非营利性等公共利益问题上存在"真空"，只看到这些问题的防控需要付出高额成本，却没有充分预估到这些问题一旦爆发对经济发展的深度影响。G20合作内容的全面性、长远性有待进一步充实。

1.2　激化了G20合作的理念分歧

G20涵盖了不同社会制度、不同发展程度的国家和地区，既有共同的利益，也有各自的诉求，发达国家更加偏向于以自身利益为考量，而以中国为代表的新兴国家则倾向于获取更多公平参与的机会，G20合作通过在多边框架下寻找各方的最大共同点，最大程度弱化理念分歧，在维护共同利益基础上形成了求同存异的合作格局。然而，疫情却打破了这种不稳定的均衡，发达国家面对突发疫情首先选择自保，从初期截留他国防疫物资、选择群体免疫、政府消极应对任由疫情蔓延，到后来以美国为主的发达国家频频甩锅抹黑中国、扬言向中国索赔、频频挑起事端，美国一度宣布正式启动退出世界卫生组织，四处鼓动其他国家与中国作对，推卸责任，严重破坏国际抗疫合作。

1.3　冲击了G20产业链合作的稳定性

G20包括不同经济发展水平的国家和地区，这些国家和地区在不同的产业部门、企业部门根据各自的比较优势，在长期的互补合作中形成了稳定的、良性调整的产业链分工格局，G20成为强化各国和地区之间产业链合作的助力器和黏合剂。疫情使G20物流、商流、人流等受到不同程度的阻断，造成了很多企业停产停工，人们的收入增长延缓，供需市场疲软，部分供应链、产业链断裂，向上下游传导并造成全球大范围产业链流通不畅。经历了抗疫物资短缺，越来越多的国家和地区愈加重视从产业安全的角度来布局产业链，重视发展基础性和战略性产业，避免产业链过长或将产业过度外移，摆脱对一些产业的进口依赖。政府对产业链的干预明显增加，如美国和日本就曾提出政府愿意出资鼓励其在中国的企业撤出中国或回迁本国。当然，疫情也促进信息技术、生物医药、数字经济、智能经济等相关产业发展，亟须形成新的产业链分工格局。疫情使 G20 产业链合作进入调整与重构阶段，并将伴随着国家和地区间的竞争和博弈持续较长时间。

1.4 助长了单边主义和逆全球化思潮

自 2008 年金融危机以来，国际上单边主义、贸易保护主义、逆全球化思潮层出不穷，挑战着全球化进程。特别是近年来，英国脱欧，美国奉行"美国优先"战略、频频"退群"、反移民政策、四处挑起贸易战等，逆全球化浪潮此起彼伏。美国对 G20 合作表现出越来越消极的态度，并出尔反尔，甚至拉帮结派，搞地区利益联盟来对抗部分国家和地区，严重破坏了 G20 的团结，也破坏了 G20 合作的信用基础。疫情更是强化了单边主义和逆全球化思潮，使得某些国家借口维护产业安全而进一步实施贸易保护主义；抗疫隔离和保持社交距离以及产业链断裂会降低国家和地区间的交流往来频次，有些国家可能会借机阻碍自由贸易和区域经济一体化进程。

1.5 凸显了缺乏协调多方发展经验的软肋

G20 长期以来专注危机应对和经济增长，专注建立经济治理机制，其职能范畴主要在经济领域，利益成为维系各国合作的纽带。发达国家与发展中国家在利益共享和责任分担方面始终存在分歧，发达国家始终无法隐去其霸权思维，不愿意承认历史责任，尽量推卸现实责任，对不发达国家的道义责任和无偿援助消极应对。G20 没有常设机构，其事务的协调和协议履行主要依靠定期或不定期会议讨论和各国各地区的自觉性和信用，带有很大的任意性和不确定性。因此，G20 的职能执行具有单一性和不稳定性，在统筹协调经济、社会、文化、安全等多方发展时经验不足。疫情的发展迫切需要各国和地区的团结合作，统筹医疗和防护物资的供应，协调好疫情防控与经济发展的关系，以及建立相伴随的自由、公平、非歧视、透明、稳定的经济社会发展环境，关注发展落后国家的疫情防控和提供必要援助，关注低收入者、中小企业等的需求，等等。在当前全球发展局势下，常规的经济规则和经济政策工具难以适用，G20 应加强政策协调和创新，这也是 G20 全球治理的软肋所在，在平衡各方利益和维护各方关系稳定方面亟须协调互助。

2 后疫情时代 G20 合作发展面临的机遇和挑战

2.1 后疫情时代 G20 合作面临的机遇

疫情对 G20 合作机制造成了较大的冲击，但也为 G20 进一步深化合作、提升国际地位提供了机遇。全球抗疫将更加凸显 G20 合作机制的重要性，有利于 G20 在推进科技创新合作、重塑全球治理体系等方面发挥更大的作用。

2.1.1 后疫情时代 G20 合作的重要性将更加凸显

作为当前"国际经济合作的主要论坛"，G20 在成立之初是一个应对国际金融危机的临时平台，其确定了"促进全球经济稳定和持续增长"的目标，并逐渐转变成全球经济治理的长期机制，在推动国际经济合作方面发挥了积极的作用。当前，面对新冠肺炎疫情这一全人类的共同危机，迫切需要世界各国加强团结合作，强化基于协调一致和多边主义的"全球应对"行动，共同抗击疫情，打造人类卫生健康共同体，这也为加强 G20 合作、更好发挥 G20 机制的重要作用提供了新的机遇。2020 年 3 月 26 日，在二十国集团领导人应对新冠肺炎特别峰会上，G20 成员国和嘉宾国领导人以及相关国际组织负责人通过视频会议方式深入探讨采取全球行动以抗击疫情。习近平同志提出"坚决打好新冠肺炎疫情防控全球阻击战""有效开展国际联防联控""积极支持国际组织发挥作用""加强国际宏观经济政策协调"四点倡议，为全球协调行动抗击疫情指明方向。后疫情时代，G20 应以全球合作抗疫为契机，加强各成员国之间的政策协调与合作，尽可能降低疫情对全球供应链、产业链以及经济增长造成的负面冲击，努力推动世界经济从衰退中逐步复苏，争取让 G20 机制得到国际社会更加广泛的认可。

2.1.2 疫情为加强 G20 科技创新合作提供了新的契机

疫情对传统产业和经济发展带来较大冲击，但推动了在线科技、人工智能、5G、大数据、云计算等新技术的加快运用，促进了疫情防控国际科技合作，给科技创新合作与智能经济发展创造了机遇。习近平同志强调指出，人类同疾病较量最有力的武器就是科学技术，人类战胜大灾大疫离不开科学发展和技术创新。当前新冠肺炎疫情在全球肆虐，迫切需要世界各国加强科技合作，充分利用好科学技术这一战胜疫情最有力的武器。而推动科技创新合作一直是 G20 合作机制的重要内容之一，在新冠肺炎疫情全球蔓延的形势下，G20 科技创新合作面临更大的机遇。G20 应抓住科技创新合作面临的新机遇，引导和组织全球科技力量开展联合攻关，着力推动全球卫生健康领域的科技合作，尤其是在应对气候变化、生命健康、环境保护等全人类共同的挑战方面寻找更多的深入合作机会，切实展现 G20 推动全球政策协调与合作的地位和作用。同时，以科技创新合作为契机，进一步挖掘 G20 在云计算、数据中心、人工智能、工业互联网平台等新基建及服务企业数字化转型、推动智慧城市建设等方面的合作潜力，提升 G20 合作水平。

2.1.3 后疫情时代期盼 G20 在全球治理体系改革中的作为

此次疫情引发了全球巨大的公共卫生和经济危机，暴露了全球治理体系存在的诸多短板和问题：首先是全球公共卫生体系的不足，联合国在应对全球大流行病方面发挥的作用十分有限，其下属负责公共卫生的专门机构——世界卫生组织缺乏调动全球资源的能力；其次是全球产业链、供应链的脆弱性，疫情带来的冲击破坏了全球产业链、供应链的稳定性，加速了全球供应链的本地化和多元化进程，也冲击着国际自由贸易体系；最后是 WTO 面临的改革困局更加凸显，WTO 机制的有效运行已经受到质疑，推进 WTO 改革迫在眉睫，疫情的暴发暂时延后了 WTO 改革进程，对多边贸易体系带来更多不确定性，加快推进 WTO 改革需要建立各国的合作与信任关系。由此可见，当前全球治理体系存在明显的短板，新冠肺炎疫情为全球治理体系改革注入了"催化剂"，改革和完善全球治理体系是当务之急。G20 应抓住这一历史机遇，加强交流合作，提出创新全球治理体系的合理方案，促进和引领全球治理体系改革，最大限度地发挥其作为全球经济治理重要平台的关键性作用。

2.2 后疫情时代 G20 合作面临的挑战

疫情带来了诸如经济下滑风险加剧、逆全球化暗流涌动、社会动荡加剧等等问题，使后疫情时代 G20 合作也面临极大挑战。

2.2.1 经济下行风险加剧

受新冠肺炎疫情的影响，全球经济下行的压力加剧。从表 1－1 中 G20 主要经济体在第一和第二季度的 GDP 增长率变化情况来看，多数经济体的 GDP 增长率均出现了不同程度的下降，陷入了技术性衰退。当前疫情仍在蔓延，疫情暴发初期所预计的 V 形增长模式在很多经济体中已经难以实现，更多的国家所呈现的是 U 形增长模式。各国为了控制疫情采取了停航停运、居家办公、关闭公共场所等方式，国际游客大幅减少，全球旅游、交通运输业等行业受到严重影响，几乎处于"寒冬"。受到交通运输业发展中断的影响，全球的产业链、供应链几乎处于断裂态势，尤其是传统制造业受到的影响更为明显，各个国家的出口受阻，全球消费大幅萎缩。因此，后疫情时代，如何重启产业发展、产业链合作是 G20 国家合作面临的重要挑战。

表 1-1　G20 经济体 2020 年 GDP 增长率变化情况

国　　家	2020 年 GDP 增长率变化情况
美　国	第二季度 GDP 同比实际下降 9.6%
法　国	第二季度 GDP 同比实际下降 19%，预计 2020 年 GDP 下降 8%
意大利	第二季度 GDP 同比实际下降 18%
加拿大	第二季度 GDP 同比实际下降 12%
韩　国	第一季度 GDP 环比下降 1.3%，第二季度 GDP 环比下降 3.3%
日　本	第二季度 GDP 同比实际下降 9.9%
澳大利亚	第二季度 GDP 同比实际下降 6.4%
德　国	第二季度同比下降 11.7%
英　国	第一季度 GDP 同比下降 2.2%，第二季度 GDP 同比实际下降 22.8%
俄罗斯	第二季度 GDP 同比实际下降 8%
巴　西	第二季度 GDP 同比实际下降 11.4%
南　非	第二季度 GDP 同比实际下降 17.1%
印　度	第一季度 GDP 增速 3.1%，第二季度 GDP 下降 4.3%
中　国	第一季度 GDP 同比下降 6.8%，第二季度 GDP 增速 3.2%
印度尼西亚	第二季度 GDP 同比实际下降 5.3%
阿根廷	第一季度 GDP 同比下降 5.4%
墨西哥	第二季度 GDP 同比下降 18.9%
欧　盟	第二季度 GDP 环比下降 11.9%，同比下降 14.4%
沙特阿拉伯	第一季度财政出现 90 亿美元赤字
土耳其	第二季度 GDP 同比实际下降 9.9%

资料来源：根据国际货币基金组织、各国官方发布的相关数据整理汇总。

2.2.2 逆全球化暗流涌动

这次疫情来势凶猛，持续时间长，其对社会经济的危害程度不亚于2008年的金融危机，很多国家的工厂被迫停工，工人纷纷下岗，导致订单延迟。受到"封国封城"的影响，很多国家的人员流动受到限制，越来越多的国家更加注重供应链的本土化培育，以保护本土的产业安全、缓解本土的就业和社会矛盾，逆全球化趋势加速上演。例如很多国家开始考虑将原先投资于国外的生产线撤回本土生产，一方面带动本土的就业，另一方面避免受到产业链中断的影响。以美国为代表的西方政客借疫情呼吁保护主义，抵制外国人员和外国商品，加剧了逆全球化趋势。疫情期间，很多国家采取了一系列贸易保护和禁航禁运的措施，影响了正常的贸易往来，表现出明显的排外情绪，给全球贸易造成了严重的冲击。根据贸促会发布的数据显示，截至2020年8月5日，共有158个国家（地区）对船舶、航班、列车等采取了相应的措施；根据世贸组织发布的数据显示，2020年第二季度的贸易总量同比下降了18.5%。在过去几年中，G20国家越来越广泛地参与到全球价值链分工中，如果逆全球化趋势盛行的话，那么一些缺乏全产业链的小型国家将受到严峻的挑战。

2.2.3 社会动荡加剧

由于疫情影响所带来的经济冲击问题很可能在一段时间内被持续积累放大，进而引发社会动荡问题。一方面，受到产业发展和消费的影响，工厂倒闭，工人失业率上升，据统计，全球失业率最严重的前9大国家包括美国、俄罗斯、英国、巴西、法国、印度、秘鲁、西班牙和意大利。表1-2为G20在疫情期间主要的失业情况，除韩国外，其他国家的失业率均较疫情前有所上升。另一方面，受到失业影响，很多人对社会产生不满，引发社会不稳定。这些一旦没有得到很好解决，势必引发更深层次的社会问题，将对G20国家的合作产生不利的影响。

表1-2 疫情期间G20经济体失业情况一览

G20	2020年G20经济体失业情况
美 国	4月失业率高达14.7%，12月失业率为6.7%
法 国	3月和4月的失业率分别增长了7.1%和22.6%
意大利	6月失业率8.8%，12月失业率为9%

G20	2020 年 G20 经济体失业情况
加拿大	6 月失业率12.3%，7 月失业率10.9%，12 月失业率为 8.6%
韩　国	全年失业率为 4%
日　本	全年平均失业率2.9%
澳大利亚	12 月失业率为 6.6%
德　国	12 月失业率为 6.1%
英　国	第四季度失业率为 5.1%
俄罗斯	12 月失业率为 5.9%
巴　西	全年失业率为 13.5%
南　非	第四季度失业率为 32.5%
印　度	12 月失业率为 9.06%
中　国	12 月城镇调查失业率为 5.2%
印度尼西亚	失业人数增加了 50%
阿根廷	第二季度失业率为 13.1%
墨西哥	第四季度失业率为 11%
欧　盟	12 月失业率为 7.5%
沙特阿拉伯	第三季度失业率为 14.9%
土耳其	全年失业率为 13.2%

资料来源：根据官方网站上发布的相应数据整理汇总。

3　中国推动 G20 合作抗疫的行动及其贡献

3.1　中国推动 G20 合作抗疫的行动

3.1.1　坚持以人为本的理念

中国在抗击疫情中始终坚持"以人为本、生命至上"的理念，为了人民健康和生命安全，充分发挥社会主义制度的优越性，举全国之力，调动一切可以调动的力量，采取了有史以来最为严格的隔离政策。这场战役凸显了国家领导人的决策力、判断力、领导力，以及广大人民群众的高度配合和互帮互助的精神，人民群众的广泛参与和支持是取得疫情阶段性胜利的最大底气。以疫情期间的社区管理为例，为了严格控制疫情，很多社区采取了网格化管理模式，通过一些先进的信息技术手段和系统化管理方法，避免了人员之间的接触，大大减少了病毒传播的风险和概率。在这个网格化管理中，社区工作者、居委会、志愿者、物业、保安、医生、民警等高度配合，筑起了一道防控疫情的安全防线，有效保障了人民的生命安全。当下，G20国家要合作抗疫，同样需要各国人民团结一致，真正把人民群众的利益放在首要地位，做到人人有责、人人参与。

3.1.2 以大数据信息化建设保障疫情防控工作

中国在这次抗疫过程中，充分发挥了大数据、人工智能、信息技术的作用。火神山医院和雷神山医院的建设开启了5G时代全民在家"云监工"模式，在短短的十几天时间里让世界看到了"中国力量"和"中国速度"。无接触配送机器人开始走进人们的视野，低速无人物流车极大缓解了疫情期间用工荒的问题，送餐机器人以及酒店服务机器人等减少了人员接触，不断创新的服务模式，满足了疫情下人们的消费需求。疫情期间一系列买菜App的上线推广以及配送体系的完善让消费者可以足不出户购买到新鲜的蔬果。可以说，信息技术是中国战胜新冠肺炎疫情和保证复工复产的强有力武器。同时，中国在抗疫过程中，通过运用大数据等技术工具，实时更新疫情数据，做到疫情防控的精准施策；在应急物资的管理方面，通过搭建防疫物资信息公共服务平台，及时了解防疫物资的供需情况，有效地实现防疫物资的供需调配。中国还在第一时间交流和分享了抗疫过程中的一些经验做法，人民卫生出版社和中华预防医学会联合出版了《新型冠状病毒肺炎防控和诊疗指南（英文版）》，陕西师范大学出版总社出版的《新型冠状病毒感染的肺炎疫情下心理健康指导手册》正式推出英文版，《张文宏教授支招防控新型冠状病毒》被译成多国语言，介绍中国的防疫经验，这些都有效地减少了其他国家抗疫的信息搜寻成本，有助于其他国家疫情的联防联控。

3.1.3 以团结合作的思维推动了全球合作抗疫

新冠肺炎疫情暴发以来，中国始终认为人类是命运共同体，病毒没有国界，疫情面前任何国家都不能独善其身，唯有团结合作才是战胜疫情的最强有力的武器，坚持团结合作才能取得抗疫的最后胜利，2020年5月18日，习近平主席在第 73 届世界卫生大会视频会议开幕式上发表题为《团结合作战胜疫情 共同构建人类卫生健康共同体》的致辞，推进国际抗疫合作，有效地提升了全球抗疫信心。在疫情暴发初期，以俄罗斯、日本、澳大利亚、印尼等为代表的国家和国际组织纷纷向中国伸出援助之手，向中国捐赠防疫物资以及派遣医疗专家等，这些都体现出合作抗疫的精神。中国也积极借助国际力量共同抗疫，邀请了包括临床管理、病毒学、疫苗、药物开发、生态调查、流行病学、公共卫生、风险传播等多个领域的专家，一起研究抗击新冠肺炎疫情的良方、思路和举措。在疫情全球大流行时期，中国也热心地帮助其他国家，包括提供防疫物资、派遣专家队以及提供抗疫远程会议培训指导。中国还持续加大对防疫物资的生产和出口力度，为其他国家防疫物资的采购提供了各种通关便利化的举措，疫情期间向多个国家和地区提供防疫物资出口。同时，中国还积极坚持推动拓展数字经济、智慧城市、清洁能源、5G 等新业态合作，为 G20 各国经济发展创造更多新增长点，为全球经济增长注入新动力。

3.2　中国对加强 G20 合作抗疫的贡献

3.2.1　理念贡献

理念是一切行动的先导，中国在抗击新冠肺炎疫情的过程中始终坚持"一切以人民为中心""信息共享""人类命运共同体""合作抗疫"的理念。正是这些理念的坚持使中国取得了阶段性的抗疫胜利，这些理念对其他国家的抗疫有着很好的指导意义。早在 2020 年 1 月 20 日国内疫情严峻的时刻，习近平主席就作出重要指示，"要及时发布疫情信息，深化国际合作。"为了更好研判疫情变化的情况，中国组织了专家队伍赴武汉进行实地考察，从多个维度对新冠病毒的走向、诊治方案有一个比较准确以及客观的判断。这充分体现出了中国坚持"一切从实际出发""实事求是"的原则。在 G20 国家领导人特别峰会上，中国提出了五条措施来推动合作抗疫，这五条措施不仅包括资金上的支持，还包括设立全球人道主义应急仓库和枢纽、建立非洲疾控中心总部、疫苗研发投入使用以及缓解最贫困国家的债务偿付等。这些措施充分体现了中国作为一个大国的责任担当以及历史使命。

3.2.2 经验贡献

新冠肺炎疫情发生以来，中国为了减少人与人直接接触的机会，避免病毒的传播，实施了史上最为严格的封城、隔离、居家办公等措施。在中国共产党的领导下，全国人民集中一切可以集中的力量，全力投入抗击疫情的战争中，积累了丰富的抗击疫情的中国经验。随着新冠肺炎疫情在全球大流行，越来越多的国家肯定和借鉴了中国在抗疫过程中的经验。中国也本着合作的精神，主动分享信息，为其他国家的疫情防控争取更多的时间，通过捐赠防疫物资、派遣专业医疗队、开展线上培训讲座等方式帮助其他国家抗击疫情。在疫情防控过程中，中国还充分运用各种信息技术来保障疫情防控和复工复产的统筹协调推动，这也是中国在疫情防控过程中重要的经验贡献。

3.2.3 技术贡献

习近平主席指出："人类同疾病较量最有力的武器就是科学技术，人类战胜大灾大疫离不开科学发展和技术创新。"这场疫情防控能在境内取得阶段性胜利同样离不开科技的支持。一方面，疫情期间，人们的生产生活受到了严重的影响，智能制造、无人配送、在线消费等新兴产业展现出巨大的潜力。以新技术、新产业、新业态、新模式为代表的"四新"经济逐步发展壮大，成为驱动经济发展的新动能。之所以无人配送和在线消费能替代人们传统的消费方式，是因为其背后有着庞大的技术支撑体系的存在。这种消费方式给人们的生活带来了便利性，减少了病毒在人与人之间传播和感染的机会，这一点对其他国家的抗疫也具有重要的借鉴意义。另一方面，战胜疫情的药物开发以及疫苗的研发是解决新冠肺炎疫情的重要手段。这里的研发也是依托于技术才能实现的。疫情发生以来，我国第一时间分离鉴定出病毒毒株，与美国、德国和英国等合作研发新冠疫苗，及时向全球 180 个国家、10 个国际和地区组织分享诊疗和防控等技术方案。

3.2.4 道义贡献

新冠肺炎疫情在中国暴发初期，很多国家纷纷以物资援助、专家医疗队支持等方式帮助中国。现如今，中国大陆的疫情已经基本控制住，而疫情"全球化"进程加速，中国积极向世界上多个国家和地区提供援助（见表 1 - 3），彰显了一个负责任大国的胸怀和气魄。截至 2020 年 6 月，中国已向超过 150 个国家和国际组织提供包括检测试剂、医用 N95 口罩、医用外科口罩等防疫物资的无偿捐助，向包括意大利、巴基斯坦、老挝等 16 个国家派出了 15 批计 149 人医疗防控专家组。以腾讯公益、阿里巴巴/支付宝公益为代表的平台积极募捐抗击疫情基金，助力其他国家抗疫。中国还加大力度保质保量生产防疫物资，为世界上各个国家抗疫作出积极贡献。为了严把质量关，我国还分别发布了《关于有序开展医疗物资出口的公告》和《关于进一步加强防疫物资出口质量监管的公告》，进一步指导和规范企业防疫物资的生产。

表 1-3 2020 年中国对 G20 主要国家的援助情况

国 家	中国对 G20 主要国家的援助情况
美 国	截至 8 月 2 日，中方累计向美方提供 265 亿只口罩、3.3 亿件防护服、3100 万副护目镜、6.1 亿双外科手套、1.15 万台呼吸机
法 国	3 月 18 日提供一批 100 万套医用口罩和医用手套
意大利	3 月 13 日出征医疗队，支持意大利疫情防控工作
韩 国	分批次向韩国捐赠 10 万只 N95 口罩、1 万套防护服、100 万只医用外科口罩
日 本	分批次向日本捐赠 5000 套防护服、10 万只口罩、2000 盒检测试剂盒
俄罗斯	4 月 1 日，中国向俄罗斯援助口罩、防护服、外科手套、体温计、鞋套等物资；4 月 11 日，中国政府派遣 10 人医疗专家组赴俄罗斯协助开展疫情防控工作
巴 西	向巴西提供防护服、医用口罩、眼罩、手套、鞋套和体温计等医疗用品
南 非	4 月 14 日援助南非 6.1 万只口罩、2000 件防护服、3000 个护目镜等防疫物资
印度尼西亚	向印尼提供包括检测试剂、医用 N95 口罩、医用外科口罩、医用防护服、便携式呼吸机等防疫物资
墨西哥	为墨西哥提供 10 亿美元援助资金
沙特阿拉伯	4 月 16 日向沙特阿拉伯派遣了医疗专家组
土耳其	技术援助土耳其抗击疫情

资料来源：根据网络上发布的相关报道整理汇总。

3.2.5 团结贡献

中国在抗疫进程中一直高度重视国际团结合作。暴发新冠肺炎疫情以来，习近平总书记曾经多次与 G20 国家领导人探讨全球合作抗疫的重大意义，也为推动 G20 合作抗疫表达出强烈的意愿。在 G20 领导人应对新冠肺炎特别峰会上，习近平主席秉持人类命运共同体理念，结合中国抗击疫情实践经验，表明中方愿与各方分享抗疫知识和经验。在《抗击新冠肺炎疫情的中国行动》白皮书中呼吁各国要全面加强合作，联合抗疫。疫情期间，习近平主席多次与G20国家领导人通话（见表1－4），其中，4个月内就与俄罗斯总统普京有了4次通话，每次通话都一如既往地强调要"相互支持""国际合作"。通过电话外交的方式，高度强调G20要开展抗疫的国际合作，加强在疫苗研发、患者救治等领域的合作，共同应对疫情。

表1－4 习近平主席同G20主要国家"电话外交"合作抗疫一览

时　间	事件	主要观点
1月22日	同法国总统马克龙通电话	同世卫组织和国际社会分享防控、治疗经验，积极开展抗疫国际合作
2月11日	同印尼总统佐科通电话	加强防控合作
2月18日	同英国首相约翰逊通电话	同包括英国在内的各国开展合作
2月18日	同法国总统马克龙通电话	加强卫生领域务实合作
2月20日	同韩国总统文在寅通电话	加强沟通合作，共同应对疫情
3月14日	就意大利发生新冠肺炎疫情致电意大利总统	唯有团结协作才能应对各种全球性风险挑战
3月19日	同俄罗斯总统普京通电话	加强国际防疫合作
3月21日	就德国发生肺炎疫情致德国总理默克尔的慰问电	加强在疫情防控、患者救治、疫苗研发等领域合作
3月23日	同法国总统马克龙通电话	在联合国和G20框架内推进合作
3月23日	同英国首相约翰逊通电话	加强科研攻关合作
3月24日	同巴西总统博索纳罗通电话	加强在G20、金砖国家等多边框架内的沟通和协作
3月27日	同美国总统特朗普通电话	加强协调和合作，把特别峰会成果落到实处
3月27日	同沙特国王萨勒曼通电话	分享防控经验，为沙方采购医疗物资提供协助和便利
4月2日	同印度尼西亚总统佐科通电话	推动G20和国际社会在危机应对和全球经济治理方面发挥作用
4月8日	同南非总统拉马福萨通电话	同南非分享防控经验，加强医疗卫生领域合作
4月8日	同土耳其总统埃尔多安通电话	落实G20领导人应对新冠肺炎特别峰会共识
4月10日	同墨西哥总统洛佩斯通电话	以专家视频会议方式交流防控和诊疗经验
4月10日	同阿根廷总统费尔南德斯互致信函	加强疫情交流合作
4月16日	同俄罗斯总统普京通电话	协助俄方在华采购抗疫医疗物资
5月8日	同俄罗斯总统普京通电话	发扬世界反法西斯战争精神，齐心协力，团结抗疫
5月13日	同韩国总统文在寅通电话	加强联防联控、药物和疫苗研发合作
5月15日	同南非总统拉马福萨通电话	支持联合国和世卫组织在协调国际抗疫合作中发挥积极作用
7月8日	同俄罗斯总统普京通电话	加强高技术、疫苗和药物研发、生物安全等领域合作

4　后疫情时代 G20 合作发展的重点领域变化趋势

疫情的全球扩散暴露了全球治理的短板，虽然世界卫生组织（WHO）在疫情暴发之初就介入疫情防控和协调各国公共卫生政策，但是在遏制疫情全球蔓延中收效甚微；国际货币基金组织、世界银行、世界贸易组织等专业性国际机构，相互之间较为独立，没有协调总体全局的能力；联合国成员太多且一国一票，政策协调难度大，执行效率低；G7 主要是发达国家的代表，且在疫情暴发后，G7 并未及时出台政策举措，反而将峰会召开时间一推再推；G20 紧急召开应对疫情的特别峰会凸显了 G20 的责任担当，但 G20 部分国家肆意破坏团结，甚至分裂合作体系。这些都凸显了传统全球治理碎片化的特征，放大了全球治理中协调不足、结构赤字、合作不稳、大国博弈等问题。

受疫情影响，全球治理结构会发生一定的变化。美国由于抗疫不力，国际威望和影响力会下降，中国的抗疫贡献赢得更多国家的认可和信任，大国之间的博弈越来越激烈。美国会继续奉行"美国优先"等收缩战略，挑战全球化，但更多的国家会在疫情中觉悟到全球化和人类命运共同体的不可分割性。全球化的问题最终需要全球化的发展来解决，后疫情时代，各个国家和地区都面临对内协调疫情防控和促进经济发展，对外促进资源要素流动和产业链合作，正如习近平总书记在第 73 届世界卫生大会视频会议开幕式上呼吁的，团结合作是战胜疫情最有力的武器。在目前的全球组织结构中，外围条件和内部条件都决定了 G20 是最合适、最有希望担当后疫情时代全球治理重任的组织机构，个别国家的阻挠和破坏并不足以动摇 G20 的重心，坚持多边合作和全球化道路，构建 G20 紧密合作体系，对抗击疫情蔓延、促进全球经济早日复苏具有重要作用。后疫情时代，G20 合作要顺势而为、应势而变、稳中求新、化危为机，发挥 G20 政策协调的积极作用，成为促进全球化提升的积极力量，其合作的重点领域主要表现为以下几个方面。

4.1　从防止经济衰退中挖掘经济增长动力

长期以来，G20 孜孜不倦地为全球经济增长寻求动力，从创新驱动、加强宏观经济政策沟通协调、推进结构性改革等方面致力于构建长期、包容、可持续的发展机制，为全球经济企稳复苏作出了巨大贡献。然而，新冠肺炎疫情阻挠了全球经济增长的步伐，并使全球经济发展面临前所未有的挑战。国际货币基金组织（IMF）在其2020年10月发布的《世界经济展望》报告中指出，2020年全球经济增长率预计为-4.4%，其中发达经济体整体经济萎缩5.8%，新兴市场和发展中经济体增速为-3.3%。疫情作为一个偶然因素使全球经济复苏的道路变得更加漫长，经济发展回调向上还是调头向下还取决于疫情的防控力度和经济发展的支撑力度。稳定成为当前全球经济发展的重要目标。G20不应有太多开辟经济新增长点的冒险尝试，而应把重心放在防止经济衰退上，加强政策协调，更加聚焦于扶持各国的实体经济和就业，帮助减轻债务负担和去杠杆，摒弃贸易保护主义，采取更加开放的政策，维持全球供应链和价值链的畅通稳定，构筑阻止经济衰退的底部支撑，在保证全球经济稳定的基础上探寻经济增长新的动力源。

4.2　在现实问题治理中更加注重短板弥补

G20在应对危机中逐渐成长为全球重要的大国事务协调平台和全球治理改革平台，这一平台主要着眼于问题治理，为全球化进程扫清障碍，形成了发现问题、识别问题、解决问题的治理机制，在维护全球经济的稳定方面发挥了重要作用。从应对经济危机、促进可持续发展到创新联动、促进包容性增长，再到加强政策协调，推进结构性改革以及反对贸易保护主义、促进贸易自由化，等等，G20的治理重点随全球经济问题的变化而变化，具有很强的问题导向，而且逐渐建立起危机快速响应机制和应对机制。然而，新冠肺炎疫情警示着全球化进程中隐藏着许多潜在的问题和危机，特别是一些疏于防范的来自非传统安全领域、非经济领域的危机会对经济发展产生巨大影响，疫情可能只是这些潜在问题爆发的冰山一角，全球治理需要有忧患意识，未雨绸缪。G20要在对现实问题治理的同时重视对潜在短板的弥补，对各种潜在的危机进行充分预判，如在疫情防控中建立全球公共卫生安全体系，在加强各国政策协调中降低债务风险，在对不发达国家援助中帮助他们建立起必要的公共基础设施，等等。在问题应对和短板弥补中，G20才能逐渐建立起全球治理的风险预警体系和防控体系，为全球治理保驾护航。

4.3 以强化国家、组织间多边合作促进内部团结

一直以来，由于 G20 包含了不同社会制度和不同发展层次的国家，内部合作充满了博弈和矛盾，需要寻求共同利益点的妥协，这也成为 G20 合作不稳定的根源，新冠肺炎疫情的暴发就激化了不稳定的因素。G20 应对新冠肺炎特别峰会宣布启动 5 万亿美元经济支持计划，并决定向发展中国家和最不发达国家提供技术、物资和人道主义资金方面的援助后不久，美国就宣布暂停给世界卫生组织提供资金，甚至决定退出世界卫生组织。一些国家选择站队美国反对全球抗疫合作，还有一些国家摇摆不定，这些都暴露了 G20 内部合作的不稳定性，以致 G20 应对新冠肺炎特别峰会达成的行动共识并没有发挥出遏制疫情扩散的有效作用。以中国为代表的抗疫积极派在极力强化 G20 内部团结的同时，推动 G20 与国际货币基金组织、世界银行、联合国、世界贸易组织等国际组织之间建立更加紧密的关系，参与这些国际组织的协商决策并委托这些组织成为 G20 决议的落实机构和执行平台，同时也使这些组织所代表的更多国家弘扬团结抗疫的正义性，联合起来向反对国家施加压力，倒逼压实 G20 的内部合作。

4.4 用合作实效成果激励提振合作信心

G20 合作不仅是政府之间的协商，更需要有广泛的民意支持，不同于经济危机等其他方面的影响，新冠肺炎的高传染性和一定的致命性直接关系广大人民的生命健康安全，而且疫情引发的企业倒闭、失业、收入减少等一系列连锁反应也威胁着广大人民正常的生产生活。疫情的防控需要广大民众的积极配合，G20 的抗疫合作要以保障全世界人民的根本利益为根本立足点和出发点。以往 G20 合作可能更加注重合作的内容和形式、合作的分工、合作的成本分担和利益分享，然而疫情防控合作收益更多是非物质方面的社会效益，因此，G20 合作要更加注重道德、信心等精神层面的激励。欧美许多国家由于抗疫不力引发了民众强烈的不满情绪，当地的政府部门通过甩锅中国和污名化中国来转移民众视线，但这对抗疫却毫无作用，只会让广大民众失望情绪更加高涨。G20 应把提振合作信心作为强化合作的首要任务，而提振合作信心最直接有效的方法就是展示区域性抗疫合作的成效，如东亚合作抗

疫、中国与欧盟合作抗疫、中国与东盟合作抗疫、中俄合作抗疫、中非合作抗疫等多边合作抗疫中取得的积极成效全世界有目共睹，这些合作抗疫的经验宣传、借鉴将凝聚更广大人民的共识和支持，为 G20 合作注入强大的创新力量。

4.5 以技术创新加速运用赢得抗风险时间

创新一直以来都是 G20 的重要议题，被视为全球经济增长的动力源，但是 G20 在创新合作上偏重于上游的研发合作，合力开展关键技术攻关以形成新技术、开发新产品。在创新产品生产和先进技术产业化应用的下游环节上各个国家和地区基本上都是各自开展，这主要是因为下游环节围绕追求利润的市场竞争更为激烈。创新是 G20 永恒的主题，但不同形势下创新合作的侧重点和任务不同，由于新冠肺炎疫情防控时间的时长关系到经济下行的时长，关系到全球产业链恢复和重构的时长，政策实施只能控制疫情蔓延、降低疫情风险，而"最终战胜疫情，关键要靠科技"①。要发挥各个国家的科技优势联合攻关，这一科技不是停留在实验室的研发阶段，而是能进行实际应用，生产出安全有效的疫苗、药物、医疗设备，能利用人工智能、大数据等新技术进行流行病学和溯源的精准筛查，能对病毒的中间宿主进行可靠判断，弄清楚病毒究竟从哪里来。G20 将更多倾向于加速创新技术运用的下游端合作，为抗疫以及抗经济衰退风险赢得更多时间。

4.6 在制度优势借鉴中提高全球治理效能

中国抗击疫情取得的成功彰显了社会主义制度的优越性，也为包括 G20 在内的世界上其他国家健全国家制度和提高国家治理能力提供了经验和启示。虽然社会主义制度与资本主义制度有本质区别，G20 内部也充分尊重各个国家和地区的制度选择与安排，但是制度的实现形式却是可以相互借鉴的，疫情充分体现了制度是对治理方式进而对治理效率的重要影响因素。近年来，G20 在推动结构性改革中主要侧重于宏观经济政策的协调以弥补治理的碎片化，形成强有力的全球治理体系，但是较少涉及制度层面。疫情所凸显的制度重要性将

---

① 习近平：《最终战胜疫情，关键要靠科技》，《人民日报》2020 年 3 月 3 日，第 1 版。

使 G20 把结构性改革从政策层面进一步上升到制度层面，为国家和地区间的制度优势借鉴提供平台，一方面在相互交流中使人类命运共同体的理念得到更广泛的理解和认同，增进互信；另一方面各个国家以自身制度为依托，不断增强治理能力和促进治理互补，形成强有力的治理合力，提高全球治理效能。

5　后疫情时代 G20 合作发展的趋势展望

当今世界正面临百年未有之大变局与百年未遇之大疫情的叠加冲击，国际环境复杂多变，矛盾冲突和风险隐患相互交织，不稳定、不确定因素明显增多。G20 应顺应国际形势发展变化，抓住机遇，迎接挑战，进一步加强合作，在做好疫情防控、稳定世界经济、促进政策协调等方面更好地发挥引领性作用。

5.1　积极引导世界各国进一步加强疫情防控合作

G20 在应对国际金融危机、稳定世界经济方面已经发挥过领导性的作用，在当前和今后较长一段时间推动国际合作抗疫方面也必将继续发挥其积极作用。根据世卫组织统计数据，截至 2021 年 3 月 25 日，全球累计新冠肺炎确诊病例超过 1.2 亿例，且发展态势不容乐观，全球抗疫形势依然较为严峻。面对新冠肺炎疫情的全球蔓延，合作抗疫、团结抗疫是世界各国的唯一选择。全球合作对于遏制新冠肺炎疫情及其对经济影响至关重要，尤其是在疫情变得更加持久和广泛的情况下。习近平同志强调指出："团结合作是国际社会战胜疫情最有力武器。"中国基于自身抗疫实践为其他国家提供经验参考，在推动国际社会合作抗疫方面作出了积极的贡献，起到了良好的表率和示范作用，得到了国际组织和世界各国的广泛认可。中国担当、中国作为、中国贡献也为 G20 加强国际合作抗疫注入了强劲的动力。2020 年 3 月 26 日二十国集团领导人应对新冠肺炎特别峰会的召开，反映了 G20 对加强国际抗疫合作的重视，也提振了世界各国携手应对疫情的信心。G20 将进一步引导世界各国团结抗疫，加强政策协调，制定和实施积极有效的合作抗疫举措，充分发挥其在全球抗疫合作及稳定全球经济中的作用。加强对疫情严重国家的援助，根据不同国家疫情发展形势、医疗卫生水平以及物资保障情况的差异，制订有针对性的差异化援助方案，提高疫情防控效率。同时，G20

应进一步引导加强抗疫的国际民间合作，增强社会力量在国际抗疫合作中的重要作用，为开展抗疫国际合作创造更加有利的条件。

5.2 加强合作维护全球产业链供应链稳定

全球产业链、供应链的形成和发展是符合历史发展潮流和经济发展规律的，是经济全球化的必然结果。在全球产业链、供应链上，各个经济体相互依存、相互影响，形成紧密的合作关系，推动世界经济持续稳定发展。但是疫情造成的封锁和阻隔给供给端和需求端都造成了巨大冲击，进而给全球产业链和供应链的安全稳定带来了极大的挑战。因此，G20 应共同落实好新冠肺炎特别峰会联合声明，带头解决全球产业链、供应链中断问题，全力维护全球产业链、供应链稳定，积极采取减免关税、取消壁垒、畅通贸易、促进投资等举措，捍卫全球贸易自由化和投资便利化，保持全球市场开放，营造良好的国际开放合作环境，助力世界经济复苏。尤其是 G20 要积极引导世界各国以此次疫情为契机，加快构建平等对话、合作共赢、开放包容的贸易伙伴关系，努力修复甚至重塑全球价值链，助推全球经济治理体系改革。各国政府应加强"保链稳链"政策协调，着力提供更加精准的政策支持体系，优先保障在全球供应链中有重要影响的龙头企业和关键环节恢复生产供应，通过完善"政策链"来保障产业链、供应链的链条相互贯通。建立全球产业链、供应链应急管理机制和信息共享机制，促进产业链、供应链安全领域国际合作，推动形成 G20 产业链、供应链安全联合声明，积极构建全球产业链、供应链安全预警指标体系，建立多渠道、多层次产业链、供应链安全体系。通过世界各国的务实合作与共同努力，加快推动构建更加开放的产业链、供应链、创新链、价值链，确保全球产业链、供应链开放稳定安全。

5.3 着力推动全球加强科技创新合作

面对突发疫情的全球蔓延，世界各国积极开展相关科学研究，实施联合科技攻关，推动疫情防控国际科研合作。尤其是中国的科技战"疫"为开展全球疫情防控科研合作树立了典范，提供了成功经验。后疫情时代，G20 将继续推动疫情防控的国际科技创新合作，着力构建国际科技合作新框架。《二十国集团领导人应对新冠肺炎特别峰会声明》提出"将共享实时、透明信息，交换流行病学和临床数据，共享研发所需的物资"，预示着G20将在推进科研数据信息共享和资源共享方面作出更大的努力，加速取得更为全面的科技战疫成果。G20将进一步开展全球卫生健康领域的科技创新合作，加强疫情防控的科研联合攻关，整合各方资源，推动建设更加完善的国际科技合作机制。同时，G20应鼓励发达国家为发展中国家提供紧急技术援助，帮助发展中国家增强抗疫能力，为取得全球抗疫胜利作出共同努力。立足当前，着眼长远，G20还应以此次全球科技合作战疫为契机，进一步增强科技创新合作共识，谋划更深层次、更为全面的科技创新合作，特别是针对气候变化、生命健康、环境保护等全人类的共同挑战，组织实施国际大科学计划和大科学工程，深入开展国际科技合作。继续推进G20创新部长会议机制，扩大政府部门、高校、科研机构等各层次交流，推动G20各成员国在科技创新领域进行建设性互动。进一步加强G20框架下的科技创新政策协调，建立更为广泛、更加务实的双边及多边创新对话机制。大力推动科技人才交流合作，提升人才资源外溢效应，增强科技创新合作的可持续性。同时，在加强科技创新合作的基础上，进一步推动G20数字经济、智慧城市建设等方面的经验分享与交流合作。

5.4　进一步加强全球风险防范领域的合作

当前，受新冠肺炎疫情全球大流行以及地缘政治和贸易紧张局势等因素影响，世界经济增长陷入长期停滞状态，全球经济面临诸多的风险与挑战，如何有效防范和化解这些风险和挑战，成为亟待探讨的重要话题。G20作为国际经济合作的首要论坛，需要在风险防范方面作出更多、更大的贡献，成为全球风险防范的"减震器"和"稳定剂"。因此，G20应在防范全球公共卫生安全风险、金融风险、债务风险、粮食风险、逆全球化风险等方面开展更加广泛的合作，以更加开放的姿态应对世界各国共同面临的风险与挑战，为全球经济的复苏和增长提供新的发展动力。立足风险防范，G20首先应该加强对全球风险的监控，并随时采取积极行动应对风险。充分发挥G20机制的沟通协调作用，强化大国责任担当，加大公共卫生产品供给，进一步完善全球疫情监测预警网络和公共卫生应急管理体制，加快推动形成更加公平合理有效的全球公共卫生安全治理体系，更好地应对全球公共卫生安全风险。加快推进全球金融合作与金融风险防控，防范发达经济体实施负利率和无限量、无底线的量化宽松政策带来的外溢风险，警惕新兴市场资本外流与债务偿付叠加放大风险，严加防范金融风险转变为金融危机，警惕金融市场暴跌引发债务危机。加快促进全球跨境贸易和投资流动，重点加强贸易与投资政策协调合作，提升贸易与投资自由化、便利化水平。推动加强国际粮食安全，妥善应对全球粮食危机，在 G20 框架下强化消除饥饿、保障粮食安全的全球共同责任与使命，引导各国启动全球粮食安全和农业贸易协调合作行动，确保粮食供应链有效运转，进一步完善全球粮食安全治理。

5.5　进一步加强国际宏观经济政策协调合作

在疫情防控处于常态化的新阶段，要想最终取得全球抗疫的胜利，离不开世界各国科学务实、持续有效的抗疫合作，其中加强国际宏观经济政策协调合作是一个重要方面。只有加强国际宏观经济政策协调合作，携手加大宏观政策对冲力度，才能将疫情给经济社会带来的负面影响降到最低。应支持 G20 作为国际宏观经济政策协调主要平台，继续发挥其推动国际政策协调合作的枢纽作用。在《二十国集团领导人应对新冠肺炎特别峰会声明》中，G20 已经承诺将向全球经济注入 5 万亿美元，并动用一切必要的政策工具来降低疫情带来的破坏，促进全球市场稳定，恢复世界经济增长。后疫情时代，G20 应切实履行承诺，进一步增强合作共识，加强宏观经济政策协调以稳定世界经济，提振发展信心。G20 各成员国应积极采取所有可用的政策措施支持经济增长，保持市场流动性，有效应对疫情冲击，并加强货币政策、财政政策等宏观经济政策，协调合作，维护全球金融稳定，同时尽量减少出口限制，支持多边自由贸易体系，稳定国际贸易，维护全球供应链。进一步加强 G20 各成员国财长、央行行长之间的沟通对话，加大货币政策和财政政策协调力度。同时，加强 G20 财长、央行行长与卫生部长之间的沟通协调，制定 G20 应对新冠肺炎疫情冲击的行动计划，提升政策执行力。此外，除了加强 G20 成员内部的政策协调合作，还要加强 G20 与其他国家及各国际组织之间的政策协调力度，共同抗击并战胜疫情，维护全球经济稳定与发展。

5.6　加强 G20 与其他多边组织的合作

多边合作作为国际经济合作的主要方式和全球重要危机应对机制，在加强国际合作、共同战胜疫情方面具有重要作用。当前，G20 已经展示出多边合作治理在应对疫情蔓延中的重要性，未来，G20将继续发挥更加积极的作用，并加强与其他多边组织的合作。特别是G20成员国中的美、欧、中、日等主要经济体要积极利用多、双边渠道，加强G20与其他国际组织及主要经济体的合作，大力支持世界卫生组织、世界银行、国际货币基金组织等国际多边平台和机构在疫情应对和危机救助中发挥应有职能，有效应对国际疫情冲击、维护全球经济和金融市场稳定。针对当前全球公共卫生治理体系较为脆弱的问题，G20应引导国际社会加强全球公共卫生治理能力建设，推动公共卫生治理体系的国际合作，打造人类卫生健康共同体。加强G20与世界卫生组织的合作，为医疗水平落后或受疫情影响较重的国家或地区提供更多的支持和援助，共同促进国际医疗资源的合理配置。为世界卫生组织提供更加充分的资金、技术和人员支持，更好地发挥其在国际抗疫协调合作中的核心枢纽作用。以世界卫生组织为平台加强信息沟通、知识共享、技术援助等，构建公共卫生知识国际化网络平台，进一步优化重大传染病的国际协调合作机制。加大G20与世界银行、国际货币基金组织等多边组织合作，鼓励其为全球防疫特别是为低收入和中等收入国家抗疫提供资金等方面的支持。支持世界贸易组织在全球抗疫中发挥更大作用，促进应急物资贸易便利化与供应链合作。

参考文献

［1］张海冰：《全球抗击新冠肺炎疫情：国际合作与路径选择》，《当代世界》2020年第5期。

［2］张高原：《疫情全球蔓延应加强科技全球合作》，《学习时报》2020年4月29日，第6版。

［3］张占斌：《携手维护全球产业链供应链稳定》，《学习时报》2020年4月8日，第1版。

［4］《习近平出席二十国集团领导人应对新冠肺炎特别峰会并发表重要讲话》，https：//baijiahao.baidu.com/s？id＝16622741097I3282706&wfr＝spider&for＝pc，最后访问日期：2020年3月27日。

［5］《抗击新冠肺炎疫情的中国行动》白皮书，https：//baijiahao.baidu.com/s？id＝1668803769182611168&wfr＝spider&for＝pc，最后访问日期：2020年6月7日。

［6］中国社会科学院国际合作局：《中国为各国共抗疫作出重要贡献 国际组织、外国学术界及智库界高度评价中国疫情防控成就》，《中国社会科学报》2020年3

月 16 日，第 1 版。

［7］《"50＋1"通电话，都和这件大事有关》，http：//www. qstheory. cn/zdwz/2020－05/17/c_ 1125995517. htm，最后访问日期：2020 年 5 月 17 日。

［8］《习近平在第 73 届世界卫生大会视频会议开幕式上致辞》，http：//china. cnr. cn/news/20200519/t20200519_ 525095028. shtml，最后访问日期：2020 年 5 月 19 日。

［9］《同舟共济，坚决打赢疫情防控阻击战——习近平总书记在中共中央政治局常务委员会会议上的重要讲话引发强烈反响》，http：//www. xinhuanet. com/politics/2020－02/05/c_ 1125532008. htm，最后访问日期：2020 年 2 月 5 日。

The Dynamic Changes and Trend of G20 Cooperation in the Post-pandemic Era

Ye Qi   Wang Zhenzhen   Chen Weixiong

Abstract：The outbreak of COVID－19 has a great impact and challenges on the G20 cooperation mechanism, which also exposed the limitations of the cooperation, intensified the differences in cooperation concepts, undermined the stability of industrial chain cooperation, promoted unilateralism and anti-globalization trends, and highlighted the lack of coordination experience. However, the pandemic has also provided new opportunities for the development and transformation of G20 cooperation. China has made active efforts to promote G20 cooperation in fighting against COVID－19 and contributed wisdom and experience to the transformation of G20 cooperation and development. In the post-pandemic era, the priority areas of G20 cooperation will focus more on tapping economic growth drivers, addressing weak links, strengthening solidarity, boosting confidence, promoting innovation and improving governance effectiveness.

Keywords：the Post-pandemic Era；G20 Cooperation and Development；Dynamic Changes；Trend

专题二　后疫情时代G20国际贸易发展趋势与政策展望

李成宇　周利梅　余官胜*

摘　要： 新冠肺炎疫情的暴发与蔓延对全球经济产生了极为不利的影响，其中对国际贸易的影响首当其冲，破坏了国际分工和产业链的正常格局。在此冲击下，后疫情时代G20国家在国际贸易合作上面临较大的困境和挑战，逆全球化环境、内部组织分化、贸易规则重构以及中美经贸纠纷等均不利于G20国际贸易的有序发展。为此，G20应在降低贸易成本、发展服务贸易、促进贸易融资等多个方面达成通力合作。中国更应坚持对外开放，与G20国家建立更为广泛的经贸合作，促进贸易高质量发展。

关键词： 后疫情；G20国家；国际贸易；逆全球化

2020年，新冠肺炎疫情暴发，并在全球范围内迅速蔓延。此次疫情影响之大，范围之广，前所未有。全球经济陷入深度衰退的风险大大增加。可以说，新冠肺炎疫情是世界面临的一次巨大危机。从全球贸易来看，新冠肺炎疫情造成企业停产、运输中断、需求萎缩等问题，直接导致全球贸易规模大幅下降。作为全球经济治理的主要平台，G20国家必须加强政策协调与合作，降低新冠肺炎疫情的影响，推动全球贸易复苏。但是，当前G20成员国之间并未团结一致、同心

* 李成宇，福建师范大学经济学院讲师，经济学博士；周利梅，福建师范大学经济学院副教授，硕士生导师；余官胜，福建师范大学经济学院教授，硕士生导师。

合力抗击疫情，仍然存在打压和对抗。有些成员国甚至奉行单边主义、新形式民族主义等，直接破坏了国际自由贸易体系。因此，G20国家仍然面临逆全球化、内部组织分化、贸易规则重构、中美贸易纠纷等困境和挑战，这进一步阻碍了全球贸易复苏的进程。后疫情时代，G20国家如何构建互利合作的国际贸易体系，并通过降低贸易成本、促进服务贸易发展、增强贸易融资、促进电子商务发展等措施来缓解疫情的负面影响，值得深入探讨。作为G20集团的重要成员国，中国经济率先走出疫情影响，正在全力推进复工复产复市。与此同时，中国又该如何彰显大国风范，与其他成员国携手抗疫，并通过完善国际经贸规则、深化经贸体制改革、提升对外开放水平、实施创新驱动战略等措施来加强多边合作。

1 新冠肺炎疫情对全球国际贸易发展的影响

近两年来，在美国利益优先和单边主义、保护主义主导下，美国引发的中美贸易争端愈演愈烈，导致全球贸易紧张局势加剧、贸易摩擦升级。同时，在英国脱欧风险、非关税措施激增、世界贸易组织改革纷争、地缘政治局势紧张和气候变化危机等多种复杂因素作用下，国际贸易负重前行，全球贸易陷入疲软态势。加之自2020年初新冠肺炎疫情在全球快速蔓延给全球带来的影响持续深化，不但使世界人民的生命健康受到威胁，各国公共卫生体系和财政体系也面临疫情的严峻挑战。疫情亦极大地改变了国际政治经济格局，加剧了保守主义和反全球化浪潮，全球治理机制面临空前困境。① 2020年3月发布的《二十国集团领导人应对新冠肺炎特别峰会声明》指出："前所未有的新冠肺炎大流行深刻表明全球的紧密联系及脆弱性。"疫情暴发对国际经济贸易产生复杂深远影响。

1.1 对经济增长和收入的消极影响

1.1.1 对经济增长的影响

2020年3月11日，世界卫生组织（WHO）宣布新冠肺炎疫情成为全球大流行，随着感染和死亡人数飙升，世界各国政府为了遏制疫情蔓延，大多采取

---

① 习近平：《团结合作是国际社会战胜疫情最有力武器》，《求是》2020年第8期。

了封锁隔离、停课停工、限制出行等严格的应对措施。这些措施已经对许多经济部门造成严重破坏，商品和服务需求大幅下降，与此同时，由于工作人数减少、营商成本上升，供应也急剧下降，对全球贸易、出行和旅游等造成了前所未有的破坏影响，令全球金融市场承受压力，大宗商品价格急剧下跌，从而导致全球经济急剧衰退。国际劳动组织在监测报告《新冠病毒与全球工作》中指出：2020年工作时间损失占总时间的8.8%，这相当于2.56亿个全职工作岗位流失。

影响之一是需求不足。社会各界所采取的减少社交互动的措施，虽然对于延缓病毒传播是必要而且是至关重要的，但对经济活动造成了严重破坏。由于需要社交互动的私人消费需求大幅减少，商品和服务消费大幅下降，因而造成消费需求不足。由于维持生产和建设投资比较困难，加上经济增长前景不明朗、融资成本上升、投资信心低迷，因而投资需求不足在世界各地出现。影响之二是供给不足。为了切断疫情传播渠道，各国的机场、学校、餐馆、剧院、体育场馆等公众服务设施大范围关闭，人员活动和人际交往受到限制，工厂生产难以恢复，限制了新技术和知识的传播，对生产力造成长期损害。

根据2020年上半年公布的数据，用于衡量全球制造业和服务业活动的全球经理人采购指数（PMI）4月跌至史上最低点26.5，进入严重收缩区域内，5月和6月有所回升，但仍然不足50，表明全球经济出现较为严重的衰退。2020年上半年世界三大经济体表现不佳，其中美国经济下降9.5%，失业率高达11%；中国经济增长3.2%，失业率增至5.7%；欧元区经济下降15%，失业率达到7.8%，特别是德国、法国、意大利和西班牙等经济大国的出现深度下行，影响广泛，预计短期内难以恢复到疫情大流行之前的水平。这三大经济体的GDP加起来约占全球GDP一半，会对新兴市场和发展中经济体产生严重的负面效应。新兴市场和发展中经济体对全球贸易、金融市场和大宗商品市场的开放程度越高，受三大经济体增长放缓的影响就越明显，不但印度、俄罗斯经济增速大幅下降，巴西经济下降，墨西哥甚至下降18.9%。① 受到疫情的影响，产能利用率低和经济增长的悲观预期会抑制投资，长期失业会造成人力资本流失，无论是发达经济体，还是新兴市场和发展中经济体，深度经济衰退会

---

① 数据来源：https://zh.tradingeconomics.com/。

使经济产出长期下降。世界银行估算，2020年全球经济收缩5.2%，是第二次世界大战以来程度最深的经济衰退。虽然中国、韩国等国家的疫情已经初步得到有效控制，欧洲国家的疫情也有望出现转折，但美国、巴西、印度以及非洲发展中国家的情况愈发严峻，还未出现好转迹象，不利影响将持续下去。

1.1.2 对居民收入的影响

新冠肺炎疫情在全球的快速流行，造成了巨大的冲击波，致使世界多国经济陷入严重收缩，甚至停摆。据世界银行《全球经济展望》（2021年1月期）预测，全球经济萎缩4.3%，其中新兴市场及发展中经济体下降2.6%，发达经济体下降5.4%。国际货币基金组织（IMF）预计，2020年将有超过170个国家人均收入下降，疫情将造成2020年和2021年全球GDP累计损失约9万亿美元。经济停顿、失业率上升对中低收入阶层产生更为直接、更为严重的影响，居民收入大幅下降，收入差距大幅增加成为必然事件。

由于全球有2/3的人口居住在除中国以外的发展中国家，新冠肺炎疫情对这些国家经济的冲击非常明显，其影响超过2008年全球金融危机。欧美等发达国家在应对疫情时尚且医疗物资短缺，广大亚非拉发展中国家和最不发达地区将面临更为困难的境地，甚至连食物和水资源都无法得到保障。联合国世界粮食计划署发出警告，受到新冠肺炎疫情影响，可能会有30多个国家出现饥荒，全球饥饿人口将增加1.3亿人，一场全球性人道主义危机和粮食危机极有可能爆发。

1.2 对国际贸易的破坏性影响

疫情的快速扩散，在世界各国之间引发了恐慌，为保护自身不受影响，多个国纷纷出台禁航禁运或贸易限制措施。这种做法虽然快速保护了自身不受境外疫情的影响，但同时也直接破坏了WTO框架下国际自由贸易规则体系。短期内看，这种做法严重扰乱防疫物资的贸易往来，不利于全球抗击疫情，长期则会进一步放大单边贸易保护主义行为。这些贸易限制措施将会深刻影响现有的国际分工体系，对全球自由贸易体系规则造成持久的伤害。①

1.2.1 对国际分工和产业链的影响

半个世纪以来，世界经济一体化快速推进，全球价值链分工已经完全改

---

① 世行在线：《新冠肺炎疫情使全球经济陷入二战以来最严重衰退》，《财经界》2020年第9期。

变了世界分工与贸易的方式，国际分工体系覆盖日益广泛，全球各国均已深入参与到全球产业链和供应链之中，任何一个环节的波动都会向全球扩散影响。在全球价值链分工的发展过程中，国家之间的贸易利益分配复杂化，美、欧、日等国在全球价值链生产和利益分配中保持控制地位，中、俄、印等新兴经济体则想要进一步实现价值链的攀升和经济结构转型，因此国际分工和产业链布局是动态演化的，不但持续产出贸易摩擦，也容易受到各种突发因素影响。①

此次疫情引发的停运停工和航空禁运，将导致短期内全球中间品和资本品贸易严重受挫，进而导致一些产品的国际生产线停摆，不利于全球产业内贸易和就业的恢复。② 位于产业链上游的外国供应商，短中期内会因为下游企业开工不足，或下游行业需求疲软，遭受到显著冲击。此外，航空停运和禁运，也将致使中间品和资本品进口无法及时到位，给下游企业复工复产造成极大障碍。企业复工障碍和部分国际产业链中断，很多企业很可能因此将使用备用生产基地来替代供应缺失，全球供应链将遭受到严峻冲击。鉴于疫情造成全球供应链中断的负面影响，或将强化各国更多地认识到全球供应链的潜在风险，加紧推动供应链的本土化进程，并越来越青睐外部依赖程度较低的产业政策。尽管这一举措不符合自由贸易原则和国际分工合作带来的红利，提高了不必要的经济、社会乃至政治成本，但在疫情防控期间，这一现象有扩大趋势，从而导致相关产业链的供求关系和国际分工格局或将出现较大调整，而新兴市场和发展中经济体面临更多的产业链调整风险。

1.2.2　对商品和服务贸易的影响

新冠肺炎疫情大流行之前，受持续的贸易紧张局势和经济增长疲软拖累，全球贸易在2019年已经放缓。据WTO贸易统计数据显示，2019年全球商品贸易额下降了0.1%，这是自2008年全球金融危机以来，全球贸易的首次年度下降，显示全球贸易发展大幅放缓，各地区及不同发展水平的国家进出口均有所下降，全球贸易发展总体呈疲软状态，增长乏力。世贸组织货物贸易晴雨表通过采集货物贸易统计数据，就当前世界货物贸易的发展趋势和拐点提供早

---

① 陈甬军、高廷帆：《在对外开放的道路上坚定前行》，《光明日报》2019年2月19日。
② 胡敏：《坚持改革开放不动摇》，《中国青年报》2018年12月3日。

期信号,每季度更新一次,与服务贸易晴雨表相配合。2019 年,世贸组织最新货物贸易晴雨表读数为 95.7,已连续 4 个季度低于趋势水平(100)。该读数全部 6 个分项指数即国际航空货运指数、汽车产销指数、农业原材料指数、出口订单指数、电子元件指数和集装箱港口吞吐量指数,均低于趋势水平,部分指数接近 2008 年金融危机以来最低水平。此外,全球出口订单指数亦低于趋势水平,降至 2012 年 10 月以来最低水平。

国际经贸领域长期累积了各种风险与问题,在新冠肺炎疫情影响下,出现了合并爆发,贸易政策的风险显著性抬升,国际贸易面临前所未有的新挑战和新问题。各国为了应对疫情防控需要,一方面工厂大面积停工停产,企业生产受到显著影响,交通、物流、仓储等配套行业受限,生产供应能力明显减弱;另一方面,生产生活需求也显著下挫,国际市场需求显著萎缩。在供需两方面都明显下降的影响下,世界经贸严重萎缩。2020 年第二季度,WTO 货物贸易晴雨表指数为 87.6,创历史新低。2020 年 4 月,美国货物和服务出口额同比下降 20.5%,进口额下降 13.7%;日本货物出口同比下降 21.9%,进口下降 7.2%;3 月德国货物出口同比下降 7.9%,进口下降 4.5%。

随着疫情蔓延,全球范围内的外贸需求订单减少,企业生产能力下降,人员出入境、跨境物流、检验检疫等管控升级,加上国际原油市场大幅波动、金融市场剧烈震荡等因素,全球产业链尤其是制造业产业链受到严峻挑战。从全球商品贸易结构来看,食品、服装、纺织、机械与交通运输设备、办公及通信设备、集成电路、化学制品等制造业产业链,农产品,以及燃料与矿产品等原材料行业均受到较大冲击,而医疗物资和药品行业因为防控疫情的需要,贸易量有所上升。由于全球需求急剧下降,大部分大宗商品价格暴跌,特别是交通运输行业使用的大宗商品。新兴市场的发展中经济体的资本外流创历史纪录,国际贸易大幅下滑,石油需求骤降①,基准石油价格受到的影响最严重,欧洲布伦特原油现货价格在 2020 年 1 月底暴跌了 85%,4 月底跌至最低点。美国原油 WTI 期货价格在 4 月底曾短暂出现负值,5 月之后逐渐回升。疫情防控措施已使旅游业、交通业及其他使用能源的行业迅速萎缩。《世界能源展望

---

① 张宇燕:《全球化、区域化和平行体系》,《世界经济与政治》2020 年第 1 期。

2020》报告中指出，2020年全球能源需求同比下降5%。其中，石油和煤炭需求同比分别下降8%、7%。

欧洲央行研究人员认为，需求受到冲击可能会影响处于价值链高端的经济体，比如对英国的负面影响要大于墨西哥等国家。因为墨西哥的生产主要依赖进口原料，然后再加工成品出口。而像英国这样处于上游的国家，出口降幅可能大于进口降幅，会对经济活动产生更多负面影响。报告称，传统模型认为，一国进口取决于其国内需求。然而，在以复杂的国际供应链为特征的世界，第三国需求变化也是重要的决定因素。

价值链中更长更复杂的行业，尤其是电子和汽车产品，涉及全球产业链的分工合作，受疫情影响更大，贸易量下降幅度更大。2020年几乎所有区域贸易总额都遭遇明显下降，下降幅度超过两位数，其中北美洲和亚洲的出口受打击程度最为严重（见表2-1）。

表2-1　国际贸易增长趋势及预测

单位：%

项　　目		历史值		乐观情景		悲观情景	
		2018年	2019年	2020年	2021年	2020年	2021年
全球贸易总量		2.9	-0.1	-12.9	21.3	-31.9	24
出口	北美洲地区	3.8	1.0	-17.1	23.7	-40.9	14.3
	南美洲地区	3.8	-2.2	-12.9	18.6	-31.3	14.3
	欧洲地区	2.0	0.1	-12.2	20.5	-32.8	22.7
	亚洲地区	3.7	0.9	-13.5	24.9	-36.2	36.1
	其他地区	0.7	-2.9	-8.0	8.6	-8.0	9.3
进口	北美洲地区	5.2	-0.4	-14.5	27.3	-33.8	29.5
	南美洲地区	5.3	-2.1	-22.2	23.2	-43.8	19.5
	欧洲地区	1.5	0.5	-10.3	19.9	-28.9	24.5
	亚洲地区	4.9	-0.6	-11.8	23.1	-31.5	25.1
	其他地区	0.3	1.5	-10.0	13.6	-22.2	18

数据来源：WTO，Trade Statistics and Outlook，2020年4月8日。

在全球服务贸易方面，大多数分项指数均出现下跌，可见全球服务贸易面临强劲的阻力，缺乏增长动力。各国为遏制新冠肺炎疫情传播而采取的强制交通和旅行限制以及零售和酒店设施关闭措施，使得服务贸易受到最为直接的影响,特别是航空运输、旅游交通、餐饮住宿、体育娱乐活动受到的影响尤为突出。但新冠肺炎疫情导致的居家办公和远程社交使得对信息技术服务的需求激增,信息技术服务业出现快速增长。

2 后疫情时代 G20 国际贸易合作的困境与挑战

达成贸易合作共识是 G20 国家的主要宗旨之一,历年峰会的议题基本上都会涉及贸易合作,然而能否实现贸易合作不仅取决于 G20 国家领导人的意愿,还受全球经济政治形势的影响。新冠肺炎疫情在全球范围内的暴发与蔓延是人类历史上少见的公共卫生危机事件,破坏了人类正常活动,对全球经济政治的发展产生了极大干扰,使得当今世界经济充满不确定性。G20 贸易合作需建立在世界经济稳定发展和国际关系运行顺利的前提下,然而突如其来的新冠肺炎疫情对此造成了多方面的冲击,在以下几个方面将造成后疫情时代 G20 贸易合作的困境与挑战。

2.1 疫情暴发加速逆全球化发展态势

逆全球化在新冠肺炎疫情暴发之前便已开始出现并蔓延,其主要原因是发达国家认为全球化扩大了收入分配差距。[1] 在传统西方经济学理论中,全球化被认为存在扩大市场规模、优化要素资源配置、加快技术扩散等正向作用,因而有利于提升全球化参与国的整体经济发展水平。第二次世界大战后,全球化浪潮确实推动了多数国家的快速经济增长,但同时也不断积累了矛盾,其中包括国家之间以及国家内部的收入分配不断扩大。对发达国家而言,全球化带来的贸易开放和制造业转移减少了对低技能劳动的需求,同时增加了对高技能劳动的需求,因而较多研究认为正是贸易合作导致发达国家收入不平等现象恶化[2],从而也逐步形成反全球化思潮。2008 年全球金融危机引发的一系列问题触发了全球化所积累的矛盾,全球贸易出现大幅下降,信用体系受到较大影

---

[1] 盛斌、黎峰:《逆全球化:思潮、原因与反思》,《中国经济问题》2020 年第 2 期。

[2] Hummels, D., Jorgensen, R., Munch, J., Chong, X., "The Wage and Employment Effects of Outsourcing: Evidence from Danish Matched Worker-firm Data", *NBER Working Paper*, No. 17496, 2011.

响。尤其是2009年世界进出口贸易减少了21%，导致大部分国家的经济衰退和失业增加，也使各国开始出现贸易收益的争端。总体上，经济发展缓慢所积累的以收入差距扩大为主的国内矛盾导致各国不断出台"以邻为壑"的贸易保护政策，逆全球化因此而产生。

无疑，新冠肺炎疫情在全球的暴发使逆全球化态势雪上加霜。国际货币基金组织2021年1月发布的《世界经济展望报告》指出，受疫情影响，2020年全球经济萎缩3.5%，其中发达经济体萎缩4.9%，新兴市场和发展中经济体萎缩2.4%。同时，疫情产生的供应链中断产生了各国对供应链完整的需求，有可能出于安全因素考虑制定产业政策激励制造业回归，从而加剧逆全球化发展态势。事实上，疫情暴发后，为保护本国产业和劳动进一步遭受外国产品的冲击，以发达国家为主的较多国家已经开始限制物品和人员流入，逆全球化将进一步加速。在该过程中，尽管G20成员国通过特别峰会强调共同合作防控疫情和保障贸易，但随着疫情的快速扩散及对各国经济不利影响的加大，保障本国利益成为部分国家的优先选择，确保本国就业成为贸易政策的首要考虑，因而部分国家也实施了逆全球化的贸易保护政策。全球化是G20国家开展贸易合作的宏观背景，G20国家既是全球化的主要推动者也是受益者。快速发展的全球化为G20国家之间的贸易合作提供了便利，反之逆全球化态势则为此设置了诸多障碍。与2008年全球金融危机类似，此次新冠肺炎疫情在全球的暴发蔓延也必将给全球经济带来长期的不利影响。不同的是，在疫情前逆全球化态势已经出现，疫情暴发只是进一步加速逆全球化。后疫情时代，全球化回归的难度较大，短期内逆全球化仍将是国际经济关系的常态，这为G20国家之间的贸易合作增加了挑战。

2.2　疫情暴发加快G20内部的组织分化

作为大国之间的合作组织，G20已经成为世界经济治理的重要平台，在维护世界经济政治平稳、推动投资贸易合作等方面取得了重要成效。然而，G20由不同类别的国家组成，对全球经济治理规则也存在不同的诉求，发达国家和发展中大国之间存在不同的利益诉求。G20内部可分为三类国家组合，一是G7国家，代表主要发达国家的利益诉求；二是金砖国家，代表新兴市场国家利益；三是中等收入发展中国家，代表其他发展中国家利益，这种分化造成了

合作困境。① 在全球经济快速增长的背景下，由于能共享贸易增长红利，G20
不同国家组别之间更易达成共识实现贸易合作，国家组别差异产生的矛盾也易
于消除。当今世界经济格局已发生根本性变化，一是全球经济长期处于低速增
长，二是发达国家的领先优势不断缩小，均给 G20 组织治理及合作带来了困
境。全球低速增长使各国经济陷入此消彼长的博弈之中，发达国家和发展中国
家追求对各自有利的国际经济规则，这也体现在 G20 内部之中：G7 国家倾向
于维持有利于发达国家的现有规则，金砖国家和其他中等收入发展中国家则期
望增加话语权的新国际规则。这种差异无疑增加了 G20 国家达成共识的难度，
而发达国家领先优势的弱化进一步加大了组织治理的松散性，从而更不利于合
作的实现。2008 年全球金融危机后，全球经济一直处于低速增长中，经济复
苏不尽如人意，不仅催生了逆全球化，还增加了国际组织的治理难度。尽管
G20 峰会设立以来一直旨在达成组织合作，然而话语权之争和大国博弈一直是
其阻碍因素之一。②

　　新冠肺炎疫情在全球暴发后，各国应对效果存在较大差异，中国有效控制
住了疫情，经济得以快速恢复；美国则因未能及时防控而使经济陷入衰退境
地。防控过程中体现出了发达国家治理效率的缺陷，美国未能发挥作为世界第
一大国的应有责任，欧盟国家则各自为政，缺乏合作；相反，中国为大多数国
家提供了积极的援助。这种现象体现出了发达国家作为世界领先者能力的下
降，也客观反映出了西方和东方国家经济实力的此消彼长。在这种背景下，
G20 内部存在组织分化的进一步风险，G7 国家在全球的影响力持续下降，并
将逐步让位于新兴市场国家。后疫情时代，为维持国际地位和规则话语权，以
美国为首的发达国家将设置各种障碍限制发展中国家；相反，以金砖国家为代
表的发展中国家势必争取更大的话语权以打造良好的外部发展环境。反映在
G20 治理体系中，后疫情时代将进一步凸显不同组别国家的合作诉求，发达国
家在贸易上将追求更多的"公平"规则，旨在防止过度的贸易开放导致发展
中国家制造能力提升，"夺走"本国就业；发展中国家则将追求持续的贸易自

① 王文、王鹏：《G20 机制 20 年：演进、困境与中国应对》，《现代国际关系》2019 年第 5 期。
② 陈伟光、王燕：《全球经济治理制度博弈——基于制度性话语权的分析》，《经济学家》
　 2019 年第 9 期。

由化，以充分发挥综合实力提升带来的比较优势。后疫情时代，这种差异将更为明显地体现在 G20 内部的 G7 国家和金砖国家之间，组别之间达成共识将比以往更为困难，这为 G20 贸易合作设置了更为严峻的挑战。

2.3　疫情暴发滞缓 G20 国家之间的贸易合作谈判

国家之间的谈判沟通是贸易合作的基础，G20 峰会的目的正是提供沟通平台以达成共识。通过历年峰会的广泛谈判沟通，G20 国家在应对金融危机、实现可持续发展、复苏全球经济等方面取得了一定的成效。在贸易上，G20 国家之间存在的利益差别使谈判成为实现合作的必备过程，对贸易问题的共识需建立在充分的沟通基础上。贸易谈判在当今世界经济格局下也发生了较大的形态变化，多边主义逐步让位于双边谈判，合作难度进一步增加。与金融危机爆发前相比，当今贸易合作谈判的难度更大，主要原因包括贸易战频发和全球经济长期低迷等。贸易战频发导致国与国之间的贸易限制与制裁成为常态，不仅发生在发达国家和发展中国家之间，还发生在发达国家或发展中国家内部，双边之间的贸易纠纷阻碍了多边贸易合作谈判的顺利开展。全球经济长期低迷则催生了各国多样化的利益诉求，本国利益优先和统一贸易合作规则之间的冲突使谈判达成共识的难度不断加大，也降低了贸易共识对各国政策的约束力。全球经济的现状也体现在 G20 国家之间，贸易议题争端加大、沟通谈判时间延长、共识约束力下降等均构成贸易合作之间的阻碍。疫情暴发前，由于美国特朗普政府随意实施的贸易限制以及英国脱欧等事件的出现，贸易沟通谈判的难度已经大幅增加，WTO 等国际经贸合作组织的约束力也不断降低，从而导致低效的贸易纠纷层出不穷，为贸易合作的前景铺上阴影。

贸易谈判是复杂的过程，涉及具体的产品行业、政策手段和合作方式等，往往需要较长的时间才能达成共识，新冠肺炎疫情的暴发将进一步延长谈判时长，产生滞缓影响。G20 国家之间的贸易合作需要双边和多边之间的不断沟通谈判才能达成，疫情的暴发无疑对此产生了负面影响，比如英欧之间的贸易谈判因此而延迟。首先，疫情蔓延在物理空间上阻隔了贸易沟通谈判，疫情防控的压力暂时中断了各国之间的领导会晤和国际会议，迫使包括贸易不平衡、限制政策等贸易问题的沟通谈判延缓，矛盾进一步加深，不利于合作达成。其次，疫情蔓延中的责任推脱加大了贸易沟通谈判难度，针对疫情的防控不利，国家之间出现了互相推诿责任的态势，尤其是在大国之间，降低了国家之间的信任度，同时也降低了贸易合作领域沟通谈判的意愿。再次，疫情带来的经济不确定性不利于贸易谈判预期形成，疫情降低了全球经济增长率，使各国在保障就业、维持宏观经济稳定等方面面临较大的不确定性，G20大国尤其如此，这使得难以形成有效的贸易预期，合作谈判难度进一步增加。最后，后疫情时代对制造业回归的需求构成了贸易合作谈判的障碍，专业化分工是开展贸易合作的基础，也带来了世界经济和贸易的繁荣，然而疫情暴发使美国等发达国家开始关注产业链完整性，在思想界和实务界出现了制造业回归的设想，从而降低了对贸易合作谈判的意愿。总体上，无论是客观因素还是主观因素，疫情的暴发都加大了G20国家之间的双边和多边贸易沟通谈判难度，滞缓了诸多贸易合作问题的共识形成，同时也进一步积累了贸易矛盾纠纷，增加了后续合作难度。

2.4 疫情暴发加深G20国家重塑国际贸易规则的矛盾

国际规则是不同国家开展贸易合作的基础，限定了合作以及争端解决的基本框架，因而对规则的不同需求也是国际贸易中的矛盾来源之一。当前国际规则是在发达国家倡导下建立的，代表了发达国家对全球经济的主导。随着世界经济格局的变化，现行规则越来越无法反映国际经济新趋势，矛盾开始不断突出，重塑国际规则存在一定的必然性[1]。一方面，现行国际规则无法满足新兴经济体快速崛起后对全球治理的参与权，与发达国家的绝对控制权存在一定的冲突；另一方面，现行国际规则建立在自由主义基础上，难以应对不断扩散的逆全球化趋势，无法达成高效的全面贸易合作。国际规则的矛盾也体现在G20国家中，G7国家和金砖国家经济实力差距的不断缩小也对重塑规则提出了新的需求，而有效的新国际规则是在现实经济形势下实现贸易合作的根本保障。在国际规则势在重塑的背景下，各国也加紧了对规则主导权的争夺，其中美国倾向于以双边主义和区域贸易自由为主的新规则，欧盟强调有利于欧洲经济增长和创造就业的新规则，新兴经济体则致力于新规则中的话

---

① 张健：《逆全球化背景下国际贸易投资规则重构及中国的选择》，《战略决策研究》2020年第4期。

语权。同时，信息技术的快速发展和数字经济的兴起创造了新贸易形式，服务贸易在国际贸易体系中的重要性不断提升，各国的竞争优势不断更迭，从而也产生了重塑新国际规则中的矛盾。在现有规则无法满足全球经济发展新趋势以及重塑新国际规则存在多重矛盾的情况下，G20之间的贸易合作和达成共识必然存在较大困难。

新冠肺炎疫情的暴发对世界经济格局产生了重大影响，全球经济的衰退也将改变不同国家的相对经济实力，同时不同的防控效果也体现了G20国家政府治理能力的差异。这些因素都将在后疫情时代产生更为多元化的世界经济政治格局，对重塑国际新规则的需求将更为迫切。首先，美国作为现行规则主导者的地位将随着疫情的影响而加速瓦解，多年的经济低速增长已经在较长时期内不断降低美国对世界经济的控制能力，由于受疫情影响最为严重，防控中体现出的国家治理能力落后和责任担当不足等问题不仅进一步滞缓美国经济增长，而且持续降低美国在国际社会的公信力，进而影响其在新国际规则中的相对地位。其次，中国经济最快从疫情影响中恢复，将成为全球经济复苏的引领者，同时在疫情防控中所作的贡献和援助也得到除少数国家外的广泛国际认可，在后疫情时代的国际影响力将进一步提升，在国际新规则中也将起更大的作用。最后，随着疫情对其他发达国家经济的持续不利影响以及美国号召力的不断下降，后疫情时代发达国家对国际新规则的诉求主要在于恢复本国经济，与美国的联系将进一步趋于松散。这些因素不仅加速了现行国际规则与后疫情时代世界经济形势的脱离，更进一步加剧了不同国家对新规则诉求的矛盾。G20国家之间的大国博弈将更体现出这种矛盾，在疫情的影响下对有利于本国规则形成的意愿大于合作的快速实现，使得G20国家在后疫情时代呈现提升新规则话语权的明争暗斗。在这种背景下，G20国家间的贸易合作受制于规则矛盾，现有规则的落后和新规则的达成难度使得贸易协调缺乏统一的制度框架，增加了合作达成的难度。

2.5　疫情暴发加剧中美经贸纠纷

中国和美国不仅是全球最大的两个经济体，而且也是包括G20在内诸多国际合作的决定因素，因此中美经贸关系事关国际经济整体合作发展趋势。自2018年特朗普签署总统备忘录，依据"301调查"结果对中国进口商品大规模征收关税以来，中美经贸纠纷开始严重化，并成为影响G20贸易合作甚至全球贸易格局的重大事件。中美两国具有较高的贸易互补性,自中国改革开放以来贸易往来不断紧密,然而美国贸易逆差、中国产能优势以及知识产权等问题导致了贸易摩擦产生和扩大。① 背后的根本原因则是中美双方存在结构性矛盾,中国在全球价值链分工体系中从低端向中高端的攀升缩小了中美产业链差距,并且比美国更具有产业链完整性,从而威胁美国在全球经济中的地位。② 特朗普政府以实现"公平贸易"为由采用反倾销、反补贴、加征关税、技术限制等诸多手段遏制中国对美出口增长,事实上正体现了对中国快速发展的顾虑。因此,为了维持经济地位,对中国进行限制将成为美国的长期战略,这也导致中美经贸纠纷将在全球经济发展中持续较长时间。在美国的限制下,2019 年中国对美进出口贸易额同比下降了 10.7%,并且可以预计未来的中美贸易仍存在较大的不确定性。在 G20 国家中,中国和美国分别是不同国家类别的代表,中美贸易关系正常化才能为 G20 的广泛贸易合作提供基础,反之,则会成为重大的障碍。

新冠肺炎疫情发展形势的变化引发了中美之间更广泛的纠纷,双方之间的争端逐步从经贸层面演变至政治外交层面,进一步恶化了双边贸易关系。当前,美国是全球受疫情影响最严重的国家,感染人数和死亡人数均高居全球首位,经济活动受滞并将在较长时间内影响经济增长,同时也暴露出政府治理能力的不足。随着疫情的持续恶化,美国进一步将经贸纠纷上升至意识形态和外交纠纷,使中美关系达到冰点,极不利于双方正常的经济贸易往来。疫情暴发后,美国对中国经济限制加重的根本仍是双方经济实力差距的缩小,在中国已基本控制疫情并实现经济复苏的背景下,美国疫情防控不利导致的经济持续衰退使美国政府更进一步增加了对中国赶超的担忧,也反映出了美国与中国在金融、科技、地缘关系等多方面博弈关系中对自身实力弱化的恐惧。新冠肺炎疫情一方面充分展现出中国在应对危机方面比美国具有更大的能力,另一方面意味着中美经济实力此消彼长过程的加速,从而促使美国利用现有优势打压中国,使中美经贸纠纷进一步升级。可以预计在未来

---

① 梁明:《中美贸易摩擦的缘起、影响和未来走向》,《国际贸易》2019 年第 7 期。
② 蓝庆新、窦凯:《全球价值链视角下的中美贸易摩擦分析》,《经济社会体制比较》2019 年第 5 期。

的一段时间内，中美经贸纠纷将会对 G20 贸易合作甚至全球经济合作的正常发展产生不利影响。

2.6　疫情暴发加大全球产业链不稳定风险

全球贸易合作的顺利开展需要有产业链分工稳定性的保障，如产业链不稳定，则会通过供应中断影响分工，从而迫使生产中断。第二次世界大战以后，在国际贸易繁荣的推动下，各国按照比较优势参与国际分工，全球产业链趋于形成。20 世纪 80 年代后，随着改革开放的深入，中国不断融入世界经济，全球产业链趋于完善。当前，全球产业链不断深化，已从产业间分工和产业内分工逐步演变成产品内分工，各国产业联系更为紧密，形成了从生产、流通到服务的整个链条。在比较优势收益的不断强化下，全球产业链具有稳定性的特征，短期内较难被替代，从而成为全球分工生产和贸易合作的根本保障。产业链的稳定性为各国的生产提供有效的预期，形成全球生产的稳定循环，是当今世界经济的基本元素。因此，产业链任何一环的中断均会对全球生产带来负面影响，新的生产环节难以在短期内重新形成，导致全球生产受阻并限制贸易合作。G20 国家之间也存在紧密的产业链合作，不同类别国家的比较优势形成有效的产业互补，构成了全球产业合作的重要组成部分。在逆全球化背景下，以美国为首的发达国家认为产业链分工减少了本国低技能工人的就业机会，开始逐步实施低端产业链回归的战略，对全球稳定有序的产业分工进行人为干预，对合理的全球分工格局产生负面影响。在这种背景下，全球产业链的稳定性有所降低，各国企业在产业链中进行生产的长期理性预期受到破坏，构建完整产业链的意愿开始加强。

新冠肺炎疫情在全球范围内暴发和蔓延对全球产业链分工造成多个维度的冲击，不利于链条的完整性和稳定性。首先，在疫情蔓延的背景下，部分国家的生产要素和商品流动均受到较大限制，正常生产经营活动无法顺利开展，生产环节存在中断的风险，对产业链条的完整性造成破坏并影响整体生产预期。其次，疫情造成的经济衰退和失业增加加快了部分国家实施产业链回归战略的速度，已有发达国家跨国企业从发展中国家撤资的现象出现，在短时间内会对全球产业链造成中断，并在长期内影响产业链的稳定性。再次，疫情冲击造成国际贸易和投资保护主义再次抬头，贸易投资限制增加，提升要素和产品的流动成本，干扰了按比较优势进行生产分工的全球产业链整体规律，使得全球产业链极易受政策波动的影响。最后，疫情扩散造成 G20 国家内部对产业链分工产生分歧，发达国家倾向于国家内部的产业链完整性，发展中国家则倾向于继续按比较优势进行产业链分工，从而增加了达成共识的难度。毫无疑问，疫情暴发对全球产业链稳定性的不利影响已经显现，电子信息产业和汽车制造业等由于下游产业停工已造成零部件供应不足的现象。尽管生产将随着疫情的消散逐步恢复正常，但保护主义的形成也将存在中断全球产业链的风险，产业链稳定性将遭受一定的挑战。G20 国家之间的产业分工也受全球产业链稳定性的影响，能否达成贸易合作共识取决于各方对产业格局的预期，而疫情对全球产业链的冲击及其长期影响将成为阻碍 G20 贸易合作的重要挑战。

3 后疫情时代 G20 国际贸易发展的政策协调与合作

当前，受周期性、结构性和制度性等多重因素的交叉影响，全球贸易和外国直接投资增长持续低迷。单边主义、民族主义、贸易保护主义等不断抬头，逆全球化浪潮涌动。而新冠肺炎疫情导致全球供应链中断，进一步加剧了形势的恶化。部分国家走向区域一体化，以应对逆全球化的挑战。全球化发展迎来历史重大转折。后疫情时代，世界各国继续深入推动全球化将面临巨大挑战及困境。因此，从全球贸易的视角看，作为全球经济治理的重要平台，G20 集团必须加强政策协调与合作，坚决维护以世界贸易组织为核心、以世贸组织规则为基础、透明的、非歧视的、开放和包容的多边贸易体制。

3.1 降低贸易成本

贸易成本是除生产产品的边际成本之外的一切商品送达最终用户发生的成本，包括运费及时间在内的运输成本、关税及非关税壁垒的政策障碍、信息成本、合同实施成本、使用不同货币有关的成本、法律法规成本、分销成本等。① 贸易成本是抑制国际贸易扩张、增长的重要因素。贸易成本既会受到主观因素的影响，又会受到客观因素的影响。其中，在主观因素中，经济政策又

---

① 夏先良：《论国际贸易成本》，《财贸经济》2011 年第 9 期。

是影响贸易成本的关键因素，比如关税及非关税壁垒、法律法规等。① 当国内经济发展受到进口产品的冲击时，进口国政府往往会采取经济政策来干预双边贸易发展，保护国内产业发展。同时，从全球范围来看，这些政策又会形成贸易壁垒，推高贸易成本，抑制全球贸易发展。除此之外，客观因素对贸易成本的影响也是不容忽视的，比如全球突发公共卫生事件。当前的新冠肺炎疫情正处于全球大流行时期，直接导致交通运输成本升高，推高了贸易成本。② 为应对新冠肺炎疫情，世界各国加强边界管制、旅行限制、道路管制等限制措施。在疫情严重地区，部分国家和地区甚至实施"封城"措施。这些限制措施对海上、陆地和航空运输造成了巨大冲击。尤其是航空运输，不仅货运运力大幅下降，而且出现了中断的严峻局面。无疑，交通运输遭受打击，贸易成本必定上升。

在全球化背景下，为降低贸易成本，推动国际贸易发展，世界各国应该加强政策协调与合作，尤其是G20集团。G20集团要严格贯彻实施《贸易便利化协定》。2013年，世界贸易组织（WTO）第九届部长级会议打破全球贸易谈判12年的僵局，达成"巴厘一揽子协议"。在该一揽子协议中，最关键的部分就是《贸易便利化协定》。《贸易便利化协定》（以下简称《协定》）总共分为三个部分，24条。第一部分（第1~12条）规定了各成员在贸易便利化方面的实质性义务，包括：信息的公布与可获性；评论机会、生效前信息及磋商；预裁定；上诉或审查程序；增强公正性、非歧视性及透明度的其他措施；关于对进出口征收或与进出口和处罚相关的规费和费用的纪律；货物放行与结关；边境机构合作；受海关监管的进口货物的移动；与进口、出口和过境相关的手续；过境自由；海关合作。第二部分（第13~22条）规定了发展中成员在实施《协定》第一部分条款方面可享受的特殊和差别待遇，主要体现在实施期和能力建设两个方面。第三部分（第23~24条）涉及机构安排和最后条款，规定成立WTO贸易便利化委员会，各成员应成立国家贸易便利化委员会或指定一现有机制以促进《协定》的国内协调和实施，以及《协定》适用争端解决机制。根据国际机构测算，如果可以有效地落实《协定》，

---

① Anderson, J. E., "Wincoop E. V. Trade Costs", *Journal of Economic Literature*, 2004 (4)：691–751.

② 交通运输成本占贸易成本很大一部分。

发达国家可以降低约10%的贸易成本，进而最高实现出口每年4.5%（4750亿美元）的增长；发展中国家可以降低13%~15.5%的贸易成本，进而可以最高实现出口每年9.9%（约5690亿美元）的增长；同时，有利于带动全球GDP增长9600亿美元，增加2100万个就业岗位。① 进一步说，G20集团有效实施《协定》有利于成员国实现出口多元化，从而可以更好地融入全球价值链体系中。

总的来说，《贸易便利化协定》有利于简化进出口流程，减少贸易壁垒，降低贸易成本。G20集团要尽快全面实施WTO《贸易便利化协定》。这也有利于实现在2025年前降低全球贸易成本15%的目标。当然，《贸易便利化协定》仍然存在很多不足，尤其是对发展中成员的相关能力建设援助和技术支持的规定：比如，基于"谈判思维"，很多发展中成员并未对外公布本国执行能力与当前贸易便利化水平之间的差距；② 并未严格界定什么类型或条件的发展中成员有资格接受援助或支持；③ 并未以法律法规等形式对发达成员的援助或支持形成强制约束；④ 等等。这需要G20集团进一步推动完善。

3.2 促进服务贸易发展

相对于货物贸易而言，服务贸易会促使更高的资源配置效率，更大的规模经济，为消费者和生产者带来更多服务，促进服务企业扩张和增长。而且，服务贸易具有较低的资源消耗、较小的环境污染、较大的就业容量、较高的附加价值，贸易摩擦的可能性较低。服务贸易正在成为全球贸易的重要增长点、全球经济发展的新动力。在全球价值链、人口趋势、新兴市场人均收入增加和环境问题的推动下，全球对服务的需求正在不断增加。反之，服务贸易的发展又会对这些领域产生深刻影响。因此，在服务行业，政府监管较多。实际上，这

---

① 《商务部解读贸易便利化协定：将减少产品进出口障碍》，http://www.chinanews.com/gn/2015/01-13/6963551.shtml，最后访问日期：2015年1月13日。

② 这会导致发展中成员的实际需求与评估需求存在差异，进而可能导致发达成员不愿为额外的需求"买单"。

③ 最不发达成员会优先被给予援助或支持，但一些需要援助或支持的发展中国家可能会因为界定模糊而无法获得。

④ 《协定》中涉及的援助资金数额巨大。发达成员的积极性必定不高。如果缺乏强制约束，就有可能导致援助资金落实不到位或不及时。

也构成了主要的贸易政策工具。这些监管措施不仅有利于确保充分实现本国服务贸易增长，而且也有利于保证国内就业和经济增长。但同时，这些监管措施又会在一定程度上构成贸易壁垒，抑制全球贸易发展。因此，为促进服务贸易发展，G20 集团应该就监管措施加强合作，降低服务贸易壁垒。

首先，严格践行《服务贸易总协定》（GATS）。《服务贸易总协定》本身条款由序言和六个部分共 29 条组成。前 28 条为框架协议，规定了服务贸易自由化的原则和规则，第 29 条为附件（共有 8 个附件）。主要内容包括：范围和定义、一般义务和纪律、具体承诺、逐步自由化、机构条款、最后条款等，其核心是最惠国待遇、国民待遇、市场准入、透明度、支付的款项和转拨的资金的自由流动。① 《服务贸易总协定》适用于各成员采取的影响服务贸易的各项政策措施，包括中央政府、地区或地方政府和当局及其授权行使权力的非政府机构所采取的政策措施。《服务贸易总协定》的宗旨是在透明度和逐步自由化的条件下，扩大全球服务贸易，并促进各成员的经济增长和发展中国家成员服务业的发展。协定考虑到各成员服务贸易发展的不平衡，允许各成员对服务贸易进行必要的管理，鼓励发展中国家成员通过提高其国内服务能力、效率和竞争力，更多地参与世界服务贸易。因此，G20 集团严格践行《服务贸易总协定》，有利于促进服务贸易发展。

其次，进一步开放服务市场。开放服务市场是促进服务贸易发展的必然要求。当前，服务市场开放不足，其阻力主要源于各国监管者。一方面，监管者会担心其执行国内监管标准的能力被削弱。另一方面，相对于制造业贸易，服务贸易涉及的领域更加广泛，监管众多，难以协调。② 因此，修改监管制度，开放服务市场，比降低关税更为困难和复杂。当然，当涉及服务时，公共利益备受关注。进一步开放服务市场，消费者也会担心服务价格降低或服务种类增加会导致服务质量下降。虽然《服务贸易总协定》有利于协调各成员国的监

---

① 《服务贸易总协定》关于国民待遇与市场准入的规定是既有联系又有区别的。二者都是就承担特定义务而言的，但市场准入是关于外国服务的进入问题，而国民待遇则涉及外国服务进入以后所享受的待遇问题。也就是说，当一国允许外国服务或服务提供者进入本国市场之后，其在服务经营方面就应当被给予国民待遇。一般说，市场准入是适用国民待遇的前提，而国民待遇是市场准入的保证。（陈宪民：《解读〈服务贸易总协定〉的基本原则》，《法学》2003 年第 7 期。）

② 服务贸易涵盖教育、医疗、金融、劳动力、环境、通信、司法、运输等多个领域。

管措施，进而有效推动服务贸易发展，提高各成员国的经济福利水平，但这些措施有时被视为干预。因此，《服务贸易总协定》并未完全实现服务市场开放，还需要 G20 集团的进一步协调、合作，具体包括以下三点。第一，支持各成员国监管部门的发展和监管能力的提升，使其国内监管更加有效。此前，WTO 对发展中国家的贸易谈判代表提供技术支持，以提高其谈判能力，但忽视了其监管能力的提升。成员国监管部门的发展和监管能力的提升，有利于逐步放松对服务市场的直接管制。第二，深化成员国在贸易部门官员与服务业部门监管者之间的联系，尤其是与服务业监管制度制定者的联系。一方面，贸易部门官员可以更好地理解服务业监管制度对服务贸易的影响，推动服务业领域"放管服"改革；另一方面，服务业部门监管者也可以更好地设计、调整和优化监管制度，以大幅放宽市场准入，扩大优质服务进口。第三，成员国加快培育服务贸易市场主体，打造服务品牌。G20 成员国之间服务市场开放缓慢的主要原因就是国内服务贸易企业缺乏竞争力。通过限制服务业进口来达到保护国内服务业的目的，显然是不可持续的。要将服务市场开放与培育具有国际竞争力的服务企业相结合，也就是说，在积极扩大开放服务市场的同时，大力支持国内服务企业开展自主创新，才能拓展服务贸易发展空间。

3.3 增强贸易融资

贸易融资是建立在国际贸易基础上的融资性业务，主要用于弥补进出口商在进出口各环节的资金缺口[1]，其方式主要有保理、信用证、福费廷、打包放款、出口押汇、进口押汇等。贸易融资之于国际贸易的重要性不言而喻。如果说国际贸易是一个国家经济发展的引擎，那么贸易融资就是贸易发展的润滑剂。[2] 但受不同风险的影响，贸易融资的发展仍然遭受了很多阻力。2011 年，韩国首尔峰会推出《巴塞尔协定Ⅲ》。该协定中有众多监管举措对贸易融资形成极大挑战，比如低风险和高风险的表外业务面临相同的监管压力；在自行决定贸易融资审慎原则的前提下，成员国存在对流动性风险监管过于苛刻的可能

---

① 姜学军：《国际贸易融资的发展趋势及启示》，《国际金融研究》2009 年第 11 期。
② 仲昕：《"贸易融资的未来，你不可错过的好文！"》，https://www.sohu.com/a/259102709_522926，最后访问日期：2018 年 10 月 12 日。

性；最低资本监管未考虑其低风险性，过于苛刻；① 等等。因此，《巴塞尔协定Ⅲ》导致贸易融资成本上升，阻碍了贸易融资的发展。当前暴发的新冠肺炎疫情也对贸易融资发展造成了冲击，新冠肺炎疫情给全球经济发展带来了很大的不确定性，② 国际金融市场、粮食市场、政治、安全等都面临巨大考验。不确定性即意味着更高的风险，必定会导致贸易融资收缩。同时，不确定性会造成世界各国的贸易政策波动，进而导致相关贸易成本的增加。

　　为促进融资发展，填补贸易发展的资金缺口，G20 集团需要推动国际协调，具体措施如下。首先，G20 集团应推动世界银行、欧洲复兴开发银行、亚洲开发银行、非洲开发银行、美洲开发银行等多边开发银行增强贸易融资，尤其对新兴经济体及发展中国家的支持。G20 集团中的发展中成员往往面临贸易融资困难的问题。众所周知，很多中小企业在进出口贸易过程中会陷入资金短缺的窘境，比如有订单但没资金的情况。而考虑到中小企业规模小、抗风险能力差等问题，银行对其提供融资支持的积极性并不高。多边开发银行是支持发展中国家经济和社会发展的国际发展公共机构，有助于解决贸易融资问题。其次，G20 集团应积极促进成员国国内贸易融资发展。成员国既要积极参与国际贸易融资，也要努力推动国内贸易融资发展，具体包括以下措施。第一，通过实施一系列措施，增加本国金融市场的整体流动性，改善贸易融资的金融环境。第二，通过增加银行资金来源、提高信贷再融资额度等措施，支持商业银行扩大贸易融资。第三，通过促进金融机构的双边合作、政府注资等措施，支持国内政策性银行扩大贸易融资。第四，加大对贸易相关信用保险和担保的支持力度，比如说为出口信用保险机构提供资金、扩大贸易相关信用保险承担范围、放松承保条件等。

---

① 实际上，《巴塞尔协议Ⅱ》曾因为监管资本要求对贸易融资造成负面冲击而遭受批评。许多学者认为将贸易融资工具（如信用证、备用信用证等）视作导致杠杆率显著上升的表外资产并加以严苛监管是不公平的。事实上贸易融资工具远比其他类的表外资产更安全、风险更可控。贸易融资工具既不会导致过度的加杠杆（因为其有真实的交易背景），也不会对资产价格产生下行压力（因为其为短期自偿性的金融工具）。

② 国际货币基金组织日前表示，由新冠肺炎疫情导致的不确定性已经达到了历史高点。相比非典和埃博拉疫情，新冠肺炎疫情导致的不确定性分别高于两者 3 倍和 20 倍。——国际货币基金组织：新冠肺炎疫情带来的不确定性达历史高点，http://m.news.cctv.com/2020/04/06/ARTI0ld5ENAM9lcfDszlCQkG200406.shtml，2020 年 4 月 6 日。

当然，在增强贸易融资的同时，也需要控制风险。银行业的健康发展依赖稳健的经营和良好的经济前景。一般来说，国际贸易融资拥有显著的自偿性特性，即伴随商品周转和商品产销的最终完成，贸易融资贷款可以从营销收入中自然地获得偿还。因此，国际贸易融资可以被列为低风险业务。①。但贸易融资风险是普遍存在的，尤其是在当前国际贸易环境恶化、国内经济下行的背景下。粗放发展贸易融资会给银行带来致命后果。第一，要充分掌握信息，正确识别和评价贸易背景真实性、贸易融资风险。不同类型的企业，风险的来源也是不一样的。第二，要充分利用信用评估体系。对于信用评级较低的企业，要提高融资门槛，避免出现违约现象，形成银行不良资产。第三，要加快完善贸易融资的风险控制机制。明确规定融资额度、偿还方式等，对企业形成强制约束。第四，针对风险管理体系和信用评价体系，加强贸易融资创新。

3.4 促进电子商务发展

在经济全球化和全球信息化的背景下，电子商务作为一种新的贸易形式，在全球范围内保持着快速、平稳的发展态势，是全球贸易发展的新引擎，显示出强大的生命力。按照世界贸易组织电子商务专题报告的定义，电子商务就是通过电信网络进行的生产、营销、销售和流通等活动。它不仅指基于因特网上的交易，而且指所有利用电子信息技术来解决问题、降低成本、增加价值和创造商机的商务活动，包括通过网络实现从原材料查询、采购、产品展示、订购到出品、储运以及电子支付等一系列的贸易活动。简单地讲，电子商务是指利用电信网络进行的商务活动。② 电子商务具有开放性、全球性、低成本和高效率、不受地域时间限制的特点，有利于提高贸易便利化水平，形成新型贸易合作关系。WTO 最新的研究结论指出，数字技术的发展有利于贸易成本的降低和劳动生产率的提高，到 2030 年，全球贸易将额外增长 34%。相对于传统贸易而言，电子商务开拓了一个全新的虚拟市场，改变了传统贸易的运行环境。从全球范围来看，电子商务发展仍然面临诸多挑战，比如数字安全问题、标准问题，等等。

---

① 王刚、徐子奇：《加强国际贸易融资风险管控》，《金融时报》2017 年 9 月 18 日。
② 王伟泉：《世界电子商务发展现状与我国电子商务发展战略》，《清华大学学报》（哲学社会科学版）1999 年第 4 期。

加之，区域电子商务合作将成为未来电子商务发展的趋势。因此，G20成员国之间应该积极开展合作，共同应对全球挑战，促进电子商务的开展，有效维护成员国在电子商务活动中的正当权益。

首先，找准"共同点"，确定G20集团电子商务合作原则。电子商务的国际规则尚不明确，这就使得很多国家希望在该领域发挥关键引领作用。因此，电子商务合作要体现前瞻性、战略性和安全性。前瞻性是指G20集团汇聚了世界上主要发达国家和发展中国家，并确保对电子商务的持续关注、谈判。战略性是指G20集团中的发达成员要在加速发展贸易数字化同时，给予发展中成员援助和支持；而发展中成员要在加速构建数字基础设施的同时，谋求与发达成员合作。这既有利于发达成员继续在电子商务的技术、政策和产业合作方面发挥引导作用，又有利于发展中成员提升数字能力，缩小与发达成员的数字鸿沟。安全性则是指G20集团要在遵守成员国法律法规、网络监管措施自由的基础上，实现数据有序、自由流动，开展电子商务合作。伴随大数据、云计算、人工智能的快速普及，电子商务会产生数据安全、隐私安全等网络安全问题，信息安全形势愈发严峻。各成员国也会因此遭受一定的网络安全风险和网络监管挑战。因此，安全性是G20集团开展电子商务合作的前提。其次，找准领域，分步骤、有序推进合作。在务实合作的基础上，G20集团应该分步制定在具体领域的合作方案，尽快形成早期成果。比如，在数字基础设施、无纸贸易、跨境电子商务便利化、电子认证和电子签名互认等电子商务的热门领域，G20国家具有共同利益和诉求，可以谋求合作。当然，发展中成员的电子商务正在逐渐崛起，但仍然与发达成员具有较大差距。于是，在相对落后的领域，如果发达成员一味维护自身利益，缺少对发展中成员的援助和支持，发展中成员的谈判意愿也会较低。比如，鉴于网络安全问题，发展中成员很难按照发达成员的标准完全实现数据自由流动。因此，发达成员要在充分尊重发展中成员国情的前提下，秉承互利共赢的原则，增加谈判和协调，引导市场健康有序发展，不能实施垄断和不正当竞争行为。最后，加快机制化建设，推动相关谈判成果的落实。第一，进一步加快推动相关协议的签署。在政治、经济、文化等多个方面，G20成员国间存在较大差异。这就意味着G20成员国之间通过谈判达成一致协议面临诸多困难。而且近年来，电子商务创新层出不穷，针对新模式、新业态的制度改革和市场监管难度较大。因此，为较好、较快地巩固谈判成果，建立相关机制有利于协议的落实和推广。第二，建立多层次对话机制，深入探讨国际电子商务规则。"多层次"是指在政府、企业、机构等不同主体之间开展合作、交流。当前的国际规则滞后于电子商务的快速发展。① 因此，国际电子商务规则建设任重道远。多层次对话机制有利于电子商务规则的探讨，更具有针对性，更加符合电子商务发展需求。第三，成立电子商务工作小组。电子商务区别于传统贸易，形式更加复杂，内容更加广泛。在贸易部长级会议下成立专门的电子商务工作小组，有利于提高效率，加强落实合作协议。

4　后疫情时代中国国际贸易发展定位与战略选择

新冠肺炎疫情暴发并在全球大流行，与 2008 年国际金融危机相比，此次疫情引发的风险更加复杂，造成的危害更加严重，加上以美国为主推行的单边主义、保护主义严重影响国际政治经济环境，各国结构性问题使得政策空间收窄等，国际合作体系与国际贸易更面临严峻挑战。2008 年金融危机的全面爆发促成 G20 对话机制诞生并升级为领导人峰会机制，成为全球经济治理体系的重要平台。面对疫情，G20 需要发挥其在自身机制、应对危机经验、议题领域扩展以及与国际组织长期合作等方面的优势，为全球合作抗疫和稳定世界经济贸易作出重要贡献。② 作为 G20 的一员，中国应该发挥自身特长，推动 G20 更好地发挥国际治理作用，加快实现国际政治经济秩序的恢复和稳定。

4.1　后疫情时代中国国际贸易发展定位

4.1.1　坚持全面开放不动摇

回顾改革开放 40 多年，没有对外开放，就不能真正建立和运行社会主义市场经济体制，就不可能成为全球工业门类最为齐全的第二大经济体、第一大货物贸易国，也不可能实现几十年的快速经济增长，实现人均 GDP 从 300 美元到超 1 万美元的飞跃。进入新时代，中国要实现建设社会主义现代化强国的目标，就必

---

① 指缺乏统一的国际电子商务贸易流程规则、市场监管及税收政策协作机制不完善、信息安全协同困难等。

② 孔庆峰：《新冠肺炎疫情下的国际贸易趋势研判》，《国家治理周刊》2020 年第 23 期。

须坚持扩大对外开放战略不动摇。

2018 年 4 月 10 日，习近平总书记在博鳌亚洲论坛 2018 年年会开幕式上的主旨演讲中强调："中国坚持对外开放的基本国策，坚持打开国门搞建设。我要明确告诉大家，中国开放的大门不会关闭，只会越开越大!"这是在向全世界宣示，我国将坚定不移地深化改革和扩大开放的坚定意志和决心，为世界的和平发展注入了强大的正能量。改革开放四十多年来，中国人民始终艰苦奋斗、顽强拼搏，极大解放和发展了中国社会生产力，始终敞开胸襟、拥抱世界，积极作出了中国贡献。40 多年改革开放的实践证明：改革开放是决定当代中国命运的关键战略，也是决定实现"两个一百年"奋斗目标、实现中华民族伟大复兴的关键战略。

习近平总书记在中央全面深化改革委员会第五次会议上指出：40 年实践证明，越是环境复杂，越要保持战略定力，把得住大局，看得清方向，站得稳脚跟，担得起风险。要加强战略研判，营造好改革开放社会氛围。面对疫情对国际经贸造成的重大挑战，中国必须保持自己的战略定力，坚持全面开放不动摇。在改革开放新的历史起点上，中国要不断提升改革开放的质量和水平，坚定推进供给侧结构性改革与高质量发展，坚定不移全面开放战略。2020 年 5 月 14 日，中共中央政治局常委会会议首次提出"构建国内国际双循环相互促进的新发展格局"。2020 年两会期间，习近平总书记再次强调要"逐步形成以国内大循环为主体、国内国际双循环相互促进的新发展格局"。构建基于"双循环"的新发展格局是党中央在国内外环境发生显著变化的大背景下，推动我国开放型经济向更高层次发展的重大战略部署。促进国内市场大开放，大力推进建设全面开放新格局，实行对外开放与对内开放的有机统一，充分发挥大国经济优势。始终坚持以人民为中心推进改革开放，激发亿万人民的巨大创造力，努力融入世界共同体，创造出中国发展的新的更大奇迹。

4.1.2　持续塑造国际竞争优势

改革开放 40 多年来，通过坚持对外开放，我国对外贸易实现了快速发展，贸易规模迅速扩大，贸易结构得到了不断优化，要素资源禀赋优势从早期的以廉价劳动力为主的单一禀赋结构，转向了包括劳动力、资本、基础设施建设、制度政策等要素在内的多元化禀赋结构。我国要素禀赋随着经济发展程度的提高而发生变化，比较优势也得以不断改进与提升。一国经济发展必须内外联动，充分利用国内外多种资源，调动发挥自身的新型比较优势，提高资源配置效率，不断推动本国经济增长。

我国制定了经济社会发展的宏伟目标，特别是要在21世纪中叶全面建成社会主义现代化强国，在建设全面开放型国家的过程中，既要充分利用好本国资源，也要充分利用好国际资源；既要发挥自身比较优势，也要发挥建设世界科技强国的竞争优势。世界历史发展过程中的理论和实践经验表明，要建设世界科技强国，必须加快健全国家创新战略体系；必须掌握全球科技竞争先机，在前沿领域奋勇争先，乘势而上，更大范围、更高层次地发挥科技创新的引领作用；必须明确我国科技创新突破口的和主攻方向，努力实现核心技术和关键技术重大突破，由此形成全面领先的科技竞争优势。必须参与并引领全球价值链重构，重塑国际竞争优势，提升国际产业链和价值链地位。

发挥和构建国家竞争优势，需使用非常规特殊政策和相关途径，尽快打造我国在科技创新领域的国际竞争优势。习近平总书记在两院院士大会上强调："实践反复告诉我们，关键核心技术是要不来、买不来、讨不来的。只有把核心技术和关键技术掌握在自己手中，才能从根本上保障我国经济安全、国防安全和其他安全。"

4.1.3 完善全球治理体系

面对疫情对世界经济格局产生的深刻影响，增强全球治理的责任意识至关重要，为了共同建设一个更加美好的世界，全球性大国特别是二十国集团成员国都应该拿出更大勇气和智慧，克服各种现实困难，维护和实现全球各国共同发展。作为G20成员国的重要一员，中国是对外开放的受益国和贡献国，在国际贸易体系中举足轻重，更应该作出表率，积极推动开放合作，着力构建和完善现代化全球治理体系。

据美国约翰斯·霍普金斯大学卫生安全中心发布的《全球卫生安全指数》报告，世界各国在应对重大传染性疾病方面都没有完全充足的资源和能力储备，并且很少有国家在面对公共卫生紧急事件时能够有效运用这些资源或发挥相应能力。国际社会在应对此次新冠肺炎疫情中表现出的合作不足凸显了全球治理体系能力建设有待系统性提升。此次新冠肺炎疫情让大家更加深刻地认识到，世界各国休戚与共，相互依存，更应精诚合作，团结互助。习近平主席在

2020年3月12日同联合国秘书长古特雷斯通电话时指出，在经济全球化时代，这样的重大突发事件不会是最后一次，各种传统安全和非传统安全问题还会不断带来新的考验。在应对这场全球公共卫生危机的过程中，构建人类命运共同体的迫切性和重要性更加凸显。唯有团结协作、携手应对，国际社会才能战胜疫情，维护人类共同家园。

因此，对于疫情肆虐下的世界经济发展和国际贸易合作而言，全球化加强合作的现实需求更为迫切，亟须构建一个有序发展的权力和制度框架，构建和完善全球治理体系，克服随时可能出现的各种困难和障碍，打造"人类命运共同体"的和谐发展新篇章。

4.2　后疫情时代中国国际贸易战略选择

4.2.1　完善国际经贸规则，创造良好的外贸发展国际环境

中国改革开放40多年，但让中国外贸腾飞的应该是加入WTO为中国融入国际贸易体系创造了难得的机遇。但WTO贸易规则由发达国家主导，中国外贸飞速发展的同时，也经常面临各种阻碍和不平。为了提高贸易质量，提升在国际贸易体系中的地位，中国应该积极推动国际经贸规则变革，为中国外贸的可持续发展创造良好的国际环境。

一是要坚定维护多边贸易体制，积极参与和推动WTO改革，针对现有贸易规则中不合理、不公平的地方，主动提出完善国际经贸规则的主张、倡议及方案，积极开展和参与国际规则制定的协调工作，为更好的世界贸易体系贡献中国的智慧和力量。二是加强对国际贸易规则及产品、服务标准和行业规范的研究，注重谈判人才、机构、机制等软实力建设，强化内外统筹、机制建设和智力支撑，增强自身制定和完善国际经贸规则的能力，提升在国际贸易规则制订和贸易谈判中的话语权。三是加强贸易对话平台建设。加强全球区域经济合作机制建设，完善区域经济治理，充分发挥G20峰会、金砖国家峰会等区域合作组织机制，以及金砖国家新开发银行、亚洲基础设施投资银行等新的国际经济组织作用，加强与其他发展中国家和新兴市场国家的合作，形成变革合力，壮大中国在区域贸易组织中规则、制度、理念等方面的影响力。扎实推进"一带一路"建设，将中国理念、中国思路、中国标准融入"一带一路"沿线经贸合作中。四是加快实施自由贸易区战略，大力推进国内自由贸易港建设，

积极推进我国与更多国家之间签署高标准、高水平的自由贸易协定，主动引导和推动区域经济合作进程。深化泛北部湾、大湄公河、图们江等地区合作，推动形成自我主导的区域经贸新格局。重视国际经济与贸易规则和国内经济体制改革之间的相互对接、相互强化，提出符合我国国内改革步骤和特点的新议题、新规则，使国际经贸规则的制定与国内改革形成良性互动。[①]

4.2.2 深化经贸体制改革，激发市场主体活力

全面推进经贸体制改革，释放制度改革创新红利，为我国市场主体营造良好的市场环境，激发相关市场主体的活力。

一是继续深化外贸体制改革，营造公平合理的市场环境。借鉴国际上较为完善的市场经济体制经验，在知识产权保护、诚信守法信用机制、消费品质量追溯体系、消费者权益保护机制、企业竞争自律公约机制等方面，不断构建和完善既符合我国国情又符合国际惯例的国际贸易法律法规。二是继续推动贸易便利化。继续推进全国自由贸易实验区的改革，在全国范围内推广自由贸易实验区探索出的贸易便利化措施成功经验，加快电子口岸建设，加强商务部门、金融机构、地方政府、商会和企业互联网互动，加大各部门间管理协同力度，推动建立跨部门、跨区域的内陆沿海沿边大通关协作机制。三是加大企业政策扶持和公共服务力度。增强出口信用保险支持，扩大出口信用保险的规模和覆盖面，提升出口信用保险服务质量。继续推进和完善出口退税政策，加快出口退税进度和提高效率。加大各项优惠政策宣传推介力度，指导企业用足用好区域协定和自贸区协定等优惠政策。四是加强和提升企业应对国际贸易摩擦能力。推动和完善贸易救济立法，加强企业与行业及相关部门的有效合作，保证贸易摩擦应对工作总体协调，积极支持企业应对反倾销、反补贴调查。

4.2.3 提升对外开放水平，推进外贸发展更加充分平衡

中国已经是世界第一大货物贸易大国，但在国际贸易体系中的影响力与国际地位还不匹配，在全球贸易产业链和价值链的地位有待大幅提升，贸易结构有待优化，服务贸易水平亟须提升，各大区域参与国际贸易的广度和深

---

① 沈国兵：《"新冠肺炎"疫情对我国外贸和就业的冲击及纾困举措》，《上海对外经贸大学学报》2020年第2期。

度很不平衡。

一是要持续扩大进口战略,进一步促进我国对外贸易进出口平衡。适时推进关税改革,进一步减少关税设置范围和降低关税壁垒水平,对涉及国计民生和医疗、科技等关键产品实施零关税或者补贴,积极优化进口产品结构。扩大自由贸易港试点范围,扩大进口产品免税范围和额度,充分发挥进口贸易集聚区的示范和带动作用。二是加大服务业对外开放力度,进一步优化我国贸易产业结构。大力鼓励政策性金融机构对服务贸易的扶持力度,尤其是对服务贸易重点项目的支持。进一步创新服务贸易发展模式,依托互联网、大数据、物联网、云计算等新技术,推动服务贸易转型升级。千方百计鼓励和扶持服务出口,培育出口服务贸易优势行业和有竞争力的企业,对服务出口贸易实行退税补贴或者零税率。规划建设服务贸易实验区,开展服务贸易创新发展试点。三是加大中部、西部地区和东北地区的对外开放力度,促进国内对外贸易区域结构更加平衡。鼓励和扶持中西部和东北部地区参与"一带一路"建设,大力推动各地区与沿线国家开展国际经贸合作,逐步扩大与沿线国家的贸易规模。充分利用西部区位优势,积极搭建跨境经济合作区,大力推进西部地区国家贸易规模,提升西部地区外向型经济发展水平。

4.2.4 加快实施创新驱动战略,加快推进外贸高质量发展

加快实施创新驱动战略,积极推动"中国制造"向"中国智造"转变,努力提升外贸产品科技水平,提升中国贸易在国际分工体系中产业链和价值链的地位,加快推进外贸高质量发展,使之成为中国经济高质量发展的新动能和持久动能。

一是实施创新驱动战略,加快国内产业转型升级。坚定推行创新驱动战略,全面提升中国制造业科技水平,推动国内先进制造业快速发展,做强与货物贸易相关的制造业基础,推动进出口商品向高技术含量、高附加值类型转变,提升出口外贸企业在产品研发、营销网络和品牌影响等方面的产业链扩张能力和影响力。加快培育壮大战略性新兴产业、高技术产业和先进制造业,提升战略性新兴产业国际化能力。二是加快培育外贸新业态新模式,挖掘外贸发展新动能。挖掘传统国际贸易成功经验和外贸潜力,充分利用新技术、新业态、新模式,开展应用并扩大跨境电子商务、市场采购贸易方式和外贸综合服

务企业试点，加大对已形成的贸易新业态、新模式的政策扶持力度，使其成为外贸发展新亮点。定期跟踪调查，及时破解贸易新业态、新模式发展遇到的新问题，为促进国际贸易新业态、新模式的创新发展营造良好环境。

参考文献

[1] 习近平：《团结合作是国际社会战胜疫情最有力武器》，《求是》2020 年第 8 期。

[2] 世行在线：《新冠肺炎疫情使全球经济陷入二战以来最严重衰退》，《财经界》2020 年第 9 期。

[3] 陈甬军、高廷帆：《在对外开放的道路上坚定前行》，《光明日报》2019 年 2 月 19 日。

[4] 胡敏：《坚持改革开放不动摇》，《中国青年报》2018 年 12 月 3 日。

[5] 张宇燕：《全球化、区域化和平行体系》，《世界经济与政治》2020 年第 1 期。

[6] 盛斌、黎峰：《逆全球化：思潮、原因与反思》，《中国经济问题》2020 年第 2 期。

[7] Hummels, D., Jorgensen, R., Munch, J., Chong, X., "The Wage and Employment Effects of Outsourcing: Evidence from Danish Matched Worker-firm Data", *NBER Working Paper*, No. 17496, 2011.

[8] Autor, D., "The China Syndrome: Local Labor Market Effects of Import Competition in the United States", *American Economic Review*, 2013, 103 (6): 2121 – 2168.

[9] 王文、王鹏：《G20 机制 20 年：演进、困境与中国应对》，《现代国际关系》2019 年第 5 期。

[10] 陈伟光、王燕：《全球经济治理制度博弈——基于制度性话语权的分析》，《经济学家》2019 年第 9 期。

[11] 张健：《逆全球化背景下国际贸易投资规则重构及中国的选择》，《战略决策研究》2020 年第 4 期。

[12] 梁明：《中美贸易摩擦的缘起、影响和未来走向》，《国际贸易》2019 年第 7 期，第 25～36 页。

[13] 蓝庆新、窦凯：《全球价值链视角下的中美贸易摩擦分析》，《经济社会体制比较》2019 年第 5 期。

[14] 夏先良：《论国际贸易成本》，《财贸经济》2011 年第 9 期。

[15] Anderson, J. E., "Wincoop E. V. Trade Costs", *Journal of Economic Literature*, 2004 (4): 691 – 751.

[16] 姜学军：《国际贸易融资的发展趋势及启示》，《国际金融研究》2009 年第 11 期。

[17] 王刚、徐子奇：《加强国际贸易融资风险管控》，《金融时报》2017 年 9 月 18 日。

［18］王伟泉：《世界电子商务发展现状与我国电子商务发展战略》，《清华大学学报》（哲学社会科学版）1999 年第 4 期，第 34～39 页。

［19］付丽、曾英：《金砖五国电子商务领域合作研究》，《国际贸易》2019 年第 11 期。

［20］孔庆峰：《新冠肺炎疫情下的国际贸易趋势研判》，《国家治理周刊》2020 年第 23 期。

［21］沈国兵：《"新冠肺炎"疫情对我国外贸和就业的冲击及纾困举措》，《上海对外经贸大学学报》2020 年第 2 期。

The Development Trend and Policy Outlookof G20 International Trade in the Post-pandemic Era

Li Chengyu   Zhou Limei   Yu Guansheng

Abstract：The outbreak and spread of COVID － 19 has caused extremely unfavorable harm to the global economy. International trade bears the brunt of impact, breaking the normal pattern of international division of labor and industrial chains. Under this impact, the G20 are facing greater difficulties and challenges about international trade cooperation in the post-pandemic era. The anti-globalization, internal organization differentiation, reconstruction of trade rules, and Sino-US economic and trade disputes are not conducive to the order development of G20 international trade. To this end, the G20 should reach a concerted effort in reducing trade costs, developing service trade, and promoting trade financing. China should persist in opening up, establish broader economic and trade cooperation with the other countries, and promote high-quality trade development.

Keywords：Post-pandemic；G20；International Trade；De-globalization

Y.23
专题三 后疫情时代G20金融科技
发展趋势与政策展望

易小丽 韩 莹 陈 莹*

摘 要： 新冠肺炎疫情对全球经济造成了较大冲击，如何有效提升金融服务效率，利用金融科技带动经济复苏，是后疫情时代G20亟待解决的关键问题。本文主要分析了金融科技的含义及相关特征，从金融科技投融资变化、金融业数字化转型、普惠金融发展、金融科技监管等几个方面比较了G20金融科技发展状况，并就新冠肺炎疫情的发生对G20金融科技发展所提出的新要求做了进一步阐述，最后从坚持金融科技政策引导、平衡金融科技创新与风险、提升金融科技监管水平、推动金融科技基础设施建设、丰富金融科技理论研究等几个方面突出强调了中国在G20金融科技发展中所发挥的重要作用。

关键词： 后疫情时代；金融科技；G20

在新冠肺炎疫情的冲击下，全球金融呈现增长弱、复苏慢、风险高等后疫情时代的显著特点，G20呼吁一个更加包容的经济体系，以此构建更加公平、更加平衡、更加繁荣的金融支撑体系。在此背景下，G20沙特利雅得峰会以

---

* 易小丽，经济学博士，福建师范大学经济学院讲师，研究方向：宏观经济；韩莹，管理学博士，福建师范大学经济学院讲师，研究方向：企业经济；陈莹，管理学博士，福建师范大学经济学院讲师，研究方向：创新创业、战略变革。

"为所有人实现 21 世纪的机遇"为主题，并将解决 BigTech 进入金融领域的问题列为重要议题，开启全球在金融科技领域发展的新阶段。

1　金融科技的含义与特征

对于 G20 乃至世界范围内其他组织而言，科技创新无疑是影响所有经济体核心竞争力的关键因素。然而，科技在金融上的运用在带来超额收益的同时也伴随着一些问题的产生，解决问题的首要方法就是需要科技与金融的密切配合，一方面以充足的资金投入各个阶段的科学研究中，包括基础研究、应用研究以及相关科技人才的培养等；另一方面以坚实的科技基础创新金融发展方式，有效减少和分散风险，优化金融资本供给与配置，借助金融衍生产品的创造，以及高水平金融服务平台的搭建，引导各类金融机构提供更高质量的金融服务。金融科技依托科技创新与金融资本的紧密融合，对于 G20 乃至全球金融发展都起到了至关重要的作用。

1.1　金融科技的含义

目前关于金融科技的概念，学者们尚未形成统一定义。关于金融科技的研究大致可以分为三类，一是将金融科技定义为一种金融创新，以国际金融稳定理事会（FSB）为代表，认为"技术带来的金融创新，它能够创造新的商业模式、应用、流程或产品，从而对金融市场、金融机构或金融服务的提供产生重大影响"。二是将金融科技定义为金融业中的技术解决方案，强调从客户的角度出发，不断优化金融科技机构的金融产品与金融服务，提升金融客户的体验。三是将金融科技定义为金融业和科技业的深度融合，认为金融科技不是金融和科技的简单相加，而是两种产业的共生发展。尽管不同学者对金融科技的定义有所侧重，但大多数聚焦于科技的创新与发展对金融服务业的关键作用。面临现阶段新冠肺炎疫情对全球经济的冲击，如何有效地提升金融服务效率，以金融发展带动经济增长，是后疫情时代 G20 亟待解决的关键问题。因此，综合学者们的研究，本文结合后疫情时代背景，将金融科技定义为：随着信息技术的不断发展，利用互联网、物联网、大数据等科学技术服务于金融业发展，以提高金融资源利用效率，加速金融产品推陈出新，打破金融服务地域边界，从科技层面更好地促进金融创新，进而加速国际经济复苏。

1.2 金融科技的特点

1.2.1 创新性

金融科技是一种金融的创新。金融科技的实现主要依托新技术与金融的创新性融合，二者交互共同推动了金融行业服务模式与内在管理模式的重大转变，对传统金融行业产生了一定冲击。金融科技虽然服务于金融行业，但在金融科技的推动下，产生的产品与服务远超传统金融。传统金融主要强调存款、贷款和结算三大业务，而金融科技聚焦科技产业和金融产业的融合，强调将技术创新、科技成果转化和高科技产业融合于金融产业和服务中，促使金融行业不断创新升级，是未来国家金融行业发展的重要趋势之一。目前，仍有一些国家的金融机构还带有浓重的传统金融色彩，急需以金融科技带动金融发展新方向，提升创新力与金融产品和服务的竞争力，实现金融产品及业务模式的创新提速。中国的腾讯、支付宝等金融云服务，快捷支付等方式不仅在本国，在世界范围内的普及率也在不断提高，在世界创新的热浪之下，金融科技的创新性也在不断加强。

1.2.2 政策性

金融科技的政策性是指金融科技的重要导向之一是贯彻配合政府特定的社会政策和意图，而非自发性金融。金融科技往往是在特定的业务领域内，充当政府进行宏观调控与管理的重要金融工具，为经济发展和社会稳定发挥重要作用。同时，由于金融科技本身可以带来外部经济效益，其发展必然是需要协调与统筹的，也需要政府的适度引导，以减少市场失灵、违规操作等问题，带有较强的政策性色彩。1993年，我国颁布《中华人民共和国科学技术进步法》，首次提出了金融科技的概念，将市场资源配置和政府作用有机结合，赋予了其极强的政策属性。在理论界，学者们通过大量的理论与实证分析，探究和验证了金融科技与政府政策之间的联系，包括政府主导的政策性金融对科技创新呈显著正向影响，政策性金融扩大融资信贷规模在中长期来看能够帮助科技型中小企业创新发展。

1.2.3　成长性

金融科技的成长性是指金融科技及其服务对象还处在不断发展的过程中，是动态的而非静态金融。一方面，金融科技本身作为经济发展过程中的新生事物，潜力大、风险高、发展快、收益与风险并存，具有极强的成长性。目前，关于金融科技的探讨，不论是学术界还是理论界都还在进行，金融科技未来的发展方式和趋势都还在不断变化的过程中，因此，从金融科技的自身属性来看，其本身是在不断变化和成长的。另一方面，在金融科技发展的过程中，可以帮助解决中小企业融资难、创新能力弱、技术人才紧缺等一系列问题，实现企业的发展壮大，使企业能够产生显著的社会效益，再反过来将科技进一步服务于金融业，共同推动经济社会的发展。因此，金融科技以有市场、有潜力、有应用前景的产品为着眼点，提供高质量金融资源，推动金融产业的创新产出，真正实现科技与金融资源的融合成长，在带动实体经济发展的同时又促使科技与金融的进一步深化发展。

1.2.4　普惠性

金融科技的普惠性是指金融科技惠及面较广，是从整体性出发而非局部性的金融。金融科技一直致力于打造金融新生态，维持金融公平与效率的平衡，提升实体经济服务质量，提高金融普惠水平。金融科技强调从整体性出发，考虑包容性的制度安排和政策引导，实现科技与金融的多层次融合创新。金融科技不仅能够为被传统金融排斥在外的中小微企业提供金融服务，也能为农村贫困群体提供金融产品，从适用内容和范围上都比传统金融要更加广泛，因此，金融科技既是科技和金融两者的结合，也是二者模式的升华，更是全球协力推进科技创新和金融发展的必然要求。具体而言，金融科技的普惠性主要体现在三个方面。一是金融科技参与主体的广泛性。金融科技的参与主体既包括政府、金融机构、社会团体、中介机构等组织，也包括高校、科研院所、科技企业等多类主体，具有广泛的参与性。二是金融科技业务范围的延伸性。金融科技不拘泥于传统金融的服务范围，重点向种子期、初创期的中小微企业开展金融服务，重点关注技术创新在短期内难有高收益回报的科研院所，注重发挥科技与金融的交互作用。三是评估方式的多样性。对于企业融资资质的评估方法，从传统金融的以企业有形资产的评估方式转变为以科研人员结构、专利申请与获取数量、科技创新成果等要素为评估的主要参考指标。总体来说，金融科技的普惠性使金融科技能够更好地服务于创新主体与金融行业的共同发展。

1.2.5 服务性

金融科技发展的重要目标之一就是提供更加完善的金融服务。一方面，金融科技以科学技术的创新为基础，可以进一步完善金融服务体系。通过信息技术工具，整合科技型企业信息，做好金融征信措施，拓宽科技银行融资渠道，搭建一站式金融服务平台，优化金融环境。同时，以科学技术创新不断完善金融科技服务体系，加强信息共享与信用评价，提升金融风险的防控技术，降低金融科技监管成本，提升金融风险补偿能力，不断优化金融科技整体运行机制。另一方面，金融科技也在提升金融科技业务效率上发挥着不可替代的作用。由于金融科技不同于传统金融，大多没有大量有形资产作为抵押，金融风险较大，但相对收益也会增加。同时，中小企业面对的个性化问题较多，仅靠传统的金融方法远不足以解决问题。而运用金融科技手段，则可以大大提高金融服务效率，提高解决金融问题的准确性，降低人为出错概率。如，通过人工智能方法代替传统人为方法进行高效率的学习，通过数据处理、程序运行，进行自动生成调查报告、产品定价、风险评估等程序性操作，以计算机的信息处理能力，能够节约大量的人力、物力成本，并且能够收集更加全面且准确的信息。同时，金融科技在技术上仍在不断改进与完善，通过前期数据的积累与机器学习，进行深度优化，能够提供更好的个性化服务。

2 G20金融科技发展现状

得益于新一代信息技术的发展，金融科技迎来了爆发式增长，用科技重塑业务发展模式在金融领域已形成共识。金融科技是新兴技术在金融领域的创新应用，对金融市场、金融机构的基础设施和服务均产生了重要影响。自2019年起，金融科技已成为全球金融中心竞争的焦点，接下来将具体分析G20各国金融科技的发展状况。

2.1 G20金融科技行业呈现中美主导的显著趋势

根据《2020胡润全球独角兽榜》，金融服务行业是独角兽覆盖最多的行业，在入榜的独角兽中，金融科技企业占上榜公司总市值的比例为21.6%。2019年，全球金融科技行业累计完成1166笔股权融资交易，公开披露的融资金额为2619亿元，不论是融资笔数还是融资金额，相比2018年，均有所下降。这是因为2018年蚂蚁金服融资额高达140亿美元，占2018年整年融资总额的25%，去除这笔融资后，2019年融资额也创造了新的纪录。图3-1显示了2019年全球金融科技投融资的地域分布情况。从国别分布看，2019年全球金融科技融资交易主要发生在中国、美国、英国、印度，其中，中国的金融科技融资交易数最多，为285笔，占全球的比重为24.4%，其次是美国，融资笔数达273笔；而美国的金融科技融资金额最多，为744亿元，占全球的比重为28.4%，其次是中国，融资金额达656亿元。中美两国金融科技融资占据全球半壁江山，全球金融科技呈现中美主导的显著趋势。相比之下，其他国家融资笔数均少于30笔，融资金融少于100亿元。

为了详细了解各国金融科技发展情况，表3-1列出了全球金融科技100强的地域分布名单。从全球百强金融科技企业在G20的分布看，意大利、墨西哥、俄罗斯、沙特阿拉伯、南非等5个成员国暂无企业上榜。入选全球百强的金融科技公司分为两类，一类是Lending 50，根据资金筹集、企业规模、创新能力、影响范围选取的全球顶尖的50家金融科技公司；另一类是Emerging 50，根据创新技术和业务模式选取的引人注目的50家金融科技公司。从Lending 50看，入榜企业最多的国家是美国，共有14家企业入榜，紧随其后的是中国和英国，分别为7家和5家。值得一提的是，榜单前10位中，中国占据3席，美国和印度各占据2席。根据《2020年全球金融科技专利排行榜TOP100》，中国共有48家企业入榜，其中阿里巴巴、平安科技、金融壹账通、腾讯科技位列榜单前4名，这表明中国技术实力在金融科技领域已居于领先地位。中国人民银行于2019年8月发布的《金融科技（FinTech）发展规划（2019~2021年）》明确提出，到2021年，建立健全我国金融科技发展的"四梁八柱"，进一步增强金融业科技应用能力。从Emerging 50看，入榜企业较多的国家主要是英国、澳大利亚、法国、印度。综合来看，当前金融科技实力较强的国家主要分布在美国、中国、英国、澳大利亚、印度。其中印度在金融科技发展方面后劲十足。2016年，印度总理莫迪提出"Stand Up India"的口号，从国家政策的高度助力创业风潮，实施"数字印度"战略，推行"废

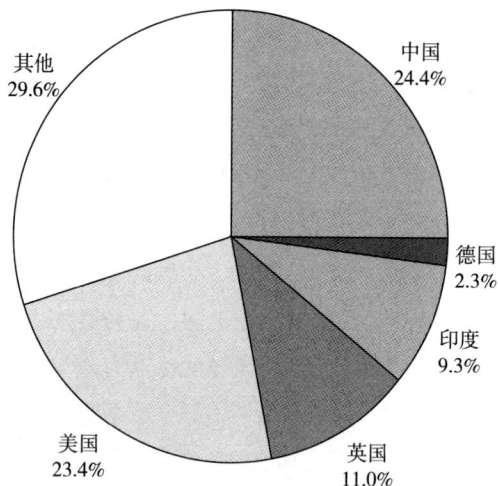

（a）按融资笔数

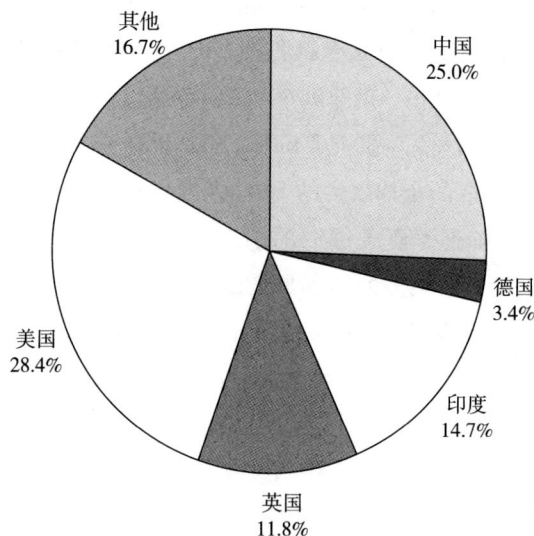

（b）按融资金额

图 3 - 1　2019 年全球金融科技投融资的地域分布情况

资料来源：零壹财经发布的《2019 全球金融科技发展指数（GFI）与投融资年报》。

钞运动"，明确数字身份证卡绑定金融服务等，为发展金融科技奠定了良好基础。安永《2019 年全球金融科技采纳率指数》显示，中国和印度的消费者对金融科技的采纳率均为87%，位居全球首位，这表明金融科技平台和生态系统已在中国和印度得到广泛应用。

表3-1　2019年全球金融科技100强的地域分布情况

	Lending 50		Emerging 50	
	企业数	企业名单	企业数	企业名单
阿根廷	0		1	Uala
澳大利亚	3	Airwallex，Judo Capital，AfterPay Touch	4	Athena Home Loans，Daisee，Sempo，Slyp
巴　西	3	Nubank，Banco Inter，Creditas	1	Rebel
加拿大	1	Wealthsimple	1	Mylo
中　国	7	蚂蚁金服、京东数字科技、度小满金融、陆金所、金融壹账通、WeLab、众安保险	3	保泰人寿，妙盈科技，OneDegree
法　国	0	—	4	Dether，Lunchr，Moonshot-Internet，Spendesk
德　国	3	N26，Kreditech，Raisin	2	Billie，Omni:us
印　度	4	Paytm，Ola，PolicyBazaar，Lendingkart	4	Acko General Insurance，FlexiLoans，Namaste Credit，Open
印度尼西亚	1	GoJek	1	Cashlez
日　本	2	Liquid，Folio	2	Alpaca Japan，Toranotec
韩　国	1	Toss	1	Moin
土耳其	0	—	1	Papara
英　国	5	TransferWise，Atom Bank，Revolut，Monzo，Neyber	5	Banked，Habito，Mutiply，Simply，TrueLayer
美　国	14	Compass，Opendoor，OakNorth，Robinhood，Sofi，Clover Health，Oscar Health，Stripe，Lemonade，Affirm，Coinbase，Kabbage，Metromile，Collective Health	2	ForwardLane，Next Insurance
欧　盟	2	Klarna，Bankera	7	Binance，Bnext，Finanbest，InvestSuite，Rundit，Tokeny Solutions，Yields.io
其　他	4	Grab，MoMo，Singlife，OurCrowd	11	Arbor，Clik，Finhay，Inviou，Latipay，Masii，MenaChain Solutions，Oko Finance，Paystack，PolicyPal，Silot

资料来源：金融科技投资公司H2 Ventures与毕马威联合发布的Fintech100。

2.2　G20金融数字化转型不断加速

按照巴塞尔银行监管委员会的划分标准，金融科技活动主要分为四类：支付结算、存贷款与资本筹集、投资管理、市场设施，其中支付和借贷是金融科技公司最主要的产品。与2018年相比，2019年全球金融科技100强企业中，支付类企业和借贷类企业的数量有所下降，而理财公司、保险公司、拥有多种金融服务的多业务公司以及数字化银行企业的数量在上升。这表明金融科技已发展到金融数字化阶段，推进金融数字化转型迫在眉睫。

一方面，G20各国积极推动银行数字化转型。近几年来，银行业市场竞争格局日益严峻，大型科技企业、金融科技公司、互联网金融平台等纷纷投向银行传统的支付、消费金融、财富管理等业务领域，通过以更优惠的服务价格、更便捷的客户体验、更丰富的产品赢得了大量客户。在此背景下，全球多个国家和地区陆续涌现了多种新型的数字银行。总的来说，欧美的数字银行发展起步较早，但对新型科技的应用较为缺乏；中国自2014年起依托互联网涌现了无数民营银行，通过对各种金融科技的运用，实现用户和业务规模的快速增长。表3-2为G20部分国家数字银行的存在形态。

表3-2　G20部分国家数字银行的不同形式

	类型	主要特征	代表性银行
美国	互联网银行	作为母行之下重要的线上获客渠道和业务补充	——
	Neobank	金融科技服务商与银行合作，为客户提供银行服务，不具备银行牌照	Moven,Simple,GoBank
韩国	互联网银行	以中小企业和普通民众为主要服务对象，发展普惠金融	K-Bank,Kakao Bank
欧洲	直销银行	通过纯线上方式为用户提供7×24小时全线银行业务产品	——
	挑战者银行	不设立任何线下网点，通过智能手机开展业务，且获批了银行牌照	Monzo,Revolut,Atom
中国	直销银行	不依赖于物理网点，通过线上渠道获取银行服务，目前仅限于使用银行App	——
	互联网银行	以纯互联网的形式运营的民营银行，有互联网公司或科技公司参股	微众银行,网商银行

美国存在两种形式的数字银行，一种形式是互联网银行。自 2008 年金融危机爆发以来，美国商业银行积极探寻转型之路，而金融科技及其新商业模式给美国银行业带来了较大压力。金融科技公司在支付、借贷、财富管理等业务方面能够为用户提供更好的体验、更优惠的价格和更快捷的方式，获得了较高的客户满意度。为此，自 2009 年开始，花旗银行、摩根大通、高盛等大型银行开始向金融科技领域发力，美国商业银行普遍将数字化放到战略核心地位，通过自主开发、与科技公司的合作、投资或收购金融科技公司等方式，积极推出数字化产品。比如花旗银行在 2012 年提出"移动优先"战略，2017 年进一步提出"打造数字银行"的新战略；摩根大通从 2012 年发布移动银行起就开始全面构建数字银行；美国第一资本金融公司从 2002 年开始实施"信息决策"战略，在坚持"数据为先"原则的基础上，推行"科技为先"战略。值得一提的是，美国金融科技公司或大科技企业并不想成为银行。2017 年初，美国货币监理署提出向金融科技公司发放银行许可牌照的草案，2018 年该计划正式落实，可是在此期间没有一家机构提出正式申请。2020 年，苹果、谷歌、亚马逊、Facebook 等美国四大科技公司在现有产品服务范围内不断增加银行业务的外围服务，与获得许可的金融业继续保持合作，但并不提供全面的银行业务。为此，美国存在另一种数字银行形式，即 Neobank。Neobank 是一种新型的数字银行，通过金融科技企业 + 合作银行的运营模式，采用纯数字或纯手机端进行操作的银行。

欧洲的挑战者银行得益于开放银行法规，该法规要求各银行开放应用程序接口和客户数据，允许第三方机构利用这些数据为客户开发支付和信息服务。挑战者银行通过支付和借贷、投资和顾问服务自动化、管理贸易融资等细分市场，以客户为基础，通过平台创新介入，快速响应市场，对传统银行业务形成巨大威胁。比如英国的 TransferWise 公司通过平台撮合，在跨境支付领域可以更快捷、更优惠地匹配有货币需求的客户。Monzo 银行主要服务于年轻人群体，在移动端每小时推出一个新功能，打造独特的差异化优势。

中国内地的数字银行有两类：一类是传统商业银行建立的直销银行，另一类是民营银行中以纯互联网形式运营的银行。直销银行是传统商业银行借助现代互联网技术，本质上仍是银行属性，而互联网银行是互联网公司向金融领域的业务拓展。目前中国内地的直销银行大多数还只是将线下业务移至线上，在功能和客户群体上与手机银行同质化较为严重，相比于美国的互联网银行和欧洲的直销银行，仍有一定差距。2014年，为了补充和完善现有银行体系，中国正式批准了第一批民营银行。在获批的这些民营银行中，微众银行、网商银行等部分银行选择以纯互联网形式运营。该模式打破了以往用户必须到银行网点或登录银行App才能享受银行服务的传统，将金融与生活场景深度融合，取得了较好的成效。

另一方面，G20各国央行积极研究数字货币。从2009年比特币被发明至今，数字货币或加密货币的发展极为迅速，G20各国金融业和金融科技企业都对数字货币市场产生了浓厚的兴趣。2019年Facebook提出的天秤币计划引发了全球几乎所有国家的央行和金融监管机构的反对。目前越来越多的央行正计划发行中央银行数字货币（CBDC），新冠肺炎疫情的发生，使得各国央行数字货币的进程不断加快。不过，国际清算银行在2020年3月发布的《即将到来——央行数字货币调查的续集》调查报告中指出，尽管各国对数字货币的研究热情逐年高涨，但对于数字货币的发行仍保持较为谨慎的态度。

中国从2014年开始研究发行数字货币，互联网科技尤其是区块链技术的发展为央行数字货币提供了重要的技术支撑，数字人民币正是基于区块链技术推出的全新加密电子货币体系。2014年，中国人民银行正式启动央行数字货币的前瞻性研究。2016年，数字货币研究所成立。当前，中国数字人民币的研究已从理论进入试点运行阶段。2020年4月，央行数字人民币先行在深圳、苏州、雄安、成都以及未来冬奥场景进行内部封闭试点测试。同年8月，商务部发布通知，将在京津冀、长三角、粤港澳大湾区以及中西部具备条件的试点地区开展数字人民币试点。

韩国央行的数字货币计划从2019年初开始研究，主要针对区块链技术在金融中的应用。2019年4月，韩国釜山率先发行地域性数字货币，其与法定货币按照1∶1进行换算。2020年4月，韩国央行宣布将于2021年进行央行数字货币试点测试。同年5月，韩国央行在发布关于国外央行数字货币发展现状的报告时，表示"在参考国外央行数字货币的研究及发展后，韩国央行将在之后进行的数字货币试验中运用去中心化等技术，对未来支付结算系统进行创新和发展"。6月，为应对全球经济和金融环境变化的影响，韩国央行公布了中长期发展战略，其中提到"将积极研究引入CBDC的相关技术和法律事项。

以其他国家 CBDC 推进动向为基础，在必要情况下将推进引入国内 CBDC 的各项准备工作"。8 月，韩国国民银行 Kookmin Bank 与区块链风险基金 Hashed 和加密货币交易所 Cumberland Korea 合作，提供比特币托管服务，管理和存储数字资产。

相比之下，美国对央行数字货币的积极性远不及中国和 G20 其他成员。2019 年下半年，美联储认为现有条件下不用发售央行数字货币。然而，自2020 年起，美联储改变了态度，开始积极研究与数字支付和数字货币相关的问题。

2.3　G20 数字普惠金融发展水平差异大

金融科技是推动普惠金融发展的重大力量。金融科技公司可以利用信息技术服务于那些被传统金融机构忽视的群体或无法获得金融服务的群体，通过提高金融服务的可得性、设计更好的多样化的金融产品、优化金融生态环境，促进普惠金融发展。早期的普惠金融主要采用的是小额贷款的微型金融模式，进入 21 世纪以后，各国逐渐形成共识，提供从微型金融向建立更包容的金融体系转变。2005 年，联合国正式提出了普惠金融这一概念，2008 年全球普惠金融联盟成立。2013 年，世界银行发起"全球金融普及倡议 2020"，倡导到2020 年底全球所有成年人都能拥有银行账户或享有移动金融服务。近年来，G20 领导人峰会通过了推动普惠金融发展的多个倡议，特别是 2016 年 G20 中国杭州峰会发布的《G20 数字普惠金融高级原则》为各国数字普惠金融发展提供了战略性指引。普惠金融的难点在于，服务对象分散，运营成本和风险较高。数字普惠金融借助技术手段，能够突破空间限制，延伸金融服务的半径，破解传统金融机构的风控难题，从而提升金融服务覆盖率。

全球普惠金融数据库①显示，2017 年，全球 69% 的成年人在金融机构或通过移动货币提供商开设了账户，76% 的账户拥有者使用账户至少进行过一次数字支付。图 3-2 显示了 G20 各国年满 15 岁的成年人开设账户并使用账户进行数

---

① Global Financial Inclusion Database，也称为 Global Findex，是世界银行与比尔及梅琳达·盖茨基金会合作的普惠金融公共指标数据库，基于第三方机构对全球 15 万成年人口开展的抽样调查获得数据。

字支付的情况。从账户拥有率看，欧盟澳大利亚、加拿大、德国、日本、英国、韩国、法国、意大利、美国拥有账户的成年人比例超过90%，墨西哥、阿根廷、印度尼西亚、土耳其、南非拥有账户的成年人比例低于70%。可见，G20发达国家成年人拥有账户的比例更高，发达国家与发展中国家数字普惠金融发展存在一定差距。从数字支付情况看，成年人账户拥有率较高的国家，数字支付比例也更高，与之不同的是，印度拥有账户的成年人比例高达80%，可是使用数字支付的成年人比例仅为29%，可见印度在发展数字普惠金融方面具有较大潜力。国际清算银行的数据显示，2018年印度移动支付交易量增长了55%，已连续3年超过中国，成为全球增速最快的国家。2020年1月，印度央行正式发布《普惠金融发展国家战略（2019～2024）》，该战略指出，未来印度普惠金融发展着力完成七个目标，包括普及金融服务、提供基本的金融服务、提供获得生计和技能发展的机会、提供金融素养和教育服务、提供客户保护和申诉补救、实现有效协调等。

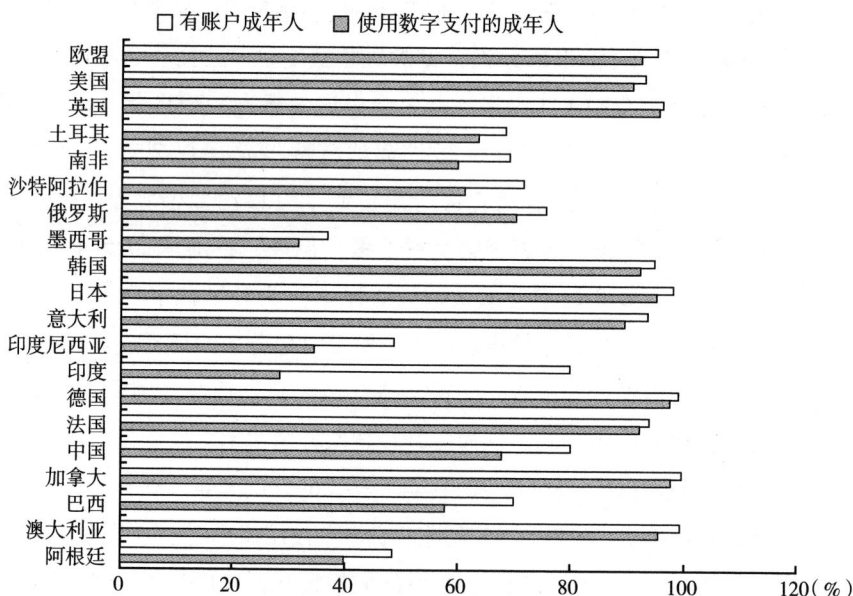

图3-2　2017年G20数字普惠金融发展对比

资料来源：世界银行GlobalFindex 2017。

中国在推动普惠金融发展方面取得了显著成效，成年人账户拥有率达80%，与发达国家差距日益缩小。2015年底，国务院颁布《推进普惠金融发展规划（2016～2020年）》，该规划指出，要积极引导各类普惠金融服务主体借助互联网等现代信息技术手段，创新金融产品，降低交易成本，并提出到2020年，建立与全面建成小康社会相适应的普惠金融服务和保障体系。《2017年全球普惠金融发展报告》指出，中国在手机支付、在线支付和网络支付等方面表现较为突出，为发展数字普惠金融提供了良好的技术条件。值得关注的是，数字普惠金融在解决中小微企业融资缺口方面发挥了重要作用。世界银行统计数据显示，发展中国家有1.31亿家中小微企业面临信贷约束，其中中国有3000多万家。中国微众银行作为以纯互联网为渠道的金融机构，以较低的成本与成千上万家小微企业建立业务关系，为其提供信贷服务。网商银行以电商交易、移动支付和生活服务为媒介，为近千万小微企业提供获得更多贷款的授信服务。

2.4　G20金融科技监管政策陆续出台

金融科技通常是跨界融合或混业经营的产物，容易导致原有金融业务的边界模糊化，加大金融监管的难度。传统金融监管方式或手段在对新兴金融业务、产品及资产进行监管时面临一定的压力。因此，监管部门也要努力顺应监管新趋势，利用新技术实施监管。

一方面，G20各国积极出台金融科技监管政策，推动金融科技健康发展。为了防范金融科技带来的风险，各国制定了"创新中心""监管沙盒"等包容性的监管措施。其中，英国金融行为监管局在2015年11月开创性地提出对金融科技实施监管沙盒的计划，并于2016年5月推出。监管沙盒的用意主要是在一个缩小的真实市场中构建相对宽松的监管环境，监管机构通过观测创新产品的发展，实现监管与创新的平衡。2017年4月，英国财政部提出"监管创新计划"，旨在利用新技术减少业务的监管负担。随着监管沙盒机制在英国等国家取得成效，G20其他成员也在积极尝试创立金融科技监管沙盒，推动金融科技的研发。2018年8月，美国首个金融科技监管沙盒正式落地亚利桑那州。2019年8月，印度储备银行发布《监管沙盒授权框架》文件，宣告印度监管沙盒机制正式启动，明确将加密资产、首次代币发行、信用登记、所有已被印度政府或监管部门禁止的产品和服务列入不予测试的负面清单。与此同时，印度证券交易委员会和保险监管局对区块链、人工智能等创新技术和服务也设立了监管沙盒。中国对金融科技的监管经历了从自由放任到严厉整治，再到强势监管的发展历程，近年来，随着金融科技的迅猛发展，中国也着力推进了一些有利于金融科技监管的措施。2017年7月，国务院金融发展稳定委员会成立，2018年4月，中国银行保险监督管理委员会挂牌，金融科技正式纳入宏观审慎监管目标。从2018年初开始，中国各地方金融监管局正式挂牌，2018年7月，金融安全大数据平台正式上线。2019年12月，中国人民银行支持在北京市率先开展金融科技创新监管试点。2020年3月，北京"监管沙盒"试点首批6项应用完成登记并将正式提供服务，截至目前，中国已在北京、上海、重庆、深圳、雄安新区、杭州、苏州、广州、成都等9个地区开展"监管沙盒"试点工作，未来仍将持续扩容。

另一方面，G20各国积极参与金融科技国际监管合作，增进监管协调。2018年，IMF和世界银行发起巴厘岛金融科技议程，呼吁成员国拓展国际合作，创造有利的全球金融科技监管环境。2019年，英国金融行为监管局、美国金融消费者保护局、中国香港金融管理局、新加坡金融管理局、世界银行集团、IMF等38个金融监管部门和有关国际组织建立了跨国监管沙盒"全球金融创新网络"。

3 新冠肺炎疫情对G20金融科技发展提出的新挑战

2020年初暴发的新冠肺炎疫情对全球经济发展造成了巨大冲击，金融科技因其非接触的特点保障了经济的运转，在抗击疫情方面发挥了重要作用，表现出了极大的价值。虽然新冠肺炎疫情造成了全球经济的下行，但是疫情也进一步加速了金融与科技的融合，为金融利用技术创新提供金融服务带来了机遇，使人们更加聚焦金融科技所蕴含的力量。但与此同时，疫情的发生所带来的变化也对G20金融科技的发展提出了新的挑战与要求。

3.1 G20金融科技应加快建设统一的标准、规范等协调机制

为了提高国家在金融科技创新方面的竞争力，G20各国针对金融科技制定了相应的政策举措。比如英国推出"监管沙盒"机制；澳大利亚推出《257号

监管指南》；美国发布《金融科技监管白皮书》等。目前各国虽然制定了相关的金融科技标准，但是 G20 之间还缺乏统一的标准和规范，这对于跨国之间的金融合作造成了一定的阻碍。国际清算银行下设的金融稳定协会对 31 个国家和地区的金融科技政策进行了比较，并于 2020 年 1 月发布了报告。报告显示，大部分涉及的 G20 国家在金融政策上还缺乏统一的标准和规范，各国的建设进度差别也较大。例如对于数字银行，大多数司法管辖区将现有的银行法律法规直接应用于数字银行，只有少数几个司法管辖区制定了特定的牌照制度，如中国香港特别行政区、新加坡、澳大利亚等。

疫情的发生为全球金融稳定性带来了不确定性，加快了对数字金融服务的需求，为了促进全球金融稳定性，构建统一的金融标准和规范以降低系统性风险是重要的挑战之一。近几年，随着数字技术的发展，G20 关注到了数字技术所带来的机遇，在普惠金融方面出台了相关的原则用于鼓励各国通过数字创新推进普惠金融，2010 年和 2016 年相继推出了《G20 创新型普惠金融原则》和《G20 数字普惠金融高级原则》，用于指导各国制定相应的国家计划，以发挥数字技术在金融服务中的巨大潜力。这些原则倡导各国利用数字技术推动普惠金融发展，鼓励各国构建恰当的数字普惠金融法律和监管框架。但是关于金融科技其他应用方面的标准和规范等问题，还有待出台更多的国际原则。

3.2　G20 应加强金融科技基础设施建设

金融基础设施指的是支持金融市场和金融中介有效运行的机构、制度、信息和技术，包括法律制度、支付与清算组织、监管机构等。良好的金融基础设施能够带来更高的金融服务效率和经济增长。2008 年金融危机之后，国际上十分注重金融基础设施的建设，高效、透明、规范的金融基础设施能够显著降低系统性金融风险爆发的可能性。2010 年美国发布了《多德—弗兰克华尔街改革和消费者保护法》，旨在限制系统性风险。2012 年，支付结算体系委员会（CPSS）和国际证监会组织（IOSCO）发布了《金融市场基础设施原则》，用于指导各个国家的金融基础设施建设。2014 年，欧洲制定了《欧洲市场基础设施监管规则》，指导欧盟国家构建金融监管框架。2016 年 G20 中国杭州峰会上，各国领导人提出要建立更加高效的全球经济治理，金融基础设施成为热点议题之一。2020 年，中国人民银行、发展和改革委、财政部等联合印发了

《统筹监管金融基础设施工作方案》，旨在统一监管标准，健全准入管理，优化设施布局，健全治理结构，推动形成布局合理、治理有效、先进可靠、富有弹性的金融基础设施体系。

金融科技的发展，离不开完善的金融基础设施的支撑。当前在大数据背景下，未来金融基础设施将成为一个国家和地区的核心竞争力。新冠肺炎疫情的发生，更是对完善金融基础设施建设提出了要求。G20各国应夯实金融科技基础设施，加强金融科技在技术、法规建设、信用服务、标准规范、消费者保护等方面的建设。在技术方面，G20国家应加强国内外高校的学术交流，开展前瞻性、基础性的研究，夯实金融科技应用理论的基础；在法规建设方面，G20各国应该根据现代科技成果的新特点，建立相应的金融法治体系；在信用服务方面，G20各国应该加强对金融信用信息基础数据库的建设和维护，引导市场征信机构合法合规开展征信业务，加强对信用信息的保护；在标准规范方面，G20各国应该加快完善人工智能、大数据等技术在金融业的应用规范，同时也要积极加快完善国际上对于金融科技的技术规范。

3.3 G20应加强金融科技风险防范能力

新冠肺炎疫情加速了金融科技的发展，在新冠肺炎疫情的倒逼下，随着人工智能、大数据、云计算、5G等新一代技术的成熟，各大传统金融机构将更加注重对金融科技的投入，G20各国的金融业将会出现越来越多的新业务模式。金融科技的发展将使得各类数字信息成爆发式增长，这些数字信息有利于助推风险管理的转型升级，但同时也带来了新的风险。随着金融科技的应用，银行等金融机构扩大了信息收集范围，使得金融风险的分析数据更加丰富，对未来风险的预测也更加具有前瞻性。在国际层面上，G20各国可以通过加强合作来加强对全球金融风险的防控，但同时也面临新的技术可能带来的潜在问题和重要挑战，比如数据隐私、网络安全等。面对海量的数据信息，如何保障信息安全，强化风险管控。例如，数据安全问题是各个国家需要考虑的重要问题。尤其大型科技公司往往收集了遍布世界各地的数据，在数据安全上可能存在一定的政治风险。如苹果、亚马逊、Facebook等跨国公司在公司运营过程中存储了大量的数据信息，这些数据信息涉及多个国家。根据Identity Theft Resource Center和CyberScout发布的报告，2017年有1500多起数据泄露事件。

由平安金融研究院和绿盟科技发起的《2017中国企业金融科技安全调查问卷》显示，我国约60%的金融行业机构使用了云服务，且大多数是私有云，而云业务中存在的一个重大安全风险就是数据访问和隐私保护。

综上，G20在推进金融与科技的融合过程中，应加强金融风险防范。一方面G20国家应加强应用金融科技提升跨市场、跨业态、跨国金融风险的识别、预警和处置能力，加大对金融信息的保护力度，确保用户身份、账户、信用、交易等数据资产的安全。另一方面也要做好新技术应用的风险防范，应科学选用发展相对成熟稳定的技术，强化新技术应用的保障机制，加强对新技术运行的监控和风险处置策略，加强对科学技术自身的风险防范。

3.4　G20应提升金融科技跨国多层次合作机制

目前G20国家在金融科技的跨国合作上还缺乏多层次的合作机制。由于金融科技的发展时间较短，国际层面仍然缺乏指导统一行动的监管框架。在实际的运行中，各国政府、行业协会、跨国企业之间还缺乏多层次的合作机制，这导致了各国难以协调诸如跨国企业的避税等问题。例如，跨国科技企业的避税问题需要国家之间的共同合作。大型科技公司（BigTech）有强大成熟的客户网络体系，它们往往为满足客户需求，逐步将业务拓展至支付、信贷、保险、基金、资产管理等金融领域。这些企业为遍布全球各地的消费者提供线上服务，而现有的税制以货物的生产和流通为基础。这使得大型科技企业能够利用税法的漏洞，在税率较低的国家建厂，以达到规避税务的目的。谷歌、Facebook、亚马逊和苹果等跨国科技巨头长期以来都采取了这种方式避税。疫情发生之后，将可能出现更多这种避税的情况。再如全球跨境支付问题，全球跨境支付涉及多个国家，需要通过多层次的网络来实现。然而目前跨境支付过程中还存在跨时区不同工作时间、缺乏统一数据标准、复杂的合规要求等摩擦和问题。加强跨境支付需要各个国家共同协调支付基础设施、数据标准、监管和监督框架等问题。因此，如何更加联动、高效地统筹各国相关机构也是后疫情时代G20金融科技所面对的重要挑战之一。

新冠肺炎疫情的发生更加凸显了国际上在重大问题上进行合作的必要性。在金融科技领域，制定相关政策需要政府机构在金融机构与企业之间进行深入了解、统筹协调，也需要国与国之间进行必要的统筹协调。G20国家应依托国际金融组织建立多层次的合作机制，加强其在金融科技中的统筹协调能力。同时，G20各成员国应该积极完善本国或本地区的法律法规及相关政策，为更多层次的双边及多边对话机制创造机会，加强合作主题在金融科技领域的沟通协调，消除双边或多边摩擦。

3.5 G20各国应加快应用金融科技手段促进普惠金融

普惠金融旨在为中小微等弱势群体提供金融服务。新冠肺炎疫情冲击下，保障中小微企业的发展能够有效促进G20经济复苏。中小微企业是产业链中的重要参与者，是社会经济发展的主要力量，但是因其自身企业规模小、经营风险高、抗风险能力弱等原因，普遍面临融资难、融资贵、融资渠道单一等问题。以中国为例，截至2018年底，中国中小企业的数量已超过3000万家，个体工商户超过7000万户，且它们贡献了70%以上的技术创新成果和60%以上的GDP。然而，38.8%的小型企业和40.7%的小微企业的融资需求还未得到满足。新冠肺炎疫情的暴发给中小微企业的发展带来了更大的困难。一方面，新冠肺炎疫情的蔓延造成了中小微企业经营活动停滞，而在开工难的情况下还需要继续支付厂房租金、利息等必要支出，直接导致了中小微企业现金流容易出现问题，使得中小微企业原本融资难、融资贵的情况更加严重。另一方面，新冠肺炎疫情的暴发造成了宏观经济的下行，商业银行为了保障自己的利润，降低风险，在投资上更可能以大型企业、优质企业为主。增加的融资需求和投资者规避风险的倾向将使中小微企业的融资问题雪上加霜。作为产业链上的重要一环，中小微企业的发展困境将直接导致市场需求下降、原材料供应不足。因此，满足中小微企业的融资需求，对于稳定全球经济意义重大。

显然，疫情的发生加快了各国推进普惠金融的诉求，G20各国应加快应用金融科技手段促进普惠金融，积极打造中小微企业融资新模式。一方面要通过新的融资模式解决中小微企业融资难、融资贵的问题，另一方面也要利用新的融资模式提高资金配置的效率。G20各国应加大金融科技产品服务创新力度，推动普惠金融，积极利用人工智能、大数据、云计算等科技成果，完善中小微企业的信贷流程和信用评价模型，综合分析中小微企业的财务状况、发展前景等，加强对中小微企业的风险侦测和预警，根据中小微企业的发展情况及时调整信用评级，让资金的配置更加合理，引导资金流向优质的中小微企业。

3.6　G20应加大对加密资产的监管

随着新冠肺炎疫情的大流行，在金融领域中，现金替代品在国际支付中将变得更加具有吸引力。特别地，近年来加密货币（如比特币、以太坊）作为新兴事物受到了各国监管机构的关注。一方面，加密货币能够提高金融服务效率，且其载体区块链具有不可篡改、易储存、匿名性等特点，在区块链上发行法定货币能够充分利用技术创新优势；但另一方面，加密货币存在较大的风险，加密资产相关的市场速度发展较快，当它超出了市场监管机构的监管范围并缺乏相关的行业标准时，容易造成监管缺口，存在较大的金融风险。近几年，负责监督全球金融体系并向 G20 提供建议的金融稳定委员会也注意到了加密资产的兴起。2018 年，金融稳定委员会发布的《加密资产市场：未来金融稳定影响的潜在渠道》指出，比特币或以太坊等加密资产仍然是一个小众市场，不会对全球金融稳定性构成重大威胁，但该报告建议应对加密资产进行警惕性监控。随着数字经济的兴起，FSB 越来越关注到了数字货币对于构建更加高效、弹性的金融体系的重要性，但也仍然对其潜在的风险给予了较高的关注。2019 年 G20 国家在日本举行的 G20 财长和央行行长会议上，发表了一份关于加密资产的联合声明，声明指出，加密资产能够为金融体系带来重大利益，但它也具有潜在的风险，如与反洗钱、反恐融资、消费者和投资者保护相关的风险。2019 年 10 月，G20 财长及央行行长与与会各方对 Facebook 计划发行的加密货币 Libra 达成共识，认为其在监管方面存在严重的风险，在出台应对风险的政策之前不应该发行。综上，虽然认识到了数字货币对金融体系的重要性，但各国的共识仍是不能盲目发展数字货币，数字货币的发展必须要在国际监管下才能进行。

在疫情下，加密货币因为其无接触的特点比纸质货币更具有吸引力，其进入金融流通的速度可能会加快。为应对加密货币带来的潜在的风险，G20 各国应加速研究加密货币的发行、监管等一系列问题，在考虑市场稳健性和客户资产安全性的基础上，成立加密资产监管机构，实施统一的加密资产国际准则，在利用好加密资产所带来机遇的同时，加强防范可能引发的风险。

4 中国在 G20 金融科技发展中发挥的重要作用

疫情的暴发没有国界，在新冠肺炎疫情面前，任何国家都无法独善其身。目前，新冠肺炎疫情导致全球经济发展再次来到十字路口，G20 作为全球经济治理的重要组织，更不可能完全摆脱全球政治经济格局的变化，如何进一步发挥金融科技的关键作用对于推动世界经济复苏与增长至关重要。而中国是 G20 的创始国之一，也不断推出一系列重大举措，以科学技术促进金融产业创新发展，为 G20 的金融科技发展起到了表率与推动作用，从而推动中国乃至世界经济复苏新浪潮。习近平总书记强调，G20 要坚持建设开放型世界经济大方向，向着构建人类命运共同体的目标迈进。面对复杂的国际环境，G20 各国应该加强团结，提速金融科技发展，释放经济增长潜力，提升国际社会信息，以应对后疫情时代的困难与挑战，而中国在其中发挥着不可替代的作用。

4.1 坚持金融科技政策引导

金融科技具有极强的政策性，是政府进行宏观经济调控的重要手段。因此，通过政策手段对金融科技加以引导对于金融科技的发展十分重要。G20 的各个成员国都非常重视金融科技的发展，已经出台了一系列有关金融科技的指导原则及建议。在此基础上，金融科技的宏观建议可以进一步向中观与微观层面进行延伸，不断增强金融科技政策的引导性，为各国发展金融科技提供更为具体的指导。其中，中国在国家层面提出了利用科技创新，拓展金融服务深度与广度的相关规划与措施，力求运用互联网技术手段，构建金融政策体系具体框架，通过中央统一安排与地方政府的协同跟进，在实践过程中成效明显，为 G20 金融科技政策的制定发挥了积极作用。

4.1.1 大力推进数字普惠金融

G20 早在 2010 年韩国首尔峰会上就成立了普惠金融全球合作伙伴组织（GPFI），这是当前普惠金融领域全球治理中影响力最大的官方平台。依托大数据、云计算、物联网、区块链、互联网等数字技术，可以突破传统金融服务的地域局限，极大地扩张金融服务的范围，形成互联互通、高效运行、信息共享的金融产品与服务体系。同时，通过现金的信息管理系统，金融机构可以实现金融服务的自动化、远程化、系统化、批量化，使目标客户足不出户就可以办理人转账、汇款、代理缴费等常规业务，服务对象的扩大有效地弥补了传统金融所无法触及的基层金融需求弊病，解决传统金融机构对偏远地区人群、低收入人群信用评估困难的问题，为金融科技的进一步发展夯实社会基础。普惠金融全球合作伙伴组织一直将数字普惠金融设为重要议题之一，出台了一系列相关政策法规，如《G20数字普惠金融高级原则》《G20数字普惠金融新兴政策与方法》《G20普惠金融政策指引：数字化与非正规经济》，促进各国政府积极落实数字普惠金融行动，丰富数字普惠金融相关措施，进一步推动数字技术服务于普惠金融。在此基础上，中国作为牵头国之一，参与2019年普惠金融全球合作伙伴组织的议题改革，不断深化全球普惠金融议题发展。可以说，推进数字普惠金融发展是G20的重要议题，中国为促进金融科技发展起到了有力的推动作用。

4.1.2　协调全球金融治理体制

G20作为当前国际社会金融治理的核心平台，有必要就国际货币体系改革、全球宏观经济政策、国际金融体系变革等进行相应的沟通与协调，为国际社会在应对金融危机与改善全球金融治理方面发挥主导作用。中国对于金融科技的治理经验源于40多年的改革开放，通过不断丰富融资方式，以增加融资量，助力金融科技发展，建立金融科技服务平台，为科技企业与金融机构提供真实有效的信息，构建更加安全、互惠、和谐的金融服务体系，切实为G20金融科技的发展提供优质媒介。"中国路径"兼具系统性、协同性和先进性，有条件为G20金融科技的发展提供重要保障，促使金融科技的发展与实体经济相适应，加速形成全球经济增长的有效机制。中国外交部部长王毅早在2013年对中国领导人出席G20俄罗斯圣彼得堡峰会的情况介绍里就提及了"中国方案"，其中在全球金融治理方面表达了中国声音，倡导在全球金融治理领域里，共同构建具有现实操作性和国际合法性的方法。中国在历次二十国集团峰会上的积极态度和贡献，尤其是组织杭州峰会，表明了中国对G20金融科技治理新体系和新体制核心目标上的极大赞同与积极推动。

4.1.3　推动金融科技知识普及

金融科技对传统金融产生的技术变革无疑带来了新的困难和挑战，特别对那些没有接触或者很少接触信息技术工具的用户带来一定困扰。对于G20各国，提升人们对于金融科技工具的使用效率关键在于金融相关知识的普及，通过各国金融机构间的联系互动，共创共建金融普及推广项目，注重金融科技素养的培养，提升金融科技合作的意识性。中国在这方面通过相关活动的开展，极大地提升了群众对金融科技的兴趣，为世界金融科技知识的普及作出了贡献。具体工作包括一年一度的"金融知识普及月""守住你的钱袋子"等活动，以及每两年一次的金融知识与素养相关的调查，并借助互联网等信息渠道不断为群众输送金融知识。这些都为金融科技相关知识的普及起到了良好的表率与推动作用。

4.2　平衡金融科技创新与风险

金融科技凭借其特有优势，在短短数年时间内实现了传统金融数十年都无法实现的目标。然而，金融科技离不开科技创新，而每一次创新都必不可少地伴随着风险产生，必须认真识别、研究、评估金融科技风险产生的原因，平衡创新与风险带来的利弊，提出对应的解决方法，才能够保障金融科技的可持续发展。因此，金融科技中创新与风险的平衡问题是 G20 推动经济金融发展与经济复苏的关键。

4.2.1　以金融科技为创新驱动力

金融科技以科技创新为技术支持与发展方向，积极地引导和鼓励金融产品创新、服务创新、监管创新，对于提升 G20 金融科技水平至关重要。科技创新为金融科技的发展提供了技术支撑，是金融科技发展的必要条件，同时，科技创新满足了科技创新运行过程中大量的资金需要，也为金融科技提供了投资市场。对 G20 而言，科技创新的技术发达程度很大程度上决定了国际金融市场的投资和收益水平，关乎金融科技的投入产出绩效。中国的技术创新水平一直走在国际前列，对全球创新产出起到了重要推动作用，包括一系列互联网信息技术和电子产品的研发，不仅为本国金融科技产品的发展提供了坚实的保障，还为 G20 其他国家提供必要的技术支持，使科技创新与金融科技实现互利共生、相互协调发展，推动了 G20 金融科技领域的共同繁荣。

4.2.2　防范金融科技创新风险

金融科技是以科技创新服务于金融为本质，而科技创新需要高投入带来高增长、高收益，同时也面临高风险，因此，对于金融科技，风险是其固有属性之一。金融风险易于扩散，需要从源头入手，介入整合金融科技的运行过程，加以防范和控制。近年来，G20 各国也在不断加强国际金融科技风险防范，构建风险防控架构以推动国际金融环境改善，把握金融科技发展机遇。中国通过科技手段与金融方法相结合，在金融科技产品逻辑、业务流程、监管规范等方面做好规则约束和科技防控，起到了良好的表率作用。中国人民银行发布的《中国金融稳定报告（2019）》指出，中国需要不断完善科技金融的创新与监管方式，在尊重市场原则的同时趋利避害，加快落实相关监督管理手段的实施，辅助中国金融科技的健康发展，为 G20 金融科技风险防范工作提供有益启示。

4.2.3　维持创新与风险的平衡

在金融科技创新与金融风险并存的情况下，G20 倡导创新与风险的平衡，鼓励创新的均衡与适度，以维持金融科技的可持续发展。综合考虑金融科技的收益与风险，在培育金融科技创新的同时，也要认识到科技的高速发展给金融带来的新的挑战风险。应及时有效地识别并处理这些风险，并在创新者与监管者之间建立常规的信息分享机制，在创新活动的同时做好风险识别、评估工作，以市场为导向加强各部门间协作，制定合理的风险管理战略。中国为维持金融科技创新与风险做了大量工作，如《非银行支付机构网络支付业务管理办法》中，中国人民银行指出，要对不同网络支付用户分类管理并要求进行身份验证，实施实名管理规则，对小额管理要重视其便捷性，大额管理要保障安全性，兼顾创新与风险，为 G20 金融科技发展过程中平衡创新与风险提供了新思路。

4.3　提升金融科技监管水平

G20 近年来鼓励规范金融科技创新发展方向，对于金融科技的监管政策应趋于对监管科技的深化运用，以凸显技术中性和适度监管包容，防止监管套利，引导科技创新在金融行业发挥优势，使金融科技领域形成公平竞争与良性互补，促进全球金融行业的健康发展。

4.3.1　引入多方协同监管体系

目前，以政府为单一主体的传统监管模式表现出监管效率低下、成本较高等弊端，越来越多的国家选择以协同监管方式变革原有监管体系。而金融科技由于其极强的创新性，更需要充分依靠科技发挥多方监管的协同力量，以发挥创新优势，达到更高的监管效率和监管目标。G20应不断加强不同监管部门间的数据互通，以数据共享形式制定行业标准、准入与准出门槛，规范金融科技的行业发展。不同机构间构建数据交互机制实现数据的传递与共享，或是通过购买等方式，加入第三方大数据企业，实现数据互联互通，打造内容丰富的金融科技产业数据库。中国国务院金融稳定发展委员会办公室于2020年印发《关于建立地方协调机制的意见》，各地建立金融委办公室，加强中央和地方在金融监管、信息共享和风险处置方面的协作，在促进区域金融创新的同时防范重大金融风险，推动信息共享，协调做好金融生态构建。

4.3.2 坚决打击伪金融科技

技术产业对金融科技的发展起到了重要的推动作用，其核心在于技术创新的驱动，因此，要防范金融风险，离不开技术手段。科技监管分化主要体现在甄别伪金融科技和真正的金融创新。伪金融科技通常利用科学技术作为幌子来逃避金融监管，从中套利，实为从事非法经营活动。监管部门运用科技监管手段，对扰乱金融秩序的行为进行有效干预，加强科技与金融的良性互动，有效回应金融科技发展所带来的新问题。G20国家在金融监管方面坚持技术中性原则，积极发展监管科技。中国2017年金融工作会议明确要求要限制偏离实体经济需求、规避监管的"创新"，如90%以上的虚拟代币都被用作投机炒作工具和非法金融活动，严重扰乱了金融市场秩序，现已明确禁止虚拟代币发行，坚决打击违法违规金融活动，严肃金融监管氛围。

4.3.3 完善监管法律规范

金融科技在改善金融服务的同时也暴露出一些问题，如金融业务边界、地理边界模糊带来的监管困难等。面对金融发展新形势，应设计更加符合现实情况的法规机制，引导金融科技产业更加规范化。在法律规范的设计方面，根据产业发展需要设计出针对性的政策制度，以填补当前金融科技中部分监管空白的问题。为了维持全球金融稳定，G20国家呼吁就全球金融监管进行合作，新的市场发展和政策举措使得G20改革所涉及的各辖区间的合作越发重要。中国金融监管部门在全球金融科技快速发展的情景下表现较为突出，如中国人民银行于2017年成立金融科技委员会，强调利用互联网技术手段将监管科技落地，提升跨地域、跨行业的交叉性金融风险防范。《金融科技（FinTech）发展规划（2019～2021年）》也再次强调了运用科技手段化解金融科技监管风险，包括建立风控平台、拟定数字化监管协议等具体措施，通过减少信息不对称、消除信息壁垒有效落实监管措施。除此之外，中国证监会也组建了科技监管专家咨询委员会，发布了《中国证监会监管科技总体建设方案》，不断部署与落实科技监管工作安排，一方面让金融科技的监管工作有法可依，另一方面也鼓励更多的主体参与到金融科技产业当中。

4.4　推动金融科技基础设施建设

良好的基础设施支持是金融科技发展不可或缺的必要条件。G20尤其是其中的发展中国家，应大力发展互联网、电力电信、支付清算体系等基础设施建设，实现信用数据共享与权益保护，为金融科技的发展提供基础支撑。中国依托金融服务基础设施建设，不断降低金融科技服务成本，提升金融科技服务效率，有助于拓展金融科技服务范围。

4.4.1　提高基础设施覆盖率

如何建立安全高效的信息通信基础设施，并提高基础设施的覆盖率，对于金融科技的发展至关重要。G20应通过扩大服务网点覆盖范围，提升交易账户整体便利性，推动完善动产抵押登记系统，建立灵活动态的信用报告机制，提升金融服务网点及渠道的互通性。在推进中国基础设施的建设上，中国人民银行主张向乡村进一步延伸银行卡受理网络，在支付体系方面一直走在国际前列。《中国普惠金融指标分析报告（2018年）》指出，中国共建成助农取款点近100万个，覆盖超过90%以上的行政村。中国人民银行副行长朱鹤新表示中国人民银行征信中心运行和维护的国家金融信用信息基础数据库已成为世界上收录人数最多、数据规模最大、覆盖范围最广的征信系统，在中国，每一个具有信用活动的企业和个人基本都拥有统一格式的信用档案，征信产品与服务广泛应用于经济社会各领域。

4.4.2　以新基建挖掘新契机

大数据、人工智能、区块链等创新技术的发展，推动金融科技向数字经济的价值革新，而金融科技想要更好地借力数字经济的发展，必须迎合"新基建"的特点，主动拥抱创新，把握"新基建"给金融科技带来的新契机。以5G、物联网、大数据、人工智能为代表的技术产业，已成为推动世界经济发展和技术变革的重要力量，新型基础设施建设是使这些技术转化为现实生产力的基石，是中国新一轮基建的重点。中国通过发展"新基建"推动产业互联网提速，促使包括小微企业在内的商业载体被充分数字化，伴随着企业数字化、线上化的应用率的提升，使 ToB 端金融科技业务得到突破式发展，开启 B 端金融科技和小微金融新格局。特别对于后疫情时代，传统金融机构的生存方式受到了前所未有的挑战，不少企业真正意识到 ToB 端应用的重要性，开始试图联合第三方金融科技企业以弥补自身科技实力不足的弊端，以提供更加精准的金融服务，降低融资成本，在未来金融产业的发展中抢夺先机。很多科技实力不足的中小金融机构要想在未来发展中抢占先机，考虑到自身科技实力不足，通过与第三方金融科技公司合作，降低技术成本，能够更好为中小微企业提供金融服务。在未来，还将有更多的金融机构与金融科技公司携手，由此借鉴传统基建投融资模式，打造出一套"新基建"中国模式，推动 G20 金融科技的发展。

4.4.3 推进电子化支付系统建设

数字化支付系统是使金融科技服务于实体经济的关键工具，通过不断完善的电子化支付系统建设，为更广泛的金融科技交易提供技术支持，也为金融服务安全提供了保障。对于 G20 而言，需要建设更为开放的电子化支付系统，提高政府在电子支付方面的参与度，将电子支付应用在税收支付、养老金支付或其他社会福利性支付方面，既可以扩大金融服务的使用性，也可以提升民众对金融服务的满意感，为金融科技的可获得性奠定基础。中国在第三方电子支付市场方面有着较为突出的表现，如最为大众熟知的阿里支付和微信支付，极大地提升了中国乃至全球的金融服务使用频率和效率。

4.5 丰富金融科技理论研究

随着金融科技的发展金融科技的理论研究也在不断丰富，其内涵、形态、深度都必须与时俱进，不断向更高的层次拓展。对于 G20，在金融科技方面也必须进行持续性和开放性深度研究，在实践探索的基础上不断丰富理论基础，加深对金融科技理论认知。中国将金融科技理论与国际规范相结合，加强对金融科技公共政策方面的引导和支持，动态调整与优化金融科技指标体系，合理评估和引导金融科技发展，推动 G20 金融科技基础研究深入发展，推动金融科技管理实践。

4.5.1　夯实理论研究基础

科技创新一直是学术界研究的热点，也是当代世界经济发展的重要主题，如何更好地利用科技创新推动世界金融市场的成长是金融科技研究的关键问题，也是 G20 的重要议题。中国学者对金融科技的研究始于 21 世纪初，相比于西方国家虽然起步较晚，但近些年呈现井喷式成长，具有一定程度的影响力。目前关于金融科技的理论研究主要包括金融科技的基本内涵与概念、金融科技体系的构建，并呈现不同程度的细化与扩展，研究数量和质量增长显著，一定程度上为 G20 在学术层面取得金融科技领域的突破提供了坚实的研究基础。

4.5.2　建立健全指标体系

一个全面、可靠、可得的金融科技指标体系可以更好地实现金融科技的评估、预测和监管，有利于运用科学的方法深入分析金融科技的发展现状、趋势与障碍，衡量金融科技的现实成果。因此，在 G20 金融科技发展的实践中，应不断完善科技金融评价指标体系，建立相关数据采集系统，促使核心评价指标选取合理化。中国通过《金融科技（FinTech）发展规划（2019~2021 年)》的发布，逐步推动科技评价指标工作进行，不断完善科技系统评价体制机制，从而对金融科技作出合理评估与发展评定，有助于制定符合现实国际情况的倡议与规范。

4.5.3　以理论研究服务金融实践

在世界经济格局的推动下，科技创新以及以此为基础的金融科技的发展是关乎一国经济运行与全球竞争力的重要因素。G20 应将资源适度向科技创新倾斜，使创新理论研究落脚于金融实践，才能在激烈的竞争中开发出符合时代诉求的金融产品和金融工具，充分发挥创新对金融科技的巨大推动作用。金融创新从来都离不开科技的支撑，中国在《国家"十二五"科学和技术发展规划》中就将"科技创新"列为国家重点专项规划并进行顶层设计。如今，已有大量积极创新的金融机构借助强大的科学技术，如云计算、物联网、大数据等，成为金融创新的强大支撑力，成功实现了从传统金融向金融科技的完美转身，使企业客户、个人用户都能享受到更多、更好的金融服务，更使得全球金融产业飞速发展。

参考文献

［1］秦昌才：《新旧动能转换中金融体系支撑的内涵及其作用》，《甘肃社会科学》2019年第1期。

［2］Dhar, V., Stein, R. M., "FinTech Platforms and Strategy", *Social Science Electronic Publishing*, 2017（10）：32 – 35.

［3］Wonglimpiyarat, J., "FinTech Banking Industry：a Systemic Approach", *Foresight*, 2017（6）：590 – 603.

［4］贺建清：《金融科技：发展、影响与监管》，《金融发展研究》2017年第6期。

［5］易宪容：《金融科技的内涵、实质及未来发展——基于金融理论的一般性分析》，《江海学刊》2017年第2期。

［6］王昊：《我国金融科技发展状况分析》，《中国国际财经》2017年第7期。

［7］蔡敏容、阮坚、王小燕：《金融科技人才内涵、特征及能力体系》，《金融科技时代》2020年第7期。

［8］汪桥、史贤华：《基于ARIMA模型的安徽省科技金融新特点与新实践》，《淮南师范学院学报》2019年第1期。

［9］王硕、王伟：《完善科技政策性金融功能研究》，《科学管理研究》2019年第6期。

［10］李阳、刘佳慧、宋沁鸽：《金融科技和科技金融协同性发展模式分析》，《市场研究》2020年第5期。

［11］程炼：《金融科技时代金融基础设施的发展与统筹监管》，《银行家》2019年第12期。

［12］尹振涛、潘拥军：《理性认识BigTech介入金融领域》，《中国金融》2019年第10期。

［13］谢向丹：《新形势下中小微企业融资难融资贵困境与对策》，《价值工程》2020年第20期。

［14］尹应凯、侯蕤：《数字普惠金融的发展逻辑、国际经验与中国贡献》，《学术探索》2017年第3期。

［15］韩俊华、韩贺洋、周全：《科技金融创新的经济增长效应、运行模式和风险管理路径》，《科学管理研究》2018年第3期。

［16］李健英、李娟：《金融科技的普惠性及其监管的特殊性》，《农村经济与科技》2019年第7期。

［17］徐晓莉、杜青雨：《我国金融科技监管体系研究：来自国外的启示》，《新金融》2019年第6期。

［18］纪飞峰：《金融应主动创新支持"新基建"投融资需求》，《经济参考报》2020年7月14日，第7版。

G20 Fintech Development Trends and Policy Outlook in the Post-pandemic Era

Yi Xiaoli Han Ying Chen Ying

Abstract: The COVID −19 pandemic has caused a great impact on the global economy. How to effectively improve the efficiency of financial services and usefintech to drive economic recovery is a key issue to be addressed by G20 in the post-pandemic era. This topic mainly analyzes the meaning and related characteristics of fintech, compares the development status of G20 fintech from the aspects of investment and financing changes of fintech, digital transformation of financial industry, development of Inclusive Financing, supervision of fintech, and further expounds the new requirements for G20 fintech development due to the outbreak of COVID −19. Finally, China's important role in the development of fintech in G20 is highlighted from the following aspects: adhering to the guidance of fintech policy, balancing the innovation and risk of fintech, improving the supervision level of fintech, promoting the infrastructure construction of fintech and enriching the theoretical research of fintech.

Keywords: Post-pandemic Era; Fintech; G20

Y.24
专题四 后疫情时代G20数字经济
发展面临的机遇与挑战

唐 杰 黄新焕 张宝英*

摘 要： 本文构建了包括数字化就绪程度、数字化市场环境、数字化运用能力三个维度的指标体系，衡量 G20 数字经济发展程度。根据全部指标数据聚类分析的结果，G20 数字经济可以分为六个不同类型的发展阶段。根据评价结果，分析后疫情时代 G20 数字经济在驱动经济增长、倒逼企业数字化转型、提升用户数字素养和数字消费习惯等方面的机遇以及在数字基础设施建设、数字经济理论研究、数字经济合作制度、网络空间治理、数字产品需求等方面将面对的挑战。最后针对机遇与挑战提出 G20 在投资、科研、制度、治理和消费五个方面加强合作的应对策略。

关键词： 数字化就绪程度；数字化市场环境；数字化运用能力；数字化转型；数字鸿沟

从 2016 年 G20 中国杭州峰会上数字经济首次成为议题并达成《二十国集团数字经济发展与合作倡议》开始，数字经济连续四年成为 G20 峰会的主要议题。2017 年德国汉堡峰会，各国进一步探讨了如何发挥数字化潜

---

* 唐杰，博士，福建师范大学经济学院副教授，硕士生导师，研究方向：企业管理；黄新焕，博士，福建师范大学经济学院副教授，硕士生导师，研究方向：管理科学；张宝英，博士，福建师范大学经济学院讲师，硕士生导师，研究方向：数字文化产业发展。

力，推动创新和可持续发展等问题。2018 年阿根廷布宜诺斯艾利斯峰会，各国探讨了落实数字经济合作的政策方案。2019 年日本大阪峰会，各国签署了《大阪数字经济宣言》。数字经济连续四届成为 G20 峰会的主要议题，合作的探讨不断深入，表明各国已经将数字经济放在了优先发展的战略地位。

2020 年，新冠肺炎疫情给全球经济发展和社会正常运转造成了重大冲击，也对产业的数字化和社会运转方式产生深刻影响。数字经济在重大变革时期显现出强大的韧性，逆势发展。疫情期间，全球经济各个领域的数字化被迫提速，互联网医疗、在线教育、线上办公得到高速发展，无人经济、共享经济和平台经济的涉及领域被不断拓宽，数字经济的新业态和新模式不断涌现，而这一趋势也有望持续深化到各个行业，成为产业转型和全球经济恢复的主要动力。

在此背景下，研究者综合目前主流的数字经济评价方式，建立包括"数字化就绪程度""数字化市场环境""数字化运用能力"三个维度 11 个指标的评价体系，对 G20 数字经济发展的现状进行分类评价，然后结合对后疫情时代数字经济发展趋势的展望，分析 G20 数字经济发展的机遇与挑战，并提出相应的对策建议。

1　G20数字经济发展的整体情况

目前衡量数字经济发展水平的方式很多，大体上可以分为两种视角。一种是考量数字经济的整体发展规模。比如中国信息通信院测算的 2018 年美国数字经济总规模达到 12.34 万亿美元，居全球首位；中国数字经济总规模达 4.73 万亿美元，居全球第二；日本、德国数字经济规模超 2 万亿美元；英国、美国和德国数字经济占 GDP 比重超过 60%，处于全球前三。[①] 另一种是建立综合性指标体系考量数字经济发展水平。比如联合国国际电信联盟（ITU）每年发布的《衡量全球信息社会发展报告》，采用家庭计算机拥有率、互联网接入比例、高等教育入学率等指标构建全球信息和通信技术发展

---

① 中国信息通信研究院：《全球数字经济新图景（2019 年）》，2019。

指数，（Information Communications Technology Development Index）以衡量数字经济的发展水平。两类视角各有优缺点。规模衡量比较宏观和模糊，难以横向比较各国数字经济发展的具体方面，从而发现发展的短板和潜力。指标衡量虽然便于横向比较，但难以综合衡量数字经济的发展水平，而且目前此类评价所采用的大多数人均指标[1]，忽视了数字技术和数字经济发展的内在规律，因为数字新技术、新业态、新模式需要相当规模的受众才能够实现发展壮大和规模效应。

笔者同时从这两方面来横向比较 G20 的数字经济发展情况，首先对人均指标和规模指标进行聚类分析，考量 G20 数字经济发展程度和特点；然后在聚类分析基础上，对各个类别国家数字经济发展的具体情况进行个体和类别之间的比较。

1.1　衡量 G20 国家数字经济发展程度

本文采用三个维度的 11 个具体指标（见表 4 – 1）来衡量 G20 数字经济的发展程度，并按国家进行类别划分。其中数字化就绪程度，反映数字基础设施的水平和公众对信息通信技术的获取难易程度。数字化市场环境，反映数字技术和服务在社会的整体应用和影响程度；数字化运用能力，反映公众更有效地使用数字技术的能力和程度。

基于以上指标，笔者运用 SPSS 22.0 软件，运用多种聚类方法，最终经过多次比较，选择系统聚类分析法，将 19 个国家分成 6 类（见表 4 – 2）。

表 4 –1　衡量 G20 国家数字经济发展程度指标

数字化就绪程度	数字化市场环境	数字化运用能力
因特网接入比例 家庭拥有计算机比例 每百人手机用户数	在线公共服务指数 互联网用户总量 数字经济占 GDP 比重 数字经济规模	高等教育入学率 初等和中等教育入学率 公众电子参与指数

资料来源：数字经济占 GDP 比重与数字经济规模来自《全球数字经济新图景（2019 年）》，其余指标数据来自联合国网站公开数据。

---

[1]　经济合作与发展组织：《衡量数字经济：一个新的视角》，张晓译，上海远东出版社，2015。

表4－2　G20数字经济发展程度分类

发展程度	数量	国家	数字经济特征
中型数字经济发达国家	5	法国、德国、韩国、英国、日本	数字化就绪程度与运用能力强,市场环境存在缺陷
中型数字经济中等发达国家	7	阿根廷、澳大利亚、加拿大、意大利、俄罗斯、沙特、土耳其	数字化就绪程度与运用能力较强,但经济结构和市场环境影响数字经济发展潜力
中型数字经济欠发达国家	4	巴西、印度尼西亚、墨西哥、南非	数字化就绪程度、运用能力与市场环境水平均处于较低水平
大型数字经济发展中国家	1	印度	具有一定的数字化市场优势,但数字化就绪程度和运用能力都还处于较低水平
大型数字经济中等发达国家	1	中国	具有良好的市场环境,数字化就绪程度和运用能力虽然还有缺陷,但发展快速
大型数字经济发达国家	1	美国	全球唯一的大型数字经济发达国家,具有全面优势

1.2　中型数字经济发达国家

这一类包括5个国家。如图4－1所示,这些国家在家庭拥有计算机比例、人均手机用户数、因特网接入比例等代表数字化就绪程度的指标方面都高于G20平均水平,且反映公众的数字素养和技能水平的各项指标也高于G20平均水平,反映数字经济具有较好的受众基础。中型数字经济发达国家以仅占G20总体8.6%的人口,实现了占G20数字经济总体29%的数字经济规模,数字经济规模占GDP比重的平均值超过51%,说明数字经济整体发展水平明显优于其他国家。但是,该类国家的国内市场较小,整体人口规模和互联网用户量低于G20平均水平,而且各自不同的语言文化等因素限制了数字产业进一步的发展空间。

1.3　中型数字经济中等发达国家

这一类包括7个国家。如图4－2所示,该类国家在比例、家庭拥有计算机比例、人均手机用户数、因特网接入比例、电子参与指数等指标上均略高于

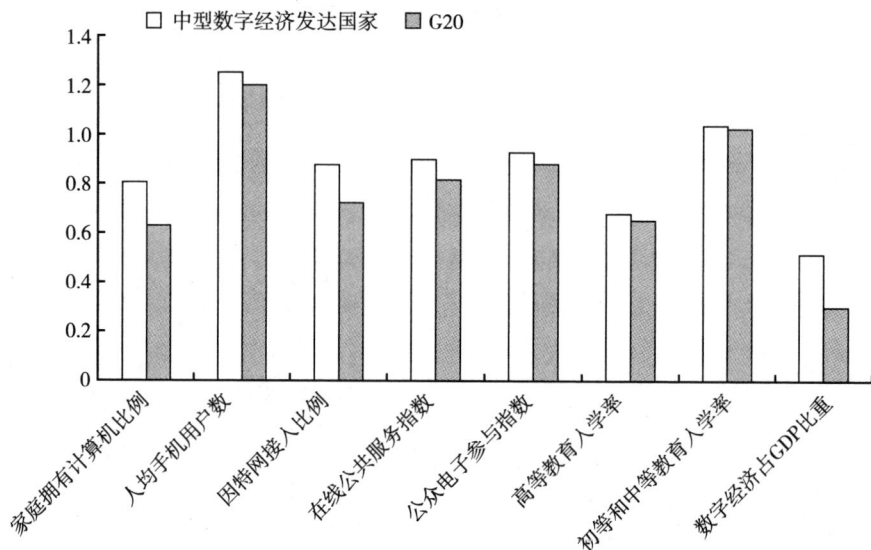

图 4-1 中型数字经济发达国家

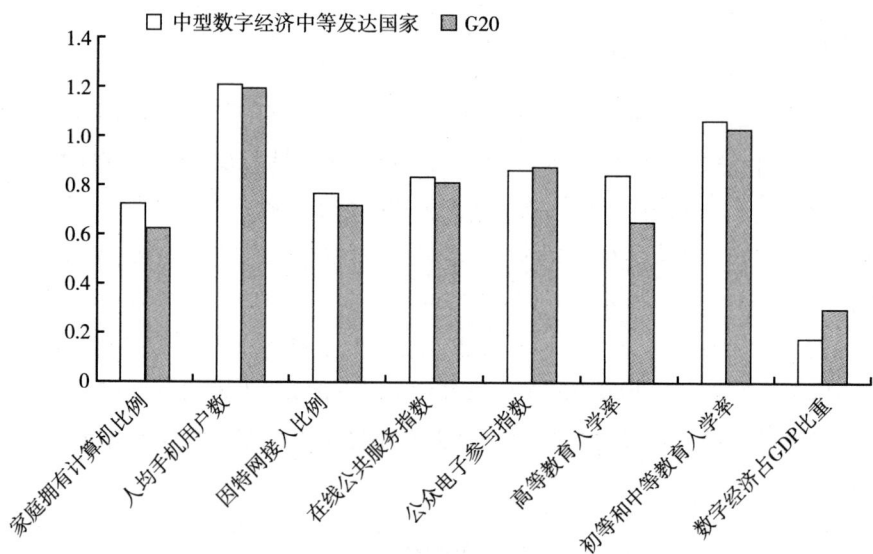

图 4-2 中型数字经济中等发达国家

G20平均水平，反映这些国家数字化就绪程度和公众数字化运用能力较好，数字经济达到中等发达水平。但这一类国家大多数属于资源依赖性较强的经济结构，数字经济占GDP的比重普遍较低，平均GDP占比仅有17.4%，远低于G20平均30.1%的水平，是所有类国家中最低的。而且，与中型数字经济发达国家相似，这些国家也不具备庞大的国内用户和市场，互联网用户总量和数字经济规模分别只达到G20国家平均水平的34.4%和15.7%。公众素养、基础设施以及当前数字经济发展的水平说明了这些国家发展数字经济的潜力和空间还比较大，但经济结构和市场环境又导致这些国家发展数字经济的难度也较大，需要针对性的战略规划和具体推动计划。

1.4 中型数字经济欠发达国家

这一类包括4个国家。如图4-3所示，该类国家在所有具体指标上都明显落后于G20平均水平，说明这些国家的数字化就绪程度、数字化市场环境和公众的数字化运用能力都相对较弱，数字经济占GDP的比重平均仅有19.8%，数字经济规模只有G20国家平均水平的15.5%。这一类国家发展数字经济的优势在于国内具有较大的互联网市场，平均人口总量是前两类国家的

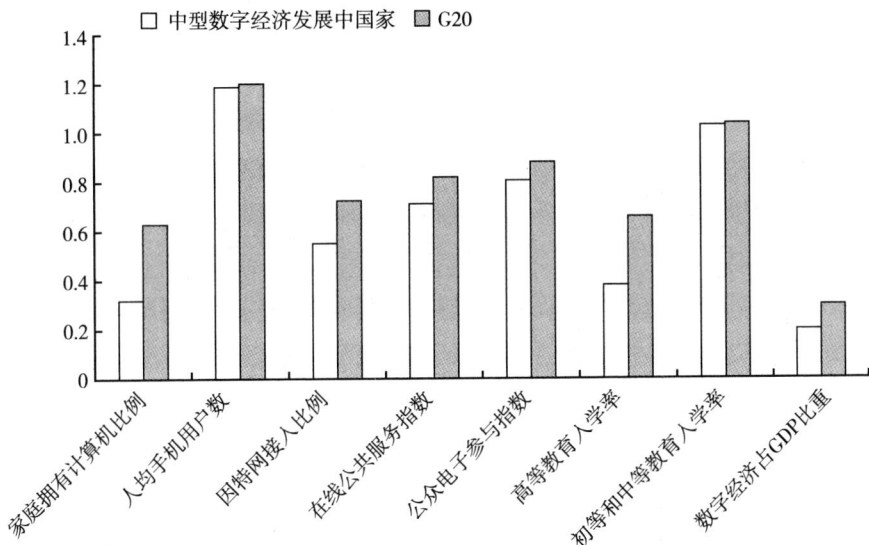

图4-3 中型数字经济欠发达国家

两倍以上，人均手机用户数和公众电子参与程度相比其他指标也较好，数字经济发展的公众载体优于前两类国家。这些国家一方面需要在数字基础设施和公众数字教育方面加大投入，另一方面还需尽早开始数字产业的布局。

1.5 三个大型数字经济国家

聚类分析的结果显示，印度、中国和美国三个国家都形成了独立的类别，说明三个国家与众不同的数字经济发展程度与形势。这三国区别于前三类国家的关键因素就是它们拥有庞大的国内市场和互联网用户量。三国人口总量和数字经济规模总量分别超过 G20 总体的 22.5% 和 20.6%，达到 G20 平均水平的 4.3 倍和 3.9 倍。但这三个国家也处于显著不同的三个发展阶段。如图 4-4 所示，美国绝大部分指标都显著优于 G20 平均水平，数字经济无论是规模还是占 GDP 比重在全球均处于领先位置，是全球唯一的大型数字经济发达国家。中国的大部分指标与 G20 平均水平接近，但在互联网用户比例和高等教育入学率两项指标上与 G20 平均水平还有差距，但得益于庞大的人口总量，较好的公众电子参与度和在线公共服务服务水平，中国的数字化市场环境优于 G20 平均水平，而在数字经济规模和数字经济占 GDP 比重方面，中国也显著高于

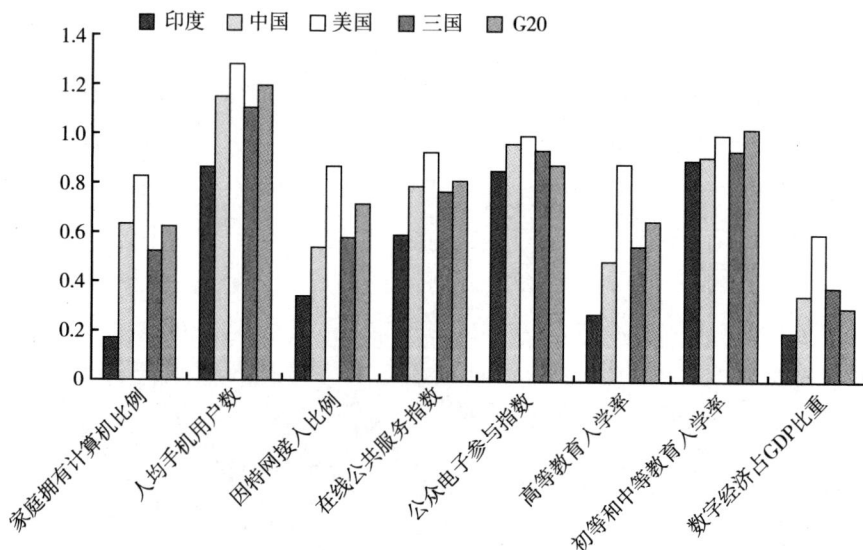

图 4-4 大型数字经济国家横向比较

GDP 平均水平。数字经济的总体发展程度和形势优于第二类别的国家，说明达到了数字经济中等发达程度。与 G20 其他国家相比，中国的优势在于近年来几乎所有指标都呈现持续快速的增长，数字经济发展的潜力和空间都很大。印度的大部分具体指标都明显落后于 G20 平均水平，只在公众电子参与指数、初等与中等教育入学率接近平均水平，但印度同样拥有庞大的人口总量，数字经济的规模和占比也明显优于全球其他发展中国家，具有较强的数字经济发展空间。

2 后疫情时代 G20 数字经济发展的机遇与重点领域

在抗击新冠肺炎疫情中，数字经济发挥了重大作用，展示出更为广泛的应用前景和更为巨大的增长潜力。在疫情之后，新一代信息技术将继续赋能实体经济，提供更好的服务和更智慧的产品。

2.1 后疫情时代 G20 数字经济发展的机遇

2.1.1 G20 各国政府更加重视数字经济的发展

突如其来的新冠肺炎疫情不仅严重威胁全球人民生命安全和身体健康，还使许多国家停工停产停学，给全球经济社会发展带来巨大冲击和挑战。然而，疫情防控为数字经济提供了加速成长的场景，众多领域成为新技术的"试验场"、新业态的"培育场"、新模式的"练兵场"。数字技术在患者诊疗、疫情地图、人群追踪和分类管理等疫情防控工作中发挥了至关重要的作用。电商网购、智能制造、线上教学、网络办公、远程医疗、数字营销等数字新业态在疫情下的社会生活中也发挥了关键作用。此外，数字经济新业态还可保障基层就业岗位。例如，中国的直播带货、微商电商、快递小哥等数字经济新业态和数字经济衍生的新就业形式，由于其具有就业门槛低、覆盖人群广、市场化程度高、对政府依赖性小，就业反弹小等特点，成为基层就业岗位的主战场。这些使 G20 各国政府充分意识到发展数字经济的重要性，把数字经济作为经济发展更加重要的领域。G20 各国陆续出台相关方案和措施，加快推进 5G 网络等新型基础设施建设，加快数据要素市场的培育，前瞻布局数字经济的发展，开始塑造数字化生产关系。

2.1.2 数字经济驱动经济增长的作用凸显

疫情期间，智能制造、在线消费、远程办公、远程教育等数字经济呈爆发式增长，成为驱动经济增长的新动能。文娱旅游、酒店餐饮、交通运输等行业被压抑的需求亟待释放，亟须通过数字经济创新发展来催生新型消费，促进消费升级。数字经济成为短期保就业、保增长，中长期促进产业转型升级的有效手段。为此，在后疫情时代，数字经济将会进一步融合传统一、二、三产业，推动供给方生产方式、供应方式和需求方消费方式的数字化转型。这种融合将使供需对接更精准、资源配置成本更低廉、响应更及时、周期更短暂，更有利于抵御区域性或全球性经济风险。

2.1.3 新冠肺炎疫情倒逼企业加快数字化转型

面对疫情冲击，G20 国家各行各业的企业加快探索数字企业发展新模式。强化5G、大数据、人工智能等数字技术的应用，将数字技术融入企业运营的各个环节。加快推动生产线和服务流程的数字化改造，推动核心设备和服务业务系统上云，制定数字化转型解决方案。加快推进与数字经济相匹配的组织结构变革，构建平台型组织、生态型组织、网络型组织，促进组织责权利统一。加快构建以自我管理、全员共治、内部创业为特征的管理机制。加强培养具有数据决策思维的愿景型领导和赋能型领导，提升员工数字技能和专业技能。企业信息技术基础设施的升级换代、面向数字经济的组织结构变革和管理机制的构建，为今后 G20 各国数字经济提质增效打下了良好的基础。

2.1.4 用户数字素养和线上消费习惯得到进一步强化

随着数字经济对人类生活和工作的渗透，数字素养逐渐成为个体所必备的基本能力。在疫情防控期间，数字应用逐渐向 G20 各国低线城市居民、中老年人群等数字技能较为缺乏的群体普及和渗透。此外，在疫情防控期间，G20 各国人民对网上购物、线上教育、线上医疗等服务需求剧增，随着抗疫的持续推进，人们线上消费习惯得到进一步强化。以中国为例，根据 QuestMobile 中国移动互联网数据库 2020 年 2 月的数据显示，2020 年春节假期之后（2020 年 2 月 3 日到 9 日），由于远程办公、学习的需求上升，移动互联网人均使用时长由 2020 年平日（2020 年 1 月 2 日到 8 日）6.1 小时飙涨至 7.3 小时；用户通过不同的 App 满足资讯、社交、休闲和购物等日常工作生活需求，日均使用的 App 个数由 2020 年平日 9.35 个涨至 9.55 个。①

---

① 天拓商学院：《移动互联网"战疫"报告》，http：//edu. teamtop. com/13019. html。

2.2　后疫情时代G20数字经济发展的重点领域

2.2.1　加强新型基础设施供给

G20各国应深刻把握全球新一轮信息技术变革和数字化发展趋势，健全高速、移动、安全、智能、泛在的新一代信息基础设施体系。深入推动传统信息基础设施升级改造，高标准、高起点、严要求建设5G网络、千兆固网、卫星互联网、车联网、工业互联网等新型网络基础设施。加快布局新型数据中心、云边端设施、大数据平台、人工智能基础设施、区块链服务平台、数据交易设施等数据智能基础设施。推进传统和新型基础设施深度融合，科学统筹和高水平衔接其与公路、铁路、机场、市政、乡村等的规划建设。充分发挥新一代信息技术对传统基础设施的赋能与提升作用，加速构建以数据为关键要素的融合性基础设施。科学布局不同类型、不同层级平台的无缝衔接，加快形成覆盖领域宽广、运行速度畅通、连接终端广泛的"人、机、物"互联互用新图景。建设集网络安全态势感知、风险评估、动态预警、即时响应、应急处置和联动指挥为一体的新型网络安全运营服务平台。

2.2.2　强化数字技术创新

G20各国应健全财政性科研经费稳定增长机制，确实落实各类数字技术研发补助政策，激励企业提高数字技术研发投入强度。围绕数字技术创新发展共性需求，支持企业、行业协会、研究机构共建数字经济领域产业链协同创新项目。围绕数字技术发展短板，鼓励企业参与关键核心技术联合攻关，力争取得一批重大原始创新成果。加快布局前沿技术，重点跟踪量子计算、类脑计算、边缘计算、数据孪生等前沿技术。鼓励企业积极参与操作系统安全、新一代身份认证、终端安全接入、智能病毒防护、密码、态势感知等新型产品服务的研发。加快数字技术融合性应用创新和集成应用，开发一批新产品、新应用场景、新解决方案。建设高水平的数字技术创新研究院和创新实验室，推进一批高水平区域创新平台建设。G20应强化数据采集、交换、共享、开放、交易、安全等领域的标准化建设，引领这些领域的国际标准规范的制定和修订工作。充分发挥企业在数字创新中的主体地位，通过培育一批数字经济领域的"瞪羚"企业、新领军者企业、专精特新"小巨人"企业和细分领域"单项冠军"企业，带动国家整体数字创新能力提升。

2.2.3 不断拓展数字经济惠及民生领域的深度和广度

数字经济应在教育、医疗、就业等领域发挥其独特的优势,使其发展成果更加惠及人民群众。在教育领域,G20各国政府应大力发展融合化在线教育。构建线上线下教育常态化融合发展机制,借助数字教育互联网平台,为教师和学生建立教学和辅导的双向交流渠道。完善在线教育知识产权保护、内容监管、市场准入等制度规范,形成高质量线上教育资源供给。鼓励各国高校和互联网教育企业利用数字教育技术开发和开放教学课程,让广大民众享受优质教育资源。各国高校应致力于办好网上大学,推出官方大型慕课平台,推动各校品牌专业的学习资源开放共享,为每一个有提升知识水平意愿的民众提供学习的机会。互联网教育企业应积极履行社会责任,利用数字教育平台聚合或研发丰富、有针对性的公益性网络课程,积极构建数字教育产品体系,为农村、教育资源欠发达地区的弱势群体打开接受教育的新通道。

在医疗领域,G20各国应积极发展智慧医疗,优化就医体验,打造健康消费新生态。加强网上医院建设,推进线上咨询预约检查检验。探索检查结果、线上处方信息等互认制度,探索建立健全患者主导的医疗数据共享方式和制度。推广智能医疗机器人,减轻医护人员的工作压力和减少特殊病患与医护人员的物理接触。推广智能化的医疗影像分析技术,提高诊断速度和准确率。借助远程医疗实现专家的远程会诊,解决医护专家资源不均匀的问题。支持智慧健康平台在就医、健康管理、养老养生等领域协同发展,让健康产业实现从"单一健康检测"到"综合健康指导"的突破。

在就业领域,G20各国应鼓励利用数字技术发展便捷化线上办公和拓展就业新空间。推广远程办公应用和研发安全可靠的线上办公工具,完善电子合同、电子签名、电子发票、电子印章、电子认证等数字应用的基础设施,打造"随时随地"的在线办公环境,在部分有条件的行业领域形成对线下模式的常态化补充。进一步降低个体经营者线上创业就业成本,引导互联网平台企业降低个体经营者使用互联网平台交易涉及的服务费,吸引更多个体经营者线上经营创业。支持微商电商、网络直播等多样化的自主就业、分时就业。有序发展线上多样化社交、短视频平台,鼓励微创新、微应用、微产品、微电影等万众创新;合理发展"宅经济",规范健康发展线上直播等服务新方式,形成兼职就业、副业创业蓬勃发展的格局。明确平台企业在劳动者权益保障方面的相应责任，保障劳动者的基本报酬权、休息权和职业安全。建设灵活就业、"共享用工"服务平台，提供线上职业培训、灵活就业供需对接等就业服务。

2.2.4 推进数字经济与实体经济的深度融合

加快推进产业数字化转型。G20国家应发挥互联网平台对传统产业的赋能和效益倍增作用，打造形成数字经济新实体。合理布局重大平台建设工程，支持传统龙头企业、互联网企业打造工业互联网平台，跨境电子商务平台，金融综合服务平台，数字技术创新平台，工业设计、产品检测、人力资源服务等第三方综合服务平台，形成互为补充、高效协作的平台生态，为数字经济与实体经济提供有力支撑。支持具有产业链、供应链带动能力的核心企业打造跨越物理边界的"虚拟"产业园和产业集群，以信息流促进上下游、产供销协同联动，保产业链、供应链稳定，发展产业服务化新生态。推动制造到"智"造，提供"非接触式"服务，发展基于新技术的"无人经济"。利用人工智能为生产赋能，提效率，降成本，替人干"苦活、累活、脏活、危险活"；发展无人驾驶、无人配送、无人零售等新业态，创造新消费场景。

培育发展共享经济新业态。G20各国应推动形成高质量的生活服务要素供给新体系，拓展共享生活新空间。鼓励出行共享、住宿共享、医疗共享，自媒体、文化旅游等领域产品智能化升级和商业模式创新，发展生活消费新方式，培育线上高端品牌。推动形成高质量的生产服务要素供给新体系，打造共享生产新动力。鼓励制造业企业探索共享制造的商业模式和应用场景，促进生产设备、农用机械、建筑施工机械等生产工具共享。鼓励公有云资源共享，引导企业将生产流程等向云上迁移，提高云资源利用率。鼓励共享经济企业从单一领域深耕逐渐转向涉足更多领域的生态化布局。例如出行共享，由线上打车、租车场景延伸出汽车金融、新车销售及车后服务等业务。

2.2.5 加快推进政府数字治理创新

G20各国应准确预测和研判社会治理发展趋势及社会公共服务需求，基于网络化的架构和理念，系统谋划应用数字技术，推进国家治理机制创新，切实提升治理效能。充分发挥数字技术在资源整合、部门协同、模式创新等方面核心优势，促进公共数据互联互通，提升政务服务的便捷性和政府的综合服务能力，优化"互联网＋"政务服务和构建立体数字治理体系。推动政府信息公开上下延伸，向上延伸撬动行政体制改革，促进服务型政府的建设；向下延伸促进政府与民众的互动，构建共策共商共治的社会治理平台。推动基于互联网和数字化工具的社会自治的发展，使社会自治作为公共部门治理的重要补充。围绕社保、教育、文体、扶贫、养老等重点领域，建立智慧交通、智慧医疗、智慧教育等高度集成的智慧治理系统，构建方便快捷、公平普惠、精准高效的民生服务体系。围绕防灾减灾、应急治理等领域，加强风险评估、监测预警、应急预案管理，强化多灾种和灾害链综合监测，推动应急治理模式变革，健全风险防范化解机制，构建集中统一、规范完善、切实高效的应急管理体系。

2.2.6 重视数字创新文化建设

随着数字经济的蓬勃发展，新技术、新业态、新模式层出不穷。技术、业态、模式的创新具有一定的风险性，亟须以激励创新、勇于探索、倡导个性、宽容失败为核心的创新型文化支撑、激励和服务数字创新。为此，G20各国应根据自身的传统、风尚和习俗，塑造适合国情的独特的创新文化，为各国数字创新能力提供精神资源。G20各国要鼓励数字创新者树立创新本位观、平等讨论观、诚实守信观，怀疑批判精神、务实可用精神、吃螃蟹精神、团队合作精神、更新观念精神；营造鼓励大胆创新、勇于创新、宽容失败的氛围，包容个性的氛围，尊重知识和人才的氛围；积极支持各种新想法、新尝试、新发现、新发明。深化体制机制改革，健全激发创新意识、保障创新环境、鼓励创新思想和行为的制度体系。培育激活和保障数字创新的法律环境、市场环境，制定服务数字创新的产学研合作制度、知识产权制度，构建服务数字创新的科技管理体制、教育体制、技术市场体制、科研成果评价与转化机制、科技人才评价与激励机制等。

3 后疫情时代 G20数字经济发展的挑战与应对

当前，全球新冠肺炎疫情在持续打击全球实体经济的同时，也为G20国家数字经济发展与合作缔造了新领域、新方向和新机遇。实践证明，后疫情时代G20成员国数字经济呈现显著的增长潜力和发展前景。但百年未有之大变局下，在国际环境不稳定、贸易保护主义抬头、技术支撑不足等因素影响下，一方面，全球营商环境风险进一步上升，G20成员国数字经济发展受限；另一方面，全球即将迎来新一轮的科技革命和产业变革，G20成员国数字经济发展也面临革新担当。从整体上来看，G20 成员国数字经济发展已经驶入快车道，但 G20 成员国新型数字基础设施建设不足、数字经济发展的实践超越理论、数字鸿沟持续扩大、数字合作包容性不足、数字治理机制差距、数字产品市场需求突破性弱、数据流通和交易实现等现实问题正成为后疫情时代 G20 数字经济发展的新挑战，也会进一步阻碍全球治理能力的提升。

3.1　后疫情时代 G20 数字经济发展的挑战

3.1.1　G20 新型数字基础设施建设亟待加强

新型数字基础设施不足是影响 G20 数字经济发展营商环境的重要薄弱环节，也是当前制约 G20 国家数字经济发展的一大阻碍。G20 各国信息基础设施建设不均衡且竞争激烈，尤其是 5G、物联网、人工智能、云计算、区块链等新型数字基础设施建设进度与数字经济发展速度不相匹配，导致数字经济平衡有效产能供给与实际市场需求的作用没有得到充分发挥。新冠肺炎疫情冲击下，全球经济下行明显，世界营商环境活力不足，一方面 G20 国家基础设施建设尤其是新型基础设施建设需求增大；另一方面 G20 国家财政债务负担等财政压力进一步加大影响，有可能会在一定范围内减少或滞缓新型基础设施建设供给。同时，受投资壁垒、技术和人才壁垒、资金短缺、融资平台应用不足、信息安全风险等因素限制，G20 各国新一代基础设施建设面临瓶颈和短板，对新型基础设施投资计划和实际投入差异较大，尤其是发展中国家和新兴经济体面临较大的新型数字基础设施供需缺口，这对未来 G20 国家实现基础设施互联互通和数字经济合作有潜在的阻碍，也在一定程度上影响2030 年可持续发展目标的实现。

3.1.2　G20 数字经济理论研究仍滞后于实践

互联网时代，G20 各国数字经济迅猛发展，甚至呈现超前发展态势。尤其是在新冠肺炎疫情防控防疫期间，倒逼 G20 各国数字经济新业态、新模式加速成长，以数据为关键生产要素的 G20 数字经济迎来新的市场挑战与发展契机。当前，G20 各国对发展数字经济已经达成共识，数字经济相关理论研究也取得了一定的进展与成就，但与数字经济蓬勃发展和实践需求仍不匹配。国内外学者主要是在 21 世纪初才开始重点关注和深入开展数字经济相关学术研究的，起步比较晚，对数字经济相关内涵界定和核算体系没有统一认识，尚未形成成熟的理论研究框架体系，对现在数字经济发展新业态、新模式、新产业诠释力和剖析度有限，也不能为数字经济的健康发展提供逻辑一贯的政策建议。[①] 根据知网关于数字经济发文量走势统计（见图4-5），全球关于"数字经济"篇名的发文在2000年前处于极少量且停滞状态，直至2015年，关于数字经济研究的发文量呈现骤然上升趋势。总体而言，当前G20数字经济理论研究仍然滞后于实践发展，相关系统性研究成果和影响力研究成果较为不足，数字经济理论创新的广度与深度有待提升。一是应用对策型研究多而理论基础型研究少，缺乏数字经济理论框架体系，数字经济相关理论指导实践不充分。二是短期现实性问题研究多而长期趋势研判研究少，其中，多为现状发展研究，而发展规律研究较少，揭示数字经济前瞻性和预测性研究不足。三是专门针对G20各国具体区域和国别研究较少，更多为对数字经济发达国家的数字经济发展经验研究，但对比较G20各成员国数字经济差异化发展特色和布局的研究较少，跨学科、跨领域、跨文化交流的协同研究较为不充分。G20数字经济的发展，不仅仅是一国或是几个国家数字经济的发展，需要在对G20发展数字经济共识的基础上，联合G20各国的理论创新与实践突破，共同抓住数字经济发展机遇，才能维护G20在全球经济治理的作用与地位。

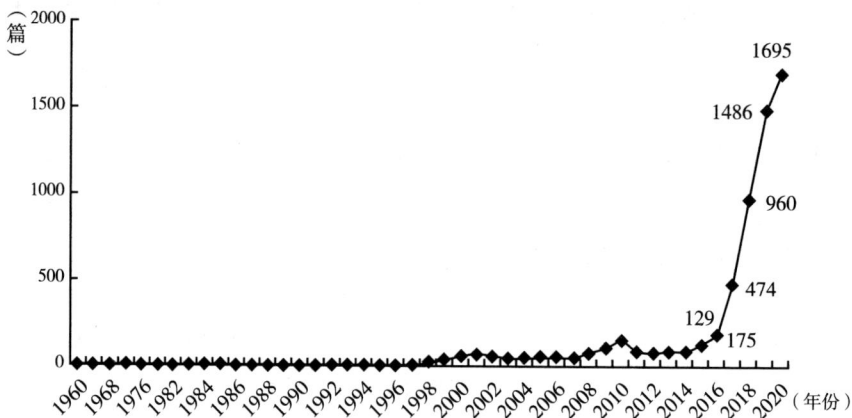

图4-5 全球数字经济发文量走势

注：2020年数据为知网趋势预测数据。

[①] 刘航、伏霖、李涛、孙宝文：《基于中国实践的互联网与数字经济研究》，《经济研究》2019年第3期。

3.1.3 G20各国数字经济合作制度尚待建立

数字时代，G20 各国非常重视数字经济赋能产业转型升级和区域经济高质量发展，数字经济已然成为 G20 国家经济合作发展的新亮点。但持久的新冠肺炎疫情冲击，对各国实体经济发展冲击较为显著，导致全球经济发展大幅放缓甚至陷入衰退。因此，G20 国家对后疫情时代数字经济发展与合作寄予众望。当前 G20 国家数字经济发展不平衡、秩序不合理、法律不规范、税收体系不健全、监管不到位等问题，一方面增加了 G20 国家数字谈判的难题和风险，另一方面也加剧了 G20 国家数字经济合作的不稳定性和不确定性。此外，短期内 G20 国家进行数字经济合作目的不同，决定了 G20 国家在开展数字经济合作的渠道、机制方面也会存在差异。一方面，G20 国家中多数发展中国家的数字经济合作动力在于期待与发达国家在基础设施互联互通建设上达成共识与合作，期望借助国际合作推动本国产业数字化、跨境电商贸易发展。另一方面，G20 国家中的发达国家的数字经济合作动力则在于在数字经济标准规范、规则制定、安全治理等领域成为主导者和制定者。值得强调的是，G20 国家之间数字鸿沟持续扩大，尤其是 G20 国家中的发展中国家，在数字基础设施、数字技术标准、数字人才储备、数字化资金投入等方面，处于弱势地位，无法充分有效地参与数字经济合作，导致 G20 数字经济的开放共享尚未充分落地，数字化成果尚未能够惠及所有成员国，G20 共享数字经济红利存在不平等现象。可见，当前 G20 各国尚未对数据开放、数据流通、数据交易、数据保护以及数据产权等基本合作制度规则形成统一认识和标准，这进一步阻碍了 G20 各国数字经济合作制度的建立与完善。

3.1.4 G20国家网络空间治理模式存在差异

网络空间是数字经济发展的重要载体空间，网络空间秩序混乱将严重制约 G20 各国数字经济发展。G20 各国国情不同、互联网发展程度不同、数字技术水平不同等客观原因，和 G20 各国价值观差异、利益诉求差异等主观原因，使 G20 国家网络空间治理上有不同的实践与主张，在网络空间机制落实能力和网络空间治理话语权上存在明显差异。G20 各国在网络空间治理角色扮演和模式选择上的争议，实际上是多利益攸关方模式与政府主导的网络空间治理模式之争①，其

---

① 王甜甜：《联合国网络空间治理机制有效性研究》，硕士学位论文，上海科学院，2019。

中，前者是美国等 G20 国家中发达国家代表所倡导的，后者是中国、印度等发展中国家极力提倡采用的以联合国为代表平台的政府主导的网络空间治理模式。在缺乏互联网监管机制、互联网安全治理等网络空间治理模式下，G20 国家网络空间能力和治理机制出现失衡，尤其是美国网络空间霸权态势的现实，进一步倒逼 G20 其他国家治理体系的数字化转型与有效性合作，这对后疫情时代 G20 国家网络空间治理提出了更高的标准与要求。此次新冠肺炎疫情在 G20 国家乃至全球侵袭蔓延，也在一定程度上暴露了 G20 国家在网络空间治理能力的不足。

3.1.5　G20国家数字产品市场需求突破性弱

新冠肺炎疫情期间，自动化、智能化、数字化柔性生产企业展现出了强大的生命力和持续力。作为数字经济的核心内容之一，数字技术在零售、教育、医疗等领域的应用而形成的数字产品和服务，在此次疫情中有效实现了"危中转机"。但面临短期内迅速增长的多样化、多元化的数字产品需求，非竞争性的数字经济或许在短期内可以基本满足市场供给。但从长期来看，G20 国家产业数字化和数字产业化转型与变革的速度仍然需要加速，当前的数字技术应用场景和数字产品高端化发展仍有向上空间，而数字产品市场需求因 G20 国家数据要素市场建设滞缓，导致数据权益、数据质量、数据安全在 G20 国家间尚无明确标准体系，同时进一步影响了 G20 各国在数据流通和数据交易及其相关规则和平台的建设。后疫情时代，G20 各国同时又面临数字经济发展的资本和人才资源瓶颈，很难取得数字产品市场需求的更大突破。

3.2　后疫情时代 G20 数字经济发展的应对之策

在疫情持续冲击下，G20 国家经济下行压力不断加大，但数字经济优势凸显，为拓展 G20 国家经济发展新空间作出了重要贡献。后疫情时代，G20 数字经济发展虽然迎来了特殊的新机遇和新动力，但也面临疫情危机下 G20 国家数字经济合作和治理的新挑战和新阻力。如何有效把握后疫情时代 G20 国家数字经济发展的重点领域和趋势研判，充分挖掘 G20 国家数字经济发展潜能，同时发挥数字经济赋能 G20 国家恢复经济稳定和可持续发展的关键作用，是后疫情时代 G20 数字经济发展应对之策的关键议题。

3.2.1　加强 G20 新型基础设施建设投资，激发 G20 数字经济新动能新引擎

为迎接新一轮的全球科技革命和产业变革，G20 各国非常重视新型基础设施建设，抢占数字技术新高地。尤其在新冠肺炎疫情影响下，5G、人工智能、物联网、工业互联网等新型基础设施对防控疫情、刺激消费和恢复经济活力等领域成效发挥显著并作出重大的贡献。后疫情时代，G20 各国经济增长滞缓甚至出现负增长，短期内经济活力尚且不足，潜在经济风险明显提升。为缓解 G20 国家后疫情时代经济发展瓶颈和潜在风险，进一步强化新时代 G20 国家间基础设施互联互通，有效拉动 G20 国家内需消费和经济增长，G20 国家应该明确加强新型基础设施建设投资与合作的共识，推动完善和有效协调相关利益攸关方在新型基础设施建设合作框架，整体提升 G20 国家基础设施的质量水平，激发 G20 数字经济新动能新引擎。尤其 G20 国家中的发展中国家，对新型基础设施建设的需求远远超过发达国家。一是要结合 G20 双边与多边援助，适当弥合 G20 国家尤其是发展中国家新型基础设施投融资缺口，加强 G20 国家新型基础设施投资与合作。二是要积极完善 G20 双边或多边区域投资保护协定，通过严格的法律协定保护 G20 国家新型基础设施建设相关投资项目，规范新型基础设施建设争端解决机制，以降低外来投资者对东道国新型基础设施建设的政治法律风险。三是要强化区域金融市场建设的投融资机制，推动 G20 乃至全球新型基础设施建设债券市场[①]，为 G20 新型基础设施建设投资项目提供风险投资资金。

3.2.2　加强 G20 数字经济基础科学研究，夯实 G20 数字经济高质量发展基石

基础科学研究是数字技术的原点，也是数字经济发展的基石，回归基础科学研究是未来数字经济发展的必然趋势。基础科学研究与技术革命存在密切的联系，为了更好地迎接新一轮技术革命和产业革命，G20 国家，尤其是发展中国家应当进一步加深数字经济基础科学研究。当前，数字经济相关理论框架体系对数字经济新形态、新事物的诠释和分析不够深入的关键原因是，当前 G20 国家关于数字经济基础科学研究仍有短板。虽然 G20 各国重视数字经济基础科学研究是共识，但 G20 各国因为技术水平、国家竞争力和财政实力等因素，数字经济基础科学研究差距显著。其中，美国、英国、德国、法国和日本位列

---

① 沈铭辉：《全球基础设施投资与合作研究》，《国际经济合作》2016 年第 6 期。

世界科技强国之列，基础科学研究实力雄厚，但 G20 其他国家基础科学研究短板突出。后疫情时代，G20 国家应该充分认识加强数字经济基础科学研究投入的战略地位，加快布局数字经济基础科学研究，聚焦重点基础科学领域，建立以政府为主导的各类主体参与的多元化投入体系，持续稳定增加基础科学研究的政府财政投入力度和吸引企业、社会投入力度，同时健全稳定性与竞争性相结合的基础科学研究投入体制机制①，以保障 G20 数字经济基础科学研究持续、稳定、效率的产出。

3.2.3　加强 G20 数字经济合作动力构建，完善 G20 数字经济合作制度保障

后疫情时代，G20 各国应当在政府、企业、市场、司法等领域加快落实 G20 数字经济合作共识，为推动 G20 国家数字经济合作提供政策支持与制度保障。G20 国家中，中国等在数字经济领域有商业模式创新的突破，美国、日本等在数字经济领域有数字技术创新的突破，欧盟国家致力于数字经济监管的突破，G20 各国对数字经济的探索和实践仍在持续。此外，G20 各国数字经济发展的优先领域、重点领域，以及数字经济合作的侧重点和动力源有所不同，但当下及未来 G20 数字经济合作演变趋势必然是制定稳定和有效的数字经济合作国际规则。疫情期间，G20 国家数字经济合作的意愿趋势更强烈，尤其是发展中国家成员国之间的合作动力更为充足，但也遭遇更为不稳定的国际经济合作关系环境。因此，要在对 G20 国家或者部分成员国进行深入的可行性研究的基础上，参考 APEC "探路者行动计划"②，但要注重和适当倾斜发展中国家成员国的利益，以增加发展中国家成员国的关注度和参与度，充分化解文化差异、机制安排的固有矛盾，制定与时俱进的国际规则，如数字经济国际税收规则等，鼓励部分国家根据实际情况在相关领域率先开展合作，试推行数字经济合作相关试验任务和创新举措，比如税收政策、数字技术交易平台建设等，积累经验后适当择取复制推广至其他国家，才能最大限度挖掘数据流通、数据交易项目的价值。

3.2.4　加强 G20 数字经济治理行动协调，弥合 G20 数字经济治理体系短板

数字经济时代，G20 国家由于数字技术应用水平的差异而形成的数字鸿沟，

---

① 邓衢文、刘敏、黄敏聪、万晶晶：《我国及世界科技强国的基础研究经费投入特点与启示》，《世界科技研究与发展》2019 年第 4 期。

② 史佳颖：《APEC 数字经济合作的最佳进展及展望》，《国际经济合作》2020 年第 1 期。

包括发达国家与发展中国家之间的数字鸿沟，以及发展中国家之间的数字鸿沟，对 G20 各国均衡协调和联动发展产生消极影响。尤其全球新冠肺炎疫情的持续跨国界的蔓延趋势，在一定程度上也显露了当前国际治理体系的短板。后疫情时代，作为数字经济发展的核心环节，弥补 G20 国家数字鸿沟逐渐成为共识。同时，G20 大部分国家施行严格的防控防疫措施，在一定程度上也滞缓了 G20 国家内部数字治理以及 G20 国家间数字治理行动的协调联动。后疫情时代，G20 国家要着重加强数字经济治理行动协调，进一步弥合 G20 数字经济鸿沟。一是推进 G20 国家国际关系协同，G20 国家要在国家数字经济发展原则、方向、目标等方面形成协同共治的理念；二是推进 G20 国家多元主体协同，既包括 G20 各国内部政府、企业和社会组织，也包括 G20 各国之间、相关国际组织平台等多元主体在数字经济治理行动中的角色定位和职能分工协同，要在数字经济治理执行、协调和监管等方面形成全方位、多层次和立体化的协同合作格局，提高 G20 各国数字经济治理的联合行动能力；三是推进 G20 国家数字经济治理机制协同，推动 G20 各国数字经济治理形成有效的内部治理机制，包括领导协调机制、信息共享机制、法律体系协同机制等①，也为 G20 国家数字经济治理营造一个制度化、效率化和法制化的外部治理环境，补足 G20 国家数字经济治理体系短板。

3.2.5　加强 G20 数字消费新模式优化，赋能 G20 数字消费市场转型升级

数字经济时代，G20 国家加快发展消费新业态新模式，不断优化数字消费新场景、新平台，引领数字消费提质升级的同时，也将赋能 G20 国家数字消费市场转型升级，重塑 G20 国家消费市场。疫情期间，新冠肺炎疫情不仅对生产链造成巨大的负面影响，对消费链也带来了大量的不稳定因素。虽然疫情倒逼 G20 国家的数字消费大发展，但是整体的消费市场恢复态势仍然较为缓慢，在短期内无法恢复到疫前水平。因此，G20 国家要大力发展平台经济，充分利用 5G、云计算、人工智能等数字技术手段，不断优化数字消费新模式，通过聚焦"需求端"变革倒逼"供给端"升级，实现 G20 数字消费市场从消费端转向生产端突破，即实现数字消费市场从需求端转向供给端突破，并从需求端和供给端共同发力，赋能 G20 数字消费市场"需求端"和"供给端"的双向转型升级。

---

①　杜庆昊：《数字经济协同治理机制探究》，《理论探索》2019 年第 5 期。

参考文献

［1］ 管克江、冯雪珺、敬宜：《德国接棒 G20 主席国延续杭州峰会议题"中国奠定了非常好的基础"》，《人民日报》2016 年 12 月 04 日，第 3 版。

［2］ 中国信息通信研究院：《全球数字经济新图景（2019 年）》，2019。

［3］ 经济合作与发展组织：《衡量数字经济：一个新的视角》，张晓译，上海远东出版社，2015。

［4］ 天拓商学院：《移动互联网"战疫"报告》，http：//edu.teamtop.com/13019.html。

［5］ 刘航、伏霖、李涛、孙宝文：《基于中国实践的互联网与数字经济研究》，《经济研究》2019 年第 3 期。

［6］ 王甜甜：《联合国网络空间治理机制有效性研究》，硕士学位论文，上海科学院，2019。

［7］ 沈铭辉：《全球基础设施投资与合作研究》，《国际经济合作》2016 年第 6 期。

［8］ 邓衢文、刘敏、黄敏聪、万晶晶：《我国及世界科技强国的基础研究经费投入特点与启示》，《世界科技研究与发展》2019 年第 4 期。

［9］ 史佳颖：《APEC 数字经济合作的最佳进展及展望》，《国际经济合作》2020 年第 1 期。

［10］ 杜庆昊：《数字经济协同治理机制探究》，《理论探索》2019 年第 5 期。

Opportunities and Challenges Facing the Development of G20 Digital Economy in the Post-pandemic Era

Tang Jie   Huang Xin huan   Zhang Baoying

Abstract：The research has created a three-dimensional indicator system to measure the development level of the G20 digital economy, including digital readiness, digital market environment, and digital application capabilities. According to the results of cluster analysis of all indicator data, the G20 digital economy can be divided into six different types of development stages. Based on the evaluation results, the research analyzed the opportunities of the G20 digital economy in the post-pandemic era in driving economic growth, driving digital transformation of enterprises, and improving users' digital literacy and digital consumption habits. Subsequently, the article analyzed five challenges that the G20 will face: digital infrastructure construction, digital economy theoretical research, digital economic cooperation system, cyberspace governance, and digital product demand. Finally, the study puts forward the G20's response strategies to strengthen cooperation in five aspects of investment, scientific research, system, governance and consumption in view of opportunities and challenges.

Keywords: Digital Readiness; Digital Market Environment; Digital Application Capability; Digital Transformation; Digital Divide

Y.25

专题五 后疫情时代G20新型基础设施建设重点与政策展望

郑 蔚 陈洪昭 吴武林*

摘 要: 后疫情时代,以5G、工业互联网、人工智能、数据中心等新兴数字技术为核心的新型基础设施建设将成为G20经济增长的新动能。处于成长初期的新型基础设施建设需要以稳固的全球产业链为底层支撑,以数字化科技创新为基础力量,以完善的制度建设为重要保障,以创新融资方式为关键路径。同时,应尽量避免重复建设与过度投资、减少政府过度干预、加强国际沟通与交流,以规避新型基础设施建设的相关风险。作为疫情后做好"六稳""六保"的重要抓手,我国在新型基础设施建设方面应遵循共享技术与产业发展、共享市场、共享发展机遇的原则,凸显全球经济治理的中国担当。

关键词: 新型基础设施;G20;后疫情时代

当前,全球经济增长乏力,保护主义、民族主义思潮抬头,全球政治经济环境不断恶化。新冠肺炎疫情在全球范围内的暴发更是造成了对金融市场、实体经济的严重冲击。2020年7月18日,G20主席国沙特阿拉伯主持召开财长和央行行长视频会议,重点就全球宏观经济形势和风险、推进落实《G20行动

* 郑蔚,博士,福建师范大学经济学院副教授,硕士生导师,研究方向:区域创新战略;陈洪昭,博士,福建师范大学经济学院讲师,硕士生导师,研究方向:生态经济;吴武林,博士,福建师范大学经济学院讲师,研究方向:发展经济学、评价理论与方法。

计划》、缓债倡议以及相关议题成果文件进行讨论，会议审议通过了《基础设施科技议程》等成果文件。会议认为，G20将继续使用所有可用政策工具，保护民众生命、就业和收入，支持经济复苏。在此形势下，以5G、工业互联网、人工智能、数据中心等新兴数字技术为核心的新型基础设施建设逐渐成为各国经济体走出困境、挖掘经济增长动力的重要举措。

1　新型基础设施建设将成为G20经济增长的新引擎

一般而言，基础设施可以分为"传统基础设施"和"新型基础设施"两种类型。传统基础设施包括公路、铁路、机场、桥梁等，该领域的建设为中国在内的世界各国的经济增长和社会进步发挥了巨大的促进作用。近年来，G20国家在这些领域进行了不同程度的投资与推动，均取得了快速发展，但不同国家之间的发展程度也存在明显差异。中国在该领域的发展程度相对领先，但仍然存在局部的短板，例如中西部落后地区、偏远的农村与山区等传统基础设施依然十分落后。

不同于传统基础设施建设，新型基础设施是一种以数字化、智能化等硬核技术为核心，适应先进技术产业链快速崛起、新业态新模式加快发展形势下的新型基础设施建设。早在2018年12月中央经济工作会议就第一次提出了"新型基础设施建设"，2019年又写入了国务院政府工作报告。2020年1月到4月，国务院常务会议和党中央政治局常委会上对"新基建"工作进行了相关的部署。新基建的外延范围主要包括5G、物联网、人工智能、大数据中心、工业互联网五个方面。基于此，新基建被定义为一种以满足高质量发展要求为目标，以新发展理念为引领，以科技创新为驱动力，在新一代信息技术尤其是信息网络为基本载体的基础上，广泛地向经济、社会和生活三个层面提供数字转型、融合创新、智能升级等服务的基础设施体系。2020年5月，中国国务院在《2020年国务院政府工作报告》中明确提出，重点支持"两新一重"建设工程，具体包括新型基础设施建设、新型城镇化建设、交通和水利等重大工程建设。随着新基建的快速发展与推进，其涵盖范围变得更加宽广，目前已进一步延伸至特高压、城际高速铁路、城市轨道交通、新能源汽车充电桩等新兴领域。

从具体内容分类来看，新型基础设施主要包括以下三个方面。一是信息基础设施,即基于新一代信息技术演化生成的基础设施,例如以5G、物联网、互联网为代表的通信网络基础设施,以区块链、云计算、人工智能等为代表的新技术基础设施,以数据中心、智能计算中心为代表的算力基础设施。二是融合基础设施,即包括运用互联网、大数据、人工智能等技术来驱动传统基础设施转型升级,从而形成的融合基础设施,比如智能交通、智慧能源等领域的基础设施。三是创新基础设施,即支撑科学研究、技术开发、产品研制等具有公益属性的基础设施,比如重大科技基础设施、科学教育基础设施、产业技术创新基础设施等。与传统基建相比,新基建内涵更加丰富、外延更加广阔、核心内容更加能够反映数字经济特征,因此更有助于推动经济发展的转型升级。新基建更加强调和重视产业转型升级的新方向,反映了加快驱动产业高端化发展的趋势。新基建还会带动上下游产业链进行庞大的投资,并创造巨大的需求。

新型基础设施建设将成为G20国家经济增长的新引擎。一是能够提升城市管理效能,即通过运用信息与通信技术来感测、分析和整合城市运行核心系统的各项关键信息指标,实现智能化管理工商业活动、公共安全、城市服务、基本民生、环境保护等主要目标。二是促进工业柔性生产,即帮助相关工厂实现多维度、细粒度的数据采集、分析和决策,从而实现人力无法承担的柔性。三是提升农业生产效率,即通过获取空气、土壤、作物等农业基础信息,实现农业生产要素的精准测算和精细管理目标。四是完善医疗资源配置,即智慧医疗将通过5G、云、AI等技术为医疗行业带来低延迟网络和智能化的应用,优化医疗资源的使用。五是变革金融业务流程,即以AI为核心的智能应用,能够对金融业积累的交易数据进行深入分析,发现难以被人类察觉的关联关系。六是重塑交通出行体验,即通过人、车、路、云之间的数据互联互通,实现智能汽车、智能驾驶、智能交通等功能目标。七是优化电力设施管理,即通过代替人类完成电网业务中的部分任务,来实现勘探、调度、管理等流程的效率提升目标。八是实现媒体信息高效智能传播,即在媒体的内容生产、内容分发、内容管理等方面,重构新闻信息生产与传播全流程。九是社区管理新模式,即使用多样化的智能技术,整合社区现有的各类服务资源,为社区居民提供政务、商务、娱乐、教育、医护、生活互助等社区服务。十是安全基础数据中心,即对各类危险化学品的存储与运输进行全过程的监控管理,实时感知基础设施、地下管网、重大危险源、人员密集场所等方面的安全状态。

2　G20推动新型基础设施建设的重点方向

2.1　5G是G20发展新型基础设施建设的主导方向

5G是指第五代移动通信技术。在数字经济时代，5G技术作为支撑传统产业链网络化、智能化转型的核心基础设施，承载着众多新业态、新服务、新模式。5G技术连接了从通信商、互联网服务商，到各行各业实体经济的上下游产业链，不仅在提升现有交互方式，促进智慧城市、智能家居等典型应用与移动通信技术深度融合方面作用突出[①]，而且通过与工业、交通、医疗卫生、教育等行业融合，引进高端设备、人才和技术等高级要素投入，有效促进传统产业和基础设施数字化转型、信息技术和实体经济的深度融合。同时，在连接人工智能、数据中心、工业互联网等新兴数字基础设施和应用，培育经济发展新动能，释放新兴消费潜力，助力产业结构升级等方面也将发挥巨大潜力[②]。自2018年美、韩两国率先拉开5G商用模式以来，各国政府为了培育新的产业，激发经济新动能，相继加快启动5G服务相关的基础设施。目前，全球多个国家和地区的三百余家运营商正在投资5G，其中有34个国家和地区的60多家运营商推出了符合3GPP标准的5G商用服务。[③] 20国集团的大部分国家正在逐步实施5G商用化，预计未来20国集团将整体实现5G服务。[④]

2.2　工业互联网是G20新型基础设施建设的重要支撑

工业互联网是以实现制造资源高效协同、促进工业全面智能改造为目的，通过互联网、云计算、物联网等信息技术对生产要素资源采集、处理，结合工业软件和大数据分析优化生产流程，打通薄弱环节，激发生产潜力。随着工业化进

---

① 余建斌：《让新基建释放更大潜能（人民时评）》，《人民日报》2020年4月17日，第5版。
② 叶子：《谁是"关键"的新型基础设施？（新型基础设施建设系列述评（2））》，《人民日报》2020年3月18日，人民日报海外版。
③ 金晶：《5G手机用户还缺一款"刚需"应用？》，《解放日报》2020年2月8日，第6版。
④ 中华人民共和国科学技术部：《G20中17国2020年底前将推出5G服务》，http://www.most.gov.cn/gnwkjdt/201904/t20190422_146181.htm，最后访问日期：2019年4月23日。

程进入绿色、智能时代，工业互联网通过开放的、全球化的通信网络平台，打破了企业内部、产业链、价值链之间的信息孤岛，实现信息资源要素跨行业、跨地区、跨系统的自由流动。同时，工业互联网以云平台为载体，获得了更大范围内融合市场和组织边界的能力，催生了智能化生产、开放式协同制造、个性化定制、服务化衍生等新兴业态与应用。[①] 工业互联网的跨界融合必然带来一系列的新技术、新管理、新模式，将有效推动现有制造模式、生产组织形式、产业形态的变革，是传统制造业数字化转型、智能化生产的必要途径和基础环节。从美国的"工业互联网联盟"，到日本的"互联工业"战略，再到德国的"工业4.0"，推动信息技术与实体经济融合，加快推进工业互联网的发展，已经逐渐成为世界主要经济体变革传统增长方式、培育创新增长引擎的底层支撑。

2.3 人工智能是G20发展新型基础设施建设的创新引擎

人工智能是利用机器学习和大数据分析方法赋予机器模拟、延伸和扩展人的智能的理论、方法、技术及应用系统的一门新的技术科学。[②] 作为新一轮科技革命和产业变革的核心力量，人工智能通过将算力、算法、数据赋能到经济社会的各个领域，重塑了生产关系、生活方式、市场模式和社会生态，形成以人工智能为创新要素的经济社会发展新形态。[③] AI算力通过向特定领域提供专项信息基础设施，改变基础算力的部署方式和获得方式，能够有效降低人工智能技术的使用门槛，同时，AI算力作为加速推动5G、云计算、物联网等创新技术与产业融合的黏合剂，不仅能够开展更为广阔的行业延伸、激活发展潜力，还能够完成更深层次的赋能。AI算法通过向全行业提供基于深度学习的专项人工智能算法能力、算法框架和相关接口，有效连接硬件、软件、应用场景，优化生产制造和供应链环节。AI数据为各行各业提供丰富的数据集、场景库和行业内知识，通过数据参数推进专业化分工精细化、精准化，组织生产规范化、标准化，有效提高经济运行效率。

---

① 李君、成雨、窦克勤、邱君降：《互联网时代制造业转型升级的新模式现状与制约因素》，《中国科技论坛》2019年第4期。

② 王运武、张尧、彭梓涵、王胜远：《教育人工智能：让未来的教育真正拥有"智慧"》，《中国医学教育技术》2018年第2期。

③ 李慧：《人工智能如何赋能经济高质量发展》，《光明日报》2020年2月16日，第5版。

2.4　数据中心是 G20 发展新型基础设施建设的承载基石

数据中心是旨在维持计算机系统安全稳定持续运行的数据枢纽和应用载体，肩负着数据流的接收、处理、存储与转发，是搭建信息化平台的重要前提，也是发展数字经济的关键环节。[①] 当前，以 5G、工业互联网、人工智能为核心的新兴数字技术重新定义了发展环境。数据作为数字经济时代关键要素供给，以其可复制、可共享、无限供给、无限使用、无限增长的特点减少了要素投入和浪费，降低了实体经济试错成本，实现资源有效配置。同时，基于数据的新业态的发展打破了传统生产要素有限供给，突破了生产、贸易在时间和空间上的束缚，有助于整合产业资源，重构产业生态，创造出更多的商业模式和盈利点。从数据资源到数据要素，随着数据的战略地位不断上升，为数据提供存储、管理和服务的数据中心逐渐成为数字化时代国家的核心竞争力。据美国市场研究机构 Synergy Research Group 的数据显示，截至 2020 年上半年，全球超大规模数据中心总数达到了 541 个，有 176 个在规划建设中。其中美国占据38% 的份额，而中国不足 9% 。在过去的一年中，相继有 15 个国家启动大型数据中心建设，其中美国、韩国、瑞士、意大利新增的数据中心最多。[②]

3　G20 推动新型基础设施建设的支撑力量

多数经济体仍处在数字经济发展的起步阶段，缺乏自主可控的科技创新能力和数据互联共享平台；发达国家与发展中国家新型基础设施建设发展不平衡、不充分，新型基础设施相关的产品质量和制造能力与不断增长的需求之间仍有差距。因此，G20 国家应积极开展更为广泛的国际合作，抓住数字科技革命带来的历史机遇，把握新型基础设施建设的重要方向，为全球经济发展注入新的动能。

[①]　吴月辉：《数据中心：数字化时代的“幕后英雄”》，《人民日报》2020 年 8 月 3 日，第19 版。

[②]　《全球超大规模数据中心达 541 个》，《中国邮电报》2020 年 7 月 17 日，http：// paper. cnii. com. cn/article/rmydb_ 15696_ 293933. html。

3.1 稳固的全球产业链是 G20 推进新型基础设施建设的底层支撑

在疫情冲击下，全球产业链，供应链亟待加强，国际范围内合作尤为重要。2020 年 3 月下旬举行的 G20 新冠肺炎特别峰会通过的联合声明指出，将持续采取财政支持措施，同国际组织紧密合作，合力维护全球经济金融稳定，提振市场信心，减少疫情对全球贸易和产业链的冲击。[①] 5G 基站、智能交通基础设施、智能计算中心、数据中心等"新基建"建设发展离不开地区工业基础和企业集群以及良好的营商环境。对于新兴产业的发展，应深度应用信息技术，以数字化推进产业发展，形成先进的产业集群，加深产业基础高级化和现代化。还应从公共利益出发，发挥产业政策，创造良好的产业发展环境，引导企业在新兴产业的投资和创新，从而扩大新兴产业规模，拉动"新基建"需求的上涨。同时，还需要充分吸收采纳"新基建"所在领域的行业意见，避免不同区域的行业标准不同而导致"新基建"的重复建设或对接成本过高，需要形成统一的行业标准。

3.2 数字化科技创新是 G20 推进新型基础设施建设的基础力量

"新基建"要求使用新一轮高新技术，尤其是新一代信息技术，包括大数据、5G 技术、云计算、人工智能等的基础设施建设。加快"新基建"的发展，有利于扩大有效需求以应对疫情造成的经济下行风险，需要加强核心关键技术公关，增大创新力度，协调技术研发向产业应用的成果转化，将新型生产要素与新型产业进行完美对接，带动相关新型产业的集聚与发展。与此同时，传统基础设施建设的信息化转型也尤为关键，在交通、能源、物流等方面，传统基建的信息化、智能化发展是推动经济转型升级的重要动力。持续推进新基建要素与传统基础设施的深度融合，通过"互联网＋"的应用以及人工智能技术推动形成统一管理、高效运行的运营模式。"新基建"还需要大量的创新型、技术型人才做支撑，要加强在 5G 基建、人工智能等领域的人才引进，形

---

① 王泠一：《新冠肺炎疫情背景下再审视全球产业链格局》，《第一财经日报》2020 年 4 月 6日，https://www.yicai.com/news/100581252.html。

成一套完整的人才培养、人才吸收、人才整合和人才配置的体系，为推动创新发展持续注入动能。①

3.3　完善的制度建设是 G20 推进新型基础设施建设的重要保障

当前，"新基建"处于成长初期，在市场经营环境以及研究开发方面，仍存在较大的风险，需要政府统筹规划、合理布局，以改革创新的方式推动"新基建"，针对新基建制定专门的财政、产业等配套政策支持，防止企业"一拥而上"，造成无效投资、产能浪费等问题。政府层面要加强对"新基建"项目相关国家的形势和动向研判，评估合作国潜在的政治经济风险，针对不同国家制定相应的投资策略，引导企业和金融机构进行差异化投资。2020 年 2 月下旬，在 G20 财长和央行行长会议中，针对高科技企业征收"数字税"是重要议题之一，与会各国官员呼吁 G20 国家在税制改革方面要保持团结一致，以应对数字经济发展带来的税制挑战。② 因此，需要加强数据法律制度的研究，兼顾效率和公平，为数字基础设施建设建立制度性根基。此外，新基建下，很多新场景都潜藏着安全风险，不同于先前互联网安全问题，新基建的安全主要是产业互联网安全问题，包括交通领域、能源领域、金融领域等各方面。因此需要增强国家总体安全基础设施建设，发展和改进安全工程技术，制定标准，以加强重大风险监测、预警、预防和应急能力。

3.4　创新融资方式是 G20 推进新型基础设施建设的关键路径

G20 作为国际经济合作的首要平台，面对此次全球疫情冲击，以及世界经济更为复杂的局面，成员间的合作面临很大程度的困难。在 G20 框架下，加强国与国之间、跨国企业之间的共享共建，强化资源和资源统筹利用，推进各国新型基础设施建设在基础支撑、数据服务和融合发展方面的协作显得尤为重要。其中，创新融资方式是 G20 推进新型基础设施建设的关键路径。现阶段新型基础设施建设主要体现在对传统基础设施的网络信息化升级，以及"新

---

① 马荣、郭立宏、李梦欣：《新时代我国新型基础设施建设模式及路径研究》，《经济学家》2019 年第 10 期。

② 宋博奇：《G20 呼吁全球合作应对新冠肺炎疫情》，《经济日报》2020 年 2 月 26 日，http：//paper. ce. cn/jjrb/html/2020 - 02/26/content_ 413399. htm。

基建"如何规模化发展两个方面，需要的投资金额较大。地区经济实力、财政基础、投资能力都对"新基建"起着重要作用。在"新基建"起步阶段，需要政府提高"新基建"投入比重，投入大量引导性资金。同时，发挥金融机构的引导作用，配合适当的财政政策工具鼓励社会资源向"新基建"流动。此外，政府还需要通过多种方式拓宽新基建的融资渠道，催生新的融资方式和金融产品在"新基建"领域的创新应用，提高金融服务的智能化、数字化运营水平。

4　G20推进新型基础设施建设面临的风险与应对举措

"新基建"既是强基础、利长远的战略性、先导性、全局性工程，也是对当前经济有稳增长、调结构、惠民生的价值，应既着眼长远，也不脱离国情，量力而行。[①] 在防止盲目投资、集中过热的同时，要厘清政府与市场关系，尊重市场发展规律，规避创新风险，使"新基建"成为激发我国经济发展潜能，推进我国经济，乃至带动各相关国家经济发展的助推器。

4.1　避免重复建设与过度投资，合理规划并协调"新基建"项目

在疫情影响下，当前各区域经济都面临巨大的经济增长压力，都会竭尽全力去激发经济发展动力，因此，将经济增长希望寄托于新型基础设施建设，将会是各地方政府不约而同地选择。在缺乏合理规划与区域协作的情况下，在"新基建"上很可能会出现盲目建设、重复投资与资源浪费的现象。[②] 此外，推进基础设施建设，加大投资，不可避免地会增加地方债务、提高赤字率。为避免盲目投资造成资金浪费与负债过重，一定要以现实发展为基础，科学评估，合理规划，量力而行，以新带旧，将基础设施投资逐步从传统领

---

① 潘教峰、万劲波：《新基建十大战略方向》，《瞭望》2020 年第 17 期。
② 叶银丹：《新冠疫情影响下中国"新基建"发展方向与政策建议》，《中银研究：宏观观察》2020 年第 10 期。

域转向新兴领域，着力科学布局，促进新旧基础设施体系互联互通，开放共享，加速整体转型升级，支撑经济社会数字化转型和新旧动能转换，推进高质量发展，打造适应当前经济发展需要以及未来发展要求的现代化基础设施体系。为此，一方面，要结合各区域经济发展基础与产业发展方向，基于地区实际发展情况，聚焦"新基建"的重点领域与方向，精准有效使用资金。"新基建"投资不仅短期内能够有效拉动经济，更能在中长期促进技术进步，提高经济增长潜力，因此可适当超前布局，聚焦发展基础较好、技术相对成熟、落地性较强的领域，精准投入资金，减小失败风险，提高资金使用效率。另一方面，可适当提高赤字率，通过增加专项债额度、增发特别国债等多种方式筹集基建投资资金。同时，积极创新其他融资模式，广泛调动社会资本，扩大投资主体范围，积极吸引民间资本参与，公平对待各投资主体，提高投资效率，以保障基建投资的资金来源，实现"新基建"的平稳建设。

4.2　减少政府过度干预，激发"新基建"投资主体活力

以往众多传统基础设施建设，大都是政府主导型。因而，容易形成惯性思维，认为此次"新基建"仍应以政府为主导进行相关建设与布局。然而，由于许多"新基建"领域的基础设施与实际产业无法分离，不像传统基础设施具有明显的基础性和公共性，因而政府应当适当让位于市场，做好区域协调与产业规划，利用政策性金融工具，发挥财政政策和货币政策的引导作用，创新投资模式，广泛吸纳企业和社会资本参与"新基建"投资项目，减少政府主导型投资带来的市场扭曲，以改革调动各方主体积极性，激发"新基建"投资活力。一方面，推出税收、融资等方面的激励机制，充分调动企业家积极性，使他们参与到"新基建"投资项目当中。另一方面，推动建立地方政府调整考核机制，将高质量发展、"新基建"等符合未来经济发展方向的内容纳入考核指标，并与地方政府规划和财政计划等相配合。同时，提高对错误的包容性，调动地方政府开展"新基建"项目的积极性，培育市场需求、维护市场秩序，鼓励市场化投资和技术创新，做好基础研发和人才培养，扮演好监管者的角色。明确以市场发展为导向，发展好当地的相关配套政策与设施，解决好相关问题，从而有效推动新型基础设施建设。

4.3 降低创新风险，提升"新基建"的创新活力

2020年4月20日，国家发展改革委明确地把"新基建"圈定为信息、融合、创新基础设施三个方面，涵盖5G、物联网、工业互联网、卫星互联网、人工智能、云计算、数据中心、智能计算中心、智能交通基础设施、智慧能源基础设施等领域。2020年5月政府工作报告明确了"新基建"包括5G基站建设、特高压、城际高速铁路和城市轨道交通、新能源汽车充电桩、大数据中心、人工智能、工业互联网七大领域。这些领域大都具有创新性强、风险高等特征，这就意味着"新基建"投资可能带来较大的创新风险。"新基建"与传统的"老基建"有所不同，大量新基建领域的核心短板并不在于物质资本短缺，而是在于技术瓶颈与其他软性基础设施不足。因此，若盲目投入大量资金，开展项目建设，可能面临较大的创新失败风险，造成资源浪费与产业发展困境。为此，应充分评估，积极而又谨慎稳妥地推进"新基建"投资。一定要明确投资的主体主要是企业。因为，众多新技术产品是企业深耕细分市场之后的发展结果，是企业基于内在动能发展到一定阶段的主动抉择，而不是靠政府主观预测与干预就可以实现的。这类投资风险大、利润高，只能依靠长期在市场竞争中形成的具有风险意识与竞争意识的企业来推动。政府做好各种软环境建设、规划引导与政策激励，激发各"新基建"投资主体的热情与创新活力，从而尽可能地降低创新风险。

4.4 加强国际沟通与交流，维持"新基建"的稳定性与持续性

随着全球化分工的深入与发展，当前各国产业呈现深度融合、协同发展、难以分割的发展格局。因此，"新基建"不仅是推动我国经济发展与产业升级的有效途径，也是带动相关国家产业升级与技术提升的积极举措，"新基建"通过影响关联技术与关键技术节点的发展而带来经济潜能的全方位激活。所以，在信息技术全球化共同提升与进步的今天，每项前沿技术的提升与相关基础设施建设，都需要全球同步进行，共同发展，进而实现整体效益提升。然而，在当前贸易保护主义、逆全球化，以及经济问题政治化的影响下，全球同步"新基建"的稳定性与持续性受到了较大的冲击与影响。针对这一情况，一方面应加强政府间的沟通与交流渠道，建立互信机制，增进对话与合作。经

过此次新冠肺炎疫情的影响，各国更应认识到全球同呼吸、共命运，全球是命运共同体，各国应加强协作，不仅要应对自然界的病毒，更应携手提振全球经济，通过交流与协作，提升互信，实现全球经济的融合与发展。另一方面，做强自身核心技术、高科技技术和关键技术，做大高新产业市场。当我国在"新领域"形成完整产业链后，通过合理高效运转，就会带动相关领域的技术的发展，并按市场实际运行需要，来调配要素流动，实现高效生产与消费，从而形成广大的产业市场。在产业链全球化的今天，市场就是吸引力，就是王牌，巨大的产业市场必然会吸引更多经济主体的合作。

5 中国在加快新型基础设施建设中的使命担当

当前世界深陷疫情对经济的冲击，经济深度衰退，国际贸易和投资大幅萎缩，国际交往受限，经济全球化遭遇逆流，地缘政治风险上升。我国则率先控制住国内疫情，全面推进复工复产复商复市，2020年第二季度经济同比增长3.2%，在疫情防控和经济恢复上都走在世界前列；同年7月制造业采购经理指数为51.1%，连续5个月位于荣枯线之上。[①] 中国经济的强韧性，与经济率先复苏向好，为全球提振经济带来了利好。作为世界第二大经济体与负责任的大国，中国理应在推进全球经济增长中有所担当。新型基础设施建设是疫情后做好"六稳""六保"的重要抓手，是我国面临当前国际发展环境下，形成以国内大循环为主体、国内国际双循环相互促进发展新格局的重要推动力。

5.1 共享技术与产业发展：新基建将推进合作区域的产业整合

在新一轮科技和产业革命驱动下，以数字经济、智能经济、流量经济为特征的新经济快速发展，世界正进入以信息产业为主导的新经济发展时期。可以预见的是，此次"新基建"必将带动关键技术的快速发展与相关产业的整体提升。新基建主要在大数据互联网技术领域，它是对传统基建的一种改造，将有利于优化经济结构，并有力地拉动经济增长。当新型基础设施建成之后，那些与之相关，并且是经济发展亟须的技术和应用就很容易被结合到产业链里，

---

① 《中国新发展格局为世界经济添动力（和音）》，《人民日报》2020年8月7日，第3版。

从而带动整体产业的发展与提升。在新冠肺炎疫情的冲击下，发展"新基建"作为基础设施投资的重要内容，是扩大我国国内投资进而扩大内需的重要手段。"新基建"通过作用于中国业已形成的产业链条，带动关键技术的发展，提升产业的附加值，进而全面提升产业技术与发展态势。然而，作为负责任的大国，我国秉行开放发展理念，在全球命运共同体理念的指引下，共同努力，共享发展，无论是"一带一路"建设，还是各国合作共赢，我国的"新基建"必将通过健全与延伸产业链，实现相关产业的转移与整合，新型基础设施建设所带来的技术与产业升级必将影响到各个相关国家，从而带动整体技术的提升与产业升级。例如，中国的5G正在面向全球提供产业能力。中国在5G终端模组、解决方案、商业发展三大领域为世界提供创新发展样板，成为5G能力输出国。中国的5G大规模建设拉动了相关设备需求以及相关技术的进步，不仅促进了我国，也带动了相关建设国家设备与技术的共同发展。

5.2 共享市场：新型基础设施建设将形成巨大的需求市场

"新基建"创造新的发展动能。"新基建"将拉动新一代信息技术、装备、人才等要素的投入，对投资和运营模式的要求更高，覆盖面更广，参与主体也更多，对产业发展的推动作用也将更加明显。新型基础设施建设通过夯实战略性新兴产业发展的基础，将会激发新的消费需求，助力产业升级，加快形成以国内大循环为主体、国内国际双循环相互促进的新发展格局，在实现我国经济稳定增长的同时，必将形成更加庞大的需求市场。一方面，通过加快新一代信息技术的发展和应用，促成新产业、新模式、新业态的培育和壮大，逐渐孕育成为经济增长新动能。比如，信息服务平台、信息共享平台、创新创业平台等要素资源集聚平台的建设，有利于发展枢纽经济；可以吸引跨国公司区域总部、研发中心、采购中心、财务管理中心、电子商务中心和结算中心等生产性服务功能机构，推动生产性服务业发展。另一方面，可以有效激发消费市场的潜力，创造新的消费需求，扩大消费市场规模，典型的例子是充电桩建设有利于促进新能源汽车消费，从而促成经济增长由投资驱动型向消费驱动型转变。中国既有全球最大最全的供应链，又有望成为全球最有潜力的消费市场，还有低成本高效率的物流网络，再加上全局高效流转的网络与产业链当中的各个环节，形成了巨大的消费潜力与市场。这一巨大的需求市场，不仅为国内大循环增添动力,推进自身高质量发展,同时也给世界经济增长带来新的更多机遇。中国商务部近期的一项问卷调查显示,99.1%的外资企业表示将继续在华投资经营,这就是这一市场所产生的巨大吸引力。同时,中国也愿意分享市场,合作发展,实现"双赢多赢共赢"。美中贸易全国委员会最近对150余家企业的调查结果显示,中国近年来进一步扩大开放、优化营商环境的举措为外企在华生产经营创造了便利,就是中国愿意共同发展、合作共赢的有力证明。

5.3 共享发展机遇:新型基础设施建设助推更加开放的经济全球化

经济全球化是世界经济发展的必然趋势,是全球经济要素高效配置的必然要求,也是提高全球生产效率的必然途径。然而,当前单边主义、贸易保护主义、逆全球化思潮不断有新的表现,致使现有国际贸易秩序难以有效运转甚至产生冲突,动辄"退群""脱钩""筑墙",使全球经济落入"衰退陷阱"。新的技术创新与革命正在对经济全球化与全球经济社会发展产生深刻而又深远的影响,这不仅会带来新的发展机遇,当然也会面临严峻挑战。为此,各国应以"人类命运共同体"的理念,团结合作,共同构建和谐的全球关系,实现共同发展。在相互尊重、相互信任的基础上,广泛开展对话合作,共同推进全球经济的稳定增长与发展。中国具有全球最完整、规模最大的工业体系,强大的生产能力,完善的配套能力,拥有1亿多市场主体和1.7亿多受过高等教育或拥有各类专业技能的人才,拥有包括4亿多中等收入群体在内的14亿人口所形成的超大规模内需市场,完全具备通过繁荣国内经济、畅通国内大循环为中国经济增添动力的能力。然而,改革开放40多年的实践充分证明,开放带来进步,封闭必然落后。过去中国经济发展是在开放条件下取得的,未来中国经济实现高质量发展也必须在更加开放的条件下进行。中国开放的大门不会关闭,只会越开越大。新型基础设施建设将有力地推动产业升级,激发发展潜能。这一发展潜能不会也不应仅局限于国内,更应是在全球开放的大市场环境下,给各个合作国家带来新的发展机遇。各国应在相互尊重、相互信任的基础上,广泛开展经济合作,更好地联通国际、国内市场,发挥各自发展潜力,合作共赢,以实现全球经济更加开放、更加强劲可持续的发展。

参考文献

[1] 余建斌：《让新基建释放更大潜能（人民时评）》，《人民日报》2020年4月17日，第5版。

[2] 叶子：《谁是"关键"的新型基础设施？（新型基础设施建设系列述评（2））》，《人民日报》2020年3月18日，人民日报海外版。

[3] 金晶：《5G手机用户还缺一款"刚需"应用？》，《解放日报》2020年2月8日，第6版。

[4] 中华人民共和国科学技术部：《G20中17国2020年底前将推出5G服务》，http：//www.most.gov.cn/gnwkjdt/201904/t20190422_146181.htm，最后访问日期：2019年4月23日。

[5] 李君、成雨、窦克勤、邱君降：《互联网时代制造业转型升级的新模式现状与制约因素》，《中国科技论坛》2019年第4期。

[6] 王运武、张尧、彭梓涵、王胜远：《教育人工智能：让未来的教育真正拥有"智慧"》，《中国医学教育技术》2018年第2期。

[7] 李慧：《人工智能如何赋能经济高质量发展》，《光明日报》2020年2月16日，第5版。

[8] 吴月辉：《数据中心：数字化时代的"幕后英雄"》，《人民日报》2020年8月3日，第19版。

[9] 《全球超大规模数据中心达541个》，《中国邮电报》2020年7月17日，http：//paper.cnii.com.cn/article/rmydb_15696_293933.html。

[10] 王泠一：《新冠肺炎疫情背景下再审视全球产业链格局》，《第一财经日报》2020年4月6日，https：//www.yicai.com/news/100581252.html。

[11] 马荣、郭立宏、李梦欣：《新时代我国新型基础设施建设模式及路径研究》，《经济学家》2019年第10期。

[12] 宋博奇：《G20呼吁全球合作应对新冠肺炎疫情》，《经济日报》2020年2月26日，http：//paper.ce.cn/jjrb/html/2020－02/26/content_413399.htm。

[13] 潘教峰、万劲波：《新基建十大战略方向》，《瞭望》2020年第17期。

[14] 叶银丹：《新冠疫情影响下中国"新基建"发展方向与政策建议》，《中银研究：宏观观察》2020年第10期。

[15] 《2020年政府工作报告》，https：//baijiahao.baidu.com/s？id=1668095110513176593&wfr=spider&for=pc，最后访问日期：2020年5月30日。

[16] 《英国禁止华为5G始末》，http：//news.ifeng.com/c/7y8FJn45zOb，最后访问

日期：2020 年 7 月 15 日。

[17]《中国新发展格局为世界经济添动力（和音）》，《人民日报》2020 年 8 月 7 日，第 3 版。

Key Fields and Policy Trends of New Infrastructure Construction within the G20 in the Post-pandemic Era

Zheng Wei   Chen Hongzhao   Wu Wulin

Abstract：New infrastructure construction with core of new digital technology such as 5G, industrial Internet, artificial intelligence, Internet data center will become the new driving force of economic growth of G20 in the Post-pandemic Era. At the early stage, new infrastructure construction needs stable global industrial chain as underlying support, digital science and technology innovation strength as basic power, perfect system construction as important guarantee and financing innovation as critical path. At the same time, we should try to avoid duplicate construction and excess investment, reducing excessive government intervention, strengthen international communication to avoid the risks associated with new infrastructure construction. As main fulcrum of "six stability" and "six protect", China should follow these principles such as sharing technology and industrial development, sharing market and sharing developing opportunities to highlight our responsibility in global economic governance.

Keywords：New Infrastructure Construction；G20；the Post-pandemic Era

Y.26
专题六　后疫情时代G20新能源开发合作与政策展望

郑清英　程俊恒　白　华*

摘　要： 自首脑会议机制设立以来，二十国集团一直对能源治理领域保持
高度关注，在世界能源治理中发挥了重要作用，已经成为全球能
源事务的关键治理平台。当前，全球肆虐的新冠肺炎疫情严重冲
击了世界能源行业，能源供需正在进行大幅调整，各国能源基建
与国家能源政策面临重大变局。作为能源治理与环境保护的关
键，新能源成为各个国家能源发展战略的核心组成部分，面对新
冠肺炎疫情等"黑天鹅事件"，新能源产业发展机遇与危机并存。
有鉴于此，本文阐述了G20国家能源治理与变革趋势，分析了G20
新能源发展现状和挑战，强调了现实背景下加强G20成员国新能源
开发与合作的重要作用，并据此提出G20新能源发展的对策建议。

关键词： 新能源；G20；能源治理；能源合作

　　自2008年首脑会议机制建立以来，二十国集团一直持续关注各国间的新
能源治理合作，并围绕新能源消费、贸易、安全等不同领域形成了一系列国际
合作共识和政策性的成果文件。近年来，新兴市场国家能源消费规模的不断增
长、国际金融体系的持续变革、美国页气岩革命等因素正在不断推动全球能源

---

　　* 郑清英，博士，福建师范大学经济学院副教授，硕士生导师，研究方向：能源经济与政策；程
俊恒，博士，福建师范大学经济学院副教授，硕士生导师，研究方向：工业工程；白华，博士，
福建师范大学经济学院讲师，硕士生导师，研究方向：网络信息计量与应急管理。

格局悄然变化。在国际能源治理体系的相应重塑过程中，二十国集团既包括了美国、俄罗斯、沙特等全球最主要的能源供应国家，也包括了以中国为代表的新兴能源消费大国和进口大国，G20 国家间的能源合作和行动部署对全球能源治理产生了关键而实质的影响，G20 在全球能源治理中的代表性和推动力也在不断提高，已经成为对全球能源相关事务进行协调的重要平台之一。进入 21 世纪，随着各国工业化、城镇化进程的持续推进和不断加快，人类社会对于能源的消费需求与日俱增，煤炭、石油等传统化石能源消耗所带来的气候和环境问题也越发严重，新能源开发与合作逐渐成为全球能源治理的重要构成，也日益受到 G20 国家的关注和重视。

1　G20 推动全球能源治理体系不断变革

新冠肺炎疫情的突然暴发对全球经济和国际贸易造成了重大影响，也导致了能源行业的持续疲软，疫情发展的不确定性给能源行业带来较大的挑战和风险，在这一客观背景下，准确了解 G20 国家能源治理的现实情况，把握新形势下 G20 国家能源治理的走向和趋势，可以准确把脉 G20 国家新能源发展的问题与挑战，切实为 G20 国家新能源发展提出建议与参考。

第一，G20 国家一次能源消费量不断增加，能源消费增长模式出现显著分化。

当前，G20 国家的国内生产总值（GDP）占全球经济规模总额的 90% 左右，贸易额占全球贸易总额的 80%，人口大约占世界人口的 66%。随着 G20 国家经济规模的不断扩大，受经济发展和人口增长的影响，G20 各国一次能源消费量不断增长。依据《2019 年世界能源统计年鉴》（见图 6 - 1），2008 年世界各国一次能源消费量合计为 11705.1 百万吨油当量，2018 年一次能源消费量合计为 13864.9 百万吨油当量，2008 ~ 2018 年增长了 18.45%；2008 年 G20 成员国一次能源消费量合计为 10701.6 百万吨油当量，2018 年一次能源消费量合计为 12238.6 百万吨油当量，2008 ~ 2018 年增长了 14.36%。虽然相对于全球统计数据而言，G20 国家一次能源消费量占世界比重呈现一定的下降趋势，从 2008 年的 91.43% 逐渐下降到 2018 年的 88.27%，但是 G20 国家依然在全球能源消费中显著居于主导地位（见图 6 - 2）。

如图 6 - 3 所示，从 G20 各成员国的能源消费量规模可以看出，中国、美

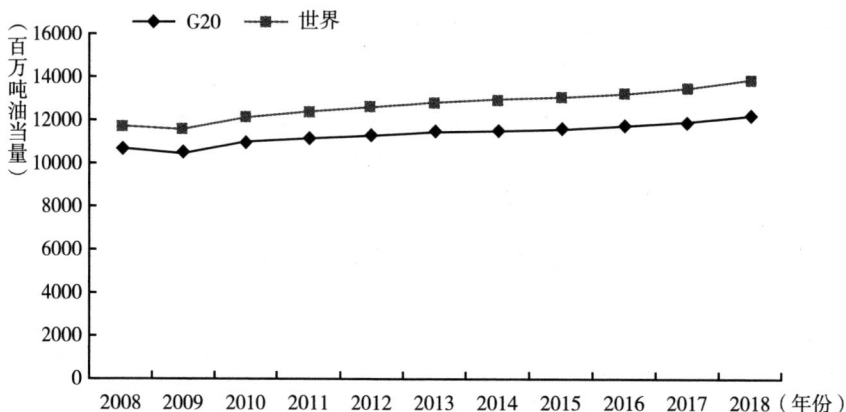

图6-1 G20国家一次能源消费量

资料来源:《2019年世界能源统计年鉴》。

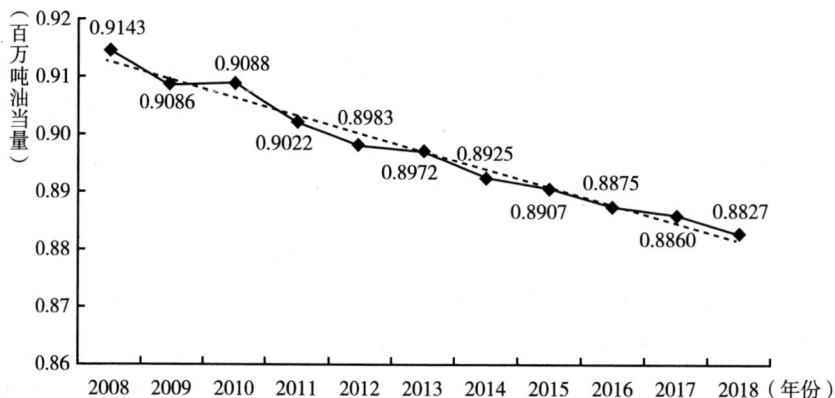

图6-2 2008~2018年G20国家一次能源消费占世界比重变化趋势

资料来源:《2019年世界能源统计年鉴》。

国、欧盟、俄罗斯和印度居于G20国际能源消费的前列。但是在2008~2018年的能源消费趋势变化过程中,G20各国的能源消费趋势逐渐出现分化,英国、美国、欧盟等发达国家在2007~2017年能源消费年均增长率处于较低甚至为负数的水平,明显低于发展中国家;中国、印度、巴西等新兴经济体国家则长期处于较高增长率水平,中国和印度两国增幅较为显著,尤其是印度在2018年增幅达到7.9%,居于G20成员国一次能源消费量增长率首位(见

表6-1）。

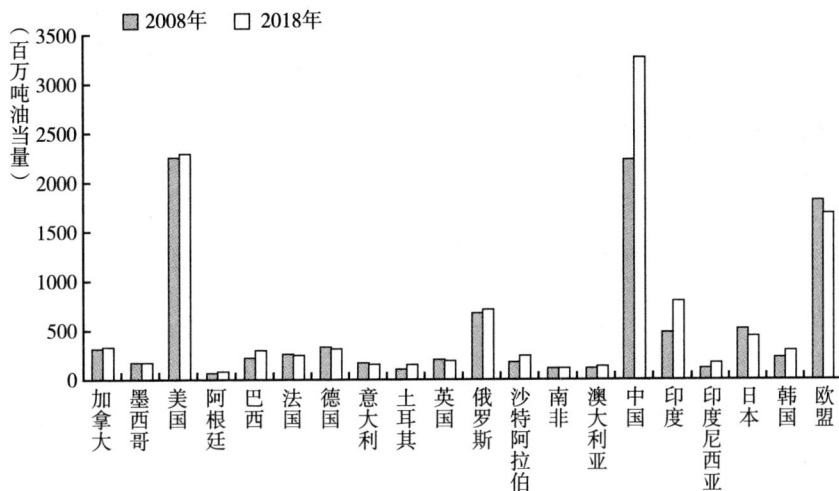

图6-3　G20成员国一次能源消费消费量

资料来源：《2019年世界能源统计年鉴》。

表6-1　G20成员国一次能源消费量增长率

单位：%

成员国	加拿大	墨西哥	美国	阿根廷	巴西	法国	德国	意大利	土耳其	英国
2018年	0.20	-1.30	3.50	-1.20	1.30	2.20	-3.00	-1.10	0.50	-0.50
2007~2017年	0.70	1.20	-0.40	1.60	2.50	-0.90	0.10	-1.60	4.30	-1.40

成员国	俄罗斯	沙特	南非	澳大利亚	中国	印度	印尼	日本	韩国	欧盟
2018年	3.80	-1.40	-0.20	2.70	4.30	7.90	4.90	-0.20	1.30	-0.20
2007~2017年	0.30	4.50	0.40	0.80	3.90	5.20	2.80	-1.40	2.30	-0.80

数据来源：《2019年世界能源统计年鉴》。

　　从上述数据及分析中可以看出，居于世界能源消费结构主导地位的G20国家在能源消费总量的变化情况及能源消费变化的趋势方面存在一定的差异，发达国家与发展中国家间的分化趋势更加明显。这一现象反映了G20国家的能源消费结构正在变革，能源消费中心的分离和割裂趋势逐渐加剧，能源消费大国之间的地位和相互关系悄然发生变化，以中国为代表的发展中国家的地位逐步上升，相应地，G20能源治理体系也需要面向这一变化和挑战进行相应的调整与适应。

第二，G20国家能源储量和开发相对集中，能源效率差距明显。

当前，受到开采成本的因素影响，原油仍然是全球最重要的主要能源。虽然近年来在经济水平的提高和生产力的快速发展推动下，原油消耗量在不断增加，但是随着科技进步，油气等能源勘探技术在快速改进和发展，原油的可采储备量稳中有升。然而，就世界范围而言，全球原油储量分布并不均衡，大部分石油储量都集中在中东和美洲地区。就G20国家的石油储量分布而言，沙特、俄罗斯、美国及加拿大几个主要的石油产国占据了G20石油生产的主导地位，储量的地区差异十分明显。如表6-2所示，G20成员国石油储备量总和已经超过全世界石油储备量的1/3，并伴随着世界石油储备量的变化趋势稳中有升。其中，沙特、俄罗斯等传统石油生产国的储备量在近20年变化不大，加拿大石油储备量则在1998~2008年从49.8（十亿桶）增长至176.3（十亿桶），占世界近1/10，成为G20乃至全世界的重要石油储备和产出国。除表6-2中列举的国家外，其他G20成员国石油储备量均较少，由此可见，G20内部各成员国之间的石油储备量存在较大差异，石油资源储量较为集中。

表6-2 G20成员国石油储量变化情况

	1998（十亿桶）	2008（十亿桶）	2017（十亿桶）	2018		
				2018（十亿桶）	世界占比（%）	G20占比（%）
中　国	17.4	21.2	25.9	25.9	1.50	3.69
欧　盟	8.7	5.7	4.9	4.8	0.30	0.68
巴　西	7.4	12.8	12.8	13.4	0.80	1.91
俄罗斯	113.1	106.4	106.3	106.2	6.10	15.14
沙　特	261.5	264.1	296	297.7	17.20	42.44
加拿大	49.8	176.3	168.9	167.8	9.70	23.92
墨西哥	21.6	11.9	7.7	7.7	0.40	1.10
美　国	28.6	28.4	61.2	61.2	3.50	8.72
世　界	1141.2	1493.8	1727.5	1729.7	100.00	◆
G20	531.9	646.6	700.5	701.5	40.40	100.00

资料来源：《2019年世界能源统计年鉴》。

注：◆低于0.05%。

　　此外，G20各国的原油开采规模也差距较大，石油储量大国并不一定是石油产出大国，这与各个国家的石油储产比密切相关。油气资源的储产比是指一个国家或地区剩余的可采油气储备量与年产量之比，可以反映现有的石油储量对石油生产和消耗的保障程度，是对一个国家或地区的油气未来生产能力进行长期规划和计划的重要参数。具体地，一个国家或地区的油气丰度、油气勘探开采的技术能力、油田的质量和各国政府的相关政策都会对石油储产比产生重要影响。从图6-4可以看出，虽然加拿大和沙特两个国家的石油储存量较高，但是受到各种原因的影响，两个国家的储产比均显著高于世界平均水平。其中，中国的石油储量仅占G20石油储量的3.69%，占世界石油储量的1.50%，是石油储量相对不足的国家，然而，我国的石油储产比为18.7%，石油开采强度显著高于世界平均和G20国家的平均水平，能源安全问题需要纳入重点考虑。

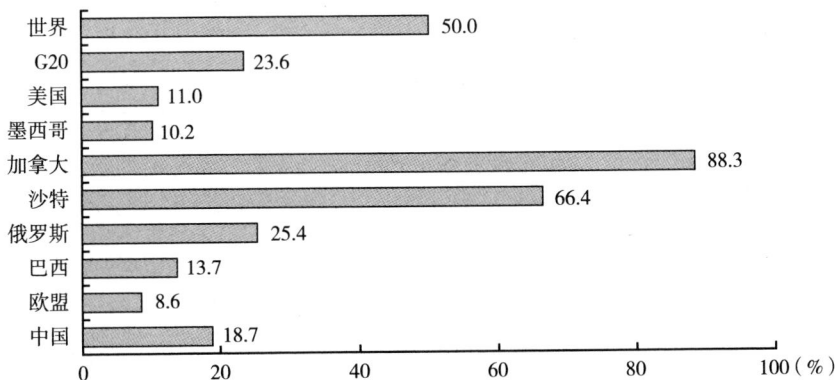

图6-4　G20主要产油国石油储产比

资料来源：《2019年世界能源统计年鉴》。

　　第三，G20成员国面临减排压力，能源效率治理亟待加强。

　　随着全球环境及气候变化问题不断凸显，化石燃料的大规模开发和使用对气候和环境造成的不利影响已经引起全球各国的重点关注，能源使用过程中的气体排放所造成的气候变暖、空气质量下降、极端天气、酸雨等一系列全球环境问题深刻揭示出能源无序使用对环境的恶劣影响是跨国界的，只有国际社会通力合作，才能更好地解决全球能源气候问题。从图6-5可以发现，自2008

年金融危机以来，虽然 G20 成员国的碳排放增长速度较全世界平均水平略低，但是增长趋势依然十分明显。

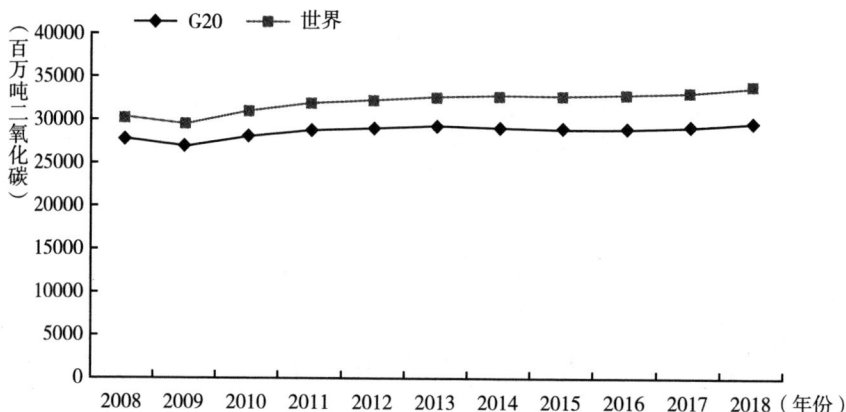

图 6-5　G20 与世界碳排放总量变化趋势示意图

资料来源：《2019 年世界能源统计年鉴》。

据《BP 世界能源统计》数据显示，2018 年全球碳排放增长率为 2%，G20 平均水平为 1.35%，但是如表 6-3 所示，印度、印度尼西亚及美国等 G20 成员国碳排放数据长期高于世界平均水平，印度 2018 年碳排放增长率甚至达到了世界平均水平的 3.5 倍。这一现实充分说明很多 G20 国家的经济增长与碳排放之间联系密切，难以真正脱钩。尤其是对新兴的发展中国家而言，受到经济快速增长的现实需求和化石燃料供给充足、价格低廉等复杂因素影响，大量化石能源的使用和消耗难以避免，碳排放压力较大。此外，作为全球范围内累计碳排放最多的国家，美国一方面并不批准《京都议定书》，另一方面又退出了《巴黎协定》，对自身的量化减排的约束性任务进行否认和推诿。美国试图游离于全球能源气候治理体系和安排外的一系列行为严重影响了全球减排和绿色发展的进程，为西方发达国家做了不利表率，极大地危害了当地和全球环境。

进入新世纪以来，在资源环境约束下，很多西方发达国家的经济增长逐渐进入瓶颈状态。尤其是在 2007 年美国次贷危机扩散至全球，形成大规模的金融危机以来，在危机的冲击下，很多发达国家的经济增长速度出现显著下降，

表6-3　G20成员国碳排放变化情况

单位：百万吨二氧化碳

G20成员	2008年	2009年	2010年	2011年	2012年	2013年	2014年	2015年	2016年	2017年	2018年	2018年增长率	2007~2017年均增长率	2018年占比
加拿大	545.6	502.3	526.7	539	523.2	541.9	551.3	544.6	535.9	549.9	550.3	0.10%	1.10%	1.60%
墨西哥	431.6	433	442.4	465.4	473.7	472.5	459.2	463	468.5	476.8	462.5	-3.00%	-1.50%	1.40%
美国	5675.7	5263.9	5465.6	5355.7	5137	5260.5	5300.4	5153.7	5053.7	5014.4	5145.2	2.60%	1.60%	15.20%
阿根廷	160.2	154.3	166	168.8	175.3	182.8	182.8	186	185.9	184.1	180.3	-2.10%	2.70%	0.50%
巴西	374	351.4	399.4	424.4	443.4	483.4	504.6	487.6	451	458.9	441.8	-3.70%	-1.40%	1.30%
法国	371.1	356.3	361.5	334.9	336.3	336	302.3	310.5	315.3	321.4	311.8	-3.00%	-0.60%	0.90%
德国	806.5	751	780.6	761	770.3	794.6	748.4	751.9	766.6	762.6	725.7	-4.80%	-2.80%	2.10%
意大利	446.9	404	409.8	399.8	386.6	353.6	330.2	343.1	343.6	346.3	336.3	-2.90%	3.60%	1.00%
土耳其	276.9	276.1	278.6	301.5	316.9	305.5	337.5	346.1	366	388.5	389.9	0.30%	-3.40%	1.20%
英国	562.8	516.1	532.6	495	511.8	498.4	457.3	438.4	414.7	403.2	394.1	-2.30%	-0.30%	1.20%
俄罗斯	1554.3	1445.3	1492.2	1555.9	1569.1	1527.7	1530.8	1489.5	1501.5	1488.4	1550.8	4.20%	4.20%	4.60%
沙特阿拉伯	424.4	443.2	485.1	501.5	525.5	534.3	570.4	587.1	597.6	591.1	571	-3.40%	0.20%	1.70%
南非	447.5	446.7	448.9	440.2	434.4	435.1	439.1	425.9	428.5	418.5	421.1	0.60%	0.10%	1.20%
澳大利亚	420.5	414.8	408.7	414.6	406.7	401.8	408.8	413.2	418.3	412.3	416.6	1.00%	2.50%	1.20%
中国	7378.5	7708.8	8135.2	8805.8	8991.5	9237.7	9223.7	9174.6	9119	9229.8	9428.7	2.20%	5.40%	27.80%
印度	1466.9	1595.6	1661	1735.7	1849.2	1930	2083.3	2147.1	2234.2	2316.9	2479.1	7.00%	2.90%	7.30%
印度尼西亚	376.1	387.9	427.4	479	511.8	526.4	480.6	488.6	493.1	516.1	543	5.20%	-0.80%	1.60%
日本	1274.9	1112.5	1183.8	1194.7	1285.6	1273.6	1239.6	1197.4	1178.6	1171.8	1148.4	-2.00%	2.20%	3.40%
韩国	557.5	559.7	615.7	646.8	643.8	646.1	644.6	656.5	662.6	678.8	697.6	2.80%	-1.70%	2.10%
欧盟	4149.4	3846.7	3941	3812.2	3754.2	3664.7	3458	3501.8	3514.3	3549.5	3479.3	-2.00%	♦	10.30%
G20	27701.3	26969.6	28162.4	28831.9	29046.3	29406.6	29252.9	29107.3	29048.7	29278.1	29673.5	♦	87.60%	
世界	30336.7	29719.4	31057.9	31978.3	32316.7	32799.9	32844.3	32804.4	32913.5	33242.5	33890.8	1.00%	100.00%	

注：♦低于0.05%

资料来源：《2019年世界能源统计年鉴》。

503

全球经济呈现典型的低增长态势，经济复苏进程迟缓。2019 年，新冠肺炎疫情突袭全球，以中美贸易战和石油国减产为大背景，全球油气产业深陷变局，能源安全和能源效率引起了越来越多的关注和重视。根据当前的数据，G20 各成员国的能源效率差异显著，虽然很多成员国的能源效率水平有所提升，但是以金砖国家为代表的新兴经济体国家同时面临后疫情时代经济发展和能源效率改善的双重挑战，能源效率追赶的压力较大。有鉴于此，有效推动能源系统的革命性变迁和优化，加速新能源转型与升级，成为 G20 能源治理版图调整的重点方向。

第四，能源治理成为 G20 主要议题，新能源发展逐步引起重视。

伴随着工业化进程的不断深入，生态环境的变化日益引起全世界关注，能源问题也逐渐成为全球治理的重要议程，受到经济、社会、环境等多层面的社会关注。然而，能源是一种极为重要的战略资源，世界各国在能源领域中的竞争非常激烈。因此，虽然全球能源治理体系中存在若干国际组织及国际能源治理机制，如国际能源机构（简称为 IEA）、石油输出国组织（简称为 OPEC）及国际能源论坛（简称为 IEF）等，但是各种国际组织和机制往往面向单一领域，组织和机制间缺乏有效协作，存在典型的"碎片化"管理现象，治理机制之间冲突激烈，且代表性不足。例如，国际能源机构和石油输出国组织是两个比较有影响力的国际能源组织，然而二者分别代表消费大国和生产大国的利益，互相间缺乏协调与互动。在这一背景下，作为首脑级别的国际峰会，G20 这一机制自诞生以来就被赋予了能源治理的使命。2008 年，首届美国华盛顿峰会上，能源安全问题就被重点提及，2009 年英国伦敦峰会则顺利通过了淘汰化石能源补贴的关键决议，其后，绿色发展、清洁能源等主题相继进入峰会议程，至 2013 年俄罗斯圣彼得堡首脑峰会上正式成立了"能源可持续工作小组"。G20 治理体系中的能源、环境、气候与经济、金融等问题的融合程度越来越深，能源与环境治理已经成为 G20 首脑峰会的重要议程，G20 也成为国际能源治理体系的关键组成部分。2015 年 10 月，在伊斯坦布尔召开了 G20 能源部长会议，首次将可再生能源问题提到了更高级别的多边国际治理舞台，推动了各个成员国新能源知识和经验的分享，有效地推动了全球范围内的可再生能源变革。

虽然各个成员国的具体国情和所处的发展阶段有所不同，但是 G20 国家均普遍认识到新能源对于经济发展和环境改善的重要作用。为了进一步贯彻落实《巴黎协定》，尽快实现 2030 年可持续发展目标，2015 年 G20 成员国均在联合国可持续发展峰会上签字同意到 2030 年大幅增加新能源在能源结构中所占比重。G20 成员国在全球新能源发展中占据主导地位，也具备加强成员国间的有效合作、切实推动新能源快速发展的强烈意愿。2016 年，G20 能源部长会议在北京召开，会上批准了《G20 可再生能源自愿行动计划》，鼓励各个成员国依据本国实际情况，制定相关发展战略，减少投资障碍和投资风险，促进新能源生产和投资，切实提高可再生能源占比。

2　加强 G20 各成员国新能源开发具有重要意义

人们的日常生活离不开能源的耗费和使用。天然气、煤炭和石油都是我们生活中经常使用的化石燃料。随着经济的快速发展和人口规模的不断增加，人们对于社会生活的需要也在不断提高，因此，在全世界范围内满足人类生存与发展的能源消耗量呈现逐年递增的趋势。石油、天然气等化石燃料资源具有有限性和稀缺性，在能源消耗逐年增长的态势下，化石燃料的可开采和利用是有限度的。20 世纪 70 年代后期，两次全球性石油危机的爆发推动了人们对可持续发展的深入认识，各个国家普遍意识到只有把经济、能源和环境纳入一个整体中去考虑，才能全面、辩证地理解三者之间的内在联系和相互间的作用机理，从而真正地实现可持续发展。能源、环境和经济三个相互独立系统之间相互联系、相互制约。经济系统的运行和发展需要能源系统为其提供基础动力支撑，反过来，经济增长又可以为能源开发提供大量的资金支持。此外，能源资源，尤其是化石燃料均来自于环境，因此大量的能源消耗会带来严重的环境问题和生态压力，而经济和环境本身也是相互促进、相互影响的。因此，能源、经济与环境是辩证联系的三个子系统。全球能源的使用和消耗是碳排放的主要来源，为了有效地促进环境和生态的改善，抑制全球变暖，G20 成员国，尤其是西方发达国家，一直在努力突破传统化石能源的替代品——可再生能源的大规模量产技术。作为在能源生产和消耗中占据主导地位的国际治理机制，G20 推动新能源变革战略的各种举措意义重大，G20 加大对新能源的重视和投入将对全球能源、经济和气候产生重大而深远的影响。G20 国家间的新能源合作不仅可以有效改善全球气候及生态环境，还可以有效推动新能源投融资的全球发展和新能源技术与创新。在技术创新和资本投入的双重推动下，G20 国家新能源的占比不断提高，G20 已经成为引领全球新能源发展的重要框架。

3 G20新能源发展现状及挑战

新能源作为应对能源和环境压力的重要手段，受到全球各国的广泛重视。迈入 21 世纪后，在大量政策和资金的推动下，新能源技术取得了巨大的进展。

3.1 全球新能源发展概况分析

根据联合国环境署的统计数据（见表 6 - 4），2005~2019 年全球可再生能源总投资从 691 亿美元攀升到 3018 亿美元，年均增速约 11.1%。从能源种类来看，可再生能源投资主要集中在太阳能、风能、生物质能和垃圾发电四个方向，其中全球太阳能总投资从 153 亿美元增长到了 1410 亿美元，风能总投资从 263 亿美元增长到 1427 亿美元，生物质能和垃圾发电总投资从 93 亿美元增长到 112 亿美元。

表 6 - 4 2005~2019 年全球可再生能源投资总额

单位：十亿美元

年份	海洋能源	地热能	生物燃料	太阳能	生物质能和垃圾发电	小水电	风能	可再生能源总投资
2005	0.1	0.8	9.8	15.3	9.3	7.5	26.3	69.1
2006	0.1	1.3	26.3	21.6	12.0	6.8	35.4	103.5
2007	0.7	1.7	26.4	37.5	15.9	6.5	58.8	147.5
2008	0.2	1.7	17.6	60.5	16.4	7.6	73.9	177.9
2009	0.3	2.5	9.4	63.6	13.4	6.0	72.5	167.7
2010	0.3	2.8	10.1	102.0	17.3	8.2	97.8	238.5
2011	0.3	3.8	10.5	160.1	20.9	7.7	83.3	286.6
2012	0.3	1.7	7.7	144.0	15.4	6.3	78.3	253.7
2013	0.2	2.4	5.1	120.4	14.6	5.7	83.3	231.7
2014	0.4	2.9	5.5	147.8	13.1	7.4	111.1	288.2
2015	0.2	2.5	3.6	176.6	10.4	4.2	119.7	317.2
2016	0.2	2.7	2.1	145.9	15.2	4.3	123.5	293.9
2017	0.2	2.4	3.3	180.8	7.4	4.0	133.4	331.5
2018	0.2	2.5	3.3	143.5	11.5	2.3	132.7	296.0
2019	0.2	1.2	3.0	141.0	11.2	2.5	142.7	301.8

资料来源：联合国环境署。

对应地，全球可再生能源发电能力（见表6-5）从2005年的245吉瓦提高到2019年的1627吉瓦，年均增速约14.5%。全球可再生能源发电能力的提升同样主要来自太阳能、风能、生物质能和垃圾发电能力的提高，其中太阳能发电能力从2005年的5吉瓦攀升到2019年的650吉瓦，年均增速高达41.6%；风能发电能力从55吉瓦提高到638吉瓦，年均增速虽然不及太阳能发电能力增速，但也达到了19.1%；生物质能和垃圾发电能力则从50吉瓦提高到127吉瓦，年均增速6.9%。太阳能、风能、生物质能和垃圾发电在全球可再生能源发电能力中的总贡献从2005年的42.3%提高到了2019年的87%。

表6-5　2005~2019年全球可再生能源发电能力

单位：吉瓦

年份	太阳能	风能	生物质能和垃圾发电	其他可再生能源	可再生能源
2005	5	55	50	135	245
2006	7	70	57	147	281
2007	9	90	59	153	311
2008	16	117	63	158	354
2009	25	157	69	163	414
2010	44	193	76	168	481
2011	73	233	84	174	564
2012	105	279	91	183	658
2013	147	313	96	193	749
2014	193	361	102	198	854
2015	249	424	106	203	982
2016	324	476	114	205	1120
2017	423	528	120	208	1279
2018	532	577	124	210	1443
2019	650	638	127	211	1627

资料来源：联合国环境署。

随着可再生能源发电能力的提高，全球可再生能源使用成本一直持续显著下降。根据国际可再生能源署的统计数据，2010~2019年，全球光伏的平均总安装成本从2010年的4702美元/千瓦下降到2019年的995美元/千瓦，平均平准化度电成本从2010年的0.378美元/千瓦时下降到2019年的0.068美元/千瓦时，降幅分别为78.8%和82%；全球陆上风电的平均总安装成本从2010年的1949美元/千瓦下降到2019年的1473美元/千瓦，平均平准化度电成本从2010年的0.086美元/千瓦时下降到2019年的0.053美元/千瓦时，降幅分别为24.4%和38.4%；全球海上风电的平均总安装成本从2010年的4650美元/千瓦下降到2019年的3800美元/千瓦，平均平准化度电成本从2010年的0.161美元/千瓦时下降到2019年的0.115美元/千瓦时，降幅分别为18.3%和28.6%；全球生物质发电的平均总安装成本从2010年的2588美元/千瓦下降到2019年的2141美元/千瓦，平均平准化度电成本从2010年的0.076美元/千瓦时下降到2019年的0.066美元/千瓦时，降幅分别为17.3%和13.2%。[①]

3.2 G20新能源发展现状

当前，新能源发展已经成为全球能源和经济发展转型的重要手段。G20作为由全球重要发达国家和发展中国家构成的国际组织，在全球新能源产业的发展中一直发挥着非常重要的领导作用，各成员国在取得普遍共识的基础上，结合自身实际均针对新能源，特别是可再生能源，推出了一系列发展政策，并制定了相应的发展目标。

3.2.1 美国

美国是最早利用新能源的国家之一，出于自身能源、环境和经济发展考量，美国一直十分重视新能源产业发展。2009年2月美国众议院通过《美国复苏与再投资法案》，计划分别投资230亿美元和180亿美元在可再生能源发电和智能电网技术改造上。同年6月通过的《美国清洁能源与安全法案》进一步提出，2025年之前计划投资1900亿美元在包括太阳能、生物燃料、风力发电等新能源技术和能源效率技术领域。2011年《美国总统经济报告》提出，2035年美国清洁能源发电总量占总发电量的比重将从2011年的40%左右提高到85%。在联邦层面之外，美国很多州政府也明确了对应的可再生能源发展目标。截至2019年，纽约州、加利福尼亚州、华盛顿特区、新泽西州、佛罗里达州、新墨西哥州、明尼苏达州、夏威夷州、康涅狄格州、马里兰州、伊利

---

① 数据来源：国际可再生能源署，*Renewable Power Generation Costs in 2019*。

诺伊州等地均提出或确立了可再生能源发展目标。

美国新能源发展的重点领域包括太阳能、风能、生物燃料和智能电网建设，主要采取的措施主要有三种：首先是来自联邦和州层面的包括贷款、税收抵免（投资税抵免和生产税抵免）和补贴等在内的金融激励；其次是直接对标可再生能源发展目标的强制性可再生能源配额制度，目前有29个州和华盛顿特区实施了这一制度；最后是允许消费端用户（居民家庭和企业）购买可再生能源电力的可再生能源许可证以及来自政府的购电协议。其中，联邦层面的税收抵免政策对其可再生能源的发展能起到了非常大的促进作用，2019年美国可再生行业而得总投资达到了555亿美元，增幅超过欧洲，2019年4月可再生能源发电量更是首次超过煤电发电量，二者发电量在总发电量中的占比分别为23%和20%。[①]

在各项政策措施的激励下，美国的可再生能源发展一直走在全球前列。图6-6是2005~2016年美国可再生能源专利情况。从专利数量来看，2005~2010年期间美国的可再生能源发展可以用井喷来形容，其可再生能源专利总数年均增长率保持在34.5%左右。从各类可再生能源专利数量的发展情况来看，太阳能、风能和生物质能是美国可再生能源发展的主力，

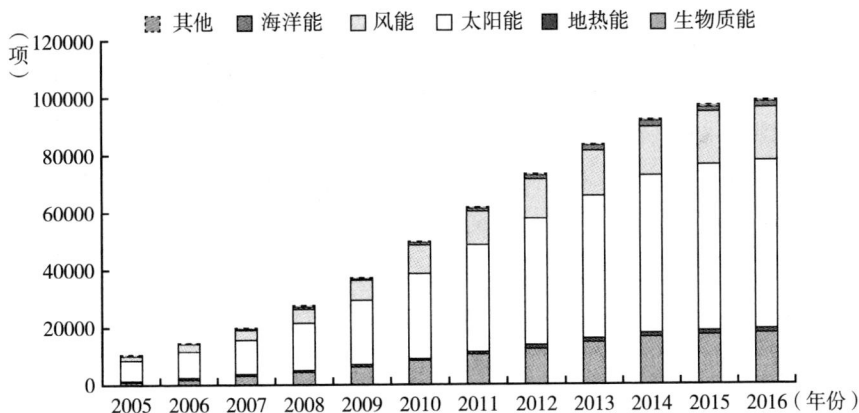

图6-6 2005~2016年美国可再生能源专利情况

资料来源：国际可再生能源署。

---

① 数据来源：http://guangfu.bjx.com.cn/news/20200422/1065439.shtml。

专利总数占可再生能源专利总数的平均比例分别达到了 60%、18.6% 和 17.6%。从使用成本来看，其光伏的平均平准化度电成本分别从 2010 年的 0.2015 美元/千瓦时降到了 2019 年的 0.0677 美元/千瓦时，海上风电的平均平准化度电成本则分别从 2010 年的 0.0850 美元/千瓦时下降到 2019 年的 0.0460 美元/千瓦时，降幅分别达到 66.4% 和 45.9%。从发电能力来看，美国的可再生能源发电能力从 2010 年的 137724 兆瓦提升到了 2019 年的 264504 兆瓦，涨幅 92.1%。[①]

3.2.2 欧盟

欧盟在低碳、清洁可持续发展的转型上一直处于全球领先地位。早在 2007 年，欧盟委员会就曾提出一项新能源发展议案，计划到 2020 年使可再生能源在欧盟总能源消费中的占比提高到 20%。之后，欧盟又进一步提出到 2030 年使可再生能源在欧盟总能源消费中的占比达到 27%，并进一步通过量化约束敦促各成员国加快可再生能源发展。在欧盟的指导下，欧盟各成员国制定了各自的发展目标，如德国提出要在 2050 年实现可再生能源在总能源消费和电力消费中所占比重要分别达到 60% 和 80% 的目标，法国提出到 2020 年可再生能源在能源总消费中的占比要达到 23% 以上，丹麦甚至提出在 2050 年要彻底摆脱传统化石能源。

整体看，欧盟国家的新能源发展重点围绕太阳能、风能、生物质能、储能以及智能电网展开，政策思路主要有两个方面，一是保证可再生能源发电收益，二是提高化石能源消费成本。其中，提高化石能源消费成本的主要措施则包括提高碳税或碳标准、实行碳交易（ETS）等，保证可再生能源发电收益的相关措施主要有三个方面，一是如德国、法国、希腊等国家实行的固定可再生能源上网电价，二是像丹麦、荷兰等国在市场结清电价上对可再生能源发电给予一定补贴，三是许多国家制定的关于可再生能源发电的强制收购要求、可再生能源配额制度等。

在战略目标和各项举措的推动下，欧盟新能源行业发展迅速。从可再生能源专利数量来看，2005 年欧盟生物质能、地热能、太阳能、风能、海洋能及其他可再生能源相关的专利总数分别为 2712 项、358 项、7846 项、5400 项、

---

① 数据来源：国际可再生能源署。

534项和50项，2016年则分别提升到9016项、1489项、35854项、21115项、2060项和126项。从使用成本来看，以德国、法国、意大利和西班牙为例，其光伏的平均平准化度电成本分别从2010年的0.3339美元/千瓦时、0.3513美元/千瓦时、0.3826美元/千瓦时和0.2891美元/千瓦时分别降到了2019年的0.0897美元/千瓦时、0.0804美元/千瓦时、0.0684美元/千瓦时和0.0561美元/千瓦时，海上风电的平均平准化度电成本则分别从2010年的0.1070美元/千瓦时、0.1060美元/千瓦时、0.1130美元/千瓦时和0.1040美元/千瓦时下降到2019年的0.0680美元/千瓦时、0.0650美元/千瓦时、0.0620美元/千瓦时和0.0510美元/千瓦时。从发电能力来看，欧盟的可再生能源发电能力从2010年的264700兆瓦提升到了2019年的497267兆瓦，涨幅87.85%。①

3.2.3　中国

中国是全球最大的能源生产和能源消费国，能源消费的主要来源是化石能源，进入21世纪后中国的能源安全和环境问题日益严峻，中国政府开始积极推动能源和经济的可持续发展转型，中国的可再生能源发展因此进入快车道。中国政府在《可再生能源"十三五"发展规划》中明确提出了可再生能源发展的各项指标。总量指标上，中国政府提出到2020年全部可再生能源年利用量要达到7.3亿吨标准煤。发电指标上，中国政府明确到2020年全部可再生能源的发电总量占全部发电量的比例要达到27%。经济性指标上，中国政府强调到2020年，风电项目电价、光伏项目电价要分别可与当地燃煤发电和电网销售电价竞争。可再生能源并网运行与消纳指标上，中国政府提出到2020年，限电地区的风电、太阳能发电年度利用小时数须全面达到全额保障性收购要求。

太阳能、风电、可再生能源热利用和燃料是中国可再生能源发展的重点。近年来为促进可再生能源发展，中国通过财政专项资金和可再生能源基金推出了一系列促进可再生能源竞争力的扶持和补贴政策，并在2017年的电力价格改革中提出建立可再生能源发电优先上网制度。2020年4月，中国国家能源局印发的《中华人民共和国能源法（征求意见稿）》在可再生能源发电优先上网之外进一步指出，国家将按照计划实行发电保障性收购制度。此外，2018

---

① 数据来源：国际可再生能源署。

年国家能源局文件指出，将进一步实行可再生电力能源配额制和可再生能源电力证书制度，进一步保障可再生能源在电力市场中的竞争力。

在中国政府的大力推动下，中国的新能源发展取得了飞速的发展，近两年更是成为全球可再生能源发展的引领者。图6-7是2005~2019年全球各地区可再生能源投资总额情况。可以看到，从2013年开始，中国可再生能源的年投资额超过欧洲和美国，跃居全球第一。对应地，可再生能源专利数量上，中国可再生能源相关专利总数量从2005年的9596项攀升至2016年的157603项，并主要集中在太阳能、风能和生物质能三个方向。其中太阳能相关专利数量从6255项上升到97639项，风能相关专利数量从1614项上升到31196项，生物质能相关专利数量则从1264项上升到21998项。2016年，中国可再生能源相关专利总数量远超美国和欧盟，居全球首位。

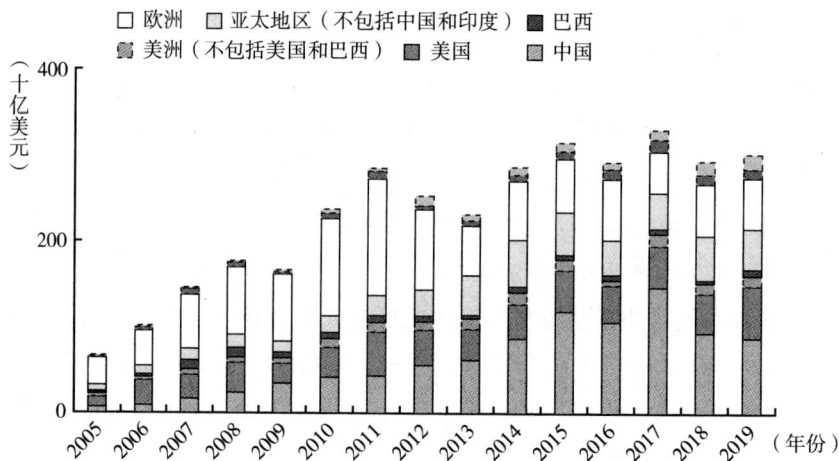

图6-7 2005~2019年各地区可再生能源投资总额

资料来源：国际可再生能源署。

可再生能源使用成本上，中国光伏的平均平准化度电成本从2010年的0.3012美元/千瓦时降到了2019年的0.0541美元/千瓦时，海上风电的平均平准化度电成本则从2010年的0.0700美元/千瓦时下降到2019年的0.0470美元/千瓦时。2016年，中国光伏和海上风电的平准化度电成本竞争力已经超越可再生能源的老牌强国，仅次于印度，排名全球第二。从发电能力来看，中国的可再生能源发电能力从 2010 年的 233257 兆瓦提升到了 2019 年的 758626 兆瓦，可再生能源发电能力全球排名第一。[①]

3.2.4　日本

日本资源匮乏，但能源消费总需求却居世界前列，多样化来源和节约化消费一直是日本应对能源安全所坚持的原则。2009 年日本政府推出了"世界上最好的阳光计划"，并出台了《新能源利用特别措施法》。福岛核电事故之后，日本政府开始加大对可再生能源的支持力度。2018 年 7 月，在其第五次修订的能源基本计划中，日本政府再次强调了其中长期能源发展目标，即 2030 年电力结构中，可再生能源发电占 22%～24%，核电占 20%～22%，火电占 56%，同时也将可再生能源定位为其 2050 年的主力能源。

太阳能、海上风电和地热成为当前日本新能源发展的重点领域，日本在核能、地热、海上风电、储能及燃料电池等新能源领域储备了先进的技术资产。日本政府支持新能源发展的措施可以归纳为三类：一是政府主导科学研究计划，20 世纪 70 年代，日本政府就提出了分别针对太阳能和燃料点差的"阳光计划"（1974 年）和"月光计划"（1978 年），随后又整合推出"新阳光计划""世界上最好的阳光计划"等；二是立法保障新能源发展，如用以保障新能源技术研究机构低息贷款的《关于新能源利用等的促进的特别措施法》和旨在促进新能源技术推广和应用的《新能源利用特别措施法》；三是政府补贴，2012 年日本开始全面推行可再生能源固定价格收购制度，对个人及相关单位的可再生能源电力在一定时间内以固定价格全部收购，高出电力公司发电成本部分以"赋课金"的形式由全部电力用户分担。

在各项计划和资金的推动下，日本的新能源发展在全球位列前茅。从专利数量来看，2008 年之前日本是全球拥有除水电外的可再生能源相关专利最多的国家，2016 年日本的太阳能、风能、地热能 、生物质能、海洋能和其他可再生能源相关的专利总数分别从 2005 年的 12518 项、2869 项、405 项、3887 项、194 项和 19 项攀升至 55629 项、9990 项、10210 项、1332 项、1117 项和 74 项。从可再生能源使用成本来看，日本光伏的平均平准化度电成本从 2011 年的 0.4049 美元/千瓦时降到了 2019 年的 0.1439 美元/千瓦时，海上风电的

---

① 数据来源：国际可再生能源署。

平均平准化度电成本则从 2010 年的 0.1570 美元/千瓦时下降到 2019 年的
0.1130 美元/千瓦时。从发电能力来看，日本的可再生能源发电能力从 2010
年的 36028 兆瓦提升到了 2019 年的 97462 兆瓦，涨幅 170.5%。①

3.2.5 印度

印度是目前全球发展速度最快、人口数量最多的国家之一，英国石油公司
《世界能源统计年鉴 2020》的数据显示其 2019 年的能源消费总量仅次于中国，
是全球第二大能源消费国。1992 年印度成立了非传统能源部，2006 年该部改
为印度新能源和可再生能源部，负责新能源和可再生能源的发展事宜。2010
年印度政府提出，到 2020 年可再生能源发电比重将从 2010 年的 5% 提高到
15%。2019 年又提出，计划到 2022 年将可再生能源发电装机总量提升到 175
吉瓦，其中太阳能发电装机总量 100 吉瓦，风力发电装机总量 60 吉瓦，生物
发电装机总量 10 吉瓦，水力发电装机总量 5 吉瓦。

为推动国内可再生能源发展，印度政府出台了一系列措施，包括：为
投资可再生能源的企业提供连续 10 年的 100% 免税期；为太阳能园区地面
电站的基础设施提供 30% 的补贴，为太阳能电网项目提供拨款补助等；
2018 年为了支持其太阳能发展，印度宣布对其太阳能进口征收 25% 的保障
税。资金方面，2005~2019 年，印度政府在可再生能源上共计投入 1197 亿
美元。

在印度政府的推动下，其可再生能源发展进展明显。图 6-8 是 2005~
2016 年印度可再生能源专利数量，可以看到 2011 年之后印度的可再生能源技
术有了很大突破，且主要集中在生物质能、太阳能和风能三大方向。从可再生
能源使用成本变化上看，2010 年印度的光伏平均平准化度电成本为 0.3054 美
元/千瓦时，2019 年这一数值降到了 0.0447 美元/千瓦时，降幅 85.4%；2010
年印度的海上风电平均平准化度电成本为 0.0810 美元/千瓦时，2019 年这一
数值降到了 0.0490 美元/千瓦时，降幅 39.5%。从可再生能源发电能力来看，
2010 年印度可再生能源发电能力为 52259 吉瓦，2019 年这一数值提高到
128233 吉瓦，涨幅 145.4%。

---

① 数据来源：国际可再生能源署。

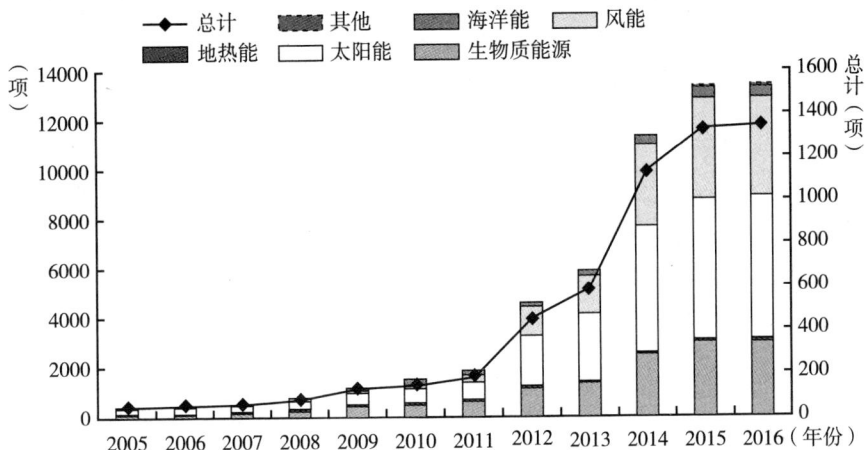

图6-8 2005～2016年印度可再生能源专利数量

资料来源：国际可再生能源署。

3.3 G20新能源发展面临的挑战

不论是从全球来看，还是从 G20 整体来看，相比 20 世纪，新能源发展不论是在技术上、成本上还是在生产和消费上都取得了令人瞩目的成就。但是要想实现新能源对传统化石能源的大规模甚至完全替代，目前来看仍然存在非常大的挑战。

3.3.1 安全和成本问题依然存在，新能源规模化应用阻力大

核电和可再生能源是新能源的两大构成，核电的主要问题在于安全性问题，福岛事件后，核电的安全性问题再次引起热议和讨论，安全性问题不解决，核电就谈不上进一步发展。可再生能源发展的主要问题则在于成本，包括显性成本和隐性成本两部分，显性成本也就是可再生能源的发电成本，隐性成本则包括了从可再生能源发电环节到终端用户消费环节中间产生的所有额外成本。近十年，在各国政策的推动下，可再生能源的显性成本得到了极大的改善，国际可再生能源署（IRENA）的《2019 年可再生能源发电成本报告》指出，2010～2019 年，全球光伏发电、光热发电、海上风电和陆上风电的度电成本降幅分别达到了 82%、47%、29% 和 39%，全球 56% 的集中式可再生能

源项目发电成本甚至低于化石燃料。但是可再生能源依然无法大规模替代传统化石能源，其主要原因就在于可再生能源利用的隐性成本问题。一方面，以光伏和风电为主要代表的可再生能源资源具有间断性和波动性的特点，另一方面，可再生能源发电基地一般远离用电负荷中心，因此大规模的可再生能源开发和利用必然涉及大规模、大范围的电力调度消纳问题，也必然会给地区的电网建设和电力输配能力带来巨大挑战。在没有政策强制、没有补贴、储能技术没有飞跃性发展的情况下，隐性成本不解决，就谈不上可再生能源对传统化石能源的大规模替代。

3.3.2 项目融资困难，新能源行业面临严重资金压力

从全球来看，新能源行业企业普遍存在资金短缺，面临融资风险问题。新能源项目属于资金、技术密集的高杠杆项目，具有投入大、周期长、风险高的特点，并且非常依赖外部融资。新能源发电成本包括技术成本和非技术成本两大块，技术成本指的是新能源发电过程中的组件成本及系统成本，非技术成本则包括前期开发费用、土地税费成本、融资成本、并网成本等。在前期研发和中后期的技术更新阶段，特别是关键技术的攻克方面，往往需要大量的资金，仅靠企业内部融资往往无法满足资金需要，必须依靠外部融资，但研发成果转化的不确定性让项目的外部融资困难重重。而新能源发电项目建设阶段，企业更是需要大量资金，项目的杠杆特点更加明显。以中国为例，根据电力系统内部资料[①]，在中国，新能源发电站的项目投资中，企业资本金一般只占项目投资总额的20%~30%，剩下部分都要依靠外部融资。

新能源项目外部融资方式主要包括政府补贴、股权融资和债务融资三个部分。在新能源行业发展的初期阶段，各国政府往往从财税政策等各方面给予支持，其中又以补贴为典型方式。但是一方面近年来随着新能源发电中技术成本的不断下降，产业补贴规模开始逐步下降，相当数量国家的新能源发电开始步入平价阶段；另一方面因为财政问题，很多国家，特别是发展中国家，新能源补贴基金常常存在拖欠状况，这些显然加剧了新能源行业企业的资金短缺、融资风险和偿债问题。而从新能源产业股权融资和债务融资的发展实际来看，虽然相比其他传统项目，从长期来看，新能源项目具有较高的回报，但中短期新

---

① 张霄：《"十四五"新能源融资难题何解？》，《能源》2020年第4期。

能源项目具有更高的不确定性和更长的资金回收周期，因此不论是股权融资或是债券融资，新能源企业都存在很大困难。大型新能源产业企业资产情况良好、有集团或国家信用做背书，外部融资成本相对较低；而规模较小的企业不论是直接融资还是间接融资，不论是在融资可能还是在融资成本上都存在很大问题。

3.3.3　整体规划不足，新能源产业发展需要升级调整

新能源产业的发展规划问题主要体现在两个方面。首先，新能源产业的发展需要跟需求预测、电网匹配、储能发展、煤电改造等多个方面相互配合。一部分国家在大力推进新能源发展的过程中，对上述相关方向的规划和重视不足，导致新能源产业出现消纳问题，进而导致产能过剩。其次，新能源产业是技术密集型产业，新能源产业发展的核心是技术进步。部分国家在激励新能源产业发展时存在行业门槛、补贴门槛设置过低的问题，导致新能源产业高端化困难重重。光伏是新能源产业中最为典型的例子。以中国光伏产业为例。光伏产业发展对于中国的经济可持续转型而言具有重要战略意义，跨入21世纪后中国政府一再加大对光伏产业的补贴和扶持力度，然而由于行业准入条件、补贴机制设计、对技术研发重视不足等问题，出现了很多单纯扩大光伏产能的项目。在电网匹配、需求预测、储能等配套技术没有跟上的情况下，这一方面导致中国光伏产业一再出现产能过剩问题，弃光问题严重。另一方面，虽然中国光伏产业实现了全球装机第一，且80%以上的设备实现了国产化，但一些高端及关键性装备仍未取得实质性突破，严重依然依赖进口。在国际贸易环境恶化的情况下，不可避免地将导致行业的整体成本上升，影响产业的进一步发展。

3.3.4　国际环境恶化，新能源产业发展前景不明

新能源是缓解、解决全球能源、气候和环境问题的重要途径，这一点一直是全球共识。但是近几年，逆全球化、贸易保护主义抬头，新能源发展，特别是可再生能源发展受到很大影响。2017年后，为保住自身在全球经济中的地位和利益，美国政府针对多个国家发起了贸易战，在提高关税的同时限制先进技术输出，这些都对全球的新能源发展造成了极大的不利影响，也在很大程度上影响了许多国家和地区对新能源发展的态度以及对新能源产业发展的进一步规划。

4　推动 G20 新能源发展的对策建议

G20 集团作为发达国家、新兴经济体国家和其他发展中国家开展合作的重要对话平台，其成员国占世界能源生产量近 70%，占世界能源贸易量近 60%，因此其在能源领域可以发挥重要的协调作用。面对 G20 国家新能源发展的问题与挑战，积极发挥 G20 作为非正式组织的灵活性及其成员国的广泛代表性作用，联合全球主要经济体，推进全球新能源产业发展，对加强各国能源安全、促进全球可持续发展具有重要意义。以下将重点讨论 G20 国家推进新能源发展的对策。

4.1　加强成员国能源议题对话，达成更深层次共识

自 2008 年领导人峰会召开以来，能源问题一直被重点关注，G20 通过多种方式将能源问题纳入各届峰会的议题范围。其中包括 G20 成员国中影响力和实力较强的国家将自身倾向于探讨的能源问题纳入议程，议题偏好接近的多个国家组成联盟推动议题设置，呼吁和倡议其他国家改变议题偏好从而达成议题联盟，联合发表公报、声明以及宣言倡导能源问题治理方向，以及利用主场优势将能源问题纳入议程。

近年来，各国就可再生能源、清洁能源等发展问题多次达成共识。2010年韩国首尔峰会和 2011 年法国戛纳峰会均明确提倡绿色增长。2012 年墨西哥洛斯卡沃斯峰会提出投资清洁能源。2013 年俄罗斯圣彼得堡峰会重点关注了全球能源结构、天然气市场等。2014 年澳大利亚布里斯班峰会达成了能源治理的八项原则，其中关于新能源发展方面，提出"支持可持续增长和发展，提高能效及推动清洁能源和可再生能源的使用，鼓励和促进创新清洁能源技术的设计、开发、展示和推广"。2016 年中国杭州峰会上各国能源部长齐聚北京，以"构建低碳、智能、共享的能源未来"为主题召开 G20 能源部长会，并通过了《北京公报》《G20 可再生能源自愿行动计划》、能源可及性和能效合作三项行动计划，鼓励各国结合自身情况制定可再生能源发展战略，同时提出具体行动计划推进战略落实，促进可再生能源领域投资，从而提高可再生能源在能源结构中的比重。2017 年德国汉堡峰会重申能源与气候协同治理，鼓

励绿色发展。2018年阿根廷布宜诺斯艾利斯峰会指出能源对构建人类命运共同体的重要性，鼓励清洁和可再生能源投资与技术创新。2019年日本大阪峰会进一步强调开发高效清洁的能源转换技术降低温室气体排放的重要性。

从历年峰会可以看出，G20成员国对能源治理和新能源发展的重要性的认识正不断加强。G20看待能源问题的角度也从前期为促进经济复苏转向了近年为促进全球经济的可持续发展和保护全球环境，并达成了大量共识，形成了大量成果，在G20多次峰会公报和宣言中，都提及促进全球可持续发展的目标。其中，更新能源技术，发展清洁能源和可再生能源，优化能源消费结构是实现可持续发展的重要手段。在G20倡议下，很多成员国积极作出了相关行动，设立了清洁能源发展目标，全球能源投资总额不断上涨，为促进新能源开发和清洁能源技术发展创造了良好的环境。

当前，各国能源问题各具特点，全球能源治理体系呈现高度的碎片化和冲突性特征，缺乏有效的全球能源治理机制，难以满足在当前面临的新一轮能源革命和复杂的国际形势下，有效协调解决全球能源安全问题的需要。各国追求的目标也存在较大差异，国家间的利益冲突和协调机制的无序性使新能源发展和能源体系转型进程被放缓。G20前期累积的会晤机制和工作基础，使其成为加强各国能源对话、促进各国达成能源发展共识的重要平台。同时G20成员国包括了全球主要的能源消费国和能源生产国，其首脑峰会和部分会议使达成的共识与行动计划具备较强的推进和落实能力。因此，G20未来加强成员国间能源问题的沟通与对话，促进各国达成更深层次共识，对建立平衡各国利益，融合不同价值理念的能源治理模式，推进新能源的开发与技术创新，深化与各国际能源组织的合作，提升能源问题协调能力至关重要。

4.2　深化与国际能源和经济组织合作，提升行动计划落实效率

G20的主要优势之一是成员国具有广泛代表性，可以协调和调动许多具备影响力的国际组织为能源议题服务，但在行动落实上，由于各国具体情况差异较大，同时部分集体行动依赖于有效的技术支撑，行动效率和效力都不理想。在前期峰会中，G20已与国际能源署（IEA）、欧佩克（OPEC）、国际能源基金会（IEF）等国际能源组织进行了多层面的合作。例如通过各组织向G20峰会或部长会议报告工作、联合发布公告、建立专门组织对接G20与各组织间

的工作、成立能源可持续工作组、增加能源部长会晤机制等，将全球涉及能源问题的国际组织和机构纳入 G20 的框架中，为全球能源治理和新能源发展提供了基础的数据和专业技术支持。

当前能源问题牵涉因素复杂，能源问题的协调解决不能仅从能源市场出发，而需要考虑政治、经济、技术、机制等多方面因素。G20 当前具备了较好的政治影响力，同时与众多能源治理机构存在合作基础，能在不同国际经济机构如世界银行集团（WBG）、国际货币基金组织（IMF）、世界贸易组织（WTO）等发挥协调作用，因此 G20 有望发展成为全球能源事务的主要协调机制，成为稳定能源价格、推动新能源发展、改善能源结构的重要平台。

但 G20 组织属于非正式机构，虽然能达成多项共识，但缺乏强制约束力推动各成员国落实行动计划与承诺。同时新能源产业涉及面广泛，技术要求高，需要多元化和专业的人才团队与国际组织的支持，处理机制、政策、技术、融资等多角度的问题，引领主要国家达成共识并积极落实行动。因此 G20 在行动计划的落实过程中，需要在已有工作基础上，积极探索与各国际组织的更有效合作模式，调动和融合其他已有能源治理组织、经济合作组织积极发挥作用，将现有多元化机制更加深入融合到 G20 框架中，将 G20 成员国的广泛影响力、领导人在各国的执行力以及各国际组织的专业技术等多方面优势相融合，提升行动计划的最终执行效率和落实能力，将 G20 发展成为世界能源事务的重要协调平台。

4.3 平衡多方价值理念与需求，探寻促进新能源发展的综合机制

G20 成员国中，各方价值理念、利益需求存在很多冲突。如发达国家与发展中国家在能源治理认知、能源安全感知、新能源发展理念、责任分担等方面存在较大分歧。G20 成员国中，欧佩克组织成员仅有沙特，对石油生产国的代表性较低，而长期以来欧佩克国家与非欧佩克国家对于石油来源地与供应安全等问题的冲突一直存在。近年来，随着中国、印度、巴西等新兴国家的兴起，全球能源市场格局也正逐步演变，主要能源需求逐渐从美欧日向新兴国家地区转移。此外，各成员国对于气候变化的态度也相差甚远，全球能源治理的走向更加不确定。加之中美贸易摩擦，以及各国采取的促进新能源发展的政策的冲突，使 G20 成员

国之间的利益冲突难以平衡。

因此，如何在复杂多变的国际能源市场格局中寻求多方利益需要的平衡，对G20推进能源治理、发展新能源十分重要。虽然当前全球能源治理矛盾冲突较多，但矛盾点更多集于削减化石能源补贴和降低温室气体排放，大多数国家在提升能源投资和推进可持续发展方面是相一致的，许多国家高度重视清洁能源的开发和能源技术的创新。因此，G20在未来发展过程中，应加强各国间的对话交流，以及与其他能源治理机制的沟通协商，推进能源务实合作，以提升能源领域投资、推进能源技术革新和促进新能源发展为切入点，探索平衡更多利益冲突的能源治理综合机制，对推进新能源发展和全球能源治理的有序和健康发展意义重大。

4.4　根据国情完善能源法律制度，出台新能源产业发展支持政策

新能源形式种类多样，包括太阳能、水能、风能、地热能、潮汐能、生物质能和核能等，以及其他对传统能源的技术革新而形成的能源。其涵盖范围广，在不同国家发展呈现较大差异，因此历年G20峰会鼓励各国根据自身国情出台相应的发展战略和行动计划，推进新能源产业的发展。

近十余年来，新能源在世界范围内取得了较快发展，各国积累了不同的发展经验。德国新能源产业发展迅速，可再生能源在过去30年中一次能源消费占比量从1.3%上升至15%，可再生能源发电量占比上涨超过11倍。德国出台了《可再生能源法》，制定了新能源产业的发展目标，并出台了与之匹配的系列政策，包括政府补助、税收优惠、新能源发电入网等，同时通过全民参与能源生产与分销，促进了整个新能源产业的快速发展。2010~2019年，电力批发市场价格从5.1欧分/千瓦时下降至3.7欧分/千瓦时，可再生能源发电成本下降迅速，具备越来越强的市场竞争力。德国提出到2030年可再生能源发电占比将达65%。日本通过完善新能源立法，制定产业规划，大力推动新能源产业发展，鼓励开发太阳能、风能和核能等，尝试在2030年前将新能源产业打造为国家支柱产业之一。为达成这一目标，日本政府对新能源企业提供了大量财政资金支持，用于技术研发投入、发放补贴以及奖励性补助金。同时配合减税、知识普及及媒体宣传，鼓励企业及民众使用新能源，为新能源拓展市

场。中国提出七大战略新兴产业，新能源产业为其中之一，目前中国水电、风电、光伏等发电装机居全球之首，2019年可再生能源发电量占比达27.9%，新能源企业在全球市场的扩展速度正不断提升。此外，英国、巴西等也通过政府的积极推动，促进了新能源产业的快速发展。

美国在奥巴马执政期间，推行"绿色新政"，大力开发新能源，尝试将新能源产业发展成为美国实体经济的新的增长点，曾计划投资1500亿美元以刺激经济复苏，降低温室气体排放，减少对石油的依赖，提高能源安全，一度引领全球新能源革命。但特朗普在竞选时承诺要复兴美国的煤炭行业，在其执政以来，更倾向于发展传统能源产业，重启了"拱心石"XL输油管线和达科他通路管线建设，以推动美国油气产业的发展，随后退出《巴黎协定》。可以看出其对新能源的支持力度明显弱于前任总统，美国新能源的发展更取决于自身的技术突破，需依靠形成市场优势引导消费者作出选择。虽然特朗普政府对气候变化的应对持消极态度，但美国很多州政府仍在积极应对节能减排行动，加利福尼亚州、华盛顿特区、新墨西哥州等提出了在2045年前后实现100%可再生能源电力的目标。因此全球范围内应对气候变化的趋势不会因此发生颠覆性改变。

总之，各国政府对于新能源产业发展的态度存在差异，新能源发展的政策、路径、重点方向也存在明显不同。新能源产业的发展，有赖于各国的积极推动与发展，从各国此前发展经验来看，需要各成员国依据国情制定能源相关法律制度，确定节能减排的基本原则，制定合理的产业发展规划，制定国家在能源领域的发展目标，配套出台相关规章制度，促使企业和民众提升节能环保意识，落实节能环保行动，推进新能源技术的应用和推广，通过市场改革持续推进能源转型。同时出台相关产业支持政策，例如补贴政策、融资政策、税收优惠政策、价格政策以及产业支持政策等，充分保障政策和金融市场的稳定性，促进产业结构的调整与升级。为确保法律制度与政策的落实，还需要完善激励制度和监督管理体制机制，确保市场秩序的稳定，规范新能源产业内部的竞争。还应有针对性的培育新能源消费市场，引导终端消费者提高太阳能、风能、地热等清洁能源的利用比例，为新能源产业的发展提供良好市场环境。

4.5 提升新能源自主创新能力，完善行业标准制定与修订

新能源产业属于高技术产业，在新能源产业发展初期，技术开发与创新存

在成本高、风险大、回报率低的特征，因此核心技术的突破较难单纯依靠市场完成，除需要政府完善法律制度和产业政策外，还需要培育大量具备自主创新能力的企业，提升科研院所的技术创新能力，以完成新能源的利用效率和成本下降的关键技术的攻克。这需要投入大量资金和人力资源，通过合理布局系统化的技术研发体系提升创新能力，科学设置经费调动研发人员的积极性。同时鼓励地方政府结合当地优势和资源禀赋打造新能源产业园区，通过培育区域性创新网络，建设工业园区载体，加强区域新能源企业技术创新互动，实现区域性新能源产业创新体系的建设。在最关键的基础性研究、战略前沿技术以及重大应用技术方面，可以通过设立和培育国家重点实验室、研发基地或者重点项目，鼓励成立基于市场机制的创新联盟，引导新能源的技术开发和整个产业发展方向。构建更为完善的产业链，在新能源装备、零部件、产品、服务等各环节，培育具备自主创新能力的企业，加强薄弱环节的投入力度。

此外，各国还需要制定和修订国家标准与行业标准，促进在新能源技术、装备和并网等方面形成完整统一的标准体系，通过新型标准体系建议，扩大市场示范效应。在新能源装备质量方面，加强控制与监管，建立装备质量标准、检测、认证及监督体系。例如产品性能、试验方法、能效标准、零部件检测与认证、系统安装的国家与行业标准。鼓励政府部门、企业、科研院所及相关社会组织参与标准制定，探索标准的修订与维护机制，提升能源技术标准质量，帮助新能源产业创造稳定的技术创新投资环境。

4.6　培养高素质专业人才，加强新能源技术交流与合作

新能源产业的发展是一个长期过程，在合理规划、建立法律制度和标准体系、提升自主创新能力、完善产业链、扩大产业规模的同时，还需要重视提升装备产品和服务质量，这需要大量且持续的专业人才作为支撑。因此，可通过在高校教育体系中开设新能源相关专业，根据实际需要完善培养目标、培养方案和课程体系设计。新能源专业属于新增专业，教学内容需要不断更新完善；同时又属于交叉学科，专业培养中涉及的教学内容综合度和复杂度高。因此，相关专业需要加强与企业以及其他高校的合作，甚至国际合作，提升专业人才培养水平，从而为产业整体创新能力的提升积蓄人才队伍，提升国家自身在国际市场的竞争力。

在提升自身新能源产业创新能力和人才资源水平的基础上，加强国际新能源技术交流与合作。发展中国家可以通过积极引进发达国家先进技术，或者设立技术开发合作机制，加强技术交流与学习，寻找互利共赢的合作模式。同时新能源产业发展已经取得较好成效的国家可以通过技术转让、产业输出或者工程服务等方式，开展新能源发展的务实合作，帮助能源紧缺的国家推动绿色新能源的开发，提升能源安全能力。

具体合作可以通过国家和企业等多个层面展开。从国家角度，各成员国间可以通过领导人会晤，沟通和分享新能源发展的理念与国家支持政策，鼓励组织与企业等民间合作，开展双边多边国际合作。从企业角度，新能源企业可以积极加入相关国际性行业组织，加强与他国企业的经验交流、项目合作、技术研究合作等，或通过直接投资、参股、控股、收购、并购、技术入股等方式参与国际合作，发挥企业自身技术装备、产能、服务等优势。同时，当前国际经济形势和政治关系日趋复杂，各国应建立新能源企业信用体系，通过定期发布企业信用白名单和黑名单，使国际合作环境更为安全。同时各国可尝试建立有效的风险预警机制，深化与金融机构、保险和信用机构的合作，提升新能源企业对于合作与投资交易对象的风险识别能力。新能源企业自身亦应加强风险防控体系建设，防范国际合作带来的风险。

参考文献

[1] 杨丽花、李捷理：《清洁能源经济：美国经验与中国发展》，《新视野》2012年第1期。

[2] 宋鹏超、吕玉萍：《我国新能源产业发展存在的问题与对策》，《科技创新导报》2020年第17期。

[3] 王进、顾城天：《深入开展新能源合作》，《中国电业》2017年第10期。

[4] 《发达国家新能源产业发展经验》，《广西节能》2012年第2期。

[5] 赵勇强：《新形势下全球新能源发展前景》，《中国远洋海运》2020年第6期。

[6] 张海龙：《中国新能源发展研究》，硕士学位论文，吉林大学，2014。

[7] 纪玉哲：《国外新能源产业发展经验及对我国的启示》，《地方财政研究》2013年第3期。

[8] 邹志强：《二十国集团与全球能源治理：成效与前景》，《国际经济合作》2015年

第 11 期。

［9］ 刘宏松、项南月:《二十国集团与全球能源治理》,《国际观察》2015 年第 6 期。

［10］ 张霄:《"十四五"新能源融资难题何解?》,《能源》2020 年第 4 期。

The Issues and Challenges of New Energy Development in G20 Countries

Zheng Qingying   Chen Junheng   Bai Hua

Abstract: Since the establishment of the summit mechanism, the G20 has been paying close attention to the field of energy governance and playing an important role in global energy governance. At present, the coronavirus disease 2019 which has been raging around the world has seriously affected the global energy industry. The energy supply and demand are undergoing a significant adjustment, and energy infrastructure and energy policies are facing major changes. As the key to energy governance and environmental protection, new energy industry has become an important part of national development strategy. Affected by the black swan events, the new energy industry is facing both opportunities and challenges. This paper expounds the trend of energy governance and Reform in G20 countries, analyzes the opportunities and challenges of G20 new energy development, emphasizes the important role of strengthening the development and cooperation in new energy industry development, and puts forward the countermeasures and suggestions for the development of new energy industry.

Keywords: New Energy; G20; Energy Governance; Energy Cooperation

第四部分　附录

Part Ⅳ　Appendix

Y.27
附录1　二十国集团（G20）国家创新竞争力指标评价体系及其说明

二十国集团（G20）国家创新竞争力指标评价体系

一级指标	二级指标(5个)	三级指标(33个)	主要数据来源
国家创新竞争力	创新基础竞争力（7个）	GDP	WB
		人均GDP	WB
		财政收入	IMF
		人均财政收入	IMF
		外国直接投资净值	WB
		受高等教育人员比重	UNESCO
		全社会劳动生产率	WB
	创新环境竞争力（6个）	因特网用户比例	WB
		每百人手机数	WB
		企业开业程序	WB
		企业平均税负水平	WB
		在线公共服务指数	UNESCO
		ISO9001质量体系认证数	ISO

续表

一级指标	二级指标(5 个)	三级指标(33 个)	主要数据来源
国家创新 竞争力	创新投入 竞争力 （7 个）	R&D 经费支出总额	UNESCO
		R&D 经费支出占 GDP 比重	UNESCO
		人均 R&D 经费支出	UNESCO
		R&D 人员	UNESCO
		研究人员占从业人员比重	UNESCO
		企业研发投入比重	UNESCO
		风险资本交易占 GDP 比重	TOB
	创新产出 竞争力 （7 个）	专利授权数	WIPO
		科技论文发表数	WB
		专利和许可收入	WB
		高技术产品出口额	WB
		高技术产品出口比重	WB
		注册商标数	WIPO
		创意产品出口比重	UNCTAD
	创新持续 竞争力 （6 个）	公共教育经费支出总额	WB
		公共教育经费支出占 GDP 比重	WB
		人均公共教育经费支出额	WB
		高等教育毛入学率	UNESCO
		科技人员增长率	UNESCO
		科技经费增长率	UNESCO

数据来源及其说明：

UN：联合国数据库（http：//data. un. org）

UNESCO：联合国教科文组织（http：//data. uis. unesco. org）

UNCATD：联合国贸易和发展组织（data. uncatd. org）

WB：世界银行（http：//data. worldbank. org/indicator）

IMF：国际货币基金组织（http：//www. imf. org/external/data. htm）

WIPO：世界知识产权组织（http：//www. wipo. int/ipstats/en/）

OECD：经济合作与发展组织（http：//www. oecd－ilibrary. org/）

ISO：国际标准化组织（http：//www. iso. org/iso/home. html）

TOB：www. thomsonone. com

Y.28

附录2 2017~2018年G20集团中各级指标的评价得分和排名情况

表1 2017年G20集团中各国一、二级指标创新竞争力得分和排名

国家	Country	创新基础竞争力 得分	排名	创新环境竞争力 得分	排名	创新投入竞争力 得分	排名	创新产出竞争力 得分	排名	创新持续竞争力 得分	排名	国家创新竞争力 得分	排名
阿 根 廷	Argentina	10.8	14	30.3	18	4.4	17	7.2	15	42.4	12	19.0	18
澳大利亚	Australia	56.6	3	62.6	5	39.0	6	14.7	11	48.8	6	44.4	6
巴 西	Brazil	15.9	12	40.1	16	15.6	14	14.7	12	50.7	4	27.4	12
加 拿 大	Canada	41.1	6	62.6	6	38.1	8	16.1	10	47.0	8	41.0	9
中 国	China	31.0	10	54.8	12	51.7	2	40.3	2	40.3	15	43.6	8
法 国	France	44.2	5	54.9	11	41.7	5	33.7	7	49.7	5	43.8	7
德 国	Germany	46.7	4	58.5	9	48.8	3	34.3	6	53.5	2	48.4	3
印 度	India	5.8	17	30.0	19	17.6	13	23.6	9	23.3	18	20.1	17
印度尼西亚	Indonesia	4.1	19	33.8	17	0.5	19	5.1	17	23.7	17	13.4	19
意 大 利	Italy	36.5	7	62.4	7	23.4	10	12.0	14	42.9	10	35.4	10
日 本	Japan	35.7	8	61.3	8	46.8	4	37.0	4	41.1	13	44.4	5
韩 国	Korea, Rep.	34.3	9	64.4	3	38.9	7	35.7	5	50.8	3	44.8	4
墨 西 哥	Mexico	12.5	13	42.0	14	3.1	18	28.8	8	22.7	19	21.8	16
俄 罗 斯	Russian	9.6	16	65.4	2	20.2	11	12.3	13	39.5	16	29.4	11
沙特阿拉伯	Saudi Arabia	21.3	11	50.5	13	7.2	16	0.0	19	42.7	11	24.4	14
南 非	South Africa	4.7	18	55.6	10	12.0	15	4.1	18	40.6	14	23.4	15
土 耳 其	Turkey	10.0	15	41.4	15	20.2	12	5.9	16	45.5	9	24.6	13
英 国	United Kingdom	57.2	2	69.7	1	32.8	9	37.5	3	47.8	7	49.0	2
美 国	United States	94.7	1	63.4	4	84.0	1	86.8	1	71.2	1	80.0	1

表2 2018年G20集团中各国一、二级指标创新竞争力得分和排名

国家	Country	创新基础竞争力 得分	排名	创新环境竞争力 得分	排名	创新投入竞争力 得分	排名	创新产出竞争力 得分	排名	创新持续竞争力 得分	排名	国家创新竞争力 得分	排名
阿根廷	Argentina	7.5	16	30.0	17	4.1	17	3.1	18	36.7	11	16.3	18
澳大利亚	Australia	58.1	2	60.2	2	40.1	5	13.6	15	53.8	6	45.2	6
巴西	Brazil	15.3	12	30.4	16	16.0	14	16.1	13	41.8	10	23.9	13
加拿大	Canada	41.2	7	56.9	7	36.3	9	15.7	14	46.4	8	39.3	9
中国	China	42.2	6	42.0	12	51.7	2	49.7	2	35.4	12	44.2	7
法国	France	47.0	5	48.5	10	38.1	6	31.5	8	54.4	4	43.9	8
德国	Germany	51.4	4	55.2	8	48.4	3	37.5	5	54.3	5	49.4	3
印度	India	6.6	17	22.3	19	16.8	13	34.4	6	16.6	19	19.3	17
印度尼西亚	Indonesia	2.7	19	23.1	18	0.2	19	16.6	12	28.6	17	14.2	19
意大利	Italy	39.6	8	49.5	9	23.1	10	18.6	10	34.5	13	33.1	10
日本	Japan	36.2	9	59.0	6	46.1	4	42.6	3	42.8	9	45.3	4
韩国	Korea, Rep.	34.3	10	59.9	3	36.5	7	38.1	4	57.5	3	45.3	5
墨西哥	Mexico	12.2	13	32.8	15	2.5	18	25.0	9	30.7	16	20.6	16
俄罗斯	Russian	9.2	14	59.8	4	18.6	12	12.1	16	28.4	18	25.6	11
沙特阿拉伯	Saudi Arabia	23.2	11	41.0	14	7.5	16	1.5	19	52.8	7	25.2	12
南非	South Africa	5.5	18	47.6	11	11.3	15	6.2	17	32.6	14	20.6	15
土耳其	Turkey	8.4	15	41.2	13	21.5	11	17.0	11	31.0	15	23.8	14
英国	United Kingdom	58.0	3	66.8	1	36.3	8	34.3	7	63.1	2	51.7	2
美国	United States	93.5	1	59.6	5	82.8	1	82.9	1	73.6	1	78.5	1

表3　2017年G20集团中各国二级指标创新基础竞争力指标组得分和排名

国家	Country	GDP		人均GDP		财政收入		人均财政收入		外国直接投资净值		受高等教育人员比重		全社会劳动生产率	
		得分	排名	得分	排名	得分	排名	得分	排名	得分	排名	得分	排名	得分	排名
阿根廷	Argentina	1.5	18	21.8	11	2.1	18	13.0	12	2.9	15	—	—	23.5	11
澳大利亚	Australia	5.1	13	89.8	2	11.8	9	100.0	1	13.1	6	90.9	3	85.7	2
巴西	Brazil	9.0	8	13.7	14	11.4	10	10.6	13	19.1	5	34.7	9	12.6	15
加拿大	Canada	6.8	10	74.5	3	8.2	12	51.9	6	7.8	10	70.7	6	67.5	5
中国	China	62.5	2	11.9	16	50.1	2	5.8	16	46.6	2	—	—	9.0	16
法国	France	11.7	7	63.5	6	26.0	4	84.2	3	10.2	8	42.8	8	71.0	3
德国	Germany	17.3	4	73.1	4	17.5	7	45.8	7	33.1	4	70.1	7	70.0	4
印度	India	12.0	6	0.0	19	12.0	8	0.0	19	10.9	7	—	—	0.0	19
印度尼西亚	Indonesia	3.5	15	3.2	18	3.4	16	1.5	18	5.4	12	9.8	11	2.1	18
意大利	Italy	8.4	9	52.5	8	20.3	6	73.0	4	2.8	16	—	—	61.9	7
日本	Japan	23.6	3	62.8	7	23.9	5	39.9	9	4.9	13	—	—	59.1	8
韩国	Korea, Rep.	6.7	11	51.1	9	9.3	11	41.0	8	4.7	14	81.2	4	46.2	9
墨西哥	Mexico	4.2	14	12.6	15	5.6	15	9.3	14	8.9	9	33.4	10	13.7	14
俄罗斯	Russian	6.4	12	15.1	12	6.1	13	8.5	15	7.7	11	—	—	13.9	13
沙特阿拉伯	Saudi Arabia	1.8	17	32.5	10	0.0	19	4.5	17	0.0	19	71.5	5	39.1	10
南非	South Africa	0.0	19	7.2	17	3.1	17	13.5	11	0.2	18	—	—	8.8	17
土耳其	Turkey	2.6	16	14.7	13	5.7	14	15.6	10	2.7	17	—	—	18.7	12
英国	United Kingdom	12.1	5	66.2	5	29.0	3	94.8	2	33.9	3	100.0	1	64.4	6
美国	United States	100.0	1	100.0	1	100.0	1	64.3	5	100.0	1	98.3	2	100.0	1

表4　2018年G20集团中各国二级指标创新基础竞争力指标组得分和排名

国家	Country	GDP 得分	GDP 排名	人均GDP 得分	人均GDP 排名	财政收入 得分	财政收入 排名	人均财政收入 得分	人均财政收入 排名	外国直接投资净值 得分	外国直接投资净值 排名	受高等教育人员比重 得分	受高等教育人员比重 排名	全社会劳动生产率 得分	全社会劳动生产率 排名
阿 根 廷	Argentina	0.7	18	15.9	11	0.0	19	8.9	16	3.0	16	—	—	16.6	11
澳大利亚	Australia	5.3	13	90.8	2	14.4	8	100.0	1	22.8	6	87.3	3	86.4	2
巴 西	Brazil	7.5	9	11.5	16	11.2	11	9.8	14	29.1	5	28.0	9	10.4	15
加 拿 大	Canada	6.7	11	72.6	4	8.8	12	53.5	6	16.6	8	63.9	6	66.3	5
中 国	China	66.9	2	13.1	13	65.2	2	6.6	17	90.9	2	—	—	10.2	16
法 国	France	12.0	6	65.0	6	32.3	4	91.6	3	21.9	7	33.7	8	72.5	3
德 国	Germany	17.7	4	74.8	3	20.9	7	48.8	7	64.4	3	61.6	7	71.6	4
印 度	India	11.6	7	0.0	19	13.0	9	0.0	19	14.9	9	—	—	0.0	19
印度尼西亚	Indonesia	3.3	15	3.1	18	2.8	16	1.6	18	5.8	13	0.0	11	1.9	18
意 大 利	Italy	8.5	8	53.3	8	23.5	6	75.7	4	13.9	10	—	—	62.8	7
日 本	Japan	22.7	3	60.9	7	27.9	5	41.2	9	8.0	12	—	—	56.3	8
韩 国	Korea, Rep.	6.7	10	51.4	9	11.2	10	46.1	8	3.1	15	75.4	4	46.5	9
墨 西 哥	Mexico	4.2	14	12.6	14	5.6	14	9.7	15	13.5	11	25.9	10	13.6	14
俄 罗 斯	Russian	6.4	12	15.4	12	7.1	13	10.1	13	1.8	17	—	—	14.4	13
沙特阿拉伯	Saudi Arabia	2.1	16	35.0	10	0.9	18	17.3	10	0.0	19	64.8	5	42.5	10
南 非	South Africa	0.0	19	7.2	17	2.5	17	14.2	11	0.5	18	—	—	8.8	17
土 耳 其	Turkey	2.0	17	12.1	15	4.4	15	13.5	12	3.5	14	—	—	15.1	12
英 国	United Kingdom	12.3	5	67.3	5	35.2	3	99.9	2	30.3	4	95.8	2	65.5	6
美 国	United States	100.0	1	100.0	1	100.0	1	64.4	6	13.1	18	51.8	12	100.0	1

531

表5 2017年 G20 集团中各国二级指标创新环境竞争力指标组得分和排名

国家	Country	因特网用户比例 得分	排名	每百人手机数 得分	排名	企业开业程序 得分	排名	企业平均税负水平 得分	排名	在线公共服务指数 得分	排名	ISO9001质量体系认证数 得分	排名
阿 根 廷	Argentina	66.9	11	69.9	4	0.0	19	0.0	19	43.3	18	1.4	16
澳大利亚	Australia	86.4	5	32.5	12	91.7	2	64.8	10	96.7	5	3.6	10
巴 西	Brazil	56.0	12	24.0	14	25.0	15	45.3	17	85.0	11	5.0	9
加 拿 大	Canada	93.5	3	0.0	19	100.0	1	94.2	2	86.7	9	1.2	17
中 国	China	35.1	17	22.0	15	58.3	8	43.7	18	70.0	15	100.0	1
法 国	France	76.8	9	25.8	13	75.0	6	48.1	16	98.3	2	8.5	8
德 国	Germany	83.0	7	59.4	7	41.7	13	63.2	13	86.7	9	17.0	3
印 度	India	3.4	18	1.3	18	16.7	17	55.1	15	91.7	6	11.5	6
印度尼西亚	Indonesia	0.0	19	100.0	1	16.7	17	84.2	4	0.0	19	1.9	14
意 大 利	Italy	49.0	15	66.5	5	58.3	8	64.2	12	91.7	6	44.5	2
日 本	Japan	83.3	6	63.0	6	50.0	11	64.9	9	91.7	6	15.2	4
韩 国	Korea, Rep.	100.0	1	49.0	8	91.7	2	80.7	6	98.3	2	3.1	11
墨 西 哥	Mexico	50.3	14	6.8	17	50.0	11	58.3	14	85.0	11	1.5	15
俄 罗 斯	Russian	69.6	10	89.4	2	83.3	4	64.8	10	83.3	13	2.1	12
沙特阿拉伯	Saudi Arabia	79.4	8	45.0	10	25.0	15	100.0	1	53.3	17	0.0	19
南 非	South Africa	38.0	16	88.2	3	58.3	8	85.4	3	63.3	16	0.5	18
土 耳 其	Turkey	51.6	13	12.3	16	33.3	14	72.6	7	76.7	14	1.9	13
英 国	United Kingdom	99.3	2	41.3	11	83.3	4	83.4	5	98.3	2	12.8	5
美 国	United States	87.6	4	47.0	9	66.7	7	68.9	8	100.0	1	10.4	7

表6 2018年G20集团中各国二级指标创新环境竞争力指标组得分和排名

国家	Country	因特网用户比例 得分	因特网用户比例 排名	每百人手机数 得分	每百人手机数 排名	企业开业程序 得分	企业开业程序 排名	企业平均税负水平 得分	企业平均税负水平 排名	在线公共服务指数 得分	在线公共服务指数 排名	ISO9001质量体系认证指数 得分	ISO9001质量体系认证指数 排名
阿根廷	Argentina	64.7	12	61.9	5	0.0	16	0.0	19	51.9	12	1.6	12
澳大利亚	Australia	84.6	8	36.5	13	88.9	2	64.9	11	83.3	3	3.2	9
巴西	Brazil	58.4	14	16.3	15	0.0	16	45.3	18	59.3	9	2.9	10
加拿大	Canada	91.8	5	3.6	18	100.0	1	94.7	2	50.0	13	1.1	14
中国	China	32.2	17	39.2	12	77.8	4	46.5	17	70.4	6	100.0	1
法国	France	77.3	9	29.3	14	66.7	7	50.5	16	63.0	8	4.2	8
德国	Germany	89.8	6	58.1	7	22.2	14	63.1	12	79.6	5	18.4	2
印度	India	0.0	19	0.0	19	11.1	15	59.7	13	53.7	11	9.4	6
印度尼西亚	Indonesia	8.9	18	44.4	10	0.0	16	84.1	5	0.0	19	1.3	13
意大利	Italy	64.9	11	69.2	4	44.4	9	58.6	14	46.3	14	13.8	4
日本	Japan	92.3	4	74.6	3	33.3	12	65.7	10	70.4	6	17.8	3
韩国	Korea, Rep.	100.0	1	58.5	6	88.9	2	80.7	6	100.0	1	2.1	11
墨西哥	Mexico	50.9	15	11.4	17	33.3	12	55.7	15	44.4	15	1.0	15
俄罗斯	Russian	75.4	10	96.6	2	77.8	4	66.1	9	42.6	16	0.5	17
沙特阿拉伯	Saudi Arabia	95.6	3	48.8	9	0.0	16	100.0	1	1.8	18	0.0	19
南非	South Africa	35.3	16	100.0	1	44.4	9	85.2	3	20.4	17	0.1	18
土耳其	Turkey	59.4	13	14.2	16	44.4	9	72.6	7	55.5	10	0.7	16
英国	United Kingdom	98.2	2	43.1	11	77.8	4	84.2	4	87.0	2	10.3	5
美国	United States	85.8	7	57.6	8	55.6	8	68.9	8	83.3	3	6.3	7

表7 2017年G20集团中各国二级指标创新投入竞争力指标组得分和排名

国家	Country	R&D经费支出总额		R&D经费支出总额占GDP比重		人均R&D经费支出		R&D人员		研究人员占从业人员比重		企业R&D投入比重		风险资本交易占GDP比重	
		得分	排名	得分	排名	得分	排名	得分	排名	得分	排名	得分	排名	得分	排名
阿 根 廷	Argentina	0.2	17	9.9	17	4.2	15	0.9	15	15.5	13	0.0	17	0.0	8
澳 大 利 亚	Australia	4.1	11	53.2	7	59.8	5	5.6	12	91.5	2	—	—	20.0	5
巴 西	Brazil	4.3	10	33.3	11	6.9	12	8.3	10	14.1	14	42.4	8	0.0	8
加 拿 大	Canada	4.6	8	46.6	9	44.4	7	4.6	13	49.2	9	17.0	14	100.0	1
中 国	China	47.9	2	62.0	6	10.8	10	100.0	1	21.0	11	100.0	1	20.0	5
法 国	France	10.0	5	64.0	5	50.4	6	10.0	8	63.9	5	33.4	11	60.0	3
德 国	Germany	19.9	4	91.1	3	79.6	2	16.1	5	69.5	4	45.4	7	20.0	5
印 度	India	2.8	12	13.9	16	0.2	18	12.6	6	2.9	17	90.5	2	0.0	8
印度尼西亚	Indonesia	0.0	19	0.0	19	0.0	19	0.5	17	0.0	18	2.7	16	0.0	8
意 大 利	Italy	4.5	9	37.1	10	26.0	9	6.9	11	53.1	8	36.6	10	0.0	8
日 本	Japan	28.2	3	96.8	2	72.9	3	21.2	3	57.7	6	51.2	6	0.0	8
韩 国	Korea, Rep.	9.4	6	100.0	1	61.8	4	10.7	7	73.6	3	87.1	4	0.0	8
墨 西 哥	Mexico	0.3	16	2.9	18	1.3	17	0.5	16	3.1	16	13.5	15	0.0	8
俄 罗 斯	Russian	2.7	13	28.2	12	6.6	13	18.4	4	45.2	10	40.4	9	0.0	8
沙特阿拉伯	Saudi Arabia	0.6	15	18.8	15	9.5	11	—	—	—	—	—	—	0.0	8
南 非	South Africa	0.1	18	19.3	14	2.5	16	0.0	18	6.6	15	55.8	5	0.0	8
土 耳 其	Turkey	1.1	14	23.5	13	5.5	14	2.7	14	19.5	12	88.9	3	0.0	8
英 国	United Kingdom	7.8	7	47.5	8	40.3	8	9.5	9	54.2	7	29.9	13	40.0	4
美 国	United States	100.0	1	83.9	4	100.0	1	91.9	2	100.0	1	32.2	12	80.0	2

表8　2018年G20集团中各国二级指标创新投入竞争力指标组得分和排名

国家	Country	R&D经费支出总额 得分	R&D经费支出总额 排名	R&D经费支出总额占GDP比重 得分	R&D经费支出总额占GDP比重 排名	人均R&D经费支出 得分	人均R&D经费支出 排名	R&D人员 得分	R&D人员 排名	研究人员占从业人员比重 得分	研究人员占从业人员比重 排名	企业R&D投入比重 得分	企业R&D投入比重 排名	风险资本交易占GDP比重 得分	风险资本交易占GDP比重 排名
阿根廷	Argentina	0.1	18	10.2	17	3.1	15	0.8	15	14.8	14	0.0	17	0.0	8
澳大利亚	Australia	4.2	10	53.4	7	60.0	5	5.7	12	97.2	2	—	—	20.0	5
巴西	Brazil	3.7	11	33.6	11	5.9	13	8.4	10	15.0	13	45.1	7	0.0	8
加拿大	Canada	4.2	9	43.5	9	40.3	8	4.3	13	48.4	9	13.5	14	100.0	1
中国	China	51.8	2	63.5	6	11.8	10	100.0	1	22.8	11	91.8	2	20.0	5
法国	France	10.1	5	64.0	5	51.0	6	9.4	9	64.7	5	27.2	13	40.0	4
德国	Germany	20.6	4	93.0	3	82.4	2	15.3	5	70.9	4	36.7	9	20.0	5
印度	India	2.6	12	13.7	16	0.2	18	11.7	6	2.6	17	86.5	4	0.0	8
印度尼西亚	Indonesia	0.0	19	0.0	19	0.0	19	0.7	16	0.0	18	0.6	16	0.0	8
意大利	Italy	4.6	8	38.0	10	26.7	9	6.2	11	51.6	8	34.7	10	0.0	8
日本	Japan	27.4	3	98.5	2	71.4	3	19.7	3	56.8	7	48.7	6	0.0	8
韩国	Korea, Rep.	9.4	6	100.0	1	61.5	4	10.5	7	77.7	3	87.1	3	0.0	8
墨西哥	Mexico	0.2	16	2.8	18	1.2	17	0.5	17	2.7	16	9.9	15	0.0	8
俄罗斯	Russian	2.4	13	24.8	12	5.9	12	16.5	4	43.9	10	36.8	8	0.0	8
沙特阿拉伯	Saudi Arabia	0.7	15	19.1	15	10.2	11	—	—	—	—	—	—	0.0	8
南非	South Africa	0.1	17	19.6	14	2.5	16	0.0	18	6.2	15	50.4	5	0.0	8
土耳其	Turkey	0.9	14	23.8	13	4.6	14	2.5	14	18.6	12	100.0	1	0.0	8
英国	United Kingdom	8.1	7	48.6	8	41.2	7	9.8	8	59.4	6	27.3	12	60.0	3
美国	United States	100.0	1	84.7	4	100.0	1	85.4	2	100.0	1	29.1	11	80.0	2

表9 2017年G20集团中各国二级指标创新产品出竞争力指标组得分和排名

国家	Country	专利授权数 得分	排名	科技论文发表数 得分	排名	专利和许可收入 得分	排名	高技术产品出口额 得分	排名	高技术产品出口比重 得分	排名	注册商标数 得分	排名	创意产品出口比重 得分	排名
阿根廷	Argentina	0.6	17	0.0	19	0.3	14	0.6	18	26.8	13	9.3	15	13.0	10
澳大利亚	Australia	7.0	7	9.6	13	0.7	10	2.2	15	49.3	8	17.0	11	17.4	8
巴西	Brazil	1.5	14	10.6	12	0.5	13	5.1	12	39.6	11	37.0	4	8.7	12
加拿大	Canada	7.4	6	11.1	11	3.9	7	13.4	10	44.0	10	6.8	17	26.1	6
中国	China	100.0	1	100.0	1	3.8	8	100.0	1	94.9	2	80.8	2	82.6	3
法国	France	3.6	10	13.2	9	13.3	5	53.5	5	79.8	3	24.4	9	47.8	4
德国	Germany	4.7	8	21.3	4	24.6	3	95.9	2	47.6	9	15.4	13	30.4	5
印度	India	3.7	9	24.3	3	0.5	12	7.3	11	20.8	16	100.0	1	8.7	12
印度尼西亚	Indonesia	0.6	16	1.3	16	0.0	17	2.8	14	23.5	14	7.2	16	0.0	17
意大利	Italy	1.4	15	13.5	7	3.4	9	15.7	9	22.6	15	9.9	14	17.4	8
日本	Japan	62.3	3	19.9	5	33.0	2	52.1	6	52.9	7	34.3	7	4.3	15
韩国	Korea, Rep.	2.5	11	11.9	10	5.8	6	81.6	3	100.0	1	35.0	6	13.0	10
墨西哥	Mexico	37.6	4	1.6	15	0.0	18	34.0	8	65.7	5	36.3	5	26.1	6
俄罗斯	Russian	10.6	5	13.4	8	0.6	11	5.0	13	36.1	12	15.9	12	4.3	15
沙特阿拉伯	Saudi Arabia	0.0	19	0.3	18	—	—	0.0	19	0.0	19	0.0	19	0.0	17
南非	South Africa	1.6	13	0.9	17	0.1	15	0.9	17	14.1	17	2.2	18	8.7	12
土耳其	Turkey	0.4	18	5.4	14	0.1	16	1.6	16	6.8	18	27.0	8	0.0	17
英国	United Kingdom	1.8	12	19.5	6	18.1	4	36.8	7	70.5	4	20.5	10	95.7	2
美国	United States	99.6	2	91.1	2	100.0	1	76.8	4	59.6	6	80.1	3	100.0	1

表10 2018年G20集团中各国二级指标创新产品竞争力指标组得分和排名

国家 Country	专利授权数 得分	排名	科技论文 发表数 得分	排名	专利和 许可收入 得分	排名	高技术 产品出口额 得分	排名	高技术产品 出口比重 得分	排名	注册商标数 得分	排名	创意产品 出口比重 得分	排名
阿根廷 Argentina	0.3	18	0.0	19	0.2	14	0.2	18	13.2	16	7.7	15	0.0	19
澳大利亚 Australia	5.0	7	10.4	13	0.8	10	2.2	15	45.0	8	17.2	12	14.3	14
巴西 Brazil	2.8	11	12.0	11	0.6	12	4.7	12	34.5	11	55.4	4	2.9	18
加拿大 Canada	6.9	6	11.9	12	4.3	8	13.3	10	42.4	10	5.1	18	25.7	12
中国 China	100.0	1	100.0	1	4.3	7	100.0	1	86.3	2	88.1	2	51.4	10
法国 France	3.5	10	13.4	10	13.1	5	50.7	5	70.8	3	23.0	9	45.7	11
德国 Germany	4.8	8	22.3	4	28.2	3	90.6	2	42.4	9	14.4	14	60.0	7
印度 India	4.0	9	29.6	3	0.6	13	8.6	11	23.5	13	100.0	1	74.3	6
印度尼西亚 Indonesia	1.8	14	4.2	15	0.0	17	2.6	14	20.7	14	7.1	17	80.0	3
意大利 Italy	1.8	13	14.5	8	3.8	9	13.9	9	19.3	15	17.1	13	60.0	7
日本 Japan	58.5	3	21.0	5	35.4	2	47.8	6	46.6	7	34.7	5	54.3	9
韩国 Korea, Rep.	2.5	12	13.4	9	6.0	6	83.1	3	100.0	1	31.3	7	100.0	1
墨西哥 Mexico	35.7	4	1.8	16	0.0	18	32.2	8	57.3	5	33.8	6	14.3	14
俄罗斯 Russian	10.6	5	16.9	7	0.7	11	4.3	13	29.0	12	17.9	11	5.7	17
沙特阿拉伯 Saudi Arabia	0.0	19	0.5	18	—	—	0.0	19	0.0	19	0.0	19	8.6	16
南非 South Africa	1.3	16	1.0	17	0.1	15	0.8	17	13.2	17	7.4	16	20.0	13
土耳其 Turkey	0.7	17	5.8	14	0.1	16	1.2	16	4.8	18	26.7	8	80.0	3
英国 United Kingdom	1.6	15	20.7	6	20.4	4	33.1	7	61.7	4	22.8	10	80.0	3
美国 United States	92.6	2	96.4	2	100.0	1	67.4	4	51.2	6	81.4	3	91.4	2

表11 2017年G20集团中各国二级指标创新持续竞争力指标组得分和排名

国家	Country	公共教育经费支出总额 得分	排名	公共教育经费支出占GDP比重 得分	排名	人均公共教育经费支出额 得分	排名	高等教育毛入学率 得分	排名	科技人员增长率 得分	排名	科技经费增长率 得分	排名
阿 根 廷	Argentina	1.4	17	75.2	5	24.2	11	90.7	3	0.5	17	62.7	6
澳大利亚	Australia	5.0	12	69.0	8	93.7	2	67.0	6	87.0	2	53.3	9
巴 西	Brazil	10.7	7	96.4	2	17.6	12	40.4	14	67.4	5	71.5	4
加 拿 大	Canada	6.9	9	72.0	7	79.1	3	62.3	9	21.6	15	40.1	14
中 国	China	52.9	2	35.2	16	10.4	16	37.1	15	46.4	9	60.1	7
法 国	France	12.8	6	80.8	4	70.8	6	59.9	10	34.1	10	39.9	15
德 国	Germany	16.8	4	59.6	12	72.4	5	66.6	7	48.5	7	57.5	8
印 度	India	8.5	8	20.1	18	0.0	19	8.1	18	32.2	12	71.2	5
印度尼西亚	Indonesia	1.3	18	0.0	19	1.7	18	19.9	17	75.0	4	44.5	12
意 大 利	Italy	6.2	11	28.5	17	42.7	9	54.7	12	82.8	3	42.4	13
日 本	Japan	21.3	3	47.2	13	57.8	7	57.4	11	33.8	11	29.3	16
韩 国	Korea, Rep.	6.4	10	64.1	10	52.2	8	100.0	1	55.0	6	76.9	3
墨 西 哥	Mexico	4.3	14	73.9	6	14.3	13	24.0	16	19.9	16	0.0	19
俄 罗 斯	Russian	4.9	13	36.7	15	13.5	14	81.7	5	0.0	18	100.0	1
沙特阿拉伯	Saudi Arabia	1.5	16	67.0	9	34.1	10	63.5	8	—	—	47.5	10
南 非	South Africa	0.0	19	100.0	1	10.1	17	0.0	19	46.7	8	86.7	2
土 耳 其	Turkey	1.7	15	39.3	14	13.2	15	90.4	4	100.0	1	28.6	17
英 国	United Kingdom	13.7	5	87.2	3	76.2	4	51.3	13	31.2	13	27.0	18
美 国	United States	100.0	1	61.7	11	100.0	1	92.9	2	26.9	14	46.0	11

表12　2018年G20集团中各国二级指标创新持续竞争力指标组得分和排名

国家 Country	公共教育经费支出总额		公共教育经费支出占GDP比重		人均公共教育经费支出额		高等教育毛入学率		科技人员增长率		科技经费增长率	
	得分	排名	得分	排名	得分	排名	得分	排名	得分	排名	得分	排名
阿根廷 Argentina	0.8	18	93.0	3	19.9	11	92.5	3	13.8	12	0.0	19
澳大利亚 Australia	5.2	12	65.3	8	94.7	2	65.1	7	60.6	3	78.9	7
巴西 Brazil	8.9	7	96.0	2	14.9	12	39.7	14	60.6	3	30.8	17
加拿大 Canada	6.8	9	68.7	7	77.2	3	63.7	9	13.8	12	48.6	15
中国 China	56.7	2	27.5	16	11.3	15	36.6	15	60.6	3	100.0	1
法国 France	13.1	6	78.5	5	72.4	6	59.2	10	26.0	8	77.0	8
德国 Germany	17.2	4	54.7	12	74.1	5	65.5	6	29.7	7	84.6	4
印度 India	8.2	8	10.5	18	0.0	19	6.9	18	18.5	10	55.6	13
印度尼西亚 Indonesia	1.5	16	0.0	19	2.0	18	19.3	17	100.0	1	48.8	14
意大利 Italy	6.2	11	20.0	17	43.4	9	54.2	12	3.7	17	79.4	6
日本 Japan	20.4	3	40.9	13	56.1	7	55.9	11	17.5	11	66.1	11
韩国 Korea, Rep.	6.5	10	60.2	10	52.6	8	98.5	2	48.3	6	91.0	3
墨西哥 Mexico	4.3	14	70.7	6	14.3	13	24.4	16	13.8	12	56.8	12
俄罗斯 Russian	4.9	13	29.1	15	13.7	14	81.5	5	0.0	18	41.0	16
沙特阿拉伯 Saudi Arabia	1.8	15	63.1	9	36.6	10	64.8	8	—	—	97.7	2
南非 South Africa	0.0	19	100.0	1	10.1	17	0.0	19	13.8	12	71.7	10
土耳其 Turkey	1.1	17	32.0	14	10.8	16	100.0	1	13.8	12	28.1	18
英国 United Kingdom	13.8	5	83.1	4	76.5	4	51.5	13	71.5	2	82.2	5
美国 United States	100.0	1	57.1	11	100.0	1	90.1	4	19.6	9	74.7	9

Y.29
参考文献

一 英文文献

Hummels, D., Jorgensen, R., Munch, J., Chong, X., "The Wage and Employment Effects of Outsourcing: Evidence from Danish Matched Worker-firm Data", *NBER Working Paper*, No. 17496, 2011.

Anderson, J. E., "Wincoop E. V. Trade costs", *Journal of Economic Literature*, 2004 (4): 691 - 751.

Dhar, V., Stein, R. M., "FinTech Platforms and Strategy", *Social Science Electronic Publishing*, 2017 (10): 32 - 35.

Wonglimpiyarat, J., "FinTech Banking Industry: a Systemic Approach", *Foresight*, 2017 (6): 590 - 603.

Bessen, J., "How Computer Automation Affects Occupations: Technology, Jobs, and Skills", Boston University School of Law, *Law and Economics Research Paper*, 2015.

Paul Blustein et al., "Recovery or Relapse: The Role of the G - 20 in the Global Economy", *Global Economy and Development at BROOKINGS*, June 2010.

二 中文文献

李建平等主编《二十国集团（G20）国家创新竞争力发展报告（2001～2010)》，社会科学文献出版社，2011。

李建平等主编《二十国集团（G20）国家创新竞争力发展报告（2011～2013)》，社会科学文献出版社，2013。

李建平等主编《二十国集团（G20）国家创新竞争力发展报告（2013～2014)》，社会科学文献出版社，2014。

李建平等主编《二十国集团（G20）国家创新竞争力发展报告（2015～2016）》，社会科学文献出版社，2016。

李建平等主编《二十国集团（G20）国家创新竞争力发展报告（2016～2017）》，社会科学文献出版社，2017。

李建平等主编《世界创新竞争力发展报告（2001～2012）》，社会科学文献出版社，2012。

李建平等主编《世界创新竞争力发展报告（2011～2017）》，社会科学文献出版社，2018。

李建平等主编《"十二五"中期中国省域经济综合竞争力发展报告》，社会科学文献出版社，2014。

黄茂兴等：《中国省域经济热点问题研究——"十二五"中期评估及"十三五"展望》，经济科学出版社，2015。

李建平等主编《中国省域经济综合竞争力发展报告（2014～2015）》，社会科学文献出版社，2016。

李建平、黄茂兴等：《中国经济60年发展报告（1949～2009）》，经济科学出版社，2009。

李建平、李闽榕、王金南等：《中国省域环境竞争力发展报告（2005～2009）》，社会科学文献出版社，2011。

李建平、李闽榕、王金南等：《中国省域环境竞争力发展报告（2009～2010）》，社会科学文献出版社，2012。

李闽榕、李建平、黄茂兴：《中国省域经济综合竞争力评价与预测研究》，社会科学文献出版社，2007。

李闽榕：《中国省域经济综合竞争力研究报告（1998～2004）》，社会科学文献出版社，2006。

李建平、黄茂兴等：《科技进步与经济增长——全面建设小康社会进程中福建科技发展的理论与实践》，中国经济出版社，2005。

黄茂兴等：《国家创新竞争力研究——理论、方法与实证》，中国社会科学出版社，2012。

黄茂兴：《论技术选择与经济增长》，社会科学文献出版社，2010。

黄茂兴：《技术选择与产业结构升级》，社会科学文献出版社，2007。

黄茂兴等：《改革开放30年中国经济热点的回眸与展望》，社会科学文献出版社，2008。

黄茂兴等：《"十二五"时期海峡西岸经济区经济热点研究》，中国社会科学出版社，2010。

郑永年：《可把大湾区打造成地区嵌入型经济平台》，《南方日报》2020年6月9日，第3版。

习近平：《最终战胜疫情，关键要靠科技》，《人民日报》2020年3月3日，第1版。

张海冰：《全球抗击新冠肺炎疫情：国际合作与路径选择》，《当代世界》2020年第5期。

张高原：《疫情全球蔓延应加强科技全球合作》，《学习时报》2020年4月29日，第6版。

张占斌：《携手维护全球产业链供应链稳定》，《学习时报》2020年4月8日，第1版。

中国社会科学院国际合作局：《中国为各国共抗疫作出重要贡献 国际组织、外国学术界及智库界高度评价中国疫情防控成就》，《中国社会科学报》2020年3月16日，第1版。

习近平：《团结合作是国际社会战胜疫情最有力武器》，《求是》2020年第8期。

世行在线：《新冠肺炎疫情使全球经济陷入二战以来最严重衰退》，《财经界》2020年第9期。

陈甬军、高廷帆：《在对外开放的道路上坚定前行》，《光明日报》2019年2月19日。

胡敏：《坚持改革开放不动摇》，《中国青年报》2018年12月3日。

张宇燕：《全球化、区域化和平行体系》，《世界经济与政治》2020年第1期。

盛斌、黎峰：《逆全球化：思潮、原因与反思》，《中国经济问题》2020年第2期。

王文、王鹏：《G20机制20年：演进、困境与中国应对》，《现代国际关系》2019年第5期。

陈伟光、王燕：《全球经济治理制度博弈——基于制度性话语权的分析》，

《经济学家》2019年第9期。

张健：《逆全球化背景下国际贸易投资规则重构及中国的选择》，《战略决策研究》2020年第4期。

梁明：《中美贸易摩擦的缘起、影响和未来走向》，《国际贸易》2019年第7期。

蓝庆新、窦凯：《全球价值链视角下的中美贸易摩擦分析》，《经济社会体制比较》2019年第5期。

夏先良：《论国际贸易成本》，《财贸经济》2011年第9期。

姜学军：《国际贸易融资的发展趋势及启示》，《国际金融研究》2009年第11期。

王刚、徐子奇：《加强国际贸易融资风险管控》，《金融时报》2017年9月18日。

王伟泉：《世界电子商务发展现状与我国电子商务发展战略》，《清华大学学报》（哲学社会科学版）1999年第4期。

孔庆峰：《新冠肺炎疫情下的国际贸易趋势研判》，《国家治理周刊》2020年第23期。

沈国兵：《"新冠肺炎"疫情对我国外贸和就业的冲击及纾困举措》，《上海对外经贸大学学报》2020年第2期。

秦昌才：《新旧动能转换中金融体系支撑的内涵及其作用》，《甘肃社会科学》2019年第1期。

贺建清：《金融科技：发展、影响与监管》，《金融发展研究》2017年第6期。

易宪容：《金融科技的内涵、实质及未来发展——基于金融理论的一般性分析》，《江海学刊》2017年第2期。

王昊：《我国金融科技发展状况分析》，《中国国际财经》2017年第7期。

蔡敏容、阮坚、王小燕：《金融科技人才内涵、特征及能力体系》，《金融科技时代》2020年第7期。

汪桥、史贤华：《基于ARIMA模型的安徽省科技金融新特点与新实践》，《淮南师范学院学报》2019年第1期。

王硕、王伟：《完善科技政策性金融功能研究》，《科学管理研究》2019年第6期。

李阳、刘佳慧、宋沁鸽：《金融科技和科技金融协同性发展模式分析》，《市场研究》2020 年第 5 期。

程炼：《金融科技时代金融基础设施的发展与统筹监管》，《银行家》2019 年第 12 期。

尹振涛、潘拥军：《理性认识 BigTech 介入金融领域》，《中国金融》2019 年第 10 期。

谢向丹：《新形势下中小微企业融资难融资贵困境与对策》，《价值工程》2020 年第 20 期。

尹应凯、侯蕤：《数字普惠金融的发展逻辑、国际经验与中国贡献》，《学术探索》2017 年第 3 期。

韩俊华、韩贺洋、周全：《科技金融创新的经济增长效应、运行模式和风险管理路径》，《科学管理研究》2018 年第 3 期。

李健英、李娟：《金融科技的普惠性及其监管的特殊性》，《农村经济与科技》2019 年第 7 期。

徐晓莉、杜青雨：《我国金融科技监管体系研究：来自国外的启示》，《新金融》2019 年第 6 期。

纪飞峰：《金融应主动创新支持"新基建"投融资需求》，《经济参考报》2020 年 7 月 14 日，第 7 版。

管克江、冯雪珺、敬宜：《德国接棒 G20 主席国延续杭州峰会议题"中国奠定了非常好的基础"》，《人民日报》2016 年 12 月 4 日，第 3 版。

中国信息通信研究院：《全球数字经济新图景（2019 年）》，2019。

经济合作与发展组织：《衡量数字经济：一个新的视角》，张晓译，上海远东出版社，2015。

刘航、伏霖、李涛、孙宝文：《基于中国实践的互联网与数字经济研究》，《经济研究》2019 年第 3 期。

王甜甜：《联合国网络空间治理机制有效性研究》，硕士学位论文，上海科学院，2019。

沈铭辉：《全球基础设施投资与合作研究》，《国际经济合作》2016 年第 6 期。

邓衢文、刘敏、黄敏聪、万晶晶：《我国及世界科技强国的基础研究经费投入特点与启示》，《世界科技研究与发展》2019 年第 4 期。

史佳颖：《APEC数字经济合作的最佳进展及展望》，《国际经济合作》2020年第1期。

杜庆昊：《数字经济协同治理机制探究》，《理论探索》2019年第5期。

余建斌：《让新基建释放更大潜能（人民时评）》，《人民日报》2020年4月17日，第5版。

叶子：《谁是"关键"的新型基础设施？（新型基础设施建设系列述评(2)）》，《人民日报》2020年3月18日，《人民日报》海外版。

金晶：《5G手机用户还缺一款"刚需"应用？》，《解放日报》2020年2月8日，第6版。

李君、成雨、窦克勤、邱君降：《互联网时代制造业转型升级的新模式现状与制约因素》，《中国科技论坛》2019年第4期。

王运武、张尧、彭梓涵、王胜远：《教育人工智能：让未来的教育真正拥有"智慧"》，《中国医学教育技术》2018年第2期。

李慧：《人工智能如何赋能经济高质量发展》，《光明日报》2020年2月16日，第5版。

吴月辉：《数据中心：数字化时代的"幕后英雄"》，《人民日报》2020年8月3日，第19版。

马荣、郭立宏、李梦欣：《新时代我国新型基础设施建设模式及路径研究》，《经济学家》2019年第10期。

潘教峰、万劲波：《新基建十大战略方向》，《瞭望》2020年第17期。

叶银丹：《新冠疫情影响下中国"新基建"发展方向与政策建议》，《中银研究：宏观观察》2020年第10期。

《中国新发展格局为世界经济添动力》，《人民日报》2020年8月7日，第3版。

杨丽花、李捷理：《清洁能源经济：美国经验与中国发展》，《新视野》2012年第1期。

宋鹏超、吕玉萍：《我国新能源产业发展存在的问题与对策》，《科技创新导报》2020年第17期。

王进、顾城天：《深入开展新能源合作》，《中国电业》2017年第10期。

《发达国家新能源产业发展经验》，《广西节能》2012年第2期。

赵勇强:《新形势下全球新能源发展前景》,《中国远洋海运》2020 年第 6 期。

张海龙:《中国新能源发展研究》,硕士学位论文,吉林大学,2014。

纪玉哲:《国外新能源产业发展经验及对我国的启示》,《地方财政研究》2013 年第 3 期。

邹志强:《二十国集团与全球能源治理:成效与前景》,《国际经济合作》2015 年第 11 期。

刘宏松、项南月:《二十国集团与全球能源治理》,《国际观察》2015 年第 6 期。

张霄:《"十四五"新能源融资难题何解?》,《能源》2020 年第 4 期。

Y.30

后　记

　　G20 融合了发达国家与新兴经济体，是全球治理的重要平台。突如其来的新冠肺炎疫情给全球经济带来深重影响和冲击，科技创新仍是抗击疫情和实现经济复苏的根本动力。G20 作为世界上最具发展活力和创新潜力的群体，如何全科学认识全球创新环境，紧紧抓住全球创新战略机遇，提升 G20 各成员国的创新竞争力，必将成为当前和今后一个时期 G20 的重大使命。

　　中国作为一个负责任和有担当的发展中国家，把脉开方，对准全球经济的疑难病症提出中国方案。2015 年，习近平主席在二十国集团领导人第十次峰会上就指出，"我们迫切需要找到新的增长源，推动世界经济走向新一轮繁荣。""科技进步造就的新产业和新产品，是历次重大危机后世界经济走出困境、实现复苏的根本。"2016 年，中国作为二十国集团领导人第十一次峰会的主席国提出了"构建创新、活力、联动、包容的世界经济"的峰会主题。创新首次列入 G20 峰会议题，并作为 G20 杭州峰会的首要议题。G20 杭州峰会一致通过了《二十国集团创新增长蓝图》，提出应紧紧抓住创新、新工业革命、数字经济等新要素新业态带来的新机遇，从根本上寻找全球经济持续健康增长之道，并制定一系列具体行动计划，为全球经济增长开辟新路径，进而全面提升世界经济中长期增长潜力。2017 年 7 月，习近平主席在 G20 德国汉堡峰会期间再次指出，"我们要共同为世界经济增长发掘新动力。这个动力首先来自创新"。2020 年 3 月，习近平主席出席二十国集团领导人特别峰会指出："要集各国之力，共同合作加快药物、疫苗、检测等方面科研攻关，力争早日取得惠及全人类的突破性成果。"

　　全国经济综合竞争力研究中心福建师范大学分中心从 2009 年开始，十多年来在中国常驻联合国代表团科技组、科技部中国科学技术交流中心、中央党校国际战略研究院、国务院发展研究中心管理世界杂志社、中国社会科学院社会科学文献出版社等合作单位领导的指导和支持下，该中心着手组建了"二十国集团（G20）国家创新竞争力发展报告"课题攻关研究小组，力图从竞争力的视角，赋予国家创新能力新的内涵，并从理论、方法和实证三个维度来探讨 G20 国家创新竞争力的评价与提升问题，至今已连续推出了 7 部 G20 国家创新竞争力黄皮书。在课题研究过程中，福建师范大学原校长、全国经济综合竞争力研究中心福建师范大学分中心主任李建平教授亲自担任课题组组长和本书的主编之一，直接指导和参与了本书的研究和审订书稿工作；本书主编之一原福建省新闻出版局（福建省版权局）党组书记、现为中智科学技术评价研究中心理事长李闽榕教授指导、参与了本书的研究和书稿审订工作；科学技术部二级专技、国际欧亚科学院院士赵新力研究员对本书的研究工作给予了积极指导和大力支持，并担任本书的主编之一；光明日报理论部原主任李向军对本书的研究工作也给予了积极指导和大力支持，并担任本书副主编之一；中国农村劳动力资源开发研究会秘书长苏宏文同志为本书的顺利完成积极创造了条件，全国经济综合竞争力研究中心福建师范大学分中心常务副主任、福建师范大学经济学院院长黄茂兴教授为本研究从课题策划到最终完稿做了大量具体工作。

2020 年 1 月以来，课题组着手对 G20 国家创新竞争力的理论创新、指标评价体系等问题展开了深入研究，跟踪研究最新动态，进一步完善了 G20 国家创新竞争力评价指标体系，并通过采集到最新的指标统计数据，对 2017 ~ 2018 年 G20 集团中的 19 个国家创新竞争力进行系统评价比较。本书 70 余万字，数据采集、录入和分析工作庞杂而艰巨，采集、录入基础数据 2000 多个，计算、整理和分析数据 1 万多个，共制作简图 200 多幅、统计表格 200 多个。这是一项复杂艰巨的工程，编写组的各位同志为完成这项工程付出了艰辛的劳动，在此谨向全力支持并参与本项目研究的李军军博士、林寿富博士、叶琪博士、陈洪昭博士、王珍珍博士、唐杰博士、余官胜博士、陈伟雄博士、黄新焕博士、郑蔚博士、易小丽博士、张宝英博士、白华博士、周利梅博士、李成宇博士、郑清英博士、韩莹博士、陈莹博士、程俊恒博士、吴武林博士，以及博（硕）士研究生张建威、杨吉超、孙学聪、温园梦、张婧、李屹等同志表示深深的谢意。他们放弃节假日休息时间，每天坚持工作 10 多个小时，为本书的数据采集、测算等做了许多细致的工作。

本书还直接或间接引用、参考了其他研究者相关研究文献，对这些文献的作者表示诚挚的感谢。

　　社会科学文献出版社原社长谢寿光、现任社长王利民，政法传媒分社王绯社长以及责任编辑高嫒，对本书的出版提出了很好的修改意见，付出了辛苦的劳动，在此一并向他们表示由衷的谢意。

　　由于时间仓促，本书难免存在疏漏和不足，敬请读者批评指正。

作　者

2021 年 3 月

社会科学文献出版社

皮书

智库报告的主要形式
同一主题智库报告的聚合

❖ 皮书定义 ❖

皮书是对中国与世界发展状况和热点问题进行年度监测，以专业的角度、专家的视野和实证研究方法，针对某一领域或区域现状与发展态势展开分析和预测，具备前沿性、原创性、实证性、连续性、时效性等特点的公开出版物，由一系列权威研究报告组成。

❖ 皮书作者 ❖

皮书系列报告作者以国内外一流研究机构、知名高校等重点智库的研究人员为主，多为相关领域一流专家学者，他们的观点代表了当下学界对中国与世界的现实和未来最高水平的解读与分析。截至2021年，皮书研创机构有近千家，报告作者累计超过7万人。

❖ 皮书荣誉 ❖

皮书系列已成为社会科学文献出版社的著名图书品牌和中国社会科学院的知名学术品牌。2016年皮书系列正式列入"十三五"国家重点出版规划项目；2013~2021年，重点皮书列入中国社会科学院承担的国家哲学社会科学创新工程项目。

中国皮书网

（网址：www.pishu.cn）

发布皮书研创资讯，传播皮书精彩内容
引领皮书出版潮流，打造皮书服务平台

栏目设置

◆ 关于皮书

何谓皮书、皮书分类、皮书大事记、
皮书荣誉、皮书出版第一人、皮书编辑部

◆ 最新资讯

通知公告、新闻动态、媒体聚焦、
网站专题、视频直播、下载专区

◆ 皮书研创

皮书规范、皮书选题、皮书出版、
皮书研究、研创团队

◆ 皮书评奖评价

指标体系、皮书评价、皮书评奖

◆ 皮书研究院理事会

理事会章程、理事单位、个人理事、高级
研究员、理事会秘书处、入会指南

◆ 互动专区

皮书说、社科数托邦、皮书微博、留言板

所获荣誉

◆ 2008 年、2011 年、2014 年，中国皮书
网均在全国新闻出版业网站荣誉评选中
获得"最具商业价值网站"称号；

◆ 2012 年，获得"出版业网站百强"称号。

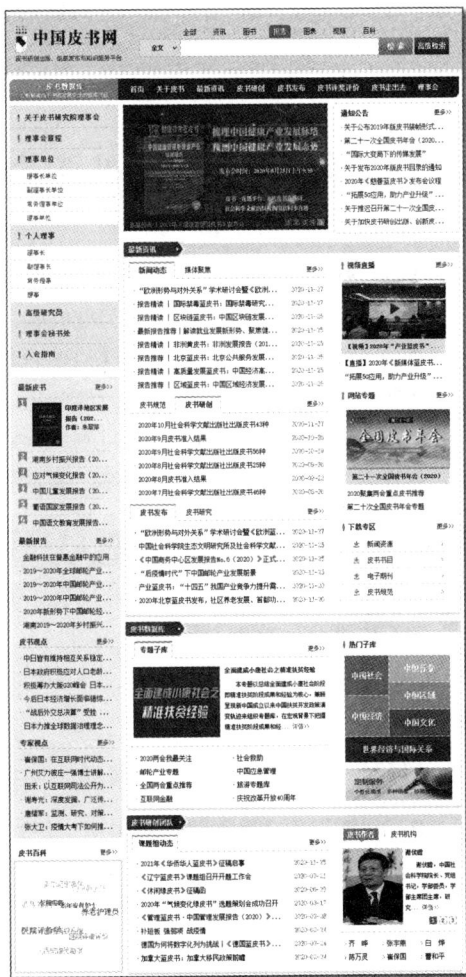

网库合一

2014年，中国皮书网与皮书数据库端口
合一，实现资源共享。

中国皮书网

S 基本子库
SUB DATABASE

中国社会发展数据库（下设 12 个子库）

整合国内外中国社会发展研究成果，汇聚独家统计数据、深度分析报告，涉及社会、人口、政治、教育、法律等 12 个领域，为了解中国社会发展动态、跟踪社会核心热点、分析社会发展趋势提供一站式资源搜索和数据服务。

中国经济发展数据库（下设 12 个子库）

围绕国内外中国经济发展主题研究报告、学术资讯、基础数据等资料构建，内容涵盖宏观经济、农业经济、工业经济、产业经济等 12 个重点经济领域，为实时掌控经济运行态势、把握经济发展规律、洞察经济形势、进行经济决策提供参考和依据。

中国行业发展数据库（下设 17 个子库）

以中国国民经济行业分类为依据，覆盖金融业、旅游、医疗卫生、交通运输、能源矿产等 100 多个行业，跟踪分析国民经济相关行业市场运行状况和政策导向，汇集行业发展前沿资讯，为投资、从业及各种经济决策提供理论基础和实践指导。

中国区域发展数据库（下设 6 个子库）

对中国特定区域内的经济、社会、文化等领域现状与发展情况进行深度分析和预测，研究层级至县及县以下行政区，涉及省份、区域经济体、城市、农村等不同维度，为地方经济社会宏观态势研究、发展经验研究、案例分析提供数据服务。

中国文化传媒数据库（下设 18 个子库）

汇聚文化传媒领域专家观点、热点资讯，梳理国内外中国文化发展相关学术研究成果、一手统计数据，涵盖文化产业、新闻传播、电影娱乐、文学艺术、群众文化等 18 个重点研究领域。为文化传媒研究提供相关数据、研究报告和综合分析服务。

世界经济与国际关系数据库（下设 6 个子库）

立足"皮书系列"世界经济、国际关系相关学术资源，整合世界经济、国际政治、世界文化与科技、全球性问题、国际组织与国际法、区域研究 6 大领域研究成果，为世界经济与国际关系研究提供全方位数据分析，为决策和形势研判提供参考。

法律声明